中国经济哲学年鉴

（2020）

主编／张雄

执行主编／卜祥记

CHINESE ECONOMIC PHILOSOPHY YEARBOOK

（2020）

社会科学文献出版社
SOCIAL SCIENCES ACADEMIC PRESS (CHINA)

《中国经济哲学年鉴（2020）》
编委会名单

张　雄　鲁品越　徐大建　卜祥记　范宝舟

《中国经济哲学年鉴（2020）》
特约编辑名单

（按姓氏笔画排序）

王　程（安徽财经大学马克思主义学院）

申唯正（浙江师范大学马克思主义学院）

宁殿霞（西北工业大学马克思主义学院）

庄友刚（苏州大学哲学系）

李淑英（东北财经大学马克思主义学院）

李琼琼（同济大学马克思主义学院）

李馨宇（辽宁大学哲学与公共管理学院）

吴　猛（复旦大学哲学院）

何关银（重庆市委党校）

汪　璐（中南财经政法大学哲学院）

沈　斐（中国浦东干部学院）

张晓兰（上海师范大学哲学与法政学院）

易美宇（上海财经大学人文学院）

周　可（武汉大学哲学学院）

郑小霞（河北大学政法学院哲学系）

章　衍（南京大学哲学系）

彭学农（上海大学社会科学学部哲学系）

目　录

一　特载

二　专文

三 观点荟萃

（三）国外经济哲学思想研究

（四）经济伦理与经济正义研究

（六）现代性与城市哲学问题研究

（七）经济哲学基础理论研究

四　学术会议与学术动态

会议辑要

五　人才培养

一　特载

马克思正义观的含义、发展路径及其当代性

魏小萍

马克思对资本主义的批判经历了从哲学社会学到政治经济学的发展过程，涉及诸多领域与问题，其中最为核心的问题意识与研究思路的发展线索是什么？纵观马克思一生的研究历程，我们不难发现分配正义问题构成马克思对资本主义的批判与对社会主义、共产主义进行探索的主要线索，但是马克思的批判又并非局限于分配正义。在其早期，与青年黑格尔派、激进批判理论家、国民经济学家有所不同，马克思没有将批判的视野局限于抽象的哲学思考，而是转向现实社会的经济关系，从政治经济学领域入手去探索问题发生的历史轨迹。在其晚期，与拉萨尔派诉诸所谓不折不扣地按照劳动付出获取回报的平等权利来设想未来社会的分配正义原则有所不同，马克思非常清晰地看到了按劳分配原则的局限性。20世纪传统社会主义在世界范围内大规模的践履，在现实中呈现了马克思没有直接讨论过的问题：差异分配向对象化劳动转移，从而再次成为异化劳动条件这一可能性的存在，这在客观上成为限制按劳分配幅度、助长绝对平均主义的缘由。20世纪末的东欧剧变、中国改革开放，全球化进程的加速与21世纪初暴发的金融危机再度唤醒了马克思的当下性。理论与现实、原则与境遇、历史与当下，向我们提出了梳理马克思以正义问题为核心批判资本主义思路发展的必要性。

一 从哲学到政治经济学批判的研究进展

19世纪40年代早期，受到一宗森林财产权经济纠纷案的影响，马克思

开始关注私有产权与穷人的物质需求问题，继而在对资本主义现实社会的批判过程中与青年黑格尔派、激进批判理论家在批判指向上发生了分歧，在为《德法年鉴》的撰稿过程中遇到同样从经济领域关注现实社会的恩格斯。马克思和恩格斯不满足于德国这些批判家的抽象的哲学批判，认为这仍然是黑格尔体系内的批判，他们彼此抓住黑格尔哲学的一个方面反对其另一个方面，从其抽象的哲学范畴"实体""自我意识"走向世俗的哲学范畴"类""唯一者""人"等，双方的出发点都是宗教观念和普遍的东西，在老年黑格尔派看来，问题在于人们对宗教观念和普遍的东西缺乏认识，在青年黑格尔派看来，宗教观念和普遍因素对现实世界的统治是一种非法逾越①。

　　宗教观念在当时的德国仍然具有举足轻重的意义，在很大程度上我们可以说黑格尔哲学体系并没有完全摆脱宗教意识形态的影响，普遍的东西既可以是一个宗教范畴，也可以是一个哲学范畴。与宗教意识强调超然于人而对人具有制约作用的至上因素不同，从客观性意义的角度来说，黑格尔对普遍性因素的理解同时具有现实性。不过黑格尔的客观性与现实性是借助绝对观念的自身运动来表达的。当时的德国还处于资本主义发展的初期，德国的意识形态领域还处于宗教意识与现代理性的纠结之中，黑格尔哲学在一定程度上是这样一个时代的体现。

　　在如何理解哲学的观念与现实性的关系问题上，马克思和恩格斯与黑格尔派发生了分歧，在他们看来："这些哲学家没有一个想到要将德国哲学与其现实、他们的批判与其自身的物质环境联系起来思考问题。"② 因此，他们不再从哲学观念入手寻找解决社会问题的出路，而是从现实社会本身、从现实社会的物质环境中去思考社会问题的根源。同样是批判，路径不同：马克思和恩格斯认为人们的观念形成于其生活于其中的现实社会关系，在他们看来，这一理解历史的方法与观念论的历史观（唯心史观）不同，并且将对资本主义社会的批判指向，由观念转向现实。在这一新历史观（唯物史观）的基础上，马克思的批判思路是相对独立地发展起来的，他对观念与现实的矛盾——自由、公正、平等这些资产阶级革命理念与资本主义现实社会中贫富分化相冲突的现实，深入资本主义社会的经济关系中去分析原因。

---

① *Marx-Engels Jahrbuch*，Berlin：Akademie Verlag GmbH，2004，p. 105.
② *Marx-Engels Jahrbuch*，Berlin：Akademie Verlag GmbH，2004，p. 105.

马克思研究思路的这一转向在《1844年经济学—哲学手稿》中就已初见端倪，在手稿中他尝试着通过工资、资本与地租的关系去理解异化劳动的问题，通过异化劳动与私有财产的相互关系去探索异化劳动的历史形成与终止路径，《1857—1858年经济学手稿》以更加开阔的视野去分析研究这一问题，宏观上从人与人、人与物对象性关系的角度把握人类社会的发展形态；微观上进入专业化的政治经济学研究，不过与古典经济学家、国民经济学家的研究出发点有所不同，马克思的研究出发点不是国民经济的增长机制，而是探索自由、公正、平等这些资产阶级革命理念为什么在现实社会的经济关系中被颠覆；《1861—1863年经济学手稿》中非常清晰地呈现了马克思围绕着这一基本问题所进行的政治经济学批判性研究轨迹。

二　马克思批判思路中的历史维度与规范维度

马克思用新历史观来概括自己分析和认识人类社会的基本方法，这个方法不仅对现实的社会关系从其经济基础、进而从生产力的发展水平入手进行理解，而且从历史的视域来分析现实社会关系的形成和未来发展趋势，这可以被视为马克思批判思路中的历史维度。马克思的研究思路中是否存在规范维度？20世纪末，一方面随着传统社会主义弊端的存在及东欧剧变的发生，另一方面随着国外马克思主义研究在一定的历史境遇下及其在与自由主义论战中发生的政治哲学，马克思研究思路中的规范维度逐渐为人们所关注。

马克思主义的奥地利学派、分析的马克思主义、法兰克福学派及其理论的当代形态社会批判理论都从不同角度关注这一问题。与那些认为马克思的研究思路中只有历史维度，而没有或者缺乏规范维度的观点不同，他们强调马克思研究思路中的规范维度。

长期以来人们对马克思观点的理解基于两种路径，其一是马克思本人的文本文献；其二是马克思主义经典作家及其研究者的研究、宣传，即使对国外学者来说，这种情况也是存在的。《马克思恩格斯全集》历史考证版（MEGA2）的陆续出版，为前者提供了更加丰富与可信的信息、文献和资料，后者的情况则极为复杂，马克思逝世后，恩格斯为解读与宣传马克思主义基本理论做出了巨大贡献，但是一方面为了便于人们理解，另一方面为了与论敌的论战，恩格斯在一定程度上将马克思的理论通俗化了。在西方，恩格斯的解读影响着人们对马克思主义的理解，在东方，这一路径后来又经苏联国家领导人的权威解读，形成了马克思主义原理教科书的基础，由于其通俗并且传播广泛，成为东方世界人们耳熟能详的马克思主义的主要来源。

这两种不同的路径与人们在这一问题上的认识分歧是有着直接关联的，马克思的批判思路中是否具有规范维度和正义原则的讨论多半产生于基于文本文献的学院派讨论。

与马克思主义原理教科书从结论出发的解读方式有所不同，马克思的文本文献呈现了他本人批判和研究思路的过程，正是在这一过程中，我们能够看到马克思是如何面对这一问题的。马克思的理论不是在书斋里、在真空中形成的，他在与各种理论针对现实问题的交锋中形成并发展自己的观点，如果说规范问题与正义原则是哲学、社会科学难以回避的基本问题，同样也是其他理论家的立论基础，那么马克思在对青年黑格尔派和国民经济学家的批判中就必然要涉及这些问题。

这些其他思想家、理论家的立论基础，恰恰是马克思的质疑对象。然而马克思的研究出发点，并不是这些立论基础本身，而是当时处于资本主义发展初期的现实中的德国社会。马克思质疑这些立论基础，是因为现实社会与其存在着的巨大反差，这在马克思早期批判思路的发展中就已经体现了出来。

在《1844 年经济学—哲学手稿》中，面对如何消除异化劳动这一问题，马克思与国民经济学家就私有财产与异化劳动之间的因果关系发生了分歧。异化劳动现象的存在对于当时的思想家、理论家来说，已经是个不讳的事实，但是对于如何理解这一社会现象，马克思与国民经济学家之间存在着分歧。国民经济学家把私有财产看作异化劳动的前提，认为拥有私有财产是能够占有他人外化劳动的原因，这种观点为异化劳动现象的合理性提供依据。而在马克思看来，作为占有他人劳动的前提（私有财产），本身已经是占有他人劳动的结果。"私有财产是外化劳动即工人对自然界和对自身的外在关系的产物、结果和必然后果。"① 不过从私有财产是外化劳动的产物，还不能直接推导出私有财产是占有他人外化劳动的结果，其中还缺乏推理的逻辑环节，马克思的这一批判思路后来在政治经济学批判手稿和《资本论》的写作中得以延续。

---

① 《马克思恩格斯全集》第 3 卷，人民出版社，2002，第 277 页。参见 MEGA2，I/2，p. 372。

从《1844 年经济学—哲学手稿》中，我们看到，马克思对国民经济学家在私有财产与异化劳动关系上的分歧，蕴含着他对问题的理解和认识方式，马克思并没有直接去质疑私有财产是否能够成为拥有他人外化劳动的前提，而是尝试着说明私有财产本身已经是他人被异化了的外化劳动的结果。马克思对国民经济学论证前提的质疑，是在国民经济学的理论框架中证伪国民经济学的立论基础：国民经济学以私有财产为前提的论证本身已经蕴含着对其自身道德规范的否定。

在对德国意识形态纷争的清算中，马克思与恩格斯一起，将研究思路进一步转向现实社会的经济关系，马克思则继续深入政治经济学研究领域，对原则与现实的悖论，即自由、公正与平等的交换原则为什么在现实的资本主义经济关系中带来严重的不平等这一现象进行理论研究。在《1857 - 1858 年经济学手稿》中，马克思从合法程序的角度，尝试着从起点到过程对一般财富积累（货币等）与资本积累的性质加以区别，一旦资本的积累程序形成，无论从资本持有一方，还是从劳动一方来说，既有经济交往关系就作为合法程序的存在，对交易双方的权利和义务都具有约束性。在这样的生产关系条件下，异化了的劳动与劳动相分离而为资本家所占有，并且成为资本家进一步占有工人异化劳动的手段。

在马克思那里，这样一种分析思路是从两个维度进行的，横向的维度与纵向的维度，所谓横向的维度是从抽象的理念与现实社会的经济关系中来分析理念与现实的悖论是如何发生的，涉及的是当代政治哲学从规范语境所讨论的道德问题；所谓纵向的维度是在质疑了道德批判有效性的基础上，从历史发展进程中对既有生产关系的形成进行分析。

第一种思维路径我们已经可以从《德意志意识形态》手稿中马克思对施蒂纳的分析与批判中看到，面对近代资产阶级革命所弘扬的自由、平等理念与工业革命所创造的巨大财富以及与此相伴随的财富占有的社会分化所带来的穷人和富人问题，施蒂纳使用了具有双重涵义的词汇对问题进行模棱两可的解释，马克思通过对施蒂纳所使用词汇双重含义的揭示，尝试着将新历史观的分析方法与规范语境下的道德评判方法区别开来，呈现了对问题的两种不同的认识路径。

我们现在就来看看这两种不同的认识路径：施蒂纳在他的《唯一者及其所有物》一书中，使用了一个具有双重涵义的德文词汇"Vermögen"（"能力"或"资产"）来解释穷人和富人之间之所以产生差异。马克思在

《德意志意识形态》第一卷第三篇分析施蒂纳那唯一者的私有财产时，这样阐述了施蒂纳的观点："我们可以在这里'插入'一段桑乔（施蒂纳，笔者注）的伟大发现的'插曲'，他说在'穷人'和'富人'之间，除了'Vermögende（有能力、有资产的人）和 Unvermögende（没有能力、没有资产的人）之间的区别，不存在'其他差别'。"①

在施蒂纳看来，是否具有 Vermögende 成为穷人和富人发生分化的原因，然而这个词本身具有"有能力的"和"有资产的"两种涵义。从个体的角度来说，前者是主观因素，后者是客观因素，它们分别所带来的涵义是完全不同的，并且包含着对事物的两种不同理解：前者是一种道德判断，将贫富分化的责任归之于个人，后者将这一责任归之于个人的既有处境。

类似的语义问题还存在于施蒂纳对抽象财富形式货币的表达之中，"货币是从哪里来的呢？……人们支付的不是货币，因为货币可能会不足，而是自己的 Vermögen，只有借助于这一 Vermögen，我们才会有 Vermögen……使你们感到遗憾的不是货币，而是你们没有 Vermögen，去获得货币"②。他在这里进一步从如何获取货币的角度论证 Vermögen③（能力或者资产）的作用。同样这一概念的双重涵义，使得人们对这一问题可以从两个方面来理解。

对于施蒂纳来说，穷人之所以是穷人或许就是因为缺乏能力，对于马克思来说，穷人之所以是穷人是因为存在着将资产和劳动加以分离的现实的生产关系，并不只是穷人的能力问题。在早些时候的《1844 年经济学—哲学手稿》中马克思就已经将这一分离问题提出来进行思考了。

这里已经蕴含着对资本主义体制下贫富分化问题的两种解读，第一种解读与今天自由主义对贫富差别原因从规范语境角度所进行的理解是非常相近的，这种解读撇开一定的生产关系，在贫富差别与能力大小之间寻找直接的对应关系；第二种解读接近于马克思和恩格斯从社会环境角度所进行的理解。

---

① *Marx/Engels Gesamtausgabe*，Band 5，Marx-Engels-Verlag G. M. B. H，Berlin，1932，p. 347。参见《马克思恩格斯全集》第 3 卷，人民出版社，1960，第 427 页；参见麦克斯·施蒂纳《唯一者及其所有物》，商务印书馆，1997，第 292 页；参见 Max Stirner：*Der Einzige und sein Eigentum*，Philipp Reclam jun，Stuttgart，p. 296。

② *Marx/Engels Gesamtausgabe*，Band 5，Marx-Engels-Verlag G. M. B. H，Berlin，1932，p. 374。参见《马克思恩格斯全集》第 3 卷，人民出版社，1960，第 461 ~ 462 页。

③ 参见 Max Stirner：*Der Einzige und sein Eigentum*，Philipp Reclam jun，Stuttgart，p. 305。

施蒂纳使用模棱两可的词汇，并没有明确表明自己的倾向，这是由于对事物本身在理解上存在着困惑，还是遮蔽自己在涵义上的明确选择？能力是人自身的主体因素，资产是对象化了的客体存在，虽然从资产的发生学意义上来看，两者之间存在关联，因为资产从一定意义上来说是对象化了的主体存在。但是在资产持有发生社会分化的条件下，对于不同个体来说，这两个原因显然是不能等同的。是否拥有资产从个人角度来说是既有处境，具有偶然性，与个人的努力没有直接关系，但是从社会的角度，从既有的社会关系来说，已经存在着的阶级分化，对个体能力的发挥具有制约作用。从一般意义上来说，个人能力从培养到发挥作用需要一定的客观条件，而既有的阶级状况，使资产扮演着举足轻重的角色。所以马克思和恩格斯在多处谈到社会经济关系的决定性作用，谈到每一个人来到这个世上，都处于一定的社会关系之中。

显然，从现代政治哲学的语境来看，马克思通过对施蒂纳的语义学分析质疑了道德评判的局限性，揭示了贫富差异的形成并非仅用个人自身的能力差异（无论是主观努力还是客观禀赋）就能够解释的。这里蕴含着两种截然不同的对同一问题的解释路径。

第二种思维路径我们可以从马克思对蒲鲁东的批判与分析中看到。面对自由与平等理念与社会贫富分化现象之间存在着的悖论，在蒲鲁东式的法国社会主义者看来，问题似乎出在交换领域，体现自由和平等原则的等价交换，在现实中被货币和资本扭曲，因而只要对这一扭曲进行矫正，即阻止资本的形成，就能维持交换中自由和平等的特征。

在对施蒂纳的分析与批判中，马克思已经意识到既有的社会存在、生产关系在贫富分化中的作用，撇开道德批判，在社会关系中去寻找问题的答案。然而，蒲鲁东式法国社会主义者的认识，似乎也是从社会的经济关系出发，从这一意义上来看，他们的批判并没有局限于道德的批判，然而对既有经济关系的认识，显然是肤浅的，这种肤浅产生于对事物进程的历史维度缺乏认识。

马克思从资本主义经济关系的历史进程中，论证了这一不易为人们所察觉的从表面平等到实质不平等的转变契机，在于经济交往关系本身随着劳动力商品化而发生了质的变化，认为看不到这一点，就看不到资本主义社会自身蕴含着的对立因素。在马克思看来，那种"认为交换价值不会发展成为资本，或者说，生产交换价值的劳动不会发展成为雇佣劳动，这是一种虔诚而愚蠢的愿望"。① 而一旦交换价值成为资本，获取利润就是它的存在方式，蒲鲁东则要求资本能够作为简单的交换价值进入经济交换程序，以确保经济交往中的公平和正义，这在马克思看来，是经济学概念上的混乱。

正是从资本所蕴含着的现实经济关系中，马克思批判了抽象的公平和正义观念，认为"关于公平和正义的空谈，归结起来不过是要用适应于简单交换的所有权关系或法的关系作为尺度，来衡量交换价值的更高发展阶段上的所有权关系和法的关系"。② 马克思的批判思路以区分历史发展进程中两种不同的交换关系为基础：第一种或者早期的经济交往关系是简单的商品交换，第二种或者较高发展阶段的经济交往关系包含着劳动力的商品化，在内容上与早期的交换关系已经有所不同。正是由于这一不同，在简单交换关系中奉行的公平和正义原则，在较高发展阶段的经济交换关系中蕴含着悖论。

显然，在马克思的批判思路中并不是没有当代政治哲学所说的规范维度，只是，对于马克思来说，在一定的生产关系中，人们的规范行为所遵循的抽象原则只是流于形式，而在这些形式的背后，这些原则恰恰是以相反的方式存在的。因此，人们的批判指向不能仅仅局限于这些形式，而应该指向使这些抽象原则得以扭曲的现实社会关系。

三　马克思的批判是否仰赖于一种抽象的正义观

如果我们说在马克思的批判语境中并不是没有规范维度，而是在他看来，现实社会中存在的资本主义经济关系扭曲了其规范性所依据的抽象原则，那么我们是否可以进一步提问，在马克思的批判思路中是否存在着抽象的正义原则呢？

这一问题的提出有两个理论背景，其一是美国自由至上主义者罗伯特·诺齐克提出的问题，其二是美国分析的马克思主义学者艾伦·伍德提出的问题。我们先来看看第一种情况：诺齐克在其著作《无政府、国家和乌托邦》③ 一书中指出马克思对资本主义剥削关系的谴责蕴含着对自我所有原则

---

① *Marx/Engels Gesamtausgabe*, Band Ⅱ/1.1, Dietz Verlag Berlin 1976, p. 172。参见《马克思恩格斯全集》第 2 版第 30 卷，人民出版社，1995，第 204 页。

② *Marx/Engels Gesamtausgabe*, Band Ⅱ/1.1, Dietz Verlag Berlin 1976, p. 236。参见《马克思恩格斯全集》第 2 版第 30 卷，人民出版社，1995，第 279 页。

③ Robert Nozick, *Anarchy, State, and Utopia*, Blackwell, 1974.

(self - ownership) 的肯定，因为在马克思看来，剩余价值是由工人创造的，应该归属于工人。马克思的批判是对工人劳动所有权的捍卫。诺齐克自己正是以抽象的自我所有原则为出发点，借助于正义之链对资本主义社会存在的不平等进行辩护，并且借助于这一原则捍卫个人的基本权利以反对国家通过税收方式在某种程度上调节社会贫富的政策。

诺齐克这是只知其一，不知其二。马克思对国民经济学的批判不是指向其对现有资本主义经济关系的原则性论证，而是揭示这一原则在现实的资本主义经济关系中是以异化的方式存在的。

在马克思的批判思路中并非没有正义原则，马克思的理解是以劳动条件即劳动者与劳动对象直接统一为前提的。不过，对于马克思来说，劳动者与劳动对象的直接统一也只是历史性前提，在历史的进程中，一旦生产力的发展为财富积累提供了可能，这一前提同时也就具备了瓦解的条件，原则也就具有了被颠覆的可能，卢梭也是从这一意义上，论证了铁的出现与人类社会不平等形成之间的关系，卢梭的思想对马克思是有影响的。正因如此，马克思的分析批判不是从抽象的原则出发，或者说不是发端于对抽象原则的批判，而是从现实社会的生产关系出发，并且不是立足于个体，而是立足于处在一定生产关系中地位不同的群体（阶级群体）。

诺齐克强调抽象的自我所有原则，并且尝试去对这一原则在现实的社会关系中所导致的颠覆性结果进行一以贯之的辩护。诺齐克的这种辩护逻辑，在某种意义上与国民经济学的观点具有异曲同工的效果，这种观点将资本家既有的私有财产看作外化劳动（利润）的前提，外化劳动是私有财产运动的结果，所以应该归属于私有财产的拥有者。这种观点完全无视个人的自我所有与对象化了的资本逻辑所有之间存在的异化关系。

英国分析的马克思主义者柯亨针锋相对地撰写了一系列文章及著作（《自我所有、自由与平等》①）来批判诺齐克的观点。同样，柯亨的批判并没有直接指向诺齐克的基本概念——自我所有原则，在他看来，否定这一原则似乎是不可能的，柯亨的批判指向诺齐克由前提到结论的推论过程。仅仅作为抽象的原则，自我所有还没有涉及任何实质性的利害关系，一旦这一抽象的原则涉及人与自然，人与劳动手段、劳动对象、劳动结果的关系，以及人与人之间的关系，双方的分歧就充分展现出来了。柯亨认为，当自由主义

---

① G. A. Cohen, *Self*: *Ownership Freedom and Equality*, Cambridge University Press, 1995.

者以自我所有原则为前提坚持每一个人完全拥有他自己时，这一论证本身并没有包含自我所有的人拥有客观对象的权力，更没有包含在物质性生产劳动中依据对客观对象的拥有从而能够占有他人劳动的权力。

我们再来看看另一种情况：与诺齐克仅仅强调抽象的原则不同，伍德有关马克思对资本主义的批判是否含有价值观判断的讨论，引起国外学者的广泛争议，并且在一定的历史境遇下这一争议又在中国学者中间延续、扩展。

伍德在《马克思对正义的批判》①一文中引用了马克思在《资本论》第三卷中的表述："生产当事人之间进行的交易的正义性在于，这种交易是从生产关系中作为自然结果产生出来的。这种经济交易作为当事人的意志行为，作为他们的共同意志的表示，作为可以由国家强加给立约双方的契约，表现在法律形式上，这些法律形式作为单纯的形式，是不能决定这个内容本身的。这些形式只是表示这个内容。这个内容，只要与生产方式相适应，相一致，就是正义的。只要与生产方式相矛盾，就是非正义的。"② 这句话同样也成为国内学者在讨论此类问题时广为引用的句子。马克思在不同的地方，还有类似的表达。

伍德从功能意义上来解读正义原则与生产方式的适应，本来是力图澄清问题，以使得马克思的批判思路更容易为人们所理解。但是由于他对正义概念在理解上的困惑，实际结果是在一定程度上导致了对马克思批判思路的曲解，并且引起更大的混乱。

伍德的主要问题在于没有对正义概念的两种涵义进行区分，这实际上也使他自己陷于困惑之中：他一方面从司法涵义上理解马克思使用的正义概念，认为"对马克思而言，无论资本主义可能是什么，它似乎都不是不正义的"③。另一方面又将马克思所使用的正义涵义直接与道德涵义画等号，质疑马克思通过剩余价值理论对资本主义剥削关系的论证与道义谴责。认为："用工资来交换劳动力，这是发生在资本家和工人之间的唯一交换。这是正义的交换，它早在出售生产商品并实现其剩余价值的问题产生之前就已完成。资本家购买了一个商品（劳动力）并支付了它的全部价值；通过使用和剥削这一商品，他现在创造出一种比原先支付的价值还要大的价值。这

---

① 〔美〕艾伦·伍德：《马克思对正义的批判》，林进平译，《马克思主义与现实》2010 年第 6 期。
② 《马克思恩格斯全集》第 46 卷，人民出版社，2003，第 379 页。
③ 〔美〕艾伦·伍德：《马克思对正义的批判》，林进平译，《马克思主义与现实》2010 年第 6 期。

个剩余价值就是属于他的，而从来不属于任何人的，他不欠任何人一分钱。"①

他进而引用马克思的陈述："这种情况对买者是一种特别的幸运，对卖者也决不是不公平。"② 来证明自己在误解基础上的判断："资本占有剩余价值就没有包含不平等或不正义的交换。"③

伍德对马克思是误解还是曲解？我们暂且不论。这里伍德对正义概念的理解，在不知不觉中已经发生了从一种涵义到另一种涵义的游离，在正义概念所蕴含着的两种涵义之间发生了混淆。这可以看作误解的根源。从另一个角度来看，伍德所引用的这些句子，并不是马克思在陈述自己的观点，而是马克思在讨论问题时，站在对手的角度、用对方的观点，进一步审视自己的批判思路。

例如，上面那句原话可见于马克思在《资本论》第一卷讨论劳动与资本增值问题时所说的一段话，在这段话的前面，马克思非常清楚地说到"从资本家的观点看来"④，这是马克思在间接引用当时媒体上出现过的观点。把这段话作为马克思的观点来陈述，显然是太不严肃了，而接着又引用马克思用对方口气在另一个地方所说的另一句话来佐证这一观点，这就难以用误解来解释了。

对于马克思来说，问题还是比较清晰的：马克思基本上没有用西文中的正义概念一词来对资本的抢劫、掠夺等进行道义性批判，恰恰相反，马克思在这一问题上使用正义概念，是在资本主义生产方式框架内论述其交易行为的合法性。

正义概念在西文中本身具有双重涵义，其德文是 die Gerechtigkeit，与该词相应的英文词是 justice，它们都具有双重涵义，即法律与正义，或者司法意义上的合法性、合理性判断（如 be justified）和在其引申意义上具有的道德与否的价值观判断。在一般情况下，司法判断与道德判断并不总是能够重合。马克思从司法意义上对正义概念的理解和使用与其新历史观是统一的。

---

① 〔美〕艾伦·伍德：《马克思对正义的批判》，林进平译，《马克思主义与现实》2010 年第 6 期。
② 《马克思恩格斯全集》第 44 卷，人民出版社，2001，第 226 页。
③ 〔美〕艾伦·伍德：《马克思对正义的批判》，林进平译，《马克思主义与现实》2010 年第 6 期。
④ 《马克思恩格斯全集》第 44 卷，人民出版社，2001，第 216 页。

这一概念在《马克思恩格斯全集》中译本中被直接翻译成"正义"。"正义"这一概念在中文这里，基本上是一种具有道德涵义的价值判断，因而这一翻译很容易使人们从更加具有价值观判断的意义上来理解这一概念。在中文这里，司法意义上的概念：合法，与价值观意义上的"正义"用词不同。所以一些中国学者甚而比伍德更为直接地倾向于否定马克思对资本主义剥削关系的价值观意义上的批判。

马克思对资本主义生产关系中劳资双方的交易行为是合乎由其产生的司法关系的陈述，与通过剩余价值理论对这一交易关系在形式上平等背后存在着实质上不平等的论证，并不矛盾。前者是在资本主义现实及其与其相应的国民经济学语境中进行的论证，而这一论证在马克思那里恰恰是为了说明：在这样一种形式及与其形式相符合的内容即生产方式的背后存在着剥削关系，马克思以剩余价值理论为核心的政治经济学批判研究就是致力于去论证在资本主义生产关系中这一剥削关系在形式平等背后的实质不平等以隐蔽方式的存在。

正是从这一意义上说，只有从马克思新历史观的角度，我们才能理解马克思正义观的真正内涵。在马克思这里，正义判断与剥削判断之间的区别还是非常清晰的。马克思不用正义概念对资本主义生产关系进行价值观意义上的谴责，本身避免了这样一种涵义上的困扰。

正义概念的合理性、合法性涵义基于法理判断，正义概念的价值观涵义基于道德判断，两者不能直接等同，从词源的历史渊源来说，两者最初或许是同一的，但是在发展中，现实已经赋予这个概念以更多的涵义。合乎道德与合乎法律之间的矛盾在通俗的意义上以情与理的矛盾形式表现出来，这是正义概念发生涵义分化的现实基础。中文选择用不同的词汇来表达其不同的涵义，或许与这些概念在中文这里的起步较晚有关。

我们今天如果不从词源、不从该词的历史去了解"正义"这一概念的涵义，就容易简单地将其与道德判断画等号，并因此在马克思那里发现矛盾：一方面从资本主义生产关系入手来论证并且批判资本主义的剥削制度，另一方面对适应生产力发展水平的资本主义生产关系进行正义的判断。严格说来，这样的理解陷我们自身于困惑之中，无助于我们对事物确切而深入的认识。

在同样的意义上，马克思谈到国民经济学家的窘境：这些经济学家们"没有能力把资本作为资本所采用的占有方式同资本主义社会自身所宣扬的一般的财产法调和起来"。① 即经济学家们不能用同一个原则来协调资本对他人剩余劳动的占有与资本主义私有财产法以保护每一个人的私有财产权这一一般原则之间的矛盾：这个原则宣扬保护私有财产，但是资本通过占有他人私有财产（剩余劳动）的途径实现自身的增值，或者说通过侵占他人劳动的方式实现自身的增值。这正是资本关系使人困惑的地方：以资本运行为主导的生产关系在形式上体现的是交换双方之间平等和自由的交换关系，是符合市民社会法的精神的。马克思由此指出："这一形式的表现，这一迷惑人的表现，从其所涉及的法的关系来说，体现为自身之外的东西。"② 这一自身之外的东西是什么？

合乎法律形式的经济关系，为什么在实质内容上违背法的精神，成为置身于法律之外的东西？这一切发生于奉行同一原则的合法程序之中。即在合法程序中运行着的原则，在现实中形成背道而驰的结果，马克思认为这里存在着经济学家没有能力进行解释的理论困境。

马克思在政治经济学批判性研究中致力于剩余价值理论的研究，正是为了寻找问题的答案。显然，马克思对资本主义的批判并不是指向其抽象的正义观，在不同文本文献的阐述中，他试图说明资本逻辑下的经济交往关系在形式上并没有违反这一正义观。马克思的这一批判方法在他早期与激进的批判理论家和青年黑格尔派的论争中就已经体现出来了，他因此将对思想、观念的批判转向对现实社会关系的批判。

马克思对资本主义经济关系的价值观批判与对资本主义经济关系的合法性论证在其深层次上体现了资本逻辑在矛盾中的存在，作为原出发点的正义走向了自身的反面：正是由于正义原则在一定的历史境遇下走向了悖论，合乎法律形式的行为，本身具有了违背正义原则的非正义性，去探求这一现实关系得以形成并且在其原则内容被颠覆的情况下得以存在的机理，正是马克思的剩余价值理论想论证的问题。

显然，马克思对资本主义的批判并非一种无关道义判断的正义原则的批判，或者说马克思并没有从道义判断的意义上认为资本主义生产关系是正义的。马克思的批判具有价值观取向，然而马克思的批判并没有简单地诉诸抽

---

① *Marx/Engels Gesamtausgabe*, Band II/1.2, Dietz Verlag Berlin 1976, p. 369。参见《马克思恩格斯全集》第 30 卷，人民出版社，1995，第 452 页。

② *Marx/Engels Gesamtausgabe*, Band II/1.2, Dietz Verlag Berlin 1976, p. 372。参见《马克思恩格斯全集》第 30 卷，人民出版社，1995，第 457 页。

象的正义原则，他的政治经济学批判研究尝试着从历史进程到现实程序这两个方面来分析论证这一抽象原则在现实经济关系中是如何发生悖论的。

除了正义概念本身具有价值观和司法涵义的差异，两者还分别被人们从普遍性和历史性的角度来理解，从而形成了交互重叠、错综复杂的理解路径，围绕着这一问题所产生的各种论争无不与此相关。

从普遍性的角度来理解正义概念的涵义，从抽象的、规范的意义上将其作为评判道德与否的准则，分析的马克思主义是这种观点的代表；从历史性的角度上来理解正义概念的涵义，将正义概念的内涵置于一定的历史语境之中，黑格尔哲学的马克思主义学者是这种观点的代表。前者往往被冠之以道德至上主义，即忽略经济关系而进行所谓纯粹的道德批判；后者则难于摆脱道德相对主义的指责。

马克思对资本主义的批判既蕴含着道德意义上的正义原则，但又不仅仅局限于这一原则，因为在马克思看来，一定历史条件下现实社会中的生产关系使得这一原则以悖论的方式存在着，马克思对资本主义生产方式在司法正义层面上的论证，与其对这一关系在道德正义层面的批判，并不矛盾，前者是形式正义，后者是实质正义。从这一意义上来说，马克思的正义观不仅与其政治经济学的批判思路，而且与其新历史观在理论上是统一的，政治经济学批判研究在于坐实正义原则在资本逻辑主导下的经济关系中被颠覆的事实，而新历史观则从现实社会的经济发展程度（生产力发展水平）上去理解这一颠覆的发生机理仰赖于一定生产关系的形成，并且从社会生产的进一步发展中去论证这一生产关系的未来变更趋势。

四　原则与境遇：从悖论到超越

从《1844 年经济学—哲学手稿》到《1857—1858 年经济学手稿》，马克思尝试着去说明资本主义生产关系得以形成的历史性契机在于财富积累（或货币积累）向资本积累的转换，及其所带来的诡异性变化：原则不变，内容变了。这一变化是如何发生的？这自然要涉及资本原始积累的源头和程序问题，这同样是自由主义理论最为关注的问题。马克思分别从两个角度讨论了这一问题，其一是合法程序，其二是非法程序。

从合法程序的角度来看："财产所有权的最初起源是基于自己的劳动。财产现在表现为能够占有他人劳动的权利，而劳动不能够占有自己的产品。

财产、进一步说财富与劳动的完全分离，现在表现为从其同一性规则出发的结果。"①

　　在《资本论》写作中，马克思从非法程序的角度讨论过这一问题："大家知道，在真正的历史上，征服、奴役、劫掠、杀戮，总之，暴力起着巨大的作用。但是在温和的政治经济学中，从来就是田园诗占统治地位。正义和'劳动'自古以来就是惟一的致富手段，自然，'当前这一年'总是例外。事实上，原始积累的方法决不是田园诗式的东西。"②

　　对于前资本的财富积累，我们可以这样来归纳马克思讨论过的两种程序：第一，从非法的程序（原罪的）来理解，战争、暴力、抢劫等以各种方式强占他人劳动，等等。第二，从合法的程序（无罪的）意义上来理解，由简单交换关系过程中的差异（包含继承遗产）累积产生，这种差异可以来自交换中的贱买贵卖、生产中的能力、努力、各种自然条件或偶然机遇等因素，这种情况在历史上、在现实中都存在着。

　　显然，能够带来诡异性转变的契机本身，既可以是偶然因素，也可以是必然因素；既可以是非法的因素，也可以是合法的因素。当马克思用"一种意外的结果"或者"总是例外"之类的表述来理解这一转变的契机时，他讨论的是非法的、甚而暴力的等因素。

　　然而，无论是哪种情况，其客观结果是一样的，这一积累一旦转化为资本，就必然使问题发生蹊跷的变化，也就是马克思所尝试着阐述和讨论的问题：积累了的对象化劳动，在一定的生产关系条件下，成为进一步积累他人劳动的前提条件，形成一种合法的、累进的社会分化程序。

　　在马克思对积累财富向资本转化这一诡异性转变的理解中，劳动与资本的分离是一个非常关键的因素，分离发生了，规则还是那个规则，但是对象性关系的性质已经完全不同了。因此，问题就在于，财富积累向资本职能的转换是如何又同时伴随着劳动与资本的分离的，以及前者的转换又以后者的分离为前提条件，如何从理论上来理解并且阐述这一问题？

　　在《1857—1858年经济学手稿》的写作时期，马克思思考着这一问题，并且因此又将初始资本分解为剩余资本Ⅰ和剩余资本Ⅱ，以对资本的原始积

---

① *Marx/Engels Gesamtausgabe*, Band II/1.2, Dietz Verlag Berlin 1976, p. 367. 参见《马克思恩格斯全集》第30卷，人民出版社，1995，第450页。

② 《马克思恩格斯全集》第44卷，人民出版社，2001，第821页。

累和功能积累进行区分①，从经济关系发展的自然进程中、从自然而又必然的因素中探讨经济关系发生诡异性变化的契机。正是这一变化使得同一原则在运行中在形式上并不违反自身的情况下，在现实中走向了自身的反面。

马克思对资本主义生产关系的批判思路不是从抽象的原则，而是从现实中存在的生产关系出发，与此相应，马克思解决问题的思路也不是仅仅简单地寄望于既有原则的改变，而是诉诸在一定历史条件下而发生的社会主义生产关系的变革。

在生产关系发生变更后的社会形态里，从理论上来说，劳动者与生产资料是直接统一的，能够占有他人剩余价值的私人资本随着生产资料的公有化为社会公共所有，尽管公有制的规模和范围是非常不同的。在这种情况下，是否就意味着抽象的正义原则在社会现实中能够自然而然地得到实现呢？马克思没有正面地从理论上具体地阐述过这一问题，在《哥达纲领批判》中，他通过对德国工人党纲领的批判，讨论了抽象原则本身的局限性及其在具体实践中可能存在的诸多困境。

在《哥达纲领批判》中，针对拉萨尔等在德国工人党党纲中提到的生产资料公共占有条件下不折不扣的劳动所得和公平分配，马克思分别进行了分析与批判。"不折不扣"涉及的其实是社会规模下的经济核算问题，而劳动所得和公平分配涉及的则是哲学意义上的原则问题。

"什么是'公平的'分配呢？"② 这是马克思的提问。在《马克思恩格斯全集》中文版中，这里"公平的"概念就是上面讨论过的"正义"概念的形容词，所以我们从涵义上不难理解马克思在这里讨论的是什么问题。对于马克思来说，劳动所得与公平分配，是资本主义经济关系在司法程序中的体现，是这种经济关系的表面现象。

而在资本主义向共产主义转变的过渡阶段，调节商品流通的等价交换原则不变，但是"内容和形式都改变了，因为在改变了的情况下，除了自己的劳动，谁都不能提供其他任何东西，另一方面，除了个人的消费资料，没有任何东西可以转为个人的财产"。③

---

① *Marx/Engels Gesamtausgabe*, Band II/1.2, Dietz Verlag Berlin 1976, pp. 367 – 368。参见《马克思恩格斯全集》第30卷，人民出版社，1995，第451页。

② 这里"公平的"原德文是 gerechte。参见 *Marx/Engels Gesamtausgabe*, Band I/25, Dietz Verlag Berlin 1985, p. 12；《马克思恩格斯全集》第25卷，人民出版社，2001，第16页。

③ 《马克思恩格斯全集》第25卷，人民出版社，2001，第18页。

马克思由此认为，"在这里平等的权利（Recht）按照原则仍然是资产阶级权利（bügerlicheRecht）"。① 我们从字面上就能看出，权利是司法意义上的，所以有时也被直接译为法权。"bügerliche"这一概念情况有些复杂，马克思使用的这一概念来自黑格尔，在黑格尔那里有财产的人才能被称为市民，在这一意义上它被翻译成资产阶级，但是，当马克思在《哥达纲领批判》中说，在过渡期社会发展阶段，平等的权利按照原则仍然是"资产阶级权利"（中文版用语）时，这里无疑是排除了凭借着对生产手段的占有而能够占有他人剩余劳动的按资分配权利。因此，马克思在这里所讨论的法权应该是指具有普遍性意义的市民权利，而非特定阶层的资产阶级权利。

这里权利或者法权平等的实质是在初期社会主义生产资料公有制条件下维护个体劳动在付出与回报之间的相关性，承认并且尊重其差异的存在。借助于这一概念，马克思讨论的问题是在生产关系发生变革的初期，资本主义社会那形式上的平等原则还会延续，并且作为抽象的原则并没有发生变化，但是在现实的运行中，即使没有了能够使其走向对立面的生产资料私有制，也会受到很多条件的限制，马克思从主客观方面讨论了这些局限性，并且因此认为，"要避免所有这些弊病，权利就不应当是平等的，而应当是不平等的"。②

此处权利的不平等恰恰是为了克服权利平等所天然具有的局限性及其所包含的差异，以及其在一定条件下蕴含着的潜在悖论。这与罗尔斯所谓的差异原则有着天壤之别，差异原则是在强调权利平等的基础上，认可由此形成的主客观差异，包含生产手段占有的差异，并且仰赖于这种差异以获得经济效率，由此带来的社会财富，借助于国家的宏观调控措施，进行倾向于弱势群体的再分配。而马克思此处所说的权利的不平等，是伴随着生产关系的变革，在法权关系上发生的一种变化，原基于回馈正义的权利平等原则，为自觉自愿的奉献所取代，原则已经发生了变化。回馈正义为平等正义所取代，但是这里的平等正义不是基于市民法权意义上的平等，而是基于个体不同需要意义上的平等满足，马克思因此说："只有在那个时候，才能完全超出资产阶级权利（又可译为：市民法权——笔者注）的狭隘眼界，社会才能在

① *Marx/Engels Gesamtausgabe*, Band I/25, Dietz Verlag Berlin 1985, p. 14。参见《马克思恩格斯全集》第25卷，人民出版社，2001，第19页。
② 《马克思恩格斯全集》第25卷，人民出版社，2001，第19页。

自己的旗帜上写上：各尽所能，按需分配！"①

这一超越回馈正义的平等正义原则需要两个前提的支撑，其一是生产力的发展与物质财富的巨大丰富，其二是伴随着生产关系的变革，人们意识发生的相应变化：为了获取同等回报的相应付出，为自觉自愿地无私奉献与超脱于斤斤计较物质利益的人的全面发展、自我完善所取代。这从两个方面体现了唯物史观的基本内容，其一是生产关系对生产力的适应，其二是社会存在与人们意识之间的相互关系，这两个方面本身又存在着纵横交错的联系机制，至少，这两者作为基本要素，对于马克思所预测的原则转换或者原则超越来说，缺一不可。显然，我们只有从唯物史观的角度才能理解马克思的正义观。

正是从新历史观的视角，马克思批判了在分配问题上大做文章的哥达纲领，认为：消费资料的任何一种分配，都不过是生产条件本身分配的结果。生产决定分配，生产要素拥有的方式，决定消费资料的分配方式，撇开生产方式而围绕着分配兜圈子的哥达纲领，在马克思看来，是庸俗的社会主义仿效市民经济学家，离开生产方式解释社会主义，围绕分配方式兜圈子②。关键的问题在于，对按劳分配原则的诉求，沿用的仍然是市民社会的原则，这一原则在生产资料私有制的条件下，只是一个幻象，在生产资料公共占有或者不同层次社会拥有的条件下，由于各种主客观因素的存在，仍然是一个迷像。马克思因此提出了在一定的历史条件下，超越市民社会的分配原则，即由按劳分配到按需分配。

五　当代政治哲学转向的历史境遇与局限及 马克思批判思路的现实意义

从马克思批判思路的逻辑性进展中，我们很清晰地看到，马克思对资本主义的批判思路经历了由抽象原则到现实社会经济关系的发展，由思想、道德观念到现实社会关系的过渡，根据这样的认识，资本的逐利行为，即对剩余价值的追逐，并非资本家个人缺乏道德的经营结果，也不是在分配领域通过公平的分配能够解决的问题，而是一定生产关系的产物。马克思因此意识

---

① 《马克思恩格斯全集》第 25 卷，人民出版社，2001，第 20 页。
② 《马克思恩格斯全集》第 25 卷，人民出版社，2001，第 20～21 页。

到道德批判的局限性，而将剥削和奴役关系的终结诉诸这一生产关系在一定历史条件下的改变。

20 世纪对于马克思主义创始人的理论来说，是个不平凡的世纪，这一理论在相当规模的世界舞台上为近四分之一的人口不同程度地实地践履：早期社会主义事业在苏联的开启，中期东欧诸国、中国等国家相继步入社会主义实践行列。作为一种崭新的社会形态，短短数十年中也暴露出一些问题。70 年代末中国开启了改革开放的进程，20 世纪 80 年代末、90 年代初苏东发生改旗易帜的剧变。

与此同时，当代资本主义也发生着相应的变化，二战以后，以苏联为首的社会主义国家群的诞生，对资本主义世界起到一定的震慑作用，促使其程度不等地普遍实行了福利措施，以缓和各种社会矛盾，并形成相应的意识形态——新自由主义。20 世纪末，随着东欧剧变的发生，资本主义国家的福利普遍程度不等地有所下降，除了冷战局面的结束，在一定程度上这也与经济全球化所带来的新的竞争局面的形成有关。这些历史境遇，在一定程度上左右了国外马克思主义的研究状况。

苏东社会主义实践后期、中国社会主义改革实践初期，西方世界的左翼学者已经开始关注马克思主义的正义理论，尤其是马克思的分配正义理论，例如大卫·米勒（英）、艾伦·伍德（美）等，以柯亨为代表的分析的马克思主义，发源于法兰克福学派的当代社会批判理论，在某种程度上呈现出与马克思批判路径相反的转向，即将批判的视阈重又由经济关系、生产关系指向道德领域，道德与规范问题成为转向后的主要语境。发生这一转向的原因是相当复杂的，其中既有对 20 世纪历史进程与历史事件的反思与解读，又有对唯物史观理论从微观视野的探微，也有在与自由主义理论的论战中受着对方话语体系的影响与钳制。

例如柯亨后期对诺齐克、罗尔斯的批判，尽管其唯物史观的立场没有发生动摇，但是他对未来社会主义可能性的探讨，在很大程度上是从道德、规范的语境角度进行论证的。哈贝马斯从程序、参与、语言交往的角度对规范伦理的讨论，在制度构建的意义上与罗尔斯的无知之幕有着异曲同工的妙用，即强调一种良序制度的主体设计与构建功能，而不是诉诸与生产力发展水平相适应的生产关系的彻底变革。分析的马克思主义学派与社会批判理论的政治哲学转向对于国外马克思主义理论的阵营来说，具有举足轻重的影响。

2008 年发端于美国而蔓延至全球的金融危机，以及继发的经济危机将资本运行机制的固有矛盾在新的历史条件下以更加抽象的形式再次暴露出来。客观事实告诫人们，马克思所揭示和论证的资本主义社会经济关系的内在冲突并没有随着资本主义福利体制的建立和信息化时代的到来而在本质上有所改变。金融危机的爆发在一定程度上扭转了自 20 世纪 90 年代以来，国外马克思主义的文化批判、道德批判甚于政治经济批判的局面，与后现代主义相关的后马克思思潮在很大程度上为马克思的当下性所取代。马克思的《资本论》成为热销产品，马克思对资本逻辑及其运行轨迹的深刻揭示与批判，在某种程度上又将人们的视野引向关注生产关系和经济领域。与此相应，左翼激进理论的势头有所发展，并且与规范伦理派构成两种在风格上截然不同的当代资本主义批判路径。

在全球化发展局面下，金融资本形式的高度抽象化、虚拟化，股权拥有在一定程度上的分散与社会化，似乎改变了剩余价值在少数人手上集中的发展趋势，而经济信息化与网络平台的出现似乎形成了一种共享经济的氛围。然而在共享平台的背后存在实实在在的网络大鳄，而股权拥有的分散与社会化也没有改变资本在少数人手上集中的基本趋势。即使在福利程度很高的北欧社会模式下，这一情况也无例外。

这种情况不过说明，在所谓的后工业、信息化时代，尽管金融资本、产业资本的运行方式已经发生了很大变化，资本逻辑的内在本质依旧。马克思的《资本论》所论证的资本运行规律并没有发生根本的改变。《资本论》的核心是剩余价值理论，这一理论自形成以来被西方学者从不同角度进行质疑，但是资本主义社会物质财富在少数人手上不断集中的事实，似乎是对这些质疑的客观回应。

2008 年金融危机之后，法国经济学家皮凯蒂撰写的《21 世纪资本论》[①]在刻意避开马克思的剩余价值理论的情况下，用一种奠基在当代数字化、信息化基础上的大数据，论证了从历史的平均发展趋势来看，资本利润率的增长速度高于国民经济增长速度的发展趋势，他用 r＞g 的公式来论证这一趋势，在客观上借助于大数据提供的资料佐证了马克思剩余价值理论想要说明的问题：资本主义贫富分化得以存在的社会结构，即社会新增财富在资本一端的积累，并且用不同时期的数据论证了这一历史趋势并没有发生变化。

同样，在以客观数据为依据的基础上，皮凯蒂揭示了资本主义理念与现

---

① 〔法〕托马斯·皮凯蒂：《21 世纪资本论》，巴曙松等译，中信出版社，2014。

实的悖论：即现代民主社会以劳动回报为基础的价值观，由于 r > g 现象的存在，被遗产继承收入高于劳动回报收入的事实所颠覆。马克思对资本主义的批判经历了由思想观念、道德的批判走向政治经济学批判的历程，皮凯蒂以经济大数据为依据，反过来论证了现代资本主义社会（西方学者称之为现代民主社会）被颠覆的劳动回报价值理念，在一定程度上导致了劳动致富价值观向承袭制的回归。这与伍德的视野不同，皮凯蒂从道义批判的层面力挺了马克思对资本主义的价值观层面的批判。

不过，皮凯蒂的批判在规避马克思剩余价值理论的同时，也规避了财富的形成这一社会本体论的论证基础，他仅仅专注于对资本利润增长率与国民经济收入增长率的量化比较，从资本利润分配的意义上论证资本在占有社会新增财富中的优势，以揭示社会财富在少数人手上集中的发展趋势，但是对这一颠覆劳动回报价值观的趋势为什么会在劳动回报理念规范下的经济制度中发生，与马克思所说的国民经济学家们一样，皮凯蒂无力给出任何解释。

综上所述，虽然马克思很少从正面讨论正义问题，但是马克思对资本主义的批判思路中并非没有自己的正义观，这样的正义观在《1844 年经济学—哲学手稿》中就以理想的、抽象的、人道主义的理念形式体现出来，这种理念在人类解放是摆脱经济驱迫力的自由自在发展的意义上超越了资产阶级革命以挣脱封建束缚追求以私有财产为基础的自由、公正与平等的理念。马克思清晰地看到资产阶级革命理念在现实中的困境，但是马克思对资本主义的批判不是指向其抽象的理念、原则，而是深入现实社会，揭示其理论、原则遭到颠覆的现实境遇——资本逻辑的存在。同时，在充分肯定资本历史作用和历史地位的前提下，马克思尝试着论证在一定历史条件下生产关系的变革及其相应的对资产阶级革命理念和原则的超越。传统社会主义实践呈现了变革后的生产关系与按劳分配原则之间仍然存在着矛盾，其中的有些问题已经为马克思在《哥达纲领批判》中所讨论过，有些并未为马克思所预见。当代国外马克思主义与左翼理论的政治哲学转向，在某种意义上与20 世纪末的时代变迁有关，21 世纪初的金融危机在某种程度上又扭转了这一局面，重现了马克思政治哲学批判思想的现实意义。

原载《理论视野》2019 年第 11 期，收入本书时有改动。

作者单位：中国社会科学院哲学所

二 专文

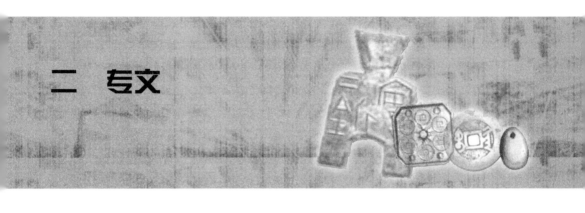

历史的积极性质："中国方案"出场的文化基因探析

张　雄　朱　璐　徐德忠

　　"中国方案"是 21 世纪中国特色社会主义理论逻辑和中国社会发展历史逻辑相统一的总表达，是中国对世界时代之问的回应。它最初由习近平主席于 2014 年首次提出并获得不断丰富和发展，既是对中国改革开放实践经验的总结和提升，又是对近当代中西方文化的吸纳和贯通，更是对中国几千年优秀传统文化的传承和提炼。作为文化符号的"中国方案"，它呈现的是国脉与文脉、民族与世界、基因与传承、内在否定与自我交战的交互统一。积淀几千年的古老华夏文明，融聚古今智慧的儒学思想精粹，经过中国改革开放实践的洗礼，已成为"中国方案"走向世界的"历史灵性"之一，对这一历史的积极性质的再认识，是当下中国智慧贡献世界文明发展的重要元素。

一　历史的积极性质：历史灵性之发现及现实化

　　意大利历史学家、哲学家贝奈戴托·克罗齐在《历史学的理论和实际》中指出："如果历史应当说明而不应当谴责，历史就只会做出积极的判断，就会造出善的链条，这链条是如此坚实、如此紧密相扣，以致不可能从中插入一个小小的恶的链扣或插入空隙"，[①] 他还指出："在历史进程中所保存和

---

① 〔意〕贝奈戴托·克罗齐：《历史学的理论和实际》，道格拉斯·安斯利英译，傅任敢译，商务印书馆，1982，第 65 页。

丰富的是历史本身，是灵性。过去不异于在现在而活着，它作为现在的力量而活着，它融化和转化于现在中。"① 克罗齐上述思想有着三个方面的寓意，其一，历史中有哲学。如何看待历史？克罗齐既反对抽象的运用哲学来演绎历史，又反对对历史的感性、表象的碎片式叙事。他认为历史本身实存哲学。历史中的哲学所主要讨论的问题有：人类的作为是有结果的还是无结果的；是被删去的还是作为历史遗存物被保存的；历史的目的是能达到的还是无限接近的幻象；历史是进步还是退步，还是进步与退步、伟大与衰落相交替；历史发展的主导趋势是善还是恶等。历史中的哲学集中体现在：关于发展的概念，关于目的的概念以及关于价值的概念。② 他们是真世界的整体，是哲学在历史中的最高显现。按照唯物史观逻辑的分析，这个哲学恰恰是对人类真实历史实践活动的本质的抽象，它是把人类实践活动中的真善美，这些带有积极因素的东西凝聚在一起，构成历史进步的目标，正是在这个意义上，人类自身的生物进化、人类社会正能量的发挥与历史真善美的进步是一以贯之的。

其二，发现历史中有哲学，其真实意义在于发现历史具有内在的积极性质。克罗齐从历史整体性视阈来解释历史，有助于发现历史属人的主体性原则。历史进化过程中的精神要素是历史存在的根据，历史的质料是可以被改变的，正是历史内在的积极因素不断战胜历史内在的消极因素，历史才是真正意义上属人的历史，才会呈现历史进步的事实。不是肉体支配人的历史行为，而是历史理性牵引着人类感性肉体及本能活动。发现了这一"整体性"哲学公理，才能揭示历史内在的积极性质：追求更善的目标、追求精神意向性实现、追求进步的观念。正是历史拥有内在的积极性质，历史质料向历史形式的转换才能成为必然，历史绝不可能成为虚无主义的怪物。人类作为历史的主体，他的行为、他的活动是不是有目的的、有自觉意识感召的，如果否定了人类作为一个能动的类而在主宰着自己的历史活动的话，那他和动物就没有区别。正因为我们把人类活动轨迹看成是每一个时期人类自由自觉地去创造他那个生存的目标，这个历史就是积极的，可预期的。所以，人类追求自由自觉活动的历史过程受历史积极性质的牵引，它决定了完整过程的进

① 〔意〕贝奈戴托·克罗齐：《历史学的理论和实际》，道格拉斯·安斯利英译，傅任敢译，商务印书馆，1982，第68页。
② 参见〔意〕贝奈戴托·克罗齐《历史学的理论和实际》，道格拉斯·安斯利英译，傅任敢译，商务印书馆，1982，第62页。

步意义而非倒退的结局，决定了历史普遍性的实现而非历史特殊性的任性。

其三，历史有灵性，它作为过去有价值的思想为现在的力量而活着，并融化和转化于现实中。克罗齐认为，历史绝不是死亡的历史，而是关于生活的历史。因而对民族、国家、制度、习俗、文学及艺术理想和宗教概念的死亡，而不对他们的生存加以叙述的一切历史都应被认为是错误的。如果把普遍精神的不朽性赋予精神的某一特定和定性的形式，历史便成为一片漆黑，历史便成为关于美好事物的痛苦和死亡的不幸的历史。然而，传统的思想注定是要死亡的，但经过后人的精神，被再造以后，会呈现新的光辉，它作为现代的力量而活着，是历史进步不可或缺的灵性。① 在哲学家看来，发展是一种永恒的超越，又是一种永恒的保持。历史的灵性，表明着历史发展过程的精神承载、延续、出跳和超越。它的存在、绵延和持续，实际上更多的是思想文化的内在性、链条性和文化的基因作用的结果。事实上，思想文化的传承不是原封不动的保留，而是根据每个历史时代的实践特点加以辩证综合和扬弃，可见，历史的积极性质代表了每一个时代对历史的文化基因的一种能动的选择和继承，这种选择的必要性，一方面，它隐喻着人类作为一个高等动物，它自身所拥有的品质以区别于动物界，选择是主体对客体的洞穿，由新的需要而产生的理性接纳。另一方面，这个具有历史积极性质的文化基因，不是主观随意性的语词表达，如克罗齐所言，这种表达是摒弃了思想的严肃性的一种表达，是狡猾地把价值给予最庸俗和矛盾的思想，那类思想是由传说传递下来的，是在心中无聊地幻诞的，或是由于一时的任性所闪现出来的。在克罗齐看来，应当是深刻地经过历史反复检验的那样一个真言，那样一个逻辑与思想相贯通的，一个历史的道，正是从这个意义上来说，这种文化基因，实际上就是历史的观念、历史的思想、历史的真实逻辑，即历史的灵性。因此，历史的灵性，深刻地表现为：精神的内在否定性是当下人类实践活动的需要，由需要而产生的新的精神呼唤，在辩证、承载优秀文化基因的基础上，扬弃了自身。

克罗齐的历史的灵性观点有着深刻的理论意义。人类从单纯动物的野蛮状态过渡到人道状态，直至文明状态，从屈从于大自然发展到自由状态，文化灵性的萌发和触动是这一进化的关键，然而，人类对自身生存方式的考

---

① 参见〔意〕贝奈戴托·克罗齐《历史学的理论和实际》，道格拉斯·安斯利英译，傅任敢译，商务印书馆，1982，第68~70页。

量，尤其是弃旧取新的选择，其能动性的持有首先来自人类文化主体的自我意识的觉醒。它集中地表现为四种公理的确认：一是精神可以靠想象力来创造出与人的本能冲动相背离的种种愿望，以此来反叛大自然的声音；二是精神可以将对象世界脱离人的感官区域，并使它朝着内心化、持久化的方向发展，使它由单纯的感官对象变为人的认识对象和审美对象；三是精神可以引导人类去深思熟虑地期待未来，从而结束过去那种动物式的单纯享受当下瞬间的生活状态；四是精神带来了人类生存的目的意识，自然也就成了供人类支配以达到自己喜爱的目标的手段和工具。①

在看待儒学思想及其价值观是否具有历史灵性的问题上，国际学术界有着迥然不同的见解：一种是韦伯的观点，把西方近代资本主义市场经济的发展理解为受新教伦理的驱动，它是构成资本主义精神的历史灵性，而中国受儒教制约缺少这一灵性，不可能产生现代市场经济制度形式；另一种是汤因比的观点，他指出，"世界统一是避免人类集体自杀之路。在这点上，现在各民族中具有最充分准备的，是两千年来培育了独特思维方法的中华民族"②。

韦伯认为经济发展必然受文化精神的内在驱动。在他看来，中国的儒教是与落后保守的自然经济相一致的，因为儒教的精神特质是内在的、包容的、面向过去的以及不断被复制的。它缺乏来自内部的自我变革、挫败和否定精神。相反，近代西方自由放任的市场经济有着自由、开放、创新之本能，产品的更新、产业的更替、企业生命周期律的变化，其发展的内在动力并非来自物质市场本身的发展律动，而是受新教伦理的精神驱动的结果，这种新教伦理的特质是：始终保持内心的不安分、对新范式的好奇心以及意识的内醒状态。他认为资本主义的新教伦理能够产生市场经济，而中国的儒家文化是与现代市场经济现实相背离的，现在看来，这一命题值得商榷。在中国经历了40年改革开放的实践，有了社会主义市场经济的积累后，我们可以完全大胆地判断，韦伯的命题具有历史局限性：对的是，他看到了儒家文化对中国社会起到的牵引作用；错的是，他把这一命题过于抽象化、公理化、非历史化。他没有看到，儒家精神与现代市场经济精神其实是相贯通

---

① 参见〔德〕康德《历史理性批判文集》，何兆武译，商务印书馆，2009，第 65～77 页。

② 〔日〕池田大作、〔英〕阿·汤因比：《展望二十一世纪：汤因比与池田大作对话录》，荀春生等译，国际文化出版公司，1985，第 295 页。

的，更为重要的是，只有经历现代性遭遇，才能有比较地发现儒家思想的哲学观有着诊断并扬弃现代性的积极性质，韦伯的命题陷入了一个陷阱，他把儒家文化的精神作用表面化了，只看到了儒家思想文本记录所反映出来的在那个时代的抽象形式，没有发现历经千百年生生不息的儒家文化，有着强大的自我修复、自我完善、自我发展的内生能力。在当代历史化变革的浪潮中，从理论到形式都发生了实质性的改变。以小农经济、手工作坊、宗法关系和血亲关系为主导特征的自然经济背景下衍生的儒学版本，被今天信息化、全球化、智能化的机器大工业生产的社会主义市场经济背景下衍生的儒学版本所升级；前现代属性的儒学认知被经历现代性体验之后的儒学思想所更新；从古代作为一支学派的儒学，变换为今日被国际公认的作为中华传统文化标识的儒学，其间变更的力度和深度是令人惊叹的，也是不可同日而语的。当然，韦伯的这个判断也是可以理解的，因为西方现代性发育发展，在韦伯那个时代，虽然已经展现出一些问题，但是在主导方面的进步，遮蔽了西方人的眼光，总以为这种先进的市场模式，只能与西方文化相匹配，毋庸讳言，现代市场的模式是从英国工业革命中直接发育出来的，所以他僵化地、非历史化地理解了市场经济只能与西方文化相匹配。韦伯并没有看到两个事实：几千年的儒学思想及其价值观既有着内包性、中庸、不断复制历史模本的保守性一面，同时也有着内在否定、内在超越和自我更新的一面，宋明新儒学对先秦至隋唐儒学的创新、近代新儒学对传统儒学的创新与转换、当代儒学的复兴，恰恰证明几千年的儒学发展有着韦伯意义上新教所拥有的现代性内在不安分的精神，正是这种不安分，导致了现代性的发生。显然韦伯看中的新教，并非是新教伦理的教规教义，而是它内在拥有的自我否定、自我变革、自我挫败的现代性发展的辩证否定精神，千年儒学的绵延、传承、发展和复兴，不也是这样吗？正是从这个意义上说，儒学内在的辩证否定精神与今天社会主义市场经济内在否定精神是一致的。事实证明，中国的改革开放，尤其是30多年的社会主义市场经济实践取得的巨大进步，虽然学习了西方文化，但根本上还是中国式经营的大脑和智慧带动的变化，是跟中国文化的基因和价值观紧密相连的，中华优秀传统文化，一旦与先进的社会制度、先进的生产方式相契合，同样可以相生相伴，这正是克罗齐意义上的历史灵性显现。

英国历史学家汤因比得出了比韦伯更具有积极意义的结论。他之所以对中国传统文明（包括儒学）给予极好的未来预期，是基于两个重要的历史哲学判断，一是他反对"西方文明中心论"。笔者以为，西方文化更倾向于斗争的哲学，竞争的商术和利己主义、个人主义的道德诠释，而在汤因比看来，两千年来有着独特思维方法的中华优秀传统文化有保儒教的宽容性和温和性，这恰恰是人类文明发展过程中不可或缺的历史的积极性质。儒学观念中有着整体主义精神、追求命运共同体意识以及异中求同、和合共生的人性哲学，这正是对西方文化中偏重差异、排斥、斗争、冲突哲学的重要制衡，没有整体主义的和合精神，一切斗争都是碎片，一切竞争都是狼性撕咬，有机的属人的世界便转换为冰冷的、孤立的原子世界。二是他认为中华民族的传统文明有着成功应对外部和内部挑战的奇特能力，刚柔相济的哲学智慧，是成功应战的民族灵魂。他在《历史研究》中，深刻地概括出文明起源的法则：挑战与应战。在他看来，创造是一种遭遇的结果，而起源是交互作用的产物；在过去六千年中把一部分人类从"习惯的完整"里震动到文明的变化的正式挑战与应战的交互作用中。① 他在分析比较世界各种文明发源和历史延续能力后，认为中国文明成功应对了历史上自然与人、社会与人、人与人之间一次又一次的挑战，是唯一一个从未间断、绵延至今的人类优秀古老文明。比较历史上出现的各种文明以及当代西方文明，汤因比看到了中国文明所传承的内在力量，预见到其将爆发出的对人类未来总体发展的价值，中国文明的吸收和自我创新能力，催动了儒家思想向当代儒学思想的转换，焕发出新的生命力。汤因比的判断是准确的，他与斯宾格勒从忧患意识走向悲观主义的历史宿命论不同，他接受了世界大战导致的人类冷血罪行之挑战，更看重精神对物质世界的整合作用，从历史哲学的高度呼吁并期盼着一种具有拯救人类危难命运的历史灵性的出场，在他与日本学者池田大作以叙事对话形式编撰的《展望二十一世纪：汤因比与池田大作对话录》中，明确地指出了这种历史灵性的文明，正来自古老的中华民族尤其是儒学思想价值观的发现。

应当指出，当代儒学历史积极性质的发挥，取决于现时代转换的三个关键环节。其一，精准切入当下中国现代性发育和发展的生活实践，这种感性活动的确定性深刻地反映在当下中国工业化、货币化、市场化以及世界交往的进程实践中，世俗化的生活实践为儒学的利他主义精神提出了诉求，同时

---

① 参见张雄、陈鸣达《文明：充满生死搏斗的神秘剧——汤因比的〈历史研究〉》，云南人民出版社，1989，第76页。

也提出了新的问题意识：传统的义利之辨与现代市场经济框架中的义利之辨有何本质区别？当下实践对儒学义利之辨有哪些丰富发展？有着优秀人性哲学传统基因的儒学精神，如何矫正由现代市场经济导致的伦理道德滑坡的偏斜运动？如何拯救由人性危机引发的人类现代性发展哲学的危机？

其二，赋予现代儒学精神的新内涵与外延，把现代儒学精神与传统儒学精神看成一脉相承又彼此相区别，既看到传承的连续性，又看到当下转换的本质不同。不同在于：前现代与现代性背景状况不同，现代儒学精神不应被看作单一的儒学传统的复归，而应当将儒学精神视为代表着 21 世纪中国文化、中国精神的"历史灵性"之一，它被中国化马克思主义理论所引导并转化，同时构成中国化马克思主义理论与实践发展不可或缺的重要文化资源，儒学思想理念和道德规范不论过去还是现在，都有其永不褪色的价值。它不是"独尊儒术"的教条，而是融儒学、其他优秀传统文化为一体的新时代文化样态，因而，现代儒学精神既有着孔子的精神路标，也是当代中国人从历史走向未来文化传承和创新的智慧凝聚。

其三，新时代的新实践。我们创新了当代儒学精神的哪些新思想、新理念，追求人类利益共同体乃至命运共同体是儒学精神当代转换的成功文本和战略，对此诠释、证明和深度研究，应当成为我们亟待探讨和深度研究的重大课题。

二　范畴分析：融入现代性，扬弃现代性

张岱年先生早在 20 世纪 30 年代就指出，中国的哲学发展离不开中西文化的交融，中国需要能融会中国先哲思想之精粹与西洋哲学之优长为一大系统，这一系统能激励鼓舞国人的精神，给国人一种力量。[①]笔者以为，"中国方案"的出场，其文化价值观的坐标，应在充分发掘中华优秀传统思想文化精粹的基础上，融入现代性，扬弃现代性。中国要走现代化之路，必须不断推进工业化、市场化、货币化进程，要向西方学习科学与技术，包括经济学的科学理论和方法，在现代市场资本、金融等方面要遵循现代市场的规则和规律，因而"零和""怜悯和同情""理性利己"都是需要的，[②]但是，

----

① 张季同：《论现在中国所需要的哲学》，《国闻周报》1935 年第 12 卷第 13 期。

② "零和""怜悯和同情""理性利己"是西方主流经济学常用的核心范畴或命题。

学习并不是单纯复制，辩证地扬弃意味着对西方现代性数以百年的经验与教训加以吸收与总结。近代以来，西方工业文明的发展，铸造了特有的市场社会发展模式：在亚当·斯密等经济学家教条文本中，该模式被定义为社会即市场，人人皆商人，所有的价值都应当被还原到交换价值观上。这样的一种被称为自由放任的市场经济的发展模式，本质上就是提倡恶的历史驱动，追求资本效益的最大化，它必然带来弱肉强食、强者必霸的地球生态。扬弃现代性，意味着弘扬汤因比所说的中国特有的思维优长的发挥实为必要。如在市场竞争方面，把单纯的"零和"竞争提升到追求利益共同体乃至命运共同体的"和合"竞争；把"怜悯和同情"人性预设提升到"良知"这一完整的人格预设；把"理性利己"教条提升到"义以生利"的商道伦理，全面而又充分地体现一种融会中国先哲思想之精粹与西洋哲学之优长为一大系统的哲学境界。

（一）"零和"—"和合"

"零和"来自博弈理论。现代博弈理论由匈牙利数学家冯·诺依曼于20世纪20年代开始创立，"一直到1939年，冯·诺依曼遇到经济学家奥斯卡·摩根斯顿之后，才使博弈论进入经济学的广阔领域"，"1944年，冯·诺依曼与奥斯卡·摩根斯顿合著的巨作《博弈论与经济行为》出版，标志着博弈理论正式形成"，[①] 作为博弈论的"零和"理论，体现了市场规则、心理规则、竞争规则在动态环境中的相对平衡点的最佳价值取向，在理论经济学中有着重要的方法论意义，它为竞争生态中经济变量关系的函数分析提供了重要的定性及定量分析根据，为精准把握市场竞争多元利益群体之间的竞争法则提供了确定性与不确定性的公理，问题在于"零和"已从西方理论经济学的一个公理上升为具有现代性特质的思维方式："零和"思维。该思维方式的哲学特征有三点：一是恒定性。"零和"意味着恒定，它假定资源是恒定的，不会增加或减少，争夺双方终的结果应为总资源数量不变，这就意味着，赢得的一方所获得的资源总量和败者失去的资源总量，两者加总为零，以此形成的思维方式，即在资源竞争方面不可能均等，只是两极分化，极端的富有和极端的贫困是恒定的结果。二是唯一性。唯一是指结局的

---

① 〔美〕冯·诺依曼、摩根斯顿：《博弈论与经济行为》（下），王文玉、王宇译，生活·读书·新知三联书店，2004，第1018页。

判定，两者竞争中胜王败寇，胜者是唯一的，他的主体地位与作用是唯一的，因而他所获得的资源的占有、使用和支配的权利是唯一的，不可被他人所剥夺，胜利者的光荣背后往往隐藏着失败者的辛酸和苦涩，这是一个冰冷的结局，弱肉强食、强者必霸，被一些西方理论家、政治家视为天经地义的公正。三是不相容性。从零和设计的本身而言，零和排除分享、共享、他享的存在，在它看来，竞争应是双方在平等条件下所付出的斗智斗勇的过程，因而对成果占有的权利是明晰的，这一点是不可违背的公理，至于靠同情与怜悯的成果享用，那是非竞争规则的慈善事业。若从历史观上推理，竞争的开始，多方是主体间性的关系，竞争的结局只能是一主和群客的关系，胜者是主体，其他均是被支配的客体，战胜国对战败国的一切占有和掠夺似乎都是合理的。

从辩证思维来看，"零和"思维有着合理性的方面，事物之间的矛盾对立与排斥体现了辩证法矛盾斗争性原理，这是客观的、必然的，也是合理的。但矛盾彼此斗争的结果并非是一方吃掉一方，还有矛盾双方共存变为新的同一体，它有着更为积极的发展作用，同样，在现代市场经济的竞争时代，更多的是提倡高级形态的彼此矛盾对立和排斥，追求矛盾的斗争性与矛盾的统一性，两者统一更显人类的智慧和文明水准。高技术、高竞争与高情感的心理相平衡，决定了人的情感、沟通、谈判、交往也是重要的生产力，是现代财富创造文明与智慧的重要途径，抛弃主客二分的思维方式，提倡主体间性的平等关系，这是诊断并扬弃现代性的必备条件。经济行为是属人的行为，而非动物式的丛林博斗，所以一切市场活动除了"零和"思维外，还应当拥有更深意义上的人文关怀，更应符合当代人类的"和合"精神。弱肉强食是现代性的极端形式，按此教条，市场不存在可调和性、可谈判性、可沟通性的余地，战争是捍卫此教条的暴力工具，民族分裂、地缘战争、赢家通吃、唯我独尊，规则的制定者最终是规则的破坏者，国际关系的交往中出尔反尔，用独立强权意志不断制造世界的不确定性因素，企图让资本由多国方向流向霸主国家，这一切现象都证明了片面地固守"零和"思维必将导致世界战争和人类的灾难。

被汤因比称为具有独特思维方式的中华民族文化特质，有着避免现代性导致人类集体自杀的思维效能，扬弃现代性的儒学价值观的核心范畴"和合"值得推出。"和""合"思维在《国语·郑语》首次出现，称："商契能和合五教，以保于百姓者也。"① 意思是说，商契能把五教（父义、母慈、兄友、弟恭、子孝）加以和合，使百姓安身立命。因而，和合最早的原意有三：一是，把异质多元的爱皈依到人类整体的大爱；二是，强调和合的社会秩序；三是，和合的目的是能够达到不同群体间尊尊亲亲、安居乐业。可见，和合是一种基于家庭血亲伦理的社会秩序论。推广至社会而言，首先，和合是一种和谐的社会秩序论，主张邦交正义，反对不义之战。《国语·周语中》载：周襄王十三年，将以狄伐郑、富辰向襄王谏言"和宁百姓"，伐郑，是不"义"、不"祥"、不"仁"之举，"不义则利不阜，不祥则福不降，不仁则民不至"②，兴不义之战，必定天人失和。其次，和合追求共生、和生的礼乐文明制度。在中国传统政治哲学体系中，礼乐制度文明是政治文明不可或缺的一个重要内容。礼制规范着并反映着国家的政治秩序。而礼仪制度一个最为直接的表现形式就是音乐，礼制往往是通过乐制来表达的。《国语·周语中》提出了"和协典礼"的思想："女，今我王室之一二兄弟，以时相见，将和协典礼，以示民训则。"③《国语·周语下》则以乐象政，阐述了深刻的礼乐正则政事和的思想。《国语·周语下》载：二十三年，景王要铸大钟，单穆公劝谏景王，认为钟乃国家度量衡之重器，圣人慎之、先王慎之，不可越度，"钟声不可以知和，制度不可以出节，"④ 礼乐正是民心归顺的表现，"夫耳目，心之枢机也，故必听和而视正。听和则聪，视正则明。聪则言听，明则德昭，听言昭德，则能思虑纯固。以言德于民，民歆而德之，则归心焉"⑤。最后，和合的目的是构建和谐的、丰衣足食的经济秩序。和合应建立在民本的德性政治之上，以百姓生计为先。周宣王即位后，不行天子籍田千亩之礼。虢文公劝谏说："不可。夫民之大事在农，上帝之粢盛于是乎出，民之蕃庶于是乎生，事之供给于是乎在，和协辑睦于是乎兴，财用蕃殖于是乎始。"⑥ 农耕是民之大事，上天的祭品也需农耕供给，人口的繁衍需要农耕提供粮食，国事的供应需要农耕作为保障，"和协"（韦昭注：协，合也）的秩序由此形成，财务、国力由此维持。

① 《国语·郑语》，徐元诰：《国语集解》，中华书局，2002，第466页。
② 《国语·周语中》，徐元诰：《国语集解》，中华书局，2002，第46页。
③ 《国语·周语中》，徐元诰：《国语集解》，中华书局，2002，第58～59页。
④ 《国语·周语下》，徐元诰：《国语集解》，中华书局，2002，第108～109页。
⑤ 《国语·周语下》，徐元诰：《国语集解》，中华书局，2002，第109页。
⑥ 《国语·周语上》，徐元诰：《国语集解》，中华书局，2002，第15～16页。

　　和合不是无原则地附和、聚合、任意结合，和合的辩证性在于：异中求同、同中存异。只有首先认同差异，承认差异，才能过渡到有生命力的同一，才能实现利益共同体和命运共同体的目标。这是一与多的辩证法。为什么强调和而不同？差异代表了个别性、特殊性，只有众多的差异，才是现实共同存在及合作的根据，具体事务是差异性的存在，差异即矛盾的具体性和特殊性，矛盾是世界的本质，唯有具体矛盾、特殊矛盾的运动，才是推动世界发展的动力，从而构成世界多样性统一的和谐之美。同一离不开差异，但差异如何过渡到同一，这里有着极为复杂的原因和条件，其中共生、和生的德性更为关键，而儒家提倡的礼乐制度充满着异中求同的亲和力。有学者认为，中华古老的和合思想有五大原理：和生、和处、和立、和达、和爱。其中"和爱"是最为核心的原理。"无和爱意识，人与自然、社会、人际、心灵、文明之间的和生、和处、和立、和达就不可能实现。"[①] 因为离开了爱，那么一切仁、义、礼、智的实践，便无从谈起，人之所以能践行仁、义、礼、智，是因为人内心具有"爱"这颗"仁"（种子），由血亲之爱，向外推及出去，立、达、忠、恕于外，进而有了"泛爱众"的道德情感，从而建构和谐的社会秩序。

　　提倡"和合"思想并不否定"零和"法则，而是注重现代市场经济伦理的一种新的世界观、价值观，乃至战略思维方法。从"零和"走向"和合"，这一范畴的辩证运动，充分体现了人类追求历史进步的法则，是人类一部从事现代竞争和交往的"市场道德经"。不可否认，"零和"法则是社会主义市场经济所遵循的法则之一，但"中国方案"深刻地体现了儒学所特有的人性哲学的关怀和高度，市场以人为主体，竞争既需要"零和"更需要"和合"。同时，21世纪的世界交往与竞争，对传统的现代性交往与竞争方法的超越正在于不求独霸，但求共荣、共生；不求丛林生态，但求和谐共处的生态圈；不求财富两极分化的悲喜体验，但求人类命运共同体的境界实现。今天的竞争不是近代资本原始积累意义上的血与火的生命搏斗，而是充分珍爱人的生命和人权保障以及注重异质文化的差异性，因此，今天的竞争已不是一对一、一对多的野蛮对抗，而是共商、共赢、共享的文明交往。况且，财富的相对论替代了传统意义上的绝对财富论，有限的物质资源的竞

---

① 张立文：《和合学——21世纪文化战略的构想》上卷，中国人民大学出版社，2006，第481页。

争、物质资源的稀缺性在某些领域已经被共享思维所克服与合理对接，精神资源的丰富性和广延性因为科技的发展正逐渐被深度开拓。

（二）同情—良知

市场经济关涉人性哲学的预设。堪称西方经济学鼻祖的亚当·斯密为经济学提供了两部重要著作，《国富论》和《道德情操论》。他试图从理论上证明经济人与道德人应当相一致的模型，是自由放任的市场经济的重要准则，从抽象人性过渡到市场人性，如果单把人性的哲学认知归结为个人欲望、自私、任性，那么市场人性将会成为原始丛林中的狼性，疯狂的利己主义行为的搏斗如何又将人性与兽性区别开来呢？斯密对人性哲学的预设是同情心，市场的无情竞争必将导致两极分化，为了使富人有着足够的生存安全，不得不设置人性的怜悯或同情，以施舍和慈善的名义来救济市场竞争带来的贫困或弱势群体，显然，这是一种财富的调节形式，一方面，按规则竞争而取胜的为赢家，输家的利益只能靠赢家的怜悯和同情心而发出的施舍和救济。斯密在《道德情操论》中指出："无论人如何被视为自私自利，但是，在其本性中显然还存有某些自然的倾向，使他能去关心别人的命运，并以他人之幸福为自己生活所必须，虽然除了看到他人的幸福时所感到的快乐外，他别的一无所获。这就是怜悯和同情。"① 在他看来，支配人类行为的动机，有自爱、同情心、追求自由的欲望、正义感、劳动习惯和交换倾向等。同情心原理实际上揭示了人的本性中有着关注他人的倾向的事实，但问题的重要性在于，如何从心理活动转变为利他行为，这一点西方经济学经济伦理的原典思想中并没有特别强调，相反，个人的自利行为便是经济学理性经济人逻辑预设的前提。斯密为什么如此强调市场同情心的思想，这是因为在自由放任的市场经济的活动中，经济人的高尚感情似乎是一种复合的情操，由两种截然有别的情感组成：一是对某一个体伤感情绪的直接同情，二是对那些从他的行为中得到利益的人们的感激之情的间接同情。② 可是这种同情心直接遇到一个根本性的问题，就是别人言行的实际旁观者不可能熟悉那人的动机，只能靠想象力来判定自己的行为，想象不等于事实的完整信息

① 〔英〕亚当·斯密：《道德情操论》，余涌译，中国社会科学出版社，2003，第3页。
② 参见〔英〕约翰·伊特韦尔等编《新帕尔格雷夫经济学大辞典》第4卷（Q-Z），陈岱孙主编译，经济科学出版社，1996，第387页。

的把握。更为实质的问题是不断生产出市场两极分化的人群，证明了这种自由放任的市场制度本身存在着致命的缺陷。

　　然而正如马克斯·韦伯指出的，得救和恩宠是富人们施舍行为的动力，在他们眼里，神为他们安排了成为富人的天职，“迫于需要只好去卖苦力”的大众们，不过是“给有钱人提供了通过施舍而行善举的机会”①，对穷人的怜悯和同情成为他们眼中的美德和神所赐予的义务。但这丝毫不能阻止和减少资本的剥削和贪婪本性，劳动者大众丝毫没有改变他们被剥削的命运和地位。尽管亚当·斯密呼吁用“怜悯和同情”来对抗自由竞争的市场经济里资本的贪婪，但这一切仍然是徒劳的，因为利己主义的土壤里产生不了利他主义精神，拥有如此美德的佼佼者虽应获得赞美，但所表现出的也只能是高高在上的良心发现和自我灵魂救赎，本质上还是利己。

　　虽然亚当·斯密希望在社会普遍富裕后，通过对弱势群体的怜悯和同情，来达到社会的公平正义，但自由竞争条件下，每个人的机会并不相等，再者，马克斯·韦伯告诉我们，每个劳动者的天职早已为神所安排，神的不同恩宠，给每个人带来的不会是公平的机会。现代性发育，虽然让人们从思想上摆脱了神的桎梏，但又落入了物欲的陷阱，启蒙运动的自由观念，被改写为“戴镣铐的自由”，卢梭的《社会契约论》，对西方现代性进行政治哲学批判，发现现代性的本质是自然人向文明人过渡中的历史化的异化事实，遗憾的是，卢梭的思想看上去给人们提供了一种公平正义的解决方案，但是现代资本主义扩张的动力，并不是源源不断投入的新资金，而是资本主义的资本逻辑。精于严谨计算的利己主义，并不会给人们带来公平正义的契约，最多只能满足不同利益集体的算度。黑格尔希望通过市民社会发育导致的国家精神，为亚当·斯密政府的公平分配财富提供可能，但是在利己主义的历史特殊性的基础上，整体主义的国家精神是不可能建立起来的。

　　市场需要人性哲学的预设，但更需要一种健康、高尚人性哲学的提升。因此有必要从“怜悯和同情”转向儒学范畴“良知”的分析，从人性过渡到市场人性，它不应当仅仅取舍人性自私和欲望的向度，而应当从人性的内在的圆融性出发：一种完整的人格；一种既保持私人向度又保持社会化的健康人格；一种具有内在修养、自我纠错、宽容他人、责任担当、追求共享和

①　〔德〕马克斯·韦伯：《新教伦理与资本主义精神》，阎克文译，上海人民出版社，2018，第322～323页。

境界的健康人格。考察中国人的行为方式，我们会发现一个有趣的现象。年轻人踏上社会后第一个月的工资，往往有拿来孝敬父母的习俗；在外工作的游子回家过年，无论在外收入几何，一般都会给父母亲人带上一份礼物；这些举动丝毫看不出怜悯和同情，体现的是发自内心的感恩和亲情良知。这与中国人的特有思维方式——"良知"人性哲学有着深切的联系。孟子把这种良知定义为："人之所不学而能者，其良能也；所不虑而知者，其良知也。孩提之童，无不知爱其亲者，及其长也，无不知敬其兄也。亲亲，仁也，敬长，义也。无他，达之天下也。"（《孟子·尽心上》）① 显然，孟子的良知说有两层意思：作为一种与生俱来、先天所赋的良知；作为人之成为人的本体论伦理规定的良知。"良知"说的集大成者，是王阳明。王阳明认为其平生讲学，只是致良知之学，可见，良知是阳明学的核心要义。阳明良知学说有以下几方面的特质。

其一，良知是本体，未有超乎其外者。"体即良知之体，用即良知之用，宁复有超然于体用之外者乎？"（《答陆原静》）② 在王阳明看来，良知既是哲学本体论范畴，又有着道德判断的价值指向。他认为心是无善无恶的，只是因为外物牵引而产生意念，心之本体无善恶之分；心之良能，在于能辨是非、去善恶，从而回归良知本体的美好状态。可见，王阳明良知说有着清晰的道德是非感和从善去恶的道德路标。其二，如何"致良知"？须知行合一。善的社会秩序的实现，是良知的自觉与践行。知行合一，知即是良知，行即是致良知，良善的社会秩序就是践行道德之治，道德实践就是致良知。致良知须知行合一。其三，良知即天理。"吾心之良知，即所谓天理也。致吾心良知之天理于事事物物，则事事物物皆得其理矣。致吾心之良知者，致知也。事事物物皆得其理者，格物也。"（《答顾东桥书》）③ 如何达致良知这一天理？需要格物致知的功夫。然而，王阳明的格致之说与朱熹的不同。朱熹提倡于"事"上体贴，于一件件日常行事上，切问近思，获得真知。王阳明则主张"以心正物"。其四，良知具有"万物一体"的整全义，王阳明认为其"天地万物一体之仁"说是自三代之后，人心私欲、社会功利流毒的拔本塞源之论。复旦大学吴震教授认为，阳明学的万物一体论

---

① 转引自朱熹《四书章句集注》，中华书局，2012，第30页。
② 转引自王守仁撰《王阳明全集》第1册，吴光等编校，上海古籍出版社，2014，第71页。
③ 转引自王守仁撰《王阳明全集》第1册，吴光等编校，上海古籍出版社，2014，第51页。

与先秦诸子、程颢理论形态都有所不同，它是建立在良知心学基础上的新形态的"仁学一体论"，确切地说，是一种仁学本体论，其中"万物一体"是对仁"之本体整全义、整体义的表达"①或者进一步说，王阳明万物一体说的根本所指在于，建立在良知基础上的一体之仁说能解决社会诸多流弊，使得万物一体归于仁，人与自然、人与社会、人与人达到和谐一致，这也是良知作为本体的终极意义所在。

"良知"与"怜悯和同情"相比的优越性在于以下几点。①"怜悯和同情"是富人对穷人施舍的表达，"良知"是每个市场行为者应当具有的德性。②"怜悯和同情"是主体对客体的财富再调节，它是以承认既有财富与资源不公平、不公正属性为前提的；"良知"包括一切人，不预设任何不合理、不平等野蛮强制的前提，良知的超验性是心之体和世界本源的相贯通，被视为与天地之心同一，良知的先验性正在于人对人自身善的本能的召唤，是一种与生俱来、先天所赋的能力与知识，良知的经验性来自后天的学习及善的道德律令的复制。③"怜悯和同情"是以不触及个人私利最大化的原则，而"良知"是以大写人的善的禀性对自我行为的约束和检讨。良知是构建道德秩序的关键，在人类命运共同体的建构进程中，我们需要充分并且高度重视道德秩序的建构问题。提倡建设良好的道德风尚，提倡建设世界范围内个体公民"有耻且格"的道德良知，通过国际公约规范国家政治行事的道德品格，是人类命运共同体的道德秩序构建的应有之义。在多元多样异质文明交往的过程中，唯有追求人类共有的善，才能达到一与多的统一。这种建构是人性中普遍的、共有的善的政治生态文明追求，是能够发生聚合力的"一"，共有的良知能够使异质多样的邦国得到认同和接纳，而个别任性的政治强加根本不具有内在的说服力和亲和力。

（三）理性利己—义以生利

理性利己是西方主流经济学所遵循的经济人理性行为的人性假设，它以经济个人主义教条为轴心，以人性自利原则为抽象前提，以最大化实现私利目标为宗旨，试图利用此模型来解决稀缺的资源与众多人的利己需要之间的矛盾与冲突。客观地说，此模型区分了经济学与其他学科在认知人的本性——欲望、利益和需要等方面，提供了可加以识别的理论根据，对于经济

---

① 参见吴震《论王阳明"一体之仁"的仁学思想》，《哲学研究》2017年第1期。

学从抽象到具体的实证分析有着重要的方法论意义和理论价值。但是，这种近代"定义式思维方式"① 在当代智能化、信息化的背景下受到了严重的挑战。诺贝尔经济学奖得主，著名经济学家贝克尔指出，"在过去 200 年的时间里，探索利己主义经济效应的复杂模型已经大大发展了，这 200 年内，经济科学已经按照亚当·斯密的思想反复被推敲过了"②，这种推敲被科尔内解释为，"只不过是用数理方法对斯密的'看不见的手'作出精确的表述。这只手用最优化的方式协调自私自利的个人利益……用完美无缺的精确形式表述斯密的学说花了一百多年时间"③。显然把复杂的经济系统化整为零，模拟物理学在受控条件下做试验的方法，从抽象的假定出发，利用逻辑推理导出干净利落的结论，是理性自利的经济学逻辑预设的抽象图示。熊彼特将这种理性利己教条理解为一种主观唯理性的价值观："经济学家不仅习惯于把自己看作评判手段是否合理的法官，而且还习惯于把自己看作评判目的（动机）是否合理的法官，也就是说，凡是在他们看来是'合理的'目的（动机），他们就一口咬定是合理的，而把所有其它目的斥之为不合理的。"④从经济哲学来看，理性利己教条在解释当代人经济行为问题上出现了难以解脱的困境，20 世纪市场经济的非均衡、信息非对称、不确定性因素频发，理性利己教条受到了质疑：例如关于社会经济现象的陈述能否都直接还原为个人利己行为的陈述；所有经济行为本质上能否还原为单纯的个人理性计算；在信息非对称的经济世界里，追求私利最大化目标能否如愿以偿。当代人的经济思维离不开哲学，我们越发感到，经济学需要历史的分析方法、人文精神的思考，尤其是经济域外的变量因素、制约条件、不同学科的关注，更需要应用哲学的辩证方法来解释经济学的质料因、形式因、目的因和动力因，儒学经济伦理思想的核心价值观——"义利之辨"有着两种思维的优势：一是把"义利"放在辩证思维中来加以思辨，以"义利之辨"为矛盾的哲学关系来认知市场行为发生学原理，进而从根本上确保理论分析始终在

---

① 古代通常被理解为直观猜测的思维方式，近代随着分门别类的自然科学发展，对事物的描述由直观猜测进入实体性分析，由量化感觉上升为定性分析，便产生了定义式思维，这种思维特征撇去了分析对象的干扰因素，把环境分析假定为理想状态，撇去与事件相关的人本因素，将复杂多变的系统抽象为单子系统、主客系统。

② 〔美〕贝克尔：《家庭经济分析》，彭松建译，华夏出版社，1987，第 228 页。

③ 〔匈〕亚诺什·科尔内：《反均衡》，刘吉瑞、邱树芳译，中国社会科学出版社，1988，第 371 页。

④ 〔美〕熊彼特：《经济分析史》第 1 卷，朱泱等译，商务印书馆，1991，第 177 页。

原生态社会矛盾环境的思维框架中，从形式逻辑的分析判断上升到辩证逻辑的思维追问，也是对现实市场经济人行为发生原理的揭示：市场决策是矛盾的心理抗争过程，而不是单向度利己驱动的简单推演；二是将单纯的经济行为还原为真实的社会系统，让经济学的分析始终放在现实的政治关系、宗教关系、伦理关系和社会关系的考量中，让经济学的分析走向深刻：既确保利益的始基意义和重点论，又同时关注制约利益的种种"义"的因素，以至于使经济学的思考不发生变形，物质与精神、欲望与道德、私向化与社会化、利己与利他、动机与目标等实现辩证统一。

　　传统的"义利之辨"哲学思想有多种表达，其中最具有现实意义的哲理思想是"义以生利"。"义以生利"可见于《国语·晋语一》"义以生利，利以丰民"。① "义以生利"，有着三层寓意。①义利两者不可偏废，不可以只强调一方而否定另一方，二者相辅相成。②义利发生冲突时，应当以义导利，义在利先，在公平公正的基础上，做到多予少取、先予后取、只予不取。孟子更是推及极致，认为当义与最基本的生之权利冲突时，应该舍生取义。③义与利并不是两个绝对相互背离的极点，而是首尾相通的义利通变过程：利可以向义转换，舍利能换取义的信用，同样，不讲义的人，不仅利受到有限度发展，甚至是无利而归。反之，义也可以通向利的转换，拥有更多的信用、信誉会使得合作方、竞争方给予更多利的发展空间和资源。中国古代著名儒商子贡，他的经营哲学正是体现了义以生利的商道智慧，宽厚待人，诚信以见，必将成就利益共享的更为广阔的财富空间，当今中国在国际合作中正是体现了"义以生利"的哲学，共商、共赢、共享决定了未来合作的美好愿景。

　　当代儒学"义利之辨"又有了新的理论考量，"中国方案"的价值观内含新时代的"义利之辨"哲学思想。习近平主席对社会主义市场经济背景下新型义利观的内涵做出过精辟论述，进一步突出了"义以生利"的价值取向，并做出深刻的新时代转换与创新："义，反映的是我们的一个理念，共产党人、社会主义国家的理念。这个世界上一部分人过得很好，一部分人过得很不好，不是个好现象。真正的快乐幸福是大家共同快乐、共同幸福。我们希望全世界共同发展，特别是希望广大发展中国家加快发展。利，就是

---

① 　徐元诰：《国语集解》，中华书局，2002，第256页。

要恪守互利共赢原则，不搞我赢你输，要实现双赢。"① 2014 年 7 月 4 日，习近平主席在韩国首尔大学的演讲中，谈及弘扬中华优秀传统文化中的义利观时指出：倡导合作发展理念，在国际关系中践行正确义利观。"国不以利为利，以义为利也。"（《大学》）② 在国际合作中，我们要注重利，更要注重义。中华民族历来主张"君子义以为质"（《论语·卫灵公》）③，强调"不义而富且贵，于我如浮云"（《论语·述而》)④。

由此看出，"中国方案"的义利观概括起来有五个方面的内容。①"利"意指生产力，它是经济发展的动力，因而国家必须始终不渝地坚持以经济建设为中心的基本路线。②"利"必须以人民为本，首先还原为广大人民群众的利益需要和需求，这是我们一切路线、方针、政策制定的前提，也是出发点和落脚点。③"义"是精神文明的总内容，它关涉着社会主义市场经济精神的总要求，它是社会主义核心价值观的总表达，是指导"利"发展的精神动力。④"义"代表了民族发展的精神高度和思想深度，文脉和国脉必须一致。"利"的满足不损伤"义"，不以"义"的代价来替换"利"的发展，人是人的目的，一切"利"的发展都要还原到人的目的上。⑤"义"是追求人类命运共同体的共同规则及意志。融入现代性，扬弃现代性，归根结底，需要先进制度的引领和驾驭。黑格尔晚年写的《法哲学原理》，从英国人发明的市民社会的文化问题出发，肯定了市民社会、资本主义经济结构的积极、进步，因为它充分调动了人类的欲望和自由，但是他认为，这种具有高度利己主义倾向，受到个人私利、欲望、利益驱动的人类精神，是不能真正进步的，要把市民社会引向国家精神、民族精神，必须呼唤利他主义，先进的市民社会、市场制度、经济制度要加以克服和补充。马克思在《黑格尔法哲学批判》里，指出了黑格尔看到单靠市民社会的利己主义，解决不了人类社会的进步问题的深刻意义，但是问题在于，并不是国家决定市民社会，而是市民社会决定国家，什么样的经济结构、经济形式，决定了什么样的国家精神，既然是利己主义的市民社会和市场经济，必然产生利己主义的精神文化，利他主义不会在利己主义的土壤中产生，亚

① 王毅：《坚持正确义利观积极发挥负责任大国作用——深刻领会习近平同志关于外交工作的重要讲话精神》，《人民日报》2013 年 9 月 10 日，第 7 版。

② 转引自朱熹《四书章句集注》，中华书局，2012，第 13 页。

③ 转引自朱熹《四书章句集注》，中华书局，2012，第 166 页。

④ 转引自朱熹《四书章句集注》，中华书局，2012，第 97 页。

当·斯密所期望的"怜悯和同情"的道德情操不会成为必然，所以马克思要把不合理的市民社会的私有制制度彻底加以批判与超越，呼吁一种真正属于人类共有的精神的东西。当下中国正是走在市民社会决定国家精神的正确道路上，中国的社会主义市场经济跟资本主义市场经济在制度上存在着很大的不同，它不是靠利己主义驱动的，公有制比私有制有着更符合人性长远发展的制度优越性，从几千年中国优秀传统文化尤其是儒家文化基因的传承来看，儒家倡导"己欲立而立人，己欲达而达人"（《论语·雍也》）①，"天下为公"，其本身就有利他主义、集体主义、国家主义的文化基因。

结　语

古希腊哲学经过中世纪的否定，其后历经文艺复兴、德国古典哲学等否定之否定过程，直至现在经过现代性遭遇后，似乎又有着回到前希腊哲学状态的召唤。儒学思想同样经过多次否定之否定的辩证圆圈运动，在现代性发育基础上，体现出一种超越精神。事实证明，只有经过了现代性以后，经过辩证的否定和先进政党、制度引领下的现代性转换，儒学才能凸显它的历史积极性质。当代儒学的转换，并不是对西方现代性的否定，而是儒学文化精神自身发育转换，找到一种既兼收现代市场经济理论，又吸收中国特色社会主义市场经济实践经验的新的伦理诠释体系。当代儒学不是站在西方现代性的对立面，如果没有经历现代性的遭遇、发展和体验，就不可能发现具有国际意义的当代儒学。"和合"境界正是当下人类文明发展所稀缺的，也是人类共同期盼的价值追求。应结合社会主义市场经济重大现实问题，兼收并蓄中外优秀经济伦理思想，重视诠释和建构儒学经济哲学思想体系。

先秦的儒家思想作为文化基因，几千年来始终影响着中国人的思想和行为方式，逐渐转换成新的儒学思想，其对先秦儒家思想具有继承性、内在性、一致性，但更多的是超越性、发展性，特别是在经历中国民主革命、社会主义建设、社会主义改革开放等一系列历史的挑战和应战之后，客观历史发展过程中的"肯定—否定—否定之否定"的历史辩证法，已给中国人的思维、精神、文化注入了辩证否定性的认知公理。习俗社会，儒学的人格化，一方面通过自觉意识的传递，少数知识精英对儒学所做的范式文本的当代转换的

---

① 转引自朱熹《四书章句集注》，中华书局，2012，第92页。

研究，应当说是很有价值的，而对于大多数普通百姓而言，儒学价值观通过文化基因的传递，以民族集体无意识的形式传承下来，表现为日用常行的儒学式的生活方式、价值理念以及默会知识的持有。进入 21 世纪的现代社会，儒学被赋予现代性底色的认知模板，知识精英开始打开世界化、世俗化空间，尤其是从中西比对的视阈来解读儒学原在性价值的意义阈，在国外学术界，儒学被逐渐上升为代表传统中国文化的符号，因而传统的在自然经济生产方式基础上的儒学文化已被智能化、全球化和个性化自由运动的生存方式所替代，那种狭隘的、保守的、非世俗的哲学程式被删除，新型的儒学价值观的呈现，更多地体现在中西古今视野交融之下，儒学开放、内醒、自我批判和理性反思过程中的思辨成长。"中国方案"的出场是当代儒学接受新文明挑战的开始，也是自身顽强生命力的证明。可以预测，在未来充满着挑战和机遇并存的时代，作为中国传统文化符号之一的儒学将有着更为光辉灿烂的前景。

马克思给我们留下了具有积极意义的精神产品，就是告诉我们，对西方的那种现代性的批判，是对它那种不合理社会制度所导致的后果的批判，所以，针对前现代而言，西方自由放任的市场经济体制，是历史的进步，但又是历史发展的遗憾，它在资本主义经济文化价值观的驱动下，已显示出发展的狭窄性和片面性，当下人类在一个新的文明高度上，所呼唤的不是这样一个极限式的、单一通道的发展模式，更需要符合人本身全面发展的，一种文化精神和价值观的引领，西方自身很难做到，它需要有一个先进的领导集体，拿出一个更为妥善的方案来达到一种引领和自我超越，马克思的这种希望和期待，恰被中国解释和证明了。"中国方案"的文化基因，包括儒学在内的多种文化形态的和合表达，其历史积极性质的现实展现，历史灵性的发挥，离不开先进政党的积极引领。这种引领须把内在的市场经济的否定精神，上升到一种文化的批判精神、文化的自我认知、文化的自我新生精神，使国家、政党、民族、文化充满活力和先进性。这种先进政党先进文化的自觉引领，吸纳了西方文化中包括市场经济等先进文明成果，并借鉴和超越了它，顺应了历史发展进程，使古老的中国文明焕发出新的活力。这正是"中国方案"得以出场的深刻原因所在。

原载《中国社会科学》2019 年第 1 期，收入本书时有改动。

作者单位：上海财经大学人文学院哲学系，上海财经大学国际儒商高等研究院

以哲学把握经济的基本方式

——理解"经济哲学"的五个维度[*]

韩庆祥

  研究"经济哲学"的一个原点，就是理解和阐释"经济哲学"这一基本概念，这是经济哲学研究的学理基础和前提。我国的经济哲学研究始于对"经济哲学"这个原点进行的学理理解和阐释。以此为学理基础，我国学者开启了经济哲学研究的历程。在这一历程中，上海财经大学、中国社会科学院、吉林大学、北京大学、中国人民大学、复旦大学、南京大学、清华大学、北京师范大学、河北大学等一批院校专家学者，聚焦研究货币哲学、资本哲学、财富哲学等，对我国的经济哲学研究做出了重大学术贡献，在实践上也把"经济哲学"的内涵和意义呈现出来了。这主要体现在哲学，尤其是经济哲学研究在不断地追问与反思经济活动的"合理性"，自觉用哲学方式来把握经济。在这种反思与追问中，经济哲学致力于超越经济活动的"局限性"，矫正经济活动的"偏执性"，规制我国经济活动的正确方向。其中有六次较为重要的反思和追问：一是在商品经济活动中，追问"道德是否滑坡了？"二是在市场经济活动中，追问"人文精神是否缺失了？"三是在经济快速增长的过程中，追问"人们在价值观上是否迷失了？"四是在资本逻辑的运作中，追问"人性是否出现了扭曲？""人的价值是否遭到了漠视？"五是在财富增长和积累的进程中，追问"公平正义的制度安排是否缺位了？"六是在追求经济快速增长和发展中，追问"发展是否付出了沉重代

---

  [*] 本文系作者主持的国家哲学社会科学基金重大项目"改革开放以来中国特色社会主义的发展逻辑研究"（项目批准号：17ZDA002）的阶段性成果之一。

价?"在这六个反思和追问中，哲学尤其是经济哲学发挥了"猫头鹰"的功能，也发挥着"雄鸡"的作用，还发挥着"啄木鸟"的力量。这恰恰体现了"哲学"尤其是"经济哲学"的本质功能与意义，也表明研究哲学尤其是经济哲学的必要性和重要性。

在中国特色社会主义进入新时代、我国发展步入新的历史方位，在全面建成小康向全面建设社会主义现代化强国的历史交汇期，迫切需要对我国的经济活动、经济问题进行一次总体性反思。这种反思，首先要回到经济哲学研究的原点，即依据马克思主义的经典文本，用哲学的方式把握经济，对"经济哲学"给出全面深入准确的理解。这种反思具有积极的学术意义，既可以为深化经济哲学研究奠定坚实的学理基础，也有助于使我国的经济哲学研究达到时代发展所要求的水平。

总体来讲，理解"经济哲学"有五个维度。这五个维度之间分别从哲学的本体论、认识论、辩证法、价值观、人学切入，具有环环相扣的逻辑关系。这五个维度，实际上也是哲学把握经济的基本方式。

一　对经济活动的本体论理解：追问劳动的本质

第一个维度，实质是追问经济活动的本体——劳动的本质。

生产劳动，是经济活动与经济哲学的基石和基础，离开生产劳动，就无法从根本上理解和把握经济活动与经济哲学，所以，在《1844年经济学—哲学手稿》《德意志意识形态》《政治经济学批判大纲》《资本论》等文献中，马克思把生产劳动看作一切经济活动的基础和前提，又把经济活动作为理解一切经济问题的基础和前提。[①]

马克思的《1844年经济学—哲学手稿》，是对经济活动给予本体论理解的一个典型样本。在《1844年经济学—哲学的手稿》中，马克思首先从哲学上批判国民经济学，认为国民经济学只看到劳动的经济学意义，把劳动的本质看作"生产财富"的劳动。在国民经济学看来，生产劳动的真正目的是带来多少利息，每年总共积攒多少钱，它不知道处于劳动关系之外的人，不把工人当人看，它敌视人，认为劳动就是追求利润的最大化。在李嘉图看

---

① 《马克思恩格斯选集》第1卷，人民出版社，1995，第40~50页。

来："人是微不足道的，而产品则是一切。"① 对劳动本质的这种经济学理解，本质上是一种功利主义经济学。在《1844 年经济学—哲学手稿》中，马克思批判了这种功利主义经济学的前提，即对劳动本质的功利主义理解。马克思指出："国民经济学按其本质来说是发财致富的科学。"② 马克思从"人"的维度来理解和把握劳动，认为劳动的本质，就是使人的本质力量得到充分发挥，就是人的自我产生过程。③ 这种理解，本质上是在构建一种人本主义经济学。进一步来说，国民经济学只关心劳动创造财富，而马克思则更加关切当时的劳动如何被异化的内在机理。所谓"异化劳动"，本质上就是工人劳动所创造的财富被资本家占有，成为与自己对立的力量，工人本身为此做出巨大牺牲。正如马克思所讲的：工人创造的价值越多，他自己越没有价值，物的世界的增值同人的世界的贬值成正比。④ 工人劳动被异化的深层原因究竟是什么？马克思给出的答案是：人和人的关系异化了。⑤ 马克思进一步指出，这种人和人关系异化之根源，就是私有财产制度。"尽管私有财产表现为外化劳动的根据和原因"，同时"它是外化劳动的后果"。"后来，这种关系就变成相互作用的关系。"⑥ 这里的私有财产制度，实质上就是财产、财富的所有制度和分配制度。这种财产、财富的所有制度和分配制度维护了资本家的利益，却剥夺和牺牲了劳动工人的利益。马克思从当时他所接受的人本主义出发，对劳动的本质作出不同于国民经济学的新的哲学理解，认为劳动的本质，就是使人的本质力量得到充分发挥，就是人的自我实现。显然，国民经济学和马克思经济学都基于对劳动本质的本体论追问。不过，国民经济学是自发的，而马克思是自觉的；国民经济学只从经济学意义上理解劳动的本质，把劳动只看作一种创造物质财富的经济活动，而马克思则从人本主义哲学上理解劳动的本质，把劳动理解为人的本质力量的充分发挥和人的自我实现。对劳动的本质理解不同，经济学研究的路向和路径也就不同：一个是功利主义经济学，一个是人本主义经济学。

　　因此，当我们面对经济活动、经济问题与经济学的时候，首先要追问经

---

① 《马克思恩格斯全集》第 3 卷，人民出版社，2002，第 248 页。
② 《马克思恩格斯选集》第 1 卷，人民出版社，1995，第 786 页。
③ 《马克思恩格斯全集》第 3 卷，人民出版社，2002，第 320 页。
④ 《马克思恩格斯选集》第 1 卷，人民出版社，1995，第 40～50 页。
⑤ 《马克思恩格斯选集》第 1 卷，人民出版社，1995，第 50 页。
⑥ 《马克思恩格斯选集》第 1 卷，人民出版社，1995，第 50 页。

济活动的本体之维——对劳动本质的理解。改革开放之初，我国一些地方往往把经济建设仅仅看作"项目经济"，又把项目经济仅仅看作"金钱经济"或"GDP 经济"。这种理解，就是对经济建设的本质，在认知上出现了偏差。在这种一味追求经济项目、GDP 增长和经济发展的进程中，有的学者尤其是从事经济哲学研究的学者强调，不能把经济增长和经济发展仅仅理解为 GDP 的增长，还要关注经济增长和经济发展中的"公平"、"正义"与"人的价值"。后来，中央也提出了"以人为本的科学发展观"。党的十八大以来，习近平同志又提出以人民为中心的经济思想。这些，都体现了对我国经济活动、经济发展、经济问题之本质的哲学反思和追问，具有重要的学术价值和实践意义。

二　对经济活动的认识论分析：追问经济问题的哲学之道

这是第二个维度，实质是从具体到抽象，自觉从哲学之"道"的层面来认识和理解经济活动、经济问题，或者自觉理解和把握经济活动、经济问题中的哲学之"道"。追问经济活动的本体离不开人的认识，需要借助人的认识来进行，因为认识是达到对事物本质的认识。

马克思主义哲学认识论的核心观点，就是强调人的认识是在实践基础上达到对事物之本质的认识。要达到这一目的，一般要经过两个阶段，实现两次飞跃：从感性认识上升到理性认识，这是第一次飞跃；从理性认识回到实践，这是第二次飞跃。感性认识，一般认识到的是事物的现象，理性认识则是认识事物的本质；理性认识回到实践的目的，就是引导实践，改变现实，检验理性认识是否正确。这里，理性认识就是对事物之本质的认识。黑格尔也认为，人的认识过程一般要经过"感性"—"知性"—"理性"三个阶段。这里讲的"理性"，也是达到对事物之本质的认识。列宁所讲的辩证法是研究自在（Ansich）之物、本质、基质的，也有类似的意思。[①] 中华传统文化讲"道""术""行"，这里所讲的"道"，主要指的是对事物现象背后的本质理念的认识和理解。这就启示我们：对事物和对象的认识，首先是对其现象的认识，最后要达到对事物、对象之本质的认识，这种认识的成果就是"道"。对经济活动、经济问题同样如此，即要从"感性"—"理性"

---

① 《马克思主义经典作家论历史科学》，人民出版社，1961，第 176 页。

三个层面来理解，尤其要从理性层面来揭示经济活动、经济问题中的哲学之道，或者说，要认识和理解经济活动、经济问题之道，就必须进入哲学层次，从具象到抽象。经济活动、经济问题中的"道"，主要讲的是反映经济活动、经济问题之"本质"的哲学理念、哲学思想。认识、理解经济活动、经济问题的哲学之道至关重要，它有助于我们从哲学上理解和把握经济活动、经济问题的本质、规律。

《资本论》就是从理性层面揭示经济活动、经济问题的哲学之道的典型样本。在《资本论》中，马克思是沿着从具体到抽象的思维逻辑，先从具体的感性层面——资本主义社会最普遍、最平凡的事实即商品——入手，来分析资本主义社会内部的基本矛盾；其致思走向，就是通过抽象，一步步深入理性层面，来揭示劳动工人所创造的剩余价值被资本家占有和剥削的秘密；再进一步通过对生产资料私人占有与生产社会化的矛盾、无产阶级和资产阶级的矛盾的辩证分析，揭示出"由物的依赖走向自由个性"的历史必然性和道义必要性；基于这一历史必然性，马克思批判并超越了资本占有劳动并控制社会的逻辑，提出了以"促进每个人自由全面发展"为核心理念的哲学之道。

一些人谈论经济活动、经济问题，多停留在"感性"认识上，较注重"术"和"行"的层面，很少进入"理性"认识或"道"的层面，因而往往看到的是经济活动、经济问题的现象，而看不到经济活动、经济问题背后的哲学之道，所以，往往抓不住问题的本质。

我们试图从哲学之"道"层面，对"社会主义市场经济"、"分配制度"与"当代中国经济快速发展奇迹"这三个近年来国内马克思主义理论中的前沿问题，加以哲学分析和理解。

先看看社会主义市场经济。把社会主义制度和市场经济有机结合起来，已被党的十九届四中全会列入我国现阶段的基本经济制度。以往，一些人着重从经济学角度认识和理解市场经济，认为市场经济就是追求经济利益和利润最大化，因而，往往把"利益"看作市场经济之"道"。对市场经济的这种认识和理解是产生功利主义、拜金主义的认识论根源，也是实践上使市场经济"剑走偏锋"的认识论根源。其实，"利益"并非市场经济的真正之"道"。要真正认识和理解市场经济之"道"，必须进入哲学层次。如果从哲学层次来认识和理解市场经济之"道"，那么，市场经济就是追求"利益—能力—理性—自立"四者的有机统一：应当承认，从事经济活动的人首先追求的是"经济利益"，这是原初动因，不然，就不会有他们所从事的经济活动；那么，我们要追问：获取经济利益"合法性"或"合理性"的根据是什么？当然，应当是从事经济活动的人最大限度地发挥其能力，做出相应的业绩或贡献，凭"能绩立足"，此可谓"能力发挥最大化"；我们再进一步追问：怎样才能保证从事经济活动的人最大限度地发挥其能力？就必须有一种能体现公平正义的制度安排，只有这样的制度安排，才能真正保证从事经济活动的人最大限度地发挥其能力，这种制度安排，必须基于人的理性的高度自觉，缺乏高度的理性自觉，是不可能有这样的制度安排，此可谓"理性最大化"；从事经济活动的人在体现公平正义的制度安排中最大限度地发挥其能力，做出相应的业绩或贡献，从而获取经济利益和经济利润的最大化，这在实质上意味着从事经济活动的人要凭其能力和业绩而自立，此可谓"自立的最大化"。"能力"可以相对应于"权力"，"理性"可以相对应于"非理性"，"自立"可以相对应于"依附"。这样，从上述具有因果逻辑关系的哲学层面来完整认识和理解市场经济之"道"，就超越了对市场经济的狭隘经济学理解，也超越了对"利益"的褊狭追求，能把市场经济提升到哲学境界，而这种境界，会把市场经济引入"正途"，会使市场经济的积极因素充分发挥出来，也会避免人们对市场经济的误读和误解。更何况当今我们谈论的是"社会主义"的市场经济呢！

再看看分配制度。分配，是马克思主义政治经济学中的一个核心问题，它涉及人的根本利益。关于分配，如果仅仅局限于经济学视阈的认识和理解，那么这种分配，自然首要指向的是经济领域基于"效率"的分配，而获得这种经济效率的根据，自然是从事经济活动的人的能力和贡献。这实际上就是经济学家所讲的第一次分配，它体现的是"实然"意义上的基于"市场"中的能力和业绩的"应得性"，即比例对等或相对平等，亦即哲学理念上的"公平"。这种认识和理解之积极意义，就是力戒懒惰，鼓励勤劳，反对平均主义，使"蛋糕"越做越大。同时也要认识到，人们之间的能力乃至业绩的差异是客观存在的，如果仅仅按照能力和业绩进行分配，就必然拉开人们之间在收入上的差距。这样，即使一些人再努力，但由于先天禀赋差异与后天能力、业绩的有限，其收入也追不上能力、业绩较好的人。久而久之，人们之间的收入差距会越拉越大，甚至出现贫富悬殊，当超过临界点，就会导致社会不稳定。这样，按照能力和业绩进行的所谓第一次"市场"意义的分配应有其边界。这时，就必须超越对分配仅仅作经济学或

"市场"意义上的狭隘认识和理解，进而从哲学所讲的"正义"层面来认识和理解分配，这种分配实际上就是人们所讲的第二次分配。这种分配主要是在政治领域进行的，因而在这种分配中，政府必须出场。就是说，政府要基于哲学理念上的"正义"原则，运用公共权力和公共政策，通过财政和税收等手段，对人们之间过大的收入差距进行合理调节。显然，上述所讲的第一次分配实质上是解决经济效率问题，体现的是"公平"，它有助于"做大蛋糕"，促进经济发展；而第二次分配实质上是致力于解决社会稳定问题，体现的是"正义"，它有利于"分好蛋糕"，使经济社会发展具有稳定性和可持续性。众所周知，政府也不是万能的，政府治理也具有一定的历史局限和缺陷。政府注重从"政治"领域解决"正义"意义上的分配问题，却不能完全解决社会领域的"道义"调节问题。于是，还必须进一步超越对分配的政治领域中的认识和理解，进而再从哲学理念所讲的"道义"层面并在社会领域来认识和理解分配，这就是人们常讲的第三次分配。在这种分配中，整个社会都是对过大收入差距进行调节的主体，它是由个人和非政府组织及其他组织（如慈善机构等），以道义为指针，采用募捐、救助、基金等人道手段自觉进行社会调节，它体现的是人道原则，其目的主要在于救助社会弱势群体。简要归纳一下上述所讲的"三次分配"：第一次分配的主体是市场，主要在经济领域，主要是根据能力和业绩进行分配，体现的是效率优先原则，它确保分配的效率性（对等性公平带来效率），目的在于"做大蛋糕"，促进经济发展；第二次分配的主体是政府，主要在政治领域，体现的是"正义"原则，确保分配的正义性，目的在于"分好蛋糕"，促进经济、政治和社会的稳定；第三次分配的主体是社会，主要在社会领域，体现的是人道原则，确保分配的道义性，目的在于促进社会和谐。显然，支撑这三次分配的"哲学之道"或"哲学理念"，分别是"公平"、"正义"和"道义"，三者共同构成哲学意义上的所谓整体性的"分配结构"。

最后看看当代中国经济快速发展的奇迹。党的十九届四中全会第一次对中国奇迹做出了鲜明且凝练的精辟概括，即"经济快速发展奇迹和社会长期稳定奇迹"。对当代中国经济快速发展奇迹，既可以做经济学阐释，也可以做哲学理解，这就是揭示我国经济快速发展奇迹背后的"哲理"——哲学之道。其实，哲学的理解更具根本性、深刻性，它是从"道"的层面进行的。从"道理"来看，中国经济快速发展奇迹是全国各族人民共同"奋斗"出来的；从"学理"来看，中国经济快速发展奇迹背后有其道路逻辑和制度密码。学理基于道理，哲理基于学理又高于学理；从"哲理"来看，创造中国经济快速发展奇迹的哲学之道，可以理解为在中国共产党领导下的"权力""劳动""资本"三大根本要素之合力的结果。这三个要素具有严格的界定。"权力"，就是中国共产党的集中统一领导力量，具体体现为中国共产党运用"权力"，可以动员、组织和集中国家资源及力量办大事。当代中国经济快速发展奇迹的密码，首要在政治领域。要理解当代中国经济快速发展奇迹，首先要理解中国共产党，只有理解中国共产党，才能真正理解当代中国经济快速发展的奇迹。"资本"，既指我们党所讲的"资本投资"或"投资驱动"，又指"资本"可以把许多生产要素聚合起来，激发它们推动经济快速发展的活力，也指市场配置资源的力量。显然，这里所谓的"资本"，主要是"国家掌握和驾驭的资本"，当然也包括被国家允许、鼓励和引导的民营经济中的"资本"。要言之，我们所讲的"资本"，从根本上是在中国共产党领导下，在社会主义制度框架内运作，被合理引导的、为中国特色社会主义和社会主义现代化建设发挥积极作用的"资本"，而不是马克思当年所批判的那种具有"吃人本性"的"资本"。"劳动"指的是中国特色社会主义事业的建设者，具体来说是指从事整个社会财富创造的中国广大劳动人民群众及其人民主体力量。正是这三大根本要素（"权力""劳动""资本"）或三大力量（"党的集中统一领导力量""市场配置力量""人民主体力量"）之合力，既能实现我国经济赶超发展和跨越式发展的所谓经济快速发展，又能保持我国自身的独立性。这就是当代中国经济快速发展奇迹的"哲理"，就是当代中国经济快速发展奇迹的"哲学之道"，就是对当代中国经济快速发展奇迹的哲学理解。当然，对"资本"逻辑不加以合理限制和管制，不把"权力"关在制度"笼子"里，"劳动"价值若得不到应有的尊重，"权力"向"资本"寻租，政商关系不"正当"，也是产生许多问题的一个根源。

因而，认识和理解经济活动、经济问题，也要注重从具体到抽象，自觉从哲学层面理解和把握其哲学之"道"，即经济活动、经济问题深层背后的哲学理念、哲学思想。

三 对经济活动的辩证法阐释：经济问题哲学分析

这是第三个维度。实质是用哲学讲经济，用辩证方法分析经济问题，对经济问题进行哲学"批判"。这种"批判",不是政治学意义上的"推翻",而是哲学意义上的"辨析"。无论是理解和把握经济活动的本体,还是理解和把握经济活动、经济问题中的哲学之"道",都需要借助辩证方法。列宁曾讲过,辩证法也就是马克思主义的认识论。

《德意志意识形态》《共产党宣言》《资本论》都是用辩证方法分析经济问题的典型样本。这种用辩证方法分析经济问题之重大成果,就是实现了哲学变革、经济学变革和政治学变革。

在《德意志意识形态》中,马克思恩格斯通过对经济问题的哲学分析,创立了唯物史观,从而实现了"哲学变革"。马克思和恩格斯首先集中面对的,是经济学的一个基本概念——"物质生产劳动"。在马克思恩格斯看来,历史首先是人类活动参与其中的历史,研究人类历史,其前提和出发点是关注现实的个人;① 现实的个人就是有生命的个人;这种有生命的个人具有肉体组织的需要,这种需要主要就是"衣食住行",即对物质生活资料的需要;满足人的物质生活资料的需要,这叫作"生活";人和动物根本不同,人必须也只有通过物质生产劳动这种方式,才能获取物质生活资料,进而才能满足人的肉体组织的需要,所以,人首先要"生活",然后才去从事"生产"(这可以看作是经济学问题);② 由此,马克思恩格斯进一步去研究人的物质生产劳动;此后,马克思恩格斯开始运用辩证方法,来分析研究物质生产劳动中的两个矛盾着的根本方面,一是生产过程中人和自然所发生的根本关系,马克思恩格斯用"生产力"这一核心概念进行分析,并将其提炼概括为"生产力";一个是在生产过程中人和人所发生的根本关系,马克思恩格斯从开始用"交往形式"到后来用"生产关系"这一核心概念进行分析,并将其提炼概括为"生产关系";接着,马克思恩格斯又进一步运用历史辩证法及其矛盾分析方法,去研究物质生产劳动过程中这两个根本方面,即生产力和生产关系的内在矛盾运动及其历史发展过程,结果从中揭示并发现了人类历史发展的一般规律,从而创新了唯物史观,进而实现了"哲学变革"(这可以看作哲学分析)。这里,马克思恩格斯是通过对经济问题(肉体组织的需要—衣食住行—物质生活资料—物质生产劳动)进行哲学上的辩证分析,从而创立唯物史观的。

---

① 《马克思恩格斯选集》第 1 卷,人民出版社,1995,第 67~74 页。
② 《马克思恩格斯选集》第 1 卷,人民出版社,1995,第 67~74 页。

在《资本论》中，马克思通过对经济问题进行哲学上的辩证分析，创立了剩余价值学说，从而实现了"经济学变革"。马克思从德国古典哲学那里继承下来的，首要是辩证法。在这个意义上，他称自己曾是黑格尔的学生。然而，马克思又力求把黑格尔"头脚倒置"的辩证法颠倒过来，将其重新改造成为唯物辩证法。唯物辩证法是马克思哲学方法论体系中最基本也最为核心的方法。马克思运用唯物辩证法分析研究人类历史发展的内在矛盾——社会基本矛盾，揭示了人类历史发展的一般规律，从而创立了唯物史观。马克思又运用唯物辩证法分析研究资本主义社会的基本矛盾，揭示了资本主义社会形态的特殊运动规律，从而创立了剩余价值学说。剩余价值学说，是马克思运用唯物辩证法在揭示劳动与资本的矛盾关系时提出的一种学说，因而只有借助唯物辩证法，并在劳动与资本的矛盾关系中，才能得到真正理解。列宁认为：《资本论》是"大写字母的逻辑"①。这一"大写字母的逻辑"，当然包括唯物史观，但首要是唯物辩证法，用大家熟知的话来说，就是"矛盾分析方法"。正如恩格斯所说："马克思对于政治经济学的批判就是以这个方法做基础的。"② 马克思之所以运用唯物辩证法来研究资本主义生产方式，主要是因为《资本论》所致力于揭示的是基本经济事实背后的内在本质联系即矛盾关系，而唯物辩证法在本质上就是研究事物内部的本质联系或内在矛盾关系。在《资本论》中，马克思运用唯物辩证法分析资本主义社会的基本矛盾，分析资本主义社会形态的特殊运动规律，主要体现在分析一系列经济范畴的矛盾二重性及其矛盾运动上，这是从分析资本主义社会所存在的一个基本经济事实——商品开始的，或者说，马克思首先从资本主义社会最简单、最基本、最普遍、最平凡的事实即商品开始，逐步揭示出资本主义社会的一切矛盾，这是逻辑起点。马克思指出：商品是资产阶级社会的"细胞"，它包含着资产阶级社会的"一切矛盾的萌芽"，包含着资本主义的尚未展开的一切主要矛盾。③ 商品，显然是经济学范畴，属于经济问题。然而，马克思运用唯物辩证法的矛盾分析方法，首先揭示出商品本身的内在矛盾，即使用价值和价值的矛盾；接着，马克思从使用价值和价值的矛盾中，揭示出具体劳动和抽象劳动的矛盾；然后，马克思再从具体劳

---

① 《列宁专题文集　论辩证唯物主义和历史唯物主义》，人民出版社，2009，第145页。
② 《马克思恩格斯文集》第2卷，人民出版社，2009，第603页。
③ 《列宁专题文集　论辩证唯物主义和历史唯物主义》，人民出版社，2009，第150页。

动和抽象劳动的矛盾中，进一步深入揭示私人劳动和社会劳动的矛盾；再接着，马克思又进一步从私人劳动和社会劳动的矛盾中，揭示生产资料私人占有和生产社会化的矛盾；之后，马克思力求从物和物的关系背后揭示出人和人的关系，即无产阶级（工人）和资产阶级（资本家）的矛盾关系。马克思试图从分析劳动和资本的矛盾入手，来分析无产阶级（工人）和资产阶级（资本家）的矛盾。沿着劳动和资本的矛盾这一逻辑，马克思分别从劳动和资本两个方面来揭示剩余价值的来源及其产生的秘密：从劳动方面来说，马克思认为，资本主义生产过程的实质是劳动过程与价值增值过程的统一，作为劳动过程，工人的具体劳动转移生产资料的价值，作为价值增值过程，工人的抽象劳动既创造劳动力自身的价值，也为资本家创造剩余价值。从资本方面来说，马克思把资本区分为不变资本和可变资本，正是在对不变资本和可变资本在价值增值过程中不同作用的分析，马克思进一步揭示了剩余价值的真正来源。显然，马克思正是在对上述一系列矛盾关系的辩证分析中，创立了"剩余价值学说"，揭示了工人的劳动被资本占有、工人创造的剩余价值被资本家剥夺的秘密。所以，他号召全世界无产者联合起来，消灭私有制，解放无产阶级，进而解放全人类，最终实现每个人自由而全面的发展。总之，上述所谓"大写字母的逻辑"，就是马克思运用唯物辩证法的矛盾分析方法，从分析和揭示经济学中最基本的事实和细胞——"商品"开始，一步一步地揭示出剩余价值的来源或产生的秘密，从而创立了剩余价值学说，创立了以劳动人民为本的马克思主义政治经济学，实现了"经济学变革"。

在《共产党宣言》中，马克思恩格斯通过对经济问题的辩证分析，创立了科学社会主义学说，从而实现了"政治学变革"。这是通过分析"资本和雇佣劳动的关系"来实现的。"资本"是经济学范畴，蕴含的是经济问题。资本和雇佣劳动是一种辩证关系。马克思恩格斯指出：资产阶级生存和统治的根本条件，是财富在私人手里的积累，是资本的形成和增殖；资本的生存条件是雇佣劳动。雇佣劳动完全是建立在工人的自相竞争之上的，这种自相竞争，是工人在找工作中的自相竞争，现代的工人只有当他们找到工作的时候才能生存，而且只有当他们的劳动增殖资本的时候才能找到工作。①这些都是私有制造成的。然而，随着资产阶级即资本的发展，无产阶级即现

---

① 《马克思恩格斯选集》第 1 卷，人民出版社，1995，第 278 页。

代的工人阶级也在同一程度上得到发展，因为资产阶级无意中造成而又无力抵抗的工业进步，使工人通过结社而达到的革命联合代替了他们由于竞争而造成的分散状态。于是，随着大工业的发展，资产阶级赖以生产和占有产品的基础本身也就从它的脚下被挖掉了。它首先生产的是它自身的掘墓人，就是说，资产阶级不仅锻造了置自身于死地的武器，同时它还产生了将要运用这种武器的人——现代的个人，即无产者。① 因此，共产主义的特征，就是首先必须对所有权和资产阶级生产关系实行暴力的干涉，即消灭旧的生产关系，废除资产阶级所有制。当然，它并不剥夺任何人占有社会产品的机会，只剥夺利用这种占有关系去奴役他人劳动的机会。由此，无产阶级要运用自己的政治统治，一步一步地夺取资产阶级所有的全部资本，把一切生产资料集中在国家手里，即集中在已组织成为统治阶级的无产阶级手里，并且尽可能更快地增加生产力的总量。资产阶级的灭亡和无产阶级的胜利同样是不可避免的。② 这里，劳动是生产力中的决定因素。因为在一般意义上，我们所说的生产力，主要包含劳动对象、劳动工具、劳动者，其中劳动者是劳动生产力中最活跃、最革命的因素。马克思在《资本论》第一卷就提出了劳动生产力概念："劳动生产力，即由于生产条件发展程度不同，等量的劳动在同样时间内会提供较多或较少的产品量。"③ 马克思又指出："劳动生产力是由多种情况决定的，其中包括：工人的平均熟练程度，科学的发展水平和它在工艺上应用的程度，生产过程的社会结合，生产资料的规模和效能，以及自然条件。"④ 这里的资本，代表的是一种生产关系。马克思指出："资本也是一种社会生产关系。这是资产阶级的生产关系，是资产阶级社会的生产关系。"⑤ "资本不是物，而是一定的、社会的、属于一定历史社会形态的生产关系，它体现在一个物上并赋予这个物以特有的社会性质。"⑥ 马克思恩格斯运用唯物辩证法的矛盾分析方法，对"资本占有劳动并控制社会的逻辑"这一当时资本主义社会存在的"总问题"进行进一步深入的分析：首先分析了雇佣劳动对资本的依附关系和资本对雇佣劳动的依存关系；接着，进一

---

① 《马克思恩格斯选集》第1卷，人民出版社，1995，第278~279页。
② 《马克思恩格斯选集》第1卷，人民出版社，1995，第284页。
③ 《马克思恩格斯文集》第5卷，人民出版社，2009，第594页。
④ 《马克思恩格斯文集》第5卷，人民出版社，2009，第53页。
⑤ 《马克思恩格斯选集》第1卷，人民出版社，1995，第345页。
⑥ 《马克思恩格斯选集》第2卷，人民出版社，1995，第577页。

步分析资本和劳动、资产阶级和无产阶级之间的"彼此推进"与相互作用、相互矛盾（即相互对立、彼此斗争）的关系；再接着，马克思恩格斯运用历史尺度和价值尺度相统一的辩证法，又进一步分析并揭示了资本和雇佣劳动关系的历史必然性和历史局限性，最终得出"全世界无产者，联合起来"① "消灭私有制"② "资产阶级的灭亡和无产阶级的胜利是同样不可避免的"③ "将是这样一个联合体，在那里，每个人的自由发展是一切人自由发展的条件"④ 等结论。这里，马克思恩格斯运用唯物辩证法及唯物史观，分析和揭示了资本主义社会的现实逻辑，创立了科学社会主义，实现了"政治学变革。"

因此，当我们面对经济活动、经济问题的时候，也要注重对经济活动、经济问题进行哲学分析，对经济活动、经济问题展开哲学"批判"。新时代中国特色社会主义建设的一个基本事实和特征，就是要经常处理其发展过程中必然遭遇的一系列基本的矛盾关系，诸如"社会主义制度和市场经济""政府和市场""效率和公平""劳动和资本""又快又好""速度和效益""跨越式发展和循序渐进""经济全球化和独立自主""经济发展和人的发展"，等等。能否正确驾驭和处理好这些矛盾关系，事关新时代中国特色社会主义建设事业的成败。而要正确驾驭和处理好这些矛盾关系，就必须运用辩证方法。善于运用辩证分析正确驾驭和处理好这些关系，中国特色社会主义建设就容易走向成功，否则，就会遭遇曲折。

四　对经济活动的价值观解读：经济问题的价值评价

这是第四个维度。其实质是注重理解和把握经济活动、经济问题与经济学研究中的事实尺度和价值尺度、实证和规范之间的辩证关系，注重对经济问题做出正确的价值评价。理解和把握经济活动的本体，理解和把握经济活动、经济问题中的哲学之"道"，对经济活动进行辩证分析，总体上都属于对经济活动"事实"维度的理解；"价值"与"事实"相对应，在对经济活动的"事实"维度给予理解的同时，逻辑上还应对经济活动做出价值

---

① 《马克思恩格斯选集》第 1 卷，人民出版社，1995，第 307 页。
② 《马克思恩格斯选集》第 1 卷，人民出版社，1995，第 286 页。
③ 《马克思恩格斯选集》第 1 卷，人民出版社，1995，第 284 页。
④ 《马克思恩格斯选集》第 1 卷，人民出版社，1995，第 294 页。

评价。

《1844 年经济学—哲学手稿》《共产党宣言》是对经济问题做出价值评价的典型样本。

马克思在《1844 年经济学—哲学手稿》中指出，国民经济学只讲经济事实，也只对经济事实做实证分析，不做价值评价。它思考劳动，思考私有财产，思考资本，都是基于对经济事实的描述。就是说，它们的研究只对经济活动、经济事实、经济问题做事实判断而不作价值判断，只做实证性分析而不做规范性研究，对经济活动、经济事实、经济问题做价值评价，在它那里是缺失的。马克思指出："私有财产是一个事实，国民经济学对此没有说明理由，但是，这个事实是国民经济学的基础"；① "整个国民经济学便建立在一个没有必然性的事实的基础上"。② 马克思在《1844 年经济学—哲学手稿》中，既尊重经济活动、经济事实、经济问题的"本性"，这遵循的是事实尺度；同时又对经济活动、经济事实、经济问题做出价值评价，给出价值导向，这注重的是价值尺度。从价值评价来看，马克思认为，在资本主义社会，工人的劳动被异化了，这是有悖于人的本质和人性的劳动，它不是对人的本质的确证，反而使人的本质得以丧失，使人性受到压抑，得不到充分发挥，使工人不具有做"人"的尊严；③ 私有财产使人成为"占有"或"拥有"者，使人变得愚蠢而片面，使人成为利己主义者；④ 资本使工人的劳动仅仅成为其谋生的手段，而不是使人的能力得到充分发挥。正是基于对经济活动、经济事实、经济问题既做事实判断，又作价值评价，所以，马克思得出结论：共产主义是私有财产即人的自我异化的积极的扬弃，因而是通过人并且为了人而对人的本质的真正占有；因此，它是人向人自身、向社会的（即人的）人的复归，这种复归是完全的、自觉的而且保存了以往发展的全部财富的。⑤

在《共产党宣言》中，马克思恩格斯同样运用事实尺度和价值尺度的辩证统一，来分析批判资本主义社会。马克思恩格斯从事实尺度或历史尺度来看待资本和资本主义社会，对资本和资本主义社会做出了中肯评价，认为

① 《马克思恩格斯文集》第 1 卷，人民出版社，2009，第 783 页。
② 《马克思恩格斯选集》第 1 卷，人民出版社，1995，第 786 页。
③ 参见《马克思恩格斯全集》第 3 卷，人民出版社，2002，第 270 ~ 271 页。
④ 参见《马克思恩格斯全集》第 3 卷，人民出版社，2002，第 303 页。
⑤ 参见《马克思恩格斯全集》第 3 卷，人民出版社，2002，第 297 ~ 298 页。

资产阶级在它的不到一百年的阶级统治中所创造的生产力，比过去一切世代创造的全部生产力还要多，还要大；① 然而，马克思恩格斯把话锋一转，又从价值尺度批判资本和资本主义社会，认为在资产阶级社会，资本具有独立性和个性，而资本却占有劳动，使活动着的个人却没有独立性和个性。② 由此，马克思恩格斯得出结论：要通过无产阶级革命消灭私有制，解放无产阶级，进而解放全人类，促进每个人的自由发展。③

这里涉及一个深层次的理论问题，即对事物和对象的认识所达到的"知"，是否包含价值评价？或者什么叫作真正的"知"？在马克思主义哲学看来，任何事物和对象既具有原本的"事实"属性，也具有对于人而言的"价值"属性，或者说既具有"自在规定"，也具有"关系规定"（即为人而存在的规定性）。在马克思的范畴和话语体系中，也都具有这两种规定性，比如"货币""劳动""资本""财富"等，它们既是"自在性"范畴，具有自身的原本规定性，也是"价值观"范畴，具有对人而言的价值观意义上的规定性。因此，对任何事物和对象的认识，既是对其"客观实在性"的认识，也是对其"价值性"的认识，所谓"知"，就是对事物和对象之"客观实在性的知"和"价值性的知"的有机统一。换言之，只有坚持事实尺度和价值尺度、实证和规范相统一，才能达到对事物和对象真正完整的认识，达到真正完整的"知"。由此，那种借客观性而否认对事物和对象作价值评价，是片面的。当然，不把"价值评价"建立在"科学认知"上，也是片面的。

1978 年我国改革开放以来，在现实的实践层面，许多人往往只注重从经济谈经济，一讲经济，就是 GDP，就是项目经济，就是金钱经济，就是经济增长速度，就是资本投资，就是"资本"的逻辑，等等。这说明在经济活动中，价值评价严重缺位。结果导致了人和自然关系的紧张，出现环境污染，使生态失去平衡；导致人和社会关系的紧张，社会发展以牺牲某些人尤其是个人的发展为代价；导致人和人的关系紧张，人们之间存在着较大的收入差距，进而存在着不信任、不和谐；人自身的身心关系紧张，即身心不和谐，身体在享受现代化的物质成果，而不少人的心灵世界或精神世界却依

① 参见《马克思恩格斯选集》第 1 卷，人民出版社，1995，第 277 页。
② 参见《马克思恩格斯选集》第 1 卷，人民出版社，1995，第 287 页。
③ 参见《马克思恩格斯选集》第 1 卷，人民出版社，1995，第 294 页。

然处于空虚、无序和焦虑的状态。随着我国经济社会的整体转型升级，我国哲学界逐渐具有一种超越精神，即以学术探索精神、以价值关怀，自觉主动去研究经济发展中的代价，研究"发展与代价"的关系，超越"资本"的逻辑，提出了经济发展要树立以人为本的价值取向；我们中国共产党人也具有哲学反思精神，从价值观高度，提出了以人为本的科学发展观和以人民为中心的发展思想，从而把我国的经济发展引向了正确航道。

可见，对经济活动、经济事实、经济问题，要自觉具有价值批判意识，要对经济活动、经济事实、经济问题具有高度的价值自觉，即做出价值评价，进行价值引导，使经济活动、经济发展沿着正确的方向前行。

五　对经济活动的人学追问：对人的本性、人的本质的理解

这是第五个维度。实质是理解和把握从事经济活动的人的本性、人的本质问题。理解和把握经济活动的本体，理解和把握经济活动、经济问题中的哲学之"道"，对经济活动进行辩证分析，对经济活动做出价值评价，主体都是"人"，最终目的也都是为了"人"，所以，对经济活动的人学追问，是经济哲学研究的出发点和落脚点。

在西方经济学研究的传统中，总有一个关于人性假设问题。这种人性假设，核心是确定从事经济活动的人之本性，而不是人的本质。人的本质和人的本性是两个有联系但又有本质区别的概念。人的本性，主要是指所有的自然人共同具有的原初本性，如"追求自我利益""趋利避害""自保"等。而人的本质，则指的是人之所以成为人的根据。前一个"人"，指的是"自然人"，后一个"人"，既指作为最高价值追求的"理想的人"，如追求自由而全面发展的人，也指作为具有"类"属性（或类意识）的人、作为具有社会属性的人、作为具有自主创造个性的个人。[①] 就作为人的修养、塑造和境界而言，人的本质显然高于人的本性。西方经济学具有自己的"人性假设"，这种"人性假设"中所谓的"人的本性"，核心是指"每个人追求其利益最大化"，或"自我利益驱动"，西方经济学的理论体系就是建立在这种"人性假设"基础上的。它们由此认为，从事经济活动的人都是追求其利益最大化的人，对这样的"人"，不宜做价值判断。由此就产生了自由主

---

① 参见《马克思恩格斯选集》第 1 卷，人民出版社，1995，第 45 页。

义经济学、功利主义经济学及其诸多变种。

马克思主义政治经济学不做"人性假设"，而注重谈论从事经济活动的主体和前提。在马克思看来，在现实社会中，不存在"抽象的人"或抽象的"自然人"，人都是现实的人，这种现实的人都处在一定的社会实践活动和社会关系中进而满足其需要的人，人的需要、社会实践活动、社会关系是什么样的，人就是什么样的。所以，首先要分析研究人的需要、人所从事的社会实践活动和所处的社会关系。① 这就把西方经济学所讲的"人性假设"或抽象的自然本性给否定掉了。当然，马克思所从事的经济学研究与所建构的政治经济学，也是围绕"人"进行的，但他们所讲的"人"，是现实的人，从本质与逻辑来讲，就是具有需要的人，是"从事实际活动的人"，是处在一定社会关系总和中的人，是"以一定的方式进行生产活动的一定的个人"②。马克思是把"现实的人"作为经济学研究的出发点，因而，对经济活动进行人学追问，就要分析研究经济活动中人的需要、人的实践活动、人的社会关系和人的个性。"出发点"与"人性假设"是两个截然不同的概念："人性假设"中的"人"是抽象的、固定不变的，而"出发点"中的"人"，是处在社会关系总和中的现实的、发展变化的人，如在《1844年经济学—哲学手稿》《关于费尔巴哈的提纲》《德意志意识形态》《哲学贫困》《共产党宣言》《资本论》中所讲的"人"，都是现实的人。正因如此，马克思的政治经济学都具有政治立场和价值导向，也具有浓浓的人文情怀，当然，更是建立在历史唯物主义基础之上的。

由此，理解和把握经济活动，还要确立一种科学的人学观，对从事经济活动与经济问题中的"人"给出科学和道义的解释，对经济活动、经济问题做出事实和价值相统一的科学判断。要言之，要以"人"的眼光来观察经济活动、经济事实、经济问题。当然，这里所讲的"人"，是马克思主义所讲的现实的"人"。

上述关于"经济哲学"的本体论理解、辩证法阐释、认识论分析、价值观解读和人学追问之间，具有内在的逻辑关系，构成理解"经济哲学"的一个完整图景，也构成以哲学方式把握经济的一种完整框架。生产劳动，是经济活动与经济哲学的基石和基础，离开生产劳动，就无法从根本上理解

---

① 《马克思恩格斯选集》第1卷，人民出版社，1995，第68页。
② 《马克思恩格斯选集》第1卷，人民出版社，1995，第67~73页。

和把握经济活动与经济哲学，所以在经典文献中，马克思都把生产劳动作为理解经济活动的基础和前提，并把生产劳动看作人的内在本质力量的充分发挥，是人的自我实现。这便引出了我们对经济哲学的第一种理解，即对经济活动的本体论理解：追问劳动的本质。存在决定意识，既然对经济活动首先有一种本体论的理解，那么，接着就需要对经济活动进行认识论分析，从哲学上进一步追问经济活动、经济问题中的哲学之道，从哲学之"道"来认识和理解经济活动、经济问题，这便有了对经济哲学的第二种理解，就是对经济活动进行认识论分析。任何事物和对象都是一种矛盾性存在，对任何事物和对象的认识也是一种辩证认识过程，从哲学上理解和把握经济活动，我们看到的是经济活动也具有辩证的性质，如需求和供给、效率和公平、生产力和生产关系、生产和消费，等等。由此，便有了对经济哲学的第三种理解，就是对经济活动做出辩证阐释，对经济问题进行哲学分析，其实质，就是用哲学讲经济，用唯物辩证法的矛盾分析方法，分析经济活动和经济问题。从哲学上讲，对经济活动、经济问题不仅要从客观存在（实在）上加以理解和把握，注重其"事实尺度"，而且逻辑上也要对经济活动、经济问题进行价值评价，注重"价值尺度"，这就从逻辑上进一步提出要对经济活动、经济问题做价值观解读，这是对经济哲学的第四种理解，其实质，就是注重理解和把握经济活动、经济问题中的事实尺度和价值尺度、实证和规范之间的关系，注重对经济活动、经济事实、经济问题做出价值评价。人是从事一切经济活动的主体，理解和把握经济活动和经济问题，最终都是为了人，都是为"人"而存在的，所以，在经济活动和经济问题的深层背后，在经济学与经济哲学研究中，都有一个对"人"的理解问题，这就是对经济活动、经济问题的人学追问，其实质，就是要理解和把握从事经济活动的人的本性和人的本质。这是对经济哲学的第五种理解。对经济哲学上述五种理解之内在逻辑关系，就这样呈现出来了。

原载《哲学研究》2020 年第 11 期，收入本书时有改动。

作者单位：中共中央党校（国家行政学院）

青年恩格斯基于商业视角的私有制批判理论：内涵与意义

唐正东

我们通常说到青年恩格斯的《国民经济学批判大纲》（以下简称《大纲》）时，总会说它在私有制批判、把辩证法运用于经济问题的分析等方面的特点，并联系到青年马克思在这一时期还只是专注于对政治、法权等问题的批判性解读，因而得出结论：恩格斯在此书中对资本主义私有制的批判，既领先于青年马克思，又着实对后者在《1844 年经济学—哲学手稿》等著作中的私有制批判理论直接产生了影响。这一观点尽管从总体上说是正确的，但有些具体的问题需要做出进一步的辨析。譬如，青年恩格斯此时的私有制批判理论是从对商业关系的批判视角入手的，而我们知道，青年马克思在《1844 年经济学—哲学手稿》中却是从对异化劳动的批判入手的。这两种不同的批判视角会对他们的批判理论产生什么样的影响？马克思在《1844 年经济学—哲学手稿》的序言中的确把恩格斯的这一著作包括在他称作"德国人在这门科学方面所写的内容丰富而有独特性的著作"① 之中，但考虑到他同时还把魏特林、赫斯等人的著作也包括在其中，因此，是否可以得出结论说，马克思基于异化劳动视角的私有制批判理论只是在青年恩格斯思想的直接影响下而形成的？对上述这些问题的辨析，当然不只是对某种学术史实的剖析，而且还牵涉到我们该如何从马克思、恩格斯相互借鉴、相互影响的角度来深化对马克思主义哲学尤其是历史唯物主义理论的深层本质的理解问题。如果再考虑到国外学界一直有所谓的马克思、恩格斯思想对立说，那么，此项研究的意义就更明显了。

---

① 《马克思恩格斯全集》第 3 卷，人民出版社，2002，第 220 页。

一　商业关系的伪善性与私有制批判

在《国民经济学批判大纲》的一开始，恩格斯就给他的政治经济学批判设定了解读视角，即商业的视角，"国民经济学的产生是商业扩展的自然结果，随着它的出现，一个成熟的允许欺诈的体系、一门完整的发财致富的科学代替了简单的不科学的生意经"①。随后，他便对重商主义之前的金银即财富论、重商主义的贸易差额论、亚当·斯密的商业是友谊和团结的纽带等观点进行了较为详细的分析。在恩格斯看来，不管是金银即财富论者的守财奴心态，还是重商主义者的贱买贵卖，都是商业贪婪性的具体表现。而表面上体现了 18 世纪经济学革命的亚当·斯密的古典经济学，实际上只不过是以人道、仁爱、友谊及团结的外表掩盖了伪善及不道德的本质而已。"新的经济学，即以亚当·斯密的《国富论》为基础的自由贸易体系，也同样是伪善、前后不一贯和不道德的。这种伪善、前后不一贯和不道德目前在一切领域中与自由的人性处于对立的地位。"②

恩格斯的这种观点，从表面上看，似乎是很难理解的：他居然没有看出斯密基于劳动价值论的古典经济学在政治经济学说史上所实现的重大突破，他事实上依然是沿着商业关系的线索来理解斯密古典经济学的本质的。我们知道，青年恩格斯是阅读了斯密的《国富论》后，再写作《大纲》一书的。可在《国富论》的第四篇"论政治经济学体系"中，斯密明确地批评了重商主义的原理。"我竭力说明，即根据重商主义的原理，对于贸易差额被认为不利于我国的那些国家的货物的输入，也不必加以异常的限制。然而，此种限制以及许多其他商业条例所根据的整个贸易差额学说，是再不合理不过的。当两地通商时，这种学说认为，如果贸易额平衡，则两地各无得失；如果贸易额略有偏倚，就必一方损失、另一方得利，得失程度和偏倚程度相称。但这两种设想都是错误的。"③ 也就是说，斯密是明确地认识到重商主义的贸易差额论及货币财富论的观点是错误的，政治经济学往后的发展是有待于超越这一观点的。在此基础上，斯密在第四篇第九章"论重农主义"

---

① 《马克思恩格斯全集》第 3 卷，人民出版社，2002，第 442 页。
② 《马克思恩格斯全集》第 3 卷，人民出版社，2002，第 444 页。
③ 〔英〕亚当·斯密：《国民财富的性质和原因的研究》（下卷），郭大力、王亚南译，商务印书馆，1974，第 60～61 页。

中非常清晰地阐明了他对重农主义观点的评价。"这一学说虽有许多缺点，但在政治经济学这个题目下发表的许多学说中，要以这一学说最接近于真理。因此，凡愿细心研讨这个极重要科学的原理的人，都得对它十分留意。这一学说把投在土地上的劳动，看做唯一的生产性劳动，这方面的见解，未免失之褊狭；但这一学说认为，国民财富非由不可消费的货币财富构成，而由社会劳动每年所再生产的可消费的货物构成，并认为，完全自由是使这种每年再生产能以最大程度增进的唯一有效方策，这种说法无论从哪一点说，都是公正而又毫无偏见的。"①《国富论》中的这种从社会劳动视角入手来对重农学派的深层内涵进行剖析的思想，似乎并未对青年恩格斯的国民经济学说史研究产生影响，这一点我们要加以注意。

　　一般来说，看到了斯密的上述观点之后就不应该再从商业的角度来理解斯密的古典经济学理论。可青年恩格斯偏偏漏掉了重农学派这一重要的转折点，并用商业关系的线索直接把重商主义与古典经济学联系了起来。如果这还不足为奇的话，我们再来看看下面这个问题：恩格斯为了撰写《大纲》而阅读的斯密的《国富论》，其实是麦克库洛赫的编辑版，即《国民财富的性质和原因的研究。附作者生平、序文、注释和补充论述》（四卷集），1828 年爱丁堡版。麦克库洛赫在这个版的序文中对政治经济学在斯密《国富论》之前及之后的发展历程是有较为详细的分析的。而关键是：麦克库洛赫在这里十分明确地把重商主义的商业精神与现代商业理论中的商业精神区别了开来。他借用一个外国作者（斯托赫）的话说，"可以毫不夸张地肯定，很少有的政治上的错误产生过比重商主义更多的不幸。它以权力来控制和禁止了它只应该保护的东西。它掀起了管制的狂热，在很多方面危害了工业，迫使它离开自然发展的道路。它使得每一个国家认为邻国的福利和本国不能相容，因而彼此互相毁伤和破坏，使商业上的竞争精神，成为现代许多战争的直接或间接原因。正是这个制度鼓励了国家采用武力或机诈，强迫其他弱国或落后国家订立对他们自己也不产生真正利益的条约"。② 而真正的

---

① 〔英〕亚当·斯密：《国民财富的性质和原因的研究》（下卷），郭大力、王亚南译，商务印书馆，1974，第 245 页。

② Adam Smith, *An Inquiry into the Nature and Causes of the Wealth of Nations*, With a Life of the Author, An Introductory Discourse, Notes, And Supplemental Dissertations. By J. B. McCulloch, Edinburgh, 1828, p. XXiii. 〔注：麦克库洛赫在此处"序文"中的论述与他在《政治经济学原理》（郭家麟译，商务印书馆，1975）第一章"政治经济学的兴起与发展"中的论述有较多的雷同之处，因此，此处采用了后书中的译文，特此说明。下同。〕

商业精神是跟重商主义理念完全不同的，"商业的真正精神和垄断的黑暗、自私和浅薄的政策绝不相容，人类的自利心和他们的义务一样，都要求他们和平相处，并培养一种公平、友好的相互交往精神"①。麦克库洛赫实际上是延续了斯密的思路，把重商主义与商业社会区别了开来。正是沿着这样的思路，他对魁奈及斯密的经济学观点都给予了很高的评价。关于魁奈，他说，"首先立志阐明政治经济学的基本原理并企图研究和分析财富源泉的功劳，无疑地应该是属于他的；他就是这样地给了政治经济学一个系统的公式，并把它升高到一门科学的地位"②。关于斯密，他指出，"在1776年，我们卓越的国人亚当·斯密出版了《国富论》，——这部著作对政治经济学的贡献，一如洛克的论文对思维哲学的贡献一样。在这本著作里，这门科学第一次作了最广大范围的探讨；财富生产所依据的基本原理，被放在无可指摘和非议的地位上。与法国的经济学家们相反，斯密博士指出了，劳动是财富的唯一泉源……他证明了，劳动之用于工业和商业与用于土地的耕种时一样，都是生产财富的"③。

二　为什么专注于商业的解读视角？

既然麦克库洛赫在序文中如此清晰地把魁奈、斯密从农业劳动、一般劳动的角度所展开的财富本质论，与重商主义者从商业的角度所提出的财富观明确地区分了开来，并且还清晰地指出了重商主义观点的局限性，那么，恩格斯在阅读了麦克库洛赫的序文之后，为什么似乎无视了他在序文中的上述观点，并且坚持从商业关系的贪婪与自私性的角度来审视包括斯密古典经济学在内的整个政治经济学的发展史呢？我以为，原因有二。

一是在现实关照层面，恩格斯此时重点关注的是商业的社会副作用

---

① Adam Smith, *An Inquiry into the Nature and Causes of the Wealth of Nations*, With a Life of the Author, An Introductory Discourse, Notes, And Supplemental Dissertations. By J. B. McCulloch, Edinburgh, 1828, p. XXv.

② Adam Smith, *An Inquiry into the Nature and Causes of The Wealth of Nations*, With a Life of the Author, An Introductory Discourse, Notes, And Supplemental Dissertations. By J. B. McCulloch, Edinburgh, 1828, p. lviii.

③ Adam Smith, *An Inquiry into the Nature and Causes of the Wealth of Nations*, With a Life of the Author, An Introductory Discourse, Notes, And Supplemental Dissertations. By J. B. McCulloch, Edinburgh, 1828, p. lxviii.

（如商业对工业力量的破坏作用等）以及商业危机为社会革命提供现实条件等问题。譬如，就前者而言，在与《国民经济学批判大纲》差不多同一时期所写的《英国状况十八世纪》一文中，恩格斯明确地指出了商业关系对工业力量的吞并作用以及它对所有交往关系的消解作用。在他看来，工业革命所带来的结果应该是文明程度的提升，"文明程度的提高，这是工业中一切改进的无可争议的结果，文明程度一提高，就产生新的需要、新的生产部门，而这样一来又引起新的改进。随着棉纺业的革命化，必然会发生整个工业的革命"①。但在私有制条件下，这种文明程度的提高却会被商业化为乌有，"利益霸占了新创造出来的各种工业力量并利用它们来达到自己的目的；由于私有制的作用，这些按照法理应当属于全人类的力量便成为少数富有的资本家的垄断物，成为他们奴役群众的工具。商业吞并了工业，因而变得无所不能，变成了人类的纽带；个人的或国家的一切交往，都被溶化在商业交往中，这就等于说，财产、物升格为世界的统治者"②。就后者来说，在写于1842年11月底的《国内危机》一文中，恩格斯就已经指出了商业危机将带来无产者阶级的革命。"商业稍微一停滞会使这个阶级的大部分人挨饿，大规模的商业危机会使整个阶级都挨饿。如果这种情况出现了，那么这些人除了起来反抗还有什么办法呢？况且按人数来说，这个阶级已经成了英国最强大的一个阶级，当他们意识到这一点的时候，英国富翁们就该倒霉了。"③

对商业的重视使恩格斯清晰地看到了个人之间及国家之间的一切交往关系都消融在商业交换关系之中，从而使世界彻底地物化了。当他把这种物化的根源与私有制联系起来的时候，他便可以把这种对商业的批判理论提升到私有制批判的层面上来加以解读。从理论逻辑上说，这里已经没有解读上的漏洞了。这使得恩格斯在阅读麦克库洛赫编辑的《国富论》时，即使看到了斯密在正文中、麦氏在序文中所强调的劳动价值论在整个政治经济学史上的重要地位，也没有引起太多的注意，而是仍然把对政治经济学史的阐释视角定位在商业关系的贪婪与自私性上。由于恩格斯此时觉得已经可以从对商业的批判直达对私有制的批判，因此，他并不会把太多的注意力放在劳动价

---

① 《马克思恩格斯全集》第3卷，人民出版社，2002，第541页。
② 《马克思恩格斯全集》第3卷，人民出版社，2002，第544页。
③ 《马克思恩格斯全集》第3卷，人民出版社，2002，第410页。

值论的历史观意义上。相反，斯密等人的劳动价值论因为撇开了商业的竞争关系，在此时恩格斯的眼里只具有抽象的特性，"经济学家是一刻也不能坚持他的抽象的——这是做不到的。不仅他所竭力避开的竞争，而且连他所攻击的效用，随时都可能突然出现在他面前。抽象价值以及抽象价值由生产费用决定的说法，恰恰都只是抽象的非实在的东西"①。

二是从理论逻辑的层面来看，亚当·斯密和李嘉图的劳动价值论虽然的确取得了重要的思想进步，但均留有一根"尾巴"，即具有不彻底性。马克思后来在《资本论》手稿中对这一点做过非常清晰的阐述。"斯密的功绩在于，他强调指出了下面这一点（而这一点也把他完全弄糊涂了）：随着资本积累和土地所有权的产生，因而随着同劳动本身相对立的劳动条件的独立化，发生了一个新的转变，价值规律似乎变成了（从结果来看，也确实变成了）它的对立面。……李嘉图胜过亚·斯密的地方是，这个似乎存在而从结果来看也确实存在的矛盾，并没有把他弄糊涂。但是，他不如亚·斯密的地方是，他竟从来没有料到这里有问题，因此价值规律随着资本的形成而发生的特殊发展，丝毫没有引起他的不安，更没有促使他去研究这个问题。"② 应该说，他们在劳动价值论上的不彻底性直接为后来的庸俗经济学家提供了机会。站在马克思的科学的劳动价值论的基础上，我们当然知道剩余价值不是来自与等量活劳动相交换的对象化劳动，而是来自在这个交换活动中没有被支付等价物而被占有的那部分活劳动，来自在这种虚假的交换活动中资本所无偿占有的无酬劳动。但马克思在《资本论》手稿中也承认，由于斯密事实上没有正确解读、而李嘉图则根本没有关注上述这个占有无酬劳动的中介环节，因此，"如果只考察这一过程的实际内容和结果，那么价值增殖，利润，货币或商品之转化为资本，都不是来自商品按价值规律进行交换，即与它们所花费的劳动时间成比例地进行交换，相反倒是来自商品或货币（对象化劳动）同比它所包含的或者说耗费的劳动更多的活劳动相交换"③。

这种回归到重商主义的让渡利润概念的学术思路，不仅把詹姆斯·穆勒拖下了水，使他相信工人所出卖的只是在他生产出产品之前他自己在产品中

---

① 《马克思恩格斯全集》第 3 卷，人民出版社，2002，第 450 页。
② 《马克思恩格斯全集》第 33 卷，人民出版社，2004，第 64～65 页。
③ 《马克思恩格斯全集》第 35 卷，人民出版社，2013，第 12 页。

所占的份额，即已经被资本家支付了的那个份额，由此劳资交换关系被建构成了一般商品所有者之间的普通交易，而且也使麦克库洛赫彻底瓦解了李嘉图的经济理论。因为，就像马克思批判他时所说的那样，"商品不仅同比它本身所包含的劳动更多的直接劳动相交换，而且同比它本身所包含的劳动更多的其他商品中的物化劳动相交换；也就是说，利润就是'让渡利润'，这样，我们就又回到重商主义者那里去了"①。马克思说，麦克库洛赫只学到了"李嘉图的'咳嗽和吐痰'的姿态"②，这真的是很恰当的说法。也就是说，对于麦克库洛赫和穆勒来说，他们的经济学理论仍然是建立在商业交换的基础上的。因此，如果青年恩格斯不能看出庸俗经济学与古典经济学的不同，那他就很有可能忽视古典经济学思路中已经具有的劳动线索的重要性，而只从商业的角度来纵论整个政治经济学史的基本逻辑。

客观地说，此时的青年恩格斯的确还无法区别庸俗经济学与古典经济学。因为，首先，他阅读的《国富论》是麦克库洛赫的编辑版。从恩格斯《大纲》的具体内容来看，他除了阅读过麦氏编辑版中的那篇序文之外，应该还阅读过麦氏本人的经济学著作，因为恩格斯在《大纲》中曾说"英国人——特别是麦克库洛赫和李嘉图——断言，物品的抽象价值是由生产费用决定的。请注意，是抽象价值，不是交换价值"③。当恩格斯自身还无法看出商业的解读视角对于理解政治经济学史来说的局限性时，或者说，当他还无法看出斯密等人所说的劳动线索在政治经济学史上的重要地位时，他当然会受到麦克库洛赫的具有重商主义倾向的解读路径的影响。其次，在阅读麦克库洛赫编辑的《国富论》之前，恩格斯所阅读的主要包括托马斯·卡莱尔、傅立叶、约·布雷、威·汤普逊等人的著作。这些人所讲的大多是现实中劳动者所遭遇的不公正状况、最能促进人类幸福的财富分配原理等问题，而并没有涉及古典经济学所说的那种社会劳动的可能性理论空间问题。譬如，布雷在《对劳动的迫害及其救治方案》一书中谈到人类所受到的迫害及其根源时说："追根求源，我们就将发现任何政府形式，任何社会的和政治的迫害都产生于当时占统治地位的社会制度——产生于现仍存在的私有制度。所以立即永远消灭现有的不公平和罪恶，必须彻底摧毁现时的社会制

---

① 《马克思恩格斯全集》第 35 卷，人民出版社，2013，第 186 页。
② 《马克思恩格斯全集》第 35 卷，人民出版社，2013，第 187 页。
③ 《马克思恩格斯全集》第 3 卷，人民出版社，2002，第 450 页。

度，而代之以更符合于公平和人类理性原则的制度。"① 在谈到劳动所遭受的迫害与私有制度之间的中介环节时，布雷又说："在现在的制度之下，每一桩关于财富的生产和分配的案件，或多或少是受常常提心吊胆和你死我活的竞争原则所支配的。它常常使个人和阶级都是互相敌对地冲突起来。"② 汤普逊在《最能促进人类幸福的财富分配原理的研究》一书中也只是忙于论证"分配的自然法则即'自由劳动、完全享用劳动产品和自愿交换'"③。恩格斯在《大纲》中曾两次提到布雷和汤普逊的著作，并认为他们作为英国社会主义者是反对私有制的，并且是"能够从经济的观点比较正确地解决经济问题"④ 的。既然如此，他当然还不可能在商业关系与私有制批判之间插入科学的劳动价值论的理论环节，并进而把私有制批判直接提升到历史唯物主义的水平。相反，此时的恩格斯只可能把导致社会弊病的商业竞争关系直接与所有制联系起来，并进而建构起对私有制的基于人性的理论批判。

于是，我们看到，恩格斯在《大纲》中虽然明确地提出了古典经济学没有关注私有制的合理性问题，但他事实上尚未对私有制为何是不合理的这一问题做出深刻的阐述。青年恩格斯目前仍然只是从商业的贪婪和自私性的角度，来阐释古典经济学关于商业的论述是伪善的和前后不一致的，并认为其根源就在于没有过问私有制的合理性问题。"因此，新的经济学只前进了半步；它不得不背弃和否认它自己的前提，不得不求助于诡辩和伪善，以便掩盖它所陷入的矛盾，以便得出那些不是由它自己的前提而是由这个世纪的人道精神得出的结论。"⑤ 在展开对商业本身的批判时，恩格斯也是这种思路。"商人为了自己的利益必须与廉价卖给他货物的人们和高价买他的货物的人们保持良好的关系。因此，一个民族要是引起它的供应者和顾客的敌对情绪，就太不明智了。它表现得越友好，对它就越有利。这就是商业的人道，而为了达到不道德的目的而滥用道德这种伪善方式就是贸易自由体系引

---

① 〔英〕约翰·布雷：《对劳动的迫害及其救治方案》，袁贤能译，商务印书馆，1959，第17页。（作者名字的翻译有改动。原译名为约翰·勃雷，现根据《马克思恩格斯全集》第3卷2002年版的译名，改为约翰·布雷，特此说明。下同。）

② 〔英〕约翰·布雷：《对劳动的迫害及其救治方案》，袁贤能译，商务印书馆，1959，第125页。

③ 〔英〕威廉·汤普逊：《最能促进人类幸福的财富分配原理的研究》，何慕李译，商务印书馆，1986，第183页。

④ 《马克思恩格斯全集》第3卷，人民出版社，2002，第446页。

⑤ 《马克思恩格斯全集》第3卷，人民出版社，2002，第443页。

以自豪的东西。"① 客观地说，当恩格斯把商业解读为私有制最直接的结果并展开批判思路时，他的确没有对商业和私有制这两个概念展开历史唯物主义的分析，即没有区分一般商业关系与资本主义商业关系、一般私有制与资本主义私有制之间的不同。他只是站在前者的角度来展开对私有制的批判的。

三　商业关系的悖论以及生产力与私有制的内在矛盾

如果把恩格斯在《大纲》中的这种思路与马克思在《1844 年经济学—哲学手稿》中的异化劳动批判的思路进行对比，我们不难发现，马克思的解读视角的确与恩格斯不尽相同。当青年恩格斯专注于从商业的角度来展开私有制批判的理论线索时，马克思则是从劳动的角度来拓展其思路的。马克思也看到了工人的非现实化这一客观事实，但他并没有把这一事实通过竞争这一中介环节直接与私有制的可恶性联系在一起，并建构其私有制批判的理论。他是从劳动的现实化的角度来展开思路的。在马克思看来："劳动的现实化竟如此表现为非现实化，以致工人非现实化到饿死的地步。对象化竟如此表现为对象的丧失，以致工人被剥夺了最必要的对象——不仅是生活的必要对象，而且是劳动的必要对象。甚至连劳动本身也成为工人只有通过最大的努力和极不规则的中断才能加以占有的对象。"② 这一解读视角使马克思很容易把阐释思路不是转向商业的伪善性与自私性，而是转向以自由自觉的劳动为核心内容的人的本质的异化。由此，青年马克思在《1844 年经济学—哲学手稿》中对私有制的批判便建立在人本主义异化观的理论逻辑上。他关于共产主义的理解也是由此线索展开的。在他看来，由于私有财产的本质不是财富本身，而是人的自我异化，因此，对私有财产进行扬弃的共产主义，也必然是人的自我异化的积极扬弃。"共产主义是私有财产即人的自我异化的积极的扬弃，因而是通过人并且为了人而对人的本质的真正占有；因此，它是人向自身、向社会的即合乎人性的人的复归，这种复归是完全的、自觉的和在以往发展的全部财富的范围内生成的。"③

---

① 《马克思恩格斯全集》第 3 卷，人民出版社，2002，第 448 页。
② 《马克思恩格斯全集》第 3 卷，人民出版社，2002，第 268 页。
③ 《马克思恩格斯全集》第 3 卷，人民出版社，2002，第 297 页。

　　青年马克思的这种解读思路也决定了即使他要阐述工业或对象化劳动的历史，也必然只会在人的本质的展开史的层面上来加以解读。"我们看到，工业的历史和工业的已经生成的对象性的存在，是一本打开了的关于人的本质力量的书，是感性地摆在我们面前的人的心理学；对这种心理学人们至今还没有从它同人的本质的联系，而总是仅仅从外在的有用性这种关系来理解……"① 在他看来，现实的工业无非是以异化的形式表现出来的人的本质力量而已。客观地说，这种思路在解读起点上由于引入了劳动的范畴，因而比直接从商业关系视角入手的解读思路拥有更多的理论生成空间。青年马克思事实上从异化劳动、人的自我异化及其扬弃等角度的确也展开了很丰富的理论空间。而且，从解读思路的未来发展来说，这种思路也由于在事实上面对了对象化劳动与异化劳动的对立或矛盾的问题，因而在基于内在矛盾运动的辩证法思路的展开上有较大的思想优势。当我们说青年马克思是通过哲学思考而走向共产主义的，我们所说的就是上述这种基于哲学理论的思考而展开的政治目标选择及理论方向的确定。当然，我们也不难发现，青年马克思的这种解读思路也存在着明显的局限性，即对现实经济关系本身的研究显得不够。他在哲学维度上只是用异化劳动来指称了这种经济现实，而在经济学维度上则仍然从竞争、斗争的角度来理解劳资之间、资本家之间以及租地农场主与土地所有者之间的相互关系。也就是说，在青年马克思那里，经济学维度与哲学维度之间只是一种二元的关系。

　　而青年恩格斯在《大纲》中虽然没有从劳动异化的角度来阐述工人的非现实化以及私有制的可恶性，但他与青年马克思相比的一个长处是：直接切入了对现实社会关系尤其是基于竞争的商业关系本身的批判性解读之中，并从中引申出了对私有制的批判观点。在这一领域中，恩格斯此时的思路有两个特点。

　　其一，敏锐地抓住了亚当·斯密等人的所谓"新经济学"及其所推动的贸易自由本身所包含的内在矛盾。恩格斯看到了18世纪的重商主义体系是赤裸裸地展现其商业的不道德本质的，从不试图用伪善的道德外表来对此加以掩饰。而到斯密那里，情况则发生了很大的变化。"当经济学的路德，即亚当·斯密，批判过去的经济学的时候，情况大大地改变了。时代具有人道精神了，理性起作用了，道德开始要求自己的永恒权利了。强迫订立的通

----

① 《马克思恩格斯全集》第3卷，人民出版社，2002，第306页。

商条约、商业战争、民族间的严重孤立状态与前进了的意识异常激烈地发生冲突。新教的伪善代替了天主教的坦率。"① 我们应该看到的是，恩格斯在这段话中除了揭示出斯密等人的"新经济学"的伪善与不道德之外，还揭示出了资本主义私有制条件下商业交换或贸易自由本身的内在矛盾或悖论性。也就是说，资本主义的商业交换关系实际上是一种不道德的欺诈关系，但它却必然会以人道的、理性的、团结的纽带式关系的外表呈现出来。

说实话，在现实社会关系分析上的这种矛盾式或辩证式的解读思路，在马克思《1844 年经济学—哲学手稿》中是不具备的。马克思在这一手稿的序言中虽然把恩格斯的《大纲》称为"德国人在这门科学方面所写的内容丰富而有独创性的著作"②，但我认为，他的劳动异化思路暂时阻断了他对恩格斯在现实商业关系分析上的这种辩证式思路的理论价值的认知。或者说，劳动异化思路关注的是私有财产的异化劳动本质以及这种异化劳动与人类发展进程的关系问题，而不是现实社会关系是如何让劳动以异化的形式呈现出来的。正因为如此，此时的马克思还无法抓住恩格斯上述思路的准确内涵及学术意义。而实际上，恩格斯的这种辩证式思路如果再继续发展下去，是有很大的理论空间的。譬如，随着对工人阶级的劳动和生活状况的调查研究的不断深入，他很容易从上述商业关系的内在矛盾现象中，梳理出阶级斗争的理论线索。也就是说，从中看出导致上述内在矛盾现象的根源，不是商业关系本身，而是劳资之间的阶级斗争。这是恩格斯在《英国工人阶级状况》中实现的思想发展，"厂主对工人的关系不是人和人的关系，而是纯粹的经济关系。厂主是'资本'，工人是'劳动'。当工人不愿意让别人把自己当做这样一种抽象的东西的时候，当他断言自己不是'劳动'而是人（这个人的确除了其他特性，也还具有劳动的特性）的时候，当他认为自己决不能被当做'劳动'、当做商品在市场上买卖的时候，资产者就想不通了"③。

再进一步，如果这种关于商业关系的辩证式思路被置于唯物史观的平台上来加以提升，那就可能产生更重要的理论成果了。譬如，一旦研究者具备了历史唯物主义的方法论，并且去思考为什么资本主义的商品交换关系实际

---

① 《马克思恩格斯全集》第 3 卷，人民出版社，2002，第 447 页。
② 《马克思恩格斯全集》第 3 卷，人民出版社，2002，第 220 页。
③ 《马克思恩格斯文集》第 1 卷，人民出版社，2009，第 477 页。

上是不平等的，但却能够以平等的、人道的形式表现出来这一问题，他就很容易触及劳动力商品的特殊性以及劳资交换关系与普通商品交换关系之间的不同。当然，恩格斯在 1846 年之后并没有重点展开对政治经济学的研究，因此，这种可能性的理论空间在他本人那里并没有得到体现。但当马克思在 1859 年的《政治经济学批判》（第一分册）序言中，把恩格斯的《大纲》再一次地加以高度评价，并指称为"批判经济学范畴的天才大纲"① 的时候，我以为，这可以被看成是马克思在唯物史观的视域中对恩格斯的上述关于商业关系的辩证式思路的创造性发展。因为就在《1857—1858 年经济学手稿》中，马克思的新政治经济学思路其实就是建立在对劳资交换关系的内在矛盾式解读之基础上的，"如果我们考察资本和劳动间的交换同简单交换（流通）在内容上的区别，那么我们会发现，这种区别不是通过外表上的关联或比较而产生的，而是在资本和劳动相交换的过程的总体中，第二个形式本身就使自己同第一个形式区别开了，这种比较本身已经包含在过程中……在资本和劳动的交换中第一个行为是交换，它完全属于普通的流通范畴；第二个行为是在质上与交换不同的过程，只是由于滥用字眼，它才会被称为某种交换。这个过程是直接同交换对立的；它本质上是另一种范畴"②。

其二，敏锐地抓住了生产力与私有制之间的内在矛盾的理论线索。恩格斯在《大纲》中是具有十分清晰的生产力线索的，而且他还是从现实生产力的角度（而不是仅仅从对象化劳动的角度）来加以阐释的。"人类支配的生产力是无法估量的。资本、劳动和科学的应用，可以使土地的生产能力无限地提高。……资本日益增加，劳动力随着人口的增长而增长，科学又日益使自然力受人类支配。这种无法估量的生产能力，一旦被自觉地运用并为大众造福，人类肩负的劳动就会很快地减少到最低限度。"③ 客观地说，他对生产力的这种理解比马克思在《1844 年经济学—哲学手稿》中从对象化劳动的角度所展开的理论思路要更具现实性。其实，恩格斯早在 1842 年 11 月底的《国内危机》一文中就已经谈到了工业使国家富裕的思想，"因为工业固然可使国家富庶，但它也造成了勉强糊口的急速增长着的无产者阶级，赤贫者阶级，一个以后再也消灭不了的阶级，因为它永远也不能获得稳定的财

---

① 《马克思恩格斯全集》第 31 卷，人民出版社，1998，第 413 页。
② 《马克思恩格斯全集》第 30 卷，人民出版社，1995，第 233 页。
③ 《马克思恩格斯全集》第 3 卷，人民出版社，2002，第 463～464 页。

产"①。也就是说，青年恩格斯在 1842 年就看到了工业、生产力的发展的重要性，只不过当时他更关注的是基于私有制的竞争关系导致的社会关系层面上的问题，即赤贫者阶级、无产者阶级的急剧增多问题。

在《大纲》中，恩格斯已经不再只是专注于对无产者赤贫现象的阐述，而是在生产力与私有制的内在矛盾问题上凸显了一条清晰的解读线索。在上述文中谈了如果自觉运用生产力就可以让它为大众造福之后，恩格斯话锋一转，"要是让竞争自由发展，它虽然也会起同样的作用，然而是在对立之中起作用。一部分土地进行精耕细作，而另一部分土地……却荒芜着。一部分资本以难以置信的速度周转，而另一部分资本却闲置在钱柜里。一部分工人每天工作 14 或 16 小时，而另一部分工人却无所事事，无活可干，活活饿死"②。在他看来，私有制条件下的竞争关系，就是使人们无法自觉运用生产力的那种社会关系。因此，这段话实际上是说，以竞争为代表形式的私有制的社会关系，是与生产力的发展构成内在矛盾关系的。

应该说，恩格斯在私有制批判上的这种思路，在当时的理论界来说，是非常深刻的，也是在朝着历史唯物主义发展的维度上最具有理论生长空间的。当我们在《德意志意识形态》中读到这样的话："〔它〕造成了大量的生产力，对于这些生产力来说，私有制成了它们发展的桎梏，正如行会成为工场手工业的桎梏、小规模的乡村生产成为日益发展的手工业的桎梏一样。在私有制的统治下，这些生产力只获得了片面的发展，对大多数人来说成了破坏的力量，而许多这样的生产力在私有制下根本得不到利用。"③ 我们或许会感受到恩格斯在《大纲》中的上述引文中的相关观点的"影子"。当然，这不是说直接搬用，而是来自对前者的继承与发展。

我们指出青年恩格斯在《大纲》中批判私有制时的理论思路的丰富性与深刻性，并非想说他在 1843 年就已经具备了批判资本主义私有制的正确方法。事实上，他此时在哲学方法论上离历史唯物主义还有一段距离。他在商业关系上的辩证式思路以及在生产力与私有制的内在矛盾问题上的观点，总体上说还没有在唯物史观的层面上加以展开，譬如，他意识到了生产力的发展与私有制的内在矛盾关系，但他还只是从表象的层面对这种内在矛盾进

---

① 《马克思恩格斯全集》第 3 卷，人民出版社，2002，第 410 页。
② 《马克思恩格斯全集》第 3 卷，人民出版社，2002，第 464 页。
③ 《马克思恩格斯文集》第 1 卷，人民出版社，2009，第 566 页。

行了描述，而对这种内在矛盾的社会历史机理尚未做出分析；他意识到了商业关系的自我矛盾性，但他无法对导致这种商业关系之自我矛盾性的社会历史过程做出分析。但是，如果我们对恩格斯在此书的观点与思路能够进行准确的解读，那么，我们不仅能够对恩格斯在马克思主义哲学史上的作用做出准确的判断，而且也能够依此对唯物史观的内涵与本质做出清晰的解读。

原载《南京政治学院学报》2018 年第 6 期，收入本书时有改动。
作者单位：南京大学哲学系

资本自我否定辩证法的方法论意义[*]

——基于罗莎·卢森堡《资本积累论》的问题

何　萍

2007 年美国次贷危机引发的全球金融危机，动摇了人们在 20 世纪 90 年代刚刚建立起来的对资本主义的信念，迫使人们不得不重新认识资本主义。于是，自 2009 年开始，人们不再热衷于在"全球化"背景中讨论资本主义的发展问题，转而在"金融危机"背景中讨论资本主义的危机问题。这一问题的研究转向表明，人们不再相信以世界市场为核心的全球资本主义经济以及建立其上的国际新秩序会给人类带来光明的前景和预期的效益，而质疑第二次世界大战以来逐渐建立起来的全球经济和政治秩序。在这里，人们面临 20 世纪初世界历史变革中出现的同样问题：全球资本主义危机是从哪里产生出来的？危机是偶然事件引发，还是资本主义内在矛盾的爆发？对于这些问题，在当前历史条件下，人们已经很难用革命与战争、工人与资本家之间的关系予以解答了，而必须深入全球资本体系之中，从资本积累的本质与内在机制中去探寻答案，这恰恰是罗莎·卢森堡的《资本积累论》所研究的问题。罗莎·卢森堡继承了马克思资本主义危机理论的传统，^① 通过

---

* 本文系国家社会科学基金重大招标项目"罗莎·卢森堡著作的整理、翻译与研究"（项目号 14ZDB002）的阶段性成果、武汉大学自主科研项目（人文社会科学）的研究成果，并得到中央高校基本科研业务费专项资金资助。
① 马克思虽然没有写出一部专门论述他的危机理论的专著，但从他遗留下来的相关文献中，不难看出，他已经开始了这一理论的研究，并且有了相对成熟的见解。这些研究文献可大致分为三类：一是研究经济危机的论文和书信，二是 1857 年 11 月至 1858 年 2 月撰写的关于危机的笔记，三是《资本论》的手稿及其著作。罗莎·卢森堡批判伯恩施坦的论著和她的经济学著作显示，罗莎·卢森堡对这些文献中的相当一部分都研究过。

考察帝国主义时代资本积累的特点及其与全球资本危机之间的关系，创立了资本自我否定的辩证法。这个辩证法对于我们认识和分析 2007 年以来全球金融危机及之后的世界历史走向具有重要的方法论意义，进而有助于探究中国和世界的 21 世纪发展前景，创造适合我们这个时代的哲学新思维。

一 19 世纪末至 20 世纪初历史辩证法的三种形态

马克思的历史辩证法具有两个特点：一个是它的批判性和革命性，即它"不崇拜任何东西"，[①] 坚决地否定那些过时的、不合理的东西，昭示具有历史合理性的东西；另一个是它的历史性，即它有着现实的历史内容，立足于现代社会的高度考察人类历史，揭示资本主义产生、发展和灭亡的规律，论证社会主义革命的历史必然性。由于这两个特点，马克思的历史辩证法必然随着资本主义的变化和无产阶级革命的发展而不断发展。19 世纪末至 20 世纪初，资本主义进入垄断阶段，帝国主义现象的出现向人们提出了一个严肃的问题：全球资本主义是发展，还是自我崩溃？当时，马克思主义哲学家们围绕着这个问题进行了热烈的讨论，从中产生了历史辩证法的三种形态，罗莎·卢森堡建构的资本自我否定的辩证法，就是这三种历史辩证法形态中的一种。因此，探讨罗莎·卢森堡自我否定的辩证法，揭示其中的哲学内涵及其方法论意义，就必须对当时各派的观点及其理论框架进行梳理和分析。

对于全球资本主义的性质，通常有两种截然不同的观点。一种是资产阶级经济学家、政治学家和社会学家的观点。该观点认为，资本主义有着巨大的创造力，关键在于人们如何运用它，全球资本主义是对资本主义创造力的一种运用，能够给各个国家带来巨大的利益。这是自由主义者经常向人们做出的承诺。从这一观点出发，这些理论家把全球资本主义看作一个不断发展的体系，主张全球经济开放、世界市场、国际贸易、投资和移民自由。当然，面对资本主义的灾难性危机，这些理论家也会对资本主义制度进行抨击，指责资本主义制度不公正、不正义，但这些指责都是道义上的，并未触及资本主义危机的本质。在他们看来，危机是人们运用资本主义创造力不当造成的，并非资本主义的本质所致，因此，只要在政策上稍加调整，便可以

---

① 《马克思恩格斯全集》第 44 卷，人民出版社，2001，第 22 页。

克服和消除危机。另一种是马克思主义者的观点。这种观点把全球资本主义看作一个自我崩溃的体系，认为全球资本主义的实质就是资本主义内在矛盾的转移或外化，但这并不能改变资本主义的历史命运，资本主义的历史命运是在连续不断地、越来越广泛而深重的危机中摧毁自己的生存基础，最后走向灭亡，因此，对于这个体系重要的不是道义上的谴责，而在于揭示它的内在矛盾及其自我崩溃、自我灭亡的规律。该观点的理论基础就是马克思的历史辩证法。

但是，在马克思主义思想体系内部，对全球资本主义的理解是十分复杂的。这种复杂性来自马克思主义理论家对帝国主义的不同理解，而这种理解又与他们对待马克思的资本积累理论及支持这一理论的历史辩证法的态度紧密相关。从总体上看，19 世纪末至 20 世纪初，在马克思主义阵营内部对帝国主义的理解大致可分为三种，也相应地形成了三种不同形态的历史辩证法。

第一种理解是第二国际内部以鲍威尔、考茨基为代表的理论家的观点。该观点强调帝国主义是一种政策和策略，并非资本主义发展的一个阶段，帝国主义的出现没有历史的必然性。这实际上否定了帝国主义阶段的特殊性。基于这一理解，这些理论家不去研究帝国主义阶段的特殊规律，不是从全球资本结构变化角度来思考当时资本主义发生的经济危机和政治危机，而是片面地理解马克思的历史辩证法，认为资本主义的危机不过是由消费不足引起的，只要通过调节回到马克思的资本积累图式中，危机就自行解决了。所以，他们强调："根本就没有问题需要解决！马克思在《资本论》第二卷中的说明是对积累的一种完美无缺的解释；那里的模式结论般地证明了资本能够迅速增殖，生产能够扩大，如果世界上只有资本主义生产方式而无其他生产方式的话；它就是它自己的市场。"① 从表面上看，这种观点是坚持马克思的资本积累理论，实际上背弃了马克思资本积累理论的基本观点，即资本积累是资本主义的自我否定的过程，从而也背离了马克思资本积累论的哲学基础——资本自我否定的辩证法，滑到机械唯物论那里去了。这种观点受到了当时马克思主义的革命派严厉批评，被称为"政治上的机会主义和哲学上的机械唯物主义"。列宁和罗莎·卢森堡就是当时批判这些机会主义和机械唯物主义的

① 〔德〕罗莎·卢森堡、〔苏〕尼·布哈林：《帝国主义与资本积累》，柴金如、梁丙添、戴永保译，黑龙江人民出版社，1982，第 71 页。

骁将。此后，西方马克思主义的鼻祖柯尔施、葛兰西、卢卡奇把第二国际的哲学定义为庸俗唯物主义、机械唯物主义，也是源于此的。

尽管鲍威尔、考茨基等人对帝国主义的理解和对马克思的历史辩证法的解释受到了严厉批评，但他们提出的理论问题却是不可忽视的。这就是，全球资本主义体系的性质是一个与资本积累相关的问题，人们对资本积累机能的理解决定了人们对全球资本主义性质的基本判断。如果把资本积累的内在调节机能看作资本积累的本质方面，肯定资本积累是可以无限制的扩大、可以不断地进行下去的，那么，得出的结论必然是：全球资本主义是一个发展的体系。反之，如果把资本积累的缺失机能看作资本积累的本质方面，认为资本积累只能在连续不断的、不断加重的危机中行进，而这种行进又是有限度的，当它到达一定的历史阶段，必然变得不可能了，那么，得出的结论必然是：全球资本主义是一个自我崩溃的体系。这个问题的提出，使资本积累成为这一时期马克思主义经济学和哲学研究的核心问题。列宁和罗莎·卢森堡同是坚持后一种观点，但由于所处的国度不同、面临的问题不同，他们对帝国主义的经济和政治危机也做出不同的说明，进而创造了两种不同的历史辩证法。

列宁对帝国主义的经济和政治危机的说明，代表了经济、政治和文化落后的东方国家马克思主义理论家们的观点。列宁肯定帝国主义是资本主义发展的一个必然阶段，它的产生有着内在的经济必然性。这主要体现在经济形式的两大变化上：一是垄断资本组织的出现，资本垄断代替自由资本而成为帝国主义时代的主要经济形式之一；二是银行资本从工业资本中分离出来，成为金融资本，主导着帝国主义经济的发展。列宁认为，这两种经济形式的出现绝不是资本主义发展的表现，而恰恰是资本主义衰落的表现，因为它是资本主义内部矛盾激化的结果；帝国主义的出现意味着宗主国与殖民地之间的冲突、国际不平等加剧。由此，他把帝国主义定义为腐朽的、"垂死的资本主义"①，帝国主义的出现标志着资本主义的崩溃和无产阶级革命时刻到来。所以，他提出"帝国主义是无产阶级社会革命的前夜"②的论断。基于这一理解，列宁把帝国主义理论的研究重心放在了国家和无产阶级革命问题上，创造的是无产阶级革命的辩证法。他的《国家与革命》就是对帝国主义时代的国家理论和无产阶级革命的辩证法的系统阐发。由于十月革命的胜利，列宁

---

① 《列宁选集》第 2 卷，人民出版社，2012，第 686 页。
② 《列宁选集》第 2 卷，人民出版社，2012，第 582 页。

的帝国主义理论和他所创造的无产阶级革命辩证法得到了当时的马克思主义理论家的普遍认同，从而成为这一时期世界各国进行社会主义革命的理念，也成为这一时期马克思主义者分析帝国主义经济和世界大战的理论框架。

与列宁不同，罗莎·卢森堡对帝国主义的经济和政治危机的说明则代表了经济、政治和文化发达的西方国家马克思主义理论家的观点。在罗莎·卢森堡看来，帝国主义虽然是资本主义的最后阶段，但并不意味着资本主义濒临崩溃，就其现阶段而言，帝国主义化解了资本主义的危机，延长了资本主义的寿命。据此，她指出："帝国主义是一个政治名词，用来表达在争夺尚未被侵占的非资本主义环境的竞争中所进行的资本积累的……帝国主义虽是延长资本主义寿命的历史方法，它也是带领资本主义走向迅速结束的一个可靠手段。这并不是说，资本主义实际上必然达到这个顶点，只是进入帝国主义的倾向本身即已表现各种形态，这些形态将使资本主义最后阶段成为一个灾难的时期。"① 这一定义的核心问题是：帝国主义究竟是一种什么样的经济形态，它是如何延长资本主义的寿命的？它延长资本主义寿命的方式是什么？这种方式为什么不能彻底化解资本主义的危机，反而带领资本主义走向快速崩溃？毫无疑问，这些问题都是有关帝国主义经济本身的问题，只能通过探究帝国主义的经济规律来解决。从这一理解出发，在论证帝国主义必然灭亡问题上，罗莎·卢森堡以资本积累为题，研究了资本主义经济规律，创造了资本自我否定的辩证法。由于德国无产阶级革命的失败，罗莎·卢森堡的帝国主义理论和她所创造的资本自我否定的辩证法，不仅不被当时的马克思主义理论家接受，而且受到了来自多方面的批评。

罗莎·卢森堡的《资本积累论》一书一出版，就遭到了来自社会民主党内理论家的批评和否定。对此，罗莎·卢森堡撰写了《资本积累——一个反批判》一书进行辩解，同时对那些误解她的批评进行了反批评。罗莎·卢森堡反复强调，她的资本积累图式是一个哲学概念，而不是经济学的概念，它所要解决的是帝国主义的历史规律和世界历史图景的问题，而不是具体的经济学的计算公式问题；② 批评家们不能理解这一点，是因为他们否定帝国主义产生的历史必然性、不懂得马克思的辩证法。罗莎·卢森堡的

---

① 〔德〕卢森堡：《资本积累论》，彭尘舜、吴纪先译，生活·读书·新知三联书店，1959，第359页。

② 参见〔德〕罗莎·卢森堡、〔苏〕尼·布哈林《帝国主义与资本积累》，柴金如、梁丙添、戴永保译，黑龙江人民出版社，1982，第56页。

这一辩解当然没有说服当时的批评者，但它为后来的马克思主义哲学家所接受了。沃勒斯坦认为罗莎·卢森堡的资本积累图式使用的"资本主义"和"非资本主义"术语使她的研究了陷入混乱，但是"她的视野是完美的"①。自此，罗莎·卢森堡的"资本主义"和"非资本主义"的术语为"中心"和"边缘"术语所代替，而她提出的世界历史的二元对立结构却成为人们研究全球资本主义问题的理论框架。沃勒斯坦对罗莎·卢森堡的资本积累图式的评论和改造揭示了罗莎·卢森堡的资本积累图式的哲学意蕴及其在当代的方法论意义。

从上述马克思主义阵营内部对帝国主义三种不同理解及相应的历史辩证法形态的比较分析中，我们可以概括出罗莎·卢森堡资本自我否定的辩证法的两个基本特征。

第一，资本自我否定的辩证法是对帝国主义时代资本积累规律和历史趋势的有力说明，有着十分现实的内容和具体的规定性。这正是"自我否定的辩证法"区别于鲍威尔、考茨基的"历史辩证法"的地方。鲍威尔、考茨基否定帝国主义是资本主义历史进程中的一个阶段，实际上也就否定了帝国主义作为一种相对独立的研究对象加以考察的意义。在他们看来，没有资本主义的特殊，只有资本主义的一般，正因为如此，马克思的资本积累图式也具有普遍适用性，既能说明自由资本主义时代由个体资本家所进行的资本积累，也能说明帝国主义时代由总体资本家所进行的资本积累；既能用于分析自由资本主义条件下的资本主义国内危机，也能用于分析帝国主义条件下的世界性危机。从哲学思维的高度来看，这种观点就是只讲一般、抽象，而不讲个别、具体。这种思维方式正是马克思所批判的思辨哲学的思维结构。马克思在《神圣家族》中指出，黑格尔思辨哲学的基本的思维结构，就是只讲一般，不讲特殊；只讲抽象，不讲具体。这种思维结构的最大弊端，就是使人的认识陷入了思辨的虚构，而不能抓住现实，不能把握对象的具体的内容和个性特征，因此，"用这种方法是得不到内容特别丰富的规定的"。举例说，"如果有一位矿物学家，他的全部学问仅限于说一切矿物实际上都是'矿物'，那末，这位矿物学家不过是他自己想像中的矿物学家而已。这位思辨的矿物学家看到任何一种矿物都说，这是'矿物'，而他的学问就是

---

① 〔美〕伊曼纽尔·沃勒斯坦：《沃勒斯坦精粹》，黄光耀、洪霞译，南京大学出版社，2003，第130页。

天下有多少种矿物就说多少遍'矿物'这个词"①。鲍威尔、考茨基所讲的
"历史辩证法"，就是马克思所批判的这种思辨方法，因而它在本质上是反
历史辩证法的。这也正是罗莎·卢森堡、列宁及以后的马克思主义者把他们
的"历史辩证法"冠以机械唯物主义的原因。与之不同，罗莎·卢森堡强
调帝国主义是资本主义历史进程中一个必然出现的阶段，马克思主义经济学
必须把帝国主义作为一个特殊的对象加以研究，为此她把《资本积累论》
的书名增加了副标题："对帝国主义经济学的一种解释"，旨在强调《资本
积累论》不是研究"一般的"资本主义，而是研究"特殊的"资本主义，
即帝国主义阶段上的资本主义，亦即"全球资本主义"。这样，罗莎·卢森
堡通过对象边界的界定摒弃了思辨的思维结构，进入了马克思所主张的具体
的思维结构。正是由于采取了具体的思维结构，她才能够抓住马克思资本主
义理论的精髓——自我否定的辩证法思想，进而剖析帝国主义的经济现象，
创造出属于她那个时代的自我否定的辩证法。

　　第二，资本自我否定的辩证法是马克思资本自我否定的辩证法的继承和
发展。从总体上看，马克思的辩证法是由两个部分构成的：一是无产阶级革
命的辩证法，这是马克思在指导第一国际斗争的实践中、在 1848 年革命和
巴黎公社的经验中概括出来的；二是资本自我否定的辩证法，这是马克思研
究政治经济学的最高成就。马克思的辩证法这两个部分在列宁和罗莎·卢森
堡那里得到了发展。卢卡奇曾经准确地将这两种辩证法概括为："列宁的问
题史就成为 19 世纪欧洲革命的一部内部史；而罗莎·卢森堡的文献史表述
则发展成资本主义制度为其生存和扩展而斗争的历史。"② 他对这两种辩证
法理论都给予了高度的评价，称赞它们是马克思主义的理论再生。③ 面对帝
国主义战争和危机，罗莎·卢森堡之所以采取不同于列宁的研究路径，创造

① 《马克思恩格斯全集》第 2 卷，人民出版社，1957，第 72 页。
② 〔匈〕卢卡奇：《历史与阶级意识》，杜章智等译，商务印书馆，1999，第 87 页。
③ 参见〔匈〕卢卡奇《历史与阶级意识》，杜章智等译，商务印书馆，1999，第 87 页。值得
　提出的是，卢卡奇的这一研究和评价，开创了马克思主义的思想史研究传统，打破了那种
　在意识形态对立的框架下判定谁对谁错的研究方法，为研究罗莎·卢森堡和列宁的辩证法
　思想，厘清他们之间发生一系列争论的实质和缘由，发掘他们思想中对今天思考全球资本
　主义有价值的东西，提供了一个更高的历史平台。这一研究传统已经得到了当代马克思主
　义理论家的广泛认同，由此在列宁和罗莎·卢森堡的思想研究上取得了新成就。（关于这
　个问题的详细论述，参见何萍《罗莎·卢森堡著作的出版、翻译与研究》，《中国高校社会
　科学》2016 年第 3 期；何萍《是"回到马克思"，还是走向"马克思主义"——从罗莎·
　卢森堡哲学的魅力谈起》，《吉林大学社会科学学报》2007 年第 3 期。）

不同的历史辩证法，归根结底，是由她与列宁所处的环境和面对的问题不同决定的。列宁处在具有东方社会特点的俄国，看到的是帝国主义战争造成的世界历史发展不平衡性，并从中看到了东方民族崛起的机遇，他认为，东方社会要改变自己的被动地位，变成世界历史的能动性方面，只能通过无产阶级革命的方式。这样，列宁就把全球资本主义体系的崩溃放在革命的平台上加以思考，从而发展了马克思的革命的辩证法。与列宁不同，罗莎·卢森堡虽然出生于波兰，是波兰的犹太后裔，但她主要战斗在德国，是德国马克思主义者当中批判伯恩施坦的主将，对帝国主义的研究必然要受到她所批判的对象的制约。当时，伯恩施坦修正主义的哲学观点集中在两点上：一是否定马克思有关社会发展的客观必然性的思想；二是否定马克思的资本主义危机理论，主张从生产关系的适应性来探讨资本主义的发展问题。伯恩施坦提出，垄断资本主义的出现、信用制度的建立、电报等通信技术的发展、工会组织的建立等，都增强了资本主义的适应性，证明资本主义不会出现危机，马克思的"崩溃论"已经过时了。为了从理论上驳斥伯恩施坦，罗莎·卢森堡把研究重心放在历史规律层面，力图通过对全球资本主义危机本质的研究证明马克思"崩溃论"的有效性，从而发展了马克思的资本自我否定的辩证法。

概括上述两个特点，罗莎·卢森堡创造的资本自我否定的辩证法与马克思创造的资本自我否定的辩证法是一脉相承的，它继承了马克思的资本自我否定的辩证法的内在精神，又将马克思的资本自我否定的辩证法扩展到对帝国主义经济的考察，解答了马克思主义理论家面临的时代课题，有力地回击了以伯恩施坦为代表的修正主义对马克思学说的歪曲和否定。

二 资本自我否定的辩证法：从马克思到罗莎·卢森堡

罗莎·卢森堡资本自我否定的辩证法既是马克思资本自我否定的辩证法的继承和发展，那么，我们的研究就必须从马克思的资本自我否定的辩证法讲起。首先要讲清楚马克思资本自我否定的辩证法内容和马克思遗留的工作，继而要讲清楚罗莎·卢森堡是如何评价马克思遗留下来的工作，她的资本自我否定的辩证法与马克思的资本自我否定的辩证法的区分何在？只有弄清楚这些问题，我们才能进入罗莎·卢森堡的话语体系，准确把握资本自我否定的辩证法思想及其理论创新点。

　　所谓资本自我否定的辩证法，就是资本积累的自我否定性及其走向灭亡的历史趋势。根据马克思的观点，资本积累就是价值增殖的过程，它是资本主义扩大再生产的真正目的，因而是资本主义的最高问题。正是这样，马克思对资本自我否定的辩证法阐发，集中在对资本积累的本质及其历史趋势的研究之中。①

　　在马克思看来，资本主义生产方式不同于前资本主义生产方式的根本特点，就在于它是社会性的生产。资本主义生产方式的社会性，决定了资本积累具有双重的否定性。一重是资本主义生产方式对前资本主义生产方式的否定性。这重否定的内容是资本对其自然前提的否定。因为前资本主义生产方式，无论采取什么样的形式，都是自然经济形态，而自然经济与资本的社会性是不相容的，资本只有通过暴力的形式歼灭自然经济，才能获得自身的社会性，从而开始资本主义的生产过程。马克思把这个过程称为资本的原始积累。另一重是资本主义生产方式创造的社会化的劳动形式与资本主义的私有制不相容导致了对资本主义自身的否定。这双重的否定就构成了人类社会从前资本主义生产方式到资本主义的生产方式，再到社会主义的生产方式的过程。马克思把资本的这一否定过程描述为："资本的垄断成了与这种垄断一起并在这种垄断之下繁盛起来的生产方式的桎梏。生产资料的集中和劳动的社会化，达到了同它们的资本主义外壳不能相容的地步。这个外壳就要炸毁了。资本主义私有制的丧钟就要响了。剥夺者就要被剥夺了。从资本主义生产方式产生的资本主义占有方式，从而资本主义的私有制，是对个人的、以自己劳动为基础的私有制的第一个否定。但资本主义生产由于自然过程的必然性，造成了对自身的否定。这是否定的否定。这种否定不是重新建立私有制，而是在资本主义时代的成就的基础上，也就是说，在协作和对土地及靠劳动本身生产的生产资料的共同占有的基础上，重新建立个人所有制。"②马克思这里所说的"重新建立个人所有制"，指的是社会所有制基础上的个人的自由的劳动，即社会主义的生产方式。在这里，马克思表达了这样的观点：资本的自我否定不是资本主义无限向上发展的过程，而是不断向下衰落的过程，直到资本主义的生产方式走向终结，代之而起的是在资本主义生产

---

①　这并不是说马克思的资本自我否定的辩证法只存在于资本积累部分理论的研究中，而是说它的理论研究和阐发是通过资本积累的研究而完成的。

②　《马克思恩格斯全集》第44卷，人民出版社，2001，第874页。

方式中孕育出来的社会主义生产方式。马克思强调，从资本主义的生产方式进入社会主义的生产方式，无产阶级革命是一个必要的因素，但是，这个因素的积极的、有效的作用，只有在资本主义经济发生普遍性危机时才能完全发挥出来。既然如此，要论证无产阶级革命的历史必然性，说明资本的自我否定性以及由此造成的资本主义不断衰落的历史趋势，就必须研究资本主义的经济危机问题，从理论上阐明资本主义的经济危机是从资本主义生产方式的哪个环节中产生出来的，这是马克思研究资本积累的核心问题，也是令马克思最苦恼的问题。

为了解决这个令人苦恼的难题，马克思把资本积累的理论研究与对资本主义现实危机的经验分析紧密地结合起来。他在 1857 年 12 月 18 日写给恩格斯的信中描述了他是如何开展这两项工作的研究的："我的工作量很大，多半都工作到早晨四点钟。工作是双重的：①写完政治经济学原理。（这项工作非常必要，它可以使公众认清事物的实质，也可以使我自己摆脱这个讨厌的东西。）②当前的危机。关于危机，除了给《论坛报》写的文章外，我只是做做笔记，但是花费的时间却很多。我想，到春天，我们可以合写一本关于这个问题的小册子，以便重新提醒德国公众：我们还在，还和过去一样。我备了三大本笔记簿——英国、德国、法国。至于美国，全部材料《论坛报》上都有。这些材料可以以后整理。"① 这里所说的"写完政治经济学原理"的工作，指的是撰写《1857—1858 年经济学手稿》。在这部手稿中，马克思集中研究了资本积累的问题；这里所说的"当前的危机"工作，指的是 1857 年在欧美和亚洲国家发生的世界经济危机。马克思并不把这两项工作合并为同一件事，而强调它们是同一个事情的两个方面，这是有道理的。因为这里存在着一个如何看待危机与资本积累的关系问题，既从哲学的高度来看待两者的关系，说明危机是资本积累的一个内在环节，又从经济现象的层面看待两者的关系，把危机看作某种外在因素引起的偶然现象。资产阶级经济学家从后一个角度看待危机与资本积累的关系问题，所以，他们即使从危机中发现了资本积累的内在矛盾，并预言"这些矛盾必然导致资本的毁灭"，也不想通过消灭资本主义制度本身来解决这个矛盾，而是"想通过习惯、法律等等从外部给生产设置限制"②。与之不同，马克思是从哲学

---

① 《马克思恩格斯全集》第 29 卷，人民出版社，1972，第 226 页。
② 《马克思恩格斯全集》第 30 卷，人民出版社，1995，第 391 页。

的高度来研究危机的本质，把危机看作资本主义规律的一个内在要素或环节。按照这一思路，马克思一方面研究资本的特性，提出了"资本界限"这个概念，说明资本是一个自相矛盾的体系；另一方面分析了1857年的经济危机，从理论上说明资本"遭到一次比一次更大的崩溃"①的根源。

马克思提出"资本界限"这个概念，是为了揭示资本的内在矛盾及其自我否定的必然趋势。这里的"界限"一词，就是含有否定意义的限制。这种否定意义的限制的内容和意义因资本的价值增殖在不同阶段的特点发生变化，因而是不确定的。尽管如此，马克思还是从资本的价值增殖两个必要环节分析了这些限制的内容和意义。马克思认为，在资本的价值增殖的生产阶段，即产品价值的生产过程内，限制指的是"生产过程本身内部部分地作为前提，部分地被产生出来的界限"②；在资本的价值增殖的流通阶段，即生产出来的产品的价值实现阶段，限制指的是消费需求、消费能力、货币的量及剩余产品的实现，等等。马克思把这些限制概括为三点："（a）资本作为生产出来的产品会遇到现有消费量或消费能力的限制"；③"（b）作为新价值和价值本身，产品看来会遇到现有等价物的量的限制，首先是货币量的限制，但不是作为流通手段的货币，而是作为货币的货币"；④（c）"全部产品必须转化为货币"⑤的限制。马克思强调，这些限制都是资本的内在矛盾的存在，肯定这些矛盾的存在，是考察资本的自我否定及其历史趋势的前提。在此基础上，马克思提出了资本与这些限制之间的相互否定关系：一方面是资本对这些限制的克服与超越，这种否定的结果是，资本"摧毁一切阻碍发展生产力、扩大需要、使生产多样化、利用和交换自然力量和精神力量的限制"，⑥为资本价值增殖，从而为生产力的发展扫除了障碍。这是资本的积极本质。另一方面是资本不能克服和超越这些限制，而是被这些限制所否定的。这种否定的结果是，生产过剩、资本主义经济危机爆发。在这里，资本成为生产的限制，成为生产力发展的桎梏。这是资本的消极本质，体现了"资本具有限制生产力的趋势"⑦。马克思正是从后一种否定关系来

① 《马克思恩格斯全集》第30卷，人民出版社，1995，第397页。
② 《马克思恩格斯全集》第30卷，人民出版社，1995，第384页。
③ 《马克思恩格斯全集》第30卷，人民出版社，1995，第384页。
④ 《马克思恩格斯全集》第30卷，人民出版社，1995，第385页。
⑤ 《马克思恩格斯全集》第30卷，人民出版社，1995，第385页。
⑥ 《马克思恩格斯全集》第30卷，人民出版社，1995，第390页。
⑦ 《马克思恩格斯全集》第30卷，人民出版社，1995，第406页。

探究资本主义危机的根源。他提出的问题是：资本的价值增殖的阻碍究竟是在哪个环节发生的？为了找到这个问题的答案，马克思考察了资本生产环节遇到的限制以及资本流通环节遇到的限制。由此，马克思得到的结论是："普遍生产过剩所以会发生，并不是因为应由工人消费的商品相对地［消费］过少，或者说，不是因为应由资本家消费的商品相对地［消费］过少，而是因为这两种商品生产过多，不是对消费来说过多，而是对保持消费和价值增殖之间的正确比例来说过多；对价值增殖来说过多。"① 这样，马克思就把研究资本主义危机根源的重心，放在消费与价值增殖之间的正确比例上。那么，消费与价值增殖之间应该如何保持正确的比例呢？在探究这个问题时，马克思提出了生产和消费两大部类比例关系的图式，但是，马克思并不满足于这种逻辑的说明，而是深入资本积累的历史层面，探究资本能否创造消费和价值增殖之间的正确比例，它在什么条件下可以创造这种比例关系。在对这个问题的探究中，马克思发现，资本要创造消费和价值增殖之间的正确的比例，就必须通过"创造一个不断扩大的流通范围"② 来创造新的消费需求，在这里，不断扩大的流通范围和日益增多的消费需求就成了资本的限制，如果资本能够克服和超越这个限制，能够创造一个不断扩大的流通范围，即不断扩大的世界市场和日益增多的消费需求，那么，资本积累就能够顺利进行，资本的价值增殖就能够实现，反之，资本若不能克服和超越这个限制，世界市场不能扩大、消费需求日益萎缩，那么，资本积累就受到阻碍而处于停滞状态，剩余产品的价值就不能实现，这就意味着消费与价值增殖之间的比例失衡、普遍生产过剩。这就是资本的现实的现代危机。马克思的这些论述构成罗莎·卢森堡研究帝国主义经济的理论起点。

罗莎·卢森堡充分肯定马克思分析资本主义危机的基本图式，强调它对于分析帝国主义经济危机的有效性。她指出："马克思关于危机形成的图式，如恩格斯在《反杜林论》和马克思在《资本论》第三卷提出的图式，之所以适用于迄今为止的危机，只是因为它揭示了一切危机的内在结构和它们的深刻的一般原因。"③ 基于这一肯定，她像马克思那样，也从资本主义危机的向度研究资本积累问题，并得出了这样的结论：危机是由资本积累决

---

① 《马克思恩格斯全集》第 30 卷，人民出版社，1995，第 432~433 页。
② 《马克思恩格斯全集》第 30 卷，人民出版社，1995，第 387 页。
③ 《卢森堡文选》上卷，人民出版社，1984，第 86 页。

定的，危机只是"积累的特殊的外部现象，只是在资本主义再生产的周期性形态中的一个要素而已"。① 如果我们把罗莎·卢森堡的分析与马克思的分析做一个对比，我们就会得出这样的结论：在说明资本主义经济危机的根源问题上，罗莎·卢森堡与马克思的观点是根本一致的。

罗莎·卢森堡与马克思的不同，从表层上看，是他们建构的资本积累图式不同，而在深层上，则是研究的问题不同。马克思研究的问题是："资本主义生产方式以及和它相适应的生产关系和交换关系。"② 这是资本主义生产方式的内部运动，因此要求把一切与资本主义生产关系无关的因素都抽象掉，设定有一个只有资本家阶级和工人阶级的纯粹资本主义社会。马克思的资本积累图式就是建立在这样一个基本设定基础上的。与之不同，罗莎·卢森堡研究的问题是：在世界上存在着广大的非资本主义国家的环境下，资本主义是如何建构世界资本主义体系的。这是帝国主义时代特有的问题。这已不仅是资本主义生产方式的内部关系和内部运动的问题，而是不同生产方式之间，不同国家之间的关系问题，具体地说，是资本主义生产方式与非资本主义生产方式之间的关系、资本主义国家与非资本主义国家之间的关系问题。总之，是全球资本主义体系的建构问题。既然研究的问题不同，那么，研究的理论框架当然也就不同。但这并不意味着这两种资本积累图式是相互矛盾、相互排斥的，相反，它们是相互衔接、相互补充的。按照罗莎·卢森堡的说法，马克思的资本积累图式揭示了"资本主义成熟阶段"的内在矛盾和危机的根源，而她的资本积累图式只是补充了资本主义"过渡时期的特征"③，即帝国主义的内在矛盾和危机根源，因此，从资本主义变化的角度来看，这两个资本积累图式分别揭示了资本主义老年危机和青年危机的特征，马克思的资本积累图式揭示了资本主义发展的必然趋势和最终结局，罗莎·卢森堡的资本积累图式并不否定或排斥马克思的资本积累图式，只是补上了资本主义走向它的终结点进程中的帝国主义这个历史环节。正是这样，罗莎·卢森堡在批评马克思的资本积累图式时，从来不用"错误"这个词，而是强调马克思的资本积累图式不能解释这样一些现象："资本主义生产提供超越自己所需要的生产资料，并从非资本主义国家中找

---

① 〔德〕卢森堡：《资本积累论》，彭尘舜、吴纪先译，生活·读书·新知三联书店，1959，第 162~163 页。

② 《马克思恩格斯全集》第 44 卷，人民出版社，2001，第 8 页。

③ 〔德〕卢森堡：《社会改良还是革命》，《卢森堡文选》上卷，人民出版社，1984，第 87 页。

到购买者"① "由美国南北战争时植棉中断的结果所惹起的英国棉花的危机，或俄土战争时农奴制俄国亚麻输出中断的结果所惹起的欧洲麻织业的危机""为要养活欧洲工业劳动者大众（即可变资本的要素），输入农民用非资本主义方法所生产的谷物在当时所起的重要作用"②，等等。而她要解释这些现象，就只能从资本主义生产方式与非资本主义生产方式、资本主义国家与非资本主义国家的关系这个前提出发了。从这个角度来看，对于罗莎·卢森堡批评马克思的资本积累图式，与其说是在批评马克思，不如说是在清理和确立自己研究的问题。这正是德国官方社会民主党的理论家们没有看到，更无法理解的，所以，他们只能在表层上谈论马克思的资本积累图式与罗莎·卢森堡的资本积累图式之间的差别，把资本积累图式的"错误"归于"数学公式"③ 的计算问题。相比之下，罗莎·卢森堡对马克思资本积累图式的理解则要深刻得多。这种深刻性就在于她穿透了帝国主义的经济现象，抓住了马克思资本积累图式本质的东西，即其中的哲学思想。

由于将研究的问题转变成了全球资本主义体系的建构问题，罗莎·卢森堡对资本主义的危机也做了新的阐释。她认为，帝国主义是资本主义克服自身经济危机的一种手段，但是，帝国主义并不能根除资本主义的危机，只能通过把资本主义国家的内部危机转移到非资本主义国家的方式来缓解资本主义的危机。在这种危机的转移中，资本主义国家的内部危机是暂时缓和了，但全球经济危机出现了。由全球资本主义的构成所决定，全球经济危机与资本主义国家的内部危机有着质的区别。资本主义国家的内部危机是由资本主义的生产和消费比例失调造成的，它所体现的是资本主义生产方式的内在矛盾，而全球经济危机则是全球经济秩序断裂造成的，它所体现的是资本主义国家与非资本主义国家之间的矛盾。据此，罗莎·卢森堡提出了资本积累图式："资本主义是第一个具有传播力的经济形态，它具有囊括全球，驱逐其他一切经济形态，以及不容许敌对形态与自己并存的倾向。但是，同时它也

---

① 〔德〕卢森堡：《资本积累论》，彭尘舜、吴纪先译，生活·读书·新知三联书店，1959，第277页。

② 〔德〕卢森堡：《资本积累论》，彭尘舜、吴纪先译，生活·读书·新知三联书店，1959，第281页。

③ 〔德〕罗莎·卢森堡、〔苏〕尼·布哈林：《帝国主义与资本积累》，柴金如等译，黑龙江人民出版社，1982，第56页。罗莎·卢森堡在这里反复强调，她在这里讲的是哲学问题，而不是具体的经济学理论问题。因此，本文也是在哲学的层面上，而不在经济学的层面上讨论资本积累图式的问题——作者注。

是第一个自己不能单独存在的经济形态，它需要其他经济形态作为传导体和滋生的场所。虽然它力求变为世界普遍的形态，并正由于此，变为世界普遍形态也是它的趋向，然而它必然要崩溃，因为它由于内在原因不可能成为世界普遍的生产方式。在自己的生命史中，资本主义本身是一个矛盾，它的积累运动带来了冲突的解决，但同时，也加重了冲突。到了一定的发展阶段，除了实行社会主义外，没有其他的出路，而社会主义的目的不是积累，而是以发展全球生产力来满足劳动人民的需要。因此，我们看到，社会主义由于它本身的特质，是一个和谐的、普遍的经济形态。"① 这个图式最突出的特点，也是罗莎·卢森堡资本积累理论最富有创造性的内容，就是把非资本主义经济形态纳入资本积累的结构之中，把资本积累看作是由资本主义经济形态和非资本主义经济形态共同构成的。在这个结构中，西方资本主义国家占据主导地位，决定资本积累的运动方向，但它又依赖于非资本主义经济形态，要把非资本主义国家的存在作为自己生存的条件；东方前资本主义国家作为资本积累的市场而从属于西方资本主义国家，成为国际资本、政治的一个有机部分，但由于它是资本积累的传导体和滋生的场所，是资本积累中不可缺少的方面，因而又对西方资本主义国家具有反作用。这种反作用主要在两个方面：第一个方面是以民族解放运动的形式反抗西方资本主义国家的殖民统治，争取自身的民族独立和民族解放；第二个方面是以其作为资本主义生存环境的限度来制约资本积累。这两种反作用对于资本积累的意义是不一样的。前者是以革命的方式阻止资本积累，改变资本积累的方向，它体现了世界社会主义运动在世界历史进程中的历史主动性；后者是以资本主义自动崩溃的方式终结资本积累，决定了资本积累的历史趋势，它所体现的是资本主义的内在矛盾运动。这里所说的资本主义的内在矛盾，不是生产力与生产关系的矛盾，而是资本主义与其生存环境之间的矛盾，即资本主义经济形态既不能容忍又不得不依赖于非资本主义经济形态的存在。资本主义全球化就是这一内在矛盾的展开：一方面，资本主义受资本积累的内在驱使，必然走向世界，遏制或驱逐一切非资本主义经济形态，从而把自己变成普遍性的存在；另一方面，资本主义为了不断地扩大资本积累，又不得不依赖于非资本主义经济形态，这又使它不能成为世界普遍的生产方式。由于这一内在矛

① 〔德〕卢森堡：《资本积累论》，彭尘舜、吴纪先译，生活·读书·新知三联书店，1959，第376页。

盾，资本积累的每一次扩张都必然改变它赖以生存的非资本主义的历史环境，而每一次非资本主义的历史环境的改变又都是在挑战或摧毁资本主义生存的基础和现实条件。由此决定，资本积累的历史趋势不是无止境地增长和扩大，而是日趋缩小和衰落的，直到最后灭亡，为社会主义的经济形态所取代。罗莎·卢森堡这一图式得出的结论与马克思论述资本积累时得出的结论是一致的，不同的是，罗莎·卢森堡的资本积累图式在内容上补上了整个资本主义进程中的帝国主义这个历史环节。

进而，罗莎·卢森堡考察了全球资本主义危机发生的内在机制。她认为，资本主义国家在把本国的内部危机转变成世界危机的过程中，有三个因素决定了世界危机必然发生。第一个因素是外部市场的限制。在帝国主义时代，资本积累的主要形式是向非资本主义国家渗透，到非资本主义国家中去寻找"对商品有支付能力的需求"，去建立实现资本积累所需要的市场，但这个市场是有限的，为了争夺世界市场，资本主义宗主国之间开展了争夺殖民地的竞争，直到爆发世界大战，于是，经济危机伴随着政治危机就成为资本主义自我否定的第一种形式。第二个因素是非资本主义自然经济形式的抵抗。资本积累需要到非资本主义国家去寻找有"对商品有支付能力的需求"，但非资本主义国家不可能自动地成为"对商品有支付能力的需求"者，如果说它是"对商品有支付能力的需求"者，这只是在潜在的意义上而不是在现实的意义上而言的，非资本主义国家要成为现实的"对商品有支付能力的需求"者，必须经历一个资本化的过程，在这一过程中，资本积累不可避免地要遇到来自非资本主义国家经济形式的各种抵抗，而资本主义国家也会用暴力的或和平的方式摧毁非资本主义国家的自然经济形式，迫使其走上商品经济的道路，在这条道路上，资本积累通常是通过民族战争的形式完成的，于是，经济危机伴随民族冲突就成为资本主义自我否定的第二种形式。第三个因素是地球上有限的生产力发展资源的限制。资本积累向非资本主义国家渗透不仅是向非资本主义国家倾销商品，而且还要掠夺非资本主义国家可用于生产力发展的自然资源，这种掠夺的后果是地球上所有可用的生产力发展资源枯竭，产生不可逆转的生态危机，于是，经济危机伴随着生态危机就成为资本主义自我否定的第三种形式。资本积累所内含的这三种危机形式表明，资本主义危机不是单一的，而是多重的，是灾难性的，这种灾难不仅仅是对非资本主义国家的，也是对全人类的；在资本主义的发展史上，这三种危机不是相继发生的，而是同时发生的，只不过在资本积累的不同阶段上其中的某一种危机形式更为突出罢了，但是，无论资本主义危机以哪一种形式表现出来，都是以否定资本主义的生存条件为前提的，都是资本主义危机的积累，正是这一系列的对资本主义自身生存条件的否定，正是资本主义危机的不断积累，决定了资本主义经济的最后崩溃。所以，罗莎·卢森堡反复强调："经过一定的时期，国内外资本积累的条件将变为自己的对立物，那就是它们变为资本没落的条件了。资本通过军国主义，愈加残酷地想消灭国内外非资本主义阶层、愈加压低整个工人阶级的生活水平，那么，在世界资本积累的逐日历史上，变动也就越大。它将成为一连串的政治和社会灾难和痉挛，在这样条件下，加上周期性的经济灾祸或危机，积累已不可能再进行了。但在正式到达这个资本自己创造的经济绝境之前，国际工人阶级起来反抗资本的统治已成为一件必要的事情了。"①

　　罗莎·卢森堡的这一预言，在 20 世纪至 21 世纪的头十年世界范围内发生的一次又一次世界危机中得到了证明。从 20 世纪初到 20 世纪 40 年代，资本主义危机引发了两次世界大战，在这个阶段上世界危机主要是以经济危机伴随着政治危机和民族冲突的形式出现的；20 世纪 60 ~ 70 年代，世界危机主要是以经济危机伴随着政治危机、生态危机的形式而出现的；在 20 世纪末 21 世纪初，由于东欧剧变、信息科学的发展、互联网的出现，资本主义出现过短暂的繁荣，但不到十年的短暂光阴，居于世界资本主义体系中心地位的美国就爆发了次贷危机，并且迅速地蔓延到世界各个地区，造成了全球经济危机、政治危机、生态危机的爆发。这些事实再次表明，资本积累是资本主义危机的根源，它使危机成为资本主义发展中的一个不可消除的方面，从资本主义发展的总趋势来看，资本主义的危机并不会随着资本主义的阶段性变化而减轻，反而是越来越广泛和严重了，若不根除资本主义制度，就不可能消除世界危机。

三　建构 21 世纪资本自我否定辩证法的学术理路

　　2007 ~ 2008 年的全球金融危机是资本主义主导国家内部自发产生的危

---

① 〔德〕卢森堡：《资本积累论》，彭尘舜、吴纪先译，生活·读书·新知三联书店，1959，第376 页。

机，是全球资本的结构性危机。由于这一特点，人们不可能用外在的、偶然的因素来解释这场危机，只能到资本主义内部寻找它自动崩溃的原因。在这一研究中，罗莎·卢森堡的资本自我否定的辩证法再度进入了当代马克思主义理论家的研究视野。2011 年以来英国《历史唯物主义》杂志举办的历次年会上都会有罗莎·卢森堡思想讨论的专场来讨论当代全球危机问题，① 在罗莎·卢森堡《资本积累论》发表 100 周年国际马克思主义学界分别在德国和美国等国家组织专题学术研讨会，讨论《资本积累论》的哲学思想及其当代意义（主题分别为："纪念《资本积累论》发表 100 周年——对帝国主义的一种经济学说明""罗莎会怎么说：对一部久远经典的新理解——纪念罗莎·卢森堡《资本积累论》发表 100 周年"）。② 这些讨论绝不是对罗莎·卢森堡《资本积累论》文本进行机械式的解读，而是重在发掘《资本积累论》中那些对今天全球资本主义思考有意义的方法论启示。然而，我们今天要继承罗莎·卢森堡的思想遗产，创造 21 世纪的资本自我否定的辩证法，就必须看到罗莎·卢森堡的资本积累图式的缺陷，即只讲西方资本主义国家对东方国家的同化，把世界历史等同于西方资本主义的历史，而否定了发展中国家在世界历史创造中的作用和地位；只讲世界历史的必然性，不讲世界历史的偶然性，这是典型的"西方中心论"的观点。③ 除此之外，罗莎·卢森堡勾勒的资本主义国家与非资本主义国家二元对立的图式，随着世界历史的变化，也显得过时了。在这种情况下，我们绝不能再固守罗莎·卢森堡勾勒的二元对立的世界历史图景，而应当根据当代资本主义经济、政治、文化的新变化，融于全球资本主义体系建构过程中形成的反抗力量的内容，尤其是以中国道路为经验原型，建构新的资本自我否定的辩证法，重新勾勒世界历史图景。这个新的资本自我否定的辩证法就是，以资本积累为主线，在历史、理论和现实的结合上考察一个世纪以来的垄断与反垄断、霸权

---

① 关于这个年会及其对全球金融危机和左派理论复兴问题展开的讨论，参见何萍《从"这次危机"的讨论看历史唯物主义研究视角的开新》，《天津社会科学》2015 年第 2 期。

② 2013 年是罗莎·卢森堡的《资本积累论》发表 100 周年。就在这一年，西方左派发出了强烈的声音：要求以纪念罗莎·卢森堡的《资本积累论》发表 100 周年为题，反思 20 世纪90 年代以来世界马克思主义理论和实践的新变化，尤其是总结金融危机以来马克思主义理论在西方世界的复兴和新发展。这两个会议的题目和主题表明，罗莎·卢森堡《资本积累论》已经成为当代西方左派解答全球金融危机和当代各种理论问题的重要思想资源。

③ 关于罗莎·卢森堡的资本积累理论缺陷的详细分析，参见何萍《马克思主义世界历史理论中的决定论与非决定论——关于马克思、卢森堡、列宁的一个比较研究》，《哲学研究》2008 年第 3 期。

与反霸权、全球化与反全球化的斗争，建构世界历史发展的偶然性、多元性的理论框架。

从理论上分析，全球资本体系主要由两个基本要素构成的。一个基本要素是国际垄断，这是全球资本的经济基础；另一个基本要素是国际霸权，包括政治霸权、军事霸权、文化的话语霸权，等等，这是建构全球资本秩序的基础。这两个基本要素既是资本积累的结果，又是资本主义国家进行资本积累的组织结构。资本主义国家正是通过建构这两种组织结构而实现了对不发达国家的经济、政治和文化的控制，从而建构起全球资本体系。由此决定，全球资本体系绝不是单纯的经济形态，而是融经济、政治、军事、文化、意识形态为一体的世界资本主义体系，是一种国际社会秩序。这个国际社会秩序的核心，就是世界霸权主义。但是，这两个要素本身又是充满矛盾的。因为国际垄断是以经济的全球化为前提的，而经济的全球化又依赖于跨国公司的形成、市场经济的发展和金融资本的全球化，而这三个条件都需要各国政府的认同与参与，这势必产生国际经济市场与本国利益的冲突。这种冲突激化的结果，就是经济危机的爆发、国际间霸权国家与非霸权国家矛盾的加剧。

1999 年诺贝尔经济学奖获得者罗伯特·蒙代尔提出了全球金融资本实施的三合一困境：在金融资本全球化条件下，各国必须在执行本国的货币政策与保持世界货币稳定之间做出选择，而不可能兼而有之，也就是说，"各国在三件普遍心仪的事情中——资本流动、稳定的汇率和货币独立——只能做到两件"。① 这种"三合一困境"表明，各国的货币政策是金融资本全球化背后的非全球化因素，或者说是不可全球化的因素，正是这个因素构成了国际金融资本体系中的全球化与非全球化的矛盾。美国国际货币和金融政治学研究专家杰弗里·弗里登运用"三合一困境"来说明墨西哥、东亚、俄罗斯、巴西、土耳其、阿根廷等一些非霸权国家在 20 世纪 90 年代发生国内金融危机的必然性。他认为，这些非霸权国家在 20 世纪 90 年代发生接连不断的金融危机，根源就在于这些国家在进入国际金融资本市场后，为了执行美国的货币政策而被迫放弃本国的货币政策，这导致了本国汇率崩溃，使本国经济遭受灾难性的危机。在这里，杰弗里·弗里登是以"可以自由

---

① 〔美〕杰弗里·弗里登：《20 世纪全球资本主义的兴衰》，杨宇光等译，上海人民出版社，2009，第 423 页。

进入开放的国际资本市场"① 的内在矛盾来说明非霸权国家遭受金融危机的根源。如果我们转换一个角度，也可以用同样的原理来说明 2007～2008 年的全球金融危机。众所周知，2007～2008 年的全球金融危机源自美国的次贷危机。一些经济学家认为，这场危机是由于美国经济学家鼓吹金融创新而美国政府又缺乏对金融部门的监管造成的。这种理解实则过于表面化。从深层来看，这场危机与资本积累有着内在的联系。它是美国凭借自己的全球金融市场的霸权地位，通过金融资本的运作在世界范围内积累资本，而在危机发生后，它又通过国际金融体系将危机转嫁给非霸权国家所造成的。在这里，同样有一个美国的本国经济利益与维持全球金融市场稳定的选择问题。在这个问题上，美国从来就不把维持全球金融市场的稳定放在首位，而是把全球金融市场当作美国在全球范围内积累资本、维持自己的霸权地位的手段。布雷顿森林体系的崩溃就是美国优先考虑本国繁荣而牺牲国际货币和金融秩序的结果。同样地，2007～2008 年爆发的全球金融危机也是美国为了保持霸权地位，在世界范围内积累资本而大力推行"泛金融化"体系，而在危机发生后又迅速地将其转嫁于其他国家的结果。由此可见，在经济全球化的时代，同样是在本国利益与国际经济秩序之间做选择，但由于各国在国际上的地位不同，其结果是完全不一样的。那些非霸权国家因受制于国际金融市场的压力不得不牺牲国内利益而陷入国内危机，以美国为首的霸权国家则利用国际资本市场秩序来获得最大化的经济利益，一旦本国的经济出现危机，它们也可轻易地通过全球资本市场将本国的危机转嫁到非霸权国家。归根到底，这样的不平等、不公正、不正义，是霸权国家进行资本积累造成的。这一事实表明，在国际霸权主义的秩序中，资本积累在造成全球资本体系危机的同时，也造成了世界的不平等、不公正和不正义，从而也造了世界经济的两极力量：一极是由发达资本主义国家组成的全球化的受益者集团，另一极是由不发达国家组成的全球化的受害者集团。

　　全球金融危机既是挑战，也是机遇。这对于以美国为核心的西方霸权国家是如此，对于发展中国家更是如此。2007～2008 年全球金融危机后，美国经济复苏乏力，美国的霸权地位及其建构的以新自由主义全球化和普世价值等观念为核心的意识形态日渐衰落，而与以美国为核心的霸权国家相对的

---

① 〔美〕杰弗里·弗里登：《20 世纪全球资本主义的兴衰》，杨宇光等译，上海人民出版社，2009，第 422 页。

另一极力量——发展中国家——的经济却开始活跃起来。这些国家团结起来，或发展已有经济联盟，使其能够发挥国际作用。如 2013 年，东盟国家国民生产总值高达 2.4 亿万美元，成为全球重要的经济增长中心；或建立新的经济体，并在此基础上构造世界经济新秩序，如金砖国家的通力协作已经成为新的经济体，而这些国家领导人为建立公正、平等和民主化的世界金融秩序的努力已经引起了世界关注。在《大变革：南环经济带将如何重塑我们的世界》中，约翰·奈斯比特、多丽丝·奈斯比特肯定了金砖国家在当代世界经济复苏中的引领作用："当今世界已经不是联合国、国际货币基金组织和世界银行建立时的样子了。金砖国家正在发挥领导作用，达成了各自的双边贸易协议，并为建立新的开发银行、开发自己的货币稳定基金和贸易争端解决机制制定了路线图，这些新的机构可以行使过去由世界银行、国际货币基金组织和世界贸易组织所垄断的各种职能。"① 此外，中国倡导的"一带一路"连接亚非拉美和欧洲等广大的区域，也形成了多个新兴的经济体。这些新兴经济体系虽然还远远没有占据世界经济的主导地位，但推动了世界经济权力结构的变化。德国学者施德凡·施马尔茨认为，2007～2011 年的全球经济危机是由于美国未能适应世界经济结构的变化造成的，因此，全球金融危机之后，包括中国在内的东亚国家抓住了机遇，开始在世界经济中崛起，从而推动了世界经济权力的转移。他说："2007 年到 2011 年的危机对全球经济权力从西向东、从核心国家到现有的半边缘国家转移产生了重要的加速作用。阿里格尼和哈维提出的问题，制度性的积累循环导致了霸权的转移和空间的重组看起来是对的。"② 随着世界经济权力结构的变化，全球发展的理念也发生了变化，中国倡导以各国相互尊重、相互信任、互利共赢为原则构建"人类命运共同体"的理念，得到越来越广泛的认同，有取代"世界霸权"而成为新的全球化理念的趋势。这些都预示着世界霸权主义时代正在走向终结，世界格局正朝着多元化的方向转化。

---

① 〔美〕约翰·奈斯比特、〔奥〕多丽丝·奈斯比特：《大变革：南环经济带将如何重塑我们的世界》，张岩、梁济丰、迟志娟译，吉林出版集团、中华工商联合出版社，2015，第 204 页。
② 〔德〕施德凡·施马尔茨：《世界经济的权力转移：地缘政治因素和全球经济衰退的可能后果》，《国际金融危机与资本主义新变化、新调整》（中英文本），党建读物出版社，2012，第 140 页。

　　正是在这种世界格局的变化中，中国道路受到了东西方学者的青睐，成为人们分析当代世界格局变化的经验原型之一。从已有的研究看，中国道路研究的意义在三个方面得到了阐发。一是，把中国作为世界社会主义改革成功的典范加以研究。杰弗里·弗里登在论述世界社会主义的发展状况时，专门列出"中国道路"一节，分析中国社会主义的特殊性和 20 世纪 70~80 年代的改革开放给中国发展带来的新变化。① 正是这些变化，使中国成为亚洲转变最抢眼的国家之一。二是，把中国作为成功抵御 2007~2008 年全球金融危机的典型加以研究。许多学者认为，中国道路体现了国家权力在控制经济风险方面所起的积极作用。中国政府对经济的作用有三点是值得研究的：①由于中国政府的支持，中国工人的生活水平高于资本主义国家，并具有了一定的消费和投资的能力；②公众服务领域的不断扩大，降低了工人阶级对雇用者和市场的依赖作用，转而成为一个社会群体；③银行的国家化保障了金融的稳定。② 这三个方面体现了国家权力在控制金融危机方面的作用。正是在这个意义上，中国道路对于研究如何克服全球金融危机具有典范性。三是，把中国作为后发现代化国家在当代崛起的典范加以研究。奈斯比特夫妇用中国近年来快速发展的事实证明："中国并不仅仅是作为南环经济带中最有实力的队员而重振雄风的。它已经成为全球经济领域扭转乾坤的力量。它的辉煌战线之一就是改变全球资本投资流。"③ 事实上，这三个方面的典型性，正是中国特色社会主义新时代的内容和意义。习近平总书记在中国共产党第十九次全国代表大会上的报告中指出："中国特色社会主义进入新时代，意味着近代以来久经磨难的中华民族迎来了从站起来、富起来到强起来的伟大飞跃，迎来了实现中华民族伟大复兴的光明前景；意味着科学社会主义在二十一世纪的中国焕发出强大生机活力，在世界上高高举起了中国特色社会主义伟大旗帜；意味着中国特色社会主义道路、理论、制度、文化不断发展，拓展了发展中国家走向现代化的途径，给世界上那些既希望加快发展又希望保持自身独立性的国家和民族提供了全新选择，为解决人类问题

① 参见〔美〕杰弗里·弗里登《20 世纪全球资本主义的兴衰》，杨宇光等译，上海人民出版社，2009，第 390 页。

② 参见 Leo Panitch and Sam Gindin: *Capitalist Crises and the Crisis this time*, Leo Panitch, Greg Albo and Vivek Chibber: *The Crisis This Time: Socialist Register 2011*, The Merlin Press, 2010, UK, p. 16.

③ 〔美〕约翰·奈斯比特、〔奥〕多丽丝·奈斯比特：《大变革：南环经济带将如何重塑我们的世界》，张岩、梁济丰、迟志娟译，吉林出版集团、中华工商联合出版社，2015，第 166 页。

贡献了中国智慧和中国方案。"①

　　中国的崛起使中国特色社会主义引起了世界的关注，而当代学者对中国道路的多重意义的阐发，又为我们建构 21 世纪的资本自我否定的辩证法提供了经验原型。罗莎·卢森堡在《资本积累论》中以中国的鸦片战争为经验原型分析欧洲资本主义国家是如何侵占和掠夺非资本主义国家而建构全球资本主义的，也说明了非资本主义国家是如何成为资本主义国家的生存环境的。对于罗莎·卢森堡证明资本自我否定辩证法的这一方面内容，当时的中国的确具有典型性。但是，今天的中国，却向人们展示了罗莎·卢森堡资本自我否定的辩证法没有论及的另一个方面，这就是，非资本主义国家是如何在资本主义危机中觅得生机，通过走适合本国发展的社会主义道路，使本国的经济能够迅速地发展，政治上变得强大起来，从而推动世界格局的改变。正是这一方面，展示了世界历史发展的偶然性，证明资本主义主导国家凭借它的霸权创造的全球化的市场经济体系是资本主义霸权国家容纳不了的社会基础，于是，全球化的市场经济体系转而成为世界霸权主义的现实的否定力量，而世界的进步力量正是在全球化的市场经济体系这个社会基础上获得了发展的空间，并通过创造新兴经济体推动世界向着多元化的方向发展。这一切都证明，2007～2008 年爆发的全球金融危机，是对资本主义主导国家霸权统治的一种否定，这种否定的结果绝不是霸权主义的更加强盛，而是霸权主义的衰落，全球平等、民主、正义观念的广泛认同。这种否定证明，当代世界格局的变化，不是人为的创造出来的，而是从资本主义全球化的内在矛盾中转化而来的，是资本自我否定的历史趋势。它证明，资本主义的适应机能虽然可以通过不断地扩大资本积累的范围、更新资本积累的形式，为资本主义发展开辟新的疆域，创造新的资本形态，但是，它绝不能根除资本主义危机，相反，资本积累的每一次扩大，资本霸权统治的每一次增强，都只能造成资本主义更广泛、更深层的结构性危机，直到资本自我灭亡。由此可见，资本主义缺失机能才是资本积累的本质方面，决定着资本主义必然灭亡的命运。从另一方面看，全球资本体系的自我否定，为全球公平、正义原则的确立，为全球社会主义的发展创造了机遇，当然也为中国社会主义市场经济的发展、为中国作为世界强国的崛起创造了机遇，而中国特色社会主义的

---

① 习近平：《决胜全面建成小康社会　夺取新时代中国特色社会主义伟大胜利——在中国共产党第十九次全国代表大会上的报告》，人民出版社，2017，第 10 页。

发展以及在维护世界和平、公平、正义方面所做出的贡献，又证明了中国经验的世界历史意义。在这里，中国特色社会主义建设的实践，为我们构建21世纪资本自我否定的辩证法理论提供了经验基础。由此可见，同是中国经验，由于时代的内容不同，提供的世界图景和理论框架也必然不同：19世纪末的中国，提供的是西欧列强瓜分和掠夺非资本主义国家的世界图景，因此，它给予罗莎·卢森堡的，必然是西方决定论的理论框架；21世纪的中国，提供的是东方国家通过走社会主义道路而摆脱西方的控制，并逐渐成为寻求世界和平、公平、正义的主导力量的世界图景，因此，它给予今天的马克思主义者的，必然是世界历史发展的偶然性、多元性的理论框架。这种世界历史发展的偶然性、多元性的理论框架，应该成为21世纪资本自我否定辩证法的理论框架。

　　原载《中国社会科学》2019年第3期，收入本书时有改动。
　　作者单位：武汉大学哲学院，武汉大学马克思主义理论与中国实践协同创新中心

"供给侧结构性改革"在思想
和实践上的新贡献

鲁品越

习近平总书记提出的"供给侧结构性改革",立足于新时代中国特色社会主义市场经济实践,以马克思主义政治经济学理论为指导,批判吸收并彻底改造了西方经济学理论,从而对世界经济学,特别是马克思主义政治经济思想和实践做出新贡献,必将产生深远的历史影响。

一 需求学派与供给学派的局限性

有些人将"供给侧结构性改革"政策与西方经济学中的"供给学派"的政策混为一谈,这是根本性误解与曲解。为了清楚地理解二者之间的本质差别,我们先简略地探讨一下供给学派的本质。

供给学派产生于西方国家应对资本主义危机的历史进程。资本追求的唯一目的是自身无限增殖扩张,而资本扩张面临着两难悖论:从劳动力市场来说,它希望劳动者处于贫困状态,因为只有如此才能获得廉价而充裕的劳动力资源;然而在产品市场上,资本又希望人们普遍富裕,有充分的购买力来购买其商品。由此必然产生社会贫富的两极分化。由于贫困的劳动者在数量上远大于富裕者,这必然导致产品过剩。因此,产品过剩性危机成为资本主义天空中挥之不去的阴霾,造成资本扩张的基本困境。

如何走出这一困境?马克思提出了科学社会主义理论,指出了解决资本主义危机的社会主义道路。而西方经济学则在保持资本主义经济制度的框架内,提出了形形色色的方案。其归根结底可归为两类:一是凯恩斯的需求学派，二是以拉弗等人为代表的供给学派。作为需求学派的凯恩斯主义认为，可以通过增加政府财政支出来人为地扩大需求，以弥补市场自发产生的有效需求不足。这些财政手段包括扩大公共工程以增加就业、实施转移支付以帮助穷人消费，由此扩大有效需求，消化过剩产品。这些依靠政府力量人为地增加需求的措施，短期内的确有效，但是长期实施下去，则效果日益式微，甚至造成经济衰退。《资本论》清楚地指出，资本积累与贫困积累的矛盾是资本主义生产方式固有的矛盾，这是产生过剩性危机的总根源。用增加政府财政（实质上是增加全体国民的财政负担）的办法来人为地扩大需求，以弥补由资本主义内在矛盾所造成的消极后果，只能是治标不治本。这是由于政府增加的财政支出，最终必将由全社会（归根结底是劳动者）来负担。这不仅引起通货膨胀，而且会导致企业税收和信贷成本增加，社会投资减少，造成经济停滞和衰退，即导致"滞胀"。这是资本本性导致的必然结果。不仅如此，政府习惯性地实施财政政策以消除过剩，导致资本的政策性依赖，指望政府想方设法扩大需求来消化过剩产品，由此助长资本的肆意扩张，产能过剩将日趋严重。最终必将导致政府财政不堪重负，甚至趋于国家破产。

对于凯恩斯主义带来的滞胀，供给学派提出针锋相对的主张。其中有激烈反对凯恩斯主义的"极端供给学派"，如拉弗、蒙代尔、万尼斯基、罗伯茨、吉尔德等人。他们极力主张减税，其根据是税收与税率的关系呈"拉弗曲线"，认为减税会鼓励企业投资，从而能够增加税源，其带来的总税收的增长能够弥补甚至超过由降低税率产生的税收减少。此外还有以费尔德斯坦为代表的"温和的供给学派"，承认凯恩斯需求主义主张的部分有效性。供给学派的实际政策，是1981年美国里根政府推出的"经济复兴计划"，主推减税和减少财政开支（特别是福利开支），紧缩货币供给，这就是所谓"里根经济学"。在英国的实践则是撒切尔夫人推行私有化的"结构化改革"①。后来出现的"新自由主义"，实际上是供给学派演变的产物，它主张金融系统自由化，通过资产证券化等金融创新手段来增加流动货币替代政府的财政开支。这些供给学派共同主张：经济危机的原因不是需求不足，而是供给不足。而供给不足的根本原因则是政府干预太多，以及由此导致的货币

---

① 石建勋、孙亮：《中国供给侧改革的相关理论探析》，《新疆师范大学学报》（哲学社会科学版）2016年第3期。

发行太多，进而导致企业生产成本不断上升，造成政府投资对社会投资的"挤出效应"，社会总投资下降，就业率随之下降，进而造成了社会购买力不足，导致供给过剩。他们因此认为有效需求不足和供给过剩的深层原因，恰恰是各种外在因素干扰了市场中"看不见的手"的作用，导致自由竞争的市场机制发挥不足，使社会经济系统无法自己达到平衡。这些论调虽有现象上的合理性，但更有本质上的荒谬性。供给学派企图从经济生产的源头——供给来解决问题，由此提出了以"减税"、"限币"和通过金融"创造流动性"为核心的一些促进供给的治标之策，也可以作为权宜之计。但是这些只是产品过剩危机表现在流通领域的表面的"源头"，而不是发端于生产领域的真正的"源头"：这个真正的源头恰恰是马克思《资本论》所揭示的资本的生产领域的资本积累规律。供给学派没有看到：他们的政策所追求的促进资本扩张（供给增长），虽然也会扩大就业，增加社会生产的价值总量，但是在资本主义制度之下，这些增加的价值总量绝大部分转化为资本积累，只有相当少的部分能够转化为工人的收入而增加市场的购买力。最后的结果必然是：资本积累的速度一定会大大超过工人收入的增长速度，社会两极分化更加严重。过剩性经济危机不但必然发生，而且在更严重的水平上发生。事实证明，供给学派所开的处方只能短期内促进供给，而其长期结果必然会产生更加严重的经济危机与政府财政危机。减少财政开支的结果只是减少了对贫困阶层的福利救助，虽然减少了通货膨胀，但以人民的贫困为代价。而受供给学派政策鼓励的经济增长，大部分转化为资本积累，于是给金融资本的膨胀提供了大量财源，最后必然产生金融泡沫，导致金融危机。可以说，金融危机正是资本主义根本矛盾在供给学派政策主张下的产物。这些政策主张的根本缺点是只从流通过程上分析供给总量，而没有分析资本在生产过程中形成的两极分化的社会经济结构，因而无法找到过剩性危机的真正原因。

正因为需求学派与供给学派都只能治标而不能治本，所以二者只能奏效于一时而贻害长远。这就导致二者在西方财政史上相互否定，交替当家。于是这两派在西方兴衰，经历第一轮"萨伊定律—凯恩斯主义—供给学派"后，又经历第二轮"供给学派—凯恩斯主义复辟—供给管理"①。与此相伴的是

---

① 贾康、苏京春：《探析"供给侧"经济学派所经历的两轮"否定之否定"——对"供给侧"学派的评价、学理启示及立足于中国的研讨展望》，《财政研究》2014年第8期。

西方政治舞台上"左派"（倾向需求政策）和右派（倾向供给政策）交替执政，资本主义世界经济由此陷入日益深重的历史困境。

二 供给侧结构性改革在经济治理思想上的新贡献及其与西方经济学的本质区别

综上所述，过剩性危机成为资本出现之后世界各国经济面临的头号难题。全世界无数经济学家与当政者为解决这一巨大难题进行了无数理论与实践的探索。凯恩斯主义仅仅从作为宏观经济流量的需求侧着眼，这种末端治理当然治标而不治本。供给学派则从宏观经济流量的供给着眼，把过剩性危机归结为政府对流通领域与分配领域的干预，主张给资本的自由扩张创造条件，这同样没有抓住"资本的生产过程"这个产生过剩的源头和根本。

马克思主义的科学社会主义理论正是人类社会解决这一头号难题的伟大理论。在这一理论的指导下，社会主义国家曾经采用计划经济取代资本主义市场经济来克服过剩性危机，迅速摆脱了对国际资本主义的依赖，建立起独立自主的工业化体系，取得了巨大的历史性成就。但是计划经济在完成自己的历史使命之后，其缺乏调动经济活动主体能动作用的缺点也日益积累和表现出来。正是在这样的时刻，邓小平同志创造性地提出了著名判断："计划经济不等于社会主义，资本主义也有计划；市场经济不等于资本主义，社会主义也有市场。计划和市场都是经济手段。"① 由此开启了中国特色社会主义市场经济建设的伟大历史进程，解放和调动了微观主体的活力，取得了举世瞩目的伟大成就。与此同时，由于市场机制的作用，资本所带来的过剩性危机也日益积累。在中国特色社会主义新时代，如何解决这一巨大的历史难题？这是摆在中国发展道路上的重大问题。

正是在这样的时刻，习近平总书记的供给侧结构性改革对这一世界性难题提出了全新的应对方略。党的十九届四中全会进一步确定"坚持以供给侧结构性改革为主线，加快建设现代化经济体系"。② 供给侧结构性改革既

---

① 《邓小平文选》第 3 卷，人民出版社，1993，第 373 页。
② 《中共中央政治局召开会议分析研究二○二○年经济工作研究部署党风廉政建设和反腐败工作》，《人民日报》2019 年 12 月 7 日。

是经济政策，同时也是思想理论，是习近平新时代中国特色社会主义经济思想的重要组成部分。其对经济学的新贡献及其与西方经济学的本质区别，也表现在思想与政策两个方面。

政策源于思想。我们首先讨论供给侧结构性改革在经济治理思想上的新贡献。社会主义市场经济是在公有制为主体的条件下，充分利用国内外资本，通过市场决定资源配置。这一方面可以调动促进生产力发展的一切活力源泉，但也会产生生产发展和收入分配等方面的发展不平衡和不充分的现象。由此产生了我国新时代面临的主要矛盾——人民日益增长的美好生活需要和不平衡不充分的发展之间的矛盾。在发挥市场作用的过程中，相伴产生的发展不平衡不充分的问题，是产品和产能过剩问题的产生源头。如果我们不能充分利用社会主义市场经济制度的优越性从源头上消除这些过剩现象，解决我国社会的这一主要矛盾，其日积月累，有可能造成过剩性危机。为此，必须利用社会主义力量加以克服，这正是供给侧结构性改革的主旨所在。它超越"供给学派"与"需求学派"，站在人类经济学理论的最前锋，从过剩性危机的产生源头着手，从而给当代世界的经济学，特别是马克思主义政治经济学，在经济治理思想上做出了新贡献。

如上所述，需求学派与供给学派的共同缺点是将过剩性危机的产生原因归结为流通、分配和消费领域的流量问题。而马克思主义主张生产决定分配和消费，其导致社会经济发展不平衡不充分的过剩性问题，表现在需求侧与流通领域，而产生根源则是在供给侧结构——社会生产领域。正是生产领域中资本的盲目扩张导致供给侧与需求侧的矛盾。因此要克服过剩性危机，必须使供给侧的产业结构的发展不能仅仅被资本增殖的扩张动力所驱使，而要将资本扩张动力纳入社会经济发展的客观需要之中——纳入人民对美好生活的向往、社会生产力的新发展方向和国家综合实力的发展的客观需要之中。因此，要为适应这种需要而进行产业结构的改革与建设，从源头上消除过剩性危机的产生根源。这种基于马克思主义原理，对社会经济治理思想的新贡献，表现为供给侧结构性改革在经济思想上的一系列本质特征，它们形成了与供给学派和需求学派在思想特征上的本质区别。

其一是价值导向上的本质特征及其与西方经济学的本质区别。西方经济学以资本为中心。需求学派的方案是通过增加政府财政支出来增加社会购买力以消除资本由于追求自身积累而生产出的过剩产品。虽然由此提出的福利政策短期内和表面上有利于人民，但增加的财政支出最终还是由人民来支付，因而归根到底是给资本解困。供给学派更直截了当地通过对高收入者减税、通过资产证券化直接使资本家发财，由此增加投资以增加就业。虽然如此扩大就业也能给工人带来好处，但只要这种扩张是由资本追求自身增殖的方式进行的，那么所产生的剩余价值绝大部分将转化为资本积累，而不是工人收入，即资本积累的速度一定会超过工人收入的增长速度，从而更有利于资本家。其结果是全社会的贫富两极分化更趋严重。正如经济学家海尔布罗纳所说："对资本主义制度本身性质的坚定信念是供给学派所有治疗方法的根本。"[1] 可见，无论是需求学派还是供给学派，其根本缺陷正是以资本为中心，以满足资本扩张需要作为其政策出发点，其短期内带给劳动人民的好处只是服务于资本运行需要的手段。

供给侧结构性改革则是"以人民为中心"。习近平总书记明确指出："从政治经济学的角度看，供给侧结构性改革的根本，是使我国供给能力更好满足广大人民日益增长、不断升级和个性化的物质文化和生态环境需要，从而实现社会主义生产目的。"[2] 他一再重申，人民对美好生活的向往就是我们的奋斗目标。这是符合历史发展总方向的价值取向，因为人类历史归根结底是由人民为了自身的生存和发展而创造的，不管遇到怎样的阻碍，这一目标最终必将在科学地利用客观规律的基础上得到实现，由此决定了历史前进的总方向。正是在这一价值灵魂的引导下，才会设计出一系列从源头着手的改革政策：无论是"三去一降一补"，还是"精准扶贫""绿水青山就是金山银山"，再到"共同建构人类命运共同体"，都是从供给侧源头上贯彻这一价值灵魂。

其二是经济发展理念上的本质特征及其与西方经济学的本质差异。马克思深刻地指出："生产剩余价值或赚钱，是这个（资本主义）生产方式的绝对规律。"[3] 正因如此，"资本主义生产的目的是资本增殖，就是说，是占有剩余劳动，生产剩余价值，利润"[4]，而不是生产使用价值。生产产品的使用价值只是资本为获取利润而不得不采取的手段。供给学派正是以资本为中心，创造一切条件增加资本的利润；而供给侧结构性改革所追求的生产目的

---

① 《现代国外经济学论文选》第 17 辑，商务印书馆，1997，第 77 页。

② 习近平：《在省部级主要领导干部学习贯彻党的十八届五中全会精神专题研讨班上的讲话》，《习近平谈治国理政》第 2 卷，外文出版社，2017，第 252 页。

③ 《马克思恩格斯文集》第 5 卷，人民出版社，2009，第 714 页。

④ 《马克思恩格斯文集》第 7 卷，人民出版社，2009，第 280 页。

恰恰是满足人民需要的使用价值，满足人民对美好生活的向往，所遵循的是"创新、协调、绿色、开放、共享"这五大新发展理念。"创新"是中国特色社会主义经济建设的驱动轮，如果没有创新，那么就只有经济上量的扩张而没有高质量发展。必须克服资本只顾眼前利益而不愿创新、宁愿依赖国外创新成果而不愿自主研发的倾向，这就要求我们在充分利用资本逐利性的同时，将资本扩张引入"以人民为中心"的轨道。"协调"是充分发挥社会主义制度优势，采取城乡联动、地区联动、行业联动，引导富裕地区与盈利状况好的企业帮扶贫穷地区，进行资本、技术、产业建设上的供给侧造血性扶贫，克服由资本造成的社会差距扩大的趋势。"绿色"是指避免资本在追求自身扩张的过程中造成的资源枯竭与环境污染，引导资本进行生态产业的发展，实践"绿水青山就是金山银山"的发展理念。"开放"是中国现代化的必由之路。"共享"最充分地体现了"以人民为中心"的社会主义价值目标，引导人们利用社会主义制度动员和协调全社会资源的强大能力，建设全体人民共享的公共基础设施和生态环境，尽可能以"租"代"售"，用轮流共享的"使用观"代替个人独享的"占有观"，实现产品使用价值最充分的发挥。总而言之，在供给侧结构性改革中始终贯穿新发展理念，以建设社会与人民需要的使用价值，而不仅仅追求利润。利润只是扩大再生产的手段，而非目的。

其三是政策目标上的本质特征及其与西方经济学的本质差异。供给学派的政策目标是给资本扩张创造自由放任的经济环境，在经济总量上的目标是力图降低对资本的税收，减少政府对公共产品的投资和社会福利。而它的政策目标在结构上的表现则是私有化，使经济活动尽可能由资本自身利益来决定，反对政府制定产业政策。而供给侧结构性改革所要达到的政策目标，则是为了解决人民日益增长的美好生活需要和不平衡不充分的发展之间的矛盾。为此必须制定和实施产业政策，实现从高速增长向高质量发展的转变，建立高质量发展的经济体制与产业结构。这就要求"转变发展方式、优化经济结构、转换增长动力"。[①]

其四是制度基础的本质特征及其与西方经济学的本质差异。在西方资本主义社会，尽管政府由多党制民主条件下的人民投票产生，但是其候选人完

---

① 习近平：《决胜全面建成小康社会　夺取新时代中国特色社会主义伟大胜利——在中国共产党第十九次全国代表大会上的报告》，《求是》2017 年第 21 期。

全由作为各政党的"金主"的垄断资产阶级集团选定，人民只能在代表垄断资产阶级利益的候选人之间进行选择，所谓"民意"只是获取选票的手段。这就决定了无论是需求学派还是供给学派，其政策首先是满足资本的需求，兼顾民众的呼声只是获取选票的手段与代价。只有在社会主义政治制度下，由代表劳动人民利益的政党的坚强领导，才有实行供给侧结构性改革的可能。离开党的领导和社会主义制度，"以人民为中心"便是空话，供给侧结构性改革也就沦为空谈。

其五是在供求关系上的本质特征及其与西方经济学的本质区别。生产决定流通和消费，生产（供给）是供求矛盾的主要方面、决定性方面。需求侧当然十分重要，因为人民日益增长的美好生活需要正是供给侧结构性改革的目的和动力。但需求侧的发展不是人为创造的，而是由一定社会生产条件下人们对使用价值的实际需要自然生成的。因此必须抓住供求关系的根本，不断进行供给侧结构性改革，来适应和促进需求侧的发展变化，这与西方经济学具有本质区别。需求学派通过政府的财政支出、供给学派通过市场的金融创新，都是旨在通过增加流动货币来应对过剩性危机，因此必须适度。一旦增加的货币流量超出社会对使用价值的实际需求，大量货币便会流向房市和股市，助长投机性金融泡沫，酿成金融危机。习近平总书记清楚地指出："在适度扩大总需求的同时，着力加强供给侧结构性改革，着力提高供给体系质量和效率，增强经济持续增长动力，推动我国社会生产力水平实现整体跃升。"[1] 这是对供给与需求的辩证关系的原创性思想贡献。

以上所述的供给侧结构性改革在经济思想上的新贡献，说到底，是真正从产生经济过剩的供给侧源头上，运用以人民为中心的社会主义力量来克服资本盲目扩张积累带来的弊端，由此制定的经济政策抓住了产生过剩、产生经济发展不平衡不充分的根本原因。

三　"供给侧结构性改革"在政策上的新贡献及其与西方经济学政策的根本区别

供给侧结构性改革在社会经济治理思想上的新贡献必然决定了政策上的

新贡献。这包括以下几个方面。

其一，通过"三去"消除过剩，从而将可能发生的经济危机消除在萌芽状态。无论供给学派还是需求学派，至多只是从经济流量上进行宏观经济调控，或者使社会所有制结构私有化，因而不可能提出对市场过剩现象进行深度干预。而供给侧结构性改革则是在社会主义市场经济条件下，通过使市场在资源配置中起决定性作用和更好发挥政府作用，克服资本盲目扩张带来的过剩。这就要求在供给侧结构上进行"三去"：一是对于已经产出的过剩产品"去库存"，以防止库存不断积累导致的资金链断裂和浪费；二是对于超过市场需求的生产能力要"去产能"，以避免不断产生新的过剩库存；三是对于未来可能面临产能过剩的行业，在投资上要"去杠杆"，即防止用过高的杠杆率向金融系统融资，因为这将导致新的产能过剩和资金链断裂。通过"三去"的艰苦努力，把《资本论》所揭示的过剩性经济危机消除在萌芽状态，使整个经济系统能够健康运行。

"三去"是对整个产业结构进行的大规模的、深入产业结构内部的调整，只有在社会主义制度下才能实现。党对经济工作的领导，公有制的主体地位是这种改革能够获得成功的关键。这是因为过剩产能的主体——资本自身是不可能自愿"去产能"的。为了应付债权人，这类企业很可能选择负债打价格战而勉强经营下去。而那些拖欠银行贷款的企业，一旦被"去产能"，银行的贷款就会立刻成为呆账坏账，所以银行宁愿其勉强经营下去也不愿其破产倒闭，结果是潜在的呆账坏账越来越大。那些具有严重污染源的企业，在解决地方民众就业和税收上具有一定的作用，会得到各种社会关系网的保护。为了获得高额利润，过剩的资本总有冒着高杠杆率进行投资的冲动。所有这些资本的自发因素，都会导致"三去"政策遇到强大的阻力。所以，"三去"政策的价值导向必须以人民为中心，政策目标必须是实现高质量发展，这些都是与资本自身的意志相悖的。因此，在资本主义制度下不可能进行这种改革。只有在社会主义制度下，政府才有深度干预产业结构改革的能力而实现"三去"。总之，"三去"的目的是充分利用社会主义制度的优越性，克服资本在发展中引发的不平衡不充分的问题，实现高质量发展。

其二，通过"一降一补"引导投资方向，以提高资本的投资质量和竞争力，充分发挥资本的动力作用。供给学派的核心政策是减税，其会带来政府财政困难和人民福利减少等一系列问题。而供给侧结构性改革的"一降"

的内容则远为丰富、精准与深入。就税收而言，供给侧结构性改革并非简单地减税，而是针对不同类型的企业制定不同的税收政策，通过"降成本"与"减负担"，形成促进高质量发展的税收结构①。此外，还包括优化政府管理，提供更好的公共服务，降低企业交易成本，促进产业结构优化。"一补"即补产业结构中的短板，这同样是只注重流通领域的供给学派和需求学派不可能实行的政策。只有在社会主义市场经济条件下，才能充分发挥制度优势，集中力量攻克难关，弥补那些制约整个供给侧发展的短板，强壮整个经济的供给能力，提高产业结构品质。在与美国的贸易摩擦中，我们深切理解了供给侧短板对于整个经济发展的制约作用。各部门要对产业结构进行筛查以发现短板，组织力量攻克难关，务必使"卡脖子"的短板成为强项。

"三去一降一补"既做减法，也做加法，由此形成的有机整体，其政策总目标是优化产业结构，培育和发展新的产业集群，破除各类要素流动壁垒，提高金融体系服务实体经济能力，最终目标是满足人民不断增长的对美好生活的需求。每一项具体措施必须瞄准产业结构改革的整体目标，这才是供给侧结构性改革的真谛。

其三，发展教育与科技创新。通过发展教育培训提高劳动力供给质量，通过创新驱动提高科学技术供给比重，建构高质量供给侧结构，是供给侧结构性改革的重要内容。改革我国的教育和培训体制，提升全社会的劳动者素质，是供给侧结构性改革的重要任务。与此相应，通过一系列政策举措鼓励科技创新，进一步提高科技供给在整个供给侧结构中的占比，是供给侧结构性改革政策的核心。而教育的改革和科技创新的需要，必然涉及我国的教育体制和社会收入分配机制。如何确保每个公民都能平等地接受教育，同时又要发挥教育和科技创新上的竞争机制，以培养高质量的劳动者，这已经远远超出西方供给学派与需要学派所能到达的政策空间。

其四，通过高水平公共基础设施建设，筑牢供给侧结构的基础。供给学派反对政府进行大规模基础设施建设，而凯恩斯需求学派虽然也主张通过政府兴建公共工程来扩大有效需求，但其目的只是增加社会的需求流量，而不是建设和改造供给侧结构。而供给侧结构性改革高度重视基础设备建设，是

---

① 刘谦、裴小革：《供给学派经济学与供给侧结构性改革辨析》，《学习与探索》2017 年第 2 期。

旨在营造全社会所有企业的共同的经营环境和人民的生活环境，从而打造全社会供给侧结构的基础。如何进一步提高产业结构的水平和质量是供给侧结构性改革面临的重要任务。

其五，通过金融改革提升高质量供给侧结构的融资能力。金融改革是供给侧结构性改革的重要内容，因为资金供给与金融支持是供给侧结构建设的极其重要的前提条件。资本主义金融是为金融资本服务的，由此造成了金融资本与产业资本的矛盾，同时也产生了金融资本与广大人民的矛盾。供给学派主张金融资本以通过资产证券化的"金融创新"来创造流动性，这本身虽然具有一定的合理性，但这种政策措施在资本主义条件下，演变成垄断资本投机工具，它以搜刮民脂民膏为中心，最后必然导致人民的贫困和整个经济体的金融危机。2008年金融危机便是最鲜明的例证。据维基解密提供的材料，希拉里在高盛的秘密演讲中声称："是你们的金融创新，你们的投机工具，使得我们拥有不用流汗不用奋斗就能创造价值的方式，而赋予我们竞争优势。正是这种愿景，这种技术创新，这种金融魔法，使得美国伟大和强大。"[①] 这段话说出了金融资本的真相，其中唯一的错误是用词错误——把"搜刮民脂民膏"说成是"创造价值"。我国的供给侧结构性改革中对金融供给的改革，其根本目的是服务实体经济，解决中小企业特别是具有发展前景的创新企业的融资难的问题，创建中国特色社会主义的新型金融体系。

其六，精准扶贫脱贫是供给侧结构性改革政策的重要内容。与相对简单的社会福利化完全不同，我们的精准扶贫脱贫是进行贫困地区的供给侧结构性改革，目标是提高其生产力水平，改善其基础设施条件，改造和提升其产业结构，提高劳动者素质与劳动技能，从而增强其造血功能。只有通过贫困地区的供给侧结构性改革，才能使其脱贫之后不再返贫。

以上仅仅是供给侧结构性改革的部分内容。对整个社会经济体系的供给侧的改革必将在实践中不断发展和丰富，不断开拓其新的内涵，不断塑造和创造我国新时代社会主义市场经济的新型结构。这是对社会主义政治经济学的实践的新贡献。它的丰富性是西方经济学供给学派与需求学派的政策所不能比拟的。

---

① 郭倩：《维基解密公布希拉里高盛内部演讲的所有内容》，新华社，http：//www. xinhuanet. com/world/2016－10/17/c_ 129324302. htm，2016年10月17日。

四　"供给侧结构性改革"对马克思主义政治经济学的理论和实践的继承与创新

上述新贡献是习近平总书记将马克思主义政治经济学原理与中国特色社会主义新时代的伟大实践相结合的产物，是对马克思主义政治经济学理论与实践的继承与创新。2012 年 6 月 19 日他指出："马克思主义中国化形成了毛泽东思想和中国特色社会主义理论体系两大理论成果，追本溯源，这两大理论成果都是在马克思主义经典理论指导之下取得的。《资本论》作为最重要的马克思主义经典著作之一，经受了时间和实践的检验，始终闪耀着真理的光芒。"[①] 在党的十九大召开前夕，他在中央政治局第 43 次集体学习时指出："在人类思想史上，就科学性、真理性、影响力、传播面而言，没有一种思想理论能达到马克思主义的高度，也没有一种学说能像马克思主义那样对世界产生了如此巨大的影响。"[②]

正是对《资本论》的深入理解，并且在实践中不断创新，习近平总书记面对错综复杂的国内外经济形势，提出了博大精深的习近平新时代中国特色社会主义经济思想。供给侧结构性改革是其中浓墨重彩的一笔。它所做出的新贡献，是对马克思主义的继承与创新。

这种理论与实践创新，是对《资本论》"以人民为中心"的思想的继承和发展。"供给侧结构性改革"的主要功能是解决新时代社会主要矛盾——人民日益增长的美好生活需要和不平衡不充分的发展之间的矛盾，把我国经济从高速度发展提升到高质量发展，实现国家富强、人民幸福的中国梦。

这种理论与实践的创新，是对《共产党宣言》和《资本论》既充分肯定资本和市场对发展生产力的积极作用，又批判和克服资本主义市场经济面临的危机的思想的继承和发展。这就要求社会主义市场经济必须正确处理政府与市场的关系，既要充分发挥市场在资源配置中的决定作用，又要更好地发挥政府的作用。通过政府一系列的"放、管、服"的制度创新，建立起政府与市场相结合的一系列途径。例如，充分发挥社会主义制度的优越性，

---

① 《习近平同志视察中国人民大学〈资本论〉教学与研究中心》，《政治经济学评论》2012 年第 3 期。

② 习近平：《深刻认识马克思主义时代意义和现实意义　继续推进马克思主义中国化时代化大众化》，《人民日报》2017 年 9 月 30 日。

对污染大、能耗高的低水平企业进行"去产能"管理，同时补上生态产业、企业升级的一系列短板，解决在改革过程中产生的失业问题、产权问题等一系列问题。这些都是对《资本论》思想的伟大继承与发展。

这种理论与实践的创新，是对马克思主义关于社会经济制度理论的继承与创新。《资本论》等马克思主义经典著作指出了生产的社会化和生产资料的私人占有制之间的矛盾是资本主义基本矛盾，这一基本矛盾必然产生资本主义的一系列危机。而供给侧结构性改革的经济制度基础是以公有制为主体、多种所有制经济共同发展，按劳分配为主体、多种分配方式并存，社会主义市场经济体制等社会主义基本经济制度。这一制度"既体现了社会主义制度优越性，又同我国社会主义初级阶段社会生产力发展水平相适应，是党和人民的伟大创造"①。在供给侧结构性改革中坚持"两个毫不动摇"，既要做强做大国有经济，也要大力发展民营企业，二者有机结合，用体现社会主义制度优越性的大型国有企业带动广大的中小民营企业，形成我们民族经济的命运共同体，构建我国特有的、人类历史上的新型供给侧结构，形成我国社会主义经济结构的基本特征。

这种理论与实践的创新，是对《资本论》关于过剩性危机的产生机理的思想的继承与创新，始终抓住产生市场经济内在矛盾的源头与矛盾的主要方面。在社会主义市场经济条件下，也产生了新时代我国社会的主要矛盾——人民日益增长的美好生活需要和不平衡不充分的发展之间的矛盾。而解决矛盾必须抓住矛盾的产生源头——供给侧结构问题，努力用市场和政府二者相结合的力量，来创造符合人民对美好生活的追求的需求结构的供给结构。

这种理论与实践的创新，是对马克思主义经典作家关于社会经济发展方向的理念的继承与创新。《资本论》指出了资本主义生产的目的只是生产和占有剩余价值，而不是生产人类生存与发展所需要的使用价值，后者只是前者的手段，由此造成了资本主义生产发展方向上的错误及其带来的经济危机、生态危机与人的发展危机。供给侧结构性改革以人民为中心，贯彻"创新、协调、绿色、开放、共享"的新发展理念，从发展方向上避免过剩危机的发生。

总之，习近平总书记提出的"供给侧结构性改革"是以当代中国与世

---

① 《中国共产党第十九届中央委员会第四次全体会议公报》，《人民日报》2019 年 11 月 1 日，第 1 版。

界的经济发展的实践为基础，站在马克思主义的立场上，提出的适应新时代中国社会主义市场经济发展的改革思想和举措，由此对当代经济学的理论与实践，特别是对马克思主义的理论与实践做出了新贡献。

原载《马克思主义研究》2020 年第 2 期，收入本书时有改动。

作者单位：上海财经大学，上海市习近平新时代中国特色社会主义思想研究中心

中国社会阶层结构变迁与财富观
嬗变的经济哲学分析

卜祥记　李　娜

立足于经济哲学的理论视域，去探讨中国社会阶层结构变迁与财富观嬗变的内在关联，就是以马克思的唯物史观为指导，从经济哲学的理论视角出发，借助社会阶层结构变迁理论，紧紧围绕中国社会阶层结构变迁与财富观嬗变的内在互动机制，呈现改革开放前后财富观嬗变的社会动力机制、历史进步寓意及其承载的社会责任、公平意识、人格品质、道德秉性、价值目标、体制约束以及发生现实扭曲的深层根源，以期为面向未来的财富观的形塑与重构提供具有可操作性的基本路径。这一现实性的任务与目的本质性地规定了它赖以展开的理论前提、由这一理论前提决定了的基本思路以及作为这一基本思路之展开的基本观点。

一　社会阶层结构变迁与财富观嬗变之关联性
分析的理论前提与基本思路

社会阶层结构从本质上说就是特定的利益关系与利益格局，财富观则是基于特定利益关系和利益格局而形成的对财富的创造、财富的分配、财富占有的均衡度、财富的本质与财富的象征和意义等问题的基本看法。因此，对中国社会阶层结构变迁与财富观嬗变之内在关联的分析，就必须紧紧把握住利益关系和利益格局这一核心要素。同时，我们还必须看到，在全部利益关系和利益格局中，发挥主导性作用的是物质利益关系和物质利益格局。正是物质利益关系与物质利益格局决定了政治、文化等一系列利益关系和利益格局。但是，我们又绝不可以因为物质利益和物质利益格局的主导性作用，而忽视政治与文化等利益关系和利益格局在社会阶层结构变迁和财富观嬗变中的重要地位。这就意味着当我们去探讨中国社会阶层结构变迁与财富观嬗变的内在关联时，既要坚持马克思主义唯物史观的基本理论立场，并把这一基本立场凝练为马克思主义经济哲学的理论分析范式，又要合理吸收现代社会阶层结构变迁理论的研究成果。据此，对中国社会阶层结构变迁与财富观嬗变之内在关联的研究，必须遵循以下基本理论前提。

1. 社会阶层结构变迁与财富观嬗变之关联性分析的理论前提

①唯物史观是分析社会阶层结构变迁与财富观嬗变的根本理论基石。社会阶层结构变迁从根本上说是生产方式变革的结果，财富观的秘密存在于生产方式之中。唯物史观是开启社会阶层结构变迁和财富观嬗变之锁的钥匙。②经济哲学是揭示社会阶层结构变迁与中国人财富观嬗变内在机制的直接理论前提。社会阶层结构变迁根源于经济利益关系的变动，财富观的嬗变根源于经济利益格局的调整。经济哲学从作为直接驱动力的经济利益关系出发，对经济结构、社会结构、政治结构、观念结构等社会整体运行机制的分析模式，是呈现社会阶层结构变迁与财富观嬗变内在机制的直接理论前提。换言之，经济哲学的理论视域是贯通唯物史观与财富观嬗变的根本理论中介。财富观的嬗变与重塑有着经济学、文化学、社会学、政治学、哲学、伦理学等多重分析路径，但经济哲学具有独特的理论优势，它从唯物史观的生产方式与社会形态理论出发，经由物质利益原则、利益主体多元化、社会结构演进机制等理论中介向社会阶层结构变迁理论过渡，并最终通达本质上由利益关系和利益格局决定并反制特定社会阶层结构变迁的财富观问题。③现代社会阶层结构变迁理论是把握财富观嬗变的直观理论坐标。现代阶层结构变迁理论既看到了物质利益关系和格局的变动在社会阶层结构变迁中的重要地位，又同时关注到非物质利益因素在阶层结构形成、划分和测量中的意义，甚至有些现代社会分层理论直接把与物质利益关系存在直接或间接关系的政治、文化、社会声望等因素作为阶层划分与测量的主导性标准。当我们面对当代中国特色社会主义社会的阶层结构变迁这一特殊研究对象，并以社会阶层结构的改良而非革命作为中国社会阶层结构分析的根本宗旨时，现代社会分层理论的现实合理性立刻呈现出来。因此，我们看到国内社会阶层结构的当代划分与测量大多以与

物质利益直接相关或间接相关的职业、文化等因素作为主要依据。据此，我们把现代社会阶层结构变迁理论视作把握财富观嬗变的直观理论坐标。这就意味着，马克思主义唯物史观的理论立场和分析方法是我们的根本理论前提，作为唯物史观与当代社会阶层结构变迁与财富观嬗变分析之理论中介的经济哲学是揭示社会阶层结构变迁与中国人财富观嬗变内在机制的直接理论前提，而现代社会阶层结构变迁理论则是把握财富观嬗变的直观理论坐标。在这一直观性的理论坐标中，我们可以看到：完整意义上的利益格局——不只是物质利益格局——的变动直接表现为社会阶层结构的变迁，而财富观的嬗变不仅直接是在一定时期的社会阶层结构变迁中生成的，而且直接是一定社会阶层结构变迁的反映。

2. 社会阶层结构变迁与财富观嬗变之关联性分析的切入点

当我们在一般意义上追问国人财富观念的变化与社会阶层结构变迁之间有何内在关联时，它们之间的关联并不是显而易见的；同时，即使我们把利益驱动机制化、利益主体多元化、利益观念世俗化等利益分析机制引入进来，财富观念的变化与社会阶层结构之间的内在关联也无法直接呈现出来。但是，如果我们换一个讨论问题的切入点，即从国人财富观的冲突和扭曲现象入手，并从国人财富观发生冲突和扭曲的根源展开分析，那就很容易看到它与财富总量的增长与财富差距的不断扩大、利益格局的调整与利益群体的分化、利益集团的形成与利益格局的固化以及阶层结构流动性的缺失和阶层结构的固化等，有着直接性的关联。就此而言，我们不仅抓住了一个突出的社会现象和社会问题，而且把对财富观嬗变之根源的分析，以利益关系结构变动为中介，决定性地引向对社会阶层结构变迁的分析，从而在社会阶层结构变迁与财富观嬗变之间建构起一种内在关联机制。换言之，如果说当代国人财富观念的冲突和扭曲之发生的现实性根源不仅在于经济体制的变动，更在于由这一变动而生成的利益格局的调整以及由此而引发的阶层结构的变迁；如果说当代国人财富观念的冲突和扭曲之发生的思想性根源不仅在于欲望支配世界与消费主义、经济个人主义与利己主义和价值通约主义与财富拜物教，而且这些思想性的根源本身就植根于经济体制改革以及随之而来的利益格局变化和阶层结构的固化，那么它就必然会启发和引导我们把对国人财富观念之嬗变根源的分析，从直观性的经济体制改革和一般性思想根源的分析深入对阶层结构变迁的分析，深入对作为阶层结构变迁之本质关系，即对利益格局变迁的分析。就此而言，对当下国民财富观冲突和扭曲现象之根源的分析，就成为一个重要的切入点。对作为国民财富观念嬗变之极端形式的财富观冲突与扭曲之根源的分析，引导我们在国人财富观的嬗变与社会阶层结构变迁之间建立起某种必然性关联。换言之，如果说当下国人财富观的冲突与扭曲现象根源于利益关系变化导致的社会阶层结构变化，根源于在这一过程中发生的利益关系和阶层结构的固化，那在一般意义上对国人财富观念之嬗变的分析，也必然要追溯到对社会利益关系变动和由此而形成的社会阶层结构变迁。

二　社会阶层变迁与财富观嬗变的内在关联机制

1. 划分社会阶层和分析社会阶层变迁的基本标准

对社会阶层变迁的分析必须以社会分层为前提，而不同的社会分层理论在社会阶层的划分标准和理论逻辑等方面均存在一定的差异性。一般而言，对社会阶层划分依据的标准无外乎经济、政治、文化、社会等因素。

第一，就经济因素而言，马克思依据经济因素对社会阶级结构的分析是最具开创性和代表性的。韦伯最早提出了多元社会分层理论，把法律秩序、经济秩序和社会秩序作为社会阶层结构的多元标准，对后来的社会学理论影响甚大。但是，必须注意的是，韦伯对经济因素同样给予了高度关注，并对吉登斯和戈德索普具有直接影响。第二，韦伯的多元社会分层理论最早关注到权力分层问题；达伦多夫甚至把政治因素作为社会阶层结构分析的主要因素，而把经济地位的不平等作为政治权力不平等的特殊表现形式；普兰查斯认为，社会阶层结构并非经济因素单一作用的结构，而是经济与政治和意识形态多种因素共同作用的结果，并赋予政治因素以首要地位。第三，在1899 年的《有闲阶级论》一书中，凡勃伦最早以文化因素为切入点分析了阶级阶层的差异性以及这种差异性在日常生活、服装、宗教信仰、礼仪规范、生活品位和教养等方面的具体表现。布迪厄依据经济资本、文化资本和社会资本的划分，把由文化资本熏陶而成的"惯习"作为社会阶层划分的重要依据。第四，以社会资本划分社会阶层的分析路向当首推《美国社会阶级》的著者沃纳，布迪厄和科尔曼等人也从社会资本的视角系统了分析了社会资本对社会阶层结构的影响。在他们看来，所谓社会资本实际上就是特定的社会结构关系，而这种关系实际上意味着一定的社会资源，是"实

际的或潜在的资源的集合体"①，"社会资本是生产性的……社会资本存在于
人际关系的结构之中"②。第五，社会声望也被作为社会分层分析的因素之
一。社会声望既是一个人在一定社会分层中的社会地位，更是其他社会成员
对其社会地位的主观认可和价值评价。马克斯·韦伯最早分析了社会声望对
社会阶层地位的影响，沃纳与伦特运用这一主观分层理念，借助社区居民的
主观评价，分析了美国社区居民的社会阶层结构。帕森斯认为，人的主观评
价标准与社会认可标准共同决定了特定社会群体在社会阶层结构中所处的位
置，而经济地位的不平等只不过是主观因素导致的社会不平等在经济领域的
具体反映。在通过数学统计发现社会声望与经济地位存在不一致性的基础
上，特雷曼也主张引入社会声望分析维度，全面把握社会阶层结构分析。第
六，基于对人力资本与社会资本的细致区分，科尔曼、舒尔茨、贝克尔等着
重分析了人力资本——包括个人综合素质、专业性技能和服务社会的能力等
后致性（非先赋性因素）因素，对个人社会阶层地位的影响以及对社会分
层的影响。

2. 物质利益关系依然是划分中国社会阶层结构的根本标准

不论是经济、政治与文化因素，还是社会资本、社会声望和人力资本
等，它们实际上都是一定的利益关系。不同学者会赋予这种利益关系以不同
的内涵，从而表现为不同的社会分层标准和不同的社会阶层划分。但是，其
中最核心的并发挥决定性作用的仍然是物质利益关系。当韦伯提出多元社会
分层标准时，他敏锐地关注到政治、文化和身份声望等因素对于社会阶层形
成与划分的影响力，但他不仅没有排除经济因素，而且还非常重视经济因素
的重要性，把财产、收入和市场机会作为社会分层的主要依据。达伦多夫、
普兰查斯把政治权力结构作为分析社会阶层结构形成与划分的依据，但当我
们进一步追问政治权力结构不平等的根源时，它依然要被引向对作为基础性
和决定性因素的经济因素分析。因此，达伦多夫、普兰查斯的社会阶层分析
理论绝不可以理解为对马克思阶级阶层分析理论的颠覆，它的理论意义只在
于对后者的推进和补充。由凡勃伦开启并由布迪厄推进的文化分析路向为我
们提供了社会阶层分析的另一种理论范式，它以个人品位和惯习划分社会阶
层。然而，在一定的个人品位和惯习究竟是如何形成的这个至关重要的问题

---

① 包亚明：《文化资本与社会炼金术》，上海人民出版社，1997，第202页。
② 〔美〕科尔曼：《社会理论的基础》，邓方译，社会科学文献出版社，1999，第254页。

上，除了家族渊源等先赋性因素外，根本性的决定因素依然是一定的最低程度的经济地位和经济能力；而且，作为家族渊源之类的先赋性因素等，它本身就是在历史上曾经拥有的经济地位和经济能力基础上形成的；同时，这样一种文化性维度的社会阶层分析，更多地仅仅适用于某些独特的社会群体和个人，因而并不具有普遍性的意义。即使这种分析方法具有某种程度上的普遍性，它也大多只适用于发达社会。就社会资本而言，一定社会结构中的社会关系之所以被称为资本，它本身就意味着经济性的内涵；正是由于这一点，他们才可以把社会资本看作是获取其他经济利益的手段。但是，当我们进而追问作为社会资本的一定社会关系的形成根源时，其中最具决定性的因素依然是经济地位和经济权力。同样，对于社会声望和身份地位而言，作为一定的价值评价和主观认可，其中的影响因素虽然是多样化的，因而并不完全是由现有的经济因素决定的，但制约价值评价和主观认可的所有非经济因素，也无不都可以而且也必须追溯到既往的经济性因素中。

把物质利益关系作为划分中国社会阶层结构的根本标准，这也是我们分析当下中国社会阶层结构及其变动以及它与财富观嬗变之内在关系的基本原则。只有奠基于这一基本原则之上，我们才能正确对待政治资源、文化资源在当下中国社会阶层结构划分中的恰当地位及其对国人财富观的内在影响。因此，当我们看到陆学艺先生采取涂尔干的职业分层标准对中国社会结构的十大阶层进行分析时，这样的分析不仅不是违背唯物史观原则的，而且恰恰是对唯物史观原则在当下中国社会阶层结构分析中的灵活应用。这样的分析同样也有助于我们探讨阶层结构与财富观之间的内在关联机制，即对这一内在关联机制的分析既要坚持马克思主义的物质利益原则，同时也要考虑物质利益因素之外的其他政治、文化因素。这就意味着，我们据以划分社会阶层结构的众多因素实际上不过是不同形式的利益因素，而所有这些利益因素都以物质利益为基础，不过是物质利益因素的直接或间接的存在形式；而就作为其根本基础的物质利益因素而言，又从根本上表现为对一定生产资料的占有以及由此所决定的财富分配状况。这是我们把握社会阶层结构变迁及其与相应财富观嬗变之内在关联机制的根本点。就此而言，马克思据以划分社会阶级与基层的唯物史观标准，依然具有重要的宏观性指导意义。

3. 以物质利益关系为基础的社会阶层变迁与财富观嬗变之关联的不同类型

在一般的意义上，对社会阶层变迁与财富观嬗变之内在关联的分析，主要包含两个层面或两个角度，即社会阶层结构的整体性变迁与社会整体性财富观之间的内在关联以及一定社会阶层的流动是如何影响阶层财富观的嬗变的。当然，这里可能还包含着就社会个体而言的另外一种情况，即个体归属于其中的社会阶层并没有发生明显变化，但他的财富观念却可能发生某种变化。问题层次的如此细化，与我们对财富观类型的分类有关。在我们看来，依据不同的标准，我们大致可以把财富观划分为物质财富观与精神财富观、主流财富观与非主流财富观、整合性财富观与冲突性财富观、整体性财富观与阶层性财富观等。

首先，就社会阶层结构的整体性变迁与社会性财富观的嬗变而言，它所表达的乃是随着主导性或整体性的社会阶层结构的变化，与原有主导性或整体性社会阶层结构相适应的整体性或主流性财富观也会发生相应的变化。比如，随着中国社会阶层结构由"差序格局"的农业社会结构向"士农工商"的"四民"社会结构的历史性变迁，中国社会的整体性或主流性财富观也相应地体现为由安贫乐道的财富观向安贫乐道的传统财富观与近代工业化社会的资本化财富观二元并存格局的历史性变化。这一分析角度的优点在于它可以直接凸显出社会阶层结构的历时性变迁与财富观嬗变之间的宏观性内在关联，并且其内在关联机制与唯物史观的基本理论立场具有高度一致性。

正是在这种高度一致性中，我们就可以很清楚地呈现出社会阶层结构变迁与财富观嬗变之间的内在关联机制，而构成这一内在机制的主要因素就是利益关系——主要是物质利益关系。换言之，当我们在宏观意义上去呈现社会阶层结构的整体性变迁与整体性财富观嬗变之间的内在关系时，我们只能从生产方式变革的角度去分析社会阶层结构的变化，并把这一变化本质性地归于利益关系变化的结果，并据此描述作为这一利益关系之观念表达的财富观的整体性嬗变。因此，把社会阶层结构的整体性变迁与整体性财富观嬗变内在关联起来的因素，乃是利益关系的变动和利益格局的调整。这就意味着，一方面，社会阶层结构本质上不过是某种形式上的利益格局，而财富观则是对一定利益格局的基本看法；另一方面，社会阶层结构的变迁本质上不过是利益格局的变迁，而财富观的嬗变则是对利益格局之变迁的观念表达，是一定利益格局变迁的必然结果。

其次，就社会阶层结构变迁与阶层财富观嬗变的内在关联机制而言，它所表达的则是当某一社会成员在相邻社会阶层之间发生阶层流动时，他所拥有的与原有社会阶层位置相适应的财富观是否会发生相应的流动；如果存在相应的流动性，其内在机制何在？如果说前一种分析方式是总体性的，这一分析就是具体性的。这种分析维度的优点不仅在于它的微观性与精确性，而且在于它能够更为直接地在社会阶层流动性的缺失与财富观的扭曲之间建立起内在关联性的分析机制。但是，问题在于在相邻社会阶层发生流动的情况下，其财富观是否会、是否立即会或者在多大程度上会发生相应的变化，其内在关联机制何在？按照目前对社会资源的划分状况，大致说来，主要表现为经济资源、政治资源、文化资源、人力资源等。就经济资源而言，它又涵盖了生产资料的占有、财产收入、市场机会等一系列因素。不论我们按照任何一种或几种因素来划分社会阶层，任何一种社会阶层及其相邻社会阶层的流动都是由社会资源的占有以及与之相适应的获利性所决定的。就此而言，随着社会成员在相邻社会阶层之间流动性的发生，其相应的经济、政治或文化地位必然会发生变化；当这样的变化发生后，他对待财富创造、财富分配、财富占有均衡度和财富本质，尤其是对待财富的象征与意义的认知，必然会程度不同的发生相应的变化。在这里出现的乃是一个定性判断。基于这一定性分析与判断，对社会阶层流动与财富观相应变化的定量分析将成为一个艰巨的课题。

再次，当我们面对另一种情况，即个体归属于其中的社会阶层并没有发生明显变化，但他的财富观念却也可以发生某种变化时，这种变化的内在机制何在？实际上，这种情况不过是我们前面所分析的阶层结构变迁与财富观嬗变之内在关联的一种特殊表现。在按照一定标准（如收入标准或职业标准）所设定的阶层结构中，对于处于同一社会阶层的社会成员，如果我们按照另一个子标准对他们进行再分层，比如按照年龄结构或素质教育结构等进行再分层，我们将会看到：同一社会阶层中的不同年龄阶段或不同文化程度的成员，他们对待财富的看法也会有所不同。比如，归属于同一职业阶层的不同年龄段的不同社会成员，在看待财富的象征与意义时，在对待消费和信贷的态度上，就会有不同的看法。然而，这种情况的存在并不与社会阶层的流动与财富观的相应变化冲突，它只不过是这种对应性变化的另一种表达形式。虽然他归属其中的大的社会阶层（比如，职业阶层）并没有发生变化，但随着他的年龄层次或受教育程度的变化，他的财富观念也会发生相应的变化，而造成变化的根源同样也可以追溯到经济性因素或非经济因素的变动。但是，就经济因素与非经济因素之间的关系而言，经济因素依然是发挥决定性作用的制约性因素。毕竟，一定的年龄段或一定的受教育程度，总是与一定的经济收入水平直接相关的。因此，看起来年龄段或受教育程度的变化似乎是一个与经济收入水平无关的独立变量，但实际上它们不仅意味着，而且总是受制于经济收入水平的变化。尤其是，当我们把年龄段的变化与财富观的变化关联起来时，不同年龄段的社会成员的财富观的变化，已经不再是单纯年龄段的变化，而是隐藏在年龄段的变化背后的经济收入水平的变化，正是后者真正影响着他的财富观念的变化。

最后，社会阶层流动性与阶层财富观嬗变之间的内在关联，不仅直接体现在社会阶层流动性与相应财富观嬗变之间的正相关关系上，也不仅体现在阶层结构的差异性与阶层财富观相应差异性的关联性上，而且更突出地表现为社会阶层流动性的缺失与财富观扭曲之间的正相关关系。虽然后者表现为一种极端性状态，但恰恰是这种极端性状态非常鲜明地反映出阶层结构变化与财富观之间的内在性关联，同时也非常鲜明地反映出这种内在性关联的机制性因素——利益关系，而且主要是物质利益关系的固化。如果说对社会阶层流动性与阶层财富观之关联性的分析是一个需要给予细致论证的问题，那么对社会阶层流动性的缺失必然导致财富观扭曲的认定，则几乎是一个可以直观确认的事实。它以截然不同的另一种形式反过来确认了社会阶层流动性与阶层财富观嬗变之间的关联性，而这种关联性当然也集中体现在利益关系中，即社会阶层流动性的缺失本质地表现为利益关系和利益格局的固化，并因此而导致财富观念的扭曲。

三　新中国社会阶层结构变迁与国人财富观的嬗变、扭曲及其矫正路径

基于对社会阶层结构变迁与财富观嬗变之内在关联机制的建构，我们对新中国成立以后社会阶层结构的变迁与财富观嬗变之间的关联性变化，进行阶段性的分析。在阶段性的划分方面，我们采用了学术界具有一定代表性的分段方法，即首先以改革开放为界把新中国成立的 70 年划分为改革开放前后两个大的阶段，并以 20 世纪 90 年代中期为界，把改革开放后的 40 年发展历程划分为前后两个阶段。依据阶层结构本质上不过是一定的利益关系——其中主要是物质利益关系——结构，而财富观正就是一定利益关系和利益格局的观念表达的基本原则，具体分析了中国社会阶层结构变迁与财富观嬗变之间的内在关联，并依据 20 世纪 90 年代中期后所出现的一定程度上

的阶层流动性缺失和利益格局的固化，展示了国人财富观冲突和扭曲现象的发生，从而得出构建面向未来的财富观必须从优化利益格局着手，进而优化社会阶层结构。只有从根本上解构利益集团，实现利益格局流动化，才能建构起充满流动性的社会阶层结构和阶层准入机制，并最终推进、矫正、重塑面向未来的健康财富观。

1. 新中国社会阶层结构变迁与国人财富观的嬗变

历史唯物主义是解码社会分层结构变迁与财富观嬗变的重要原则和方法。作为人类社会存在与发展的基础，财富始终是人类社会发展的主线。什么是财富？人们对于财富有什么样的态度？财富是如何被生产与分配的？财富以何种形式表现出来？财富的真正目的是什么？这些问题构成了财富观的主要内容。从本质上看，财富观具有历史流变性，人类社会发展的不同时期，对于财富的目的、生产、分配、消费等问题的认识呈现出整体性。但从财富观的存在状态看，财富观属于社会意识范畴，其主体具有多样性，不同的个体、群体、组织、阶层的利益需求和满足能力具有明显的差异性。所以，不同群体的财富观也客观地存在矛盾与冲突，而一定社会发展时期的社会阶层结构——这种结构总是一种差异性结构，并且在一定时期表现为阶级结构——总是生成一定时期阶层财富观差异、冲突甚至扭曲的直接现实性根源。正如马克思指出的那样："因此，毫不奇怪，各个世纪的社会意识，尽管形形色色、千差万别，总是在某些共同的形式中运动的，这些形式，这些意识形式，只有当阶级对立完全消失的时候才会完全消失。"① 就此而言，在一个漫长的历史时期，财富观的嬗变、差异和冲突，甚至扭曲现象将长期存在下去。这是一个不争的事实。

大致说来，与自给自足、地域性的小农经济生产方式相适应的，是以宗法群体为本位、以亲属关系为主轴、依据血缘伦理关系来维系的、长期处于封闭均衡状态的"差序格局"的社会结构，由此而形成的乃是以安贫乐道的利益取向、以义取利的价值标准、为富不仁的道德评价、平均主义的理想诉求为基本内涵的中国传统农业社会的财富观。19 至 20 世纪前半期，随着民族工业的诞生和近代工业的起步，中国传统社会阶层结构开始发生错动、变迁与转型，突出表现为物质利益原则的区域性凸显以及由此导致都市化进程扩速与"士农工商"的"四民"社会结构更趋分化和复杂化，从而出现

---

① 《马克思恩格斯文集》第 2 卷，人民出版社，2009，第 51～52 页。

了安贫乐道的传统财富观与近代工业化社会的资本化财富观二元并存的格局。20世纪后半期至改革开放初期，由于极度扩张的国家行政权力下沉、计划经济体制的强制性制度安排和生产生活资料的行政分配机制等从根本上取消了物质利益原则，从物质利益关系格局变动到社会阶层结构变迁，再到财富观嬗变的分析逻辑不再存在，取而代之的是作为阶级阶层结构固化的特定社会结构。在此基础上，国人的财富观以虚无主义和平均主义为突出特征，从而表现为财富就是罪恶、穷与富的差距等同于社会主义与资本主义的对立等政治化扭曲与幻化的财富观。自改革开放以来，随着资本逻辑的彰显和社会阶层结构的急遽变迁，现代财富观进入孕育阶段。中国社会阶层结构变迁进入利益驱动机制化、利益主体多元化、利益观念世俗化的博弈时代，传统的"2＋1"阶级阶层结构已经瓦解，城乡二元结构面临巨大挑战，由此导致一方面，以致富光荣、勤劳致富、以富为荣、诚信谋财、合法致富、绿色财富、合理理财、适度消费、反哺社会、共同富裕等为基本内涵的现代财富观应运而生；另一方面，尤其是20世纪90年代中期以后，随着利益结构的固化和由之而来的阶层流动性缺失，也出现了极端个人主义、拜金主义、消费主义和享乐主义的财富观扭曲以及"炫富""仇富"等社会乱象。

2. 改革开放后期的财富观扭曲现象及其内在根源

财富观的差异、冲突和扭曲现象只是一种社会表象，它不过是一定社会历史时期社会阶层结构的差异、冲突和扭曲的直接表达。只要一个社会存在阶层差异和冲突，就一定会存在与之相适应的财富观差异和冲突。财富观的差异和冲突只不过是阶层差异和冲突在财富观念层面的直接反映。当然，就社会的阶层差异而言，它几乎是一个普遍存在的社会事实；在任何历史时期，都不存在同一性的社会阶层结构；即使在社会历史发展的某个时期，人们对财富的支配和占有采取着平均主义的分配方式和分配格局，也必然会存在依据政治地位、社会声望、劳动分工或职业分工等非经济性因素而来的差异性，并因此表现为不同群体之间的阶层差异。只有当这些不同社会阶层之间的差异性进而表现为分割社会资源的权力，并进而表现为自己对社会资源的占有同时就意味着他人对社会资源的损失时，阶层之间的差异才表现为阶层之间的对立。在这种情况下，不同阶层的财富观也自然而然地表现出相冲突的特征。如果由阶层差异而来的阶层冲突不仅表现为分割社会资源的不公正的权力，而且这种阶层之间的差异还是无法改观的，那就意味着阶层结构固化格局的形成。在这样的情况下，一个社会个体的存在无论怎么勤奋工作都无法改变他自身在社会阶层中的归属地位，即无法实现在相邻社会阶层之间的流动性，以至于阶层身份的地位更多地源自天赋性的承袭因素，那么财富观扭曲现象的发生也就成为一个必然的社会事实。

当然，就中国当下国人财富观的扭曲而言，它还只是局部的偶发性现象。但是，就这一现象已经发生并且在 21 世纪初期不断再现而言，它则已经意味着一个不可否认的事实，即自 20 世纪 90 年代中期以来的社会阶层流动性缺失和社会阶层在一定范围、一定程度上的固化现象已经出现。对于这种基于一定范围、一定程度的阶层流动性缺失和社会阶层固化而形成的当下社会阶层结构，不同的学者有不同的表述，比如金字塔形或倒丁字形的社会阶层结构等。不论我们采纳何种表述方式，至少它目前还不是一种诸如学术界称为纺锤形的合理性社会阶层结构。因此，面对当下国人财富观在一定范围内和一定程度上所存在的扭曲现象，优化社会阶层结构乃是矫正国人财富观扭曲现象的直接突破口。换言之，只要我们能够建构起一个合理流动的社会阶层结构运行机制，以至于每一个社会个体都可以通过自身的努力和奋斗而改变自身的阶层身份和社会地位，那么这个社会就是一个充满活力的社会，以炫富、妒富、媚富或仇富等形式而存在的财富观扭曲现象就会自然而然地得到纾解。

3. 经济哲学视域中的健康财富观的重建

社会阶层结构的差异、冲突和扭曲根源于社会利益关系的差异性、冲突性和扭曲性格局，因此健康财富观的重建本质性地有赖于利益关系和利益结构，其中主要是物质利益关系和物质利益格局的合理化。社会阶层结构的差异本质性地根源于利益关系，其中主要是物质利益关系的差异。同样的，社会阶层结构的冲突和扭曲，也本质地根源于利益关系和物质关系的冲突和扭曲。相应地，财富观的差异、冲突和扭曲，本质上也是对利益关系、物质利益关系的差异、冲突和扭曲的观念表达。因此，尽管在当下国内外社会学界和哲学界存在划分社会阶层结构的多样性标准，但作为唯物史观基本原则的物质利益原则依然是不可撼动的。尤其是对于当下中国社会而言，在一个金字塔形或倒丁字形的社会阶层结构中，物质生活水平的改善和经济收入水平的提高依然是一个最为艰巨和最具现实性的任务。在这样的现实国情中，过分强调精神财富的意义与价值、生活品位的提升、生活闲暇和闲暇消费等，都毋庸置疑地具有超现实主义的浪漫主义病症。利益共享和利益均衡——当然是有差异性的利益共享和相对性的利益均衡——依然是我们这个时代最具紧迫性的课题。为此，破除利益关系和利益格局的冲突和扭曲，解构利益集团的垄断性格局，构建流动性的利益关系格局，实现社会利益公平公正的分割，乃是构建合理的社会阶层结构体系和运行机制，破除国人财富观的扭曲，重建健康和谐的社会主义财富观的根本出路。与此根本性路径相比，任何其他思想引导、观念更新、精神升华等诸如此类的倡导与建议，都毋庸置疑地只具有从属性的意义。

当我们遵循马克思主义唯物史观的基本理论立场和分析方法，把优化社会阶层结构、增强社会阶层的流动作为构建和谐财富观的突破口，并依据对阶层结构之利益格局之本质的唯物史观性质的基本判断，进而把和谐财富观的构建本质性地归结为优化利益格局，尤其是优化物质利益格局的根本点时，如何优化利益格局就成为一个核心性的课题。同时，这个课题也是一个艰巨的课题。多年来中国经济体制改革的深度推进的一个重要任务，就是在进一步释放改革活力，创造巨大社会财富的同时，实现社会财富分配的公平公正，努力缩小贫富差距，构建基于合理差距基础上的财富创造和财富分配机制。从当下的实效性来看，这依然是一个处于探索中的课题。我们的研究与其说是提供了一个解决问题的方案，还不如说是指出了这个问题的尖锐性和紧迫性。此外，在对社会阶层结构与财富观嬗变之内在关联的分析中，我们的分析更多的还是宏观性的定性分析，对于不同阶层财富观的差异及其与阶层结构变化之间的关联性分析，仍然有待于在定量分析和微观分析方面继续推进。

基于对新中国成立后社会阶层结构变迁与国人财富观的嬗变的宏观性分析，我们不仅确证了社会阶层结构变迁与国人财富观的嬗变之间存在内在性的关联，而且确证了构成这一内在关联的根本性机制乃是利益关系和利益格局，主要是物质利益关系和物质利益格局的变迁。并且，在当下国人财富观中所存在的不同财富观念之间的冲突，尤其是财富观念的扭曲等现象，直接地根源于社会阶层流动性的缺失和社会阶层结构在某种程度上或一定阶层中的固化，但本质地源自利益关系和利益格局，尤其是物质利益关系和物质利益格局的固化，源自不同利益集团在一定程度上或一定范围内的形成及其社会准入机制的排他性。据此，矫正当下国人在一定范围内或一定程度上所存在的财富观扭曲现象，构建新时期和谐财富观或健康财富观的现实性路径，就只能表现为以增强社会阶层流动性、优化社会结构为突破口，以利益共享、利益均衡、调整利益格局为根本点，从而规范财富创造机制，改革财富分配模式，完善社会保障制度，缩小贫富差距，增强财富获得感。

四　近年来国人财富观扭曲的隐性化及其社会风险

近年来，国人财富观的扭曲现象已经度过了它的凸显期，似乎已经成为一个过时了的或者已经被解决了的问题。但是，实际上它不过是进入了一个隐性的或内在化的沉寂阶段。这一阶段，正是我们通过调整利益关系、优化社会阶层结构，从根本上破解财富观扭曲、重建健康财富观的良机；反言之，如果不能抓住有利时机，它则可能孕育着更大的社会风险。

1. 当下国人财富观的扭曲是一个不容忽视的重大社会现象

如果仅就财富观的差异而言，这是一个无可厚非的社会事实。毕竟，在迄今为止的人类社会发展的历史中，总是存在差异性的利益格局和社会阶层的差异性格局，因此对于不同的社会阶层而言，他们拥有不同的财富观，这是一个当然的社会事实。当我们把财富观划分为主流性财富观和非主流性财富观、整体性财富观和阶层性财富观时，也是旨在说明财富观在一定社会时期的现实差异性。但是，当一定社会历史时期的财富观差异走向对立和对抗，并以扭曲的形式表达出来时，它则已经以极端性的形式给整个社会发出了一个明确的信号，意味着在这样的一个历史时期，社会财富的分配出现了引人注目的不公正、贫富差距达到了一个值得高度关注的警戒点。在此，我们可以借用马克思分析人们对财产的占有从差异演变为矛盾状态的分析来呈现财富观扭曲这一问题的严重性。马克思指出："但是，无产和有产的对立，只要还没有把它理解为劳动和资本的对立，它还是一种无关紧要的对立，一种没有从它的能动关系上、它的内在关系上来理解的对立，还没有作为矛盾来理解的对立。这种对立即使没有私有财产的前进运动也能以最初的形式表现出来，如在古罗马、土耳其等。因此，它还不表现为由私有财产本身设定的对立。但是，作为对财产的排除的劳动，即私有财产的主体本质，和作为对劳动的排除的资本，即客体化的劳动，——这就是作为发展了的矛盾关系、因而也就是作为促使矛盾得到解决的能动关系的私有财产。"①

当一个社会对财富的占有不仅存在差异，而且差异扩大为对立关系，并

---

① 《马克思恩格斯文集》第 1 卷，人民出版社，2009，第 182 页。

因之而表现为贫富两极分化，而且这种两极分化还呈现为一种不断强化的利益关系格局时，那就意味着与之相适应的阶层结构即将演变为阶级结构。大概也正是依据这一点，国内一些社会学家认为中国当下的社会阶层关系有演变为阶级结构的趋势，并再度提倡社会学研究要回归马克思的阶级分析方法。从中国历史上来看，每当社会财富占有出现两极分化，社会阶层对抗走向矛盾状态，从而表现为阶级对抗时，它最初的直接表达也是财富观的扭曲——一方面是富有者阶层的炫富或藏富，另一方面是贫困者阶层的媚富、妒富或仇富。在这样的矛盾状态中，任何一场不期而至的天灾人祸都可能随时引发整个社会的动荡。当然，依据国际公认的基尼系数，就当下中国社会的贫富差距而言并没有达到很敏感而危险的警戒线。近年来，中国政府已经采取了一系列相关措施，完善社会保障制度，增加居民的财产性收入，致力于贫困人口的脱贫致富，努力缩小贫富差距，缓解社会阶层的对抗情绪，并且在某种程度上已经取得可见的成效，比如近年来，财富观的扭曲现象已经有了较大改观。但是，这绝不是我们可以轻视贫富差距的理由；相反，我们还只是走在实现共同富裕的漫长路途中。

2. 必须审慎地看待国人财富观扭曲现象的缓解

历史地看，国人财富观扭曲现象的缓解也是一个不争的事实。如果我们从炫富事件的发生频率及其社会反响来看，最近几年来，它的确呈现明显的缓解趋势。虽然这种情况的出现与政府有关部门的及时应对有关，但如果考虑到相关应对措施本身也曾引起社会的质疑与不满，那么这一事件的影响之所以并没有像21世纪初期的几起炫富事件那样引起持久而广泛的仇富情绪，可能就另有原因了。这个原因是贫富差距在缩小吗？也许，在某种意义上我们可以把近年来贫富差距的缩小作为一个重要原因。但是，这种贫富差距的缩小究竟达到了何种有效性的程度，以至于面对范冰冰的天价收入和庞大的偷漏税额，人们可以很快平复自己的妒富和仇富心理？这是一个值得讨论的问题。此外，我们可以设想的另一个原因也许是因为此类事件的屡次发生，尤其是在一个又一个贪腐事件中不断暴露出的巨贪数额已经达到了匪夷所思的地步，因而已经逐渐使得人们面对这样的事件波澜不惊了。

但必须看到的是，与面对炫富事件时人们所表达出来的激烈仇富情绪相比，如此淡然处之的情绪表达却是更为可怕的。因为，它可能意味着人们对于这些事件中所暴露出的巨大财富以及由此而推想出的财富差距的巨大鸿沟已经不以为然了，他们已经接受了这一冰冷的客观事实，虽然这一事实在很大程度上是他推想出的事实，并且尽管现实上的社会贫富差距远远没有达到他所推想的程度。但当他已经开始接受这一贫富差距的事实时，那也就意味着他已经把自己的身份地位自觉或不自觉地归属于某种处于低收入阶层的社会群体中。虽然他可能并不清楚他究竟属于哪一个社会阶层，但他凭借经验直观已经意识到阶层之间在财富占有中的巨大差异，并倾向于把自己归属于较低收入阶层。这是阶层心理的形成过程，是阶层心理形成的最初阶段。尽管一个社会总是存在不同的社会阶层，因而也一定存在不同的阶层心理，但只要这种阶层心理不断得到强化，当阶层结构失去流动性而呈现为阶层固化格局时，它总有一天会演变为阶级心理。这将是令人非常不安的一个过程，也是一个必然会产生严重社会后果的一个过程。据此，我们认为，对于当下国人财富观扭曲现象的缓解，绝不可以抱有盲目乐观的心态，也许这一缓解现象内部正在孕育着一个严重的后果。

原载《哲学动态》2019 年第 11 期，收入本书时有改动。

作者单位：上海财经大学人文学院

新时代友善的价值内涵与实现路径[*]

朱书刚

党的十八大以 12 个关键词概括了社会主义核心价值观的基本内容。中办印发的《关于培育和践行社会主义核心价值观的意见》指明，"富强、民主、文明、和谐，是国家层面的价值目标；自由、平等、公正、法治，是社会层面的价值取向；爱国、敬业、诚信、友善是公民个人层面的价值准则"。[①] 习近平总书记在中共十九大报告中指出："要以培养担当民族复兴大任的时代新人为着眼点，强化教育引导、实践养成、制度保障，发挥社会主义核心价值观对国民教育、精神文明创建、精神文化产品创作生产传播的引领作用，把社会主义核心价值观融入社会发展各方面，转化为人们的情感认同和行为习惯。"[②] 这一重要论述为新时代培育和弘扬社会主义核心价值观指明了基本方向。

社会主义核心价值观把涉及国家、社会和公民三个层面的价值导向融为一体，深入回答了要建设什么样的国家、什么样的社会和培育什么样的公民等重大问题。其中，友善是基础性价值理念和要求，培养友善公民是培育和弘扬社会主义核心价值观、提高公民文明素养和社会文明程度的奠基工程。

---

[*] 本文系教育部人文社会科学研究项目"友善价值观探究"（批准号 15YJA710043）阶段性成果之一。

[①] 《关于培育和践行社会主义核心价值观的意见》，人民出版社，2013，第 4 页。

[②] 《中国共产党第十九次全国代表大会文件汇编》，人民出版社，2017，第 34 页。

一　友善的价值内涵：善心、善性、善言、善行所构成的公民的文明素养

伴随"中国特色社会主义进入新时代，我国社会主要矛盾已转化为人民日益增长的美好生活需要和不平衡不充分的发展之间的矛盾"①。人民群众的美好生活需要和向往非常广泛，不仅在物质文明方面有更高要求，而且在政治文明、精神文明、社会文明和生态文明等方面的要求日益增长。习近平总书记在中共十九大报告中将"社会文明水平尚需提高""社会矛盾和问题交织叠加"② 看作我国所面临的现实困难和挑战之一，强调要努力提高公民道德水准、文明素养和全社会文明程度。

友善是中华民族传统美德。要了解这一美德的源起，就要从汉语"友善"的词源说起。"友善"是"友"与"善"的合成词。"友"为会意字，甲骨文字形是，表征两只手同向握在一起，结交互助。许慎《说文解字》释"友"云："同志为友。从二又。相交友也。""善"也是会意字，金文的字形是""，是由"羊"和双"言"组成的。羊是吉祥的象征，两个人齐声说"羊"为"吉祥"之意。许慎《说文解字》释"善"曰："善，吉也，从言从羊，此与义、美同义。"据考证，"友善"词组最早出自《汉书·息夫躬传》，其云："孔乡候傅晏与躬同郡，相友善。"此后，"友善"呈现在一些描述朋友间友好关系的语境里。如西晋时期史学家陈寿在《三国志·蜀志·诸葛亮传》中写道："惟博陵崔州平、颍川徐庶元直与亮友善。"

友善的要义是朋友间真诚善待，具有友好性和包容性，而这种友好和包容是以"明辨"为基础的。孔子讲仁爱，但反对不分是非善恶，只讲一团和气的"乡愿"。子曰："乡愿，德之贼也。"（《论语·阳货》）"惟仁者，能好人，能恶人。"（《论语·里仁》）习近平总书记在北京大学师生座谈会上的发表的《青年要自觉践行社会主义核心价值观》的讲话中殷切希望广大青年学子在"勤学、修德、明辨、笃实"上下苦功夫。

友善作为一种价值观是指由善心、善性、善言、善行所构成的文明素养。善心也称好心或良心。孟子所言的"恻隐之心"，佛教宣称的"慈悲之

---

① 《中国共产党第十九次全国代表大会文件汇编》，人民出版社，2017，第9页。
② 《中国共产党第十九次全国代表大会文件汇编》，人民出版社，2017，第8页。

心"，道家与道教声称的"慈爱之心"，德国著名哲学家康德所说的"善良意志"等皆属善心。友善是发自善心的正能量，善心是友善的发端和起点，也是常言的"推心置腹""推己及人"的基础。故法国著名作家雨果写道："善良的心就是太阳。"

善性是善心的持续与内化而形成的善良品性。禅宗祖师倡"明心见性"；古希腊哲学家亚里士多德说"本性上的善就是真诚的善"；英国著名哲学家罗素认为"在一切道德品质之中，善良的本性在世界上是最需要的"。善性作为人的高贵品性是一种德性，是常言的德才兼备的"德"之构成要素，是道德修养的重要内容。一个人可以出于善念偶尔做好事，而只有具备善良品性的人才能常行善举乃至一辈子做好事。

善言也称好言。常言道："好言一句三冬暖，恶语伤人六月寒。"孔子曰："躬自厚而薄责于人，则远怨矣。"（《论语·卫灵公》）意思是说，多反省自己而少责备他人，那就可能避免他人的怨恨了。荀子道："与人善言，暖于布帛；伤人以言，深于矛戟。"（《荀子·荣辱》）修善言，既不应恶语相向，也不能巧言令色。"巧言令色，鲜矣仁！"（《论语·学而》）

善行是善心、善性的展现和善言的验证。古人云："闻之不若知之，知之不若行之。"（《荀子·儒效》）"君子欲讷于言而敏于行。"（《论语·里仁》）对他人的评判要"听其言而观其行"（《论语·公冶长》）。习近平总书记曾严厉批评表里不一、欺上瞒下，说一套、做一套的"两面人"，强调"做人要实"，要做到"知行合一"。

友善包括善待家人、邻里、朋友、陌生人、共同体和大自然等蕴含，是个人美德与家庭美德、职业道德、社会公德之统一，寓于为人处事时时刻刻、涉及社会生活方方面面，是民族精神和时代精神的交相辉映。无论是在中华文化还是在西方文化中友善自古以来备受推崇。儒家的"仁爱"，墨家的"兼爱"，道家的"慈爱"，佛教的"慈悲"等都包含友善文化基因，应努力实现其创造性转化和创新性发展。亚里士多德阐释的"善的友爱"，基督教和启蒙思想家宣扬的"博爱"，美国心理学家马斯洛关注的人的"爱与归属情感"，德裔美籍哲学家弗洛姆宣讲的"爱的艺术"，法国哲学家福科诠释的"作为生活方式的友爱"，德国哲学家哈贝马斯基于"交往理性"的商谈伦理学等都蕴含友善理念，其合理因素值得借鉴。

马克思主义以人类解放和每个人的自由全面发展为终极关怀和崇高理想，具有深厚的大爱情怀。"马克思是顶天立地的伟人，也是有血有肉的常人。他热爱生活，真诚朴实，重情重义。"[1] 马克思与燕妮刻骨铭心的爱情，马克思与父亲和子女的亲情感人至深。马克思、恩格斯的革命友谊长达 40 年，"超过了古人关于人类友谊的一切最动人的传说"。[2] 马克思主义创始人及其后继者对友善有一系列重要论述，科学地揭示了友善的社会历史性与阶级性，深刻批判了剥削阶级的虚假友善，肯定了真实友善的伦理意义与社会价值，阐明了劳动人民特别是工人阶级的友善的真诚性和未来社会的友善的全面性。

二 新时代友善价值观培育和弘扬的场域与路向

新时代背景下友善价值观的培育和弘扬面临新的境遇。在人类漫长的历史时期，由于生产力和科学技术不发达，交往圈很小，人们基本上是在熟人社会中活动，依附亲缘和地缘联系形成人际关系。计划经济时代的"单位人"也是一种特殊的熟人社会建构形式。随着改革开放的推进和科学技术的发展以及社会公共生活领域不断扩大，社会成员的血缘、地缘纽带和单位功能相对弱化。中国社会正从传统的熟人社会向现代陌生人社会转型，人们在公共生活中的交往对象不再局限于熟人，而是进入公共场所乃至网络空间中的任何人，其中有诸多陌生人。"陌生人不能相信""不要和陌生人说话"等似乎已成为"安全常识"。随着越来越多的人加入被智能手机绑架的"低头族"，现代都市有众多马尔库塞所描述的"单面人"。当今社会人际关系的这些新变化对培育和弘扬友善价值观提出了新的挑战和诉求。

就家庭关系而言，家庭是社会的细胞，家庭文明是社会文明的基础，中华民族历来重视家庭，有"家和万事兴""齐家、治国、平天下"之说，善待家人是友善的基本要求。中华传统文化讲"仁爱"，倡孝老爱亲，有《二十四孝》和"孔融让梨"等经典故事。随着改革开放的深化，社会流动的加剧，社会交往的拓宽，城市家庭结构的简化和农村隔代家庭的增多，赡养和教育等职能的社会化，家庭功能及家庭成员之间的关系随之发生改变，在某种程度上解构了传统家庭伦理亲情和仁爱情怀。然而无论时代如何变化，家庭的文明作用不可替代。我们要重视家庭文明建设，注重家教家

---

[1] 习近平：《在纪念马克思诞辰 200 周年大会上的讲话》，《人民日报》2018 年 5 月 5 日。
[2] 《列宁选集》第 1 卷，人民出版社，2012，第 95 页。

风，"推动形成爱国爱家、相亲相爱、向上向善、共建共享的社会主义家庭文明新风尚"。①

就邻里关系而言，中国传统社会有亲仁善邻的传统。《孟子·滕文公上》写道："乡田同井，出入相友，守望相助，疾病相扶持，则百姓和睦。"这是对我国传统熟人社会邻里关系的经典概括，而安徽桐城"六尺巷"的故事更是传统熟人社会处理邻里关系的美谈。近40年来，中国城乡结构和生活方式发生了深刻变化，越来越多的人向城市集聚，而随着福利分房的终结，方兴未艾的社区、小区改变着传统邻里关系。如今虽然住同一小区乃至同一栋楼，不一定是同一个单位或来自同一乡村的，可能不知道对方姓甚名谁，相互间很少交往，甚至如同路人。几乎家家户户都有防盗门、防盗窗，即便有人敲门时常要先通过猫眼察看后才确定是否开门。置身于钢筋水泥和防盗门窗中的都市人难免有这样的感觉：不缺吃，不缺穿，就缺少邻里好情感，遇到紧急情况一般想到是打110，而不是呼唤邻居帮忙。如何在陌生人社会重塑亲仁善邻的邻里关系是新时代一道社会治理和道德建设的难题。

就朋友关系而言，朋友是人际关系中的重要交往对象。常言道："在家靠父母，出门靠朋友"。善交朋友、广交朋友是友善题中之义。中国古代俞伯牙和钟子期"高山流水"的知音故事、刘关张"桃园三结义"的结交故事广为流传。当今社会不仅可在现实生活中交朋友，还能在网络世界交"网友"、进"朋友圈"。联谊交友是统战工作的重要内容，习近平总书记强调，从某种意义上说，统一战线工作做得好不好，要看交到的朋友多不多、合格不合格、够不够铁。此外，在市场经济社会交友还牵涉政商关系。近年揭发出来并受到党纪国法惩处的一些"反面教员"，在反思自己走上贪污受贿、违法犯罪道路的过程及原因时，常常后悔当初"交友不慎"。领导干部在坚持交友当慎、以德会友等原则的同时，还要特别注重构建"亲""清"新型政商关系。

就人与自然的关系而言，人是自然之子理应善待自然。中华文化素有"天人合一""道法自然"等思想理念。工业革命后征服自然的观念从西方扩散到全球。马克思主义创始人主张合理调节人与自然的物质变换，曾发出违背自然规律必引发自然报复之预警。20世纪后期为应对生态危机，兴起了保护环境的绿色运动，可持续发展观应运而生。随着工业化、城市化的推

---

① 《习近平谈治国理政》第二卷，外文出版社，2017，第356页。

进，环境与生态问题在我国突现出来。进入 21 世纪，科学发展观、环境友好型社会、社会主义生态文明等新范式融入顶层设计的话语体系，并提出"绿水青山就是金山银山"等新发展理念。党的十八大将"生态文明建设"纳入"五位一体"总体布局，党的十九大就"加快生态文明体制改革，建设美丽中国"①做新的部署。

新时代背景下友善价值观的培育和弘扬任重道远，我们要以习近平新时代中国特色社会主义思想为指引，以善育与德育的互融、善人与善制的链接、法治与善治的契合、善景与善境的映衬构建友善生态链，推动全社会形成崇德向善、礼让宽容的良好道德风尚。

三　以德育与善育的互融培育友善公民

法国启蒙思想家卢梭说过，植物的生长在于栽培，人的成长在于教育。任何一种核心价值观在全社会的确立都是思想教育与环境孕育相互促进的过程，都是内化与外化相辅相成的过程。强化教育引导，是培育友善价值观的基础工作。

友善价值观的培育属于德育范畴，德育与善育是相融相通的。1957 年 2 月，毛泽东主席在最高国务会议第十一次（扩大）会议上的讲话中明确提出："我们的教育方针，应该使受教育者在德育、智育、体育几方面都得到发展，成为有社会主义觉悟的有文化的劳动者。"② 2017 年 10 月，习近平总书记在中共十九大报告中强调"要全面贯彻党的教育方针，落实立德树人根本任务"。③ 2018 年 9 月，习近平总书记在全国教育大会上的讲话中进一步阐述了"培养什么人"的问题，提出培养德智体美劳全面发展的社会主义建设者和接班人，引导学生成为有大爱大德大情怀的时代新人。

教育是一个过程，贯穿人的生命全程。青少年处在价值观养成的时期，引导青少年树立正确的价值观尤为重要。"这就像穿衣服扣扣子一样，如果第一粒扣子扣错了，剩余的扣子都会扣错。人生的扣子从一开始就要扣好。"④ 在人的成长过程中，受到家庭教育、学校教育和社会教育诸方面的

---

① 《中国共产党第十九次全国代表大会文件汇编》，人民出版社，2017，第 40 页。
② 《毛泽东文集》第七卷，人民出版社，1999，第 226 页。
③ 《中国共产党第十九次全国代表大会文件汇编》，人民出版社，2017，第 37 页。
④ 《习近平谈治国理政》第一卷，外文出版社，2018，第 172 页。

影响。现代社会绝大多数人成长的最重要阶段在学校，学校教育是青少年教育的主场，家庭教育和社会教育也不可或缺。要完善学校、家庭、社会三结合教育网络，形成家庭、社会与学校携手育人的合力。无论是家庭教育、学校教育还是社会教育都应把德育置于首位。

教育特别德育的关键是教师。教育是塑造人类灵魂的事业，教师被誉为人类灵魂的工程师。教师不仅是知识的传播者，更是学生健康成长的指导者和引路人。"师者，所以传道授业解惑也。"（韩愈《师说》）教师的首要职责是"传道"，而传道者要先明道信道。要让友善的种子生根校园，教师要身体力行，以善立德，以善育人，以善育善，善育善成。2014 年 9 月，习近平总书记在北京师范大学考察时指出，希望广大教师要做有理想信念、有道德情操、有扎实知识、有仁爱之心的好老师。

培育和弘扬友善价值观既要强化教育引导，也要发挥舆论宣传的引领作用。要把握舆论导向，健全舆情引导机制，唱响主旋律，传播正能量。当今时代以信息技术为核心的新一轮科技革命蓬勃兴起，互联网日益改变着人们的生产生活。2018 年 8 月，中国互联网络信息中心发布的第 42 次《中国互联网络发展状况统计报告》所提供的数据显示，截至 2018 年 6 月30 日，中国网民达到 8.02 亿，其中手机网民为 7.88 亿，互联网普及率达到 57.7%，网民中使用手机上网的人群占 98.3%。互联网是一把双刃剑，用得好是阿里巴巴的宝库；用不好是潘多拉的魔盒。要倡导网络文明，反对网络暴力，使互联网成为真实便捷的知识库、温暖可靠的朋友圈、文明友善的舆论场。

人总是在文化环境的熏陶中成长起来的，培育和践行友善价值观必须注重文化熏陶。要将友善融入校园文化建设，采取有效措施遏制"校园欺凌""校园暴力"。要挖掘和传承中华优秀传统文化蕴含的友善基因，发掘革命文化和先进文化所蕴含的友善资源，借鉴异域文化的友善因子，博采众长，综合创新，培育文明友善的社会主义公民。

四　以善人与善制的链接强化友善氛围

如果说有道德的好人是"善人"，那么好的制度安排便是"善制"。"制度好可以使坏人无法任意横行，制度不好可以使好人无法充分做好事，甚至会走向反面"，因而"制度问题更带有根本性、全局性、稳定性和长期性"。① 培育和弘扬友善核心价值观需要实现"善人"与"善制"的链接，当代中国的全面深化改革乃是以立"善制"、行"善治"为导向的制度变迁与制度创新。

要以改革创新精神补齐制度短板，增强制度建设的前瞻性和原创性。要通过善人与善制的链接破解"劣币驱逐良币"的道德困境，"不能让好心人寒心"，不能让"英雄流血又流泪"。一方面，要保护践行友善美德的个人正当权益不受侵害，对损人利己、恩将仇报等失德行为要有制度约束和惩处机制；另一方面，要通过政策保障和制度规范相衔接褒奖善行义举，形成好人好报、恩将德报的正向效应。2015 年 12 月，中共中央政治局会议审议通过《关于建立健全党和国家功勋荣誉表彰制度的意见》，对党和国家功勋荣誉表彰制度做了整体设计；近年来一些省市出台的《奖励和保护见义勇为人员条例》被称作破解"扶不扶"等难题的"好人法"，展示了以"善制"呵护"善行"的良苦用心。

诚然，仅有好的制度不够，还必须有好的执行，应以抓铁有痕、踏石留印的韧劲抓好善制的落实。"潜规则"对制度正义构成严峻挑战，所谓"潜规则"是相对于明规则而言的，是指在正式的各种规则之外不成文、不公开但在一定范围内被人们认可并实际遵从的隐性规则。"潜规则"大行其道不仅会使制度失却实效，而且可能使社会陷入由于两套规则运行所造成的混乱当中，滋生人格分裂和虚伪人格，使社会失去真诚友善。习近平总书记强调要"立'明规矩'、破'潜规则'"，② 通过善制与善治的联动促进社会生态不断改善。

五　以法治与善治的契合护航友善之举

法治与善治（德治）紧密相关。孟子曰："徒善不足以为政，徒法不能以自行。"（《孟子·离娄上》）亚里士多德说："法治应包含两重意义：已成立的法律获得普遍的服从，而大家所服从的法律又应该本身是制定得良好的法律。"③ 这意味着法治的基本要求是"良法善治"。

法治是人类文明的重要成果，从古罗马《十二铜表法》到近代《法国

① 《邓小平文选》第二卷，人民出版社，1994，第 333 页。
② 《习近平谈治国理政》第二卷，外文出版社，2017，第 168 页。
③ 〔古希腊〕亚里士多德：《政治学》，吴寿彭译，商务印书馆，1997，第 199 页。

民法典》，从英国《大宪章》到《美利坚合众国宪法》皆蕴含了法治精神。中国厉行法治需要借鉴国外法治经验，但决不能照搬西方法治模式，必须坚定不移地走中国特色社会主义法治道路。

在国家和社会治理问题上，中国古代很早就产生了德治思想，并形成了德治传统。中华传统文化提倡德治并不意味着不重视法律，而是主张明德慎罚，德主刑辅。不过，从总体上看，"旧中国留给我们的，封建专制传统比较多，民主法制传统很少"。①

新中国成立初期颁行了《中华人民共和国婚姻法》《中华人民共和国土地改革法》等重要法律。"五四宪法"的制定和实施在中国法治建设历史上写下了光辉篇章。1978年底，邓小平在中央工作会议闭幕会上的讲话中指出："为了保障人民民主，必须加强法制，必须使民主制度化、法律化"，②"做到有法可依、有法必依，执法必严，违法必究"。③ 1992年初，邓小平在南方谈话中强调："还是要靠法制，搞法制靠得住些。"④ 中共十五大以邓小平理论为指导，提出了依法治国的方针。九届全国人大二次会议通过的宪法修正案写明："中华人民共和国实行依法治国，建设社会主义法治国家。"中共十八大提出，"法治是治国理政的基本方式。要推进科学立法、严格执法、公正司法、全民守法"，⑤ 要"提高领导干部运用法治思维和法治方式深化改革、推动发展、化解矛盾、维护稳定能力"。⑥ 中共十八届四中全会以依法治国为主题，审议通过了《中共中央关于全面推进依法治国若干重大问题的决定》（以下简称《决定》）。《决定》直面我国法治建设领域的突出问题，阐明了全面推进依法治国的指导思想、总体目标、基本原则，创造性提出了一系列新观点、新举措，回答了一系列重大理论和实践问题，对全面依法治国做出了全面部署。《决定》强调，法律是治国之重器，良法是善治之前提。

在中国传统的礼法社会里，亲缘关系是社会成员联系的纽带，相对于道德而言法律处于辅助地位，在迈向建成社会主义现代化强国的新时代，契约关系是社会成员交往的依据，法治具有基础性、保障性作用，宜将传统熟人

---

① 《邓小平文选》第二卷，人民出版社，1994，第332页。
② 《邓小平文选》第二卷，人民出版社，1994，第146页。
③ 《邓小平文选》第二卷，人民出版社，1994，第146~147页。
④ 《邓小平文选》第三卷，人民出版社，1993，第379页。
⑤ 《中国共产党第十八次全国代表大会文件汇编》，人民出版社，2012，第25页。
⑥ 《中国共产党第十八次全国代表大会文件汇编》，人民出版社，2012，第26页。

之间的仁爱与尊德守礼推进到陌生人之间的友善与尊德守法。习近平总书记指出："法律是成文的道德，道德是内心的法律。法律和道德都具有规范社会行为、调节社会关系、维护社会秩序的作用。在国家治理中都有其地位和功能。法安天下，德润人心……坚持依法治国和以德治国相结合，就要高度重视发挥道德的教化作用，提高全社会文明程度，为全面依法治国创造良好人文环境。"① 根据习近平总书记的重要论述，2016 年 12 月，中办、国办印发《关于进一步把社会主义核心价值观融入法治建设的指导意见》，要求把社会主义核心价值观融入法治国家、法治政府、法治社会建设全过程，融入科学立法、严格执法、公正司法、全民守法各环节，以良法善治为社会文明建设保驾护航。习近平总书记在中共十九大报告中进一步强调"以良法促进发展、保障善治"。②

法律法规是推广社会主流价值的保证，要善于运用法律法规和公共政策向社会传导正确价值取向，推进核心价值观由"软性要求"向"硬性规范"转变，其首要任务是提高立法质量，立善法。习近平总书记指出："人民群众对立法的期盼，已经不是有没有，而是好不好、管用不管用、能不能解决实际问题。"③

《中华人民共和国慈善法》的颁行就是"以良法促善治"的范例。慈善事业繁荣发展是社会文明进步的显著标志和培养公民高尚思想道德情操的重要载体。《中华人民共和国慈善法》的立法探索历经 10 余年，于 2016 年 3 月经十二届全国人大四次会议通过，并于当年 9 月 1 日起正式实施。慈善法开宗明义地写明了立法宗旨："为了发展慈善事业、弘扬慈善文化、规范慈善活动、保护慈善组织、捐赠人、志愿者、受益人等慈善活动参与者的合法权益，促进社会进步，共享发展成果，制定本法。"④ 慈善法的实施，标志着我国进入了依法兴善的新时代。

六　以善景与善境的映衬营造友善环境

"人创造环境，同样，环境也创造人。""孟母三迁"的故事表明环境对

① 《习近平谈治国理政》第二卷，外文出版社，2017，第 133～134 页。
② 《中国共产党第十九次全国代表大会文件汇编》，人民出版社，2017，第 31 页。
③ 《习近平关于全面依法治国论述摘编》，中央文献出版社，2015，第 43 页。
④ 《中华人民共和国慈善法》，人民出版社，2016，第 3 页。

人的健康成长和道德修养有重要影响。环境是无声的导师，友善作为公民层面的价值准则既是个人自身的文明素养，又必然与所处的环境相关联。一花独放不是春，百花齐放春满园。营造涵养友善美德的环境，需要广泛深入持久地开展学雷锋活动和志愿者服务活动。

雷锋精神产生于社会主义建设时期，光大于改革开放新时期，已成为全社会的道德标杆和精神高地。50 多年来，雷锋精神像一抹绚丽阳光，温暖着大众的心灵。新时代条件下我们要继续"大力弘扬雷锋精神，广泛开展形式多样的学雷锋实践活动，采取措施推动学雷锋活动常态化"。① 学雷锋实践活动在改革开放时期与志愿服务活动走向融合，称为学雷锋志愿报务。现在每年 3 月 5 日是全国学雷锋纪念日，也是中国青年志愿者服务日，发展学雷锋志愿服务是培育和弘扬友善价值观重要载体和平台。

习近平总书记指出，一种价值观要真正发挥作用，必须融入社会生活。"要利用各种时机和场合，形成有利于培育和弘扬社会主义核心价值观的生活情景和社会氛围，使核心价值观的影响像空气一样无所不在、无时不有。"② 要使社会主义核心价值观像空气一样无所不在、无时不有，要让道德意义上的最美盆景连接成最美风景，就要注重发挥榜样的感召和带动作用。习近平总书记强调："领导干部、公众人物、先进模范都要为全社会做好表率、起好示范作用，引导和推动全体人民树立文明观念、争当文明公民、展示文明形象。"③

中华民族是一个崇尚道德榜样的民族，当今时代更是英雄辈出的时代。要综合运用报刊、电台、电视台、互联网等各类载体，融通多媒体资源，加大"道德模范""感动人物""时代楷模"等先进典型宣传力度，以用榜样力量鼓舞人。

全国道德模范是在道德领域国家授予公民的最高荣誉称号。道德模范是中华民族传统美德积极传承者和社会主义核心价值观模范践行者。由中宣部、中央文明办等共同主办的全国道德模范评选表彰活动已举办七届，共评选出数百名全国道德模范。全国道德模范的评选按照相应程序步骤评选出助人为乐、见义勇为、诚实守信、敬业奉献、孝老爱亲五类全国道德模范，他

① 《关于培育和践行社会主义核心价值观的意见》，人民出版社，2013，第 15 页。
② 《习近平谈治国理政》第一卷，外文出版社，2018，第 165 页。
③ 《习近平谈治国理政》第二卷，外文出版社，2017，第 324 页。

们都是传播友善正能量的使者，其中助人为乐和孝老爱亲与友善的本义更为贴近。

中国当前正处于实现"两个百年"奋斗目标的历史交汇期，也是改革攻坚期和社会转型加速期，国际环境稳中有变，面临的矛盾和问题极为复杂，提高公民文明素养和社会文明程度是一项长期而艰巨的任务，要锲而不舍、久久为功。伴随对外开放的扩大，要树立走向现代化和世界舞台的中国公民文明友善的良好形象，有必要将友善精神延伸到团结包括台湾同胞在内的全体中华儿女同心共圆中华民族伟大复兴的中国梦，延伸到发展中国人民与各国人民的友好关系，助推构建人类命运共同体。

原载《学习与实践》2019 年第 2 期，收入本书时有改动。

作者单位：中南财经政法大学

《21世纪资本论》数据应用逻辑预设的哲学追问及现实启示

——兼论中国特色社会主义政治经济学的建构*

范宝舟

皮凯蒂《21世纪资本论》之所以取得巨大成功，除了金融危机使得财富分配不平等问题的政治意义更加凸显以外，还在于他通过引入财政方面广泛的历史数据与对比数据，针对主流经济学冰冷的数学模型建构与鲜活社会经济现实严重割裂的弊病，开出了一剂改进研究方法的良方，给形式化、数学化、价值中立的所谓科学经济学研究范式吹进了一股新鲜的空气。尽管如此，我们也应该从分析技术路线和观念意识层面来反思皮凯蒂数据应用所蕴含的逻辑预设。正如黛尔德拉·迈克洛斯基指出的那样："数据是必要的资料，但它们不足以带来科学的结论。……因为'结论'是人的观点，不是自然之物。它是人的心灵之物。"① 概念设计、原理逻辑、价值立场是数据产生作用的力量之源。皮凯蒂赋予长达300年、覆盖20个国家的历史序列数据以自己的逻辑预设，借用大卫·科兰德的话来说，就是"通过数字建立的经济学的艺术"②。反思皮凯蒂的数据应用逻辑预设，对于构建以人民性为轴心的中国特色社会主义政治经济学概念体系及基本原理具有重要的价值意蕴。

---

* 本文系国家哲学社会科学基金一般项目"新时代财富观建构与全面深化改革研究"（项目编号19BKS034）的阶段性成果之一。

① 〔美〕黛尔德拉·迈克洛斯基：《经济学的花言巧语》，石磊译，经济科学出版社，2000，第140页。

② 〔英〕马克·布劳格等：《经济学方法论的新趋势》，张大保等译，经济科学出版社，2000，第46页。

一

《21 世纪资本论》对财富分配不平等问题的探讨，最大特点就是从数据出发，以数据（事实）说话，通过对广泛历史数据与对比数据的收集、挖掘来支撑其所要阐述的理论观点。正如皮凯蒂所言："相比以往学者的研究成果，这些答案采用了更为广泛的历史数据和对比数据，覆盖了近三个世纪、20 多个国家，同时运用新颖的理论框架进行深度解析。"① 并且，他非常引以为豪乃至非常自负地道出其基于数据建构的理想追求："本书回顾了自工业革命以来收入及分配的历史，利用 20 多个国家众多研究人员精心收集的最新数据，尝试梳理出一部关于财富及其分配不平等所引发的社会、政治和文化矛盾的历史，一部鲜活生动的人类历史。"②

皮凯蒂对数据的青睐与重视的根本原因在于，他希望消解由于缺乏数据（事实）依据所带来的关于财富分配不平等问题理解上的学术争论和政治争论。这具体体现为以下四个方面。一是从数据出发，可以消解个人社会阶层不同而导致的观察视角上的差异以及主观和心理维度判断上的差异性。皮凯蒂认为，对于社会财富不平等的现象，农民和封建领主、工人和雇主、员工和资本家，都可以站在自身所处阶层来审视相互之间的权利与支配关系，并根据自己的观察形成是非判断，形成关于自身所处时代的财富收入水平性状的直观认识。尽管这种直观认识（如小说家）缺乏理论框架和数据分析，能够激起人们对财富不平等的情感共鸣，起到数据统计和理论分析无法取得的效果，但是"这种对于社会不平等的主观和心理维度的认识，必然会造成科学分析无法缓和的政治纷争升级"③。二是建立在数据基础上的规范和系统研究，是开展交流对话、民主辩论、聚焦正确问题的事实基础。在财富分配不平等问题上，不同思想阵营给出的答案要么是乐观主义的（财富分配不平等会自然衰减），要么是悲观主义的（财富分配不平等总是不断加剧）。他们彼此之间的对话是一种缺乏共同数据（事实）基础的"聋子式的对话"。所以，皮凯蒂指出："如果没有精确定义的数据来源、方法、概念，

---

① 〔法〕托马斯·皮凯蒂：《21 世纪资本论》，巴曙松等译，中信出版社，2014，第 1 页。
② 〔法〕托马斯·皮凯蒂：《21 世纪资本论》，巴曙松等译，中信出版社，2014，第 XVI 页。
③ 〔法〕托马斯·皮凯蒂：《21 世纪资本论》，巴曙松等译，中信出版社，2014，第 3 页。

我们可能会看清一切，也可能一无所获。"① 对这个问题的解决办法就是：
"如果我们能够耐心地搜集案例和样本，冷静地分析相关经济、社会以及政
治机制，就可以宣传民主辩论，聚焦正确的问题，并且有助于重新定义辩论
框架，廓清先入为主或欺骗性的观点。"② 三是从数据出发，可以克服长期以
来社会科学研究中多纯理论推测而确定的数据（事实）依据相对有限的现象。
皮凯蒂对"两个剑桥之争"的根本原因的解释充分说明了这一点。他指出，
两个剑桥"之所以充满敌意且有时争议的内容贫乏，部分原因就是参与双方
缺乏必要的历史数据，无法阐明争论的观点"③。皮凯蒂认为，目前经济学研
究盲目追求数学模型和高度理想化的纯理论推测，注重纯理论的建构，但解
决问题的意识和现实指向却十分缺乏，从而无法回答现实生活世界的复杂问
题。在财富不平等问题上，"自库兹涅兹之后，再也没有同行花精力去收集不
平等的动态变化的历史数据，反而是在不知道要解决什么问题的情况下，大
量生产纯理论的成果"④。四是皮凯蒂认为马克思"末日预言"和库兹涅兹
"理想主义"的错误，前者在于缺乏基于数据的实证研究，后者在于其政治立
场错置了基于数据的结论。皮凯蒂认为，马克思"没有足够的数据去支撑他
的预言……马克思在以极大的政治热情进行写作……在这方面马克思并没有
做到挖掘全部可利用资源"⑤。同时，他又指出，库兹涅兹尽管是第一个运用
历史序列的收入分配数据来测量收入不平等问题演进的人，使客观数据第一
次成为分析社会不平等的主角，但"库兹涅兹曲线"的错误是基于错误地运
用了数据，即基于推动欠发达国家并入美国式自由发展轨道的立场来应用数
据。所以"库兹涅兹在 1953 年书中使用的数据，突然间变成了强有力的政治
武器……库兹涅兹曲线很大程度上可以被看作是冷战的产物"⑥。

　　皮凯蒂对长时段、多国家的经济数据进行收集和研究具有重要的现实
意义和理论价值。一是从数据本身的价值属性来看，皮凯蒂通过利用财政
数据克服了由于家庭调查数据上的瞒报和漏报而导致的收入分配度量上的
偏差，以及基于基尼系数而造成财富分配不平等问题研究上的抽象性，同

---

① 〔法〕托马斯·皮凯蒂：《21 世纪资本论》，巴曙松等译，中信出版社，2014，第 3 页。
② 〔法〕托马斯·皮凯蒂：《21 世纪资本论》，巴曙松等译，中信出版社，2014，第 3 页。
③ 〔法〕托马斯·皮凯蒂：《21 世纪资本论》，巴曙松等译，中信出版社，2014，第 236 页。
④ 〔法〕托马斯·皮凯蒂：《21 世纪资本论》，巴曙松等译，中信出版社，2014，第 33 页。
⑤ 〔法〕托马斯·皮凯蒂：《21 世纪资本论》，巴曙松等译，中信出版社，2014，第 10 页。
⑥ 〔法〕托马斯·皮凯蒂：《21 世纪资本论》，巴曙松等译，中信出版社，2014，第 15 页。

时也对其他经济学家基于以往数据而得出的结论进行了修正。更为重要的是，他对长时段、多国家的数据的收集和研究，克服了特定历史时期财富分配不平等研究视野的不足，以及精英阶层收入和财富数据缺失的问题。同时，他不仅提供新数据，而且也对老数据提出了自己富有创新的分析和解读，尤其是通过数据分析得出了新的结论："1%"以及比"1%"还要少的人的收入的急剧增加，成为西方社会财富不平等日渐扩大的真正根源。二是从数据与理论建构的关系来看，皮凯蒂立足于数据这一经验事实资源，提炼出研究财富分配不平等问题的简单原理和分析框架，将数据作为建构理论模型的起点。但不同以往的是，他避免使用复杂数学公式和数学模型，借此回归到对财富分配不平等问题的抽象演绎。所以皮凯蒂《21世纪资本论》的研究方法，既不属于实证经济学的研究范式，也不属于规范经济学的研究方式，而应该属于被 J. M. 凯恩斯称为"经济学艺术"的应用政策经济学的研究范式。大卫·科兰德指出："应用政策经济学是经济学的第三个分支，是一个将有关经济学模型的抽象认识同真实世界的问题联系起来的分支。"[①] 皮凯蒂为分析资本主义财富分配不平等问题而确立的 "$r > g$"（资本收益率高于经济增长率），以及 "$\alpha = r\beta$"（资本收入占国民收入的比重等于资本收益率乘以资本/收入比）和 "$\beta = s/g$"（资本/收入比等于储蓄率与经济增长率之比）两个基本定律，就是以定量研究为前提，超越纯粹数学公式的一种半定义半逻辑演绎的经济学模型，从而把归纳法和演绎法、经验定量分析和历史定性分析统合起来。也就是说，他是从自己收集的数据中发现了现实经济运行中的宏观变量之间的关系及其规律，从具体上升到抽象，然后又从抽象上升到具体，分析 "$r > g$" 与现实财富不平等之间的内在关联，克服了新古典经济学理想化、专门化、模型化、数学化、公式化研究范式纯粹数量演绎的局限性，以及规范经济学缺乏实证基础的问题，通过数据体现出理论分析强烈的时代感和现实感。三是从诠释数据的视野来看，皮凯蒂不是为了数据而数据，也不是仅仅从经济学的视角来诠释数据，而是把对数据的诠释放置到政治学、历史学和社会学等多学科的视域中来，把数据看作是制度设计的基础。比如，他通过1%、99%等数据的强烈对比，引发了对劳动与继承、市场与政府、民主与规

---

① 〔英〕马克·布劳格等：《经济学方法论的新趋势》，张大保等译，经济科学出版社，2000，第46页。

范、自由与平等、公平与正义等鲜活社会现实问题的讨论。又如，他对"超级经理人"的高收入现象，就没有从纯粹的技术——技能现象或简单的市场作用——层面来分析，而是从社会规范层面来剖析这一问题。而社会规范的生成与演变在皮凯蒂看来，"更多的是社会学、心理学、文化和政治历史以及信仰和认知要研究的课题，而不单是经济学本身的问题"①。由此，他主张"如果想要进一步了解财富分配的历史动态和社会阶级的结构，我们必须采用一种务实的态度，利用历史学家、社会学家、政治学家和经济学家的研究方法"②。

二

皮凯蒂的数据绝不是散落一地的土豆，而是依靠逻辑主线连接起来的一麻袋土豆。这就是皮凯蒂数据应用的逻辑预设。从分析技术路线上看，这种逻辑预设集中体现在皮凯蒂所锻造的概念体系中，以及由其建构的基本原理给数据处理带来的路径依赖上。皮凯蒂设定的概念体系内涵、概念之间的相互关系，以及基本原理，先验地规制了数据的选取对象、数据的组合方式和数据的使用方向。皮凯蒂概念体系的核心范畴就是收入、资本、经济增长率和资本收益率等。他分析财富不平等问题的基本原理由一个恒等关系（资本/收入比）、一个不等式（"$r > g$"）和两个基本规律（"$\alpha = r\beta$""$\beta = s/g$"）等构成。布兰科·米兰诺维奇指出："皮凯蒂首先构建了一个简单的'机器'，赋予其资本主义经济的主要特征。然后让'机器'按常规运转，其产生的结果启发了皮凯蒂，使其能对过去及未来进行分析。这台'机器'，或者按现代的说法，这个'模型'包括一个恒等关系，一个不等式，以及皮凯蒂所说的两个资本主义的基本规律。"③ 皮凯蒂的所有数据就借助于这些概念体系和基本原理而环环相扣地"旋转"起来，作为理解、说明和反思数据的逻辑格式。但数据与这些概念体系和基本原理相左的时候，原因要么归结为特殊性因素的干扰，要么赋予相关假设条件予以排除。可见，经验工作不能直接成为理论形成的起点。经验研究的路径以及数据本身要求

① 〔法〕托马斯·皮凯蒂：《21 世纪资本论》，巴曙松等译，中信出版社，2014，第 340～341 页。
② 〔法〕托马斯·皮凯蒂：《21 世纪资本论》，巴曙松等译，中信出版社，2014，第 34 页。
③ 〔美〕布兰科·米兰诺维奇、钟晓辉：《"世袭资本主义"的回归——评托马斯·皮凯蒂的〈21 世纪的资本〉》，《国外理论动态》2014 年第 11 期。

把某种理论框架作为起点。

从皮凯蒂设定的概念体系来看，《21世纪资本论》的数据应用逻辑预设凸显为其阐释数据所使用的基本概念的抽象性。正如皮凯蒂所指出的："收入、资本、经济增长率和资本收益率都是抽象概念——是理论概念而非数理推导出来的确定性概念。"① 皮凯蒂没有对构成收入、资本概念不同形式的数据背后的历史阶段性特征、发挥作用的机制，以及矛盾转化的态势做出具体的说明，从而抹平了收入、资本概念内涵不同构成部分之间的特殊性，并把它们对经济增长率、资本收益率所起的不同作用均质化。也就是说，他对标识不同内容的数据被纳入这些概念内涵和形式里面来的合法性根据没有做出科学说明，反之，却抽象掉标识不同内容的数据在财富分配不平等生成过程中发挥作用的特殊性、差异性和异质性。这些概念是为了说明和服务其财富分配不平等结论，并在一定价值观念指导下所设定的先在确定性概念。数据在这里只具有工具理性的意义和价值。皮凯蒂把他所收集的历史数据按照他自己所锻造的这些概念进行分类处理，以此建立与收入和财富分配有关的历史事件序列，即他所说的以有趣的方式来分析历史现实。

在皮凯蒂的概念集合中，资本概念典型地体现出了作为数据应用的旋转中轴的特质。他指出："资本指的是能够划分所有权、可在市场中交换的非人力资产的总和。"② 他的资本概念就是财富概念的同义语，既包括生产性财富，也包括非生产性财富；既包括物质财富，也包括虚拟财富；既包括显性财富，也包括隐性财富。关于资本的如此定义可以透视出以下三个方面的特质。一是皮凯蒂关于资本概念其所涉及的"板块"与其他经济学家眼中资本的构成"板块"是不一致的。对资本构成"板块"的不同理解，带来了数据处理上不同"数据魔方"组合方式。所以用皮凯蒂的资本收益率上升结论，来批评和评价马克思关于资本平均利润率下降，或西方主流经济学关于资本收益率下降结论的对与错，显然是没有根据的。因为他们是基于不同的资本构成"板块"而在不同的"频道"上得出的不同结论。正如谢拉·C. 道所说："无论如何，根据不同的理论方法，同样一件事可以有不同的解释，用经验事实去解决理论的纷争几乎不太可能。"③ 二是皮凯

---

① 〔法〕托马斯·皮凯蒂：《21世纪资本论》，巴曙松等译，中信出版社，2014，第34页。
② 〔法〕托马斯·皮凯蒂：《21世纪资本论》，巴曙松等译，中信出版社，2014，第46页。
③ 〔美〕谢拉·C. 道：《经济学方法论》，杨培雷译，上海财经大学出版社，2005，第43页。

蒂把资本等同于财富，把没有进入生产过程的货币、土地、不动产、厂房和设备，以及艺术品、收藏的珠宝、股票、有价证券，乃至自然资源都看作是资本。这种数据应用纯粹是为了论证其"世袭资本主义"观点具有合法性和合理性而精心谋划的带有逻辑预设特质的"理性狡计"。诚然，他看到了资本范畴在不同时代具有不同内涵和形式，但是他并没有深入地分析不同内涵和形式的资本在资本主义社会发展过程中借以实现增值的方式和路径上的不同，从而把不同内涵和形式的资本的意义和价值均质化、抽象化。尤其是他没有对资本主义发展不同历史阶段，由于资本形态的变化所带来的产业结构、资本增值方式、劳动方式、资本主义运行机制的变化等做出深入的说明和解释。实际上，信息化、知识化、金融化作为当代资本运行的轴心极大地改变了财富生成的时间原理和空间原理，以及财富在新的不同阶层结构中的分配比例。正如保罗·克鲁格曼指出的："目前美国最富有的一代可能主要是由高级管理人员而不是靠累积的财富来生活的食利者组成的。"① 三是皮凯蒂把资本对于财富的生成效应看作是被马克思所批判的能够经常性赚取更多货币的"自动机"的结果。马克思指出："一旦资本成为资本，它就会创造它自己的前提，……资本为了生成，不再从前提出发，它本身就是前提，它从它自身出发，自己创造出保存和增殖自己的前提。"② 马克思关于资本自我创造的批判同样适应于皮凯蒂。实际上，皮凯蒂走得更远。因为他更极端地把资本泛化为是所有的财富，连没有进入生产过程的财富都具有赚取更多货币的"自动机"的功能。所以，他在推定资本——劳动之间弹性替代大于 1 的前提下，从资本总量的循环过程来理解财富的增长问题，实际上使资本增值陷入自我循环论证的泥沼。尽管皮凯蒂在《21世纪资本论》中对不劳而获表示了极大的愤慨和鄙视，但是在他的"r＞g"不等式中，恰恰没有看到劳动的影子，没有看到制度背后深层次的作为本体发生作用的生产过程的意义和价值。似乎继承下来的财富不通过劳动就可以实现不断的自我繁殖和自我增长。

从皮凯蒂设定的基本原理来看，《21世纪资本论》的数据应用凸显为所有历史数据和对比数据都被其逻辑预设的基本原理框架赋予了宿命论的地

---

① 〔美〕保罗·克鲁格曼：《为什么说我们正处于新"镀金时代"——评托马斯·皮凯蒂的〈21世纪的资本〉》，王浩译，《国外理论动态》2014年第9期。
② 《马克思恩格斯全集》第30卷，人民出版社，1995，第452页。

位，尤其是被"r>g"这一永恒的不等式所"座架"。皮凯蒂搭建《21世纪资本论》理论阐释"脚手架"的"钢梁结构"，集中体现在他所设定的"r>g"不等式，以及"α=rβ"和"β=s/g"两个基本规律。其中，"r>g"作为皮凯蒂消化和处理所有数据的整体逻辑格式，不仅是财富分化形成的根本力量，也是资本主义社会在当前和今后陷入困境的决定性力量。在皮凯蒂那里，从长时期来看，只要没有外在因素的干扰，"r>g"是主导资本主义发展的核心矛盾和贯穿人类社会发展的永恒规律。因为r值总是基本保持稳定，从罗马时期直至中世纪和20世纪早期都是如此，并且二者之间的差距很大。在人类历史的大部分时期，即使g值为零，r值仍然为正值。至于20世纪期间资本主义黄金时代出现"r>g"反转的现象，只不过是因为战争、去殖民化、福利政策、经济萧条、人口增长、共产主义的威胁等因素造成的偶然现象而已。黄金时代作为资本主义社会发展过程中的"特殊时期"只是一个例外，永远不会重来。在经济全球化的今天，金融化、资本的国际化竞争以及经济增速的减缓，更是加剧了r值的上升。他因此预测21世纪资本主义，如果不在全球范围内征收高额遗产税也终将难逃"r>g"规律的历史厄运，以至于当前日益加剧的"r>g"将成为摧毁发达资本主义的罪魁祸首。由此可见，皮凯蒂"r>g"成为重新解释资本主义经济发展史的最为根本的轴心原理。"r"值与"g"值之间的关系性状成为关涉资本主义兴衰成败的决定性因素。为了保持"r>g"在理解资本主义经济发展史舞台上的主角地位，所有数据都通过概念体系被安排在不同的角色位置上，以形成突出"r>g"主角的烘托效应。针对"r>g"这一不等式的永恒性，大卫·哈维切中肯綮的批评是值得我们注意的。大卫·哈维认为，皮凯蒂把处于顶层的1%人群的财富的积累，看作是"r>g"的结果，并把"r>g"看作是建立在统计意义基础上的规律。然而，他并没有对这个所谓"r>g"规律生成的内在根源，即对形成这种"r>g"现象的力量究竟是什么，做出任何的反思和回答，就理所当然地把它当作先验的存在用来作为分析财富分配不平等问题的前提。大卫·哈维指出："这种类型的统计恒稳性尚不能构成对上述矛盾一个充分的解释，更不用说成为规律了。"然而，在皮凯蒂那里，"规律就是规律"①。同时，也正如布兰科·米兰诺维奇所质疑的那样，

---

① 〔英〕大卫·哈维：《对〈21世纪的资本〉的再思考——评托马斯·皮凯蒂的〈21世纪的资本〉》，李媛媛、丁为民译，《国外理论动态》2014年第9期。

"r值会永远高于g值吗？""他的论断违背了经济学理论中的一条基本原则，即边际报酬递减规律"，并且r值是否相对稳定"不能通过抽象方法来说明，而要通过实证证据来说明，但这些证据还有待于在未来进行收集。换句话说，我们需要等待历史的评判"①。

三

更为重要的是，皮凯蒂数据应用的逻辑预设，还体现在他的观念意识层面上。即皮凯蒂所秉持的价值理性、实践理性、工具理性对数据内涵及其价值意蕴的发掘与解读所具有的逻辑牵引作用。因为数据中蕴含什么样的思想观念从来都不是给定的，相反，恰恰是分散的、模糊的、不透明的，有待经济学家去开发、利用和揭示。经济学家总是在超越数字、统计以及研究本身来发现问题。同样，皮凯蒂的目的不是要去罗列一个关于财富分配的数据史序列，而是以数据为工具建构关于300年来的人类历史；不是要讲述过去的故事，而是从历史的大趋势上来透视当代资本主义社会财富不平等的真实原因，以期从过去的历史轨迹中寻找到一条通向未来之路的钥匙。然而，正如黛尔德拉·迈克洛斯基所言，经济学家的写作总是一种意向性写作，"意向性作者，换言之，就是选择一种有利的立场"②。所以，数据并不是独立的仲裁者，并不是自身在说话，而是作为经济学家自身在说话，表达的是经济学家自身的理想和愿景。马歇尔曾指出："有些理论家宣称要让事实和数字自圆其说，而他们却站在幕后（或许是无意识的）对它们进行选择和分类，提出自己的论点。"③

从价值理性层面来看，皮凯蒂既不信奉新自由主义的价值观，也不固守激进左派的价值观，而是属于介于二者之间的折中主义的价值观。这是他展开数据应用艺术的基本价值立场。正如他自己所表白的那样："我一向对'反资本主义'那些传统而粗糙的论调免疫，有些论调直接忽略了共产主义

---

① 〔美〕布兰科·米兰诺维奇：《"世袭资本主义"的回归——评托马斯·皮凯蒂的〈21世纪的资本〉》，钟晓辉译，《国外理论动态》2014年第11期。

② 〔美〕黛尔德拉·迈克洛斯基：《经济学的花言巧语》，石磊译，经济科学出版社，2000，第9页。

③ 〔英〕杰弗里·M.霍奇逊：《经济学是如何忘记历史的——社会科学中的历史特性问题》，高伟等译，中国人民大学出版社，2008，第118页。

运动在历史上的失败，很多则与超越它所必需的理性手段背道而驰。我没有兴趣去谴责不平等和资本主义本身——特别是，只要是合乎情理的，社会不平等本身并不是一个问题。"① 在皮凯蒂这里，尽管他的书名为《21世纪资本论》，实际上，他既不是一个马克思主义者，也不是一个共产主义者。相反，他对社会主义（共产主义）取代资本主义抱悲观态度，尤其是苏联解体、东欧剧变，使他坚信社会主义超越资本主义的手段是非理性的。因此，皮凯蒂不仅不反对资本主义制度本身，而且赋予了"基于公共福祉的社会差异"，即赋予资本主义社会不平等本身以合法性，并寄希望于资本主义的民主来克服财富分配不平等问题。在这样的价值理性指导下，皮凯蒂在数据的分类上，把劳动力即人力资本从资本范畴中剥离出来，而无视资本主义社会劳动力商品化的事实，也无视资本成其为资本的前提条件就是劳动力成为商品，从而把可变资本从资本有机构成中抽离出来，使得资本的数据与人力资本的数据成为并行而没有交集的关系，割裂资本数据与人力资本数据之间的相互作用关系，由此他把劳动收入和资本收入割裂开来，认为做这样的仔细区分对于考察收入分配不平等至关重要，"首先是出于规范和道德原因（不平等是因为劳动收入、继承财富收入和资本回报等不同），其次是因为解释演变过程的经济、社会和政治机制迥然不同"②。可见，皮凯蒂为论证资本主义制度的合法性，对造成财富分配不平等的不同组成部分赋予了不同的评价标准，也就是说，在分配的不同层面上，社会现实和经济政治不平等的重要性非常不同。在皮凯蒂看来，劳动收入的不平等是道德的和规范的，造成劳动收入不平等的经济、社会和政治机制是合理的，所以劳动收入不平等一般是轻微的或者比较适度，甚至是合情合理的。这是为资本主义本身发展所必需的不平等。相反，资本收入不平等则很极端，不仅不道德，而且会破坏了资本主义的民主。这种不平等如果不加控制则会危及资本主义制度本身。实际上，一方面，劳动收入和资本收入的不平等都是在同一个经济、社会和政治机制内演变发展的，并且这些机制是整体性地而不是彼此分割地在各自领域发挥作用；另一方面，资本收入的不平等不是发生在分配领域，其产生的根源恰恰是生产领域。皮凯蒂在数据处理上的这种区别对待，是其折中主义价值理性观念的具体体现。正如大卫·哈维针对"r＞g"的虚伪性指

① 〔法〕托马斯·皮凯蒂：《21世纪资本论》，巴曙松等译，中信出版社，2014，第32页。
② 〔法〕托马斯·皮凯蒂：《21世纪资本论》，巴曙松等译，中信出版社，2014，第247页。

出的："皮凯蒂对那个数学定律的公式化，更多的是掩饰而不是揭示它所涉及的阶级政治。"① 所以，尽管皮凯蒂在关于财富不平等的数据占有和支撑上具有不可比拟的优势，但局限于其自身的价值理性和价值立场，他只能对当代资本主义社会出现的财富不平等和寡头政治倾向做出"过去吞噬未来"经验性的表象解读。

从实践理性层面来看，皮凯蒂寄希望于通过资本主义民主来实现法律制度的完善、政策的改进，对自由市场产生约束作用，以此来建立更加优化的社会秩序，来实现社会财富分配上的公平正义。皮凯蒂指出："我更热衷于讨论组建社会的最优方式，以及建立一个公正的社会秩序所需要的最适合的制度和政策。此外，我希望看到在法律框架下实现有效而高效的公平正义，法律应该平等地适用于所有人，并且通过民主辩论而形成的大众都能理解的法规。"② 在皮凯蒂看来，造成财富分配极端不平等的原因就是自由放任的市场机制。从其横跨 300 年和超过 20 余国家的历史数据和对比数据来看，自由放任的市场受到约束的时候，资本收益率就会减少，反之，则会增大。市场越是处于完全竞争状态，资本收益率则会极大地超过经济增长率，带来收入分配的不平等。自由市场上不讲道德的自由价格，不受限制而蔓延的过度竞争，只会加剧富者愈富、贫者愈贫的财富累积效应。自由放任的市场经济法则作为导致财富不平等加剧的政治机制具体表现为：市场机制破坏了现代社会的民主基础，使得国家政策制定倾向于维护富人利益；市场机制并不能保证降低财富不平等并实现社会和谐稳定；市场机制破坏了其自身所标榜的机会均等原则，造成劳动致富伦理的式微和资本致富伦理的增强。皮凯蒂指出："我们能保证一个基于'自由市场'和私人财产的经济能魔法般随时随地都实现最优分配吗？"③ 财富的高度集中会破坏政治权力的制衡和分立，形成政治权力的垄断，危及政治体制的健康发展。市场理性目标恰恰是与精英统治的目标背道而驰的。他指出："当 21 世纪的今天依然重复着 19 世纪上演过的资本收益率超过产出与收入增长率的剧情时，资本主义不自觉地产生了不可控且不可持续的社会不平等，这从根本上破坏了以民主为基础的精

---

① 〔英〕大卫·哈维：《对〈21 世纪的资本〉的再思考——评托马斯·皮凯蒂的〈21 世纪的资本〉》，李媛媛、丁为民译，《国外理论动态》2014 年第 9 期。
② 〔法〕托马斯·皮凯蒂：《21 世纪资本论》，巴曙松等译，中信出版社，2014，第 32 页。
③ 〔法〕托马斯·皮凯蒂：《21 世纪资本论》，巴曙松等译，中信出版社，2014，第 41 页。

英价值观。"① 那么，如何解决当代资本主义财富分配的不平等问题呢？皮凯蒂寄希望于在民族国家，乃至全世界范围内，应用包括征收遗产税、年度累积资本税等再分配政策工具，以避免无休止的螺旋式不平等。他指出："如果我们想要重新控制资本主义，就必须把赌注都押到民主上……21世纪的主要挑战之一就是，在民族国家的平台上使社会和财政政策更加现代化，发展新的治理形式和介入公有制和私有制之间的共享产权。"②

从工具理性层面来看，皮凯蒂所选择的数据更具有突出当下资本主义社会最为集中的财富分配矛盾的工具意义。皮凯蒂之所以集中选择前10%乃至"最上层1%"数据，其目的就在于"大规模社会运动也可以利用这个工具，开发出非同寻常的鼓动性主题"③。皮凯蒂分析财富分配问题所依据的数据主要有两大类："一类是关于收入不平等和收入分配的数据，一类是关于财富分配和财富——收入关系的数据。"④ 前者主要依靠所得税申报表获得，后者主要包括地产税申报表的数据、基于财富和遗产的数据，以及在很长一段时间内的国民财富总量（包括土地、其他房产以及产业和金融资本）的数据。在皮凯蒂的数据体系中，之所以采用通过财政数据建立的"社会表格"，而放弃传统的基尼系数和官方的十分位比等综合指标体系，就在于这些指标要么把劳动不平等与资本不平等混淆起来，要么给出了关于财富不平等的乐观图景。皮凯蒂指出："社会表格与基尼、帕累托对不平等的统计测算方法迥然不同。后者方法简单，未考虑时间因素，在20世纪广泛应用，常常试图弱化财富分配的差距。人们测度不平等的方法从来都不是不偏不倚的。"⑤ 应该说，皮凯蒂的这种数据选择，比基尼系数和官方的十分位比等综合指标更能直观地揭示而不是掩盖资本主义社会的财富分配不平等问题，并且使人们对财富不平等问题的认识更生动、更直观和更丰富，更为重要的是，这种类型数据可以更好地关注和聚焦高收入群体，尤其是皮凯蒂通过这些数据描述出来的前1%乃至前0.1%的高收入群体在总收入中所占的惊人份额，使得政治重要性日益上升的"占领华尔街运动"以及"99%对抗1%"，有了更为直观的历史和现实的事实依据和实证基础。布兰科·米兰

①　〔法〕托马斯·皮凯蒂：《21世纪资本论》，巴曙松等译，中信出版社，2014，第2页。
②　〔法〕托马斯·皮凯蒂：《21世纪资本论》，巴曙松等译，中信出版社，2014，第591页。
③　〔法〕托马斯·皮凯蒂：《21世纪资本论》，巴曙松等译，中信出版社，2014，第258页。
④　〔法〕托马斯·皮凯蒂：《21世纪资本论》，巴曙松等译，中信出版社，2014，第17页。
⑤　〔法〕托马斯·皮凯蒂：《21世纪资本论》，巴曙松等译，中信出版社，2014，第274页。

诺维奇指出，传统的家庭调查数据恰恰"无法显示出新的现象，即高收入群体收入的增加以及其他群体收入增长的停滞"；而数据选择"方法上的改变与政治上的改变是息息相关的"①。然而，正是皮凯蒂数据的工具理性特质，使他自己引以为豪的数据的可靠性、数据选择和处理的恰当性及其完整性（数据缺失）等，受到各种各样的评价乃至质疑。一是长期数据的可靠性值得怀疑。比如，一些人对收入的刻意瞒报、特别富裕阶层享受免税政策、收入所得税缴纳记录得不完备等都会影响数据的可靠性。上述诸种情况不论是在历史上还是在当前，抑或在发达国家和发展中国家，都仍然存在。二是数据选择和数据处理方式不当会影响到数据的客观性。比如，皮凯蒂根据他所定义的资本选择数据，导致其数据选择会排除企业资本而仅限于家庭财富所反映出的资本范围内的税收数据。又如，皮凯蒂对英国、法国和瑞典的数据简单地求平均值、对同一个国家不同年份采用不同方法计算等都带来数据上的主观性。三是数据的完整性问题。比如，皮凯蒂就没有收集到美国1870 年到 1960 年整整 90 年里 10% 富人的社会财富的原始数据。总之，正如弗雷德里克·博卡拉指出："皮凯蒂使用了大量歪曲的或者未经证实的统计数据，所用的图表极具欺骗性。但是，这些都披上了一层'高度科学化'和'公开透明'的外衣……皮凯蒂在书中许多地方使用了这些带有欺骗性的数据，同时又没有真正的论据。"②

四

《21 世纪资本论》既注重财富分配问题研究中的数据应用，也注重由此来揭示社会、政治和文化矛盾，反映鲜活生动的人类社会历史。尽管皮凯蒂数据应用有其分析技术路线以及观念意识层面上的缺陷，但他把实证分析与规范分析相结合的研究方法和研究路径，从正反两个方面来看，对于建构中国特色社会主义政治经济学都具有深刻的现实启示意义。

其一，构建中国特色社会主义政治经济学，不能停留于空泛化、标签化的概念的抽象演绎，不能停留于定性研究，而是要以调查数据和事实说话，

---

① 〔美〕布兰科·米兰诺维奇：《"世袭资本主义"的回归——评托马斯·皮凯蒂的〈21 世纪的资本〉》，钟晓辉译，《国外理论动态》2014 年第 11 期。

② 〔法〕弗雷德里克·博卡拉：《托马斯·皮凯蒂与〈21 世纪的资本〉：肤浅的社会批判》，马京鹏译，《国外理论动态》2015 年第 7 期。

为建构科学的中国特色社会主义政治经济学理论体系奠定事实基础。《21 世纪资本论》把财政、税收等方面的广泛数据、对比数据，融入其概念体系之中，解读财富不平等问题，较之于西方主流经济学过度依赖数学模型演绎的研究方法来说，具有社会现实感和历史感。应该说，这是构建中国特色社会主义政治经济学，在统计数据、模型演绎、数量分析的应用方面必须值得借鉴的地方。习近平指出："该书用翔实的数据证明，美国等西方国家的不平等程度已经达到或超过了历史最高水平，认为不加制约的资本主义加剧了财富不平等现象，而且将继续恶化下去。作者的分析主要是从分配领域进行的，没有过多涉及更根本的所有制问题，但使用的方法、得出的结论值得深思。"① 统计数据、模型演绎、数量分析等分析方法在构建中国特色社会主义政治经济学的实践中有着不可或缺的支撑作用，也是中国特色社会主义政治经济学与西方主流经济学理论进行交流对话，彰显中国特色社会主义政治经济学话语权的现实路径。实际上，马克思的《资本论》、列宁的《帝国主义论》都是坚持唯物史观，以数据、事实说话的经典之作。可见，皮凯蒂只是看到了《资本论》中的无产阶级意识，而没有认识到这种意识是建立在对客观现实进行科学分析基础之上的。毛泽东在《寻乌调查》《兴国调查》等一系列调查报告中也运用大量的第一手统计数据和实证材料。因此，构建中国特色社会主义政治经济学，一是不能拘泥于在书斋里闭门造车和异想天开，做抽象的概念和原理推演，而是要深入开展各种形式的社会调查，真正掌握客观的经济数据。习近平指出："调查研究是做好各项工作的基本功。"② 二是要注重数据的全面性和真实性，不能因为逻辑需要去主观选择数据，也不能根据个人偏好去摘取数据，更不能把数据作为玩偶而工具化，使之成为解释观点的注脚。相反，要正视各种各样的数据，通过对数据的客观分析发现问题，发现事物的内在联系。三是要把数据的量的特质与被表征的现实统一起来。数据的量的等同不等于数据背后的质的等同。因此，数据要真正能够反映事实，必须提高获取客观数据的技术、能力和水平，发现支撑数据的量的质的规定性，为理论建构提供坚实的事实根据。

其二，构建中国特色社会主义政治经济学，要坚持马克思主义的科学判断力。正如习近平强调的那样："对现代社会科学积累的有益知识体系，运

---

① 习近平：《在哲学社会科学工作座谈会上的讲话》，人民出版社，2016，第 15 页。
② 习近平：《推进党的建设新的伟大工程要一以贯之》，《求知》2019 年第 11 期。

用的模型推演、数量分析等有效手段，我们也可以用，而且应该好好用。需要注意的是，在采用这些知识和方法时不要忘了老祖宗，不要失去了科学判断力。"① 因为无论是统计数据还是实证材料等，如果没有理论逻辑支撑，就不过是一堆零散的经验材料。尤其是，不同的理论逻辑的介入，统计数据、调查材料、数量分析等则会因为遵循的价值预设的不同而呈现出不同的结论。比如，古典政治经济学家在数据中看到的是物的关系的地方，而在马克思那里，揭示出的不仅是社会关系，更是人类社会历史发展的客观规律。在古典政治经济学家那里，所谓"三位一体"是铁律，以此来证明资本主义制度的永恒性。而马克思站在无产阶级的价值立场上，所谓"三位一体"所透视出的是对工人剩余价值的剥夺，资本主义制度只是人类社会历史发展中的一个过程。所以，数据运用如果没有科学的逻辑贯穿，那么分析结果不是停留在数字表面现象上很难揭示其背后的本质，就是陷入数字游戏窠臼去搭建具有所谓"科学性"的模型，却对解决现实经济问题毫无意义。皮凯蒂鲜明的价值理性、实践理性和工具理性态度，是对西方主流经济学把事实判断与价值判断割裂开来，单纯依赖数学化追求经济学所谓科学性研究范式的一种超越。但是，正因为皮凯蒂持有的价值理性、实践理性和工具理性，使其在数据选择、概念体系建构，以及财富不平等属性的理解和提出的解决问题的方法上呈现出他的缺陷，甚至是浪漫主义的幻想。因此，中国特色社会主义政治经济学建构，一是要秉承辩证唯物主义和历史唯物主义的立场，把经济理论的阐发建立在生产方式、交换方式，以及由其产生的社会结构上来。诚如邓小平对《中共中央关于经济体制改革的决定》的评价那样："我的印象是写出了一个政治经济学的初稿，是马克思主义基本原理和中国社会主义实践相结合的政治经济学。"② 二是要秉承从抽象上升到具体的研究方法，对概念、原理做具体的、历史的考察，挖掘其生成的特定社会场域，还原其所针对的矛盾和问题，而不能赋予这些概念、原理以先验性的特权，从而犯教条主义的错误。习近平指出："一种理论的产生，源泉只能是丰富生动的现实生活，动力只能是解决社会矛盾和问题的现实要求。"③ 三是在对于模型推演和数量分析，以及它们所凭借的每一个变量和指标的选择，既要

① 习近平：《在哲学社会科学工作座谈会上的讲话》，人民出版社，2016，第 18～19 页。
② 《邓小平文选》第三卷，人民出版社，1993，第 83 页。
③ 习近平：《在党的十九届一中全会上的讲话》，《前线》2018 年第 1 期。

经得起中国经济社会现实客观性的科学检验，也要遵循体现人的发展和时代进步的价值理性的逻辑预设，而不能对西方经济学的理论模式和分析路径亦步亦趋，只做观点的"搬运工"而不做思想的创造者。习近平指出，坚持和发展中国特色社会主义政治经济学，要"推进充分体现中国特色、中国风格、中国气派的经济学科建设"[①]。

其三，建构中国特色社会主义政治经济学，必须坚持人民性的价值取向。皮凯蒂对财富分配问题的阐释尽管应用了长时段的大量的财政数据，对财富不平等程度加剧表示担忧，但是他并没有涉及对生产资料所有制这一根本在财富分配中所起到的决定性作用，而仅仅从规范、道德等层面来谴责这种财富分配的不平等现象，寄希望于通过税收制度的改革、财政制度的现代化和治理模式的完善，来改变财富的不平等现象，以保证资本主义社会的可持续发展。这恰恰是对以资本为轴心的资本主义制度反思不深刻的地方。尤其是，在皮凯蒂那里，理性经济人的抽象人性论假设依然是其理论建构的逻辑前提。建构中国特色社会主义政治经济学，一是必须坚持人民性原则，摆脱以资本为轴心的原则，对资本进行有效的驾驭与导控，使之服务和服从于实现人民共同富裕的社会目标。所以，我们必须把"坚持以人民为中心"看作是建构中国特色社会主义政治经济学的逻辑主线。这是中国特色社会主义政治经济学区别于其他经济理论的最本质的特征。党的十九大报告指出："必须坚持以人民为中心的发展思想，不断促进人的全面发展、全体人民共同富裕。"[②] 二是必须解决好财富创造的价值指向和财富创造的方式问题，即解决好为什么要创造财富、为谁创造财富、由谁来创造财富的问题。唯有如此，在财富创造过程中，我们才能正确判断财富的属性和财富的价值，正确处理人与自然、人与社会，以及人与人之间的关系，为经济发展提供正确的价值指引，从而实现人的全面发展和社会的全面进步。三是必须认识到人的本质是社会关系的总和，以现实的人为出发点。人的发展和自由的实现是一个历史的过程。中国特色社会主义政治经济学要把作为商品的劳动力上升为作为经济社会发展的劳动者，不仅彰显人民群众在社会历史发展中的伟大力量，而且让人民群众在经济社会发展中有实实在在的获得感和幸福感。唯

---

① 《习近平主持召开经济形势专家座谈会》，《人民日报》2016年7月9日。
② 习近平：《决胜全面建成小康社会　夺取新时代中国特色社会主义伟大胜利——在中国共产党第十九次全国代表大会上的报告》，人民出版社，2017，第19页。

有如此，我们在经济发展的制度设计、道路选择和理念建构等方面才能真正体现社会主义制度的根本特征。尤其是，中国共产党的责任担当、社会主义国家的时代使命，决定了人民性原则是构建中国特色社会主义政治经济学不证自明的逻辑前提。习近平指出："哲学社会科学工作者要多到实地调查研究，了解百姓生活状况、把握群众思想脉搏，着眼群众需要解疑释惑、阐明道理，把学问写进群众心坎里。"①

原载《西南大学学报》（哲学社会科学版）2020 年第 4 期，收入本书时有改动。

作者单位：上海财经大学人文学院

① 《习近平在看望参加政协会议的文艺界社科界委员时强调，坚定文化自信把握时代脉搏聆听时代声音　坚持以精品奉献人民用明德引领风尚》，《人民日报》2019 年 3 月 5 日。

新时代我国企业共享利益的公正实施机制

郝 云 贺 然

企业共享利益是当前我国企业改革的重要目标。从根本上说，企业共享利益是企业的各要素所有者——各类资本所有者（包括人力资本所有者）、劳动力所有者等共享生产过程与劳动成果。既有不同所有制的企业共享利益，也有同一企业不同所有权共享利益，还有企业劳动与资本共享利益等。企业共享利益的关键是要建立公正的分配机制作为保障，既包括一定社会所有制的公正性，也有现代企业制度结构的公平合理性。生产资料所有权结构是决定性因素，没有生产资料、所有权（包括劳动力所有权）等的共享就没有真正意义上的共享。长期以来，企业内部存在要素间的利益冲突，资本与劳动的冲突是最主要的表现，资本凭借所有权和支配权地位占有利润的全部或大部，劳动很难分享企业发展的利益，这既影响经济的增长、企业的发展，又影响分配的正义及企业员工的劳动积极性。要解决这个问题首先要研究企业要素地位的平等性及对分配关系的影响，反思资本主义生产方式下企业利益共享困境。

一 资本主义生产方式下企业共享利益的困境

资本与劳动作为生产基本条件，在生产和再生产过程中处于核心地位。在资本主义私有制的生产方式条件下，资本与劳动的关系反映了资本家与工人的关系。劳资关系的矛盾具有对立性，这决定了资本与劳动很难共享企业的利益。

（一）在生产资料私有制条件下，由于劳动力所有者与资本所有者的地位不平等，利益共享较难实现

劳动力要素在生产过程中处于从属地位，没有主导权，导致生产过程中的地位不平等。在资本主义生产方式下劳动力成为商品，货币持有者在市场上找到了劳动力的所有者，劳动力的所有者以其自身的使用价值即劳动力的价值或价格兑换成交换价值，资本的所有者将生产资料和交换的劳动力的使用权投入生产过程中，工人劳动力的使用即劳动实现了价值形成过程和价值的增值过程。在生产过程及劳动过程中，劳动者是没有自主权的，生产过程没有共享的平等权利。从表面来看，劳动力的所有者是自由的，自由决定不从属于他人，马克思说："劳动力只有而且只是因为被它自己的占有者即有劳动力的人当作商品出售或出卖，才能作为商品出现在市场上。劳动力占有者要把劳动力当作商品出卖，他就必须能够支配它，从而必须是自己的劳动能力、自己人身的自由所有者。"① "劳动力占有者和货币占有者在市场上相遇，彼此作为身份平等的商品占有者发生关系，所不同的只是一个是买者，一个是卖者，因此双方是在法律上平等的人。"② 劳动力所有者并不是出卖自身，而是出卖他的商品即劳动力，而且是一定期限内出售，在让渡劳动力时不会放弃所有权。因此，从这个意义上说，货币的所有者和劳动力的所有者是自由平等的交换，马克思将其概括为所有权、自由、平等、边沁！"劳动力的买和卖是在流通领域或商品交换领域的界限以内进行的，这个领域确实是天赋人权的真正伊甸园。那里占统治地位的只是自由、平等、所有权和边沁。"③ 然而，一旦资本与劳动结合，生产过程中就不平等了。工人在资本家监督下劳动，接受资本对劳动的剥削。因此，在实质不平等的情况下，分配的公正性、利益的共享性是得不到保障的。

（二）由于劳动的所有权与使用权的分离，劳动创造的剩余价值不归劳动者所有，从而不分享剩余价值

作为分配，劳动力的价格即工资是在劳动之前就已经以契约的形式固定

---

① 《马克思恩格斯全集》第 44 卷，人民出版社，2001，第 195 页。
② 《马克思恩格斯全集》第 44 卷，人民出版社，2001，第 195 页。
③ 《马克思恩格斯全集》第 44 卷，人民出版社，2001，第 204 页。

下来，劳动之后兑付的工资被当作劳动的报酬，从而掩盖了工资的实质。如果按照共享成果为利润的分享，那么显然工资形式不能视为利润的分享，也不应成为产品的分配，因为工资是劳动力使用的补偿，是再生产的必要条件。在这种生产方式中，资本与劳动的结合是以资本所有者（是指价值增值后，之前是生产资料所有者）为主导地位的，劳动力所有者在雇佣劳动实质背景下处于被支配地位，这种情况下资本与劳动的共享是难以实现的。所有权与资本主义生产方式带来了资本与劳动事实上的不平等，从而对使用价值的分割（财富的分配）不公平，不可能实现共享性。

（三）劳动者虽然对自身劳动力有所有权，但是这种权利没有转化为资本，没有资本化，没有分割剩余价值的权利

在资本主义生产方式下，资本是能够带来剩余价值的价值，劳动力没有资本化，只能作为特殊的商品出售，虽然有所有权，但他只能获得交换价值，而不能把握使用劳动的权利从而获得剩余价值。马克思指出："劳动力只是劳动者的财产（它将不断自行更新，自行再生产），而不是他的资本。"[1] 在马克思看来，虽然劳动可以度量商品的价值，但劳动本身没有价值，劳动力有价值，劳动者提供劳动，提供出卖的使用价值。在资本主义生产方式下，劳动的所有权即劳动力的使用已经不属于他了，而恰恰是活劳动产生了新价值，剩余劳动产生了剩余价值。产品则是资本的所有物而不是直接工人的所有物。"从他进入资本家的工场时起，他的劳动力的使用价值，即劳动力的使用，劳动，就属于资本家了。"[2] 马克思的剩余价值理论表明剩余价值虽然是工人创造的，但被资本家占有，没有共享剩余的基础，主要是劳动力所有权无法资本化，没有分割剩余价值的权利。

在资本主义生产方式下，不仅劳动力所有者无权支配劳动，且自身也成为资本所有者的资本。劳动力的价值并不是以劳动力的使用即劳动来定义的，而是由生产从而再生产这种物品需要的社会必要劳动时间决定的，而生产劳动力的必要劳动时间，就是维持劳动力占有者所必要的生活资料的价值，也就是由劳动力的生活资料来定义的，与劳动没有直接的关系。"劳动

---

① 《马克思恩格斯全集》第45卷，人民出版社，2003，第491页。
② 《马克思恩格斯全集》第44卷，人民出版社，2001，第216页。

力价值是由平均工人通常必要的生活资料的价值决定的。"[1] 当资本分为不变资本和可变资本时，可变资本不是工人的资本，而是资本家的资本。因此，在资本主义社会，资本与劳动的这种对立性使劳资关系的矛盾难以解决。当然，这种劳资关系的状况必定导致资本主义社会基本矛盾的激化，从而使劳资关系的矛盾越来越尖锐。随着资本主义社会劳资矛盾的激化，许多学者也提出了关于缓和劳资关系的办法，提出了共享经济（分享经济）的概念。共享经济（Sharing Economy，也译作分享经济）这一概念早在20世纪80年代就已提出。

最早使用共享经济一词的是美国麻省理工大学经济学教授马丁·L.威茨曼，他在《分享经济：用分享制代替工资制》一书中提出了共享经济这一概念，其研究的视角就是企业的劳资关系，目的是要为当时资本主义世界的劳资关系矛盾以及长期经济滞胀和通货膨胀问题提供解药。威茨曼认为，宏观的经济调控无法战胜停滞膨胀，必须从微观经济改革的劳动报酬模式上入手解决，进而提出了分享制度。在传统的工资制度中，劳动者的报酬与企业经营指数无关的货币、生活成本等相关；而在分享制度中，"工人的工资与某种能够恰当反映厂商经营的指数（譬如厂商的收入或利润）相联系"。[2] 他认为，资本主义社会经济发生停滞膨胀的根本原因就在于传统的工资制度。由于工资制度与企业的经营效益无关，劳动者工资是固定的。当经济萧条来临时，由于社会总的需求量下降而劳动者工资不变，企业必然会选择裁员来降低运营成本。企业裁员造成了大量失业又会进一步降低社会总需求，如此恶性循环，最终导致了资本主义的停滞膨胀。因此，想要解决停滞膨胀只能改革劳动报酬制度，把弹性分享制度与工资制度相结合。

在资本主义社会发展过程中出现了几种利益分享模式。一是净利润分享模式。这种模式是对纯利润的分享，按照劳动获得工资，资本获得利润的分配机制，这种分配形式由于工人的工资总是处于相对固定的状态，工人无法分享企业的增加值。因此，造成收入分配的不平等，导致劳资关系矛盾的加深。对利润的适当分配就成了缓解矛盾、提高劳动者积极性的方式。但是这种分享模式的改变比较困难，存在所有制决定下的分配制度的变革。二是纯

---

[1] 《马克思恩格斯全集》第44卷，人民出版社，2001，第593页。

[2] 〔美〕马丁·L.威茨曼：《分享经济：用分享制代替工资制》，林青松、华生译，中国经济出版社，1986，第2页。

收入分享模式，工人与资本所有者按一定比例分配企业所得纯收入。这里工资是没有考虑的，就是说工人与企业共同承担风险而没有固定收入。这种分享制度作为资本的拥有者是比较乐于实施的，只要控制一定的劳资分配比例，扩大工人的数量是没有问题的。三是员工持股模式，企业员工利用工资的一部分来进行投资持有企业的股份，分享企业作为股权所有者的利益，这相当于储蓄。① 这三种利益共享模式的共同特点是剩余价值的共享，但在实施中由于资本所有者的控制权没有得到实质性地削弱和改变，资本所有者得到了利益的确定性或者没有受到损害，而工人却没有得到实质性的共享利益或者在共享中存在收益的不公平性。

可见，资本主义生产方式下的分配体制没有真正意义上的共享利益。尽管这些共享经济的形式有助于缓解劳资关系的矛盾，但只是权宜之计，不可能从根本上解决劳资关系的矛盾。深层次的矛盾表现为：资本所有权的问题如何解决？在资本主义社会，劳资关系的冲突主要体现为生产资料私人占有，劳动者体现为雇佣劳动，劳资关系是不平等的关系，不可能有真正的共享，尤其是工资之外的利润。由于无法走出资本主义的局限性，仅通过私有制内部进行的劳动报酬分享制度的变通来完成共享利益并不现实，有的模式由于受到众多资本家的强烈反对，无法付诸实践。但是威茨曼的共享经济理论对增加就业、促进劳资合作具有一定的指导意义。

二　新时代我国企业共享利益实现的可能性

社会主义社会消除了资本对劳动的剥削关系，使劳资关系由根本冲突转变为平等合作。进入新时代，我国将共享发展作为社会发展的目标，中国特色社会主义为企业实现利益共享创造了可能性。

（一）公有制为主体的社会主义基本经济制度是企业共享利益实现可能性的根本条件

所有制形式是社会生产方式的主要内容，决定了一个社会的基本经济制度的性质。生产资料归谁所有，为谁的利益进行生产，生产成果如何分配以

---

① 刘宁：《分享利益论——兼析在我国的发展与运用》，复旦大学出版社，2004，第72～83页。

及经济活动中的各种利益关系，决定要素所有者在生产关系中的地位。如果说资本主义生产资料私有制决定了劳动者受支配、受剥削的地位，其结果是资本主义生产最终会走向"在一极是财富的积累，同时在另一极，即在把自己的产品作为资本来生产的阶级方面，是贫困、劳动折磨、受奴役、无知、粗野和道德堕落的积累"①，那么，以公有制为主体，多种所有制经济共同发展的中国特色社会主义经济制度则实现了劳动者与生产资料的直接结合，它是以实现共同富裕为最终目的，是消灭剥削、消除两极分化的制度基础。

新时代中国特色社会主义基本经济制度更加具有实现企业共享利益的可能性。党的十八届三中全会公报指出："公有制为主体、多种所有制经济共同发展的基本经济制度，是中国特色社会主义制度的重要支柱，也是社会主义市场经济体制的根基……必须毫不动摇巩固和发展公有制经济，坚持公有制主体地位，发挥国有经济主导作用，不断增强国有经济活力、控制力、影响力。"② 习近平指出："我国是中国共产党领导的社会主义国家，公有制经济是长期以来在国家发展历程中形成的，为国家建设、国防安全、人民生活改善作出了突出贡献，是全体人民的宝贵财富，当然要让它发展好，继续为改革开放和现代化建设作出贡献。"③ 十九大报告强调，"必须坚持和完善我国社会主义基本经济制度和分配制度，毫不动摇巩固和发展公有制经济"④。在公有制为主体的经济条件下，资本本身就代表了劳动者的利益，且公有资本的收益又是调节收入分配的重要手段，因此，资本与劳动在利益上具有一致性，在解决利益共享与分配正义方面更容易实现。正如法国经济学家皮凯蒂在《21世纪资本论》中得出的结论那样，公共资本占主导地位的中国更容易解决贫富差距问题。他认为，当前发达国家的私人资本几乎全都占90%以上，甚至100%，而中国公共资本占国民资本一半左右，"如果公共资本能够保证更均等地分配资本所创造的财富及其赋予的经济权力，这样高的公共资本比例可以促进中国模式的构想——结构上更加平等、面对私人利

---

① 《马克思恩格斯全集》第23卷，人民出版社，1972，第708页。
② 《十八大以来重要文献选编》上，中央文献出版社，2014，第514～515页。
③ 习近平：《毫不动摇坚持我国基本经济制度　推动各种所有制经济健康发展》，《人民日报》2016年3月9日，第2版。
④ 习近平：《决胜全面建成小康社会　夺取新时代中国特色社会主义伟大胜利——在中国共产党第十九次全国代表大会上的报告》，人民出版社，2017，第21页。

益更加注重保护公共福利的模式"。①

就企业共享利益而言，公有制可以解决企业资本与劳动根本对立问题，从而使企业劳动者的利益共享能够实现。在社会主义公有制条件下，企业劳动者与公有资本结合，成为生产资料的主人，与全体人民共同占有生产资料，直接或间接地分享劳动者共同创造的财富。尽管劳动者也在市场上出卖劳动力的使用权，但他获得的不仅是劳动力的价值，这与资本主义生产方式下的劳动者的所得是不一样的。劳动与资本的关系不是对立的关系，是合作共赢的关系。

（二）与社会主义公有制相适应的按劳分配为主体、多种分配方式并存的分配制度使企业利益分配更加公平

马克思认为，生产决定分配，生产力发展水平和生产资料所有制性质决定分配制度形式，"一定的分配关系只是历史地规定的生产关系的表现"②。十九届四中全会通过的《中共中央关于坚持和完善中国特色社会主义制度、推进国家治理体系和治理能力现代化若干重大问题的决定》明确按劳分配为主体、多种分配方式并存上升为社会主义基本经济制度。我国处于并长期处于社会主义初级阶段的基本国情以及以公有制为主体的所有制形式决定了我国实行按劳分配为主体、多种分配方式并存的分配制度。按劳分配是社会主义公有制决定的分配制度，只有在公有制的条件下才能实现。初次分配中，在生产资料公有制的基础上，以劳动为尺度，实行按劳分配，实现多劳多得、少劳少得，最大限度地提高了劳动者的积极性和创造性，促进社会生产力的发展，提高效率，而且消除了初次分配中的剥削关系，提高了劳动者在分配中的地位，有助于防止两极分化，促进劳动者共享利益。按劳分配不是按劳动力价值分配，资本主义社会劳动力的价值或价格（工资），是劳动者收入的唯一来源。按劳动力价值分配取决于生产和再生产劳动力所需要的必要劳动时间以及劳动力市场供给状况，是劳动过程之前的交换中就确定下来的，作为工资形式支付。而按劳分配既包括补偿劳动力价值的部分，也包含一部分剩余产品。"在按劳分配条件下，劳动者的收入是劳动者共同占有的社会产品或国民收入的一部分，剩余产品仍会以直接或间接形式回到劳动

---

① 〔法〕托马斯·皮凯蒂：《21世纪资本论》，巴曙松等译，中信出版社，2014，第XVII页。
② 《马克思恩格斯全集》第46卷，人民出版社，2003，第998页。

者身上；而劳动力价值分配的收入与剩余产品无关。"①

　　总之，按劳分配是中国特色社会主义特有的劳动者参与剩余价值的分配方式。新时代中国特色社会主义特别强调初次分配的公平性，提高劳动者地位及劳动在分配中的比重。党的十八大强调："初次分配和再分配都要兼顾效率和公平，再分配更加注重公平"②，十九大报告进一步明确提出："坚持在经济增长的同时实现居民收入同步增长、在劳动生产率提高的同时实现劳动报酬同步提高。"③　十九届四中全会决定中指出："坚持多劳多得，着重保护劳动所得，增加劳动者特别是一线劳动者劳动报酬，提高劳动报酬在初次分配中的比重。"④　这对提高劳动者地位、维护社会公平正义、实现资本与劳动利益共享创造了条件。当然还存在按要素分配及其他分配形式，特别是还存在私有经济，劳动与资本的对立也会存在，但总体上看，在社会主义条件下，民营经济是社会主义市场经济制度的重要组成部分，是增强社会主义经济活力的动力，不仅为经济的增长做出了巨大贡献，而且为社会提供了大量的就业岗位，是推动创新发展的重要力量。通过各种形式的企业改革及引导，企业资本与劳动关系将会逐步走向和谐。

（三）中国特色社会主义价值目标的人民性为实现真正的企业利益共享提供了重要保证

　　人民性是马克思主义最鲜明的品格，中国特色社会主义以马克思主义为指南，始终把人民立场作为根本立场，为人民谋福利，以实现共同富裕为最终目的。习近平指出："在马克思之前，社会上占统治地位的理论都是为统治阶级服务的。马克思主义第一次站在人民的立场探求人类自由解放的道路，以科学的理论为最终建立一个没有压迫、没有剥削、人人平等、人人自由的理想社会指明了方向。"⑤　中国特色社会主义之所以能够保障资本与劳动利益共享的实现最根本的是党的领导。中国共产党自建党以来始终把最广

---

① 刘宁：《分享利益论——兼析在我国的发展与运用》，复旦大学出版社，2004，第173页。
② 胡锦涛：《坚定不移沿着中国特色社会主义道路前进　为全面建成小康社会而奋斗——在中国共产党第十八次全国代表大会上的报告》，人民出版社，2012，第36页。
③ 习近平：《决胜全面建成小康社会　夺取新时代中国特色社会主义伟大胜利——在中国共产党第十九次全国代表大会上的报告》，人民出版社，2017，第46页。
④ 《十九届四中全会〈决定〉：增加劳动者特别是一线劳动者劳动报酬》，中国新闻网，2019年11月5日。
⑤ 习近平：《在纪念马克思诞辰200周年大会上的讲话》，《党建》2018年第5期。

大人民的根本利益作为一切工作的最高标准，把全心全意为人民服务作为党的宗旨，把实现好、维护好、发展好最广大人民的根本利益作为一切工作的出发点和落脚点。

新时代中国特色社会主义共享发展理念就是以人民性为价值引领实现共享利益的具体体现。在党的十八届五中全会上，习近平指出："树立共享发展理念，就必须坚持发展为了人民、发展依靠人民、发展成果由人民共享，作出更有效的制度安排，使全体人民在共建共享发展中有更多获得感，增强发展动力，增进人民团结，朝着共同富裕方向稳步前进。"① 共享作为发展的出发点和落脚点，明确了以人民为中心价值取向，既指出了发展的目的也为发展提供了手段，是目的与手段的统一。社会主义初级阶段的基本国情决定了现阶段的根本任务是发展生产力。社会主义本质决定了发展的最终目的是实现共同富裕。共享发展理念的提出为解决劳资矛盾提供了路径。首先，共享是发展的目的。发展的最终目的是实现共同富裕，这是由社会主义本质决定的。共享发展要求全民共享，而不是少数人和一部分人的共享。在初次分配中，劳动要素所有者的数量最多，资本、技术、管理、知识等要素所有者要共享发展成果，更要维护劳动要素所有者共享发展成果的权利，促进提高劳动报酬增长，增加劳动者收入，提高劳动者的社会地位。其次，共享是发展的手段。共享发展要求共建共享，要求打破对立的劳资关系，建立在平等合作的基础上，谁付出谁享有，多劳多得，合理共享企业利润，实现互利共赢。最后，共享发展是渐进式的共享。劳动与资本的利益共享不是一蹴而就的，需要经历一个长期的过程，必须坚持发展生产力，在发展中逐步实现劳动与资本的利益共享。

新时代中国特色社会主义企业制度改革也彰显了企业的人民利益原则，为企业共享利益提供了动力机制。随着我国现代企业制度的改革与发展，管理权与所有权的分离，员工持股制度的逐步推行，利益的共享基础有了一定的可能性。新时代的共享利益是在共享发展理念的指导下，通过人人参与、人人共建的方式，实现人人平等、有尊严地共享企业发展成果。无论是企业利益相关者、生产资料所有者、经营管理者还是普通员工，都能通过生产经营活动获得利润，使每个劳动者的各方面权利得到充分保障，每个劳动者的

① 习近平：《习近平总书记系列重要讲话读本》（2016 年版），学习出版社、人民出版社，2016，第 136 页。

尊严得到充分的尊重，实现广泛参与、民主管理。企业在追求自身利益的过程中还保障了劳动者的各种权利，如自由选择职业的权利、参加职业培训的权利、获得合理劳动报酬的权利以及享受社会保障的权利等。总之，以人民性原则为引导，就能确保发展生产力与共享劳动成果相结合，人民利益标准与生产力标准相结合，实现企业共享发展与共赢的目标。

三　新时代我国企业共享利益的公正机制实施方案

鉴于新时代我国企业共享利益实现的基本条件已经具备，我们就需要进一步研究如何进行企业共享利益的公正实施机制的建设，具体可以从如下方案中思考。

（一）　毫不动摇巩固和发展公有制经济

公有制经济是人民群众利益的根本所在，也是实现共享利益的根本保证。坚持公有制经济的发展，能够切实保证要素地位的平等性，确立劳动者在企业利益分配中的平等地位。当然，这并不是说只发展公有制经济，事实上我国的非公有制经济是社会主义市场经济的不可或缺的重要力量，改革开放四十年来，非公有制经济迅速成长，表现出了强大的生命力。但是，非公有制企业中还存在"强资本、弱劳动"的现象，没有真正实现利益共享。而企业劳动者的初次分配所得是劳动者收入的重要来源。坚持公有制的主体地位才能逐步提高劳动报酬在 GDP 中的比重，增加劳动者收入，保障劳动者地位，维护分配的公平性。同时，公有制经济实行按劳分配制度，重视劳动者收入、改善劳动环境、提高劳动者福利，不断完善劳动者的社会保障，为非公有制经济企业做出良好的示范作用，督促非公有制企业承担企业社会责任，向公有制企业看齐。目前公有制企业也存在分配体制改革的问题，在分配制度设计的科学性、利润分享的全面性、激励机制的有效性、福利制度的完善性等方面都要进一步提升。

（二）　加强混合所有制的平等合作

十五大首次提出"发展混合所有制经济"，十六届三中全会更加强调"大力发展混合所有制经济"。但是混合所有制的概念并不清晰。十八届三中全会通过的《中共中央关于全面深化改革若干重大问题的决定》进一步明确了混合所有制的定义："积极发展混合所有制经济。强调国有资本、集体资本、非公有资本等交叉持股、相互融合的混合所有制经济，是基本经济制度的重要实现形式。"① 并指出："允许混合所有制经济实行企业员工持股，形成资本所有者和劳动者利益共同体。"② 混合所有制经济为资本和劳动关系的和谐和利益共享提供了一个有效的途径。2017 年 11 月 29 日，八部门联合发布《关于深化混合所有制改革试点若干政策的意见》，这使混合所有制改革提上了新的实施日程。

混合所有制改革促进了资本所有者与劳动者利益共同体的形成，在很大程度上促进利益共享的实现。首先，混合所有制经济提升了公有资本的比例和参与度，这对劳动者主体地位的提升和权利保障具有较大意义。程恩富认为，以习近平同志为核心的党中央在混合所有制经济的定位上提出了两个根本性论断："一是首次肯定它是我国基本经济制度的重要实现形式；二是提出它成为新形势下坚持公有制主体地位，增强国有经济活力、控制力、影响力的有效途径和必然选择。"③ "我国的基本经济制度将是，在全社会上是以公有制经济为主体、多种所有制经济混合发展，在微观上以公有资本控股为主的混合所有制经济大大发展，并适当发展资本控股的混合所有制经济，使之成为基本经济制度的重要实现形式。"④ 显然，混合所有制经济对提升公有制在企业中的主体地位具有了制度保障形式。其次，通过发展混合所有制经济，劳动者通过员工持股的方式成为资本所有者，实现了劳动者和资本所有者的统一，形成利益共同体。再次，保障了劳动者参与分享企业剩余的权利，有利于提高劳动者的收入水平和福利水平，改善劳动者的劳动条件，也调动了劳动者的生产积极性，激发了劳动者的积极性和创造性，更加有利于提高企业的生产效率，促进经济增长。最后，混合所有制经济的发展使劳动者成为企业的管理者和监督者，有利于提高企业民主管理水平，提高劳动者的社会地位。

---

① 本书编写组：《〈中共中央关于全面深化改革若干重大问题的决定〉辅导读本》，人民出版社，2013，第 73 页。

② 本书编写组：《〈中共中央关于全面深化改革若干重大问题的决定〉辅导读本》，人民出版社，2013，第 24 页。

③ 程恩富：《我国社会主义市场经济理论是重大创新——兼论习近平关于社会主义市场经济的基本思想》，《30 位著名学者纵论哲学社会科学》，中国社会科学出版社，2017，第 324 页。

④ 程恩富：《我国社会主义市场经济理论是重大创新——兼论习近平关于社会主义市场经济的基本思想》，《30 位著名学者纵论哲学社会科学》，中国社会科学出版社，2017，第324 ~ 325 页。

（三）发展公平的企业员工持股新模式

企业员工持股是一种由企业内部员工购买并持有企业股票，从而实现与企业经营管理者共享企业剩余以及企业增长利润的一种股权激励制度。实行员工持股制度是现代企业制度的一种创新。首先，员工持股有助于协调企业的投资者与员工之间的利益关系。社会主义制度下，资本所有者与劳动者之间是互助合作关系，劳动者通过员工持股获得了另一个身份，也就是资本所有者，赋予了劳动者成为工人与资本所有者的双重身份，真正改变了劳动者在企业中的弱势地位，实现劳动与资本的有机联合。其次，企业通过员工持股计划实现了利益共享，有利于缓和劳动关系双方的矛盾，促进员工对企业归属感的形成和忠诚度的提高。它是一种股权激励制度，但是又与一般的股权激励制度有区别。股权激励制度是企业激励优秀核心员工的一项制度，目的是留住优秀人才。员工持股计划的独特优势在于持股的普遍性，鼓励所有员工参与持股，使人力资本与物质资本共同分享企业剩余，有利于缩小企业内部员工的收入差距，提高低收入者的收入水平，目的是使所有员工与企业紧密联系在一起，促进生产率的提高，让劳动者与企业共命运。最后，劳动者通过员工持股会参与企业的经营与管理，提高了企业的民主化程度。一方面，从根本上改变了劳动者被动、受剥削的境况，劳动者获得更多的权利和机会，为自己争取更多利益。另一方面，企业劳动与资本联合，使得企业的经营管理效率得到提升，为企业的长久健康发展提供了保障。

目前，我国对于员工持股制度还处于宣传鼓励阶段，没有明确的定义和法律规制，一部分执行员工持股制度的企业也或多或少的存在一定的问题。员工持股制度作为共享经济的重要形式其实现和完善有赖于各方面的共同努力。首先，政府要继续宣传和推广资本与劳动共享经济利益的理念。理念是实践的先行，正确的理念才能对实践做出正确的指导。资本与劳动共享利益符合社会主义经济制度的要求，是一种实现资本与劳动互利共赢的理念，需要在深入研究成功经验的基础上广泛宣传和推广。其次，完善共享经济的法律制度。我国员工持股制度虽然在国家改革中得到了一定的实践，但是由于缺乏法律的规制，一些实行员工持股制度的企业通常自行制定相关规章制度，有时可能只做到了表面上的员工持股和共享，无法长久实施下去。政府要尽快完善员工持股相关的制度，进行严格的监督，让共享有法可依。再次，企业应自觉转变经营管理观念，改变一味地追求利润、追求不断扩大生产规模错误观念，在重视企业生产效率的同时要重视劳动者的重要作用，认识到劳动是价值的唯一源泉，提高劳动者的地位，缓和与劳动者的矛盾，实现合作与共享才是企业发展的必要保障。最后，劳动者要不断提升自身的素质和竞争力，勇于维护自身的权利，为自己争取更体面、更美好的生活。

（四）明确劳动力产权

国内较早提出劳动力产权的是洪远朋教授，他认为，共享经济的前提条件是确定劳动力资本的产权，确立劳动力产权就是使劳动力资本化，将劳动力与生产资料、房地产、金融等一样赋予产权内容。劳动者是劳动力产权的主体，劳动者向企业投入劳动力，不仅是一种劳动行为，而且是一种投资行为。劳动者不仅应该获得劳动收入，而且应该获得产权收益。由此较早倡导股份合作制作为企业劳资关系共享的经济模式，其基本原则是"共同占有、权利共使、风险共担、利益共享"。[①]

马克思十分重视对劳动力价值的肯定。习近平也指出："全社会都要贯彻尊重劳动、尊重知识、尊重人才、尊重创造的重大方针，维护和发展劳动者的利益，保障劳动者的权利。要坚持社会公平正义，排除阻碍劳动者参与发展、分享发展成果的障碍，努力让劳动者实现体面劳动、全面发展。"[②] 我国将社会主义制度与市场经济相结合建立了社会主义市场经济制度，消灭了剥削制度，为劳动者的权利的保障，劳动力产权的确立提供了良好的制度环境。劳动者作为劳动力的所有者拥有了劳动力产权，也就保证了劳动者分享劳动力收益的权利。

（五）充分发挥政府公正调节职能

社会主义市场经济体制要发挥两个方面的作用。一方面，遵循市场经济的规律，发挥市场在资源配置中的决定性作用，通过劳动力市场价格机制调整劳动力资源的供求状况，进行资源配置，实现效率的最大化；通过市场竞争机制激励企业不断地进行技术创新和设备更新、提高生产率和产品质量，

---

① 洪远朋等：《共享利益论》，上海人民出版社，2001，第71页。
② 习近平：《在庆祝"五一"国际劳动节暨表彰全国劳动模范和先进工作者大会上的讲话》，人民出版社，2015，第5页。

实现市场的优胜劣汰。另一方面，以维护社会公平正义、实现共同富裕为目标更好地发挥政府的作用。由于资本的逐利性、市场竞争残酷性以及劳动力市场供大于求等原因，驱使企业为了自身的短期利益侵害劳动者的合法权利，更不用说与劳动者之间进行利益共享。社会主义市场经济条件下实现资本与劳动的利益共享必须充分发挥政府作用。

首先，政府应提高企业利益共享的积极性。帮助企业转变经营管理理念，改变利益至上的传统观念，帮助企业充分认识到劳动者在提高企业生产效率、促进企业创新和进步中的重要作用。其次，鼓励和引导企业建立劳资利益共享的分配制度，帮助企业用正确的理念指导实践。资本与劳动利益共享符合社会主义经济制度的要求，符合企业发展的长远利益，是一种实现资本与劳动互利共赢的正确理念。最后，进一步深化收入分配制度改革，完善收入初次分配和再分配制度。初次分配方面，不断调整最低工资标准，保障劳动者的合法权益，防止企业恶意用工和拖欠劳动者工资，加强政府对企业的监督，通过经济、行政和法律手段对企业的工资分配进行宏观调控；充分发挥市场的决定性作用的同时，规范劳动力市场秩序，促进劳动力合理流动、公平参与市场竞争；引导企业进行工会的建设，充分发挥工会的协商作用，代表和维护企业劳动者的利益。完善收入再分配调节机制，税收是对收入进行再分配的重要手段。我国一直重视税收制度改革，并取得了一定的成绩。深化税收制度，不断健全税收制度，改革不合理的税收结构，充分发挥税收在调节居民收入差距中的重要作用，实现劳动者共享发展成果。

（六）建立风险共担机制

企业利益共享不仅要收益共享，还要风险共担，需要建立风险共担机制。在古典企业中，由于所有权与经营权没有分离，资本所有者同时作为企业所有者和管理者来经营企业，在这种企业制度形态下，资本所有者与企业是统一且不可分割的关系，与企业同命运共呼吸，企业的兴衰直接决定了资本所有者的命运。企业风险实际上由资本所有者承担，因此资本所有者必须用心经营企业，自负盈亏，无法通过随意退出企业来逃避风险。劳动者作为一个自由的个体，其自身具有很大的灵活性，可以随时退出企业来规避风险。现代企业中，由于资本所有者与企业的关系逐渐弱化，大多数资本所有者只是通过在资本市场的资本投资来获得更多利益，而不再直接参与企业的经营和管理。企业的经营管理更多的是交给专业的管理团队以及职业经理人，企业的风险转交给了人力资本所有者即企业直接的管理者和普通劳动者，企业的生产和发展日益依赖管理者的能力和普通劳动者的素质。我国现代企业的治理结构要适应新时代的新要求，保障所有要素所有者的利益和资金安全，尽快建立资本所有者、企业管理者以及劳动者的风险共担机制，实现风险分配的公平性，因为，承担风险的不平等是利益分享不平等的重要内容。

总之，在社会主义市场经济制度下，企业共享利益是企业发展的必然选择和必然要求。事实证明，企业只有朝着共享利益的目标发展，才会有不断的创新和利润的增长，只有正确处理好企业与劳动者的关系才能实现企业可持续地长久发展。企业共享利益也为保障劳动者的权利、维护社会分配正义、实现共同富裕和最终实现人的自由发展提供有效的解决途径。

原载《伦理学研究》2020 年第 4 期，收入本书时有改动。

作者单位：上海财经大学马克思主义学院

论马克思的共产主义信念

马拥军

围绕《共产党宣言》中的"消灭（扬弃）私有制"问题，曾经产生过无数争论。很多人反对"消灭私有制"的提法，原因在于望文生义，误以为共产主义就是要"共"一切"财产"，包括个人消费品。但更多的人，包括大量共产党员甚至党的高级领导干部在内，明明知道"共产主义"的含义是指共有资本或生产资料，也仍然会对共产主义表示怀疑。可见，知道什么是共产主义，并不意味着必然相信共产主义。这说明，共产主义并不是一个单纯的知识论问题，而是一个复杂的信仰问题。但是信仰有多种，而且往往是相互对立的，例如理性信仰和非理性信仰、宗教信仰和科学信仰、私有制信仰和共产主义信仰，等等。不在信仰层面上进行具体分析，以为只是让人们理解"什么是共产主义"，人们就会自动地去相信它，这种想法未免天真。

把科学社会主义与空想社会主义区别开来的是唯物史观和剩余价值理论。早在《神圣家族》和《德意志意识形态》中马克思和恩格斯就已经创立了唯物史观，在《哲学的贫困》中已经创立了剩余价值理论，因此《共产党宣言》中的共产主义理论是有充分根据的。但是按照列宁的看法，在《资本论》之前，唯物史观"暂且还只是一个假设"；是《资本论》把唯物史观变成了"科学"。从此以后，马克思与那些把共产主义视为宗教信仰、非理性信仰或单纯理性信仰的人分道扬镳，马克思的共产主义信念成为一种经过论证的科学信仰。

一 从"扬弃私有制"到"消灭私有制"

共产主义并不是指共有一切财产，而只是指共有资本、共有生产资料。对于共产党员来说，这本应是常识，无须任何说明。但共有生产资料为的是什么，并不是每个共产党员都清楚。回答很简单：为消灭谋生的活动。马克思把谋生的方式叫作"生产方式"①。比如资本家依靠资本谋生、无产者依靠劳动谋生。只有生产资料公有，才能实行"各尽所能，各取所需"的分配制度，人类才不必再为谋生而劳动，从而为"每个人的自由发展"创造条件。

在《共产党宣言》中，这一思想已经表达得非常清楚。但是，人们却仍然为中译本究竟应当翻译成"消灭"私有制还是"扬弃"私有制争论不休。主张翻译成"扬弃"的学者，理由是德文原词本来是多义词，其中一个含义就是"扬弃"；反对者举出经过恩格斯审核的英文版，指出在那里翻译成了不具有"扬弃"意义的"消灭"。两派学者都没有意识到，其实从《共产党宣言》1848 年德文版出版到 1888 年英译本出版，作者的思想已经发生了变化：如果说《共产党宣言》发表时，马克思和恩格斯想表达的是"扬弃私有制"的意思，那么，到晚年，马克思和恩格斯想表达的肯定是"消灭私有制"。而这一变化恰恰是与共产主义由一种历史信仰变为历史科学的过程联系在一起的。

同"消灭"不同，"扬弃"是一个德语中特有的哲学概念。恩格斯在《英国工人阶级状况》1892 年德文版序言中曾经指出，在这本书中"到处都可以发现现代社会主义从它的祖先之一即德国古典哲学起源的痕迹。例如本书，特别是在末尾，很强调这样一个论点：共产主义不是一种单纯的工人阶级的党派性学说，而是一种最终目的在于把连同资本家在内的整个社会从现存关系的狭小范围中解放出来的理论。这在抽象的意义上是正确的，然而在实践中在大多数情况下是无益的，甚至是有害的"。恩格斯接着说，"1789年的法国资产者也曾宣称资产阶级的解放就是全人类的解放；但是贵族和僧侣不肯同意"，这一论断虽然当时对封建主义来说是一个无可辩驳的抽象的历史真理，但它很快就变成了一句"纯粹是自作多情的空话"而在革命斗

---

① 《马克思恩格斯文集》第 1 卷，人民出版社，2009，第 602 页。

争的火焰中烟消云散了。①

　　恩格斯在《英国工人阶级状况》中所说的这句话，也适用于马克思和恩格斯的其他早期著作，包括《共产党宣言》。但是"扬弃"作为与"人类解放"联系在一起的一个概念，毕竟是哲学批判的结果，按照上述逻辑，我们可以说"扬弃私有制"对于资本主义来说"是一个无可辩驳的抽象的历史真理"。正如恩格斯早在《英国工人阶级状况》中就已经确立这一真理一样，马克思早在《1844年经济学—哲学手稿》就已经确立这一真理。他不仅在"私有财产与共产主义"一节中，通过私有财产的普遍化和完成、私有财产的否定、私有财产的否定之否定三个环节，论述了共产主义对私有财产的扬弃，而且在"对黑格尔辩证法和整个哲学的批判"一节中专门讨论了"否定的辩证法"。顺便说一下，马克思当时所说的"私有财产"指的正是资本，他把资本与劳动的对立当成实体与主体（客体与主体）的对立来研究，由此得出了人类解放实现之后的社会即"人类社会"（或"人的社会"）的概念。马克思明确指出：作为私有财产的否定之否定，"共产主义并不是人类发展的目标，并不是人类社会的形态"②。在《神圣家族》中，马克思对共产主义的信仰已经由哲学层面上升到历史层面，在《关于费尔巴哈的提纲》中提出了"革命的实践"概念，在《德意志意识形态》中则明确提出"实践的唯物主义者即共产主义者"。在《哲学的贫困》中，马克思初步形成了剩余价值理论，从而把生产方式即谋生的方式作为历史发展的核心概念。由此，《共产党宣言》第一章的理论基础（唯物史观）和第二章的理论基础（剩余价值理论）终于双双齐备。因此，到《共产党宣言》发表的时候，马克思的共产主义信仰已经坚如磐石，不可动摇了。

　　在《共产党宣言》1883年德文版的序言中，恩格斯明确指出，"贯穿《宣言》的基本思想"即唯物史观，"完全是属于马克思一个人的"③。但正如列宁指出的那样，一直到《资本论》出版之前，唯物史观仍然是一种假设，尽管是科学假设。由此决定了马克思的信仰仍然是"无可辩驳的抽象的历史真理"，正如在《1844年经济学—哲学手稿》中马克思的共产主义信仰还只是无可辩驳的抽象的哲学真理一样。就此而言，恩格斯强调《共产

---

① 《马克思恩格斯文集》第1卷，人民出版社，2009，第370~371页。
② 《马克思恩格斯文集》第1卷，人民出版社，2009，第197页。
③ 《马克思恩格斯文集》第2卷，人民出版社，2009，第9页。

党宣言》的基本思想时谈到阶级斗争，讲"这个斗争现在已经达到这样一个阶段，即被剥削被压迫的阶级（无产阶级），如果不同时使整个社会永远摆脱剥削、压迫和阶级斗争，就不再能使自己从剥削它压迫它的那个阶级（资产阶级）下解放出来"。既然是解放"整个社会"，那么，对于1848年版的《共产党宣言》来说，"扬弃私有制"就比"消灭私有制"的翻译更加贴切，但是"消灭私有制"更加合乎在《资本论》中形成的历史科学观点，因而对于1888年英译本的翻译来说更加贴切。"扬弃"毕竟是一种含混的哲学概念，而"消灭"则成为一种严格意义上的科学概念。

二　《资本论》对共产主义信仰的科学论证

列宁是在评论《〈政治经济学批判〉序言》中的唯物史观经典表述时，提出当时唯物史观"暂且还只是一个假设"的。唯物史观根据生产方式划分各种"经济的社会形态"，但必须解剖其中的一个形态，让它的变革机理以"自然科学的精确性"① 显现出来，唯物史观才能成为科学。列宁进一步指出："自从《资本论》问世以来，唯物主义历史观已经不是假设，而是科学地证明了的原理。"② 马克思研究了商品经济社会怎样通过把劳动力变成商品，"怎样变成资本主义社会经济组织而造成资产阶级和无产阶级这两个对抗的……阶级，怎样提高社会劳动生产率"，从而证明了资本主义内在地包含着自我否定的因素，由此，"马克思……第一次把社会学放在科学的基础之上"。③

如果说，人们在阅读《共产党宣言》时，更突出两个"不可避免"④，那么，阅读《〈政治经济学批判〉序言》时突出的则往往是两个"决不会"⑤。有的人仅仅把前者称为两个"必然"（"资本主义必然灭亡，社会主义必然胜利"），这是片面的。其实，两个"必然"的完整表述应当既包括两个"不可避免"，也包括两个"决不会"，因为资本主义灭亡和社会主义

---

① 《马克思恩格斯文集》第2卷，人民出版社，2009，第592页。
② 《列宁专题文集》（论辩证唯物主义和历史唯物主义），人民出版社，2009，第163页。
③ 《列宁专题文集》（论辩证唯物主义和历史唯物主义），人民出版社，2009，第162～163页。
④ 《马克思恩格斯文集》第2卷，人民出版社，2009，第43页。
⑤ 《马克思恩格斯文集》第2卷，人民出版社，2009，第592页。

胜利的必然性既在于"资产阶级的灭亡和无产阶级的胜利是同样不可避免的",也在于"现代资产阶级的生产方式"即雇佣劳动制度发挥出它所能发展的"全部生产力"。在这里,马克思强调的仍然是"整个社会"的解放,马克思甚至把共产主义之前的社会都称作"人类社会的史前时期"。①

《资本论》之所以使唯物史观成为科学,是因为唯物史观是从历史学的角度而不是从社会学的角度研究资本主义的灭亡,而《资本论》则是从社会学的角度研究资本主义生产方式这一"经济的社会形态"(列宁称为"社会经济形态"的各种形式或"社会经济诸形态")的产生、发展和灭亡的历史。从逻辑上看,《资本论》是一部从辩证抽象到辩证具体的逻辑学,包括货币转化为资本的逻辑、资本自我扩张的逻辑和资本自我否定的逻辑。从内容上看,马克思首先研究了"货币转化为资本"、资本自我扩张和资本自我否定的历史条件。正是对这种历史条件精确的具体研究,使唯物史观上升到科学层面。

不懂黑格尔的逻辑学,就不可能理解马克思的《资本论》。② 我们在这里强调的则是:不懂资本产生、发展、灭亡的历史条件,就不可能懂得《资本论》。资本产生的历史条件是生产资料和劳动者的分离,也就是资本原始积累的过程,它使劳动从属于资本。资本发展的历史条件是绝对剩余价值和相对剩余价值的生产。资本的生产过程要求降低作为劳动力成本的工资,而资本的流通过程要求提高作为有效需求的条件的工资以便使剩余价值得到实现,这就使资本主义生产在自相矛盾中(即一方面,生产过程要求压低工资;另一方面,流通过程要求提高工资)往前发展。尤其是相对剩余价值的生产,使资本主义生产的总过程采取周期性经济危机的形式。但总的趋势是平均利润率或"一般利润率"的螺旋式下降。一旦利润率降低为零,资本就还原为货币,资本主义生产方式自我否定的时机就到来了。在这一意义上,剩余价值剥削如何导致资本主义的发展和灭亡,是使唯物史观从而使社会主义从哲学乃至宗教信仰变为科学的核心问题,其中利润率下降趋势的规律是关键环节。

通过《资本论》及其三大手稿,我们可以清楚地看到这一规律是如何逐渐成形的。

---

① 《马克思恩格斯文集》第2卷,人民出版社,2009,第592页。
② 转引自《当代国外马克思主义评论(15)》,人民出版社,2017,第34页。

　　《〈政治经济学批判〉序言》是作为《1857—1858 年经济学手稿》成果的一部分发表的。一般认为，作为"政治经济学批判大纲"，《1857—1858 年经济学手稿》的内容超出了《资本论》，但《资本论》的三个部分，即围绕"资本主义生产方式以及和它相适应的生产关系和交换关系"而展开的"资本的生产过程""资本的流通过程""资本主义生产的总过程"已经初具雏形，因此很多人也把《1857—1858 年经济学手稿》视为《资本论》的第一稿，而把《1861—1863 年经济学手稿》视为《资本论》的第二稿，把《1863—1865 年经济学手稿》视为《资本论》的第三稿。正是在《1857—1858 年经济学手稿》中，马克思研究了"现代资产阶级的生产方式"的界限，认为这来自资本的内在界限："（1）必要劳动是活劳动能力的交换价值的界限；（2）剩余价值是剩余劳动和生产力发展的界限；（3）货币是生产的界限；（4）使用价值的生产受交换价值的限制。"① 这些界限造成生产的相对过剩，导致资本主义经济必然发生周期性的商业危机。马克思此时已经认识到，这种商业危机正是两个"不可避免"和两个"决不会"综合作用的结果。这是因为，商业危机本身并不能造成资本主义的灭亡，只有平均利润率（马克思称为"一般利润率"）的不断下降才导致资本主义的灭亡。资本的界限表现在利润率的不断下降中，因此必须研究利润率不断下降趋势的规律。

　　在《1861—1863 年经济学手稿》中，马克思根据资本的内在界限，研究了利润率下降趋势的内在原因：资本有机构成的提高。为了追求超额剩余价值，资本家试图通过科技创新获得更高的生产率，这使得这些资本家的单位产品中包含的个别劳动时间低于社会必要劳动时间，从而能够以高于价值的价格出售。但是"竞争使这种生产方式普遍化并使它服从于一般规律"。② 普遍技术更新的结果是整个资本家阶级能够获取相对剩余价值，问题是"剩余价值率的提高不与生产力的增长成比例……或者说，剩余价值率不按可变资本与资本总量相比下降的比例而提高。由此而来的是剩余价值量相对减少。由此而来的是利润率下降"③，利润率有不断下降的趋势。整个社会的利润率不断下降，其内在机制正是"可变资本与总资本相比不断减少"④

① 《马克思恩格斯文集》第 8 卷，人民出版社，2009，第 97 页。
② 《马克思恩格斯全集》第 32 卷，人民出版社，1998，第 507 页。
③ 《马克思恩格斯全集》第 32 卷，人民出版社，1998，第 508 页。
④ 《马克思恩格斯全集》第 32 卷，人民出版社，1998，第 509 页。

导致的。

恩格斯在编辑《资本论》第三卷时，对各个手稿中马克思研究利润率下降趋势规律的方方面面的成果做了整理。在马克思和恩格斯的时代，利润率下降规律是一个得到公认的经验规律。直到今天，我们仍然可以看到这个规律在发挥作用。比如在一国内部，头一批发现商机的人都是赚大钱的，第二批就仅能获得平均利润，等到所有人都蜂拥而入，就到了亏本的时候了。在国际上，越是发展中国家利润率和经济增长率越高，越是发达国家利润率和经济增长率越低。同那些误以为"供给创造自己的需求"的庸人不同，李嘉图对利润率的下降感到忧虑不安，马克思认为"这恰恰证明李嘉图对资本主义生产的条件有着深刻的理解"，① 李嘉图虽然感到忧虑，但是对这个经验的规律却未能给出正确的解释。在《资本论》第三卷中，马克思总结了以前的研究成果，指出："资本主义生产，随着可变资本同不变资本相比的日益相对减少，使总资本的有机构成不断提高，由此产生的直接结果是：在劳动剥削程度不变甚至提高的情况下，剩余价值率会表现为一个不断下降的一般利润率。"② 同时，马克思也研究了"起反作用的各种原因"，包括"劳动剥削程度的提高""工资被压低到劳动力的价值以下""不变资本各要素变得便宜""相对过剩人口""对外贸易""股份资本的增加"，等等。③ 在此基础上，马克思考察了"规律的内部矛盾的展开"。他指出："李嘉图自以为考察了利润率，实际上只是考察了剩余价值率，而且只是考察了在工作日的内涵和外延都是不变量这个前提下的剩余价值率。"④ 马克思发展了《1857—1858 年经济学手稿》中关于"资本的界限"的理论，从"生产扩大和价值增殖之间的冲突""人口过剩时的资本过剩"等方面，研究了利润率下降规律的螺旋式展开机制，结论是："资本的权力在增长，社会生产条件与实际生产者分离而在资本家身上人格化的独立化过程也在增长……由资本形成的一般的社会权力和资本家个人对这些社会生产条件拥有的私人权力之间的矛盾，越来越尖锐地发展起来，并且包含着这种关系的解体，因为它同时包含着把生产条件改造成为一般的、公共的、社会的生产条件。这

---

① 《马克思恩格斯全集》第 32 卷，人民出版社，1998，第 462 页。
② 《马克思恩格斯文集》第 7 卷，人民出版社，2009，第 237 页。
③ 《马克思恩格斯文集》第 7 卷，人民出版社，2009，第 258～268 页。
④ 《马克思恩格斯文集》第 7 卷，人民出版社，2009，第 269 页。

种改造是由生产力在资本主义生产条件下的发展和实现这种发展的方式决定的。"①

有的研究者不懂《资本论》的逻辑，误以为马克思对利润率螺旋式下降规律的展开表明他取消了这一规律，另有人认为，迄今为止利润率并没有降低为零，资本主义也没有灭亡，这证明《资本论》关于利润率下降的规律是错误的。这些人就跟列宁所批判的那些人一样，对于马克思和恩格斯所创立的"历史科学"缺乏理解能力。作为"历史科学"，《资本论》自带一套证实和证伪的标准。

三 科学信仰的证实与证伪

正如革命的实践被理解为"环境的改变和人的……自我改变的一致"的活动②一样，对于马克思和恩格斯来说，"历史科学"包括"自然界对人来说的生成过程"的科学和"人通过人的劳动而诞生"③ 的科学，因为"只要有人存在，自然史和人类史就彼此相互制约"。④ 当代西方的科学哲学之所以认为马克思主义不是科学，是因为他们不是从"历史科学"的历史性着眼，而是从恩格斯批判过的"自然主义的历史观"⑤ 着眼，人和自然由此被对立起来。无论是"证实"，还是"证伪"，当代西方的科学哲学都立足于自然主义历史观，而不是立足于自然的改变和人的自我改变的一致。由于把人和自然脱离开甚至对立起来，人们习惯于认为自然是可以预测的，而人类历史则是不可预测的。但对于马克思和恩格斯来说，"只要有人存在"，人和自然就是不可分离的；人和自然的对立反映的不过是异化的存在状态。在历史科学的视野中，人和自然本来就是实践基础上的统一，因此服从同样的历史规律。历史的本质是"改变"。问题在于改变世界，包括人的自我改变。不同的历史阶段会形成不同的历史主体和历史对象，因而遵循不同的历史规律。不能把证实和证伪标准建立在科学规律的不变化上面。

---

① 《马克思恩格斯文集》第7卷，人民出版社，2009，第293~294页。
② 《马克思恩格斯文集》第1卷，人民出版社，2009，第500页。
③ 《马克思恩格斯文集》第1卷，人民出版社，2009，第196页。
④ 《马克思恩格斯文集》第1卷，人民出版社，2009，第516页注②。
⑤ 《马克思恩格斯文集》第9卷，人民出版社，2009，第483页。

从历史科学的角度来看，《资本论》有它自身的证实和证伪标准。

对于证实标准，马克思讲得很清楚：《资本论》同一切科学一样，有其理想模型。只要符合这一模型的要求，同样的规律就是可重复的。《资本论》以英国作为资本主义生产方式的"典型地点"，但这绝不意味着《资本论》的分析只适用于英国。"工业较发达的国家向工业较不发达的国家所显示的，只是后者未来的景象。"按照这一看法，德国和其他任何国家，只要具备"资本主义生产方式以及和它相适应的生产关系和交换关系"，那么，《资本论》的分析就会得到证实。①

历史科学的证伪标准比较复杂，因为它必须把规律本身的改变考虑进去。马克思在《资本论》德文第二版的跋中，借助别人对他的评论说明了这一道理："有人会说，经济生活的一般规律，不管适应于现在或过去，都是一样的。马克思否认的正是这一点。在他看来，这样的抽象规律是不存在的……根据他的意见，恰恰相反，每个历史时期都有它自己的规律……旧经济学家不懂得经济规律的性质，他们把经济规律同物理学定律和化学定律相比拟……对现象所做的更深刻的分析证明，各种社会有机体像动植物有机体一样，彼此根本不同……由于这些有机体的整个结构不同，它们的各个器官有差别，以及器官借以发生作用的条件不一样等等，同一个现象就受完全不同的规律支配。"② 马克思认为，评论家描述的正是"辩证方法"。历史科学的证伪标准不能采取传统的归纳或演绎方法，而必须采取辩证方法来确定。

马克思是 1873 年 1 月写作《资本论》德文第二版的跋的。恩格斯在《英国工人阶级状况》1892 年德文版序言中进一步谈到了资本主义在其生产方式的界限以内的发展。恩格斯承认，由于当时科学社会主义还处于它的"胚胎发展"③ 的阶段，而英国当时还处于它的"资本主义剥削的青年时期"④，他在《英国工人阶级状况》德文第一版中设想的"资本主义的灭亡"还不具备其经济条件，所以，在这方面《英国工人阶级状况》的哲学结论被证伪了。这一点对于马克思《1844 年经济学—哲学手稿》的哲学信仰和《共产党宣言》的历史信仰来说也是成立的。但是，与《共产党宣言》

① 《马克思恩格斯文集》第 5 卷，人民出版社，2009，第 8 页。
② 《马克思恩格斯文集》第 5 卷，人民出版社，2009，第 21 页。
③ 《马克思恩格斯文集》第 1 卷，人民出版社，2009，第 370 页。
④ 《马克思恩格斯文集》第 1 卷，人民出版社，2009，第 369 页。

及其以前的所有理论不同，《资本论》是科学，它对共产主义的信仰是科学信仰，因此它还有证实标准。换言之，《资本论》是肯定与否定或实证与批判的统一。这里的肯定和实证是一个词（positive），而批判和否定、革命，在马克思看来是同一个概念即辩证法的不同表现。因此，历史科学的证伪表现为理论批判和实践改造的一致。恩格斯1892年的观点属于事后的历史回顾，而在《资本论》中马克思则以前瞻性的眼光和"自然科学的精确性"研究了资本在其限度内的发展的逻辑进程。应当从这里面去寻找对《资本论》的证伪。

《共产党宣言》已经注意到资本主义基本矛盾表现在周期性的生产过剩危机中，1848年革命就是这种危机的结果。以往的危机都是由短缺导致的，由过剩导致的危机是整个人类历史的转折点。在这一意义上，1847年危机和1848年革命以后的平稳发展对《共产党宣言》的证实和证伪开辟了通往《资本论》的科学道路。所谓"供给创造自己的需求"实际上只适用于短缺经济，不适用于过剩经济。"增长的意识形态"也是这样，因为靠增长解决问题，实际上只适用于短缺的时代，不适用于过剩的时代。斯密对停滞状态的忧虑和李嘉图对一般利润率下降的忧虑都超越了庸俗经济学对增长的盲目乐观态度，但他们都没有看到，从短缺到过剩，其内在机制是由资本的界限决定的。通过对这一界限的研究可以看到，资本过剩与产品过剩具有不同的性质。产品过剩的危机可以通过凯恩斯主义方式加以克服，资本相对过剩的危机也可以通过凯恩斯主义方式加以克服，但资本绝对过剩的危机是无解的。导致资本主义灭亡的危机不可能是产品过剩的危机，也不是一般的资本过剩危机，只能是资本绝对过剩的危机。一旦利润率降低为零，资本也就还原为货币，因为从此以后价值将不能带来剩余价值，剩余价值的生产将不再可能。

马克思在写作《资本论》的过程中，注意到一般利润率或平均利润率在个别部门或个别企业的分布是不同的。从理论上说，"只要为了资本主义生产目的而需要的追加资本＝0，那就会有资本的绝对生产过剩"。问题是追加资本必须能够获取利润，"资本主义生产的目的是资本增殖，就是说，是占有剩余劳动，生产剩余价值，利润。因此，只要资本同工人人口相比已经增加到既不能延长这些人口所提供的绝对劳动时间，也不能增加相对剩余劳动时间……就是说，只要增加以后的资本同增加以前的资本相比，只生产一样多甚至更少的剩余价值量，那就会发生资本的绝对生产过剩；这就是说，增加以后的资本 C + ΔC 同增加 ΔC 以前的资本 C 相比，生产的利润不是更多，甚至更少了。"① 马克思在这里实际上提出了一个边际利润率的问题。在竞争规律的作用下，边际利润率的降低表现为利润率在不同部门和不同企业的不均匀分布。通常情况下，越是高新科技产业，利润率越高，越是传统产业，由于竞争的作用，利润率越低。这里就出现了新资本家和老资本家之间的斗争。"在任何情况下，一部分旧资本必然会闲置下来，就是说，从其资本属性来看，就其必须执行资本职能和自行增殖来说，必然会闲置下来。"② 但是，一旦资本闲置，必然造成相应的劳动力人口过剩，通过凯恩斯所说的"乘数效应"形成连锁反应，就会导致经济危机。解决问题的办法很简单：只要把不能带来利润的部门剩余资本收归国有即可。这是因为，国有企业不必以营利为目的，即使利润率为零，为了保证工人就业，也要继续开工。结果是，同样通过"乘数效应"，被叠加的危机得到消除。在这个意义上，可以通过对利润率为零的部门依次实行资本主义国有化来挽救那些仍然可以获得利润的企业和部门。

凯恩斯革命和罗斯福新政实际上正是通过政府干预和建立宏观经济部门，对资本主义进行了改良。在这一意义上，马克思时代的自由资本主义已经灭亡。在历史科学的意义上，这无疑是对《资本论》的证实和证伪。但资本主义并没有完成对所有部门的国有化，而是通过建立消费社会延缓了资本主义的灭亡，20 世纪 70 年代以后新自由主义产生，更是通过开辟世界市场把资本主义全球化推向新的阶段，直到资本碰到空间上的新界限。这再一次形成对《资本论》的证实和证伪。虽然马克思的政治经济学批判计划只完成了第一册"资本"论，没有完成"雇佣劳动"论、"土地所有制"论、"国家"论、"对外贸易"论、"世界市场"论，但已经为对《资本论》的证实和证伪指明了方向。当代的所谓"逆全球化"浪潮，则再次实现了对《资本论》的证实与证伪。

历史科学的证实和证伪要求决定了马克思主义是开放的体系，共产主义信仰是科学信仰。这是因为，随着实践的发展，理论也要发展。如果说罗莎·卢森堡和列宁等后来的马克思主义者的研究在理论上发展了马克思的政治经济学批判，那么，苏联的建立和崩溃以及中国特色社会主义由短缺经济

① 《马克思恩格斯文集》第 7 卷，人民出版社，2009，第 280 页。
② 《马克思恩格斯文集》第 7 卷，人民出版社，2009，第 281 页。

走向产能过剩和资本过剩的经济新常态，就从证实和证伪两方面表明，资本就要在世界范围内到达它的极限了。一种新的文明类型即共产主义新文明，正在东方露出鱼肚白。

原载《毛泽东邓小平理论研究》2019 年第 1 期，收入本书时有改动。

作者单位：复旦大学马克思主义学院

三　观点荟萃

同情与良知：两种市场经济人性论预设的范畴分析

张　雄　孙洪钧

卢梭认为，自私和"同情或怜悯"是人之天性。这句名言构成了近代西方市场经济人性论伦理预设的理论前提，也是斯密撰写《道德情操论》的一个重要范畴，西方主流经济学长期以此为市场经济合理性、合法性存在的依据。斯密建立的国民经济学人性论预设的思路是：现代西方社会的人性论是自利的个人主义，人与人之间的关系是一种利益交换关系。"每一个人……在某种程度上变成了一个商人，而社会本身也逐渐成为一个完完全全的商业社会。"① 在商业社会中，人的本性是利己和"爱把东西相互交换的癖性"。但是这种财富竞争必然导致贫富两极分化的社会后果，如何在这种充满着像野兽般竞争撕咬的市场环境下，让富人可以安享财富，让穷人不至于因为一贫如洗而导致社会动乱？斯密以"同情或怜悯"作为人性论预设，希望解决这一根本问题，为西方市场经济找到伦理基础。据此，《道德情操论》《国富论》奠定了西方市场经济的理论基础。

经过几百年的西方现代性发育的历史表明，斯密通过"同情或怜悯"试图解决社会贫富分化的设想是行不通的。西方放任自由竞争的市场经济制度，具有达尔文进化论的天则，市场活动中奉行赢家通吃、弱肉强食、强者必霸的零和竞争原则。马克思深刻地指出："贪欲以及贪欲者之间的战争即竞争，是国民经济学家所推动的仅有的车轮。"② 这种以所谓的自由竞争为

---

① 〔英〕亚当·斯密：《国富论》，唐日松等译，华夏出版社，2005，第19页。
② 《马克思恩格斯文集》第1卷，人民出版社，2009，第155~156页。

原则的一级市场财富积累，在私有制为基础的经济制度下，使社会逐渐形成了富人和穷人的群体，必然导致两极分化的社会后果，产生资产阶级和无产阶级的社会对立。马克思深刻地揭示了资本主义社会剥削制度的性质，不是资本家养活工人，而是工人养活资本家。这种不合理的社会财富效应应当得到纠正，表面上的"同情和怜悯"只是资产阶级的遮羞布，利己与利他矛盾的最终解决，需要先进的社会制度。

马克思政治经济学批判传统的当代唤醒，有助于西方经济学从较为狭隘的个人主义价值观和资本逻辑的窠臼中走出来。随着当代人类生存世界的不断融合，只追求你输我赢、一家通吃的零和竞争思维受到挑战和质疑。经济全球化让"地球村"越来越小，不同国家和地区之间，你中有我、我中有你，它深刻地提出了对市场经济人性论预设研究的整体性和圆融性诉求，市场需要一种健康、高尚人性哲学的伦理提升，呼唤更高层次的人性论预设的出现。

几百年前，中国哲学家王阳明对良知范畴人性论预设做出了重大的理论突破。他认为，良知包括四个方面涵义。其一，良知是至善本体，其意义在于建立向善的社会道德秩序。所谓"良知者，心之本体""心之本体则性也""至善是心之本体"①（《传习录》上，第 2 条）。"夫心之体，性也；性之原，天也。能尽其心，是能尽其性矣。"（《传习录》中《答顾东桥书》，第 134 条）王阳明指出，良知即为至善本体，它不是意识活动本身，而是意识活动的根据，这个根据可以用"至善"来表达。良知是每个人天生具有的，是人人平等的心之本体，不会因为他的财富、地位、年龄而有差别，因此每个人可以自己决定其存在。

其二，良知可以自知、自觉、自救，是为善去恶的道德依据。良知"是乃天命之性，吾心之本体，自然灵昭明觉者也。凡意念之发，吾心之良知无有不自知者。其善欤，惟吾心之良知自知之；其不善欤，亦惟吾心良知自知之。是皆无所与于他人者也"②。"七情顺其自然之流行，皆是良知之用，不可分别善恶，但不可有所着。七情有着。俱谓之欲，俱为良知之蔽。然才有着时，良知亦自会觉。觉即蔽去，复其体矣。"（《传习录》下，第 290 条）它说明良知是得诸天赋的自然天理，是人道德自救、良知至善的理论依据。

---

① 按：《传习录》条目数字，据陈荣捷《王阳明传习录详注集评》（台湾学生书局 1992 年修订版，华东师范大学出版社 2009 年版），以下引文不再注明版本。

② 王阳明：《王阳明全集》卷二十六，吴光、钱明、董平、姚延福编校，上海古籍出版社，1992，第 971 页。

其三，良知就是知行合一，是自律道德在实践中落实的保障。致良知须知行合一，王阳明认为："知之真切笃实处，即是行；行之明觉精察处，即是知；知行工夫不可离。"（《传习录》中《答顾东桥书》，第133条）在王阳明看来，传统的"格物致知"具有重"知"轻"行"的弊端，"知"虽有一定的指导意义，然而"行"才具有最终的决定性作用。

其四，良知是"万物一体"的整体主义精神。王阳明说："夫圣人之心，以天地万物为一体，其视天下之人……以遂其万物一体之念。天下人之心，其始亦非有异于圣人也，特其间于有我之私，隔于物欲之蔽……圣人有忧之，是以推其天地万物一体之仁以教天下之，使之皆有以克其私，去其蔽，以复其心体之同然。"（《传习录》中《拔本塞源论》，第142条）王阳明智慧地处理了"我思"与"我欲"之间的关系。他认为，"万物一体"是心之本体的良知范畴的理想社会，通过对"有我之私""物欲之蔽"的现实批判，以个人良知扩充推广而至于"心体同然"，既实现了中国传统文化所认可的最高人生，又着眼未来，唤起人们共同实现世界大同的社会理想。因此，良知和人性与世界本体相关联，良知是人存在的一切。

正是有了儒家良知思想的影响，中国人才会从古代的儒商精神走向今天诚信地经营和有德性地做人相结合。正确比较两对范畴在伦理学意义上的差异，对于构建中国特色社会主义市场经济伦理原则具有重要意义。

一是不同的人性论预设，决定了不同的市场经济前景及命运。通常而言，西方现代市场经济的人性论预设被表述为斯密自利原则下的"同情或怜悯"。同情背后是竞争、冷漠、丛林法则，由此引申出人与人、人与自然、人与社会之间的冲突。要根治这种西方现代性发展所导致的不良后果，笔者认为，中国传统优秀文化儒家思想的"良知"范畴值得重视。"良知"是中国古代儒家思想人性论预设的重要范畴之一，它强调心理规则、自然规则、社会规则、世界规则的整体共生，倡导"良知至善""良知自知""知行合一""万物一体"的和谐社会秩序。几千年来，中国人自觉或不自觉地充盈了良知文化的血液，影响着今天中国人的人性论预设的发展。社会主义市场经济提倡从人性论预设的"良知"范畴出发，而不是简单套用西方人性论预设的"同情"模式，这是两种性质不同的社会制度、文化传统所带来社会经济发展的不同路径及其后果，自律的良知加之社会主义法治原则，才是社会主义市场经济必备的治理基础。

二是通过对同情与良知两对范畴的阐释，可以看出，这两对范畴寓意的根本差异性。一种是两种文化根基的不同带来的两种先贤对人性哲学预设的差异。从同情出发，由本能的我走向他者，这仅仅是人之本性的心理联想，是资本主义制度经济学富人对穷人财富分配的一种构想，这种同情实质是富人对穷人的点滴施舍和道德自我救赎。另一种是从自律的自我走向外在的一切存在，追求内在的规则与外在的规则和谐一致，这正是我们今天所提出建立中国特色社会主义市场经济和追求人类命运共同体的文化基因所在。

三是两个范畴比较可以看出两种不同的伦理学分析方法。同情的分析方法关联着个人主义的哲学分析方法。同情范畴只局限在个体的主体与客体的关系中，而不是融入"个体—社会—自然"相和谐的整体生态中。西方现代市场经济理论是以同情的人性论预设为前提，以原子化的个人为分析单位。相反，良知的分析方法关联的是整体主义的分析方法。提倡以良知为人性论预设的社会主义市场经济则体现了中国传统文化的整体主义与"和合"精神，强调在消除贫富两极分化的前提下，实现每个人的自由全面发展，彰显公平公正原则，满足广大人民群众对美好生活的需要。我们认为，"良知"范畴弥补了西方经济学"经济人"假设中所缺失的人文精神，而良知范畴所焕发的整体主义精神，是应对这个被资本逻辑打碎的现代性社会的一服良药，具有拯救人类危难命运的历史灵性，它强调"以天下为己任"的社会责任感，倡导市场经济主体从"零和"博弈走向"和合"精神，从利己主义经济行为向"以义生利"的利己利他市场精神过渡，引领全球利益共同体走向人类命运共同体。

四是推动构建人类命运共同体，源自中华文明历经沧桑始终不变的"天下"情怀。传统文化中的"良知"范畴，它不是一己之私的存在，而是一种利他主义和整体主义相统一的"知行合一"精神，这种精神正是构建大同社会的力量源泉，也是儒学主张社会担当、安排秩序的精神动力，其最终指向在于建构共生共享的理想世界。人们期待通过社会上人人实现致良知，才可为实现万物一体、天下之治打下基础。由此可见，"人类命运共同体"是植根于中华优秀传统文化沃土，把个人自我的微观主体"致良知"与"万物一体"的整体主义思想相联系，实现小我与大我的统一、自律和他律的结合，这才是它的根本宗旨所在。

原载《伦理学研究》2019 年第 6 期，收入本书时有改动。

作者学位：上海财经大学人文学院

经济全球化发展趋势下的跨国资本问题评析

魏小萍

　　经济全球化伴生的一个现象是阶级关系的跨境式发展，资本借助跨国公司的大规模跨境运作催生了跨国资本家阶级的形成，资本主义世界在诸多固有矛盾的基础上形成一些新的矛盾关系，这使得世界局势变得更加错综复杂。20 世纪末，国外就有一些学者开始关注这一现象，从跨国资本家阶级的形成在全球范围带来的贫富分化、跨国资本家阶级与全球霸权、跨国资本家阶级与世界体制等诸多方面进行了讨论，随之国内一些学者也开始对国外学者的讨论予以关注。这些跨国资本家是否构成一个相对独立的阶级？在经济全球化的发展进程中扮演怎样的一种角色？与资本主义固有矛盾的关系如何？某种新的世界体制是否会应运而生？该文尝试分析并探讨这些问题。

　　资本逻辑的基本特征是扩张性的外延式发展模式，这是由其积累与消费之间的固有矛盾所决定的，跨国公司的形成就是这一矛盾的产物。在资本主义发展早期阶段，这一现象就已经出现，老牌英帝国的东印度公司就是一个形成于 17 世纪并且延续 200 多年的最早跨国公司。今天，在经济全球化的发展趋势下，跨国公司已然成为一个全球性的普遍现象。

　　这一现象正在促使全球范围阶级关系发生变化，与跨国公司相伴而生的是跨国资本家，他们是否构成一个不同于其本国资本家、超越于民族国家利益之上的相对独立的特殊利益群体，并因此能够被命名为跨国资本家阶级？这个问题在学术界还是存在争议的。这里我们暂且搁置其命名的争议，借用这一名称来指代这一特殊的群体及其作用，分析这一群体对全球范围阶级关系已经产生并且正在产生的特殊影响。

从某种意义上来说，跨国资本的投资人、经纪人脱离本国利益，构成一种相对独立的特殊经济利益群体，这一群体是否构成一个独立的阶级？从其构成要素上来说，显然不能，因为他们与资本输出国的资本家阶级有着密切的相关性，实际上同根同源，在很多情况下，他们只是其本国实体公司的子公司。从这一角度来说，他们并不是一个独立的阶级群体，所谓的跨国资本家阶级，不是从跨出国门的资本家这一角度来命名的现象，而是从经济全球化局势下，资本以跨国公司的方式向外输出这一角度来指称的现象。

马克思主义理论认为，政治是经济的集中表现，政治为经济服务，这对于跨国资本家阶级来说也不例外。国外研究跨国资本家阶级理论的左翼学者，同样从这一角度来认识问题。在他们看来，跨国资本家阶级在全球追逐超额经济利益的同时，具有明确的政治及其意识形态导向，极端自由主义的市场化理论是其意识形态的体现，而在政治领域，则是对世界霸权的追逐。

始于美国而逐步蔓延全球的 2008 年金融危机，在某种程度上与跨国资本的运作存在一定的相关性，同样地，美国目前所挑起的国际贸易纠纷正是为了应对金融危机的后果所采取的逆向措施，由此引发了诸多国与国之间的贸易争端。与此相应，在全球范围并不存在能够容纳全部而又置于其上的国际政治组织来有效地调节争端、治理矛盾。至今存在的世界银行、WTO 以及各个区域范围的诸多国际经济组织只是对彼此的行为起着有限的制约作用，参与者可以简单地通过退出契约组织的方式而不受其制约，所谓的经济制裁成为政治霸权随意挥舞的大棒。这些经济组织并没有真正的国际司法或者政治意义上的治理权力。

跨国资本在全球范围的运作与无例外全球权力结构平衡制约机制的缺乏，使得资本的固有属性在国际领域得不到在民族国家内部或多或少还存在的制约和调节，近几年虽然各国都加强了对其跨国资本的监管，但是要建立世界范围内有效的监管和调控机制，没有统一的、强有力的世界政治体制显然是难以胜任的。正因如此，跨国资本运作所引发的世界体制问题成为近年来国外学者的热点话题，而金融资本在国际范围内的风险机遇无疑是实体资本固有属性的放大，加剧了问题的严重性。

对跨国资本及其所带来的诸多矛盾的分析与批判，针对的是全球化运动中存在着的危险和消极因素。经济全球化在促进各国政治、经济、文化的交流与沟通中，对人类社会进步起到的积极推动作用是毋庸置疑的，资本在流动的同时也伴随着科学技术的普及与流通、促使各国文化互通有无、取长补短，推动人类社会的文明进步。国内外学者对经济全球化所包含的内在矛盾的分析与批判，基于资本逻辑的固有属性，对于这一属性，马克思在毕其一生的研究成果《资本论》一书中做了淋漓尽致的分析。我们的时代无论从经济发展水平，还是从政治、文化、精神等人类社会的综合文明发展程度来说，都不可与马克思的那个时代同日而语，但是资本逻辑的固有属性，并没有发生实质性的变化，相反，金融资本的虚拟化、信息化，使得资本逻辑的固有属性如虎添翼。抑制资本主义的丛林法则、创建互利共赢、和谐发展的全球环境，并最终用社会主义取代资本主义，是这个时代我们追求的主旋律。

原载《马克思主义哲学研究》2019 年第 2 期，收入本书时有改动。

作者单位：中国社会科学院哲学所

当代资本主义经济体系发展新趋势

鲁品越　　姚黎明

　　与马克思写作《资本论》的 19 世纪相比，当代西方资本主义社会与整个世界格局发生了巨大变化。时代虽然发生了巨大变化，但就整个资本主义世界来说，资本支配一切的局面并没有发生根本改变。一切变化归根到底是由资本的表现形式发生变化所引起的。因此，透视当今世界资本表现形式的变化，就会使我们能够"不畏浮云遮望眼，只缘身在最高层"，洞观当代复杂现实的深层本质与发展趋势，从而在复杂的挑战中立于不败之地。

　　在世界格局上，从第一代全球化——殖民主义，向第二代全球化——霸权主义转变，产生了由国际产业链与国际金融链，以及建立其上的国际政治军事链组成的新的中心——边缘国际结构。在马克思时代，资本主义全球化方式是开拓殖民地，打开落后国家的市场，用过剩产品交换落后国家的黄金白银，并且拿出一部分购买落后国家的原材料乃至奴隶。20 世纪上半叶的两次世界大战，殖民主义被迫退出历史舞台。于是出现资本的"第二代全球化"，使所有产业拉长为国际产业链，需要低端劳动力的处于中段的制造部门转移到发展中国家，用资本权力最大化地榨取其剩余价值，使其成为贫穷的生产国；而资本的母国掌握资本控制权的两头——研发发展部门与品牌营销部门，于是大量的剩余价值流向母国，发达国家成为富裕的消费国。与第二代全球化方式相应，形成了以霸权国家为中心，以发达国家为同盟，以第三世界国家为边缘的国际秩序。于是资本主义基本矛盾上升到当代国际领域，表现出新的形式——全球化的生产力的发展要求与霸权主义世界格局之间的矛盾。

在资本结构上，产生了知识的资本化的转变，其最典型的产物是与物质资本相匹配的人力资本。在马克思时代，科学技术发明不断把工人的经验技能规范化、标准化，工人沦为只拥有"人的自然力"的劳动工具。随着生产的信息化、社会化、全球化程度越来越高，劳动者必须具有一定的知识储备，才能适应生产力发展的需要。于是在资本主义生产方式下，出现了"人力资本"。"人力资本"是人的智力和知识的"资本化"，也是资本的"知识化"。这就是说，除了生产简单劳动力的可变资本之外，资本还有两种形态：一种是投资于生产资料的物质化资本，另一种则是投资于人的知识与技能教育的"知识化资本"，即"人力资本"。人力资本具有和资本家所具有的物质资本进行博弈的能力，它使劳动者能够获得高于一般劳动力的工资。这也使资本主义根本矛盾获得了新的表现形式——社会在人力资本上的两极分化。穷人只能接受由公共服务提供的普通教育而没有特殊的"人力资本"，富裕阶层则因受到某种特殊教育会在人力资本中占优势。

在劳资关系上，发生了社会福利化的历史转变。二战后欧洲资本主义国家纷纷实行高福利政策，出现了部分资本转化为社会福利的现象。这种"社会福利化"，实属资本在外部压力下迫不得已之举。这种压力主要来源于过剩性经济危机的压力、无产阶级的抗争，以及社会主义阵营的出现。于是，资本主义国家不得不在一定限度内实施福利化政策。而福利化本身是与资本本性相悖的，将它植入资本主义体系之中，会产生重重矛盾。福利化的庞大支出来源于税收，直接导致成本推进型通货膨胀、社会总投资量减少，于是经济停滞和衰退。滞胀的结果是政府的福利支出越来越庞大，财政赤字不断积累，最终导致国家的主权债务危机。而且，支撑社会福利体系的高额税收，相当大的一部分间接来自发展中国家的劳动者的辛勤劳动，也必然造成发达国家与发展中国家的国际矛盾。

在资本形态上，发生了资产金融化转变。正像全球化分为第一代全球化与第二代全球化一样，金融化也可以分为两代。第一代金融化的基本特征是金融资本控制产业资本。正是通过金融资本对产业资本的支配和控制，资本主义进入由金融寡头主宰的垄断资本主义时代。而第二代金融化创造出了一个游离于产业资本之外的虚拟资本世界。所谓"金融创新"或"金融深化"，想方设法使一切缺乏流动性的资产证券化，创造各种金融衍生品，用证券价格的涨落所形成的风险与暴利吸引投机者，把全社会零散的闲置资金集中起来。这一定程度上有效地克服凯恩斯主义导致的"滞胀"，创造了资本主义经济"繁荣"。但也使资本主义根本矛盾进入更深的金融化层次，无止境地追求增值扩张的金融资本，无休止地进行所谓"金融创新"，一旦民间闲置资金不足以购买这些金融产品，便会发生资金链断裂，引发金融危机。

所有这些转变，都企图减轻与化解资本主义固有矛盾，客观上扩展了资本主义生产关系对生产力发展的容量。但是资本主义根本矛盾不可能由此得到解决，它只是变得更加复杂，由此产生了一系列新的矛盾。正是由这些新的矛盾引起了国际关系矛盾的新形式，这就是国家之间的贸易摩擦、金融战与科技战。

（1）贸易摩擦：没有前途的逆全球化的复旧之路。发达国家通过"产业空心化"与"经济虚拟化"，从发展中国家攫取了大量剩余价值，虽然延缓了经济危机的发生，却使自己陷入了新的矛盾。于是，霸权主义国家想通过对中国这样的制造业大国的产品征收高额关税的贸易战，迫使在产业空心化过程中将转移到他国的制造业回流本国。然而一旦大量资本回流，发达国家资本主义固有矛盾将得不到国际空间的疏解，必将导致在发达国家国内发酵，发达国家将会重新回到经济危机频发的二战之前的状态。因此，这种逆全球化的资本回流的复旧之路，没有前途，只是违背历史规律的空想。

（2）科技战：阻扼不了社会主义中国的发展之路。如果说贸易摩擦是经由全球化所致发达国家内部矛盾而引发的国际冲突，那么科技战则是由全球化本身直接引起的国际矛盾。穷国不再甘心永远是穷国，会通过后发优势而弯道超车，逐渐掌握越来越多的具有核心竞争力的高科技成果。于是霸权主义国家会对像中国这样的具有竞争力的发展中国家，实行技术封锁等一系列"卡脖子"政策。然而，这种科技战并不可能永远封杀发展中国家的发展机会。相反，它从反面提醒发展中国家在核心技术上不能长期依赖发达国家，必须花大力气进行科技创新，把核心知识产权牢牢掌握在自己手中。

（3）金融战：发展中国家面临的巨大挑战。与贸易摩擦、科技战相伴随的必然有金融战。这是在贸易摩擦与科技战发生之际，发展中国家面临的最为严峻的挑战。一旦发展中国家辛辛苦苦积累起来的家底被国际金融资本掏空，那么能够对抗贸易摩擦与科技战的本钱就会丧失。因此，我们一方面要大力推进金融上的对外开放，另一方面对金融风险务必保持高度的警惕！

总之，资本主义几乎使用了一切可以使用的手段，来转嫁和延缓其自身面临的基本矛盾，现在正面临着左右两难的困境。霸权主义世界秩序越来越难以维持，发达国家国内的两极分化越演越烈。正因如此，世界面临着"百年未有之大变局"。在这种情况下，发达国家资本主义到底要走向何处？要发生怎样的改变？中国在这个过程中如何应对国际资本主义形式的变化？这些都是需要进一步研究的问题。

原载《上海财经大学学报》2019 年第 6 期，收入本书时有改动。

作者单位：上海财经大学马克思主义学院，上海财经大学人文学院

马克思语境中资本主义生产
方式的含义与特点

宫敬才

资本具有生产性，诚如马克思所说："资本只有作为商品的生产者才生产剩余价值和再生产自己本身。"① 资本具有生产性的事实一旦确定，结论就会出现于我们的面前，资本是生产方式，按照马克思的说法，资本是"一种十分特殊的生产方式"②。资本是生产方式的结论带来了范畴层面的意义辨析问题，什么是生产方式？源于苏联马克思主义教科书的解释非常流行，即生产力与生产关系的有机统一。这样的解释与马克思的理解并不完全一致。其一，如此界定生产方式范畴确实具有马克思的论述根据。其二，如此界定马克思生产方式范畴有简单化之嫌，本属于这一范畴的大量含义被丢弃。请看马克思的论述："一个工业部门生产方式的变革，会引起其他部门生产方式的变革。"③ "采用改良的生产方式的资本家，比同行业的其余资本家在一个工作日中占有更大的部分作为剩余劳动。他个别地所做的，就是资本全体在生产相对剩余价值的场合所做的。但是另一方面，当新的生产方式被普遍采用，因而比较便宜地生产出来的商品的个别价值和它的社会价值之间的差额消失的时候，这个超额剩余价值也就消失。"④ 两种情况都表明，在既定资本主义生产关系前提下，生产方式会发生变化。如果生产方式仅是生产力与生产关系的有机统一，那么，生产方式变化的前提之一是生产关系

① 《马克思恩格斯文集》第 8 卷，人民出版社，2009，第 444 页。
② 《马克思恩格斯文集》第 5 卷，人民出版社，2009，第 197 页。
③ 《马克思恩格斯文集》第 5 卷，人民出版社，2009，第 440 页。
④ 《马克思恩格斯文集》第 5 卷，人民出版社，2009，第 370 页。

变化。马克思论述指称的事实表明，生产方式变化有时并不以生产关系变化为前提。由此可见，生产方式并不完全是生产力与生产关系的有机统一。

马克思语境中的生产方式到底何谓？这是一个用下定义方式无法回答的问题。造成这种局面的原因有二：一是马克思后继者长期进行离马克思本意而去的解释，二是马克思自己在各不相同的微观语境中运用生产方式范畴。限于篇幅，此处只能提纲挈领地再现马克思生产方式范畴中除生产力与生产关系有机统一外的其他含义：第一，生产方式是生产关系；第二，生产方式是劳动生产条件；第三，生产方式是劳动生产力发展的形式；第四，生产方式是生产资料、劳动者和资本家相结合使生产得以进行的物质技术形式；第五，生产方式是生产资料、劳动者和资本家相结合使生产得以进行的社会组织形式；第六，生产方式是生产和消费的联结方式。以上引证和分析或许并没有穷尽马克思语境中生产方式范畴的所有含义，但能够证明基本事实，生产方式范畴的含义绝非"生产力与生产关系有机统一"的界定所能概括，其他六种含义可资为证。这样的事实告诉我们，马克思语境中生产方式范畴的含义是有待研究的对象，这项任务的完成是准确全面理解马克思政治经济学、经济哲学和整个思想体系的前提条件之一。

马克思在研究资本主义生产方式问题上下了很大功夫，从不同角度对资本主义生产方式的"特殊"之处进行界定，各不相同的提法足以证明这一点。"特殊"一词的指称对象到底是什么？首先具有比较的含义。这样的含义包括两个指称方向，一是资本主义生产方式与非资本主义生产方式比较；二是资本主义生产方式内部不同历史时期表现出来的"较发达的资本主义生产方式"与"较不发达的资本主义生产方式"比较。限于篇幅约束，我们只能揭示相对于非资本主义生产方式而言，资本主义生产方式的特殊之处。

在资本主义社会，最有特点的商品是劳动者的劳动能力。从历史角度看，其他社会历史形态中的产品并不都具有商品性质。比较结果表明，此为资本主义生产方式的特点，指出这一点是马克思的理论贡献。马克思的比较告诉我们，资本主义生产方式条件下的产品作为商品与其他生产方式条件下的产品之间有四个方面的根本性区别：首先是产品规模，其次是产品与满足生产者直接需要的关系，再次是商人作为中介的必然性和必要性，最后是产品作为商品的范围扩张。这样的结果让人一目了然，由此我们知道，资本主义生产方式条件下的产品是商品，这种性质内在于资本主义生产方式，是这一生产方式的内生变量。以上是资本主义生产方式的商品性特点。

任何生产方式都具有工艺学性质，表现为两个方面：一是劳动者的主观条件，二是作为劳动资料的客观条件。在自然经济中，劳动者的主观条件是力气和经验，在资本主义生产方式条件下的商品经济中，劳动者的主观条件则是科学性、专门性和不断发展变化的技能。客观条件的变化更为巨大，自然经济中经验积累及其物化的手工工具变成了商品经济中以科学技术运用为前提的机器体系。此为资本主义生产方式最明显的特点。这样的特点被马克思揭示出来。资本主义生产方式的工艺学特点是客观事实，在历史视域的比较中显现出来。以上是资本主义生产方式的工艺学特点。

细加分析便知，资本主义生产方式的工艺学特点只不过是结果，这样的结果由资本主义生产方式的内在动力特点促成。资本存在的理由和根本目的是追逐剩余价值。资本早期和简单的行为方式是追逐绝对剩余价值，即在必要劳动时间已定前提下，最大限度地增加剩余劳动时间，由此获得的剩余价值被马克思称为绝对剩余价值。在追逐绝对剩余价值达到一定界限后，必然会改变行事方式，最大限度地追逐相对剩余价值。相对剩余价值指称两个方面的内容，在劳动时间已定情况下提高劳动效率或是在既定效率目标前提下缩短必要劳动时间。检视人类经济发展史便知，这样的内在动力具有全新性质，或者说，它为资本主义生产方式所独有。以上是资本主义生产方式的内在动力特点。

认知资本主义生产方式永无止境的革命性，是马克思的一贯立场。这样的认知符合资本主义经济发展历史实际吗？资本主义社会三次工业革命的提法指称的经济事实足以证明这一点。① 人们往往津津乐道于熊彼特"创造性毁灭"提法的智慧性洞见，以为他发现了资本主义生产方式革命性这一秘密，殊不知，马克思几乎早于他一百年就已发现并揭示出这一秘密。② 以上是资本主义生产方式的革命性特点。

资本主义生产方式上述特点中的每一个都具有特定的社会历史性后果。这些后果在经济生活甚至社会生活的意义上都有利于资本家，进而有利于整

---

① 〔美〕托马斯·K.麦格劳：《现代资本主义——三次工业革命中的成功者》，赵文书、肖锁章译，江苏人民出版社，1999，第14~16页。

② 关于熊彼特"创造性毁灭"提法的具体内容，参见约瑟夫·熊彼特《资本主义、社会主义与民主》一书的第七章：《创造性毁灭的过程》。该书由吴良健翻译，商务印书馆1999年出版。

个资产阶级。相对于劳动者而言，如上特点的经济和社会生活含义如何？这样的人学特点被马克思用哲学语言揭示出来，那就是劳动异化，而更形象生动的揭示则是"铁人反对有血有肉的人"①。以上是资本主义生产方式的人学特点。

资产阶级社会的意识形态口号是"自由、平等、所有权"。这里的所有权是私有财产神圣不可侵犯之谓。这种口号与资本主义生产方式是什么关系？不同语境中的答案截然相反。在资产阶级经济学语境中，二者之间的关系和谐一致，前者是对后者的真实写照。在马克思政治经济学语境中，我们见到的答案与此有别，资本主义生产方式的法权特点逼真地出现在我们面前。资本主义生产方式的法权特点在生产领域中才露出真相。这个被马克思称为"奇异的""辩证法转变"是资本主义生产方式法权的"杰作"②，也是其最根本的特点。以上是资本主义生产方式的法权特点。

马克思语境中资本主义生产方式的含义和特点如上所述。论述中的内容穷尽资本主义生产方式的所有含义和特点了吗？此为智者见智、仁者见仁的问题。但是，仅看上述内容就可做出结论：马克思对资本主义生产方式含义和特点的认识，不仅高于同时代的资产阶级经济学家，而且也远远高于现代西方主流经济学家。比较性结果出现的原因有很多，如阶级立场、知识积累、智力状况和精力投入等，但其中更根本的原因在于，马克思做到了政治经济学和哲学的有机结合。

原载《贵州师范大学学报》（社会科学版）2019 年第 3 期，收入本书时有改动。

作者单位：河北大学政法学院哲学系

---

① 《马克思恩格斯文集》第 8 卷，人民出版社，2009，第 354 页。
② 《马克思恩格斯文集》第 5 卷，人民出版社，2009，第 673 页。

贪婪与恐惧：当代资本主义
金融危机的新阐释

孔明安

　　20 世纪的资本主义在某种程度上可以说是金融资本主义，它具有不同于传统资本主义的特征。齐泽克从精神分析的主体特征和"对象 a"出发，分析了金融资本的运作、金融危机的爆发以及资本主义克服危机的努力。在资本的金融投机活动中，主体既是欲望的主体，也是虚空的主体。主体欲望的形成关联于金融市场投机的能指逻辑游戏，它形成了主体贪婪的欲望；虚空主体在金融危机时显现为歇斯底里型的主体，具体表现为危机来临时的恐慌和恐惧，以及为摆脱金融危机而不择手段地填充虚空欲望的歇斯底里冲动。这种冲动进而转化为凯恩斯主义的扩张性货币政策。齐泽克认为，这种急于摆脱金融危机的"赤字性"扩张货币政策无异于饮鸩止渴，并不能挽救资本主义的垂死命运。在数字化资本主义的今天，人们应该注意福利捐赠式的金融资本主义的新动向，它对消除资本主义社会的贫富分化、延缓资本主义的灭亡具有一定的积极意义。

一　欲望的主体与金融资本主义的能指逻辑游戏

　　精神分析的主体观假定所有的主体都是无意识的主体，主体既是匮乏的，又是欲望和贪婪的。因此，资本主义金融活动中的主体集欲望与匮乏、贪婪与恐惧于一身，是一个悖论式的欲望主体。金融活动中主体的这一"悖论式"特征造成了当代资本主义金融危机的投机冲动和危机的爆发。

　　根据拉康的精神分析理论，作为主体的人不但是虚空的、匮乏的，而且是被各种各样的欲望填充的。表面上，主体的匮乏与欲望似乎是矛盾的，然而实际上，它们却是一个悖论式的矛盾统一体。因为正是主体的匮乏或虚空才为各种各样的欲望的填充留下了足够的空间。

拉康通过符号的能指来刻画主体的欲望，提出了能指链的概念。众多的能指构成了一个能指的链条，用来指示符号的意义。而主体的欲望正是与同能指相关联的转喻紧密地联结在了一起。拉康认为："欲望是一个转喻。"[①]也就是说，欲望是对对象的渴望和拥有，但是人们一旦拥有一个对象，对该对象或物体就不再有什么欲求了，反而会把自己的欲望集中于另一个对象上。这种情形就是转喻。拉康的转喻是指沿着能指链从一个能指到另一个能指的历时运动。

同时，主体是一个悖论性的、受制于剩余快感的主体，这种主体的悖论性集中体现于金融市场的"贪婪和恐惧"。剩余快感是拉康后期提出的一个重要概念，他将之简称为"对象小 a"。对象 a 旨在描述人的无意识的心理活动机制以及无意识与主体之欲望的关系。后来，拉康干脆用了一个数学代数式来表示剩余快感与主体的关系，即（ $\$ \langle a$ ），这个公式也被称为欲望公式，因为它能够解释人们欲望产生的原因在于剩余快感，即对象 a。在拉康看来，现实社会中的主体都不是完满的，而是一个被阉割的个体（ $\$$ ）。因而，被阉割的主体与世界的关系再也不是近代哲学主体与客体之间的二元关系，而是转变成了主体、对象与无意识的剩余快感之间的三元关系。

一旦进入资本主义的金融领域，人们赚钱的欲望就不可避免地被激发起来。其中的关键在于"欲望是一个转喻"。也就是说，金融投机活动，特别是股票市场和期货市场的投机活动就像能指链从一个能指到另一个能指的历时运动一样，变成了一种金融符号的能指逻辑游戏。人们沉醉于虚拟的金融投机活动而不能自拔。在这里，主体表面上看似清醒、理智，知道自己的追求目标或欲望目标，但实际上却受制于对象 a 的剩余快感。

齐泽克指出，现代资本主义社会中金融活动的主体表面上呈现为一个理性的主体，是为了实现自身利益的最大化而进行理性投资活动，但实际上，资本主义的金融投机活动中充满了诸多的无意识冲动和不定性，其中的主体在大多数情形下都是非理性的。

---

① Jacques Lacan, *Écrits: A Selection*, New York: W. W. Norton & Company, Inc, 2005, p. 175.

二　虚空的主体与资本主义金融危机的补救之策

精神分析认为，无意识的主体是一个虚空的主体，但这种虚空的主体又必然是外溢性的，并非纯粹的虚无，而是"像语言一样被结构的"①。在精神分析学的视域下，它假定主体非但不是理性的，其本身还是虚空的、匮乏的。一句话，主体自身是非完满的，是一个无意识的主体，一个充满了欲望渴求的主体。

齐泽克援引了拉康的一个著名公式"父之名/母之欲"来说明主体的歇斯底里的心理特征，分析如下。

父之名（name-of-the-father）② /母之欲（the desire of the mother）这个公式表现了"父之名"与"母之欲"之间的关系。这是拉康用以分析当女性发现自己不拥有菲勒斯（phallus）时所产生的心理恐惧或恐慌，以及随之产生的渴望拥有菲勒斯的强烈欲望——母之欲，即期望未来通过生育孩子，从而获得"父之名"（大他者），以弥补这一缺失。但另一方面，作为大他者的"父之名"也可能是"虚空的"，仅仅是一个符号，一个标志。

齐泽克指出，当作为"父之名"的大他者取代菲勒斯的位置后，作为大他者的"父之名"其实是虚无的或虚空的，"父之名"即"父之冥"，"冥"即意味着一个空洞的、虚拟的实体或符号。正因为"父之名"的虚空性，所以就必须对之加以填补，或必须有相应的替代物。具体到资本主义的危机而言，一旦资本主义社会爆发了金融危机，原来表面上看似天衣无缝的资本主义体制及其信用像多米诺骨牌效应一样，顷刻间陷入崩塌的恐慌之中。此时，貌似稳固而强大的资本主义制度和市场一下子打开了一道裂缝，变成了一个有待填充的"虚空"。从心理分析的角度来看，唯一的补救措施就是赶快填补因为危机而形成的这一"虚空"。此时最简单，也是最有效的办法就是大量地印制钞票，采取扩张性的财政货币政策。这就涉及凯恩斯主义的出场及其开出的救治药方。

---

① 吴琼：《雅克·拉康：阅读你的症状》，中国人民大学出版社，2011，第314页。
② 拉康有关主体理论的论述比较晦涩，参见吴琼《拉康：阅读你的症候》，中国人民大学出版社，2011。

三　凯恩斯主义与当代资本主义的命运

面对 1930 年代的由华尔街金融危机所引发的世界经济大萧条，凯恩斯也从自身的视角提出，应采取量化宽松的积极的财政干预措施来化解资本主义社会有效需求不足的问题，以适度的通货膨胀来刺激资本主义的需求、恢复经济，从而摆脱资本主义的危机。

从精神分析的视野来看，凯恩斯主义是摆脱资本主义危机的一剂"良方"。因为填补资本主义经济危机引发的"父之名"的"虚空"的方法就是采取积极的财政政策，以填补危机引发的漏洞，避免金融危机的进一步加剧和蔓延。但是，从经济学的总支出与总收入相平衡的角度出发，齐泽克并不认可凯恩斯主义的扩张主义货币政策。他认为，这一政策无异于饮鸩止渴。因为凯恩斯提出的积极财政政策必然导致通货膨胀，并没有消除资本主义经济"赊账"运行所引发的危机。

齐泽克认为，金融资本主义或数字资本主义的虚拟交易不过是一个虚假的"表象"罢了，所有这一切都是建立在脆弱的"相信"的基础上，是建立在"沙滩"之上的一座金融大厦。换句话说，马克思在《共产党宣言》中所预言的资本主义必然灭亡的结论仍然是正确的。由于资本主义的资本积累而导致的金融危机不会永久性地消失，而是会一再地爆发。资本主义为了摆脱危机而开出的凯恩斯主义的药方使资本主义摆脱了一次又一次的金融危机，像一只"不死鸟"一样不断地浴火重生，但这其实不过是一个令人迷惑的假象罢了。资本主义的灭亡与社会主义的胜利仍然是更改不了的历史规律。

四　结语：走向福利捐赠的资本主义是可能的吗？

齐泽克指出，资本主义社会出现了另一个新的令人关注的现象，即富人大量捐赠并纷纷设立各种各样的基金会。他认为应该对此予以部分的肯定，"无止境的财富积累之至高无上的自我否定姿态就是将这种财富花费在无价之物上，花费在市场流通之外。这最后的'至高'姿态使得资本家能够打破无休止的扩张再生产、为挣钱而挣钱的恶性循环。当资本家把积累起来的财富捐赠给公共福利的时候，资本家就否定了他自己是资本及其再生产循环的化身：他的生活就获得了意义。进而言之，资本家就完成了从正当的'爱欲'逻辑转向公众的认可和声望"。①

福利捐赠是当代资本主义的特征之一，它或多或少地与资本主义的未来命运关联在一起。首先，我们必须承认，齐泽克在拉康的精神分析基础上所展开的对当代金融资本主义的分析批判，角度新颖、视野独特，有令人耳目一新之感。与此同时，我们也必须认识到，齐泽克的分析遮盖了"制度"分析的维度，即忽视了资本主义危机的爆发是由资本主义制度本身所造成的，是资本主义制度本身的必然产物。这是精神分析理论的致命缺陷。其次，对当代金融资本主义进行研究和分析仍是一项艰巨的理论工作。虽然齐泽克敏锐地观察到了当代资本主义社会出现的福利捐赠这一新现象，并注意到了它与资本主义危机及其命运之间的关联。但我们必须看到，与资本主义制度本身的"私人占有"相比，福利捐赠不过是整个财富体系中的"九牛一毛"，虽然它能部分修正资本主义制度本身的缺陷，延缓资本主义走向灭亡的时间，但仍改变不了资本主义制度本身的性质。最后，我们也必须关注到齐泽克对当代金融资本主义的分析，特别是对数字资本主义和资本主义新动向的分析的理论意义，它对于我们进一步研究和分析当代资本主义及其特征具有重要的参考价值。

原载《国外理论动态》2019年第6期，收入本书时有改动。

作者单位：南开大学马克思主义学院

---

① Slavoj Zizek, *In Defense of Lost Causes*, Verso, 2008, p. 374.

符号拜物教的表现形式
及精神异化特质探析

范宝舟　董志芯

马克思深刻揭示了自由资本主义时代，大工业生产条件下的商品拜物教、货币拜物教、资本拜物教现象，以及贯穿其中的资本逻辑这一生成根源。信息时代产生了拜物教的新的样态——符号拜物教。符号拜物教具体表现为意象拜物教、景观拜物教和能指拜物教。符号拜物教与商品拜物教、货币拜物教、资本拜物教的区别在于，统治人的力量从物转向了符码，人们由对物的崇拜转变为对符码的崇拜。符号拜物教带来的精神异化，根源不在于作为文化的符号运动本身，而在于催生符号运动的资本扩张逻辑。马克思拜物教思想对资本逻辑的批判，对于剖析符号拜物教视域中的精神异化依然具有强烈的现实意义。

一

在消费社会，符号体系对人的心理乃至人的精神的统摄、俘获和征服通过意象、景观和能指这三种路径来实现。符号拜物教从而表现为意象拜物教、景观拜物教和能指拜物教。

其一，意象拜物教意指对作为直观者与商品相互交融而生成的完美符号意义的崇拜。意象拜物教的一般原理主要体现在以下三个方面。一是意象作为完美符号有一种遥不可及的距离感，并确立被崇拜的特权。二是在本雅明那里，交换价值的移情是意象辩物教生成的根本路径。交换价值不再是单纯的经济概念和经济问题，而是与大众体验融合在一起，实现了交换价值与意象崇拜之间的双向循环建构。三是意象辩证法是克服意象拜物教的根本方法。意象辩证法意指意象在其肯定性的存在当中包含着否定性的内涵，意象如同资本的内在否定性一样具有自我颠覆的力量，从而在自身异化的同时实现异化的扬弃。

其二，景观拜物教的内涵主要表现在：一是景观成为社会生活的决定力量，是一切崇拜生发的现实场域；二是在景观社会中，活生生的价值被作为纯粹抽象价值的凝结状态的商品所占有，从而景观世界就是商品统治一切有生命物存在的世界；三是景观直接成为社会关系的主导模式；四是景观拜物教生成的根本路径是意识形态物质化。

其三，能指拜物教作为对由能指飘移所构筑的"类像模型"的崇拜，是消费社会中拜物教的极端体现。能指拜物教的特点在于作为能指的声音和图画，不仅与现实世界不相干，而且还从作为概念的所指中抽离出来，具有自我繁衍的能力。一是符号拜物教的本体论基础表现为符号价值是使用价值和交换价值的存在依据。二是能指拜物教表现为对能指所构筑的标识社会地位的差异性符号的迷恋。三是能指拜物教的生成机制表现为能指操纵现实的自主飘移的逻辑。

二

符号拜物教带来的异化特质深层次地表现为精神异化。精神异化导致心灵沉沦，消解了劳动异化中由肉体痛苦刺激和压迫所引起的反抗意识。

符号拜物教带来的精神异化主要表现为以下三个方面。

其一，精神异化直接体现为意义感的匮乏。人们不仅陷入感受和体验应然人生图景带来的快感和满足的无止境的追求，而且为了实现对这种应然人生图景的感受和体验而以意义的编码原则作为自身的行动逻辑。其二，精神异化呈现出的是符码对人的心灵的诱惑。这种诱惑通过把符码转换成人的需要，进而转换成社会需要，从而使人主动地崇拜符码世界。精神异化对人的控制和干预浸润人的灵魂的深处，以致牵引着人的思维方式和行动指向而不给人留下任何痛苦的痕迹，规划着人的生存方式而不会导致人对它有任何的抵触、反抗和叛逆。其三，精神异化表现为一种无批判的社会集体无意识行为。符码世界在整个社会形成一种关于人的生活价值和意义的客观化社会系统，即转换成意识形态的崇高客体。匿名性的先验性意识形态的崇高客体，不仅使人陷入其中而失去了批判能力和反抗能力，而且使人被动地、单向度地把它作为自身的行动指南。

精神异化不在对作为实体的商品物的崇拜中发生，而是在对符码的意义的迷恋中生成。符码在智能化媒介以及各种广告的运作下，对精神异化的生成起着催化作用。首先，借助对于符码的迷恋，并通过符码来满足人的精神需求，是精神异化生成的根本标志。其次，符码区分社会地位差异性的功能，是精神异化生成的根本动力。符码的生产相比物质财富生产具有先验性的地位，在不同的符码的比较中彰显出人的不同地位、声望和等级。最后，智能化媒介、各种广告以及购物中心等，针对人的心理体验需求对符码进行运作，对精神异化的生成起着催化作用。对符码的运作在本质上来看是对社会地位的差异性的生产。社会地位差异性的稳定和固化促使人们对符码产生强有力的共鸣和认同。这种完整的互训关系是建立在对体现社会地位差异性区分的符码的运作之上。

符号拜物教内含的精神异化批判，具有重要的现实意义。然而精神异化着力于对操控人的心灵的客观精神世界进行文化批判，在逻辑上带有鲜明的黑格尔三段论的色彩：原初状态—异化—异化之扬弃的乌托邦。符号拜物教对精神异化的批判局限在文化批判的狭隘视域之中，是对生成资本主义病症的社会关系加以现实改造的一种逃避。

三

符号拜物教在人的心灵深处所产生的精神异化，依然是资本逻辑所带来的结果，只不过是资本形态、资本扩张方式和路径发生了变化而已。

其一，符号拜物教的生成不是意象、景观、能指自我运动的结果，而是深植于资本的扩张逻辑之中。消费社会中，由于生产方式实现了由福特制积累模式向灵活积累模式的转变，资本周转时间加速，生产空间不断扩大。其产生的结果是：第一，造成了既定实践活动的易变性和短暂性；第二，商品生产的迅捷性使人的社会心理、社会结构、公共与个人价值体系结构也打上了暂时性、短暂性、流变性的特征；第三，资本扩张的触角延伸至人们日常生活世界的一切领域，所谓符号的独立运行、符号价值超越使用价值和交换价值，其根源在于资本扩张本性本身。

其二，符号拜物教是资本为实现其扩张目标，对人的精神观念进行深度殖民的产物。资本，一方面以符号体系为利器，实现对人的精神的导控，从而为资本扩张寻找精神动力源。商品对人的价值和意义从需要转向对人的享受需求的满足。享受和享受能力是资本主义社会的人生价值理想。符码生产肩负的历史使命是诱惑起人的病态的精神享受欲望。另一方面，符号体系对人的精神的殖民是资本增殖的客观需要。文化工业为消费者提供文化服务的同时，也将消费者图式化。在消费社会，观念文化的生产成为资本必须承担的重要使命。资本在消费社会中的运动过程，关键就是通过符号体系深度殖民人的精神，以获取剩余价值的过程。

其三，符号拜物教的生成还在于符码具有兑换现实物质利益的能力。第一，马克思深刻揭示了观念背后所蕴含的物质利益的诉求。第二，符码对人的社会地位差异性的区分，在符码与现实物质利益之间形成"良性"循环。它本身也具有参与分配社会现实物质利益的能力。第三，从物质财富的生产过程来看，消费社会中，生产的高密度设计也呈现出符码的经济意义。在消费社会中，符码蕴含着对转化为现实的物质利益和促进物质财富增长的终极目标的追求。

总之，资本拥有决定拜物教一切形态的主体性权力。资本不仅把生产什么、生产多少、怎样生产、怎样分配等纳入它自身的循环系统中来，而且还可以操纵政治资源和思想文化资源，使之服务于资本的增殖意愿。在消费社会中，资本把生产符码所必需的各种条件集中起来，创造出一个又一个的符码王国。资本改变了明目张胆的"羊吃人"的扩张模式，借助虚拟资本、技术创新和对生活意义的话语权的掌控，为符号拜物教的生成提供了全新的机制。精神异化便是这种全新机制的必然产物。

原载《世界哲学》2019 年第 1 期，收入本书时有改动。

作者单位：上海财经大学人文学院

"要资本，不要资本主义"如何可能

——基于"资本形而上学"批判的时代反思

李　振

　　马克思对资本主义的批判经历了一个从"政治经济学形而上学批判"到"资本形而上学批判"的深化过程。既然如此，我们应着力批判和警惕任何有关"资本形而上学"的理论及其现实运动。在"资本"业已成为一种创新动力及文明机制的事实语境下，"要资本，不要资本主义"则成为中国特色社会主义理论体系中一个鲜明的马克思主义中国化、时代化和世界化的理论与实践内容。与任何"改良的社会主义思潮"不同，我们所坚持的"要资本"，有其明确的理论和实践限度，这就是祛除"资本的资本主义"成分与可能，充分发挥"资本"最大的经济催化和激发功能。显然，问题的纽结不在于如何"静态"或"抽象"地把"资本等同于资本主义"，亦不限于"从资本到资本主义"的单向度。当"资本与现实的人""资本与现实制度"深度结合后，其所能实现或造成的复杂社会实践后果，则是解构资本形而上学的真正标准。中国特色社会主义之所以是"社会主义"而不是其他"主义"的一个最鲜明特点就在于：其一方面充分发挥"资本价值"，另一方面时刻警惕资本逻辑被美化、泛化、神化、社会化的诸多可能。正是在这个意义上，习近平新时代中国特色社会主义思想致力于新发展理念、"四个全面"战略布局，充分体现了立足中国、融入全球的中国特色"资本文明"实践辩证法之精髓，蕴含了人类文明发展的时代诉求，为现代化发展路径提供了"新范型"。

　　马克思认为，"资本一出现，就标志着社会生产过程的一个新时代"[①]。

---

① 《马克思恩格斯文集》第 5 卷，人民出版社，2009，第 198 页。

甚至可以说，"资本主义是马克思一生的研究主题"①。尽管当代资本主义发生了很大的变化，但对于致力于财富增长的现代文明社会而言，"资本主义是现代性的名称之一"②，"资本"仍然是一种具有决定性的生产关系，依然是现代西方市场经济运行的"轴心"，是理解现代文明发展运行状态的一把钥匙。离开资本，我们就无法理解市场经济，无法理解现代社会运动的内在机理。正是在"资本和资本主义"依然占据"时代主流"的时代语境下，尽管我们从商品、市场、货币、资本的发生和发展史的角度来看，"商品和货币两者是资本的元素前提，但是它们只有在一定条件下才发展为资本"。但反过来，"商品生产和商品流通却决不以资本主义生产方式作为自己存在的前提"。③

西方亦有学者论证"资本≠资本主义"④，但"资本"与"资本主义"之间彼此交叉渗透、相互确证覆盖的情形，依然是一个无法回避的残酷事实。这也是造成评判中国特色社会主义"属性认知"差异的一个内在原因⑤。这里，我们试图集中回应和回答的核心问题，并非普泛、流行和通常意义上的有关"市场经济模式""运行机制"之诸领域，或侧重于"市场社会""市场社会主义"的讨论和争论⑥，或运用"形式因"和"目的因"之类的哲学范畴对社会主义市场经济和西方市场经济之哲学差异做出的区分⑦，而是旗帜鲜明、义正词严地"回到马克思"，集中批判资本主义最核心的矛盾命题，即"物化资本"逻辑和"人化资本"行动之间的一个最隐

---

① 〔英〕梅格纳德·德赛：《马克思的复仇》，汪澄清译，中国人民大学出版社，2006，第10页。

② 包亚明：《后现代性与公正游戏——利奥塔访谈、书信录》，上海人民出版社，1997，第147页。

③ 《马克思恩格斯文集》第8卷，人民出版社，2009，第424页。

④ 参见〔美〕海尔布伦纳、〔美〕米尔博格《经济社会的起源》，李陈华，许敏兰译，格致出版社、上海三联书店，2010，第35页。马克思《资本论》的书写逻辑不是从"资本"或者"资本和劳动"的关系出发，而是从最一般、最普通、最日常的商品出发，这是一种最基础性的"存在"。但是巨大的"商品堆积"是如何实现的呢？一般认为是通过市场经济机制，或者马克思意义上的"价值规律"。如果再进一步追问，市场经济机制为何成为一种必须和必然？这里的逻辑重点和终点必然是马克思反复强调的"资本逻辑"。在马克思时代，资本、资本家和资本主义三者之间具有"逻辑递进"和真正展开的现实意义。

⑤ 习近平：《关于坚持和发展中国特色社会主义的几个基本问题》，《求是》2019年第7期。

⑥ 周建民：《从"市场社会"到"社会市场经济"——对20世纪西欧资本主义的考察》，《学术月刊》2015年第7期。

⑦ 夏国军：《社会主义和市场经济关系的哲学追问》，《学术月刊》2015年第2期。

秘、最深层、最持久、最激烈的"资本论"难题①。马克思主义的科学性和真理性就在于揭示这一"资本主义逻辑"的历史局限和文明局限，通过最彻底的"资本文明批判"和"资本文明否定"，宣布了资本主义的死亡和未来"共产主义"的必然。中国特色社会主义作为一种与资本主义逻辑和现实有着本质差别但又紧密相关的理论、制度和现实运动形态，本身肩负着突破"资本主义时代逻辑"围困的历史使命。其中最突出的关键难题就在于，能否突破"资本逻辑"之于"财富锁链"的悖论关系，创造出一种新型的基于"要资本，不要资本主义"的文明发展路径。

一　资本形而上学批判：马克思批判思想的深化

马克思对资本主义的批判经历了一个从"政治经济学形而上学批判"到"资本形而上学批判"的深化过程。一个饶有趣味的问题是，《资本论》以"政治经济学批判"作为副标题，而不是依然承袭之前将"政治经济学批判"作为"主标题"的做法。这对于马克思批判主题而言究竟意味着什么呢？我们认为，这里包含着马克思从"法哲学批判"转向"政治经济学形而上学批判"，进而集中于"资本形而上学批判"的转换与深化。我们试图通过这一转换逻辑来说明，"资本形而上学批判"本身并非一个直接、浅显、便当的"理性哲学问题"——任何一个稍有哲学思辨能力的人，只要将"理性哲学视角"转向"经济学"即可完成——而是意味着马克思"哲学使命"的本质变化，意味着任何致力于玄虚、玄妙思想的哲学逻辑的彻底终结，意味着任何具有社会主义空想性质的理想王国的彻底覆灭。

直接促成马克思思想转变的一个重要思想机缘，是对以蒲鲁东为代表的"政治经济学形而上学"的彻底批判。马克思认为，包括蒲鲁东在内的一切经济学家们，只是在分工、信用、货币、交换等固定、不变、永恒的关系下谈论各种经济关系，而没有说明这些关系的历史运动。马克思研究"一般商品

---

① 马克思《资本论》遵循从商品到货币、资本再到资本主义的叙述逻辑，其最终的落脚点依然是"资本逻辑批判"。但是，资本逻辑则是通过商品、货币及其实现机制（市场经济）来完成的。"只有在资本主义生产的基础上，商品才在事实上成为财富的一般元素形式。"（《马克思恩格斯文集》第8卷，人民出版社，2009，第427页）显然，当我们讲述"市场经济"的时候，其主体实现要素和形式，无疑已置换成一般意义的"商品和货币"。或者反过来，当我们将"商品和货币"作为资本实现的"一般形式"时，资本的"特殊性"也就转化为"一般性"。

和货币"的目的，并非"一般意义"的经济学考察，而是解析资本主义经济的有机体。马克思明确提出，他所反思的对象不是"政治经济学形而上学"，而是"政治经济学的现实性"，即资本主义经济运动的内在规律。

二　如何解构从"资本"到"资本主义"的单向锁定

显然，马克思所处的时代确实只存在着"单维"的资本主义，资本家是资本的"人格化"，资本的命运必然与资本主义命运相关联。就当代语境而言，随着欧美资本主义的"世界化"推进程度的日趋深入，以及社会保障制度的逐步完善，在资本主义的"逻辑和现实"中，"资本＝资本主义""资本文明＝资本主义文明"之类的思想已经"深入人心"，并业已成为一种"真实的社会现实"①。如果我们不能在理论和实践上深度认识资本的"文明化"及其发展限度，如果无法深度解构"资本＝资本主义"的内在结构，就无法真正致力于超越资本主义"文明模式"的任何可能，无法推进人类朝着更"美好"的方向发展。撇开资本主义来谈论"资本"，这本身就是一种臆想和不切实际。资本主义以"现代文明"的名义，占据了"文明逻辑"的制高点，形成自我言说、自我论证的完全自洽的"闭环逻辑"。"资本为了生成，不再从前提出发，它本身就是前提，它从它自身出发，自己创造出保存和增殖自己的前提。"② 这恰恰是前面"资本形而上学"特征的最集中体现。

通过现代西方文明逻辑演绎中的"资本和资本主义"的区隔分析，可以断定"资本≠资本主义"本身并非一道简单的"形式逻辑"或"数理逻辑"问题，而是关涉现实生活、社会实践内容的全部。

三　如何理解中国特色社会主义之"资本文明"逻辑

如果从理论教训的角度看，我国改革开放过程中所出现的一些问题，往

---

① 至今依然有许多工人、知识分子"无论如何也不能完全摆脱对资本主义世界的敬畏"（参见卢卡奇《历史与阶级意识》，商务印书馆，1997，第3页）。在"资本英雄"被追逐、渴慕的时代，究竟该如何摆脱"敬畏资本""崇拜资本"呢？其中一个重要的方法论，就是学会"要与不要"的实践辩证法。

② 《马克思恩格斯全集》第30卷，人民出版社，1995，第452页。

往与没有深刻意识到"资本"和"资本主义"之间的复杂关系紧密相关。尽管在逻辑和历史上，"资本"不等于"资本主义"，资本并非仅仅具有纯粹的经济属性，而是善于与某种政治形式、生活方式相结合，具有鲜明的社会、政治特征。

在欧美发达资本主义给世界经济定规则的"资本文明"时代，在诸多"资本运作"的实际过程中，"资本"滑向"资本主义"的可能性和实现风险依然存在。我国农村改革和股份制改革成功的关键原因就在于，我们有强有力的、稳定的"共产党的领导"，有以"人民"为中心的社会主义制度，积极吸纳世界文明成果，尤其是现代西方文明的积极成分。改革开放四十多年的关键问题或者核心要义，不在于任何抽象的资本批判，而在于我们能否通过社会主义制度、共产党的健全领导、崇高的理想和信念等真正发挥资本的积极作用，让"资本"为我们的经济发展和社会进步服务。

原载《同济大学学报》（社会科学版）2019年第3期，收入本书时有改动。

作者单位：同济大学马克思主义学院

生存的数字之影：数字资本主义的哲学批判

蓝 江

今天，在使用各种数字设备和网络的时候，我们已经不再依赖于身体与世界、与他人进行沟通和交往。我们的社会生活已成为一种高度数字化的生活，全球资本主义也因此进入了一个全新的阶段——数字资本主义，因此我们更需要从哲学的角度来分析其中的奥秘。

一　影：从身体到虚体

在当今的数字资本主义时代，我们每一个使用着电脑、网络和智能手机的人都面对着一个由数字和算法构成的影子。这就是我们在智能网络中存在的身份：我们与影子之间的关系并不纯粹是真实的肉身与虚拟的身份的关系，二者也并不是生活在完全不同的世界里，影子只是在我们的身份上形成了一个映射。对此，我们应该回溯到法国存在主义那里，从我们的肉身关系来理解我们与世界的关系。

20 世纪的法国存在主义实际上就是身体的存在主义。在存在主义思想家看来，不仅仅我们与世界的关系，包括我们自己的主体性本身也都依赖于身体的构建，而我们正是通过身体的行为和运动缔造了主观和客观世界，我们的生命的意义也在身体的展现过程中逐渐呈现出来。在存在主义那里，我与你的意义就是在街头或咖啡馆里的身体性邂逅。然而，在当今时代，通过身体来构成我们与世界的关系、构成意指关系和世界的意义、构成我们与他人的交往已经不是唯一的途径，因为我们多了一种构成关系的途径：虚体。

虚体是相对于身体而提出的概念。在一定程度上，虚体并不代表着对身体的直接模仿。① 实际上，虚体的存在是通过计算机算法生产出来的数据包。在面向对象的编程中，每一个对象都通过符号语言来创立一个包含了状态、行为、标识的集合。于是，在赛博空间或互联网中存在的个体是由数据和算法组成集合的对象，我们是通过一个数字化的中介得以作为这个空间的存在物在其中存在，而通过这种算法形成的数据包就是虚体。虚体带来的问题在于：我们参与到网络的活动和交往空间中时，都需要我们首先将自己还原成一个数据化的身份，才能登录到对应的 App 软件或空间当中。

在早期的互联网使用中，如电子邮件，它严格对应着现实中的一个主体，这个主体仍然以他的身体为主要途径与世界形成关系，电子邮件的数字化身份始终是作为肉身化的主体的影子而存在的。不同的是，今天的数字化身份已经具有了自己的生成能力，随着大数据和机器学习技术的演进，一个虚体，或者作为一个数字化的对象，在身体性主体不在线的时候，仍然具有强大的存在能力，因为它们作为一个数字化的算法仍然在网络空间中发挥着作用。一个数字化的影子正在锻造出属于其自己的性格，在赛博空间中，虚体具有了在身体性主体之外的存在，也生产着不属于身体性自我的意义和世界。由于虚体的存在，身体性主体正在逐渐成为与虚体共存的身份。数字化时代的生存就是身体与虚体的合体，也是影子与主人的共生。

二　被编码的物和数字辩证法

马克思曾谈到，可以将抽象的交换价值理解为一种在交换中形成的社会关系的价值符号。在最初的时候，这种价值符号依赖于具体的产品和物，但是，随着商品交换活动的扩大和发展，具体的产品和物从交换活动中被抽象掉，只剩下一个价值符号。一旦这种作为符号的交换价值形成，并在"实际的交换中"具象化在货币之上时，其所体现出来的就不再是物与物、产品与产品之间的关系，而是一种纯粹的交换价值之间的关系。

鲍德里亚比马克思更向前推进了一步，因为马克思强调的作为计算和记账的符号仅仅是在商品交换中形成的量的关系，即作为符号的交换价值，但

----

① 对虚体概念更具体的探讨，可参见蓝江《一般数据、虚体、数字资本——数字资本主义的三重逻辑》，《哲学研究》2018 年第 3 期。

是，在鲍德里亚这里，物或产品在交换中所体现出来的体系恰恰是作为象征交换的符号化体系。这个符号化体系一旦形成就会反作用于具体的物，让具体的物在消费社会的交换中成为消费品，这是一种抽象成为统治的形态。

我们可以将马克思与鲍德里亚的逻辑体系延伸到身体和虚体的关系上。显然，在一开始，虚体并不是脱离身体的存在，但是，随着智能界面和网络空间的发展，虚体与虚体之间日益生产出一种独特的关系，在这种关系中，虚体与身体的关系变得越来越羸弱。与之相反，在网络空间中，比与具体身体的关系更密切的关系恰恰是虚体与虚体的关系，因为我们可以将虚体视为一个数据包，那么一个虚体与另一个虚体的关系实际上就是一个数据包与另一个数据包发生的数据交换关系，这样的数据交换关系显然不再以真实的肉身作为基础，它所依赖的环境就是数字和编码构成的赛博空间以及其中构成的数据流。这种数据流反过来凌驾于真实的身体之上，给身体编码。这是一种新的数字辩证法。作为数字化身份的虚体成为身体与身体的中介。这个虚体与其他数据包发生的数据交换关系实际上并不局限于真实世界中的身体与身体的关系。作为数据的虚体，实际上在网络中能够与任何可以被数据化的对象发生关系，这些对象甚至包括其他生命体和非生命体。这就是数字资本主义时代的基本架构。在网络空间的虚体所形成的关系中，网络世界中的特殊的数字对象的存在①已让非实体的数字对象成为可能，这样的对象作为同等的虚体与有着身体对应物的虚体发生着交往和互动。算法规则成为虚体与虚体之间交往的最大的规则，一切事物都成为算法和大数据结构下的对象，这就是最新形态的异化，我们可以称之为数字异化。

三　数字异化劳动与解放的可能性

据此，我们再一次站在了马克思对资本主义批判的门槛上。对马克思来说，资本主义让工业生产及其对应的货币制度成为凌驾在人之上存在的社会形态。在工业资本主义体制及其货币体制下，人们隶从于雇佣劳动，而这种

---

① 许煜已在这个方面做过十分精彩的分析，参见 Yuk Hui, *On the Existence of Digital Objects*, Minneap-olis: University of Minnesota Press, 2016。

劳动反过来凌驾在工人之上，成为一种异化劳动。在异化劳动之下，工人作为生产者，不仅与自己的劳动产品相异化，而且也与整个生产过程相异化，与自己的类本质相异化，最后导致了人与人相异化。与马克思所处的年代不同，我们今天的生产是一种非物质生产和非物质劳动。这种劳动生产出一个特殊类型的商品——一般智力。然而，这种一般智力已经被资本家作为其理所当然的财产而占有了，一旦这种被私人占有的一般智力反过来制约着工人，工人势必感觉到在生产过程中遇到了一种强大的异己的力量，于是工人的劳动再一次沦为异化劳动。

　　异化劳动和一般智力的概念应用到今天的数字资本主义时代可以获得更广泛的意义。今天，互联网已经成为世界上最大的生产车间和工厂。当我们每个人都在使用手机、在电脑上购物或玩游戏，实际上就是在从事一种数字劳动。这种数字劳动同样是一种生产，它们生产出来的产品就是一种非物质的数据关系，这种数据关系构成了一个庞大的数据网络。可以用这样的关系来重新看待身体与虚体的关系。虚体是我们的数字劳动生产出来的产品。我们用智能手机和网络打造出了各种虚体，但是这些虚体只是相关数据构成的对象，它们的作用是大门——通过大门我们进入互联网，开始我们的数字生产。也正是在这个过程中，诞生了数字异化劳动。我们的网络搜索和网购的行为形成了一种数据痕迹，在累积了上千万次之后，构成了可观的大数据，这些大数据反过来会制约我们参与网络活动的行为。我们再一次沦为现代资本主义生产的附庸，数字生产凌驾于我们之上，让我们耗费在智能手机和网络上的任何时间都变成了数字异化劳动。在这个意义上，我们再一次失去了我们的类本质，我们不再是自主自律的人。通过这种数据操纵，那些盲目的数字劳动者成为让这台庞大的数字机器得以运转的奴隶，这是数字异化劳动最深刻的层次。数字控制者（数字资本家）和数字劳动者（普通网民）的异化，即人与人的异化。

　　数字异化劳动的奥秘恰恰在于使用网络和智能手机的用户没有意识到其从事着数字劳动，并且为数字资本主义积攒着数字时代最宝贵的财富——数据。数字资本家的魔法也就是拥有大量的数据，并通过这些数据来控制一切。我们需要注意的是，数据与技术一样，它们并没有立场，它们本身只是一把利器，在资本家手里，它们便是奴役的工具，而在广大的数字用户手里，它们将变成划破迷雾的最锋利的武器。在高度数字化的今天，我们发现，我们离马克思所冀望的共产主义越来越近了，因为我们拥有了武器，即共享数据，也正是因为存在可以被普遍共享的数据，才让我们可以看到解放的可能性，让未来的共产主义的曙光再一次浮现出来。

原载《国外理论动态》2019 年第 3 期，收入本书时有改动。

作者单位：南京大学哲学系

数字资本主义的时间
与劳动统治及其批判

张晓兰

数字技术带来传统雇佣劳动向互联网平台的数字劳动转变，使得劳动与闲暇、生产与消费的界限不断消解，导致一种劳动"新异化"。数字化时代摆脱资本的时间与劳动统治的道路，并非是拒绝数字化，而是需要认清数字资本的假象："时间悖论"、"劳动新异化"和"虚假的自由平等"，并立足政治经济学批判视角改造不平等的生产关系。

一　生活加速与资本的时间统治

时间变得越来越重要，越来越稀有和紧迫，时间成为现代社会的宝贵资源，"时间就是生命""时间就是金钱"也成为现代人争分夺秒的口号，实际上这种时间意识与资本主义的文化精神有着紧密联系。在前资本主义农业社会，人们可以按照自然节奏来安排生活……随着资本主义的发展，时间不断被计量化、利润化、资本化，不断与价值增殖和工具理性相契合，成为资本主义统治的新形式。

"时间是马克思社会发展理论的根本性范畴"[1]，也是马克思批判资本逻辑的重要维度，人类自由解放的历程就是摆脱时间统治的过程。马克思对必要劳动时间、剩余劳动时间、自由时间以及工作日斗争的关注，就是要揭露

---

① 古尔德：《马克思的社会本体论：马克思社会实在理论中的个性和共同体》，王虎学译，北京师范大学出版社，2009，第47页。

资本主义生产背后的时间统治。"这种对时间和时间性的社会操纵，也是资本主义的一个基本特点。"① 也就是说，"价值量由劳动时间决定是一个隐藏在商品相对价值的表面运动后面的秘密"②，时间是资本主义生产过程中价值创造和价值衡量的重要标准，也是直指人的自由解放问题的重要切入口。

社会必要劳动时间不再只是经济学意义上的范畴，也同时具有规范意义上的社会抽象统治力量。资本的抽象时间统治在生产领域根源于其追求利润的方式，即追求绝对剩余价值和相对剩余价值，前者取决于劳动时间，后者取决于必要劳动时间与剩余劳动时间之间的配比划分。前者要延长劳动时间，后者要缩短劳动时间，这实际上反映出"资本本身是处于过程中的矛盾，因为它竭力把劳动时间缩减到最低限度，另一方面又使劳动时间成为财富的唯一尺度和源泉"③。

二 数字劳动与劳动的新异化

劳动是时间意识的起源，是具有不同时代印记的人类活动。时代的进步和技术的革新所改变的不仅是劳动工具、劳动产品，还有劳动方式、劳动场所、劳动范围、劳动时间和劳动者本身等根本性的要素。

数字劳动（DigitalLabor）是用来描述伴随互联网和数字媒介技术发展所带来的劳动变化的新兴学术概念，是社会学、传播学和马克思主义哲学等研究领域的热点问题，学界对其概念界定和内涵还并未达成共识。

从数字劳动的具体表现形式来看，首先包括网络技术的专业劳动，也就是从事软件开发、设计、编程和相关应用的技术人员，以及在其行业从事辅助性工作的非技术人员。这也就是之前网络讨论热门的"996加班制"程序员们，他们的劳动随着网络技术的发展而兴起，也随时代的加速而疯狂。其次包括网络平台的线上劳动，很多企业像 Uber、Facebook 等在全球范围内发布任务，还有像国内的滴滴快车、美团外卖等网络平台，让劳动者通过竞争获取订单，这也就催生了计件形式的临时工等劳动，即"零工经济"。最后还包括网络用户的无酬劳动，主要指在网络平台进行搜索、发布、收听、

① 〔美〕大卫·哈维：《跟大卫·哈维读〈资本论〉》，刘英译，上海译文出版社，2014，第154页。
② 《马克思恩格斯文集》第5卷，人民出版社，2009，第92~93页。
③ 《马克思恩格斯全集》第31卷，人民出版社，1998，第101页。

观看、游戏等活动，为媒介公司和广告商等资本生产提供海量数据资源，但却没有报酬的在线用户劳动，即"免费劳动"或"网奴"。

数字化时代的劳动被网络信息资本所统治，仍然无法逃脱异化的命运，数字技术所改变的只是劳动异化的形式和特征，即带来一种"新异化"。一是劳动产品的异化。劳动者在网络世界中产生和创造的信息、数据、经验等都为资本家所占有，像我们在百度、淘宝等网站上的搜索记录，在微博、快手等平台上发布信息，都是在线用户无偿生产出来的劳动结果，看似对我们无用，但却是资本牟利的工具。同时，劳动者生产产品的工具也从传统手工和机器变为了网络技术和数据平台。二是劳动者的异化。智能手机已然成为21世纪的鸦片，没有网络会令所有人无所适从，不去参与互联网媒介的各种社交活动就会让劳动者感到孤独，没有存在感。三是人同人之间关系的异化。人与人之间的交流永远隔着一部"手机"，根本上说是隔着整个虚拟抽象的网络世界。无论是在地铁上、聚会中、闲暇下，人们时刻关注着手机，仿佛我们在现实中的相遇和交流不能建立实质性的关联，必须要通过网络数据的中介才能建立真正的关系。

三　数字资本的假象及其统治逻辑批判

要想摆脱数字资本的技术"座架"，摆脱资本对时间和劳动的统治，我们就要认清数字资本的假象并予以政治经济学批判。

数字资本的第一重假象为"时间悖论"。网络、高铁、物流等都在加速，数字化时代为我们节约了很多时间，但"慢生活"却成为现代人"向往的生活"，这就是现代生活的假象——"时间悖论"。整个社会生活包括经济、政治、文化和生态等在资本的裹挟中不断加速，人们或许能感觉到飞快瞬间流光掠影的刺激，但更多的是在生活加速中的眩晕、焦虑和浮躁——一种现代"城市病"。首先是都市个体不再能感受四季昼夜长短的变换，而更多是白加黑的颠倒和忙碌，也不再有工作时间和休息时间的严格界限，加班、快餐和忙碌已然是现代人生活的常态，因为压力和焦虑而导致的各种疾病、自杀和"过劳死"也已成为司空见惯的状况。其次是整个社会氛围在资本时间统治的逼迫之下变得异常"浮躁"，人们都想通过网络视频直播或者炒作能"一夜成名""一夜暴富"，都想在"流量"的世界通过最短的时间、最少的付出获取最大的回报。最后这种"急功近利"追求时间和利润的方式，人们还应用到了工业生产和动植物的生长过程当中。工业生产的产品不断加速，甚至我们餐桌上常吃的动物和植物也在饲料、激素和化肥的作用下成长周期大大加速，这导致了严重的环境污染、自然节奏紊乱和食品安全等社会问题。

数字资本的第二重假象为"劳动新异化"。马克思曾在批判资本主义机器化大生产时强调，"值得怀疑的是，一切已有的机械发明，是否减轻了任何人每天的辛劳"①。数字化时代的信息技术运用以及其发挥的重要作用，仿佛雇佣劳动（异化劳动）已经终结，劳动成为自由选择，成为网络世界的消遣和娱乐，资本增殖已从依靠"活劳动"变为"纯技术"。然而，实际上"信息供应链的管理、智能化的开发软件以及在线劳动拍卖，目的都在于营造一种能够把最廉价的劳动力、最好的生产资料、最新的技术结合在一起从而创造出巨大利润的氛围"，数字资本对劳动的剥削和统治更具有欺骗性和隐蔽性。

数字资本的第三重假象为"虚假的自由平等"。数字资本主义大力宣传一种"自由""民主""开放""共享"的价值理念，强调信息技术面前人人平等，表面上好像网络信息技术已经彻底消灭了贫穷，打破了国界、种族和地区之间的差距。然而，从长远来看，日趋严重的社会不平等现象带来的种种问题丝毫没有好转的迹象。我们很难认为社会富裕程度的差异是上个历史阶段的残留。这种差异显然是由数字资本主义本身造成的。21世纪互联网的信息技术和数字媒介已经将全人类的命运紧紧联系在一起，每个人的生存和发展都离不开虚拟的信息之网，网络信息世界的和谐和公正也需要共同体中每个人的参与和维护，全球正义的建构需要倡导信息公开共享、开放合作，避免信息垄断和技术霸权。

原载《贵阳学院学报》（社会科学版）2019年第5期，收入本书时有改动。

作者单位：上海师范大学哲学与法政学院

---

① 《马克思恩格斯文集》第8卷，人民出版社，2009，第276页。

马克思阶级概念的现代意蕴

周　可

改革开放四十年来中国社会生活的重大变化迫使我们去思考当代中国如何看待马克思阶级概念和阶级理论的问题。如何看待这一问题，学界有两种观点：一种是"过时论"，认为马克思的阶级概念和阶级理论不适合发展市场经济，而谈阶级就意味着倡导阶级斗争；另一种是"替代论"，认为运用历史唯物主义方法论考察当代中国社会，应该用阶层分析替代阶级分析，根据职业、所有制形式和不同的人在不同形式所有制中地位的区分来划分阶层。然而，这两种论点都在一定程度上误解了马克思的阶级概念，把它看作仅适用于 19 世纪上半叶早期资本主义阶段的理论范畴和解释模式。实际上，马克思的阶级概念具有深刻的现代意蕴，解释了现代社会的基本价值。阐明这一概念的现代意蕴是在当代中国语境下发展马克思主义阶级理论的重要前提。

阶级概念和阶级斗争学说是马克思思想的重要组成部分。马克思在 1852 年致约瑟夫·魏特曼的信中明确谈到他有关阶级斗争的重要观点。我们以此为线索不难理解马克思的阶级概念。第一，马克思将自己的阶级理论的研究对象界定为现代社会，或者说是现代资产社会。他所说的"阶级理论"，是关于现代社会的阶级和阶级斗争状况的学说。马克思把真正属于自己的、具有独创性的阶级理论界定为对现代资产阶级社会的阶级分析，而不是适用于历史上的所有阶级社会形式。第二，马克思既指出了自己阶级理论的来源，又阐明了自己阶级理论的独特之处。马克思在前人关于现代社会存在阶级、各阶级之间存在斗争的基础之上，又强调阶级是与特定历史时期的生产相联系的，阶级斗争必然导致无产阶级专政，进而最终消灭阶级本身。我们从阶级理论的内容来看，真正代表马克思在阶级理论上做出的最大贡献，是他从资本主义生产方式出发，考察现代社会的阶级和阶级斗争状况。

要想深入理解马克思阶级理论的性质和贡献，必须从古典政治经济学家和法国复辟时期历史学家的阶级理论那里探究现代社会阶级概念的基本内涵。梯叶里、米涅和基佐等人是法国复辟历史学家的代表，他们认为阶级斗争是近代欧洲各民族历史发展最主要的推动力，经济利益被视为决定阶级和阶级斗争的力量。他们还运用阶级斗争的观点来分析 17 世纪的英国资产阶级革命和 18 世纪的法国大革命。在梯叶里看来，17 世纪的英国革命运动是第三等级反对贵族的斗争，这一时期的宗教运动充分反映了现实的利益关系。米涅也认为，中世纪以来的法国历史就是一部阶级斗争史，法国大革命本身就是一场阶级斗争，这一时期第三等级以革命暴力的手段推翻了摇摇欲坠的封建王朝。基佐还在更为广阔的欧洲文明史的视野中考察阶级斗争。他认为欧洲文明中市民经过与领主之间的长期斗争进而形成市民自治的运动，它具有推动历史进步的意义，带来了欧洲各国民族意识的觉醒和民族国家的形成。现代欧洲就是从这一社会各阶级的斗争中诞生的。马克思接受了这些历史学家所揭示的资产阶级革命后形成的现代社会阶级的历史前提，也通过政治经济学研究深入资本主义社会的生产领域，分析了自由、平等的现代个人形象背后的剥削机制，从而揭示了现代社会的利益冲突和阶级对立状况。

不仅如此，马克思还谈到，在他以前的阶级理论中，资产阶级的经济学家也对各个阶级做过经济上的分析。在马克思看来，作为古典政治经济学重要派别的重农学派将经济研究的中心从流通转入生产领域来探讨资本主义生产的规律。魁奈把社会阶级划分为生产阶级、不生产阶级和土地所有者阶级，以此说明社会产品的简单再生产过程。这实际上开启了古典政治经济学从社会生产视角对现代资产阶级社会的阶级分析进路。亚当·斯密是古典政治经济学进入成熟阶段的标志性人物，他打破了重农主义关于农业劳动创造财富的偏见，认为一切生产部门的劳动都能够创造财富，工业劳动就跟农业劳动一样，具有普遍的意义，都是创造国民财富的普遍劳动。不仅如此，斯密还分析了社会劳动产品在不同阶级之间的分配情况。之后的李嘉图也对此做了进一步明确表述。整个古典政治经济学就是建立在对三大阶级及其相互关系的分析的基础之上的，并且主要维护的是资产阶级的利益。

马克思阶级概念这一问题的关键在于古典政治经济学的现代社会阶级概念包含着怎样的前提，这些前提又对理解马克思的阶级概念意味着什么。马克思认为，古典政治经济学家关于自然状态的假设、关于劳动创造价值并确认所有权的观点以及为私有财产进行的辩护，都是以洛克哲学为基础，都是对自由主义政治哲学强调个人自由、私有财产以及国家财产权利等主张的继承和补充。自然状态的假设是洛克政治哲学的出发点，也是古典政治经济学中若隐若现的前提。这也影响了古典政治经济学家在论述现代社会经济关系的起源时，同样假定了某种自然状态的存在。即古典政治经济学家的讨论发展了洛克关于自然状态的假设并用于分析人类社会的经济生活。自由主义政治哲学的主题之一就是为私有财产或所有权进行辩护。洛克认为劳动是价值的源泉，个人通过劳动确立财产所有权，又增加人类的共同积累，扩大私人财产的范围。古典政治经济学受这一思想影响论证了洛克哲学中作为价值和财富重要源泉的劳动概念，也论证了资本参与劳动产品分配的合法性。在封建等级特权被消灭后，以洛克为代表的近代政治哲学试图为财产不平等寻求替代性的辩护方案，他认为，货币的出现是人们解决财产权问题时共同同意的结果，它能够同时保证财产权的实现与生活需要的满足。一方面，由于劳动增加了人类的共同积累，提高了人类的生活水平。另一方面，占有超过自己生活需要的易于腐烂的生活必需品应受到谴责，而积累金银则不会，人类更倾向于为了自己的生活必需品而劳动，而不是占有那些享用不了的生活需要，这样就不会产生因占有不均而引发的冲突。实际上洛克误解了货币的历史起源和真实职能，将其财产权理论的证明思路从个人主义的道德证明转向了集体的、功利主义的证明，以财产权的经济效用来证明其合理性。古典政治经济学家在货币理论方面超越了洛克，但仍然试图为私有财产的不平等提供功利主义的解释。他们一方面承认劳动者占有劳动产品的权利，坚持资本家占有较大比例劳动产品的权利；另一方面认为劳动者与劳动条件的分离以及产品分配的不平等现象能够促进包括劳动者在内的全体社会成员的利益。实际上，斯密所代表的古典政治经济学家关心的首要问题不是劳动者的穷苦，而是财富的增长。

由此可见，复辟时期历史学家和古典政治经济学家就已经运用阶级斗争和阶级分析的观点来理解人类历史和现代社会。不仅如此，在他们关于现代社会的阶级理论中蕴含着重要的历史前提和价值前提，那就是从现代社会的形成和实质来看，作为社会成员和国家公民的个人在观念上和现实中都应该拥有平等的法律地位和自由的政治权利，并且在此基础上追求自己的经济利益，这一前提正是马克思阶级概念的现代意蕴。马克思还超越了前人理论成果，并进一步探究了决定现代社会个人生存的阶级结构，揭示了现代社会经济结构和政治制度的对抗性本质。在马克思看来，虽然现代社会造就了自由、平等、独立的个人，但是真正决定政治和经济中个人生存状况的是现代社会的阶级结构，这一结构的核心是资本家与工人之间的对抗关系，其实质是资本家通过交换自由和契约关系而对工人剩余价值的无偿占有以及由此形成的不平等的剥削关系。基于此，马克思倡导的无产阶级革命和共产主义本质上是打破资产阶级的阶级结构，超越现代社会的资本主义形式，实现真正意义上的自由、平等和独立等现代价值。这一意蕴并未过时，它正是今天人们实现美好生活的题中之义。当代中国马克思主义研究和建构主流意识形态话语过程中，必须在肯定马克思阶级概念的现代意蕴的基础上，不断创新马克思主义的阶级理论和阶级话语，发展出面向当代中国社会的马克思主义阶级分析框架。

原载《马克思主义哲学研究》2019 年第 1 期，收入本书时有改动。

作者单位：武汉大学哲学学院

金融化：时间与权力的同构

宁殿霞

进入 21 世纪，人类生存世界呈现金融化的特征，最多的财富积聚在金融领域，最大的财富形式变化在金融体系，最深刻影响社会生产力的发展在金融环节，最广泛改变人类生产方式、生活方式在金融运作模式，最大化激活人类欲望在金融的不断创新。金融权力运行的深层机理值得我们深刻反思。

一 时间生产：价值凝结与权力集聚

如果在价值创造与实现过程中考察权力的生成与组合，那么权力就是抽象劳动时间，它在价值交换中通过货币得以提取，进而集中，并在资本金融权力体系的空间中得到汇聚。工业革命以来，在资本逻辑的驱动下，现代分工条件下人的社会劳动不可能是全面的，只能是某个链条上细小的环节之一，因为人只要生活就必然进行交换。交换过程得以实现的核心在于交换价值的考量。作为价值，一切商品都只是一定量的凝固的劳动时间。这里作为价值凝结的劳动时间就是生命的消耗过程。这种深层的通过时间生产结成的人与人的关系在表面上以物与物的关系表现出来时，权力出现了。商品交换的核心机密就在于商品形式在人们面前把人们本身劳动的社会性质反映成劳动产品本身的物的性质，所以，权力生成的最小单位是在总劳动中用人的生命时间计算的劳动价值，即抽象劳动时间，这里，时间的生产反转为权力的生成。商品的价值用它所包含的劳动的量来计量，这个劳动量的计算一直以来都是马克思主义研究者的难题。这个抽象是马克思所独有的总体性抽象，是全社会作为一个整体的总体性抽象，劳动时间在这里是指抽象的劳动时间，历史化的总劳动时间，即历史时间。商品中凝结的劳动是社会总体的人的劳动的具体表现，形成一个总体性的实体。而历史时间就是这个关系性实体的实体性时间。所以，价值的凝结过程便是这个抽象劳动时间的生产过程，即时间生产，也就是权力的生成过程。

货币对权力的提取与放大。首先，在价值交换、商品流通中，货币通过"社会独占权"进行权力的提取。一方面，商品交换是需要体系的必然要求，在任何情形下，在商品市场上，只是商品占有者与商品占有者相对立，他们彼此行使的权力只是他们商品的权力。另一方面，商品的交换是价值交换过程，同时又是权力的索取过程。进一步讲，货币产生于交换过程并使原始的物物交换时的买和卖发生分离，卖的过程就是提取权力的过程，买的过程就是使用权力的过程。货币是提取出来的权力，权力来自时间生产，即抽象劳动时间的凝结。其次，权力一旦通过货币从买卖过程中提取出来，它就拥有自由行走与集中的特权。货币只是在买卖之间自由行走的过程中将这种价值提取出来。货币的集中就是权力的集中，这种集中的权力再回到流通中可以实现权力的放大，而且这种权力的放大必须在流通之中。货币正是在对权力的这种放大过程中转化为资本。如此，货币在流通过程中一方面组织了人们的社会生活、物质生活；另一方面，货币自身通过积累而转化为资本，这一转化的魅力不仅在于权力的集中，更在于权力的放大。

资本金融权力体系已成为支配全社会的最强力量和最高权力。在本质上，当今社会的所有财富都来自无差别的人类抽象劳动时间的凝结，这些时间蓄积于资本金融权力体系之中形成权力的蓄水池，这个蓄水池首先是金融创新的结果，金融化是集聚起来的抽象劳动时间从存量向流量的转化，是权力的进一步汇聚。资本金融权力体系不仅吮吸全社会的冗余，而且对所有财富进行再分配，即权力在蓄水池中向少数人集聚。权力的蓄水池是金融领域价值分割的秘密所在。价值成了处于过程中的货币，从而也就成了资本。在这一领域从事生产的劳动并不产生实体的增量，然而资本权力却被放大了。

二　时间生产与金融创新的内生机制

货币转化为资本，在实体经济中必须根据商品生产与流通规律加以说明，然而在全球化时代，在资本金融权力体系之中，作为金融资本的货币，必须重点放在流通中考察。"资本不能从流通中产生，又不能不从流通中产生。它必须既在流通中又不在流通中产生。"① 资本的幼虫长成金融资本并实现蝶变。在本质上，金融的强大魅力在于激活未来时间。当今社会的所有财富都来自人类抽象劳动时间的历史化。金融领域汇聚的都是死劳动，但是它可以激活人们对活劳动的预期。

21 世纪资本与马克思时代的资本相比，发生了重大转向。资本金融权力体系之所以繁荣，首先是有了财富的积累，同时，资本的逐利性是金融创新的内在动因。通过无止境金融创新激活无限未来时间，在现实资本运作过程中反转为金融的无限权力。在金融领域中，金融创新的无限性和未来时间的无限性二者之间形成正反馈过程。

金融领域的创造性劳动是激活欲望。金融领域属于流通领域，金融领域的劳动总体上分为两类，一是流通领域的创造性劳动；二是流通领域纯粹流通性劳动。金融创新的无限性在于未来时间的无限性和对未来时间激活的无限性。金融创新导致资本权力分割剩余模式的变化。金融创新使时间具有无限性、权力具有集聚可能。从马克思到皮凯蒂，资本的本质没有变，都是能够带来剩余价值的价值，但是 21 世纪的资本似乎成了实体经济的灵魂。金融资本既是"生产资本"，又是"流通资本"。金融创新使所有时间融入 G—G′运行之中的同时，又使分散在各处的资本权力集中于同一个场域而发生权力集中和集聚。

三　金融化：以未来时间为中介的权力再提取

资本金融权力体系在不断创新过程中激活未来时间，从而吮吸过去的时间，并且将时间与空间加以叠加、融合，形成一个强大的权力运作场域，21 世纪的资本之所以如此任性，资本收益率之所以远远高于经济增长率，就在于金融场域的权力运作机制，在于资本总体性的本质属性。一切财富的东西都吸入这一机器，出来的还是财富，但是它所负载的权力却发生了重大变化。资本总公式 G—G′（G＋ΔG）中 ΔG 从何而来呢？如果是未来时间，那么这个未来时间可以预支吗？

---

① 《马克思恩格斯文集》第 5 卷，人民出版社，2009，第 79 页。

金融的权力在于历史时间的重组与聚合。金融领域的创造性劳动生产的是可供金融资本进行 G—G′（G + ΔG）流通的经济空间，金融创新的无限可能性在于对未来想象的无限可能性。强大的金融权力既在金融系统中又不在金融系统中产生。秘密就在于金融领域创造了流动性，而这里流通的有未来。这个创造经济空间的理性与对未来不确定性预期的欲望之间的交织，使原有的财富发生了所有权的重组。资本的幼虫就是在这个金融加工机内部发生了蝶变。

以未来时间为中介的权力再提取。21 世纪资本的关键在于通过激活未来，并以未来为中介而实现对过去时间的重新分配和现在时间的占有。以未来时间为中介的权力再分配是资本权力再提取在金融化时代的新功能。资本金融化对人类生存世界至少带来三方面的影响：一是金融化改变了原有的资源配置形式；二是个人不仅与金融密切相关，而且深深地被金融加以激活和推进；三是金融化的迅速推进不只是单纯经济领域或金融领域的课题，它作为经济领域的实体性产物反过来全面支配着国家多领域的相关制度设计与运作。这些宏观层面的权力结构变化的深层原因就在于资本金融权力体系中的金融创新及其无限性的特性。

21 世纪金融化世界诉求着金融的逻辑证明，对时间与权力的同构及其时间的显微解剖学考察至少为我们认识金融的逻辑提供了一个微观层面的研究视角。人类生存世界通过资本金融权力体系形成一个总体性的价值实体——金融化的对象化世界，资本金融权力体系是这个价值实体实现整体性的具体过程与表现形式。人类在这个总体性的价值实体的权力面前正经历着越来越充满对抗性的考验，在这种对抗过程中，人类越来越趋向于共同体。

原载《人文杂志》2019 年第 12 期，收入本书时有改动。

作者单位：西北工业大学马克思主义学院

21 世纪：金融叙事中心化与整体主义精神边缘化

申唯正

　　21 世纪面对全球经济秩序的金融叙事中心化与人类"整体性自由"精神的冲突，我们需要回溯当代金融体系的发展史，揭示财富幻象的本质特征，剖析金融叙事化与整体主义精神的矛盾。

1. 从货币起源到完全信用货币时代，人类至少经历了三个阶段

　　①实物货币阶段。这个阶段是从人类有剩余产品开始的，货币本身就是一种特殊商品，贵金属货币承担了主要的交易媒介。②商业货币阶段。商业货币阶段也是锚定货币阶段，金本位是货币金融体系的主要特征。工业革命加速了生产力的发展，在大量工业品的国际贸易中，黄金成为主要度量衡。每个国家发行的货币都以黄金储量为锚定。③完全信用货币阶段。布雷顿森林体系解体后，美元终于摆脱了黄金的羁绊，成为信用货币时代主要锚定货币及特别提款权（SDR）的主要成分货币，而黄金也彻底不受美元的约束，脱离了货币属性，还原为特殊商品。从此，货币 G 正式成为信用资本，呈现出 G—G' 的快速转变，在以世界贮备货币为锚定货币的浮动汇率制度下，利用主权国家的信用直接发行，就可以成为国际金融资本。完全信用货币脱离了刚性金本位的定在约束，真正开启了人类经济体系崭新的篇章，并宣告了全球金融化时代的到来。人类财富观从物质存在走向了信用虚拟的"化蝶幻象"。全球货币金融体系在一个没有锚定、没有定在、没有限制的非理性想象中与它自身的叙事相关联，来自现实又脱离现实，来自物质又脱离物质，来自符号的功能又脱离了符号的功能，通约了整个对象化的生活世界。

2. 金融叙事中心化带来了五种"强引力"财富幻象

①货币幻象。货币作为人类经济社会的交易媒介，从一出现就成为"一切价值的公分母"，但同时也使人对客观世界的价值评判出现了名义价值和实际价值的双重标准。欧文·费雪的"货币幻觉"，反映了人们对货币所表达的名义价值与实际价值的认知偏差；凯恩斯发现并利用了人们的货币幻象来解决周期性经济危机；哈耶克认为，试图维持货币幻象进行货币扩张，企图能够进一步扭曲生产结构，是不可能治理危机的；张雄教授认为："货币幻象主要指货币在观念中所彰显出的过溢的权力张力。"当代信用货币的大膨胀是金融化赋予货币幻象的信用空间。而信用货币时代恰恰迎合了人类财富欲望的无限膨胀。②债务幻象。债务幻象源自人类货币幻象的演绎，机敏的个人和企业作为债务人，若具备对交易机会的良好把握，带来的是财富增长效应。这里所讨论的债务，正是欧文·费雪所说的能"产生收益的债务"。人们对未来货币收入逐步增长的希冀与自信，让更多的个人、企业乃至国家，包括那些未来偿还能力很弱的都成为新的债务人。但参与主体的债务模式，从对冲性融资到投机性融资再到庞氏融资的演化路径，成为不稳定经济的内因，债务最终也成为债务危机。③杠杆幻象。杠杆幻象强调的是金融衍生品所内生的脆弱性，也是杠杆过度所引发的杠杆幻象。金融衍生产品自诞生那天起，就具有天生的杠杆效应与内在脆弱性。资本市场的杠杆效应是放大了的金融叙事范式。没有杠杆效应就没有金融市场，但杠杆比过高就会产生较大风险。现代金融市场的很多创新都是想尽办法把杠杆效应放大，层层叠叠的杠杆效应，导致整个金融系统似"多米诺骨牌"一样的内在脆弱。④市值幻象。财富的符号化演变加上投资银行与风险投资基金的偏好，决定了上市公司新的时代特征：市盈率、股价、公司市值成为主要衡量指标。市值幻象至少有三大主要特征。其一，"宁做鸡头不做凤尾"。做大市值可以实现同行业兼并收购，体现赢家通吃的马太效应。其二，从市盈率到"市梦率"。市盈率的高低直接决定了上市公司的市值大小。其三，股权激励与管理层收购。所有权与经营权的分离成为委托与代理的关系，共同利益如何最大化是首要问题。⑤对冲幻象。金融期货、期权、保险、CDS，金融套利，高频交易，资产证券化等都是为了对冲或者转嫁市场风险而设计的，但是对冲的功能性被异化，成为牟利的目的。尤其是衍生出的三种"金融病毒"。其一为风险价值（VAR）之病毒。风险价值是华尔街及全球对冲基金都在使用的风险管理方法。在金融市场线性发展的稳定时期，确实

是没有什么问题的低风险组合，但是一旦碰到了非常时期，这样的对冲组合风险就将释放出巨大的破坏能量。其二是 AAA 级非相关债券之病毒。具有连锁反应的金融市场，这样的债券对冲组合尽管具有最高级别的评级，但风险来临时也一样分崩离析。其三为程序化交易的纯粹对冲之病毒。程序化交易系统看似人工智能的金融创新。但是这样的纯粹理性工具，犹如沉浸在金融市场的"对冲病毒"一样，是市场暗藏的巨大"杀手"，其杀伤力是非常巨大的。

3. 金融化的生成与整体主义精神的三次决裂

金融化的生成过程至少经历了与人类整体主义精神的三次决裂，导致了支配人类整体主义精神所具有的历史禀赋趋于边缘化：个人全面发展被单向度的物质追求边缘化、社会责任感的整体性倾向被边缘化、利他主义奉献精神被边缘化。①商业资本主义精神与传统信仰、品德、秩序的决裂。商业资本主义精神的演变史分为三个阶段。第一阶段，从传统的整体主义到利益追求的自由释放。自古以来，个体与群体、个人与社会的关系都是贯穿整个人类文化的一个永恒的根源性矛盾问题。人们已经对于用道德教化或者宗教戒律来约束人类欲望失去了信心，开始寻求约束欲望的新的方法。第二阶段，是以热那亚为金融中心的经济权力与政治权力分离。热那亚用稳定的金融支付手段，实现了其经济权力对世俗的政治权力的相对分离。第三阶段，阿姆斯特丹商业鼎盛时期。来自世界各地的荷兰商人已经去除了主权归属，没有对荷兰民族国家的忠诚度，始终重视和维护的是商业利益。②人类工业化与大自然整体的决裂。这里主要论述来自西方的"人定胜天"工业主义与大自然的整体性决裂。二元论的人类主体性与大自然客体性成为主要的哲学思想，导致了对客体即客观世界无尽的索求，导致了一种更加贪得无厌的人类出现。这样的人类主体经济思想，所提倡的人类生活的全部意义就是无尽的占有，就是越来越嗜求得到超过其需要的东西。英国工业革命之后，商业资本和工业资本已经联合起来为了追逐工业化带来的经济利益，正式宣告了工业化与大自然和谐关系的彻底决裂。③"金融内化"与人类"整体性自由"精神的决裂。金融内化与整体性自由至少呈现出三个背离。其一，个体的特殊性与整体的普遍性背离。个人、企业、国家及社会各种组织的追求所呈现的金融内化，都是割裂了个（群）体的特殊性与人类整体（包括自然界生物圈）的普遍性之间的辩证关系。其二，单向度的物欲追求与人类的精神丰富相背离。资本主义精神的生成，引导了人类将贪欲转化为利益的追求，实现了用欲望抑制欲望的思想超越，是对人类不良表现的扬弃。但是金融逐利的特性与人性的贪婪相契合，形成了人类个体精神向度的单一化发展，金钱至上、唯利是图、利益第一的单向度物欲性追求，恰恰完全与人类整体性精神自由的丰富性、多向度相背离。其三，符号化幻象与生命本真相背离。对物质的追求发源于人类最初的生存需要，维持生计是人类最初劳动的真实原因，精神自由是人类的本真追求。信用货币最终生成了符号化的抽象财富。获得财富、占有财富、积累财富变成了显示"有能力的公认标志"，能够博得声誉和尊重的虚荣。

揭示当代金融叙事中心化并不是全面否定金融化，而是在人类有限理性的基础上，了解、认识、分析、辨明这个金融叙事所带来的财富幻象问题的实质，对其正面和负面作用进行深度思考。新时代金融与好的社会离不开对"金融内化"的反思，离不开对人类"整体性自由"的追问，离不开对人的生命本真意义的深思。只有深入研究金融化的经济哲学基础及发展路径，只有重新认识并发展马克思主义政治经济学，重新回到马克思的唯物史观思想，才能认识到金融叙事中心化给人类经济社会造成的金融危机，才能扬弃不受约束的金融自由化世界所带来的全社会危机，才能消解幻化，回归"人类命运共同体"的公平正义价值观，从而达到人的自由、企业的创新、国家的正义、社会的共享。

原载《江海学刊》2019 年第 1 期，收入本书时有改动。

作者单位：浙江师范大学马克思主义学院

马克思资本逻辑视角下技术
资本化的路径探析

高剑平　　牛伟伟

技术与资本之间的关系，历来为学界所关注。本文基于马克思资本逻辑视角，对技术的三个层面、技术资本的双重属性、技术资本化的实现条件、技术资本化的具体路径等问题进行了比较深入的探究。

技术的三个层面：①物质层面技术是物化的人工物，必须依附于人工物而存在；②智能层面技术是人主观意向与客观的科学原理的统一，人的主观意向和客观的科学原理，两者耦合成功，则自然物转化为技术物；③信息层面技术是人工物的具体工艺流程，具有被复制、转移等特质。

技术资本的双重属性：技术属性和资本属性。技术属性，即具备技术的普遍特质，由三个方面组成：一是技术资本基于人的技术需求而产生，目的是追求高利润；二是技术资本根源于人的物质生产劳动；三是技术资本具有流动性，能转移分享。资本属性，同样拥有资本的一般属性，有着内在的三种规定：①技术资本具有自然属性和社会属性的"二重性"，是技术生产要素和技术生产关系的统一体；②技术资本可以带来剩余价值的价值；③技术资本必须依附于人工物而存在，其价值可被测度，其交换遵循价值规律。

技术资本化的实现条件是技术成果转变为商品。技术商品只有转化为技术资本才能实现自身价值并推动生产力发展，其中货币起着关键作用。技术产品的制作工艺，包含着大量的"创新劳动"，"创新劳动"是发明与专利的内在根据，因此要独享技术收益，就必须把技术工艺与流程发展为新的商品——技术专利。

技术资本化的具体路径是沿着技术概念的三个层面在时间和空间上的外

推：技术人工物的资本化、技术知识的资本化、技术专利的资本化。技术人工物的资本化又分为三个环节：一是必须依附于人工物而存在；二是技术人功物通过交换成为技术商品，进而实现价值增值；三是技术商品参与流通转化为技术资本，进入 G（货币）—W（商品）—G′（货币 G 和价值增量）的资本循环阶段。技术知识的资本化，技术知识作为生产要素投入生产。经过造物者的生产应用转为带来价值的产品，此为技术知识"资本化"的关键步骤。技术专利的资本化，同样包含三个环节：技术专利生成是资本化的起点、技术专利确权是资本化的前提、技术专利转让是资本化的核心。

正是这三条路径，促使技术资本进行全球扩张，并形成技术资本的三个全球化特征。一是技术资本在全球集聚，二是技术知识全球传播，三是促成了技术专利的管理全球化。因此，技术与资本存在逻辑共契。

原载《自然辩证法研究》2020 年第 6 期，收入本书时有改动。

作者单位：广西民族大学政治与公共管理学院

新时代视野下的中国道路和中国逻辑

郝立新

"中国特色社会主义进入新时代"是习近平新时代中国特色社会主义思想中最重要的理论命题之一。习近平新时代中国特色社会主义思想具有三个划时代的贡献：一是站在时代的高度提出崭新的时代观和观察问题的新时代视野；二是立足于新时代进一步深刻阐释了中国特色社会主义发展道路的基本特征；三是在推进马克思主义中国化进程中充分体现或展示了"中国逻辑"。

一 新时代观及其方法论意蕴

首先，聚焦时代重大课题，把握时代历史方位。习近平时代从中华民族发展史、社会主义发展史、世界发展史的高度认识时代，揭示了中国特色社会主义的历史方位。即中华民族迎来了从站起来、富起来到强起来的伟大飞跃，科学社会主义在 21 世纪的中国焕发出强大生机与活力，中国在世界现代化进程中正在发生由跟跑者逐渐转向领跑者的角色转变。中国特色社会主义已经进入具有新的历史特点、肩负新的历史使命、迈向新的发展目标的新时代。

其次，坚持以人民为中心，确立时代发展目标。不忘初心，牢记使命，为中国人民谋幸福，为中华民族谋复兴。这是贯穿于习近平时代观的一条红线。

再次，关注社会主要矛盾，探寻时代发展动力。习近平时代观阐明了新时代的一个重要特征正在于社会主要矛盾发生了转化，正确揭示社会主要矛盾发生转化的客观依据和重要意义，这一判断既揭示了新时代社会发展的主要矛盾和主要推动力，也指明了新时代党和国家的工作重心和发展着力点。

最后，洞察世界形势走向，拓展时代开放格局。在中国与世界的密切联系中把握新时代，是习近平时代观的又一重要特征。共商共建共享，构建人类命运共同体，已经成为新时代我国对外宣示的主导价值理念；构建新型外交关系包括新型大国关系，建设"一带一路"、通向世界的经济走廊，已经成为新时代的重要发展战略。

习近平新时代观蕴含着丰富的方法论思想：一是坚持历史意识，二是坚持人民史观，三是坚持现代观念，四是坚持世界眼光，五是坚持辩证思维。新时代的最突出的一个特征，就是社会主要矛盾发生了转化。运用辩证思维正确认识社会主要矛盾及其变化，是科学把握社会发展进程及其阶段的前提，是我们正确把握新时代特点的一个关键。一是人民群众对美好生活的向往和需求日益多样化，这些需求仅用"物质文化需要"难以全面概括；二是制约日益增长的人民对美好生活需要的关键因素，不再是单纯的"社会生产"因素，而是扩展到包含生产发展因素在内的整体社会发展的不平衡和不充分；三是社会主要矛盾和次要矛盾地位发生了转化。人民群众日益增长的物质文化需要和落后的社会生产之间的矛盾已经不能够完整地概括或科学地表达进入新时代中国社会的主要矛盾。牢牢抓住解决我国发展中存在的不平衡和不充分的问题、满足人民群众日益增长的美好生活需要，就是抓住了决胜全面建成小康社会的"牛鼻子"。

我们需要在"变与不变"的辩证思维中来把握社会主义初级阶段的新特点。社会主要矛盾发生了变化，但是要清醒地看到，社会主义初级阶段的阶段性特点没有发生根本变化，以人民为中心的发展思想和发展为第一要务的理念没有根本变化。坚持发展是第一要务的理念不变，但抓发展工作的着力点发生了变化。

二　中国道路的由来与基本特征

自改革开放以来，当代中国发展取得两大举世瞩目的成果，一是中国特色社会主义道路，二是中国特色社会主义理论。在如何理解中国道路的问题上，我们经常会遇到误解甚至曲解，比如有的观点认为，中国道路是中国特色的资本主义道路。这显然是错误的。正如习近平同志所说："40年来，我们始终坚持解放思想、实事求是、与时俱进、求真务实，坚持马克思主义指导地位不动摇，坚持科学社会主义基本原则不动摇，勇敢推进理论创新、实践创新、制度创新、文化创新以及各方面创新，不断赋予中国特色社会主义以鲜明的实践特色、理论特色、民族特色、时代特色，形成了中国特色社会主义道路、理论、制度、文化，以不可辩驳的事实彰显了科学社会主义的鲜活生命力，社会主义的伟大旗帜始终在中国大地上高高飘扬！"① 这段话进一步阐明了中国特色社会主义自改革开放以来我们党在理论和实践上始终坚持的主题；阐明了中国特色社会主义道路是科学社会主义理论与中国实际相结合的产物，是实践创新和理论创新良性互动的结果。

（一）科学回答了中国道路从何处来的问题

习近平指出："只有回看走过的路、比较别人的路、远眺前行的路，弄清楚我们从哪儿来、往哪儿去，很多问题才能看得深、把得准。"② 习近平新时代中国特色社会主义思想回答了中国特色社会主义道路从何而来的问题。

"回看走过的路"，中国道路是在中国共产党领导人民持续推进一以贯之的"伟大社会革命"的历史进程中开辟出来的。中国共产党领导人民经过28年艰苦卓绝的革命斗争，成立了新中国，实现了民族独立和统一，经过"三大改造"，建立了社会主义制度，实现了中国历史上最深刻最伟大的社会变革。十一届三中全会以来，中国共产党领导人民开启了改革开放这场"新的伟大革命"，中华民族迎来了从站起来、富起来到强起来的历史性跨越，中国特色社会主义进入了新时代。实践证明，中国道路是在马克思主义的普遍真理同中国社会发展相结合的"伟大社会革命"中开辟出来的。

"比较别人的路"，中国道路在同"封闭僵化的老路"与"改旗易帜的邪路"进行艰苦而持久的伟大斗争的历史进程中形成的。中国在走中国特色的社会主义道路的实践探索中顶住了东欧剧变和苏联解体带来的冲击，顶住了资产阶级自由化的冲击，依然朝着社会主义改革开放的既定方向探索自己的发展道路。

---

① 习近平：《在庆祝改革开放40周年大会上的讲话》，人民出版社，2018，第11页。
② 《习近平谈治国理政》第三卷，外文出版社，2020，第70页。

"远眺前行的路"，新时代中国特色社会主义发展道路必将在马克思主义基本原理与中国社会发展进程的有机结合中不断拓展新空间。新时代"新两步走"发展战略进一步明确了中国道路前进方向上的目标任务，同时赋予中国道路以新的理论内涵和实践特征。

（二）进一步回答了什么是中国道路

中国特色社会主义发展道路具有丰富的理论内涵，也具有鲜明的实践特征。中国道路主要体现在中国特色社会主义经济发展道路、政治发展道路、文化发展道路等方面。我们可以从经济、政治和文化等方面的基本特征，来理解什么是中国道路。

1. 从经济上看

首先，坚持以公有制为主体、多种所有制经济共同发展的基本经济制度。在社会主义初级阶段，公有制经济与非公有制经济存在结构上的功能差异，二者相互补充，相互促进，相得益彰。其次，坚持社会主义市场经济的发展方向。社会主义基本制度与市场经济的结合，是中国特色社会主义发展进程中的一大创举。最后，打造全面开放的经济发展格局。开放是发展社会主义市场经济的内在要求，中国特色社会主义经济发展道路具有开放性，中国的发展离不开世界。全面开放具有丰富的内涵，既包括对外开放，也包括对内开放。

2. 从政治上看

首先，坚持党的领导。这是中国特色社会主义事业的根本保障。其次，坚持人民当家做主。社会主义国家的一切权力属于人民。最后，坚持全面依法治国。全面依法治国是党领导人民治理国家的基本方式。

3. 从文化上看

首先，坚持马克思主义的指导地位。坚持和巩固马克思主义意识形态的指导地位，是坚持中国特色社会主义文化发展道路的前提。其次，坚持"三个面向"的社会主义文化发展方向。中国特色社会主义文化要面向现代化，面向世界，面向未来。最后，坚持以社会主义核心价值体系和社会主义核心价值观为主要内容。

三 马克思主义中国化新飞跃蕴含的中国逻辑

习近平新时代中国特色社会主义思想及其产生过程深深蕴含着"中国

逻辑"。"中国逻辑"是马克思主义中国化进程内在规律的体现，是马克思主义基本原理与中国具体实际相结合在新时代进一步深化的深层逻辑，至少表现为以下五个方面。

（1）以当今中国和世界面临的时代问题为导向 "问题是时代的呼声"。中国特色社会主义进入新时代，习近平同志围绕如何坚持和发展新时代中国特色社会主义这一重大时代课题，坚持辩证唯物主义和历史唯物主义，紧密结合新的时代条件和实践要求，以全新的视野深化对共产党执政规律、社会主义建设规律、人类社会发展规律的认识，系统回答了新时代坚持和发展中国特色社会主义的总目标、总任务、总体布局、战略布局和发展方向、发展方式、发展动力、战略步骤、外部条件、政治保证等基本问题，从而创立了新时代中国特色社会主义思想，丰富和发展了中国特色社会主义理论体系。

（2）以实现中国人民的美好生活和世界的和平发展为目标。不忘初心，牢记使命，为中国人民谋幸福，为中华民族谋复兴。这是中国共产党人始终追求的价值目标，也是贯穿习近平新时代中国特色社会主义思想的一条红线。坚持以人民为中心的发展思想，既贯穿在整个十九大报告中，也贯穿在习近平新时代中国特色社会主义思想的八个 "明确" 和十四个 "基本方略" 中，成为统领新时代坚持和发展中国特色社会主义的基本理论、基本路线、基本方略的核心价值目标。

（3）以中国特色社会主义伟大实践为基础。时代是思想之母，实践是理论之源。伟大的理论来自对伟大的实践的总结概括。习近平新时代中国特色社会主义思想孕育于中国特色社会主义的伟大实践之中，产生于新时代中国特色社会主义的伟大实践之中。面对中国特色社会主义进入新时代的实践进程，及时把握实践新变化，准确反映新时代的特点特别是社会主义初级阶段变化的新特点，正确揭示社会主要矛盾发生转化的客观依据和重要意义，成为习近平新时代中国特色社会主义思想的重要理论贡献。

（4）以中国优秀文化为根基。习近平新时代中国特色社会主义思想充分体现了文化自觉、文化自信。习近平同志的理论著述蕴含了深厚的文化底蕴，身体力行地对中国传统文化进行创造性转化和创新性发展。

（5）以中国特色话语体系为载体。中国特色社会主义理论体系特别是其最新成果——习近平新时代中国特色社会主义思想，形成了具有我们民族自己特色的话语体系。此外，习近平同志在行文和演说中，语言朴实，接地气；在国际舞台上，善于讲好中国故事，传播中国价值。这些具有中国特色的话语体系已经成为习近平新时代中国特色社会主义思想特有的重要标识。

"中国逻辑"体现了历史、实践和理论在特定的中国时空中的有机的具体的统一。正是由于蕴含着这样的"中国逻辑"，习近平新时代中国特色社会主义思想才具有如此强烈的历史感和现实感，具有如此强烈的时代精神和民族精神，才具有如此强大的感召力、吸引力、影响力、引领力。"中国逻辑"必定在实践发展和理论创新的结合中不断延伸，是中国化马克思主义发展的重要内核和决定因素。

原载《甘肃社会科学》2019 年第 1 期，收入本书时有改动。

作者单位：中国人民大学哲学院

马克思主义中国化与新文明类型的可能性

吴晓明

中国道路的百年探索，以五四新文化运动为起点，是现代化与马克思主义中国化的双重进程。在这里，需要深入把握的是：在中国道路的百年探索中，现代化与马克思主义中国化建立起怎样的本质关联；在这种关联中，马克思主义中国化对于今天的世界历史进程来说又具有怎样的意义。

一

1840 年以来，中国被迫遭遇到起源于现代性在特定阶段上的"绝对权利"，这意味着，当时的中国必然被卷入世界历史的进程之中，也不可避免地被抛到由现代性所设置的支配－从属关系中。所以，中国所面临的现代化任务是历史的必然。同时，中国之所以在要求并执行其现代化任务的进程中又与马克思主义建立起本质的关联，是由于中国的现代化事业必须经由一场彻底的社会革命来为之奠基，而这场社会革命历史地采取了新民主主义—社会主义的定向，并在现实的历史中将马克思主义规定为自身的思想—理论基础。无论是认为中国本"应当"避开现代化，还是认为中国本可以避开新民主主义—社会主义的定向，从而认为中国的现代化事业本可以脱离马克思主义的影响，都是学术上彻头彻尾的主观主义。它以单纯的"应当"来命令现实或假设历史，完全滞留在抽象的观念中，即从根本上分离隔绝于现实的历史和社会历史进程的实体性内容。自黑格尔以来，那种脱离社会—历史的实体性内容来玩弄抽象观念的知识方式，已经是时代的错误了；而自马克思以来，那种离开既定社会（作为"实在主体"）的自我活动来伪造历史的虚构，则尤其是时代的错误了。

从现实历史的观点出发观察五四新文化运动，我们会从中突出地把握到：第一，"科学"与"民主"是五四新文化运动的口号与纲领，同时这也是现代性的基本价值与目标；第二，作为现实的历史运动，五四新文化运动必须通过彻底的不妥协的反对已成为帝国主义的资本主义世界，来为中国的现代化事业真正奠基；第三，由于第一次世界大战和俄国十月革命，又由于五四新文化运动以反帝反封建作为基本鹄的，这一运动在成为世界革命之组成部分的同时，也为中国共产党的成立、为中国的现代化事业与马克思主义的本质关联做好了准备。

因此，从真正历史的观点来把握五四新文化运动的重大意义，就不仅要求标举现代性的基本理念，而且要求将之特别地理解为反帝反封建的现实运动，并从这一运动的趋势中辨别出马克思主义与中国革命、与中国现代化事业建立起本质关联的必然性。唯有现实的历史性方才能够揭示出中国革命所需要的超出抽象观念的东西，而处在特别关节点上的五四新文化运动则以其历史性表明：中国要实现现代化，必须经历一场彻底的社会革命来为之奠基；而这场社会革命已在其基本的趋势中要求采取新民主主义—社会主义的定向。正是这一社会革命的主导定向，建立起中国的现代化事业与马克思主义的本质关联。

二

与中国革命和现代化实践建立起本质联系的，不仅是马克思主义，还是在历史性实践中生成的中国化的马克思主义。马克思主义中国化的最一般含义无非把马克思主义的基本原理同中国革命和建设的实际结合起来。因此，与中国化的马克思主义相对峙的，乃是不欲同中国革命和现代化实践相结合的马克思主义。中国革命时期就出现过这样一部分"教条主义的马克思主义者"，一方面由于中国革命的历史性实践本身尚待展开，另一方面由于他们在接受马克思主义时初始的"学徒状态"，因而往往易于采取抽象的理论态度，并在思维方面采取哲学上所谓"外在反思"的方式，即不深入于事物本身的实体性内容，只是把一般的抽象原则先验地强加到任何内容之上。我们很熟悉的一个例证是：1927 年以后，教条主义的马克思主义者把来自俄国的"中心城市武装起义"这一原则先验地强加给中国革命的进程，结果导致一连串灾难性的失败，失败的根源即局限于外在反思的教条主义。唯当中国共产党人意识到，中国革命的道路不是"中心城市武装起义"，而是"农村包围城市"时，他们才开始摆脱了教条主义从而深入地把握中国特定的社会现实，才使马克思主义的普遍原理与中国革命的实践结合起来，因而也批判地脱离了教条主义的马克思主义。因此，唯有中国化的马克思主义才与中国的历史性实践建立起内在的和本质的关联。而对于指导中国革命和整个现代化事业来说，没有什么比马克思主义中国化更重要、更具决定性了。

马克思主义的中国化，是在中国革命、新中国成立七十余年、改革开放四十余年的历史之繁复的矛盾和冲突中不断发展的。与教条主义的观点不同，马克思主义中国化的进程是在经验和教训的积累中，通过思想解放来达到目的的。而中国的现代化事业与马克思主义的本质关联也无所不在地体现在近百年来中国历史性实践的各个阶段上。同时，马克思主义中国化之真正关乎本质的意义，是由中国进入"世界历史"之中的独特处境来规定的，也是由此种处境中历史性实践的特定取向来规定的。正如佛教的中国化庶几近之，马克思主义若要最关本质地参与到中国特定的历史进程中并成为其自身文化的一部分，也需要中国化。我们由之可以获得的教益是：①这样的中国化必定来自历史整体之真实而普遍的需要，②这样的中国化必定要使外来的思想理论真正采取中国的立脚点和中国的形式，③这样的中国化进程不能不成为独立自主的和创造性的。

三

要正确估量马克思主义中国化的意义，就必须将这种意义置于"世界历史"的进程之中，因为中国的现代化事业是在世界历史的格局中活动并作为它的重要组成部分来展开的。而作为马克思主义中国化之较为晚近形式的中国特色社会主义所具有的世界历史意义就在于：它在完成其现代化任务的同时，正积极地开启出一种新文明类型（超越现代—资本主义文明）的可能性。

当今中国已经进入一个新时代，我们不仅可以清晰地看到中国化马克思主义所取得的伟大进展和成果，而且可以对它的非凡意义做出历史性估量了。已经到来的新的历史方位揭示出：中国特色社会主义即马克思主义中国化的当今形态开始出现多重意义；以中国化马克思主义、中国特色社会主义来定向的现代化事业，已开始建立起与人类之整体发展、世界历史之未来的本质联系。这也使马克思主义中国化以及由之获得决定性推动的现代化进程，具有"世界历史意义"，而这种"意义"不是抽象的、没有实体内容的普遍性，就其本身来说，它是历史的。

中华民族的复兴只有在消化现代性成果的进程中能够超越现代性本身，它所具有的世界历史意义才开始显现出来。这不仅是由于现代性本身有特定的历史限度，还由于中国的现代化发展会在特定的历史境况中时常陷入现代性本身的冲突和对立，从而中国的现代化进程就必定在特定的转折点上突出地表现出它的"改弦更张"。更加实质地说来，中国的现代化进程之所以能够开启出新文明类型的可能性，一方面是因为中国的现代化事业历史地采取了社会主义的定向，并通过中国化的马克思主义来为其制定方向，由中国特色社会主义来为之开辟道路；另一方面是因为中华民族要实现复兴必须在占有现代文明成果的基础上，开启一种新的文明类型，这历史地表现为：中国道路的百年探索，新中国成立七十余年的行程，其本质的一度特别地体现为马克思主义中国化，并且历史地汇聚于中国特色社会主义。

新的文明类型以扬弃现代—资本主义文明为前提，从而也表明它根本不可能局限于现代性的范围之内，更不可能仅仅依循现代性及其变换形式来得到真正的把握。举例来说，"新型大国关系"就根本不可能在现代性的框架内得到恰当的理解，因为它并不建立在以"威斯特伐利亚体系"为准则的现代性世界秩序的基础之上。至于"人类命运共同体"，至于"大道之行，天下为公"，则尤其在新的文明类型中才可能得到积极的生成和真正的实现，因为现代—资本主义文明的基础就是以"原子个人"为前提的"市民社会"，而市民社会的定义自霍布斯、黑格尔以来就一直是："一切人反对一切人的战争"。如果说，中华民族的伟大复兴在完成其现代化任务的同时将开启一种新文明类型的可能性，那么，以马克思主义中国化来定向的中国道路，尤其是中国特色社会主义道路，就开始展现出它的世界历史意义了。我们这个民族能否在完成现代化任务的同时开启一种新的文明类型，乃是一种艰巨的考验，而历史性地经受住这种考验，才真正意味着中华民族的伟大复兴，意味着这个民族的再度青春化。

原载《哲学研究》2019 年第 7 期，收入本书时有改动。

作者单位：复旦大学哲学学院

破解政府和市场关系的世界性难题

逄锦聚

新中国成立 70 年特别是改革开放 40 多年来，我国经济建设取得了举世瞩目的伟大成就，为实现中华民族伟大复兴中国梦奠定了坚实基础，也为世界经济发展与人类社会制度文明进步做出了重大贡献，彰显了中国特色社会主义制度的巨大优势。

中国经济奇迹是如何取得的？原因当然很多，其中重要原因是在社会主义条件下发展市场经济，既发挥市场经济的长处，又发挥社会主义制度的优越性，从而克服了资本主义制度下市场经济的局限和弊端，使市场经济这种古老的人类文明成果在社会主义制度下焕发了更加旺盛的生机和活力。

一　如何处理好政府和市场关系是一个世界性难题

如何认识和处理政府与市场关系，是市场经济的核心问题。在这一问题上，国内外一直存在不同的认识。在国内，有人认为社会主义市场经济就是市场经济，所以更多地强调按市场经济要求办事，而对政府作用则看得很淡，越少越好。有人则把政府作用看得比较重，认为社会主义市场经济同西方市场经济的区别，就在于政府要更好更有力地发挥作用。在国外，直到今天有人还坚持认为"中国的社会主义市场经济不是市场经济"，不承认我国市场经济地位，动辄指责中国政府对经济干预太多，美国一些政客甚至不惜挑起对华经贸摩擦。

事实上，市场经济作为一种经济形式，从它产生的那一天开始，就没有脱离社会制度而独立存在，总是与社会制度结合在一起，资本主义制度下的市场经济是这样，社会主义制度下的市场经济也是这样。市场经济的发展从一开始就存在着政府和市场的关系问题，这是各个国家各种社会制度的共性问题，但在不同国家和不同制度中又有特殊性。如何处理二者关系，既发挥市场的优势，又发挥政府的作用，是一个世界性难题。从西方发达国家市场经济发展史看，由于对政府和市场关系处理的方式不同，曾经形成几种有代表性的市场经济模式，如美英的自由市场经济模式、德国的社会市场经济模式、日本的法人市场经济模式等。这些模式之间存在政府干预市场程度的差异，但完全放任市场而政府不加干预的情况只是自由主义学派理论的想象，事实上并不存在。无论哪种模式，都难以克服资本主义制度的固有矛盾和弊病。从历史发展的角度看，市场经济以及政府和市场关系并没有固定不变的模式。

二　把"有效市场和有为政府"两方面优势都发挥好

如何正确认识和处理政府与市场关系？必须从实际出发，既要遵循市场经济的一般规律，又要遵循由中国的基本经济制度、历史条件和具体国情决定的特殊规律。习近平总书记指出，我们要坚持辩证法、两点论，继续在社会主义基本制度与市场经济的结合上下功夫，把两方面优势都发挥好，既要"有效的市场"，也要"有为的政府"，努力在实践中破解这道经济学上的世界性难题。[1] 习近平总书记的重要论述，为正确认识和处理政府与市场关系、全面深化经济体制改革指明了方向。

经过长期的实践探索，我们成功地实现了从高度集中的计划经济体制向社会主义市场经济体制的根本性转变。党的十八届三中全会提出，经济体制改革的核心问题是处理好政府和市场的关系，使市场在资源配置中起决定性作用和更好地发挥政府作用。[2] 党的十九大报告进一步强调，必须坚持和完善我国社会主义基本经济制度和分配制度……使市场在资源配置中起决定性作用，更好地发挥政府作用。[3] 我们对社会主义市场经济规律认识取得了新突破，推动

---

[1]　《十八大以来重要文献选编》（下），中央文献出版社，2018，第6页。
[2]　《十八大以来重要文献选编》（中），中央文献出版社，2016，第521页。
[3]　《习近平谈治国理政》第三卷，外文出版社，2020，第17页。

了经济体制改革的不断深入，进入了高质量发展的新阶段。围绕处理好政府和市场关系，我国经济体制改革全方位推进，主要领域"四梁八柱"性质的改革纷纷出台，在设立自由贸易试验区、发展民营经济、深化国资国企改革、发展混合所有制经济、推动简政放权和"放管服"改革、创新和完善宏观调控等方面取得了显著成效，激发了各类市场主体的活力，推动实现了科学发展和更高质量的发展，社会主义市场经济的活力与效率不断提高，优越性更加彰显。

三　创造条件让市场在资源配置中起决定性作用

为什么要使市场在资源配置中起决定性作用？这是实践给出的回答。人类长期的经济发展实践证明，由计划起决定作用的资源配置方式，很难适应复杂多变的市场情况；而由市场起决定作用的配置方式则灵活、高效，激励作用显著。发展社会主义市场经济必须发挥价值规律和市场机制的自动作用。市场机制中的价格机制、供求机制和竞争机制共同作用，不仅能实现资源配置的客观比例，而且推动资源配置效率的提高。市场机制作用是价值规律作用的表现形式。资源配置有两个层次：一个层次是资源在同一部门内配置，另一个层次是资源在社会各部门配置。不管哪一个层次的资源配置，都是由市场经济的基本规律——价值规律决定的。

怎样才能够发挥市场在资源配置中的决定性作用？必须紧紧围绕市场在资源配置中起决定性作用全面深化经济体制改革。关键是要塑造与市场发挥资源配置决定性作用相适应的微观主体，并加快完善现代市场体系。按照建立现代企业制度的要求，努力提高企业的竞争能力、创新能力，积极稳妥地从广度和深度上完善市场体系，健全市场规则，为市场在资源配置中起决定性作用创造良好环境和条件，推动资源配置依据市场规则、市场价格，通过市场竞争实现效率最大化。最大限度地减少政府对市场资源的直接配置，最大限度地减少政府对市场活动的直接干预，提高资源配置效率和公平性，激发各类市场主体活力。保证各种所有制经济依法平等使用生产要素、公开公平公正参与市场竞争、同等受到法律保护，依法监管各种所有制经济。

四　妥善发挥政府作用是处理好政府和市场关系的关键

为什么要更好地发挥政府作用？从西方历史上看，否定政府作用要付出沉重代价。实践说明，市场，特别是在资本主义制度下的市场，对于资源配置的决定作用不是万能的，市场机制调节的自发性和滞后性，也会导致比例失调、生产过剩、资源浪费等严重问题。于是产生了凯恩斯主义，出现了罗斯福新政，由此开始了政府干预经济的理论和实践，也开始了长达一百多年的政府与市场关系的不同观点的论争。

在我国，对于资源配置方式的选择，曾经忽视市场而重计划经济，实践证明是行不通的。改革开放以来，我们逐步重视发挥市场在资源配置中的决定性作用，同时重视发挥政府的作用，取得了成功。

如何更好地发挥政府作用？新中国成立 70 年特别是改革开放 40 多年来，经过反复探索，我们更好地发挥了政府作用，牢牢把握处理好政府和市场关系的关键。一方面，我国处于并将长期处于社会主义初级阶段，除了要为发展市场经济提供应有的制度、环境、秩序等公共保障之外，还要担负以经济建设为中心的重任、为人民谋幸福的使命，这就需要政府发挥好作用，推动经济持续健康发展。另一方面，我国曾走过计划经济下政府管得过多过死的弯路，现在的政府职能也正在转变过程中。政府需要自觉转变职能，自觉地尊重市场经济规律，防止走到保守僵化的老路上去。我国政府的作用不是要不要发挥的问题，而是要把市场该管的交给市场，集中精力把那些有利于我国现代化建设、有利于人民生活水平提高、市场做不了做不好的事情做实，把政府的作用发挥好。要围绕推动高质量发展，建设现代化经济体系，加强和完善政府经济调节、市场监管、社会管理、公共服务、生态环境保护等职能，调整优化政府机构职能，全面提高政府效能，建设人民满意的服务型政府，更好地满足人民日益增长的美好生活需要、实现人的全面发展和社会成员的共同富裕。

正确处理政府和市场关系，努力形成市场作用和政府作用有机统一、相互补充、相互协调、相互促进的格局，是社会主义市场经济的伟大创举，也是我们对人类更加合理有效的经济制度的一个有益探索。实践探索永无止境，改革发展永无止境。坚持不懈地在实践中正确处理政府和市场关系，必将推动我国经济沿着社会主义市场经济方向破浪前行，不断取得新的成就。

原载《红旗文稿》2019 年第 18 期，收入本书时有改动。

作者单位：南开大学政治经济学研究中心

走出"中国文化世界生产"之路

丰子义

要使文化"走出去",必须要有合理的途径和举措。从目前的发展现状看,重点是要抓好如下一些环节。

一 应充分关注世界文化市场的需求

中国文化要走向世界,既需要我们主动加强对外文化宣传,也需要我们认真研究接受对象的实际情况,充分考虑文化的世界需求。只有清楚了解世界文化需求,才能对文化怎样"走出去"有比较准确的把握。全球性的问题很多,因而解决这些问题的世界性文化需求也是多种多样的,各种需求汇聚在一起,便形成了文化"走出去"的巨大空间。我们的文化发展应当高度关注这些需求,给这些需求以有效的"供给",对世界文明发展贡献中国智慧。

对各种需求的满足程度越高,占领的国外文化市场就越大,文化的国际影响力也就越强。同样,国际上对我们的文化关注度越高,中国文化走出去的步伐也就越快。因此,中国文化走向世界不仅需要"自我意识",而且需要敏锐的"对象意识""市场意识",有针对性地制定战略、策略,采取相应的措施。

严格说来,文化"走出去"不等于文化"输出去",不问需求的输出是盲目的输出,不计效果的输出是无效的输出。当然,我们所讲的需求,是真实的世界性需求、时代性需求,而不是虚假的需求。尤其值得注意的是,在强调市场意识、市场导向时,要谨防和杜绝那种片面的"迎合"心态。为了赢得"票房"，一味地迎合西方观众和西方文化，这样"走出去"的文化难免让人忧虑。我们的文化"走出去"，不仅仅是文化的产品、包装"走出去"，更重要的是文化的价值理念"走出去"。如果没有后者，中国文化事实上没有真正"走出去"。所以，必须注意提高"走出去"的思想含量、价值含量。

二　应力求讲好"中国故事"

中国文化走向世界，核心内容是讲好"中国故事"。历经 40 多年的改革开放，中国的发展取得了举世瞩目的巨大成就，形成了独具特色的中国道路、中国经验。讲好"中国故事"，关键是阐述好中国道路、中国经验。

作为一种成功的道路，内涵着一种方向性、文化性的智慧和指引；作为一种创造性的经验，孕育着与其成就相适应的理念和价值观念。我们的文化发展不仅要强调其中的中国特色和中国元素，更要通过总结与概括，升华其中具有普遍性的东西，凸显中国道路、中国经验在解决时代发展和人类社会面临各种重大问题时所具有的文化内涵和普遍价值。系统地将这些文化内涵和启示意义讲清楚，本身就是对人类文明的重大贡献。这样的讲述，既让世界了解了中国，又使中国走向了世界。

讲好"中国故事"，非常重要的一点，就是如何把中国的发展优势转化为话语优势。要实现这样的转化，客观上要求我们对中国道路、中国经验、中国问题进行提炼和总结，将其上升为具有规律性的理论，并以此为人类面对的共同问题给出中国方案，彰显中国理论和经验的世界性意义。

三　应与经济、贸易交流相协调

文化交流并不是孤立进行的，常常是和经贸交流联系在一起的。文化能否走出去，很大程度上取决于经济、贸易是否畅通。

从历史上看，文化的传播交流向来是同经贸的发展密切联系在一起的，并且是按照经贸发展的线路推进的。如中国古代文化的传播和佛教文化的输入就与丝绸之路联为一体。古代丝绸之路，起于西汉的中国古代都城长安，经中亚国家、阿富汗、伊朗、伊拉克、叙利亚等而达地中海，一直到罗马。这条丝绸之路，既是古代中国同亚欧相关国家的商品贸易之路，也是古代东西方文明的交汇之路。经济往来和商品贸易的不断延伸，便是文化交流的不断扩大。中国古代文化就是由此逐渐走向世界的。与此同时，佛教第一次传入中国，也恰恰肇端于汉代丝绸之路。唐代丝绸之路的繁荣畅通，进一步促进了东西方思想文化交流，唐代高僧由丝绸之路经中亚到印度取经、讲学，既传播了中国古代文化，又获得了大量佛教经典，为文化交流做出了重大贡献。可以说，没有古代丝绸之路，就没有中国古代文化的传播和外来文化的输入。一部中国古代文化传播史，同时也是一部中国经贸发展史。

　　要使我们的文化顺利"走出去"，必须建立文化与经贸的联动机制，既通过经贸的扩展来带动文化走出国门，又借助文化的对外传播来促进经贸的往来和发展。加强二者之间的协调，无疑是实现文化走向世界的必然选择。

四　应切近生活世界

　　文化能否"走出去"、能否被接纳，重要的一点，就看其能否融入当地的生活世界。一种文化要在异地扎根，必须有其现实的土壤，必须适应当地的生活环境和大众生活需要，否则，这种文化是很难"安家落户"的。

　　对于大众而言，文化的兴趣往往要落实到生活方式和生活情趣上，远离生活方式、缺乏生活情趣的文化不易受到关注，也很难广泛推广。这就要使中国的文化价值观念融入文化产品中，提高文化产品的审美价值和创意设计含量，满足国外民众对中国文化产品的消费偏好和需求。

　　近年来，中国文化通过不同方式"走出去"的步伐明显加快，但也面临着"走出去"却难以"落地生根"的窘境。这是因为我们没有把自己的文化"走进"当地生活，当地民众缺少对中国文化的了解和认同。为此，确实需要注意加强文化的"营销"。既要坚持将文化传送出去，又要借鉴一些好的市场化做法，把文化推销出去。在文化产品的生产上，要注意国外民众的消费偏好和情趣。如兼具中国传统文化与工艺特色的手工艺产品在世界市场上就有明显的经济价值和文化价值，这就要以创意设计为手段，开发更具当代审美价值和创意设计感受的文化创意产品、文博衍生品和文化体验服务。

五　应创新文化推广的方式方法

　　文化的形式虽然是外在的，但对其内容有重要影响。一种文化采取什么样的形式来表达、表达得如何，对于内容的展示和阐释至关重要。文化"走出去"也是如此。

一种文化能否成功地走向世界，不仅是看其内容，也要看其形式，即看其通过什么样的形式和方式来展示、推广文化。我们的文化传播也要借鉴有益的方式或方法，一方面，必须牢牢坚守我们的文化价值观，清楚地表明我们的文化立场；另一方面，又必须采用或借用国外通行的、民众喜闻乐见的形式来表达我们的文化，让国外民众更易于接受和理解。与此同时，要将我们的文化融入世界生产体系，即"中国文化，世界生产"，借助全球文化生产体系来推广中国文化。

当然，我们提倡要善于运用国际文化形式和手段，并不是简单换一包装，而是要实现内容与形式、目的与手段的有效结合，使形式和手段更好地服务于内容。因此，文化"走出去"的过程，也是一个文化再造的过程。

原载《北京日报》2019 年 8 月 5 日，收入本书时有改动。
作者单位：北京大学哲学系

论新现代性的中国道路与中国逻辑

—— 对五四运动以来百年历史的现代性审思

任　平　郭一丁

今天，我们站在中华民族伟大复兴的新时代历史方位上，以唯物史观回望五四运动以来的百年历史，它不仅表现为现代性启蒙意义上的文化觉醒史，而且是中国新现代性道路的开创史，更是中华民族从站起来、富起来到强起来的伟大复兴史。中国新现代性道路，包括新现代性的中国革命道路和发展道路，即新民主主义革命道路和中国特色社会主义现代化道路。新现代性的中国道路之"新"在于以中国方案深刻解答了"马克思之问"和"列宁之问"，在新的世界历史场域中创造着人类新文明道路，其内蕴的中国逻辑书写着中国化的唯物史观。

一　超越资本逻辑规制的新现代性道路："马克思之问"的历史解答

现代性意义上的"马克思之问"是指：是否存在超越资本逻辑主导（规制）的现代性进程？如果加以展开，这涉及一个问题系：第一，是否所有的现代性逻辑都是资本逻辑？第二，是否存在超越资本逻辑主导的可选择的现代性进程？第三，超越资本逻辑主导的现代性是否需要对资本逻辑的再利用？

虽然马克思并没有直接明确地提出关于"现代性"的概念，但是，他却对"资本现代性"意义上的概念"现代社会""现代国家""现代生产"等做过最为深刻的批判性考察。在马克思看来，现代性是一个基于现代生产方式的完整的社会概念，现代性就是对现代社会本质属性的概括。然而，

"现代性逻辑"与"资本逻辑"的关系究竟是怎样的？长期以来，学界普遍认为"资本逻辑规制（主导）的经典现代性"。但是，马克思从来没有将资本逻辑与现代性逻辑完全画等号，资本逻辑仅仅是现代性逻辑的一种历史形式或社会形式。资本逻辑的覆灭并不代表其造就的一切现代性文明成果的同步毁灭，相反，是强加在现代性社会逻辑身上的不合理社会关系的消除。

第一次给予"马克思之问"以实践解答的是列宁领导的十月革命。列宁提出：未完成现代化的落后国家，可以在社会主义制度条件下用苏维埃政权力量开辟出一条超越资本逻辑主导的现代性之路，实现社会主义条件下的现代化。但是，在社会主义条件下，究竟建设一个怎样的现代性社会，以及如何建成这一社会？这就是"列宁之问"。

二　超越近代经典现代性的中国新现代性道路：五四运动百年来的历史逻辑

从鸦片战争到五四运动这近 80 年可被称为经典现代性的中国道路的历史，之后的 100 年可被称为新现代性的中国道路的历史。新现代性的中国道路又分为新现代性的革命道路和新现代性的发展道路。

五四运动之所以成为新现代性的中国道路的伟大开端，原因有三：一是文化觉醒成为社会现代性的先导；二是中国共产党的诞生，标志着现代性主导阶级的历史性转变；三是俄国十月革命使中国的现代性运动变成了反资本霸权的社会主义运动的有机构成。

五四运动之后以毛泽东同志为主要代表的中国共产党人提出"新民主主义革命逻辑"。这一现代性革命之"新"，主要在于以下三点：一是现代性主导力量发生根本转变，从封建新贵、农民和资产阶级转到无产阶级及其先锋队中国共产党手中；二是现代性革命的主客观对象发生了根本改变，革命对象不再单纯是本国的封建主义，而是包括国际资本（帝国主义）和官僚资本；三是现代性的性质和前途发生了根本转变。革命目标从建立资产阶级共和国，到要推翻帝国主义、封建主义和官僚资本主义，建立中国共产党领导的新民主主义社会。中国共产党人清醒地认识到：在落后的中国走新现代性道路，不仅要获取资本创造的一切现代文明的积极成果，而且要利用好、发挥好资本逻辑推动现代性进程的积极作用，同时限制其消极作用。这就是中国共产党人对于"马克思之问"的创新性的解答。

三　超越经典现代性社会主义道路：解答"列宁之问"的新现代性方案

新十月革命开辟了社会主义的现代性道路，然而，苏联在现代性实践上偏向技术主义，全然忘却"列宁之问"对"现代社会"的反思，表现为一种将现代性单纯归结为技术进步而在社会主义模式上僵化教条的经典现代性的社会主义。新中国成立以后，中国共产党人在"什么是现代性、怎样发展现代性"的问题上缺乏经验，只能"一边倒"地学习苏联模式。

中国特色社会主义是现代性的中国化产物。全面改革、对外开放是超越这一苏联模式、开辟新现代性的中国道路的关键性历史抉择。邓小平指出"中国式的现代化，必须从中国的特点出发"①，"过去搞民主革命，要适合中国情况，走毛泽东同志开辟的农村包围城市的道路。现在搞建设，也要适合中国情况，走出一条中国式的现代化道路"②。"中国式的现代化道路"的阐发表明新现代性的中国道路完整命题的提出，它超越经典现代性社会主义道路，提出了富强、民主、文明、和谐、美丽等新现代性强国目标。改革开放 40 多年的实践充分证明，党的十一届三中全会以来我们党开辟的中国特色社会主义即新现代性的道路、理论、制度、文化是完全正确的，党的基本理论、基本路线、基本方略是完全正确的。

四　中国新现代性道路的本质向度

中国新现代性道路究竟指什么呢？第一，在超越资本逻辑规制的经典现代性道路的意义上，中国新现代性道路从以下三个方面体现了"新"：一是以中国共产党领导的以人民为宗旨的新现代性道路来超越资本逻辑规制的经典现代性，二是以绿色发展来超越资本逻辑规制下人与自然全面对立的现代性道路，三是以倡导合作共赢和人类命运共同体建设来替代资本逻辑的丛林法则。

第二，在超越旧民主主义革命时期经典现代性的意义上，新现代性的中

① 《邓小平文选》第 2 卷，人民出版社，1994，第 164 页。
② 《邓小平文选》第 2 卷，人民出版社，1994，第 163 页。

国道路之"新"在于：一是中国共产党领导推翻"三座大山"的新民主主义革命，成为新现代性的中国革命道路；二是现代性的社会主义道路超越了资本逻辑主导的经典现代性道路；三是在全面跨越的基础上，实现了将科学社会主义中国化逻辑与现代性的中国逻辑的统一。

第三，在超越苏联的经典现代性社会主义道路的意义上，新现代性的中国道路之"新"在于：一是破除了对现代性理解的"技术教条"，将现代性领域扩展到了社会各个方面；二是实现了将现代性逻辑自身的丰富内涵与科学社会主义发展的进程有机结合；三是破除了僵化教条的社会主义模式，通过全面改革开放，开创一条中国特色社会主义现代性道路。

第四，中国特色社会主义进入新时代，中国正紧紧把握现代性逻辑内在出现的"时空压缩"甚至"时空倒置"机遇，充分利用全球化世界普遍交往条件，将多次现代性任务在新的世界历史条件下合一进行，如新型工业化、新型城镇化、新型市场化、新型民主化、新型大国外交关系、新发展理念等。

五　中国化唯物史观：新现代性的中国逻辑的哲学表达

开辟新现代性的中国道路，是我们这一时代最伟大的事件。只有用中国化唯物史观，才能真正穿透这一道路独特的本质向度，才能把握其所蕴涵的内在逻辑，才能充分揭示其开创人类新文明的世界历史意义。

第一，开辟中国新现代性道路的第一个追问必然指向是："为何"与"可能"。一是原初西方资本逻辑规制的经典现代性内生的根本弊端和矛盾，早被黑格尔用辩证法做了深刻剖析，并进而遭遇马克思的全面深刻的批判；二是20世纪战争危机、生态危机、经济危机等招致拉美新马克思主义、后现代和新现代等各方面思想家的深刻批判；三是改革开放以来中国现代性的实践也不断呈现种种矛盾和问题。

第二，中国化唯物史观必须阐明中国新现代性的逻辑，它自身因而成为这一逻辑的哲学表达。毛泽东同志在《新民主主义论》中准确阐释了新现代性的中国逻辑，其中包括建立新民主主义社会的革命目标和过程。邓小平同志关于中国式现代化的目标以及"三步走"的战略，党的十九大关于中国新现代性"富强民主文明和谐美丽"的目标以及全面建成小康社会、基本实现现代化和建成社会主义现代化强国的新"三步走"的战略，都无比清晰地刻画了这一新现代性的中国发展逻辑。

第三，深刻阐明了中国新现代性道路的价值旨归与力量基点。人民群众是历史创造者的观点是唯物史观的基本观点。中国现代性的价值追求不再是任由资本逐利及其利益最大化，而是一切发展努力为了中国人民，这成为中国新现代性道路内在的主旨。

第四，深刻阐明新现代性道路必然存在的内在矛盾和矛盾的解决方式。既要利用资本逻辑，又要限制资本弊端，这种"与狼共舞"本身就是矛盾，因为异化和扬弃异化两者走的是同一条道路。对待这些矛盾，中国化唯物史观需要确立两个基本观点。一是要承认矛盾发生的客观性和必然性，不能盲目乐观；二是要有攻坚克难的自信，解决矛盾就是新现代性的中国道路的发展形式。

第五，深刻阐明新现代性的中国道路对于世界上所有发展中国家走现代化道路具有的重大借鉴意义。新现代性的中国道路具有创新性和典范性。它所展开的新型工业化、城镇化、市场化、民主化等纲领，将引领国家跨越中等收入陷阱、塔西佗陷阱和修昔底德陷阱，开创一条人类新文明道路的方案，因而具有世界历史意义。对于这一意义的阐释，正是走向世界的中国化唯物史观的重大使命。

原载《江苏社会科学》2019 年第 2 期，收入本书时有改动。

作者单位：苏州大学

回归马克思的真精神

——兼论习近平关于中国共产党自觉抵制商品交换原则侵蚀的重要论述

赵凯荣

在四十余年的改革开放，特别是近二十多年的市场经济给中国带来了空前的经济繁荣，但是，人们似乎正在忘记自己的初心，社会存在着一种与马克思主义指导下的社会主义国家的发展方向渐行渐远的危险的大背景下，有必要探讨习近平对问题严重性的清醒、深刻的认识，强调马克思真精神的回归。而要回归马克思的真精神，首先必须弄清楚何为马克思的真精神。这就需要一步一个脚印地去追寻马克思的足迹，历经哲学、政治经济学和政治经济学批判，最终揭示马克思真精神的核心内涵。

回归马克思的真精神要回到哪里去是有待追问的问题，"回到哲学"特别是"回到传统哲学"的方向早已被马克思所批判和抛弃，因为传统哲学试图通过抽象范畴和概念来把握世界是与马克思的真精神背道而驰的。"回到经济学"似乎是不错的选择，但是"回归经济学"还远远不够，还要"回归经济学批判"。无论是资产阶级政治经济学的批判，还是社会主义政治经济学或一般政治经济学的确立，都必须回到其本质，而这也就把"回到劳动"的本质意义凸显了出来。但"回到劳动"并不一定意味着回到马克思的真精神，因为"回到劳动"既可以有资产阶级政治经济学的劳动回归，也可以有社会主义政治经济学的劳动回归，还可以有一般政治经济学的劳动回归。因此，全部问题的关键在于把"劳动"也最终解放出来，这种解放不是要消灭劳动，因为没有劳动人类马上就会消亡，而是要使劳动成为自由自觉的劳动。回到"自由自觉的劳动"是为了"回到人本身"，而回到人本身则意味着人从三种异化状态中得到解放，即首先是人彻底摆脱人的自我异化的神圣形象，其次是人彻底摆脱人的自我异化的非神圣形象，最后是人彻底摆脱人的异化劳动或从异化劳动中获得解放。而"回到人本身"，就是要让人成为人的本质，回到人的本质，就是回归社会，而不是像一般所言的回到个人。

马克思主义经典作家反复强调绝对不能把马克思主义哲学特别是唯物史观当成这样一种哲学。对于马克思来说，"哲学"问题与"抽象"问题并不一样，日常对哲学的批判却反过来了：对哲学的批判，主要是归咎于其太过"抽象"。因此马克思强调"合理的抽象"，"合理的抽象"对于整理历史资料、特别是经济学史无疑是十分必要的。同时，合理的抽象离开了经济现实一无所用。而且，哲学只是从理性上去规定人，把人仅仅看成是理性动物，因此寄希望通过理性批判改变世界，在马克思看来也完全行不通，历史唯物主义要想成为真正的科学，就必须要回到经济中，回到政治经济学中。

如果只是回到未经批判的经济学，就会出现这样的状况：凡事都要寻求"原始状态"的政治经济学，却莫名其妙地放弃了自己的原则，而把私有财产、资本、资本与劳动的分离、资本与土地的分离等视为从来就有、本来就存在的前提，把建立在这一前提上的"贪欲"以及"贪欲者之间的战争即竞争"状态视为再正常不过的人类社会的常态。劳动者就算再努力再有贡献，他也只能按生产要素的份额和结构领取仅仅满足自身肉体生存需要的、少得不能再少的部分。资本家是资本的所有者，土地所有者从资本家处获得了地租，工人从资本家处获得了工资，余下的当然全都是资本家的，所有一切资本运动都是合理的、合逻辑的、合法的。所有的经济问题都要归结于生产要素的份额和结构，都要归结为财产所有权。最终，所有政治经济学必然丧失其全部经济学内容，政治经济学从而堕落、沦落为关于各种所有权的论争。因此就必须回到政治经济学批判，它把政治经济学从"狭义政治经济学"推进到马克思主义政治经济学，再进一步推进到"广义政治经济学"。对劳动的拯救，使劳动对一切政治经济学都可能具有本质意义，从而使得广义政治经济学的创立和构建成为可能。

在马克思看来，古典政治经济学虽然回到了劳动并从"劳动是生产的真正灵魂"这一点出发，但是，它没有给劳动提供任何东西，而是给私有财产提供了一切。所以马克思直接提出了"消灭劳动"的主张，不是回到劳动，而是要最终消灭劳动。

但是，劳动终归是不能消灭的。劳动是社会的，但劳动也是自然的，人们对劳动的需要，不是社会规律，而是自然规律。人作为一个自然物，对生活资料的需求是一个自然过程。因此要回归"自由劳动"。自由不是意志的、虚幻的、抽象的，而是实现的和现实的，实现的和现实的自由就是劳动，就是自由的劳动。劳动不是别的，就是自由的实现和自由的现实。自由劳动的本质就在于消灭劳动和价值作为人与人交往的中介。而自由劳动是在社会历史的发展过程中形成的，封建的、等级的、政治的交往关系终究不过是以自然血缘关系为基础的，因而只是地方性联系的、本质上是主人和奴隶的统治和从属关系。那么一开始就很清楚，虽然个人之间的关系表现为较明显的人的关系，但他们只是作为具有某种规定性的个人而互相发生关系。然而资本主义则完全不同，资本主义以等价交换为原则。以劳动为交换尺度的平等和自由的交换，必将导致由于劳动差异而形成新的不平等和不自由。

因此必须要回到人本身，回到人本身，则意味着人从三种异化状态中依次彻底地摆脱出来，即人彻底摆脱人的自我异化的神圣形象、彻底摆脱人的自我异化的非神圣形象、彻底摆脱人的异化劳动或从异化劳动中获得解放，从而回到真正人的本质，使人本身成为人的本质。而在人的三种历史异化中，人丧失自己的本质已经很久了，在这三种人的异化历史中，人的本质被非人的东西取代了，被非人的东西僭越了，即便是在马克思说的迄今为止最公平、最平等的社会——资本主义社会中也不例外。在回到人本身的历史过程中，基于每个个人偏好基础上的自由自觉的劳动最终除了为社会提供丰富的总产品外，不再充当人与人交往的第三者，不再僭越人的本质，作为今天西方经济学基础的"供求关系的威力也将消失"，也不再僭越人的本质。这个人是现实存在的，但只有那些继承了以往全部财富并具有那个时代所能达到的丰富性的人。同时也是社会存在的，因此要回到马克思所说的这种社会的个人，或个人的社会。在真正人的社会里，自然界、劳动、生产、科学技术、生产力等真正成为人的本质性力量，真正服务于人的本质；一切原本相互对立和冲突的因素，人与自然界的矛盾，人与人的矛盾，存在与本质的矛盾，对象化与自我确证的矛盾，自由与必然矛盾，个体与类的矛盾，等等，真正得到了解决；是由人生产的，亦即只要条件具备，从各种物质的、资本的控制中摆脱出来并认清自己本质的人可以创造这样一种社会。马克思的真精神之所在，就是要力争避免资本逻辑对真正人的本质的僭越，使一切关系成为真正人的关系。而这种状态只有在共产主义社会才能实现。

马克思把共产主义之前的一切社会形态统称为"人类社会的史前时

期"，"史前时期"有两个基本特点：其一，人与人的交往无论形式和内容如何不同都是根源于物质基础的交往，并以物质关系为中介，从而人与人的交往关系不同程度地表现为物与物的交易关系，社会普遍物化，人与人的关系普遍异化；其二，人与人的交往关系无论形式和内容如何不同都不同程度地表现为对抗关系。马克思的真精神之所在，就是要彻底地结束这种状态。这自然也是中国共产党的使命所在、初心所系。习近平在中共十九大上强调共产党内抵制商品交换原则、营造风清气正的良好政治生态，在这方面迈出了重大的一步。如此不但不妨碍社会主义市场经济商品交换原则的贯彻执行，恰恰相反，只有斩断权力与各方的利益瓜葛，商品交换才能更为健康公正地进行。在此基础上，一个摆脱资本逻辑控制的、不以外在于人的物质利益为中介的、真正回归人的本质的、真正人与人的社会交往才有可能。

原载《武汉科技大学学报》（社会科学版）2018 年第 5 期，收入本书时有改动。

作者单位：武汉大学哲学院

作为"总体性"的美好生活及其可能

毛勒堂　韩　涛

一　"美好生活"：一个总体性的范畴

在今天的中国，"美好生活"已然成为全社会的普遍价值追求和生活向往，也是中国共产党人向全体中国人民庄严承诺的奋斗目标。由于"美好生活"的话语主张和实践要求深刻切中新时代的中国社会现实以及民众内心深处的价值琴弦，从而引起学界的热烈关注和积极探讨。然而在当前关于"美好生活"的诸多研讨中，存在着"单向度"阐释较多而"整体性"研究不足的现象。这容易造成对"美好生活"的单向度认知和实践上的偏颇，因此，需要加强对其"总体性"的研究和阐释。

总体性范畴是马克思主义哲学的重要范畴，总体性的观点是马克思主义哲学的基本观点，总体性的思维方式是马克思主义哲学的基本思维方式。在对"美好生活"的深入揭示和深度阐释中，不能缺失马克思主义哲学的总体性视域和方法论自觉。事实上，基于当代中国实践而生发的"美好生活"话语，内含丰富的理论内涵和价值意蕴，其本质上是一个总体性的范畴。习近平总书记指出："我们的人民热爱生活，期盼有更好的教育、更稳定的工作、更满意的收入、更可靠的社会保障、更高水平的医疗卫生服务、更舒适的居住条件、更优美的环境，期盼孩子们能成长得更好、工作得更好、生活得更好。"① 这说明，美好生活不是单向度的概念，不是静态的价值范畴，而是一个包含丰富内容和多维价值意涵的生成性的总体性概念。

二　作为总体性范畴的"美好生活"之基本内容及价值意蕴

所谓"美好生活"，就是人的生命存在的美好样态，是人的自然生命、精神生命、社会生命的美好形式和本质实现，是人的自由自觉之存在本质的现实确证和对象化过程，从而"美好生活"包含如下基本内容及价值意蕴。

其一，美好物质生活。美好物质生活是美好生活的题中要义和重要维度，是美好生活得以实现的基础性要件。在较概括的意义上，美好物质生活意味着人们能够占有和享受较为丰富的物质生活资料，拥有可供更多选择的物质生活产品以及普遍交往的物质条件。反之，困陷于贫乏的物质财富束缚，蜗居在狭小的居住空间，置身于狭隘的交往环境，乃至长期滞留在温饱线上的生活，难称美好生活。

其二，美好政治生活。政治是人类特有的社会现象，政治生活是人难以逃脱的在世情态。所谓政治，就是为了人们的有序共存而进行的制定、维护和完善规则的社会活动，由此减少和降低人际交往中的冲突，更好地实现社会合作和协同行动，从而过上有品质的生活。在今天，美好的政治生活，意味着人民民主的普遍化和现实化，意味着专制政治的彻底消失，使得人们彼此之间能够在人格平等的基础上拥有有序、自由的政治生活。显然，美好政治生活是美好生活的有机组成部分，也是美好生活的重要前提。若缺失了美好的政治生活之维，美好生活的话语只能是一种梦呓。

其三，美好精神生活。美好生活的实现，还有赖于美好精神生活的滋养，需要良善文化的支撑。这是由人的精神生命存在属性决定的。在某种程度上，精神生命虽有赖于肉体生命却追求高于肉体生命的意义世界，它具有超越现状、诉求理想、追求永恒的生命冲动和坚守，从而为自己设定心向往之的意义世界，并在这种追求中不断提升自己的生命境界。唯其如此，人才能被真正称为文化意义上的人，并拥有作为人的意义生活。质言之，一个没有良善精神支撑和优秀文化滋润的生命，犹如没有灵魂的躯体，是难以与美好生活联系在一起的。个人的生命如此，民族的生命亦然。

①　《习近平谈治国理政》第一卷，外文出版社，2014，第4页。

其四，美好社会生活。美好生活还不能缺失美好社会生活的维度。究其原因，在于人在本质上是一种社会存在物，现实的人的生命样式和存在状态正是由身处其中的各种社会关系所塑造的，从而无论是人的物质生活还是精神生活，在根本上是由人们的社会关系状况所决定的，特别是社会经济关系以及由其制约下的政治关系，直接影响人们的生活样式和生命样态，制约着物质生活和精神生活的美好程度。质言之，美好社会生活是美好生活的重要根基，也是美好生活的重要维度。

其五，美好生态生活。良好的生态环境是美好生活的重要前提，人无论作为自然生命存在还是作为社会文化生命而存在，皆离不开自然生态的给养。自然界是人的无机的身体，美好生态环境本身就构成美好生命的有机组成部分，从而是美好生活的内在要求。美好生态生活，意味着人们能够置身青山绿水、面朝碧海蓝天、呼吸清新空气、立足洁净大地。缺失了美好的生态维度，美好生活是难以达成的。

三 作为总体性的"美好生活"之可能

美好生活并不能在抽象的话语中成为现实，建构"美好生活"的实现是一个逐步的社会历史过程，需要多方面、多角度和多层面的探索，需要多措并举、多管齐下。

其一，大力发展先进经济，为美好生活奠定物质基础。"美好生活"不会在漂亮的口号和廉价的空谈中向我们走来，而需要强大的经济基础和丰富的物质财富作保障。因为一个长期陷于经济落后的社会难以称得上美好社会，一个长久生存在贫困处境的人难以拥有美好生活。对此，我们始终要保持清醒的头脑。即使今天中国经济总量位居全球第二，但是我们的人均经济水平依然远远落后于发达国家，差距依然十分巨大。因此，当代中国需要激发全体人民的生产积极性和创造力，通过科技创新和技术发明，运用现代的先进技术和管理方式发展经济，转变经济发展方式，从而实现经济的高效和快速发展，为中国人民的美好生活需要提供财富基础。离开了强大的物质生产和经济基础支撑，美好生活就必然沦为水中月、镜中花。

其二，充分发展人民民主，为美好政治生活提供制度保障。能否实现美好政治生活以及多大程度上实现美好政治生活，将直接关系到美好生活的建构成败和实现程度。我国是由工人阶级领导的、以工农联盟为基础的人民民主专政的社会主义国家,国家的一切权力属于人民。维护人民当家做主的权利,实现好、维护好、发展好广大人民群众的根本利益,是审视社会主义中国政治合法性的重要尺度。因此,建构美好政治生活,根本的路径在于通过更加健全的政治制度体系建构,充分发展人民民主,扩大人民监督权利,捍卫人民主体地位,切实保障人民权益,激发人民创造活力,从而让广大民众在人民当家做主的政治生活中实现和体认美好的政治生活。

其三,深度阐扬优秀文化,为美好生活供给精神滋养。精神是人的象征,人的精神生命和文化生命在某种程度上比物质生命更接近人的生命本质。一个没有精神支柱的人不可能释放生命的光彩,一个没有真善美价值守护的社会必定陷于精神的贫乏和晦暗。所以,今天我们要建构美好社会,其重要任务之一就是大力阐扬优秀文化,积极培植现代先进文化,切实践行公平、正义等社会主义核心价值原则,从而为人们提供舒畅的心灵空间,营建自由平等的思想环境,为美好生活创造并供给不竭的精神滋养。

其四,切实建构公正制度,为美好生活提供良善秩序。人是一种社会存在物,而离开了一定的制度和秩序基础,社会就会陷于无序和混乱,人们的生活就难以有序展开,生活就缺少确定性,生命就缺少稳定感。制度是生活的秩序基础,美好生活的实现就需要良善的制度为其支撑,需要公正合理的制度予以守护。在努力实现中国人民美好生活需要的新时代,尤其需要建构公正合理的制度规范,并将其自觉贯彻在生活的方方面面,让公正的尺度成为裁判社会事务的至高标准,让正义法则大行天下,使得美好生活不仅可欲可期,而且能够真实拥有。

其五,着力实现人地和解,为美好生活守护绿水青山。大地是人类的母亲,地球生态是人类生命的栖息地。没有良好生态环境的社会不是一个美好社会,没有绿水青山保障的生活难以称得上美好生活。然而,在资本逻辑与物质主义观念的"共谋"下,现代自然遭遇前所未有的生态危机,严重危及人类的生态根基。对此,根本的出路在于,批判主客二分、心物对立的现代理性主义哲学范式,改变现代资本主义的发展理念和经济增长方式,有效规制资本逻辑的运行边界,超越物质主义、消费主义的生存理念和生活方式,在人与自然之间建立起亲和的存在关系,实现人与自然的和谐共生,从而为美好生活守护绿水青山。

原载《吉首大学学报》2019 年第 3 期,人大复印资料
《中国特色社会主义理论》2019 年第 8 期,收入本书时有改动。

作者单位:上海师范大学哲学与法政学院

改革开放精神动因的唯物史观解读

范宝舟

真理标准问题大讨论、人的主体性的唤醒、践行和培育社会主义核心价值观、中国化马克思主义理论的与时俱进，等等，成为改革开放征程中的重要精神动力。改革开放强大精神动力培育始终恪守以人民性为旨归的价值原理、以规律性为追求的科学原理、以开放性为原则的辩证原理、以先进性为坐标的进步原理、以变革性为目的的实践原理。推进全面深化改革，必须要在个体意识与集体意识、经济理性与道德理性、理性与非理性等各种不同精神力量之间寻找到有助于推进经济社会发展和时代进步的精神合力。

一

改革开放离不开思想观念上的自我革命所勃发出来的精神动力。从这个意义出发，改革开放的历史进程是一个人们不断自觉变革自身思想观念，重塑世界观、人生观、价值观的精神蜕变过程，是一个不断解放思想，为推进改革开放深入开展提供合理性证明并赋予精神动力支撑的过程。

其一，恢复实事求是思想路线，从哲学层面打破了束缚推进改革开放伟大实践的精神枷锁。真理标准问题大讨论，不仅使过去长期存续的僵化教条思想乃至迷信，以及固有的程式化的行为习惯等失去了存在的合法性，在世界观层面打破束缚推进改革开放伟大实践的精神枷锁，而且为改革开放实践的合理性，以及推进改革开放的实践路径提供了哲学论证。

其二，创新理论回答时代之问，为改革开放伟大实践提供保证正确航向的精神指引。中国改革开放直接遭遇的理论和实践难题就是如何回答"什么是社会主义、怎样建设社会主义"的时代之问，提出了"建设有中国特色的社会主义"的重大命题。同时，中国共产党人还围绕"建设什么样的党、怎样建设党"、"实现什么样的发展、怎样发展"以及"新时代坚持和发展什么样的中国特色社会主义、怎样坚持和发展中国特色社会主义"等一系列时代之问，为改革开放伟大实践的顺利推进和健康发展提供了正确的精神指引。

其三，唤醒人的主体性的理性自觉，为改革开放伟大实践锻造契合时代需要的精神气质。人的主体性的唤醒，赋予作为实践主体的人民群众的精神自觉和精神独立，成为推动改革开放的宝贵精神资源。习近平指出，"如果没有自己的精神的独立性，那政治、思想、文化、制度等方面的独立性就会被釜底抽薪"①。

其四，践行和培育社会主义核心价值观，为改革开放伟大实践提供引领社会进步的精神坐标。社会主义核心价值观，一是引导中国改革开放既不走封闭僵化的老路，也不走改旗易帜的邪路；二是把国家、社会、个体在改革开放中所必须履行的责任与义务辩证统一起来，为在全社会形成统一意志提供精神定位和精神动力；三是使人们具有高度的中国特色社会主义的认同感，推动人们以饱满的热情积极投身到改革开放和社会主义现代化建设中来。

二

40 多年改革开放伟大实践生动诠释了生成强大精神动力所恪守的深刻原理，即始终恪守以人民性为旨归的价值原理、以规律性为追求的科学原理、以开放性为原则的辩证原理、以先进性为坐标的进步原理、以变革性为目的的实践原理。

其一，以人民性为旨归的价值原理是涵养强大精神动力的深厚土壤。以人民性为旨归的价值原理，一方面摒弃了人民的工具性含义，坚守人民的目的性立场；另一方面秉持人民创造历史伟业的坚定理念。改革开放赋予人民群众以自主权，尊重人民群众的主体地位；遵从人民群众的意愿，发挥人民群众的首创精神；解决人民群众所需所急所盼，增强人民群众的获得感、幸

---

① 《习近平关于全面深化改革论述摘编》，中央文献出版社，2014，第 88 页。

福感和安全感，从而充分激发蕴藏在人民群众中的创造伟力。

其二，以规律性为追求的科学原理是形成强大精神动力的客观基础。改革开放的历史性决策，既是对社会主义革命和建设实践的深刻总结，更是对时代潮流的深刻洞察的产物。"深刻总结"，一方面意味着对违背规律的活动的摒弃，另一方面是意味着对具有促进社会进步意义的活动的坚守。"深刻洞察"意味着在历史活动规律的反思中对中国社会未来发展趋势和时代潮流的理解和把握。精神动力恰恰生成于对这种把握了中国以及世界社会历史发展规律的自我否定、自我超越的划时代伟大呐喊的接受、欢呼和赞美。

其三，以先进性为坐标的文化原理是引领强大精神动力的伟大旗帜。以先进性为坐标的文化原理，一是以引领时代进步、真善美相统一的价值观为标尺，弘扬改革精神、奉献精神、爱国主义精神、中国精神，为改革开放提供积极进取、昂扬向上等体现社会正能量的规范、法则、叙事和典型；二是以开放的姿态，把中国的优秀传统文化、世界各民族国家文化的有益成分，辩证融贯到时代精神中来，使厚重的文化底蕴、代表历史进步的普遍法则成为促进体现时代进步的思想觉醒和精神召唤的重要资源；三是以深入实际、贴近时代、推进实践为原则，在思想与现实的双向互动中，把握确定性与不确定性、普遍与特殊、真理与价值、"可能"与"不可能"、"坚决改"与"坚决不改"等之间的辩证关系，保持改革开放的实践律动与社会成员的精神活力之间的一致性。

其四，以变革性为目的的实践原理是构筑强大精神动力的源头活水。以变革性为目的的实践原理，一是坚持自我革命的辩证精神，把改革开放看作决定中国命运前途的关键一招；二是把改革的观念和实现变革的整体性物质条件辩证统一起来，为改革开放的深入推进持续不断地提供精神动力；三是把"改"与"不改"辩证统一起来，牢牢把握改革开放的正确精神航向。

三

全面深化改革是中国式现代性发育的探索和实践，更是再造和彰显21世纪人类社会新型现代文明模式的中国智慧的体现。人的精神的现代发育要妥善处理好不同精神张力之间的矛盾关系，以形成与时代进步同向同行的强大精神动力。

其一，辩证对待个体意识与集体意识之间的关系。全面深化改革，必须保持个体意识与社会意识之间的合理张力：一方面，个体意识不能僭越社会意识。个人意识的极端膨胀，在实践中不仅带来社会的离散化，让社会支离破碎，成为一盘散沙，而且也使个体由于没有健康社会平台的依托而难以获得公平的发展机会。另一方面，集体意识也不能超越个体意识。集体意识力量的强大不仅导致个体成为"单向度"的人，失去对社会问题的批判能力而陷入集体无意识的麻木境地，而且也会导致个体的能动性和创造性的削弱，使社会由于失去活力而成为一潭死水。

其二，辩证对待经济理性与道德理性之间的关系。全面深化改革，在社会成员的精神结构上，一是赋予经济理性以社会主义本质属性的内涵。即在社会主义社会，经济理性不是资本逻辑主导下的零和博弈，而是体现共同富裕本质特征的合作共赢。二是在经济理性中嵌入尊重劳动的自觉精神。即经济理性不是建立在资本概念上的经济理性。而是建立在辛勤劳动、诚实劳动、创造性劳动基础上的经济理性。三是重新理解经济理性中的财富价值意蕴。即经济理性不是把财富获取作为人的生命的最终目的，而是把财富看作实现美好生活的重要手段。

其三，辩证对待理性与非理性之间的相互关系。全面深化改革，从理性与非理性辩证统一的角度来看，需要着力培育人的"知、情、意"相统一的精神结构。所谓"知"意指人对对象之间事实关系的把握和理解，包含判别是非、敢于怀疑、挑战权威、追求真理和弘扬科学精神等丰富内涵。所谓"情"意指人对对象与自身之间价值关系的把握与理解，包含爱恨情感、善恶伦理和美丑判断等丰富内涵。所谓"意"意指人对自身与对象之间行为关系的把握和理解，包含对事业的激情、顽强拼搏的意志，以及投身实践的热情等丰富内涵。"知、情、意"彼此渗透和相互作用，统一于全面深化改革的伟大实践。

原载《世界哲学》2019 年第 1 期，收入本书时有改动。

作者单位：上海财经大学人文学院

儒商文化的基本特征

夏明月　华梦莲

我们将商人划分为不同的类型，实质上是以文化内涵为标准的，也就是说，不同类型的商人是具有不同文化特质的商人，儒商是将中国传统文化尤其是儒家思想应用于商业活动的践行者，那么经过中国儒商近千年实践所产生的儒商文化，具有什么样的特色呢？本文通过与西方经济伦理思想的对比，认为儒商文化具有三个基本特征，即礼乐精神、义利相生、整体主义。

一　礼乐精神与契约精神

（一）礼乐精神

历史上的儒商，有的是弃儒从商，一开始是专门学习儒家思想以考取功名的"儒士"，而后转做商人，这一类的儒商受过正规儒家思想的训练，明清时期这一类儒商居多；而有的没有通过正规的教育渠道考取功名，但依然将儒家思想运用到商业活动中。不同的儒商有着不同的特点，但是作为儒商，他们都有着共同的特征，即具有礼乐精神。儒家思想的根本特征就是以"仁"为核心，用"礼"去约束人的行为。它要求每个人把"仁"铭记于心，并且自觉、主动地去遵守，做到"慎独"。

在儒家思想占据主导地位的社会，礼是公认的行为规范，合于礼的行为就是对的，对即"合式"。如果单从行为规范上来说，礼本和契约、法律无异，契约、法律也是一种行为规范。两者根本不同的地方在于维持规范的力量。法律是由国家权力机构制定，并由执法机构执行；而礼乐规则在确定以后，不需要任何外在的力量进行推行和约束，维持礼这种规范的是传统。法律对于个人来说，其维持的力量是外在的、强制的；而依靠传统维持的礼对于个人来说，其维持力量是内在的、自觉的。除了依靠传统这个力量维持之外，礼的实行是主动的、自觉的。《论语·颜渊》对此有非常清楚的论述，"颜渊问仁，子曰：'克己复礼为仁。一日克己复礼，天下归仁焉。为仁由己，而由人乎哉？'"①

（二）契约精神

契约指的是合约，通常以文字的形式呈现，是双方或者多方之间，对某事某物共同协商而相互约定好的承诺或者凭证。在不同的领域，契约又有着不同的含义。在社会生活领域，契约是一种社会现象，是人们之间的约定活动，这种社会现象在西方国家很普遍。契约在西方社会中具有悠久的历史，在西方人的社会生活、思想意识中都具有重要的地位。因此，西方人不仅习惯在现实生活中用契约缔结各种关系，而且将契约视为一种信仰。在西方人看来，契约代表着自由和平等，信仰自由和平等即信仰契约。

虽然契约精神中包含的一些理念，如诚信，与儒家所推崇的一些理念是一致的，但是西方的契约精神和儒商文化的礼乐精神有着根本的区别。区别之一在于维持的力量。虽然契约精神也讲契约道德，但是维持契约精神的力量主要还是外在的，即制度。对于市场经济来说，就是市场规则；对于整个国家来说，就是法律体系。既然是外在的力量，为了保持其权威，对契约双方构成威慑力，这种力量必然具有强制性。为了维持这种强制性，就需要有执法机关、监狱、军事等暴力机构。对于礼乐精神来说，维持"礼"的力量是经教化形成的习惯，这种力量是内在的，是人们主动、自觉地去实行，在违背礼的时候，即使没有外在力量的惩罚，也会受到来自内心的"仁"的谴责。

二　义利相生与功利主义

（一）义利相生

儒家的义利观即把义和利相结合，主张在道义的前提下追求利益，并且

---

① 《论语》，张燕婴译注，中华书局，2007，第171页。

"见利思义"。纵观历史上的儒商，无不将此作为自己的信念并且贯彻到商业活动中。因此"义利相生"也是儒商文化的重要特征之一。

首先，儒家绝不是禁绝逐利，把"义"和"利"对立起来。试想，如果孔子禁绝逐利，认为"为富不仁"，那怎么还会收子贡为徒并把他比喻成"瑚琏"呢？其次，儒家禁绝追求违背仁义道德的利益，主张"不取不义之财，君子爱财取之有道"；儒家禁绝不顾其他因素只追求利益、把利益放在第一位的行为，主张在追求利益的时候要顾及道义、见利思义。儒商在进行商业活动时，很好地践行了儒家的这一义利观，而且践行的主要形式就是"义以生利"，就是在商业活动中以践行仁义道德为主，然后追求长远的利益。

（二）功利主义

功利主义，常指以实际功效或利益的大小作为价值判断的根本标准的伦理学说。功利主义由18世纪英国佩利、葛德文和边沁等人相继创立，后经穆勒等人对功利主义思想进行继承和修正。

功利主义者认为幸福就是快乐和规避痛苦，对于个人来说，人生的最终目标就是追求快乐和幸福；对于整个社会来说，最终目标就是达到"最大多数人的最大幸福"。由于功利主义者认为社会利益是个体利益的加总，个人追求到自己的最大幸福了，社会就达到了"最大多数人的最大幸福"的目标；反之，社会达到了"最大多数人的最大幸福"的目标，个人就实现了自己的最大幸福。根据"人的最终目标就是追求快乐和幸福"这一思想，创设了理性经济人假设，即个人进行经济活动的目标就是追求自己的利益最大化。经济人假设认为存在一种普遍的人性，即人的理性，这可以说是近代启蒙运动以来创立的科学体系的最为基础和普遍的论断。[①]

三　整体主义与个体主义

（一）整体主义

儒家向来重视群体的作用，荀子认为人与动物的区别就在于能不能

---

① 水丽淑：《经济学中的隐性价值判断分椰》，《河南师范大学学报》（哲学社会科学版）2016年第4期。

"群"，且这正是人之所以胜过动物的原因："火力不若牛，走不若马，牛马为用，何也？人能群，彼不能群也。"① 宋明新儒学更加重视群体的作用，坚持整体主义思想。范仲淹也曾写道："先天下之忧而忧，后天下之乐而乐"，体现了他为国家之公利的整体主义思想。

在整体主义思想的基础上，儒家将家与国连为一体。孟子曾说："天下之本在国，国之本在家，家之本在身。"他还进一步提出："欲治其国，先齐其家；欲齐其家，先修其身，身修而后家齐，家齐而后国治，国治而后天下平。"② 这样，家和国是一体的，国是家的根本，有国才有家，修身等行为的最终目的都是治国而后平天下。儒商都具有整体主义的思想，将国家与社会的利益放在至高的地位，尤其是在国家利益受到威胁的时候。

（二）个体主义

个体主义是西方在政治、经济、文化等领域的独特观念，功利主义就是个体主义的典型体现。个体主义观念在西方很早就有，而最早、最鲜明地表达个体主义观念的是古希腊的斯多葛主义，之后，文艺复兴的先驱者们提出了现代意义上的个体主义。

古典经济学家与新古典经济学家极力将经济学变成一门科学，他们致力于将物理学、数学等自然科学的研究方法运用到经济学，形成"经济人"假设，认为人总是理性地追求自己的最大化利益。个体主义作为社会科学的方法论原则最早是由韦伯提出的，后经波普尔和哈耶克进一步发展，现已成为社会科学中影响广泛的方法论原则。③ 斯密认为劳动分工、货币发明、经济机制等都是在个人追求自由利益的过程中自发地形成和发展起来的。④ 但是，并不是所有的经济学家都赞成个体主义方法论，有的经济学家以整体主义方法论对个体主义方法论进行批判。对主流经济学的个体主义方法论的最为彻底的批判来自马克思，他认为："人的本质不是单个人所固有的抽象物，在其现实性上，它是一切社会关系的总和。"⑤ 马克思认为，孤立的、

---

① 《荀子·王制》，南京大学出版社，2017。
② 《孟子·离娄上》，吉林人民出版社，2007。
③ 詹绍祥、汪浩瀚：《经济分析中的个体主义倾向》，《数量经济技术经济研究》2003 年第5 期。
④ 杨立雄：《"个体主义"抑或"整体主义"》，《经济学家》2000 年第 1 期。
⑤ 《马克思恩格斯文集》第 1 卷，人民出版社，2009，第 501 页。

原子式的个人绝不是人的合乎自然的存在方式，而恰恰是"属于 18 世纪的缺乏想象力的虚构"①，是资产阶级社会所特有的产物。他在《资本论》中从商品的范畴开始分析，到货币，再到资本，深刻地揭示了西方个体主义方法论产生的根源。处于资本逻辑下的人，将人与人的社会关系和人与物的关系倒置，认为人与物的关系才是本质，从而产生人的异化。主流经济学家也正是在这一异化的现实背景下，认为人是孤立的原子式的个体，提出了个体主义方法论，并以此为基础构建自己的理论。

原载《中国文化与管理》2019 年第 2 期，收入本书时有改动。

作者单位：上海财经大学人文学院

---

① 《马克思恩格斯文集》第 8 卷，人民出版社，2009，第 5 页。

马克思"人民主体"思想的内在逻辑与当代价值

周康林　郝立新

人民群众是历史的创造者，是社会实践的主体，是决定党和国家前途命运的根本力量，这条唯物史观的基本原理随着历史活动深入发展而不断得到印证。"人民主体"是历史唯物主义的重要范畴，恩格斯曾"用'历史唯物主义'这个名词来表达一种关于历史过程的观点"①，只有从"历史过程"的视角出发，才能真正领会马克思主义"人民主体"思想的理论精髓和实践品格。

一　马克思在思想交锋与革命实践的双向互动中奠定"人民主体"思想的理论基石

"人民主体"是贯穿唯物史观的核心命题，其理论精髓即"工人阶级的解放应当是工人阶级自己的事情"②。马克思在清算以宗教史观和英雄史观为代表的唯心史观过程中创立了唯物史观，确立了"真正的人民"创造历史的群众史观，奠定了马克思主义"人民主体"思想的理论基石。

首先，马克思深刻批判宗教史观的荒谬性，指出"宗教的解放"的非现实性。马克思不仅批判"爱的宗教"的荒谬性，而且指明"宗教的解放"本身的非现实性。在马克思看来，能够在宗教改革中获得解放的只是有产者

---

① 参见《马克思恩格斯选集》第3卷，人民出版社，2012，第760页。
② 《马克思恩格斯选集》第1卷，人民出版社，2012，第383页。

阶级，深受奴役和压迫的广大工人阶级根本不可能通过宗教改革而获得解放，工人阶级只有通过摧毁宗教殿堂的世俗基础才能获得真正的解放。

其次，马克思深刻揭露以"批判"及"批判的批判"为代表的英雄史观的狂妄、傲慢与偏见。以"批判"或"批判的批判"作为统治阶级的御用文人，自认为其历史使命就是发现"永恒真理"，而劳动群众作为"批判"编撰历史的材料，其历史宿命就是严格按照"批判"发现的"永恒真理"来行事。在马克思恩格斯看来历史的真正创造者正是狂妄傲慢的"批判"或"批判的批判"用以编撰历史的材料——群众。工人阶级并不需要"批判"或"批判的批判"等先知或哲学家来充当"救世主"，只有依靠自己及其革命政党才能夺取全面胜利。

最后，马克思确立"真正的人民"创造历史的群众史观。马克思恩格斯确立了"现实的人"这个"新唯物主义"的基本前提。在马克思看来"现实的人"并不是特指"有教养的"有产者阶级及其御用文人，而是泛指从事物质生产劳动的"人民大众"。随着革命实践的深入发展，马克思进一步提出"真正的人民"① 拓展"人民大众"的阶级外延。恩格斯晚年将"真正的人民"内涵拓展至"脑力劳动无产阶级"。马克思恩格斯创立的群众史观的本意是"真正的人民"在社会基本矛盾运动中创造历史并享有历史创造者的尊严和荣光。"人民主体"实际上就是"真正的人民"的集体意志与联合行动，它具有阶级性、先进性、时代性，是代表人类历史前进方向的联合力量。

二　马克思从"历史事实"与"发展过程"相结合的视角科学揭示"人民主体"实践生成的内在逻辑

"人民主体"不是一成不变的，而是随着人类历史深入发展不断生成和印证的，只有将它纳入人类历史发展的辩证过程论视角加以考察，才能科学把握其实践发展的基本规律，进而在探索历史创造过程的奥秘中科学揭示"人民主体"实践生成的内在逻辑。

首先，物质生产是"真正的人民"参与历史活动的基本方式。马克思认为，"真正的人民"及其社会关系是在生产劳动中发展起来的，并随着物

---

① 《马克思恩格斯全集》第 4 卷，人民出版社，1958，第 220 页。

质生产方式的变革而不断发展。处于阶级统治下的蒙昧劳苦大众由于缺乏历史的主体意识与自觉，被僭越了历史主体地位。只有进入社会生产力高度发达、自然形成的分工被社会化大分工所扬弃、局限性的交往被社会普遍交往所取代、消灭阶级差别的共产主义社会，占人口绝大多数的"真正的人民"才能超越"阶级的个人"而发展成为"有个性的个人"，进而全面彰显"人民主体"的历史光辉。

其次，与英雄史观与宗教史观对从事现实生产活动的劳动群众的贬低不同，马克思认为，"真正的人民"通过"自主活动"创造自己的历史。其"自主活动"有三层含义，其一，物质生产活动是"真正的人民"的历史活动，不是"批判们"逻辑推演的结果；其二，"真正的人民"不是根据某种神秘的"启示"或"指令"来创造自己的历史，而是基于现实的物质生活条件创造自己的历史；其三，"自主活动"既是创造物质生活需要的手段，又蕴含着"真正的人民表现自我、实现个性自由的价值追求"。"真正的人民"在创造历史的"自主活动"中表现出具有时代特征的能动性、创造性、预见性、自为性、目的性，概括起来就是主体性。

再次，"真正的人民"在相互交错的"自主活动"中创造社会历史。个人历史与社会历史是同时创造的。个人历史是作为有机整体的社会历史的构成元素，但社会历史并不是全部个人历史的简单正向叠加，社会历史的创造过程远比个人历史的创造过程复杂得多。"真正的人民"在社会生产实践中创造个人历史，也在日益扩大的社会交往中创造社会历史。社会历史合力是"真正的人民"在社会基本矛盾运动中结成的。恩格斯提出的"历史合力"思想表明了"真正的人民"的物质生产实践对社会历史的形成所起着的决定性作用。它生动形象地勾勒出社会历史创造过程的基本图景，既捍卫了唯物史观的根本立场，又通过批判片面的"经济决定论"拓展了唯物史观的理论空间和问题视野，进一步揭示了"人民主体"作为一种先进性、有方向性的联合力量的实践生成逻辑。

最后，世界历史性的普遍交往是"真正的人民"迈向"自由人的联合体"的必要条件。人类迈向世界历史的过程就是各个不同层级的共同体不断打破封闭自守状态的过程，这个过程也是"真正的人民"不断扩大自主空间、拓展交往边界的过程。资产阶级在开创世界市场的过程中，不可避免地冲击殖民地或者半殖民地国家的社会结构，促使落后民族卷入现代工业文明，与世界逐步建立起"普遍交往"。马克思正是在"新唯物主义"的立场上科学阐明资本主义生产方式及其全球扩张为世界无产阶级革命创造的有利条件。在马克思看来，只有全世界无产者联合起来，推翻资产阶级的统治，世界历史进程才会全面彰显"人民主体"的实践精神与历史光辉。

三 在持续推进"伟大社会革命"的历史进程中坚持和实践马克思主义"人民主体"思想

作为马克思主义理论视野中的一个特殊命题，"人民主体"为马克思主义政党领导"真正的人民"持续推进"伟大社会革命"确立了根本的价值导向。中国共产党在新时代的历史方位上领导人民持续推进"伟大社会革命"，必须一以贯之地坚持和实践马克思主义"人民主体"思想。

第一，在持续推进"伟大社会革命"的历史进程中始终坚持"为绝大多数人谋利益"是中国共产党人必须坚守的初心与使命。在社会主义革命实践中，马克思主义政党与人民群众始终是利益高度一致的"命运共同体"。新时代持续推进"伟大社会革命"就成为中国共产党人坚持"为绝大多数人谋利益"的内在要求，而坚持"为绝大多数人谋利益"始终都是中国共产党领导"真正的人民"持续推进"伟大社会革命"的政治底色。

第二，在治国理政的实践中确立"人民至上"的价值原则是中国共产党不断超越执政历史周期律的根本选择。政权是革命斗争的核心问题。工人阶级的民主不是藐视一切权威的无政府主义，它隐含了无产阶级专政的实质内容。中国共产党在学习借鉴"苏共"治国理政经验的过程中，结合中国自身的阶级构成状况，不断推陈出新，将"无产阶级专政"发展为中国语境下的"人民民主专政"。其内涵的创新使中国共产党确立了"人民至上"的根本政治立场，也确立了"人民主体"的"中心地位"，党的一切工作都要贯穿"人民至上"的实践价值。

第三，在应对重大风险与挑战中始终坚持中国特色社会主义道路是中国共产党领导"人民主体"走向全面胜利须臾不可偏离的根本方向。"人民主体"这一重要命题只有在社会主义制度下才具有真正的现实性，离开社会主义的各种保障机制，人民群众在社会生活中的主体地位就无从谈起。"真正的人民"在社会主义初级阶段实现全面发展需要经历一个长期过程，在这个过程中既会面临社会主义自身发展的内在矛盾，也会面临来自资本主义世界的外部压力和挑战。我们党只有始终坚定"四个自信"，沿着坚持和发展中国特色社会主义的"既定方向"不断进行改革和完善，才能带领"真正的人民"在应对各种重大风险与考验中不断走向新的胜利。

第四，在社会基本矛盾运动中加强中国共产党的"革命性锻造"是凝聚和引领"人民主体"的根本保障。在不同的时代，"真正的人民"这一范畴包含了不同的阶级，但其主体构成始终都是劳动人民。改革开放以来，中国新兴业态不断涌现，新的从业人员形成新的利益群体，当代中国社会阶层结构已经发生重大变革。因此，作为"人民主体"的核心，中国共产党需要适时根据中国社会阶层结构的变迁不断发展和完善自己的组织架构，适时扩大基层党组织在新生社会阶层中的覆盖面，不断加强自身的"革命性锻造"，强化"四个意识"，提高党的组织凝聚力，适时在新生社会阶层中建立和发展党的基层组织，充分发挥基层党组织的战斗堡垒作用，才能始终将"真正的人民"凝聚在新时代中国特色社会主义这个"明确的积极的纲领"之下，不断汇聚出实现中华民族伟大复兴的磅礴力量。

原载《马克思主义研究》2019年第7期，收入本书时有改动。

作者单位：中国人民大学马克思主义学院，中国人民大学哲学院

政治经济学批判视野中的
"一带一路"建设

沈 斐

现有的全球化理论,无论是世界体系论的"中心—边缘"说,还是新自由主义的全球化资本积累论,都无法用来分析和解决"一带一路"建设中所遇到的问题。相反,实践中的诸多争议、摩擦、不信任、阻碍,乃至暗流涌动的贸易摩擦、金融摩擦,很大程度上正是由于理论的局限所致。只有立足于马克思政治经济学批判的视野,我们才能明确"一带一路"的历史方位,完成对资本主义世界体系的历史性超越;只有跳出资本主义全球化的话语体系,我们才能构建起中国特色社会主义的政治经济理论话语体系,从而有理有节地回应分歧与质疑,凝聚共识与信任,共同推动"一带一路"建设行稳致远。

本文梳理和分析了"一带一路"建设过程中中西经贸合作领域的争议和误解,指出如何理解社会主义市场经济是症结所在。

第一,社会主义市场经济是不是市场经济?中国的古代经济史表明:"市场经济"并不等于"资本主义",中国古代曾有过发达的"非资本主义"市场经济。按照亚当·斯密在《国富论》中的阐述,中国古代走出了一条依托"农业—手工业—对外贸易"的顺序"自然发展"起来的内卷式的市场经济道路,这条道路与西方通过对外贸易和殖民扩张"非自然发展"起来的外向型的市场经济道路完全不同。中国改革开放以来社会主义市场经济的实践同样给出了回答。但遗憾的是,有两个问题我们没有回答好——社会主义市场经济为什么是"市场经济"?中国的市场经济为什么是"社会主义的"?

首先，社会主义市场经济之所以是"市场经济"，是因为与自然经济不同，市场经济的一般特征不是"使用价值生产"，而是"价值生产"，即不是直接满足自己需要的生产，而是间接满足他人需求的生产；需求不同于需要，不是通过使用价值来满足，而是通过货币中介来满足。也就是说，市场经济的本质，是生产交换价值中的"价值实体"即货币或交换力。《资本论》对"价值形式"的考察，反映的正是商品向货币的形态转化，这一转化可以视为自然经济向市场经济发展过程的缩影。尽管马克思经常使用的是"商品经济"而不是"市场经济"概念，但他对自然经济条件下的产品生产和市场经济条件下的商品生产的区别，为我们把握市场经济的一般特征提供了线索。马克思明确区分了一般市场经济和资本主义市场经济。在他看来，只有在货币转化为资本之后，才出现资本主义市场经济。在此之前的市场经济则是非资本主义市场经济。所有市场经济的共同点是为市场而生产，不仅生产要素来自市场，而且产品也要去往市场。中国的市场经济也是这样。国有企业的生产要素来自市场，其产品去往市场，因此同样是市场主体。至于非公有制经济成分，就更不用说了。

其次，中国的市场经济之所以是"社会主义的"，是因为市场经济的性质取决于它所从属的经济基础和社会根本制度，而不在于其中所包含的资本主义成分。迄今为止，中国市场经济中社会主义成分仍然作为"经济基础"是占据统治地位的生产关系，这既是由社会主义的生产目的所决定，也是由中国共产党的领导所决定的。与资本主义的"剩余价值生产"即追求利润的生产目的不同，社会主义市场经济的生产目的是"满足人民群众日益增长的美好生活需要"，中国的国有企业是实现这一生产目的的重要载体。因此，不能以利润率的高低作为衡量国有企业是否有效率的唯一标准。对于效率的衡量，应当从使用价值的生产、价值的生产、剩余价值的生产等不同标准出发。在社会主义国家中，国有企业的生产目的不同于私营企业，既然以满足人民需要为己任，那它所追求的，就不仅仅是国有资产的增值保值，还应包括使用价值和价值生产的效率，甚至可以说，前者是手段，满足人民日益增长的生活需要才是目的。利用资本主义的手段不断巩固社会主义的经济基础，最终为向共产主义过渡创造物质技术条件，是社会主义市场经济的历史任务。

第二，资本主义全球化是不是唯一模式？20 世纪以来，经济全球化理论大致可分为两支。一支是由传统马克思主义发展而来的世界体系论，经历了从现代世界体系论，到依附论，再到霸权转移论的发展；另一支是由古典自由主义发展而来的新自由主义论，经历了从 20 世纪 70 年代新自由主义产生，到 90 年代末新自由主义反思，再到 2008 年后新自由主义批判的发展。就全球化的"过去"而言，这两支理论各有其道理。然而，进入 21 世纪以来，尤其是中国加入世界贸易组织，渐渐成长为世界第二大经济体，成长为一支能够影响经济全球化进程的举足轻重的力量之后，这两支全球化理论的局限开始暴露。它们虽然很好地解释了全球化的"过去"，但不再能解释全球化的"现在"与"未来"。当前西方对于"一带一路"建设的猜疑、误解、焦虑和阻碍，均缘于此。

现实表明，以新自由主义作为动力的全球化已经产生了诸多困难和问题。今天的经济全球化理论，如果还没有足够深刻地分析"社会主义"作为资本主义经济全球化进程中的"异质"成分所发挥的作用，还没有充分重视社会主义市场经济对于全球化进程的影响，那么，这样的全球化理论无论如何都"过时"了。与世界上的其他社会主义国家相比，中国抓住了和平与发展的历史机遇。改革开放 40 多年来，中国在坚持社会主义制度的同时，主动融入世界市场，成为你中有我、我中有你的国际社会中的一个影响力愈来愈大的成员。遗憾的是，绝大多数人没有意识到这种变化所蕴含的世界历史意义——这表明，资本主义世界体系已经"变质"，今后的全球化将不同于过去，不再是资本主义世界体系的一极化拓展，而是两种不同全球化方案的比较与较量、竞争与发展，最终，在长期的斗争中融合和吸收全部全球化的文明成果，迎来崭新的全球社会和人类历史的新纪元。与西方国家心目中的那种零和游戏和霸权主义经济秩序不同，中国所主张的是互利共赢的新秩序。遗憾的是，这一社会主义的全球化方案超出了原有的全球化理论范畴，那些被西方经济学和资本主义全球化理论所禁锢的头脑无法理解。

尽管马克思没有完成政治经济学批判的全部研究，但他留下了研究方法。从这一视野出发，我们能够明确"一带一路"的历史任务：它不是帮助中国从资本主义世界体系的"边缘"走向"中心"，成为资本积累周期的下一个霸主，而是中国对资本主义世界体系的历史性超越；它不是重复地缘博弈的老套路，而是致力于开创合作共赢的全球化新模式；它将在较长一段时间内与资本主义全球化竞争，在竞争中积蓄力量、积累优势，为人类文明朝向更高阶段演进做好准备。明确了历史任务，就能在全球金融化时代审慎前行，不断扩大"人类命运共同体"的朋友圈，稳妥推进全球化的中国方案。

面对"一带一路"建设中的问题与风险，要抓住症结。其中最关键的是，在理论上跳出西方经济学话语体系的局限，发展出当代中国的社会主义市场经济理念和全球化理论；在实践中发挥好社会主义市场经济的制度优势，避免重走西方资本主义唯利是图和霸权主义的老路。这个"牛鼻子"抓住了，其他问题就容易解决了。

原载《当代经济研究》2019 年第 1 期，收入本书时有改动。

作者单位：中国浦东干部学院教学研究部，

复旦大学中国特色社会主义政治经济学研究中心

科学社会主义在新中国演进
逻辑的经济哲学反思

邱卫东

新中国成立已满 70 周年。在此过程中，久经磨难的中华民族迎来了从站起来、富起来到强起来的伟大飞跃。在当下"反思西方理论和话语""构建具有主体性的中国理论""中国道路、中国智慧和中国方案"正日益成为各界共识的背景下，正是我们走出以往那种偏重经验和自我循环论证的话语窠臼，进而在理论和实践关系的互动中，全面论证新中国 70 年来的实践历程既始终坚持了科学社会主义基本原则，又始终根据时代条件赋予其鲜明特色的大好时机。

一 科学社会主义的现实依据、实践重心与核心内容

资本主义制度下生成的"资本积累"和"贫困积累"的矛盾对立，必然使得曾经是人类社会发展"新时代"来临重要标志的资本主义社会，必将因为资本的内在否定性而被更高的新文明类型即社会主义以至共产主义取代。

但正如科学社会主义"这些原理的实际运用，正如《宣言》中所说的，随时随地都要以当时的历史条件为转移"① 那样。在现实历史进程中，由于发展的不平衡性，广大经济文化落后国家和地区的存在，为发达资本主义国家"资本积累"的持续进行提供了广阔空间，并日益形成了"资本积累"

① 《马克思恩格斯全集》第 28 卷，人民出版社，2018，第 531 页。

主要集中在发达资本主义国家，相应的"贫困积累"则被转移到边缘落后国家的全球不对称积累结构。这种特殊的历史环境，使得现实中社会主义实践已本质地表现为发达资本主义国家对边缘落后国家的历史规定。这也意味着，社会主义运动的实践重心必将实现由发达资本主义国家向边缘落后国家的历史性转移。对于通过革命率先走上社会主义道路的落后国家和地区而言，其如何在与国际资本同生共长的世界体系中克服资本扩张悖论、追求经济正义进而实现民富国强，则越来越成为社会主义政治经济学的核心内容。

当然，上述境遇也使得东方落后国家的社会主义实践必须经历两大悖论式的发展：一方面，必须尽快积累起可与强大的国际资本力量初步抗衡的物质力量，避免自己在根本上重新陷入资本主义内在矛盾最终承担者的境地；另一方面，又必须努力吸收资本主义的文明成果，这意味着东方落后国家必须进入以资本主义为主宰的世界市场，实施对外开放的战略。毫无疑问，这两方面在形式逻辑上是相悖的。而如何破解这一形式逻辑矛盾，辩证地实施这两大悖论式发展，就成为当代社会主义成长壮大的关键，也是科学社会主义基本原则和当代创新的内在要求。

二　新中国成立后中国共产党推动科学社会主义发展的历史进程

这里把中国共产党凸显出来，主要是考虑到科学社会主义在新中国的演进历程，本质上就是作为历史实践主体的中国共产党探索推动科学社会主义发展的历程。从科学社会主义的现实依据、实践重心与核心内容可以看到，科学社会主义在从新中国的演进通过下述几大本质关联、内在贯通的历史阶段得到了鲜活展现。

首先，通过社会主义公有制计划经济为新中国在国际体系中的出场奠定了前提基础。新中国成立后，经过短暂的调整，中国共产党就通过"一化三改"的总路线，快速实现了从新民主主义经济向以"苏联模式"为样板的社会主义公有制计划经济的转换。实事求是地讲，促成这一转换的原因非常复杂，但倘若根据东方落后国家在国际体系中践行社会主义所应具有的核心内容来看，这种通过代表人民意志的政府权力来配置全社会资源的发展体制，确实有利于后进国家自觉模仿发达资本主义国家的产业结构，建立起本国独立的现代工业体系，从而使新中国在快速补上落下的两次工业革命课后，初步具备了可以与强大国际资本力量相抗衡的社会主义物质力量。中国人民从此在世界体系中真正站了起来。

其次，通过对内改革、对外开放有效破解了新中国在国际体系中践行科学社会主义的历史性难题。为了建立社会主义工业体系，中国人民尤其是农民做出了巨大牺牲，因为剩余劳动必须主要沉淀为工业化体系，因而生活非常贫困。如何在与国际资本抗衡的过程中解决人民的贫困问题，使人民"富起来"，成为新的时代之问。总的看来，在国际体系中践行社会主义的应有自觉，使得中国共产党并没有囿于先走一步的苏联模式，而是始终十分重视总结既有发展模式的经验教训并不断探索创新。而且越是在大的失误后，反省就愈发深刻，对社会主义的认识就越是迈上新的台阶。在"文革"结束后改革开放之初的反省，就已经深入了"什么是社会主义、怎样建设社会主义"这一制度和理论的最基本层面，提出了社会主义初级阶段论、社会主义本质论、社会主义市场经济论等前所未有的重大论断。由此开启了社会主义国家诞生以来最为深刻的变革和创新，真正使社会主义国家第一次在国际体系中具备了引导驾驭资本力量来为社会主义价值目标服务的能力。新中国继站起来之后，也使广大人民富了起来。

最后，通过在直面伟大斗争中生成的新时代中国特色社会主义开拓了科学社会主义在21世纪的新境界。改革开放40多年来，中国特色社会主义的伟大成就有目共睹。正如英国学者马丁·雅克所言："中国的崛起将改变的不仅仅是世界经济格局，还将彻底动摇我们的思维和生活方式。"[1] 但由于当下的资本全球积累格局在总体上并没有超越垄断资本主义的框架和阶段，加之我国发展前行中存在"体制机制不完善、改革不到位"的问题，使得当代中国在全球化、市场化、资本化背景下进行实践发展过程中生成的系列矛盾挑战，一改以往那种局部的、零散的、非主流的、可忽略的、弱关联的、易应对的样态，转而以与我们强相关、难应对因而更严峻、复杂、深刻、艰巨的挑战，诸如国际关系上的"修昔底德陷阱"挑战、国内经济社会发展中的"中等收入陷阱"挑战、关乎道路与方向的政治文化领域的"话语权陷阱"挑战等决定中华民族能否实现民族复兴的中国梦的空前复杂的决战性挑战表现出来。因此，必须进行一系列具有新时期特点的伟大斗争。这既事关中国特色社会主义能否在国际体系中进一步实现由大变强、由

---

① 〔英〕马丁·雅克：《当中国统治世界》，张莉译，中信出版社，2010，封二。

富转强的伟大历史转折，同样也与科学社会主义能否在全球范围内获得持续深入发展有着深度关联。党的十八大以来，以习近平同志为核心的党中央对内通过不断深化改革，全面有效地将中国特色社会主义政治经济学内含的克服资本悖论、追求经济正义进而实现民富国强的实践要求在新的历史背景下做实做好。对外则在研判把握全球政治经济学逻辑节律的过程中，积极参与全球治理体系改革和建设，推动构建人类命运共同体。中国特色社会主义在解决难题、办成大事中迎来了强起来的新时代。

三　基于科学社会主义在新中国演进历程而来的几点启示

①必须认识到新中国 70 年的发展史，本质上就是一部既坚持了科学社会主义基本原则，又根据时代条件赋予其鲜明特色的探索史。②必须认识到改革开放前 30 年的探索实践在中国特色社会主义实践历程中的始基性作用。这一时期不仅"为当代中国一切发展进步奠定了根本政治前提和制度基础"，同时也为"新的历史时期开创中国特色社会主义提供了宝贵经验、理论准备、物质基础"。③必须认识到改革开放后开创的中国特色社会主义是科学社会主义在现实历史进程中的鲜活展现。绝非如英国"证伪主义"者卡尔·波普尔所言的是对马克思社会主义理论的证伪。改革开放前后两个历史时期内在关联、本质贯通。④基于当代资本全球积累结构的总体特征，新时代中国特色社会主义在走向"强起来"过程中遇到的挑战，将等于"站起来"与"富起来"的总和。面对这一"百年未有之大变局"进行伟大斗争，必将推动科学社会主义在攻坚克难中焕发出更为强大的生机和活力。

原载《毛泽东邓小平理论研究》2019 年第 7 期，收入本书时有改动。

作者单位：华东理工大学马克思主义学院

习近平总书记关于金融重要论述的哲学探析

申唯正　孙洪钧

党的十八大以来，习近平关于金融的重要论述是 21 世纪马克思主义金融理论的中国化最新成果。从经济哲学视角看，主要关涉五方面。

一　金融的重要性

中国改革开放 40 多年来所取得的成就，离不开中国共产党人对金融重要性的深刻认识。①从"金融是现代经济的核心"到"金融是国家重要的核心竞争力"。从邓小平的"金融是现代经济的核心"定位开始，自 1997 年以来，中央金融工作会议平均每五年召开一次，每次都给出了金融体制改革的大方向和指导方针，尤其是在 2017 年中央金融工作会议上，习近平提出："金融是国家重要的核心竞争力，金融安全是国家安全的重要组成部分，金融制度是经济社会发展中重要的基础性制度。"① 其包含了五大含义：其一，21 世纪全球金融化发展趋势决定了中国必须更加强调金融的重要性；其二，现代化经济强国必须要有强大竞争力的金融体系作为必要条件；其三，金融安全不仅仅关涉人民财产安全，更关涉国家的主权安全；其四，防范系统性金融风险和提防外部金融冲击是关涉国家安全的大事；其五，金融制度是中国特色社会主义市场经济的基础性制度。②从党的十八大到十九大报告看金融的重视度。我们可以看到对金融重要性的五

---

① 《习近平谈治国理政》第二卷，外文出版社，2017，第 278 页。

个强调：其一，金融体制改革在经济改革工作中的重要性；其二，多层次发展金融资本市场的重要性；其三，深化利率和汇率市场改革的重要性；其四，金融安全与金融监管的重要性；其五，防范系统性金融风险的重要性。③从经济供给侧到金融供给侧看金融的重要作用。2015年习近平首次提出经济供给侧结构性改革，在2016年论证了供给侧和需求侧的关系。这些相关论述我们至少可以看到三个要点：其一，供给侧结构性改革是经济新常态下提高供给体系质量和效率的关键；其二，供给侧管理和需求侧管理是相互配合协调推进的辩证统一体；其三，用不用财政税收、货币信贷等金融政策要根据国家宏观经济形势做出抉择和调整。2019年习近平明确了金融供给侧改革与经济供给侧结构性改革的三大关联：其一，金融供给侧改革是经济供给侧改革成功的关键；其二，稳增长和防风险是并行不悖的辩证关系；其三，金融供给侧改革恰恰是在优化金融结构，促进经济高质量发展。

二　金融本质的哲学要义

习近平提出了"正确把握金融本质"。①市场起决定性作用与更好发挥政府作用的辩证统一。习近平在多个场合从多个层次谈到如何处理好政府与市场的关系问题：第一，提出了对市场起决定性作用的深刻认识；第二，市场"起决定性作用"的历史意义；第三，强调了如何更好地发挥政府的作用；第四，论证政府与市场的辩证关系。这些论述我们至少可以得到三个重要思想：其一，尊重市场规律思想；其二，更好发挥政府作用的思想；其三，市场无形之手和政府有形之手是有机统一体，不能割裂和对立。②金融与实体的关系。习近平在多个场合强调金融和实体经济的关系："金融是实体经济的血脉，为实体经济服务是金融的天职，是金融的宗旨。"①"深化金融体制改革，增强金融服务实体经济能力。"②可以看出：一方面，只有充分发展和强大金融市场，才能更好地为国民经济持续健康发展提供更多更好的融资渠道，才能从全方位为实体企业"供血"；另一方面，实体经济是价

---

① 习近平：《全国金融工作会议讲话》，《人民日报》2017年7月16日。
② 习近平：《决胜全面建成小康社会 夺取新时代中国特色社会主义伟大胜利——在中国共产党第十九次全国代表大会上的报告》，人民出版社，2017，第34页。

值创造的源泉，也是金融利润的主要来源，金融若想有更稳定的利润、更兴旺的发展前景、更强的竞争力，必须以服务实体产业为抓手。③解决普惠金融和绿色金融的世界性难题。可以看到三大重点：其一，从金融供给侧改革出发，抑制或禁止污染性投资项目入手，让绿色金融真正成为供给侧改革的重要保障；其二，要用市场化手段引导和激励更多的社会资本加入绿色产业中来；其三，用创新发展出更多的绿色金融产品，全方位保障绿色发展理念的落实。

三　"自信、开放、创新"的中国金融观念

①走向自信的中国金融观念。全球金融化的时代，决定四大价格信号变化的，主要是来自这些金融市场参与者的主观预期。而影响这个预期的，恰恰在于经济状况变化所引发的舆论对市场的导向问题。习近平总书记强调了这个舆论的引导离不开我们四个自信的坚定理念。有四点启示：其一，坚持四个自信是我们党和国家、我们民族的坚定理念；其二，历史证明了我们这个理念不是凭空而来的；其三，只有坚持四个自信，我们才能应对一切挑战，继续开创新的奇迹；其四，综合运用好四个自信，才可能克服和解决21世纪全球金融化所遇到的世界性金融难题。②走向开放的中国金融观念。习近平提出："扩大金融业对外开放是我国对外开放的重要方面。"① "中国开放的大门不会关闭，只会越开越大。"② 十八大以来的金融开放措施至少有：a. 人民币的国际化，b. 金融市场的全面开放。③走向创新的中国金融观念。2013年习近平提出："要引导金融机构加强和改善对企业技术创新的金融服务，加大资本市场对科技型企业的支持力度。"③ 金融是推动高科技创新的主要驱动力。中国在上海金融中心设立科创板正是国家寻求创新驱动、高质量发展和科技强国的长远战略。

---

① 习近平：《营造稳定公平透明的营商环境 加快建设开放型经济新体制》，《人民日报》2017年7月18日。

② 习近平：《决胜全面建成小康社会 夺取新时代中国特色社会主义伟大胜利——在中国共产党第十九次全国代表大会上的报告》，人民出版社，2017，第34页。

③ 《习近平关于社会主义经济建设论述摘编》，中央文献出版社，2017，第130页。

四　防范重大金融风险的忧患意识

以习近平同志为核心的党中央一直具有忧患意识，强调问题意识和底线思维，高度重视整体性、系统性的金融风险防范。①"图之于未萌，虑之于未有"的风险防范思想。2013 年以来，习近平多次强调了防范风险的重要性："我们必须把防风险摆在突出位置，'图之于未萌，虑之于未有'，力争不出现重大风险或再出现重大风险时扛得住、过得去。"① "防止发生系统性金融风险是金融工作的永恒主题。要把主动防范化解系统性金融风险放在更加重要的位置。"② 这一系列论述我们至少可以得到风险防范的三大重点。其一，对可能出现的风险点要有忧患意识。善于发现问题点，提前防控，防患于未然。其二，防范系统性金融风险是永恒主题。金融周期性特征决定了防范系统性风险是一个长期性系统工程。其三，要有底线思维。即使出现了风险问题，也要能够及时化解，不能让其扩大和蔓延。②风险防范与金融监管。若想有效防范系统性金融风险，必然要求制度性的监管机制，对金融体系进行有效监管。2018 年通过了一系列重要文件，有《关于设立上海金融法院的方案》等。从这几个金融相关的文件可以看出，金融行业已经上升到国家全面深化改革的整体性战略部署中。③金融风险和稳经济增长的辩证关系。习近平特别强调了稳增长和防风险的辩证关系。可以看出，防金融风险和稳经济增长是一个辩证统一的关系，既不能因害怕风险而停滞不前不发展，也不能只求发展而忘了风险防范。

五　从"零和"到"和合"的全球金融治理中国方案

2013 年习近平提出的人类命运共同体的构想，正是有着中华优秀传统文化基因"和合"精神的中国共产党人提出的历史进步性"中国方案"。①从金融出发的政治与哲学建构人类命运共同体方案。从经济金融出发的政治与哲学的实现，正是马克思主义政治经济学的核心要义。人类命运共同体是人类合作共赢的重大探索，实践上必须从有着共同利益的经济金融合作出

---

① 《习近平关于社会主义经济建设论述摘编》，中央文献出版社，2017，第 324 页。
② 习近平：《全国金融工作会议讲话》，《人民日报》2017 年 7 月 16 日。

发。2013 年以来，习近平代表中国多次提出对全球金融治理的倡议和建议，主要看到以下三大要点：其一，全球金融治理必须是多方参与的平等协商机制；其二，这是扬弃金融治理之"零和"对弈法则到"和合"共赢博弈的构建人类命运共同体之"中国方案"；其三，"21 世纪的世界交往与竞争，对传统的现代性交往与竞争法的超越正在于不求独霸，但求共荣、共生；不求丛林生态，但求和谐共处的生态圈；不求财富两极化的悲喜体验，但求人类命运共同体的境界实现。"[1] [2]从"一带一路"到"亚投行"的共建共赢方案。"一带一路"沿线国家全面合作的经济发展战略，正是发自金融合作的互惠互利。2013 年习近平提议设立的亚洲基础设施投资银行于 2016 年正式开业。"亚投行"正在用金融的合作共建，达到合作共赢的目的。我们可以看到：一方面，"一带一路"的国际发展倡议，是用基础建设作为合作模式，又以基础建设合作融资的亚投行作为合作共赢的主要驱动力，最终达到了共建共赢的合作模式；另一方面，中国的发展得益于国际社会，中国将坚定不移地以互利共赢的协商原则，贡献中国智慧和中国力量。[3]从精诚合作到协同监管之金融共享方案。金融合作是利益共享机制，而协同监管则是风险共担机制。习近平的相关论述至少可以看出金融共享方案的三大方面：其一，原有的现代性"零和博弈"对弈模式已经不一定适应当下多方参与共建的竞争模式；其二，"异中求同和同中存异"的多方合作到共同金融监管是中国"和合"文化基因决定的；其三，只有用共商共赢共享的金融合作模式才能久远，才能实现从财富的"绝对有限论"到财富的"相对无限增长论"。

原载《毛泽东邓小平理论研究》2019 年第 4 期，收入本书时有改动。

作者单位：浙江师范大学马克思主义学院，上海财经大学人文学院

---

[1] 张雄、朱璐、徐德忠：《历史的积极性质："中国方案"出场的文化基因探析》，《中国社会科学》2019 年第 1 期。

论经济文明

戴圣鹏

人类文明，从其核心内容或主要内容来讲，就是经济文明。经济文明的历史生成过程，就是人类文明的历史生成过程，人类文明的演进与发展，从其根本上说就是经济文明的演进与发展。

一　经济文明的产生及其影响

在人类的原始社会时期，生产力是极其落后与不发达的，生产力的极其落后与不发达决定着这个历史时期的人只能从事对天然产物的采掘与简单加工，并像动物一样的把如何维持自己的肉体生存作为自己的第一需要。随着生产力的进一步发展以及手工业与农业的分离，为了交换而去从事生产的人类活动开始登上人类历史的大舞台，但此时的为了交换而从事的生产行为，仍然不具有经济目的。究其原因就在于这个时期人们的生产与交换的目的是获得生存资料或说生活资料，是满足肉体的基本存在而进行的生产与交换，而不是获得交换价值或经济利益。当人们开始为了获得交换价值而不是为直接获得生活资料而去从事生产与交换的时候，人的这种行为就再也不是人的本能行为了，或说不再是人的自然行为了。这种人的非本能的行为，也是自然界其他生物所不具有的行为，也是自然界原本就不存在的行为，而是人自己在自己的物质生产实践活动中所产生的经济性行为。以获取交换价值为目的的生产行为与交换行为的出现，也即商品生产与商品交换的出现，是经济文明诞生的主要标志与根本标志。商品生产与商品交换的出现，不仅标志经济文明的诞生，还标志着人类开启了"新的、文明的阶级社会"① 时期。

经济文明的产生，不仅导致了人与自然关系发生了质的变化，还导致了人与人之间关系发生了质的变化。随着经济文明的不断发展，人与人之间的关系也发生了根本性的改变，人与人之间的关系日益变成一种纯粹的经济利益关系或说金钱关系。人也从一种人依赖于人的存在变成一种人依赖于物的存在，个人的物质利益或说经济利益构成了个人生存与发展的基础。随着社会生产方式与交换方式的一系列的变革，随着资本主义生产方式与交换方式的产生，随着经济文明演进到资本主义阶段，"人和人之间除了赤裸裸的利害关系，除了冷酷无情的'现金交易'，就再也没有任何别的联系了"②。人与人之间的纯粹的金钱关系，是经济文明演进到资本主义社会的人与人之间关系的重要特征与底色。资本主义社会，是经济文明在私有制社会中发展的最高形态，也是私有制社会的最后一个历史形态。当经济文明演进到资本主义时代，当人与人之间的关系变成了一种赤裸裸的利害关系或纯粹的金钱关系的时候，发展中的人以及由其所创造的历史对经济文明的发展及其发展方式提出来新的、更高的要求。

二 经济文明的内涵与基本内容

人类文明的演进历史从其实质来讲就是经济文明的演进历史。因此，只有理解与把握好了经济文明的内涵与基本内容，才能更好地理解与把握人类文明及其发展。从社会实践与社会素质的角度讲，经济文明既包括人们的商品生产与商品交换等经济行为本身以及在其中所产生或形成的商品、生产方式与交换方式、经济关系、经济组织（或说经济机构）和经济规律，也包括对人们的商品生产与商品交换等经济行为与经济关系起规范与引导作用的经济伦理、商业道德、经济制度与经济法规等精神性的东西。具体来讲，像商品、货币、行会、工厂、资本、金融、企业、公司、股份、电商平台、经济法律与经济制度、经济伦理与商业道德、企业文化、企业家精神、市场规律、剩余价值规律，等等，都属于经济文明的范畴。

在唯物主义历史观的视野中，人类历史，主要表现为人类的工业史与商

---

① 《马克思恩格斯选集》第 4 卷，人民出版社，1995，第 97 页。
② 《马克思恩格斯选集》第 1 卷，人民出版社，2012，第 403 页。

业史，至少马克思恩格斯是从工业史与商业史的视角来了解与把握人类历史，也是从工业史与商业史的演进来把握与理解人类历史的演进。马克思恩格斯从工业史与商业史的角度来把握与理解人类历史，对于我们理解与把握人类文明，特别是理解与把握经济文明具有重要的方法论意义。如果从工业与商业的角度来理解与把握经济文明，则其必然包括工业文明与商业文明这两个基本内容或两种基本表现形式。对于经济文明的两个基本内容即工业文明与商业文明而言，工业文明是经济文明最为基本的内容与表现形式。工业文明简单地讲，指的就是人们生产人工产品的经济行为及其生产方式以及由此衍生的各种物质和精神的东西，例如工厂、机器、生产标准、车间规则、工匠精神，等等。商业文明指的就是人们的商品交换与商业交往等经济活动以及在这些经济活动中形成的经济关系和对人们的商业活动进行规范的各种具有经济特性的观念、制度、规范等精神性的东西，例如商业信用、商业信誉、商业规则，等等。从工业文明与商业文明的辩证关系来讲，工业文明决定着商业文明，有什么样的工业文明，就会有什么样的商业文明与之相适应。

三　经济文明的发展与演进

从经济文明发展与演进的历史来看，经济文明经历了奴隶社会的经济文明、封建社会的经济文明、资本主义社会的经济文明以及社会主义社会的经济文明等几个发展阶段。在经济文明的发展与演进过程中，工业文明与商业文明之间的辩证运动是其发展与演进的重要动力，但不是根本动力。对于经济文明而言，其发展与演进的根本动力来自社会生产力的发展以及社会生产力与生产关系的辩证运动。经济文明的发展与演进，从根本上讲就是社会生产力的发展与演进，经济文明发展的实质，就是社会生产力的不断增长与发展。在唯物主义历史观与马克思主义文明观的视域中，人类社会进入了文明时代，就标志着人类社会进入了一个新的、文明的阶级社会。对于人类社会的文明时代而言，即新的、文明的阶级社会而言，阶级斗争是其发展的直接动力。因此，在阶级社会中，阶级斗争也同样构成了经济文明发展的直接动力。自从经济文明诞生以来，直到现在，阶级斗争都是经济文明发展与演进的直接动力。对于经济文明的发展与演进来说，科学与技术的发展，也是其发展与演进的重要动力。"在马克思看来，科学是一种在历史上起推动作用的、革命的力量。"① 科学以及科学所引起的技术更新与技术革命，对工业与商业会产生革命性的影响。就像现在的人工智能的发展，不仅会引发工业的革命，也会导致商业的革命，因而也必然会推动经济文明的发展与演进。

在当代，自然环境或生态环境的恶化以及人与人之间的关系越来越成为一种纯粹的金钱关系，已严重影响到了社会生产力的增长与可持续发展，从而也影响到了经济文明的可持续发展。一种新的经济文明发展新理念与新形式开始登上了人类文明发展的大舞台，这就是生态文明。生态文明的实质就是要实现社会生产力的可持续增长和社会经济的健康发展。但生态文明所追求的社会生产力增长与经济发展，并不是以自然环境或生态环境的破坏与恶化为代价的，也不是以构建一种人与人之间的赤裸裸的金钱关系为最终目标，而是通过变革社会生产力的增长方式与社会经济的发展方式来实现社会生产力的新增长与社会经济的新发展，但这种社会生产力的新增长与社会经济的新发展，则是建立在人与自然关系的和谐发展与共同演进的基础之上的，也是建立在人与人之间的关系健康发展与共同进步的基础之上的。生态文明建设，不仅要实现社会生产力在量上的增长，更要实现社会生产力在质上的发展，还要在这个前提下，建设一个更美好的自然生态环境和社会发展环境。作为经济文明的新发展的生态文明，就是按照自然规律、社会历史规律与美的原理来建设一个不同于过去一切时代的新世界。

原载《人文杂志》2019 年第 3 期，收入本书时有改动。

作者单位：华中师范大学马克思主义学院

---

① 《马克思恩格斯选集》第 3 卷，人民出版社，2012，第 1003 页。

新时代中国特色社会主义政治经济学
视域下的共享发展研究

刘　洋

　　为了中国经济社会的持续长足进步，我们必须不断推动中国特色社会主义政治经济学的创新发展。要做到这一点，首要前提便是熟知当今中国的发展现实，只有在具体实践中才能凝练与提升理论。党的十九大做出中国特色社会主义进入新时代的重大历史判断，指出此时"我国社会主要矛盾已经转化为人民日益增长的美好生活需要和不平衡不充分的发展之间的矛盾"[①]。这便是今天中国最大的发展现实，亦是中国特色社会主义政治经济学亟须解决的难题。而在新时代，要解决好发展的不平衡不充分问题，满足人民的美好生活追求必须要依靠新发展理念，特别是作为其价值目标的共享理念，要在对共享理念的贯彻落实中逐步实现发展的平衡与充分。因此，共享应构成新时代中国特色社会主义政治经济学的核心论域，要在对共享的理论与实践的研究中不断丰富和发展中国特色社会主义政治经济学。

一　共享是新时代中国特色社会主义
政治经济学的题中之义

1. 共享彰显新时代中国特色社会主义政治经济学的价值立场

　　新时代中国特色社会主义政治经济学坚持"以人民为中心"的价值立

[①]　习近平：《决胜全面建成小康社会　夺取新时代中国特色社会主义伟大胜利——在中国共产党第十九次全国代表大会上的报告》，人民出版社，2017，第11页。

场，"不能只停留在口头上、止步于思想环节，而要体现在经济社会发展各个环节"。[①] 在经济社会发展中贯彻"以人民为中心"的思想就是要贯彻落实共享理念。共享发展理念对"以人民为中心"立场的彰显，主要体现在共享主体与共享目标两个层次上。首先，共享的主体是全体人民，突显"以人民为中心"立场的人民主体性；其次，共享的目标是逐步实现共同富裕，突显"以人民为中心"立场的为民谋利的目的。

2. 共享凸显新时代中国特色社会主义政治经济学的问题导向

通过改革开放 40 多年的努力，社会生产和社会需求两方面都发生了重大变化。从社会生产上看，我国生产力水平显著提高，社会生产能力进入世界前列，长期存在的经济短缺和供给不足的状况已得到根本性改变。根据这样的显著变化，党的十九大做出社会主要矛盾转化的重大历史判断。此时我们面临的主要问题也随之转变为着力解决发展的不平衡不充分，这也是新时代中国特色社会主义政治经济学面临的突出难题。而要解决这一问题，必须将共享理念作为重要原则，因为共享要实现的就是充分与平衡的发展。

3. 共享体现新时代中国特色社会主义政治经济学的理论创新

一方面，共享理念能够体现新时代中国特色社会主义政治经济学对社会主义本质认识的回归和超越，是对社会主义发展实践的进一步创新。社会主义的目标是实现共同富裕，但是在初级阶段的国情下不具有实现共富的现实性。由此，我们提出先富带后富的方针。但随之发展的不平衡、不可持续问题日益严重。在发展的新时代，中国特色社会主义政治经济学适时地提出了"共享"理念，以此来在现有条件下诠释与践行共同富裕，实现对社会主义本质认识的回归和超越。另一方面，共享理念能够体现新时代中国特色社会主义政治经济学与西方经济学的重大理论界限，是对社会主义发展理论的进一步创新。

二 新时代中国特色社会主义政治经济学视域下共享研究的理论原则

1. 在生产力与生产关系的有机统一中研究共享的稳定持续性

就生产力而言，共享的程度是由社会生产力的整体发展水平决定的。

---

① 《习近平谈治国理政》第二卷，外文出版社，2017，第 213～214 页。

只有在生产力处于相对发达的情况下，劳动者才能在满足自己及家庭需要的同时创造出更多的剩余产品，来为共享奠定物质基础。但仅仅有发达的生产力，并不足以保证共享的实现，要实现共享必须还有充分条件，这便是社会生产关系的保障，生产关系的性质影响着共享的主体、内容与层次。

2. 在宏观维度与微观维度的总体思维中研究共享的协调互补性

一方面，在宏观维度上注重社会公共领域的共享，主要包括公共服务和公共产品的供给。公共服务和公共产品的均等化应成为共享发展在社会宏观领域的一大重要目标，要认真研究如何消除公共服务和公共产品的城乡、区域、阶层的差距。另一方面，在微观维度上注重企业内部的共享，主要涉及企业内部劳动者与劳动者之间、劳动者与企业之间的利益关系。劳动者是共享的主体，劳动者首先面对的便是企业或相关组织载体，所以企业层面的共享对劳动者来说也是尤为重要的一环。

3. 在结果导向与实现过程的系统结合中研究共享的目标渐进性

就目标导向而言，共享作为新时代中国特色社会主义的重要发展理念，必须坚持社会主义共同富裕的价值目标。我们必须要专注研究共享与共富的关联，以及如何创造条件实现共享向共富的转化。当然，因国情原因目前实现共富不具有现实性，共享发展也必然是渐进式的，要关注其实现过程中的现实难题。我国幅员广阔、人口众多，又处于社会主义初级阶段，虽经改革开放40多年的发展国计民生得到长足进步，但城乡之间、区域之间、群体之间的发展差距也在扩大，如何处理好区域经济发展不平衡、贫富差距扩大化、基本公共服务非均等化等问题，都是实现共享发展过程中必须加以深思的。

4. 在本土视野与全球战略的有机结合中研究共享的世界历史性

目前，对共享发展的理论研究多局限于中国的本土视野，从中国改革发展中的现实问题，特别是新时代中国社会发展的主要矛盾出发，来探讨共享的必要性、可能性与实践策略。当然，这是我们必须坚持的，只有首先办好中国自己的事情，才能为全球发展贡献中国智慧与中国方案。但我们必须注重将本土视野与全球战略加以结合，要深入研究全球化视野中的共享问题，如怎样将共享理念融入国际秩序的塑造、全球发展究竟需要哪些共享价值、目前资本主义主导的全球化在共享发展中的矛盾困境、人类命运共同体对全球共享发展的重要贡献。

三 新时代中国特色社会主义政治经济学视域下共享实现的实践策略

1. 以创新驱动发展战略"做大蛋糕"，夯实共享的物质基础

实施创新驱动发展战略是一个系统工程，是各方面结合的综合创新。创新驱动发展战略必须在三个方面下功夫：一是要以科技创新与产业创新结合为主导，建立健全新型产业体系与技术创新体系；二是在企业创新、产品创新、业态创新与市场创新中不断寻求新的市场和经济增长点；三是注重制度创新、管理创新和文化创新，为经济社会发展提供制度保障、智力支持与精神动力。要实现综合创新，不断推进创新驱动发展战略必须充分发挥市场与政府两个引擎的功能。一方面利用好市场引擎，让其在资源配置中起决定性作用，让企业成为创新的主体，不断推动科技创新、产业创新与产品创新，为创新驱动发展战略的实施增添活力；另一方面利用好政府引擎，要根据经济社会发展的现实情况，不断建立健全制度与管理手段，推动制度、管理与文化的创新，为创新驱动发展战略的实施提供政策保障。

2. 以优化社会主义经济制度"分好蛋糕"，保证共享的层次和范围

要在生产关系领域内切实解决发展的不平衡问题，给予共享以层次和范围的保障，首先需要关注的便是生产资料的所有制问题，因为生产关系的性质是由其决定的。要实现共享，无疑在生产资料的所有制上必须坚持公有制，要让全体劳动人民共同掌握生产资料。所有制形式为共享的实现提供了制度前提，要将共享进一步落实还必须通过分配制度的改革，在分配制度上必须要将理想目标与现实策略加以融合，注重在初次分配与再分配中协调好公平与效率的关系。另外，在共享的实践策略上，我们必须有全球视野，要考虑全球共享的实现问题，将"做大蛋糕"与"分好蛋糕"的思路拓展到全球范围，为全球问题的解决贡献中国智慧与中国方案。

原载《马克思主义研究》2019年第4期，收入本书时有改动。

作者单位：上海财经大学马克思主义学院

当代马克思主义哲学中国化
研究：问题与反思

刘国胜　　陈　雪

马克思主义哲学中国化解释学的问题，归根结底，是一个历史观问题。任何学术范式的构建，总是这一研究者学术立场、学术思想和学术方法的历史观的表达。认识的真理性不是来自纯粹的自发的对象性存在，而是取决于人们的意识是否和对象、客观相一致。离开历史、离开客观的认识，只能是关于对象或者对象化的主观想象。对象与对象性活动的分离，其历史观必然是关于"处于世界之外和超乎世界之上的东西"的认识。将理论和现实彻底分离开来的抽象化，实质就是把理性变成绝对存在、变成离开现实的概念逻辑，这不是学理化的合理进路。事实表明，离开直接的现实生活生产，学术研究也就失去了内在的依据，因为学理的存在是以直接的现实生活生产为依据的，任何逻辑的发展也是以历史的存在为前提的，而不是相反。中国马克思主义哲学研究必须坚持从实际情况出发，解决本民族的实际问题这一根本原则，这也就是以实际为出发点，以问题为导向，以人民为中心的学术原则，从而也是马克思主义哲学中国化的研究原则。由这一原则作为前提的研究进路，就是马克思主义哲学中国化研究中应有的学术范式。

马克思主义哲学中国化的研究范式既不是抽象的理论公式，也不是先验的思维导图，而是对马克思主义哲学中国化这一历史与逻辑的理论表达，是马克思主义哲学世界观、历史观和方法论的学术呈现。从实质上讲，马克思主义哲学中国化的研究范式是问题的现实和现实的问题的逻辑统一。问题的现实，是指问题的历史本质，即问题最终只能来自人的实践，而不是从书本中产生、不能凭想象主观演绎，否则，就是假问题、伪问题；现实的问题，是指现实的理论逻辑，即现实总是表现为矛盾，对现实的把握，实质上就是对现实矛盾的认识，而问题无疑是现实矛盾的理论表征。在哲学史上，从前的哲学家都是"解释世界"，所以，在这些哲学家的理论中，问题和现实本质上是分离、甚至是对立的，或者问题没有现实性，或者现实不能问题化，理论与实践脱节。要实现从"解释世界"向"改变世界"的哲学转向，就必须将问题和现实有机统一起来，这是由马克思主义哲学的实践本质和真理本性所决定的。

马克思主义哲学中国化这一命题是由马克思主义哲学和中国问题两个理论要素所构成的，即作为理论的普遍真理性和作为问题的特殊历史性而存在，所以这二者相互区别，但又相互联系、相互依存。离开中国的实际、离开中国发展的特殊性，马克思主义哲学在中国就是"抽象的空洞的"哲学，从而也就没有"中国化"的可能性了。反之，离开马克思主义哲学、离开马克思主义哲学的整体性，中国问题也是"抽象的空洞的"矛盾，即没有马克思主义哲学作为行动的指南，中国革命、改革和现代化的实践必是盲目的偶然的活动，从而也无"中国化"之必要了。从这个意义上说，马克思主义哲学不仅是作为对象，也是作为前提而存在的。因此，马克思主义哲学中国化的前提之一是，马克思主义哲学是一个整体，是一个科学的理论体系。否则，马克思主义哲学中国化这一命题也就失去了其辩证法生命力，从而也就变成了一道前提不明的待证议题了。而从马克思主义哲学这一理论的创立者来说，其理论的整体性无疑属于马克思和恩格斯。所以，在马克思主义哲学中国化的研究中，我们必须自觉从这一思想共同体出发，发现马克思主义哲学的内在逻辑和思想价值，而不是从他们的思想和表述的非本质差异中发现"问题"，制造"对立"。"对立论"是对马克思和恩格斯学术关系的错误认识。归结起来，"对立论"有两个理论上的错误。错误之一是，在马克思主义哲学研究中主观构建了这样的一个重要的理论假设，即恩格斯没有人学思想，从而以此与马克思哲学形成对立。毋庸置疑，这种认为恩格斯没有人学思想的观点是没有根据的。其一，从思想形成的进程来看，恩格斯在其早期的思想中就已经独立地表达了对现实的人的认识和关切。在对马克思政治经济学思想有着直接的重要影响的《国民经济学批判大纲》一著中，恩格斯就在分析和批判资产阶级政治经济学理论中，深刻指出了它对劳动、从而对作为人的劳动者的"忽视"和"敌视"：劳动是生产的主要要素，是"财富的源泉"，是人的自由活动，但很少受到经济学家的重视。在此基础上，恩格斯揭露了资产阶级政治经济学的历史局限性：这种理论和当时这种贫困矛盾同样荒谬，甚至比它更荒谬。经济学家不敢正视真理，不敢承认这种矛盾无法是竞争的结果，否则他的整个体系就会垮台。恩格斯在这里对资产阶级政治经济学的批判正是建立在他对工人生存和生活的认识的基础之上。没有这样的社会认识论基础，恩格斯是不可能完成他的《国民经济学批判大纲》的。其二，从全部创作的思想主题来看，和马克思一样，恩格斯对工人阶级根本利益的关注、对无产阶级运动的指导，始终是他的思想的中心和全部。恩格斯从来没有脱离自然谈人，也没有脱离人谈自然。如果将恩格斯人学思想和马克思人学思想进行比较，我们可以看到，他们两人都注重研究现实的经济关系和物质利益在人的本质关系形成中的根本意义，都致力于在现实的社会矛盾中揭示工人阶级的解放条件和历史任务，这个共同点是根本性的，差别是非根本性的。错误之二是，将"物质本体论"和"实践本体论"对立起来，进而将恩格斯哲学和马克思哲学对立起来。首先，要指明的是，恩格斯哲学不是"物质本体论"，马克思哲学也不是"实践本体论"。因为，马克思主义哲学是首先是科学的世界观和方法论，是工人阶级的"历史观"和"认识工具"，而不是以思辨哲学形式所表现出来的形而上学；其次，要说明的是，在马克思主义哲学中，"物质本体论"和"实践本体论"也不是对立的两种观点。恰恰相反，只有在马克思主义哲学中，这二者实现了内在超越，走向了"新唯物主义"。如果离开了实践的本体建构、离开了人改造世界的活动，将实践的哲学意义完全局限在纯粹的知识论中，那么，物质先于人存在的本体意义是无法得到证明的，从而物质就成为抽象的存在、抽象的对象，从而"对人来说也是无"；同样，离开了自然的先在性、离开了物质的客观实在性，仅仅从人的活动性去把握实践的真实意义，实践也就变成了人的精神性活动，从而也存在走向其反面的可能性，即从历史性、社会性、开放性走向思辨性、个体性、封闭性。可以说，在理论创作中，马克思和恩格斯分别在实践和物质的问题上做了相对集中的论述，但在本体论上，恩格斯和马克思并没有原则上的分歧与对立。这只是他们哲学研究的进路不同，但世界观、哲学观是根本一致的。

因此，在马克思主义哲学中国化的研究中，我们不仅要自觉构建马克思主义哲学中国化的学术方式，把中国的实际、中国的问题作为马克思主义哲学研究的中心，而且还要回到"马克思恩格斯"，把马克思主义哲学作为学术的整体，从前提性问题上澄清马克思主义哲学中国化何以必要和何以可能。

发展和创新马克思主义哲学，不断推进马克思主义哲学中国化，是中国马克思主义学者的历史使命和学术自觉。中国化马克思主义哲学70年的发展告诉我们，作为中国的马克思主义哲学学者来说，最重要的课题，就是要研究中华民族在新的世纪如何实现中华民族的伟大复兴和发展、就是要研究中国在现代化的过程中如何从"站起来""富起来"到"强起来"的历史逻辑的转变中建构属于自己、也属于人类的新型现代性的问题。这既是当代中国的民族性的问题，又是关系着人类命运的世界性的问题。在马克思主义哲学视域中，个别的民族性问题与共同的世界性问题从来就是一致的。那种脱离当代中国社会实践，以纯粹学术的名义提出关注与探讨所谓全人类的世界性问题，进行所谓独立的原创性的研究，在学术道路上固然可以构建自身的研究特色，但终究是走不出书斋的"观念试验品"，不会成为改变现实的任何实际力量，从而也达不到马克思主义哲学"改变世界"的根本要求。

21世纪的中国化马克思主义哲学的发展，必须建立在实践的基础上，和中国的当代实际、和世界发展的实际紧密结合起来。中国化马克思主义哲学的发展，不是停留于原理的体系化、概念的抽象化、命题的科学化，而是要通过理论与实践相结合的方式，回到现实生活，回答实践提出的时代问题。实践的唯物主义以透彻的语言、科学的分析道说了哲学的真实意义，即任何真正的哲学对于它所属的那个体系来说，体系不应是哲学内在生命力和发展力所在。真正的哲学总是要回到它在的那个时代逻辑中去发现其存在价值，所以，它不应当是某一体系的理论描述，而应当是对该时代问题提出实践命题的"历史科学"。中国化马克思主义哲学不是一个狭隘的理论宗派，不是一个保守的学术体系，而是具有世界意义的时代哲学。中国化马克思主义哲学以其内在的思想逻辑和精神品质，为它打破国家、民族、宗教信仰等等的界限提供了理论的张力，从这个意义上说，马克思主义哲学中国化是为实践所证明、为历史所检验的马克思主义哲学世界化和本土化相结合的哲学发展与创新的范例。随着中国特色社会主义进入新时代，马克思主义哲学中国化也进入了一个新的发展时期。新的时代，必然提出新的实践课题，从而也必然提出新的理论任务。所以，马克思主义哲学中国化始终是一个未完成的哲学命题。

原载《湖北社会科学》2018年第8期，收入本书时有改动。

作者单位：中南民族大学马克思主义学院

马尔库塞的政治经济学批判思想探析

张 雄 刘 倩

长期以来，国内学术界西方马克思主义研究中有关马尔库塞的研究成果颇多，但存在一个被忽略的问题：马尔库塞的政治经济学批判思想探析。从马克思政治经济学批判逻辑——对资本与精神对立的人类境遇的主题追问这个轴心原则来看，马尔库塞的社会批判理论其精神实质是对马克思政治经济学批判的延续，即在晚期资本主义时代，人类社会如何追求经济基础之上政治的新形式和哲学的最高境界的实现。

一 政治经济学批判：马尔库塞社会批判理论的实质

关于马尔库塞社会批判理论的思维原点，学术界主要将其归结为一种文化批判理论，一种对压抑性文明的批判，一种对后工业社会的技术理性批判。这种从多种视角、多种界面、多种向度去概括马尔库塞的批判理论实质分别有其原在性思想的阐释特点，但并不根本，更不深刻，缺乏对马克思理论轴心的内在本质揭示，这种内在本质就是政治经济学批判逻辑。

第一，马尔库塞社会批判理论一脉相承了马克思政治经济学批判"批判的武器"和"武器的批判"两者兼有的知行合一品格。哲学不仅要解释世界，而且要改变世界，这是马克思政治经济学批判最重要的思想内核之一。马尔库塞社会批判理论有着强烈的"追求行动哲学"的特征，它从感性的、现实的、具体的社会存在出发，密切关注当代资本主义运动与个体存在状况；它以批判的视角与学生运动积极互动，反映这一最活跃的、具有革命潜能的新生力量的诉求；它从此在的社会关系的深刻解剖出发，进而追问当下人类的存在、遭遇，以及未来的命运。因此，它既关乎理论又瞄准实践，体现了新形势下的理论哲学与行动哲学高度统一的批判精神。

第二，社会批判理论遵循着马克思政治经济学批判注重"市民社会—国家"的批判逻辑。以对现代性框架中的社会存在的本体论的分析和批判为前提，马克思深刻地揭示了市民社会所关涉的资本座架人类生存世界的遭遇，所面临的国家是私有制与资本权力的贯通，权力逻各斯中心主义与资本逻各斯中心主义相融合。同样，马尔库塞社会批判理论思想中渗透的对市民社会的分析，批判也是从社会存在的本体论入手，并从这一经济基础的新特征与新趋势中揭示出政治与哲学的新图景。在马尔库塞时代，工业社会变成了后工业社会，自由竞争的资本主义变成了高度垄断的资本主义，劳动异化变成了心理与文化层面的人的异化，所面临的国家是消费、技术资本与技术垄断权力的新样式共同决定的国家本质，所面临的市民社会的生产方式是由高度垄断的资本与技术官僚集团宰制下的社会生产系统与分配体系而构成的产物。

第三，马尔库塞的社会批判理论，深刻体现了马克思政治经济学批判所具有的社会复杂系统的批判功能，表现为一种针对社会各界面的总体性批判。马克思的批判关涉到社会、政治、经济、宗教、文化等领域的思考，承接这一社会旨向的时空链条，马尔库塞社会批判理论表现为对当代各种社会思潮的积极关注与广泛融合，其思想前提建立在对马克思唯物史观、弗洛伊德精神分析学说、卢卡奇社会批判理论以及种种当代哲学思潮所进行的全新阐释的基础之上，其社会批判理论的批判对象是"作为非理性的社会总体"而非某个单一领域，表现为一种对新形势下的"社会复杂系统的总体性批判"。

在以马克思政治经济学批判为中轴坐标的前提下，对社会历史重大思潮的高度敏感，又使得马尔库塞的社会批判理论发展出与前者截然不同的鲜明特征。一是时代转换导致的哲学追问的主题和话语不同，二是批判逻辑的路径演绎不同，三是对异化问题的理解不同，四是对阶级分析的读解不同，五是借助的批判工具不同。

二　追求经济的政治和哲学的最佳实现：马尔库塞政治经济学批判思想核心要义

马尔库塞政治经济学批判思想其核心要义是：从消费、资本、剩余等经济学范畴入手，揭示后工业社会经济界面的政治本质，最终上升到对晚期资本主义时代人类生存遭遇的哲学追问。

首先，马尔库塞认为，后工业社会经济本体的三个主要特征是：消费、高度垄断和高度技术化资本构成以及剩余意识。20 世纪下半叶以来，消费社会成为西方后工业社会经济结构的新特征。消费从一种单纯的经济行为，上升为重要的社会存在尺度。消费成为经济界面的主潮，更深原因来自高度垄断和高度技术化资本构成这一本质。一方面，跨国公司显示了高度垄断资本运行的特殊形式；另一方面，技术逻辑通过资本逻辑的传递向国家权力过渡，对全社会实行制度化、体系化、网络化的运行和操纵，最终通过形成一套形成人们日常生活的默会知识，从技术秩序扩展到社会生活秩序。如此高度垄断及其高度技术化的资本逻辑的运行，使得马克思意义上的剩余价值的内涵转变为"剩余意识"：不仅包括物质财富的计量剩余形式，而且包括资本主义占有人的生存的一切领域的"剩余"计算。它提示我们，晚期资本主义的剥削不仅仅存在于经济领域，而是遍及其他一切领域。

其次，马尔库塞深刻剖析了后工业社会经济界面的本质特征，实质上蕴含对政治形式新变化的揭示。一是利益高度集中、权力高度垄断。消费从一种普遍意义上的社会经济行为转变为一种社会控制权力，其本质是国家统治的新形式。高度垄断的资本及其技术化的政治本质是一种新极权主义，形式上看是一种产业与另一种产业的互动与竞争关系，实际上看则是社会资本权力的高度流转和博弈关系。其中，技术理性的狡计里深藏着政治理性的狡计。剩余意识表明，在发达工业文明中，资本的剥削与压迫从外部激烈的劳资冲突转变为内部心理能量的压抑。二是革命概念有了新内涵。晚期资本主义社会中，革命的涵义从马克思时代的贫困和匮乏的暴力革命转变为"富裕"和过剩体制的危机。三是出现了新"革命主体"。革命内涵的变化表明，马克思意义上的革命主体正在淡化、消隐，同时新的"革命主体"正在酝酿、发育。马尔库塞认为，他们就存在于未被资本主义制度一体化的少数派团体，与产业工人阶级中的反抗者两种力量的结盟中。一方面，他们是与资本主义的需求与价值体系截然对立的存在，拒绝资本主义制度的任何内在改良或转型。另一方面，他们又具有激进的政治意识与政治觉悟，有着迫切的革命意愿，是集体情绪煽动的最敏感的组织者、联系人、破坏者，既保持着马克思意义上的革命属性，又有着不同的宣泄方式与斗争方式。

最后，马尔库塞的政治经济学批判从对晚期资本主义社会经济界面的政治本质探寻，上升到对人的自由与解放的高技术与高情感相平衡的哲学追问：在物质丰裕与精神匮乏的晚期资本主义社会中，人类如何实现马克思意义上的人的全面发展？第一，马尔库塞认为，晚期资本主义社会是一个富裕社会，但它同时又是一个矛盾高度集聚的社会，技术创造的物质的极大充裕和满足同时包含着种种令人担忧的匮乏与遗憾。富裕社会所反映的深层次本质是单向度的人和单向度的社会存在的人类生存境况，单向度是完全由物欲宰制的一维界面，单向度的人则是生命存在的完整向度被剥夺的结果。第二，人类真正的自由与解放，首先在于由晚期资本主义生产方式所压抑的心理能量的升华与释放。社会整体文明发展的丰裕性并没有直接转换为人类的幸福与自由体验，而是在高技术社会成果的急速流转、更迭以及信息的膨胀扩大所构建的日新月异的时空隧道中转化为各种性质不同的心理能量，从多方面、多角度、多层次渗透到人的心理世界，构成了巨大的心理压抑、紧张感、压迫感、恐惧感和焦虑感。这一当代文明社会所特有的心理压抑表明，现实的革命问题不再表现为疾风暴雨式的阶级斗争，而是表现为各种心理的、文化的斗争的必然突显，即爱欲与文明在新时代的辩证统一。对人的心理能量的释放最终归结为塑造一种"新类型的人"，追求晚期资本主义高技术与高情感相平衡的社会理想形态。第三，马尔库塞晚年高度重视人的全面发展的美学境界。他将整个后工业社会当作创作对象、文本进行加工，使其重新焕发出新的属人意义上的美的意蕴，具有深刻的思想高度。从单面的人到全面发展的人再到美学境界的人，这是一个完整的形而上的哲学升华过程，也是其政治经济学批判的最高境界。

三　马尔库塞政治经济学批判思想的意义

综上所述，作为当代资本主义世界著名的社会批判理论思想家，马尔库塞对晚期资本主义社会进行了深度解析与批判，成为西方马克思主义向 20 世纪版本的政治经济学批判过渡的一个标志性人物，并为这一过渡做出了影响深远、意义重大的贡献。正是在这个意义上，我们称他为 20 世纪西方马克思主义杰出理论家。对马尔库塞的政治经济学批判思想探析这一问题的提出，既有助于国内西方马克思主义研究视域的创新与理论价值的再挖掘，又能使我们从中找到中国现代性发育、发展值得借鉴与思考的理论问题。

原载《马克思主义与现实》2020 年第 2 期，收入本书时有改动。

作者单位：上海财经大学人文学院

人类纪的"熵"、"负熵"和"熵增"

——张一兵对话贝尔纳·斯蒂格勒

张一兵　　斯蒂格勒

一般器官学与资本主义化进程

张一兵（以下简称张）：第一个问题，我发现您近期频率较高地使用到一个范畴：一般器官学，这是在 2005 年《象征的贫困》第二卷中首次提出。您将人的存在过程所涉及的三个层面——人的生理组织和生理器官、技术相关的人造器官、社会组织器官进行了具体分析。为什么要用象征生命有机体的概念——"器官"来对社会生活进行总体概括？这个概念是否与正在发生的数字化资本主义过程存在必然性关联？同时，在人的存在的第二个层面，您在书中具体描写为"工具、物件、仪器、艺术品"，这个概念是否是《技术与时间》中所提出的"第三持存的物性存在"的另外一种表述？而第三个层面的社会组织器官是否是前两个层面协调进行的功能机制？"社会器官论"这种范畴的提出是否会与 19 世纪末 20 世纪初的"社会有机体论"的提出有所重叠和类似。

贝尔纳·斯蒂格勒（以下简称斯）：第一，关于"器官"范畴的使用。我借用"器官学"阐释人的存在主要有两个原因：一是偶然性原因，二是学理性原因。我在《技术与时间》第一卷写作的时候，就开始使用"有机的"这个概念，其词源是一个古希腊词语，其中一个本质含义就是"有组织却非有机的物"，其实指的是工具。

第二，关于当代资本主义的问题。因为我提出"一般器官学"的目的也是为了揭示当代资本主义对人本身架构的历史过程，"一般器官论"作为一个方法论前提，我进而又在当代资本主义分析中提出了一个全新的概念——"外在的"词缀＋"有机体"，叫作"外在有机性"，资本主义化过程恰恰是对这个外在器官化的不断加速。我认为推动这个加速过程的是"计算"，或者叫作"可计算性"（calcul-ability），这种计算正如马克思恩格斯在《政治经济学批判》中所分析的商品使用价值到交换价值，我认为这种"外在器官学"（ex-organology）恰好可以与之相匹配。

第三，在某种程度上，"第三持存"是等于"外在器官"的，我认为当代的数字化资本主义的"数字"，就是可计算设备，这就是我用"外在器官性"这个全新概念来形容当代的可计算性的原因。

张：当"器官"这个概念被使用到人的身体之外，不论是外在化的技术，抑或是社会组织，是否代表了一种比喻的使用？您此处的"器官"概念，究竟是一个隐喻？还是一个实质性的活动？

我的第二个问题。我认为您非常重要的贡献是将当代许多自然科学的最新进展引入对当代资本主义的分析中来，我非常赞同您运用"熵"和"负熵"的概念来批判当代资本主义。而在薛定谔的《生命是什么》这本书中，物理热学定律认为，"熵"就是所有领域的物理运动中走向无序的过程，但是"负熵"却是建构一种有序性，因此生命与所有无机界的不同之处便是一种新的有序组织，这就是生命体本身。但是我认为这里所说的无序和构序都是一种功能性发生，并不是某种具体的物质状态，而您所使用的一般器官学却将人、技术、社会组织都变成了一种物性存在，这与薛定谔的定义相违背，薛定谔更强调不同器官发生作用的有序性，当我们使用"器官""外在有机性"的物性概念时，会不会使人们造成对"熵""负熵"这种功能性建构的误解？

实际上，我认为"负熵"的核心就是"信息"，信息就在于建立一个有组织的过程，但是文化的负熵却是看不见的，其不在于外在有形的东西，而是生活本身质性的提高，这就承载于"信息"的构序，这也是"负熵"的非物性、非可见的具体表征。

斯：在我的理论构建当中，我试图重新诠释"熵"（entropic）和"负熵"（negentropic）的概念，因为我认为思想史上对这两个概念存在很大的误解。纵观思想史，对"熵"与"负熵"的理解其实是一场认识论的危机，自1824年蒸汽机诞生以后，即热力学第二定律诞生以后对其误解开始产生，直至 20 世纪 70 年代薛定谔才用有序性和无序性来解释这一对概念，之后有学者也用"信息学"来解释这一对概念，这种信息优化的解释不太令人满意，只有在物理学和生物学之中才能发现其奥秘。"器官"一方面指的是生命有机体的有机器官，另一方面却可以是药理学上的，药理学重要在于对人生命有机体和外在器官的区分。生命有机体的生长和繁衍过程是一种"负熵"状态，而只有当这种正常状态发生异常时，才会出现"熵"；但是对于外在器官来说，"熵"便是其主要过程。

在这里我想要表达我的两个观点。第一，我认为并不能将"熵"和"负熵"完全等同于有序性和无序性，"器官"是"负熵"必不可少的组成部分。第二，"有机性"和"物"并非绝对对立，而是有着统一的关系。这种关系是内在于"物"之中的，当我们无限微观去看待物质时，我们并没有办法去单独区分某一个存在，所以现在物理学界普遍用"能量场"去界定这种物质内在关系。而我提出的用"器官"来全新解释物的存在与此同理，"器官"总是内嵌入一个复杂的有机体，若将其割裂开来单独去看一个器官，便不再像之前那样存在。所以当我们去讨论"物""关系"这一对看似对立的概念时，更应该将两者看成是一个统一的有机体系，在我的理论体系中，"物"与"功能性"本身就是一个东西。

"负熵"、"药理学" 与 "人类纪"

张：我的第三个问题是，在后工业文明当中，数字化资本主义在人们的生活把工业文明所创造的有序化增加到了一个前所未有的高度，但是是否因为这种"负熵"的过度内爆使其转化成一种"熵增"？您为什么认为极端组织化的"负熵"会逆转为文化"熵增"的？

斯：我们需要关注到马克思和苏格拉底关于讨论写作与知识之间的关系，苏格拉底提出药理学是书写与知识的关系，书写一方面帮助了知识进行外在化和传承，另外一方面也导致了人类知识的丧失；而在马克思恩格斯讨论机器与人的生命之间的关系方面，我认为是与药理学同理的，机器促进生产力提高，但是机器使人们变成劳动者，这就是一个无产阶级化的过程，这不仅是生产资料的丧失，更重要的是知识的丧失。而回顾我们人类所经历的一系列过程，都是外在化器官的过程，在这一过程中对人类来说最重要的就是学习。我认为此处的"学习"可以等同为福柯所说的"规训"，现在的社交网络平台我认为则是一个无产阶级化的过程，人们在这个过程中失去了其本身的知识，所以我认为在脸书资本主义中必须强调"积极性的药理学"。

此外，我也想讨论一下海德格尔的"座架"问题。在理解这个概念的时候，了解马克思对黑格尔法哲学的批判也是非常关键的，这个关键就是"奇点"，我认为马克思在批判黑格尔法哲学的时候混淆了奇点（singularity）和个性（particularity）的概念，这个奇点概念恰恰可以在当前哲学中为我们指明未来的方向。

张：当我们使用药理学这个概念的时候，德里达就会用到"药"的双重性，同时海德格尔的"双面神"，我称"座架"为一个旋转门，有序性虽然是对自然的控制，但是其具有走向新的未来的可能性。因此我想与您商榷的第四个问题就是他所提出的"药理学"的双重性是否与海德格尔的"双面神"相类似。其次，在当前自媒体时代，使用微信和脸书的每一个个体都可能成为一个新的文化负熵源，而这与您所创立的开放源代码的组织化平台有没有异质性？真正的药理学实现可能究竟是在于他所创立的平台，还是在于从被控制的微信创作走向自媒体的个体全新创造？

斯：在《技术与时间》的第一卷，我确实从海德格尔"双面神""座架"等问题来诠释"药理学"。在20世纪40年代海德格尔就已经预见到了人类纪的到来，而海德格尔却拒绝了"熵"和"负熵"。尽管我们看到海德格尔的理论之中已经内置了"药理学"的特性，但是我们还是要超越海德格尔的观点，因为海德格尔从来没有反对过技术本身，甚至认为技术是真理的神话，所以我认为若想超越海德格尔，就必须回到"熵"的理论之中寻找答案。

关于自媒体的讨论之中，我认为"个体"与"集体"并不是对立的，因此我们看待现在人工智能的发展，要有一个全新的视角，也就是我即将在《技术与时间》第五卷中提出的全新认识论问题，这是人工智能的自组织方式，也需要各学科的整合。

张：您在2016年做的报告主题是"走出人类纪"，我认为这个概念表征了这个星球上的人类通过工业生产创造了一个非自然存在的全新世界。海德格尔的座架之后（拒斥存在）恰恰就是斯蒂格勒教授提出的"逆人类纪"，但是我认为海德格尔的这种从存在论走向本有论实际上代表他自己是拒斥整个现代性和工业文明的，他自己回到森林中去生活也是如此，那么"逆人类纪"是否也带有这种浪漫主义色彩？

斯：我所提出的"逆人类纪"是在"负熵"的意义之上的，绝不是反对人类现代性的实在论问题，而在海德格尔的一些文本中确实可以看出他对待这个问题较为极端的看法，海德格尔早期的《存在与时间》还在讨论如何去占有技术，但是20年代以后他开始拒斥整个技术和现代文明。我不能同意去拒斥信息论，我认为对待当今资本主义的发展，应当有一种全新的政治经济学，以一种"负熵"的形式出现。

张：我最后的问题是想知道您的《象征的贫困》与鲍德里亚的《象征的交换与死亡》之间的关联性与异同之处是什么？

斯：《象征的贫困》与鲍德里亚《象征的交换与死亡》有一定相似之处，但也有不同。我非常不同意鲍德里亚对于弗洛伊德的解读，我认为弗洛伊德的"力比多"包括内驱力和延迟驱动力满足两个层面，20世纪90年代的学者只是聚焦于第一个层面，而弗洛伊德理论中的"死亡驱动"也可以理解为"熵"，"生命驱动"可以理解为社会秩序，而"爱"就是可以将两者进行转换的中介。鲍德里亚并没有将力比多进行严密区分，拉康对于弗洛伊德的解读更为准确。

原载《社会科学战线》2019年第3期，由王子璇根据原文压缩。

作者单位：南京大学哲学系，蓬皮杜国家艺术文化中心发展部

马克思经济哲学语境中的
"分析的马克思主义"

宫敬才　彭园珍

20 世纪后期英美产生了"分析的马克思主义"流派。该流派的创始人科恩、埃尔斯特和罗默提出用微观解释宏观，用个人说明社会及其历史，目的是使马克思主义达到"科学的程度"。三位创始人的代表作分别为：科恩的《卡尔·马克思的历史理论———一种辩护》、埃尔斯特的《理解马克思》和罗默的《在自由中丧失——马克思主义经济哲学导论》。对比发现，三部著作的共性颇多。例如，皆非常重视马克思 1959 年为《政治经济学批判·第一分册》写的《序言》，较为重视马克思的《政治经济学批判大纲》和《资本论》第 1 卷，对恩格斯及列宁的著作只是偶尔提及，且对马克思主义做出侧重道德的解释，否定马克思的核心观点，如劳动价值论、剩余价值理论和共产主义理论。虽抱负不凡，然就实际情况而言，追求准确与严谨而符合逻辑的分析学派反而走向了另一个极端。用马克思主义哲学的标准衡量，分析的马克思主义既不"分析"，也无"分析"。

一　科恩对历史唯物主义的"重建"

科恩在其代表作《卡尔·马克思的历史理论———一种辩护》中高调宣布要"重建历史唯物主义"，但在这一过程中产生了诸多问题。为何要重建历史唯物主义？科恩认为马克思主义哲学贬低了宗教和民族主义这样的意识形式，它们对马克思劳动历史唯物主义构成了威胁。但其实这种贬低只是科恩自己的认知，并非基于客观事实的判断。而被其重建后的历史唯物主义则表现为如下。科恩认为社会形式会对生产力趋势起到促进或妨碍的效用，而当生产力发展过剩而超过社会形式所能承受的范围下，社会形式便会灭亡。其次，科恩还认为历史唯物主义存在线性演化模式。他以生产剩余的有无多少为判断标准，将人类社会划分为无剩余产品的原始无阶级社会、生产剩余可以养活统治阶级的奴隶制社会和封建社会、剩余产品到资本主义成为可能的社会和非原始的共产主义社会。他又将共产主义社会区分为"包括一切的历史唯物主义"和"受到限制的历史唯物主义"。这两种历史唯物主义实质是思想内容的差别。

而经过对比可以发现，科恩语境中的历史唯物主义是名不副实的。科恩的研究文本过分局限于《序言》之中，缺乏对其他材料的研究，进而导致他对马克思主义的理解出现了明显的问题，在生产力与社会形式方面他的理解是僵死的、不辩证的，导致他认为的历史唯物主义是唯生产论的，缺乏对工艺学历史唯物主义的理解。并且在社会形态方面，他将奴隶制度和封建制度当作一个社会历史期加以处理，是违背基本的社会历史事实的。结果是显而易见的，科恩用分析哲学技术"重建历史唯物主义"走向了失败。

二　埃尔斯特对马克思的"理解"

埃尔斯特在其代表作《理解马克思》中阐释了他的观点。他承认自己是将科恩对历史唯物主义的理解作为依据，其他三部分大体上与我们所理解的马克思主义哲学、马克思主义政治经济学和科学社会主义理论相对应，每一部分都有可商榷之处。

在埃尔斯特理解的"哲学唯物论"中，他批判马克思使用的是自然概念，他认为人对客观、存在、物质和自然的认识中，主观成分越少，真理性成分越多，主观成分排除干净了，真理便呼之欲出。他这种批判根本原因则在于他并非真正理解马克思的哲学唯物论。埃尔斯特对马克思劳动价值持有否定态度。他认为，"劳动不一定是所有商品的组成部分"，"一种根据严格的训练而运作的经济可能会有各种严格限定的相对价格和一种严格限定的利润率，而无须使用劳动"，"我们想象一种完全自动化的经济，以及一个资本家阶级和一个构成了常备军的报酬很低的士兵阶级。在此，商品可能根据严格限定的国家价格在商行之间以及商行和消费者之间传送，但劳动并没有进入商品的生产"。①

　　埃尔斯特为反对马克思的劳动价值论所构建的微观语境是存在诸多纰漏的。"资本家阶级"中的资本家是什么性质的资本家？货币资本家、产业资本家还是商业资本家？在这个微观语境中，"资本家"的指称对象或许是商业资本家。问题在于，在资本主义社会，没有货币资本家和产业资本家的经济体能存在吗？商品劳动与生产又怎可能无关呢？因此，埃尔斯特通过想象构筑的微观语境与客观事实背离，在此前提下对马克思劳动价值论予以反对和否定，证明埃尔斯特的分析哲学欠分析。

　　埃尔斯特在宏观语境中对马克思劳动价值论的否定也不容乐观，且更为过分的是他将全部注意力只集中于马克思价值论商品与劳动的关系，无视这一理论中同样存在的其他重要内容，这说明埃尔斯特的理论视野亦存在缺陷。他无视了商品的社会历史性，并且否认了商品与劳动的内在联系。商品生产和交换确实是物质财富创造和流通的前提和基础，其背后是法权关系的客观存在。这一客观存在也被他无视了。劳动价值论是马克思政治经济学理论的基石，以此为基础，马克思发展出剩余价值论、剥削客观存在论和造反有理论。他更是不顾二者之间的联系。从埃尔斯特在哲学、政治经济学和科学社会主义理论三个领域对马克思的理解情况看，《理解马克思》实质上是曲解马克思。

三　罗默的"马克思主义经济哲学"

　　罗默在其代表作《在自由中丧失——马克思主义经济哲学导论》中仅基于自己对概念的理解，以新古典主义经济学方法分析了剥削和阶级两个范畴的形式，结果则是远离了马克思文献中的经济哲学。

　　罗默用新古典主义经济学方法分析了自以为的马克思主义经济学内容，为求达到被修正的马克思主义。为达目的他运用两个手段，其一是反对劳动价值论和剩余价值理论；其二是集中分析剥削和阶级两个范畴，借此建立关于剥削的"马克思主义基本定理"。而这种批判和分析实际是与分析学派所追求严谨、清晰、准确之要求背道而驰的。

　　罗默在其代表作中提出了貌似系统的剥削理论。他认为，首先无论人们

---

① 〔美〕乔恩·埃尔斯特：《理解马克思》，何怀远等译，中国人民大学出版社，2008，第134页。

会怎样反对基于剥削关系的雇佣劳动，这都与劳动市场没有内在联系。而如果一个人能以他生产的全部收入购买所有的商品所包含的劳动多于他花费的劳动，他就被定义为剥削者。剥削产生的根源在于资本的稀缺和对有形资本的不同所有权。因此，当剥削存在，利润就存在。工人受到剥削，利润才为正。工人受到剥削，正利润才可以维持。所以，假定资本主义是那时发展的最优经济结构看，那么剥削就是社会必要的，即存在不该被消灭的理由。

然而，这种论断实则是难自圆其说的。在看待剥削问题的方法论上，其逻辑上缺乏劳动力市场的位置，可没有劳动力市场便没有进一步的演进。因为，剥削出现和实现的真正地点是生产而非消费。剥削产生的根源往前推进，由资本主义生产变为资本主义社会的产生，是资本初始分配导致的对有形资本的不同所有权。这确实是剥削产生的原因，但它是历史原因而不是现实原因。现实原因只能是资本主义生产，此外无它。并且罗默论证的实际内容远离了马克思政治经济学的基本原理。这一切恰好说明他在研究论证的过程是逻辑混乱的。对照罗默和马克思各自对资本的界定，二者观点之间的根本对立是客观事实。这一客观事实表明，罗默对剥削的理解，进而对资本的理解，绝对不是马克思的理解。

总而言之，分析的马克思主义借用分析哲学技术，外加自己的想象，对马克思文献中的经济哲学进行分析，实际造成了曲解和误解。

原载《马克思主义与现实》2019 年第 2 期，收入本书时有改动。
作者单位：河北大学政法学院哲学系

21 世纪国外马克思主义思潮的
发展趋势及其效应评估

张　亮　孙乐强

进入 21 世纪以来，当代国外马克思主义思潮在研究主题和论域上与之前阶段具有一定的连续性，但又呈现出一些新变化新趋势：在文献编译和研究方面，解构主义色彩日益浓厚，马克思恩格斯对立论呈现新形态；在基本理论研究方面，主要表现为四种建构路径，呈现出新的理论生长点，其发展趋势各有差异；在现实问题研究方面，主要集中于对当代资本主义生产方式新变化、结构性矛盾、阶级矛盾、民主制度和意识形态新变化等方面的研究；在行动纲领上，政治立场日益多元，斗争路线日益分化，实践效果日益式微，未能摆脱新自由主义和欧美中心主义的隐形控制。站在新时代的历史方位，面对世界百年未有之大变局，当代中国马克思主义理论工作者必须科学判定当代国外马克思主义思潮的总体地位，认清、摆正新的历史方位中我们与当代国外马克思主义思潮之间的内在关系，真正担负起时代赋予的历史使命和责任。

一　当代国外马克思主义对马克思主义
基本理论的研究路径及反思

面对当代资本主义的大调整大转型，当代国外马克思主义从不同角度表达了他们对马克思主义的认知态度，力图在实践中"修正"和"发展"马克思主义，由此形成了多种多样的学术流派和理论思潮。首先，文献学研究呈现新趋向，解构主义色彩日益明显，马克思恩格斯对立论呈现新形态。新世纪以来，在 MEGA^2 及各种解构主义版本的影响下，"马恩对立论"开始死灰复燃，成为当代西方学者日益热炒的话题。他们打着文献考证的旗号，大肆鼓吹《资本论》原稿与恩格斯编辑稿之间的对立，将原来局限于哲学领域中的对立引入政治经济学领域，炮制出了两种政治经济学批判方法和根本原则的对立。其次，研究路径形形色色，认知态度莫衷一是，理论逻辑标新立异，研究成效良莠不齐。归纳总结为四种基本路径：一是重读马克思路径，二是本土化和具体化建构路径，三是各种"后"学嫁接路径，四是彻底的批判和解构路径。最后，理论隔阂日益加剧，逻辑分化日益深化，路线分歧日益严重。大多数西方学者只是依据自己的兴趣和关注点，对马克思主义的某些理论或某种观点做出阐发和回应，碎片化有余、整体性不足，同时，不同趋向之间的理论隔阂日益加剧，无法从总体上系统把握和深化对马克思主义基本理论的理解和研究。

二 当代国外马克思主义理论研究的四个新生长点及其发展趋势

当代西方左翼学者结合新的历史实践和时代问题，深入、全面、系统地挖掘了马克思恩格斯当年论著中的相关思想，并将其与西方各种本土资源嫁接起来，形成了生态马克思主义、女权马克思主义、都市马克思主义等流派，成为当代国外马克思主义的重要理论生长点。进入 21 世纪，这些理论研究的整体发展态势和演变趋势却呈现出新的特点。首先，生态运动日渐消退，理论创新日益乏力，发展势头日趋平缓，整体影响力日渐衰退。随着当代资本主义对生态环境治理力度的加大和全球产业价值链的深度调整，西方发达国家逐渐将高污染的中低端产业转移到第三世界和发展中国家，实现了生态矛盾和社会问题的全球转移，生态社会主义运动在西方逐渐失去了实践基础。总体来看，21 世纪以来，生态马克思主义的发展势头基本保持稳定，但缺乏具有影响力和号召力的代表人物。其次，空间转向日益显著，理论逻辑越发分散，实践方案越发空想，虚无主义色彩越发浓厚。进入 21 世纪，空间批判理论迎来了新的发展期，呈现出新旧主题激烈碰撞又相互促进的趋势。从理论逻辑来看，空间的本体化路径得到进一步强化；从研究方法来看，跨学科路径日益明显；从批判主题来看，空间的政治化诉求日益显著；从实践方案来看，虚无主义色彩日益明显。再次，多元文化主义陷入困境，身份政治学遭受重创，发展前景日益萎缩。它们过多地关注文化和身份问题，并未触及这些问题的本质及其经济根源，或者说只是力图在不改变资本主义制度的前提下进行一种文化救赎和权利抗争，不仅彻底解构了马克思主义阶级理论，片面夸大了"差异"的历史地位，也存在被资本主义收编、同化和利用的可能。2008 年金融危机爆发后，逆全球化思潮暗流涌动，多元文化主义在理论和实践中遭遇双重危机，身份政治学也随之陷入困境，发展前景不容乐观。最后，生命政治学日益走俏，研究范式泾渭分明，实践出路日益渺茫。生命政治学只是在资本主义所能允许的范围内，用资本主义所能接受的方式来反抗资本主义。就此而言，生命政治学不可能代替政治经济学批判，成为马克思主义未来发展的主导趋势，更不可能代替马克思主义的解放政治学，成为未来实践斗争的主导形式。

三　当代国外马克思主义现实问题研究的四个主要方向及其反思

当代国外马克思主义围绕当代资本主义生产方式新变化、经济危机、阶级结构、民主危机等重大现实问题展开了深入分析，为我们正确认识当代资本主义新变化新特征及其发展趋势提供了有益借鉴。首先，物质生产理论遭到解构，工业资本主义逻辑不断退场，新型花式不断涌现。当代国外马克思主义就如何认识这一时期资本主义的发展特质及其历史效应形成了几种较为典型的认知范式，包括以"弹性生产"和"智能化生产"为代表的技术范式、非物质劳动和认知劳动范式、符号、信息方式或网络生产方式和新帝国主义范式。从不同方面揭示了当代资本主义的新变化新发展，但是这些范式还存在明显的理论缺陷和以偏概全之嫌。其次，危机研究全面升温，分析范式持续分化，病根诊断殊途同归。多数左翼学者坚持认为《资本论》对于理解当代资本主义危机依然具有不可替代的当代价值，不过，在分析范式和研究路径上又呈现出明显差异，但基本上都坚持了经济矛盾的分析路径，并在新的语境中分析了资本主义经济矛盾的新变化新发展新特征。不论这些矛盾怎么变化，它们并没有改变资本主义的根本矛盾，即生产力与资本主义生产关系之间的矛盾，只要资本主义继续存在，金融危机和经济危机就始终无法避免。再次，社会结构理论相互对峙，阶级逻辑日益退却，斗争策略越发空谈。就如何认识当代资本主义的阶级结构这一问题，当代国外马克思主义形成了不同的研究路径。就两极分化结构而言、就阶级逻辑而言、在斗争策略上各路左翼学者都有不同的主张方案等，这些判断基本上是基于经验社会学、历史统计学或后结构主义的逻辑演绎做出的，并没有真正抓住当代资本主义阶级结构的内在本质。就此而言，马克思的阶级分析方法和阶级逻辑依然是我们认识当代资本主义社会结构的科学方法。最后，民主批判日益深化，问题把脉针砭时弊，替代方案却软弱无力。欧美国家做出的一系列霸凌主义恶行和制造的各种"人道主义灾难"彻底撕碎了西方民主价值观的谎言，当代西方左翼学者对当今欧美民主乱象的诊断还是比较深刻的，然而他们开出来的药方或者主张回到古典民主或古典共和，或者诉诸道德伦理和善治，或者主张在西方民主制度内部进行自我改良，抑或奉行在资本主义与社会主义之间的"第三条道路"，既不具有可行性，也不具有现实性。

四 结语

我们学习国外先进思想文化的"初心"，是为了更好地认识世界、认识中国，办好中国自己的事情，全面服务于我国社会主义现代化建设事业。站在新时代的制高点上，当代中国马克思主义理论工作者更要强化中国立场和使命担当，基于中国实践，不断开创当代中国马克思主义哲学研究新局面。必须强化中国立场，正确看待当代国外马克思主义思潮的积极意义及其局限性。必须强化历史方位感，正确认识当代国外马克思主义思潮在新的历史方位中的相对位置，强化使命意识，自觉担负起创新发展 21 世纪马克思主义的时代重任。

原载《马克思主义与现实》2019 年第 6 期，由李娜根据原文压缩。

作者单位：南京大学哲学系

费希特的劳动思想及其在国民经济学中的运用

—— 兼论对马克思的影响

张东辉

　　费希特根据知识学的实践精神阐述其劳动思想，在西方思想史上真正开始把劳动视为一种现代意义上的权利。本文根据费希特知识学的基本原则考察劳动的形而上学基础，从绝对自我演绎出劳动的先天条件和作为先天权利的劳动；然后论述他的"靠劳动生存"的劳动观在国民经济学中的运用，包括劳动与所有权、劳动与国家分工、劳动与闲暇。

　　像康德和黑格尔一样，费希特的知识学具有德国古典哲学典型的体系性。他的劳动思想毫不例外地源于其知识学的基本原理，因而具有形而上学的基础，而绝对自我正是知识学的最高原理和最终基础。我们知道，知识学是行动的哲学、实践的哲学和自由的哲学，而这种行动、实践和自由是与绝对自我的先验特性密不可分的。这种绝对自我的本质本身就是一种源初的实践行动，即"本原行动"（Tathandlung）。作为知识学最高原理的绝对自我，正是通过自我设定自我的本原行动才获得自身存在的根据。不是自我有行动的本性，而是自我就是行动本身。自我不仅设定自我，还具有绝对的创造性和能动性，设定非我。这就是我们将费希特的知识学称为主观观念论的原因。自我与非我的相互作用，即设定和努力，就构成了理论知识学和实践知识学的本质规定。绝对自我的这种实践本性决定了知识学作为行动哲学的特性，也在根本上决定了经验自我的能动性和实践性。作为有限理性存在者的人，"本身就是自己的行动"，并且"正是这样的行

动属于自我意识的条件"。① 我是能动的、行动的，因而是自由的。劳动概
念就是费希特从这种行动、自由中推演出来的。

费希特根据近代自然法权的思想，主张劳动是人生而拥有的先天权利和
绝对权利，即原始权利（Urrecht）。劳动概念直接就是从这种"自由地影响
整个感性世界的权利"中推演出来的。劳动变成一种权利，这在西方思想
史上是一个在近代晚期才逐渐形成起来的观念，而努力促成这种现代劳动观
的形成，可以说是费希特的一大功绩。只有到了费希特这里，他才真正有力
地奠定了劳动概念的基础，开始把劳动视为一种现代意义上的权利。

费希特不仅从知识学的原则出发推演出劳动，而且将其运用到了他的国
民经济学中。在这种运用中，他自始至终贯彻的一个主导思想：确保劳动者
能够靠劳动生存。我们看到，他对劳动者生存权和劳动权的捍卫直接源于我
们在前文所强调的原始权利，即延续躯体的绝对自由的权利和自由影响感性
世界的权利。

（一）劳动与所有权

在青年时期，费希特认为，我们天生就有权使用自己的感性力量，塑造
那些原初不属于我们的事物，使之成为我们的所有。他在这里指出，劳动不
仅是人的基本权利，而且还是所有权的来源。他主张，劳动就是理性存在者
将自己的形式，即实现某种目的的手段，赋予某事物的权利，所有权就是占
有该事物的权利。他在《纠正公众关于法国革命的评论》中说："我们有权
利不允许任何其他人使用我们运用自己的力量塑造成的事物，我们把我们自
己的形式赋予了这些事物。而这种对事物的权利就叫做所有权。"② 因此，
劳动是所有权的来源。从渊源上看，青年费希特的劳动占有说直接源自洛
克，③ 在理论上无甚新意，但它的现实意义重大，他的目的在于谴责德意志
当时的封建领主和教会的不劳而获，强调不劳者不得食，要求没收领主土地
与教会财产，具有社会革命的色彩。

他特别强调，在所有的财产中，有一种目的构成一切人的一切生活和活
动的最终目的，这就是生存。生存乃是人的最终的和最高的财产。但这种生

---

① 费希特：《自然法权基础》，谢地坤、程志民译，梁志学校，商务印书馆，2004，第2~3页。
② 费希特：《论法国革命》，李理译，梁志学校，贵州人民出版社，2001，第114页。
③ 参见洛克《政府论》下篇，瞿菊农、叶启芳译，商务印书馆，2003，第18~19页。

存不是靠剥削、不法、救济等途径实现的，而是必须依靠自己的劳动。他特别强调"财产契约的精神"，即"每个人都必须能够靠自己的劳动生活"。[1]为了实现每个人都能靠劳动生存的目的，费希特根据契约论的思想，提出一套财产契约的学说。他主张，所有人都必须与所有人或者国家签订一份财产契约，这份契约会规定每个人的职业和收入，借此就向所有的人、向整个国家宣告了自己的职业身份，这样就可以确保每个公民各司其职，各得其所。一旦某人不能靠自己的劳动生活下去，他就失去了真正属于他的东西，即财产，这样一来他与其他人所签订的财产契约也就被完全废除了，从这时起，他可以不受法律的约束承认他人的财产，回到自然状态，靠自己的能力获取生存的机会，就算攫取他人的财产也不为过，因为财产契约业已被单方面地取消，不复存在。为了避免这种状况发生，国家显然就要资助这些凭借劳动而不能果腹的人。就国家方面而言，国家绝对有义务向所有人提供能够确保其生存的职业，"所有合理的国家宪法的原则是每个人都必须能够靠自己的劳动生存"。[2]为了给国民的生计提供可靠保障，费希特规定，国家必须具有监督每个人是否竭尽所能自食其力并如何管理自己财产的权利。这样一来，在一个合乎理性的国家就实现了既没有穷人，也没有懒汉的理想局面。[3]我们看到，他的劳动观具有明确的社会主义性质。

（二）劳动与国家分工

在耶拿时期，费希特主要是基于个体的原始权利或绝对自由推演出劳动的合法性，国家则是为了保障个体的这种劳动权利和正当所得来履行职责的。国家监督和干预国民的经济生活和劳动状况，不过是为了确保他们的基本生存问题，落实财产契约的精神（只是在运作的过程中有些逾越，以致反过来过多干涉了个人的劳动权益）。在晚期，费希特完全把国家意志上升为绝对的理念，要求个人意志，例如劳动活动和行业选择，必须服从于国家利益和国家意志，也就是说，劳动越来越变成国家事务，"每个人只有通过为国家的建立和永久生存做出他的贡献，他才拥有权利。每个人都具有绝对

---

① 费希特：《自然法权基础》，谢地坤、程志民译，梁志学校，商务印书馆，2004，第196页。
② 费希特：《自然法权基础》，谢地坤、程志民译，梁志学校，商务印书馆，2004，第213页。
③ 参见费希特《自然法权基础》，谢地坤、程志民译，梁志学校，商务印书馆，2004，第215页。

的义务做出这种贡献，因为一切权利都建立在这种贡献的基础之上"。① 劳动在国家法的层面关系到整个国家的国计民生，要维持其他各个阶层，包括公职人员、手工业者和商人等的生计。更为重要的是，国家是理念、自由的象征。这样，劳动概念就远远超出个人的权利范围，而被提升为关系所有人的重要国家事务。

费希特已然意识到国家权力与公民自由的悖论，即国家的最高和最终的目的在于保障公民自由，但国家必须采取的各种监督与强制的手段反而牺牲了国家需要为之努力的公民自由。他试图通过提出以下主张来消除国家权力与公民自由之间的这种矛盾：国家意志是首要的、绝对的理念，而个人意志是从属性的，个人要受国家的支配，是国家的工具。国家意志之所以高于个人意志，是因为国家要创造一种更高的自由，即一切人的道德自由（本质上就是基督教天国的终极自由），"国家自由的首要产物是创造更高的自由"，"国家的最终目的乃是道德自由"。② 实现终极的道德自由是国家的最终目的，个人自由是偶然的自由，一切人的自由才是绝对的自由，所以个人是隶属于国家的，是作为工具为终极的自由服务的。

劳动的作用，在费希特看来绝不仅仅在于在物质层面维持各个阶层的生计，而是在更高的意义上是实现道德自由的有效手段。终极的道德自由属于未来的、更高的人性，作为有限理性存在者的人目前还无法达到，但人类在国家中通过劳动的方式可以不断朝着善的方向改进和努力，最终道德自由将是可能的，国家则将由此扬弃自身，使自己成为多余的。

（三）劳动与闲暇

费希特提出，所有人的绝对财产就是在他们完成维持自己生存和国计民生的必要劳动之后获得的从事任意目的的自由闲暇。如上所述，每个人都是为了国家的目的而进行劳动的，只有在这个条件下，他们各自才获得他们的正当权利。但是，闲暇不可或缺。在劳动中，所有人当然不是要付出他们的全部时间和精力，而是在完成国家规定的任务之后有一部分时间和精力剩余下来供自己自由支配，否则他们就丧失了获得更高自由的机会。闲暇的根本

---

① J. G. Fichte：*Rechtslehre*，hrsg. von Richard Schottky. Hamburg：Felix Meiner Verlag, 1980. S. 44.
② J. G. Fichte：*Rechtslehre*，hrsg. von Richard Schottky. Hamburg：Felix Meiner Verlag, 1980. S. 48 – 49.

用途在于，人们在适当的闲暇之余可以进行自我反思，接受教育，最终将认识到劳动之于自由的重要性和必要性，从而也认识到自己是自由的，至少在通向自由的途中。

费希特从国民经济学的角度不仅把劳动视为财产，而且把闲暇也理解为财产。他主张，劳动与闲暇之间的比例关系在不同的国家可能是各不相同的，这要受到诸如不同国家土地的贫瘠肥沃、耕牛、农具等因素的制约。总之，国家目的所要求的劳动使得剩余下来的闲暇越少，国民越穷；剩余下来的闲暇越多，则国民越富。不断优化全民的劳动与闲暇之间的比例关系，增加国家财富，从而实现终极目的，是国家的目的。他把闲暇视为自由的表现形式，指出闲暇和自由是人的目的。他认为，人的一切联合的最终目的是自由，而这种自由首当其冲就是闲暇；自由和闲暇是人的真正目的，而劳动不过是实现它们的手段。因此，不断减少劳动属于自由的范畴。在这里，费希特似乎将劳动与自由割裂起来了，其实这一见解是背离他的知识学原则的。

由此，我们看到，费希特绝不仅仅是从知识学的原则思辨地推演出作为先天权利的劳动，而且在国民经济学领域切实地做出一种制度安排，竭力用国家宪法保障劳动者的靠劳动生存的权利。这无疑体现了他对劳动作为一种权利的尊重，也意味着他开始把劳动提升为一种现代意义上的权利。

原载《北京社会科学》2019 年第 7 期，收入本书时有改动。

作者单位：上海财经大学人文学院

伯克特论马克思劳动价值论的生态学维度

彭学农

目前国内外学术界对劳动价值论与自然之间的关系问题，形成了两种对立的解读方式。根据第一种解读方式，由于劳动是价值的源泉和实体，因而，自然的价值只能是物化在自然中的劳动。这种解释的逻辑在刘思华教授的《生态经济价值问题初探》一文中典型地体现出来。刘思华教授指出，自然资源和生态环境的无偿性这一古典经济学的原则，是"不完全符合现代生态经济系统运动的实际情况的，也是不完全适应现代经济社会发展的客观要求的"①。"在现代经济社会条件下的自然资源和自然环境，虽然主要不是在人工劳动下产生与形成的，但在某些生态生产与再生产的环节上，是与社会经济生产与再生产相互交织、相互作用的，因而人们已经直接或间接地为使生态系统朝着有利于人类生存和经济社会发展的方向进化与演替，使自然物质由潜在使用价值转化为实在使用价值都要付出一定量的物化劳动和活劳动。这些劳动转移和凝结于生态系统之中，就形成了生态价值。"② 刘思华进一步说明了把劳动价值论从经济系统推广到生态系统的根据："马克思的劳动价值论，是商品价值论，是对经济系统而言的，不涉及经济系统与生态系统的相互关系。现在，我们在马克思的劳动价值论的指导下，研究生态经济系统中的生态环境价值问题，就必须把劳动价值论延伸和扩充到生态经济系统的生态系统中去，在劳动价值的基础上建立起生态价值论，才能形成

---

① 刘思华：《生态经济价值问题初探》，《学术月刊》1987 年第 11 期。
② 刘思华：《生态经济价值问题初探》，《学术月刊》1987 年第 11 期。

生态经济价值论。"① 但这一推论仍然面临当代生态学的批评，即劳动价值论视域中的商品价值没有体现自然本身的价值和生态系统的价值。刘思华教授从生态价值量和价值构成问题的角度对此做了一些补充和扩展，但自然本身的价值问题还是悬而未决。

第二种解读方式在国外左翼生态思想界具有代表性。这种解读方式虽然对劳动价值论的历史地位持肯定态度，但又认为，在人与自然矛盾尖锐化的时代，必须放弃劳动作为价值的唯一源泉的原则，而把自然作为价值的另外一个源泉。生态社会主义的著名代表斯基贝克是这一解读方式的代表。他认为："马克思的以劳动为基础的价值理论只适用于生产的再生产形式。而在生产的抽取性形式中，价值则是由资源转让给利润的，这可以叫做抽取性剩余利润。"② 斯基贝克这里区分的生产的再生产形式和生产的抽取性形式，分别指的是人化自然基础上的生产和自然的人化过程意义上的生产。在界定生产的抽取性形式中所抽取的自然的价值时，斯基贝克总是提到两个因素，一是自然财富的减少，二是由此导致的下一代人的受穷，但是，"前者如何独立于后者而得以界定是不清楚的，这样，自然的内在价值的属性也就难以成立了"③。因此，斯基贝克所谓的自然的价值，并不是自然的内在价值，而不过是相对于人的需要的使用价值。这样，斯基贝克就把价值和使用价值合并了。斯基贝克还认为，价值可以从交换价值的角度来衡量。他认为，从自然剥削来的价值表现在交换价值中，可以用与自然物交换的货币收入来衡量，也就是说，斯基贝克把价值和交换价值等同起来了，而无论自然资源如何被交易和转手，都不能遮蔽其总体上被无偿使用的实质。总之，斯基贝克试图赋予自然以价值的结果，一方面，造成了价值和使用价值的合并；另一方面，造成了价值和交换价值的混淆。最终，斯基贝克把价格归结为决定性的因素。因此，以斯基贝克为代表的生态社会主义者以及其他左翼生态学者，最终也只能向新自由主义的供求价值论靠拢，而放弃了左翼理论的批判性维度。

美国生态学马克思主义者伯克特认为，要超越上述两种对立的解读方

---

① 刘思华：《生态经济价值问题初探》，《学术月刊》1987 年第 11 期。
② Gunnar Skirbekk, "Marxism and Ecology", *Capitalism Nature Socialism*, Vol. 5, No. 4（1994）：100.
③ Paul Burkett, *Marx and Nature*: *A Red and Green Perspective*, Basingstoke: Macmillan Press, 1999, p. 101.

式，必须立足于马克思的价值分析方法。伯克特运用辩证法重新解读了马克思劳动价值论运用的价值分析方法的辩证意义。掌握马克思价值分析的辩证法是把握马克思劳动价值论的全部意义的前提。一方面，马克思以资本主义生产方式占主导地位的社会为前提，分析了价值范畴中内含的商品的价值、交换价值和使用价值三个要素之间的对立统一关系，这些关系可归结为，价值是交换价值的基础，交换价值是价值的表现形式，使用价值是价值的物质载体，价值是使用价值的形式抽象。马克思对这些价值关系的分析，根本地改变了以货币形式为完成形态的价值形式的空洞性。另一方面，马克思又深入价值形式与资本主义生产方式之间的内在关系之中。在资本主义生产方式各个环节构成的整体中，由于生产具有主导地位，因而在价值形式的关系中，价值作为物化的社会必要劳动时间就构成了交换价值的决定性基础和使用价值的不可摆脱的形式抽象。同时，由于资本主义生产方式是资本追求利润最大化的运动，因而价值必然表现为交换价值，以致交换价值越来越占有统治地位，而由价值来做形式抽象的使用价值，则变成了交换价值自我发展过程中无足轻重的附庸。因此，马克思的价值分析一举消除了古典政治经济学的根本缺点之一，全面地展现了正是使价值成为交换价值的价值形式，深刻地揭示了资本主义生产方式的历史性。尤为关键的是，马克思的价值分析方法表明，"内在于商品中的交换价值和使用价值之间的矛盾，也是财富的具体的资本主义形式和财富的自然基础和实体之间的矛盾"①，这就预见性地指出了资本主义生产方式将陷入难以自拔的困境。

马克思的上述价值分析还只是在一定的范围和层次上做出的抽象。这一抽象有意地省略掉了商品的使用价值的具体性，省略掉了生产商品的劳动的丰富性。马克思辩证法的抽象力的运动当然不会停留于此，随着研究的展开，马克思不断地寻求把价值形式的这些因素之间的关系与资本主义生产方式的整体，直至与广泛的自然世界和社会世界构成的整体联系起来进行分析，也就是说，马克思不断地从抽象上升到具体，从部分拓展到整体，随之，他的价值分析的意义就不断地扩展到整个物质世界。

劳动价值论把商品的价值赋予物化在商品中的社会必要劳动时间而不赋予自然本身，正是劳动价值论的生态批判逻辑的必然要求。某些生态批评家

---

① Paul Burkett, *Marx and Nature: A Red and Green Perspective*, Basingstoke: Macmillan Press, 1999, p. 82.

同时把价值赋予劳动和自然本身，表面上抬高了自然的价值，实际上遮盖了价值和使用价值之间的矛盾，阻断了揭示价值转化为交换价值的历史性路径，削弱了批判资本主义生产方式的生态破坏性的力量。有些批评家断言劳动价值论反生态学的另一个重要理由，是马克思不仅不把价值赋予自然，反而认为资本可以"无偿占有"自然条件和社会条件。由此他们指责马克思把自然条件当作是无代价的、不稀缺的。这些批评家没有认识到，马克思的无偿占有概念是马克思价值分析辩证法的一个组成部分，必须从无偿占有与价值形式运动之间的部分与整体关系来理解。实际上，无偿占有和劳动创造价值正是资本主义价值形式运动的有机关系和历史关系的不可分割的组成部分。有的批评指向劳动价值论不能为当代生态困境指明出路。价值分析的辩证法反驳道，这一批评应该指向资本主义生产方式本身，因为劳动价值论是反映和建构资本主义生产方式本质的理论，指望劳动价值论来解决生态问题却不提供这一理论使命所指向的社会基础，是批评家缺乏理论自觉的表现。马克思明确地指出，解决资本主义生产方式与自然之间的矛盾问题的出路在资本主义生产方式的彼岸，在社会化的人和联合起来的生产者合理地调节他们与自然之间的物质变换关系的社会。在那里，由于劳动时间为自由时间所扬弃，劳动价值论终结了自身的历史使命。

原载《上海师范大学学报》（哲学社会科学版）2019 年第 5 期，收入本书时有改动。

作者单位：上海大学社会科学学部哲学系

再议中西马克思主义理论对话的语境差异

关春华

自马克思主义传入中国，中西马克思主义理论对话的语境差异发生了重大转变。直面这种差异，首先要做的事情是澄清几个核心议题：一是中西马克思主义理论如何对话？二是对话可能性是不是要超越某种语境，或是否要澄清对话的现实基础？三是如果现实基础构成对话的语境，那么，中国社会的现实基础是什么？理解中西马克思主义理论对话，必须要面向改革开放前后的现实，回归至中国改革开放的社会建构视阈，以此来呈现中西马克思主义理论出场的语境差异。

1. 中国马克思主义理论建构的现实生成

中国马克思主义理论作为中国社会发展的"理论镜像"，直接折射出它与西方马克思主义理论的本质性差异。由于历史原因，中国马克思主义的理论形成与西方马克思主义有一种严格的时间错位性与实践差异性，这造就了中国马克思主义理论形成的特殊性内容。①从向西方学习到独自谋求发展的转变。就近代中国而言，关于物的经济性发育（即物化）要远远落后于西方国家。资本主义诞生以来，资本作为社会的基本建制与运行法则，深度规定着整个社会。资本作为物化形态，其实质就是如何实现价值增殖。有很多现代学者试图在价值形式上，找到中西马克思主义理论的对话平台，却忽视了这样一个问题：当西方开始对"物化物"（资本关系所负载的社会内容）积极反思时，中国还处于对物（生产物或财富）的探索与认识阶段。具体而言，近代中国由于处于封建传统的习俗社会，当西方国家进行工业革命时，中国正闭关锁国，马克思主义传入中国时（并且是被动地传入中国时），首要面对的是一个高度封闭的、以自然经济为基础的农业国家，因此马克思主义的中国化实践是不可能深入物化的层面的。总而言之，中西马克思主义理论的语境差异在于，西方社会由于工业革命的发展，形成了高度物化的社会关系，而中国的闭关锁国的自然经济还是以物（自然）为内容的社会。②从思想启蒙向经济实践的时代转变。近代中国的大门被打开，以知识分子为主体的社会精英开始寻找"救亡图存"之路，但都由于历史条件的限制无疾而终。自新文化运动之后，马克思主义与中国实际结合开始密切起来。一方面，中国开始寻求一种自己的解决方案而非西方式的；另一方面，在物（财富）的发展极度贫困下的中国如何选择自我发展道路。历史指向这样的目标：建立一个新社会形态的中国。那么，什么是新的社会形态呢？正如邓小平所言，"落后就要挨打""贫穷不是社会主义"，此时中国缺失的是物质财富高度发达的社会系统。这也是新中国成立后又过了近30年才选择改革开放的根本原因——中国作为落后国家要跨越"卡夫丁峡谷"，不是确立社会制度就可以实现的，而是要创造出"国富民强"的物质财富丰裕的现代化国家。总之，马克思主义对中国自然经济的反思与改造，需要对物（财富）的社会体的剖析。作为马克思主义中国化的第一大阶段，毛泽东等共产党人完成了中国知识界的思想启蒙转换至社会革命的任务，提出了中国化马克思主义的新理解模式。就这个阶段而言，中西马克思主义理论对话的语境差异是源于两大社会的本质性差异与社会运动的迥异性。

2. 中西马克思主义理论对话的语境差异展示

一般生成意义上而言，中西马克思主义理论的差异性是无法明确区分的，但是，假如还原两者的语境差异，那么，中西马克思主义理论就存在本质性的差异内容，这也造就了两者对话的不可能性。①物（财富）与物化：中西马克思主义理论语境差异的本质界限。西方马克思主义形成于资本主义高度发展时期，其反思表现为以下几点。第一，物化形式仅仅归根于资本的增殖力量，而非其他。换言之，他们并未真正理解社会生产机制，并且在理论重心上偏离了马克思无产阶级革命论，因而无法从物化背后的阶级对立关系中，形成对现代世界批判之可能。第二，物化形成了韦伯意义上的科层制社会与资本主义理性牢笼，那么物化批判不能停留于物化意义上的道德控诉，而是深入批判形成异化劳动的特殊剥削关系。第三，物化内容建构了西方近现代文化的核心，成为西方意识形态的核心。物化内容背后就是资本逻辑原则，它从深层次上规定了现代意识形态。假如物化批判没有达到对现代资本的批判的话，那么只能是一种看似批判、实则论证的理论。以资本主义启蒙为例，霍克海默与阿多诺看到了启蒙背后的强制性，但是当他们批判启蒙的时候，却找不到替代启蒙的最佳方案，反而他们的思考成为现代启蒙的附庸品。近代中国是半殖民地半封建国家，因而不可能有现代意义上的物化内容。故中国马克思主义的理论出场直接面对的是未经资本洗礼的"物"（生产物或社会财富），这完全不同于西方马克思主义理论所面对的物化社会关系。具体而言，西方马克思主义理论依照物化的内容展开了对资本主义国家的社会批判：一是物形成了毫不相关的个人之间的互相的和全面的依赖关系，它是社会关系的具体载体；二是每个人可以通过物行使自己的社会权力，形成支配性的社会关系，因为每个人"在衣袋里装着自己的社会权力和自己同社会的联系"。马克思主义本身是在物化的基础上形成的，西方马克思主义理论只是"删减版"地延续马克思思考，并一直贯穿现代社会批判。因此，一方面，西方马克思主义具有高度继承性的哲学批判，这种批判本身牵连着对资本及其逻辑内容的把握。由此，它们对资本及其社会生产关系做了一次哲学澄清，但只是反思程度上的而绝非严格的理论批判。另一方面，整个政治解放脱离了人类解放的框架，那么这种批判本身逐渐走向虚无化的道路。换言之，它无法离开现实的地基讨论社会解放问题，同时，他们的批判范式还处于一种前康德意义上的思考，以划界的方式将现实的革命运动排斥在理论之外，肯定无法取得成功。②市民社会成型与否决定着中西马克思主义理论的各具特色。市民社会从一开始就具有西方特色，是一个典型的"舶来品"。市民社会与传统社会有本质性区别，它是资本生产方式支配下的社会生产与生活模式。黑格尔从哲学高度提出了市民社会的论证，与古典经济学"合二为一"，即它们共同论证了资本主义社会是以生产与需要为核心内容的市民社会。与之相对的，近代中国以自然经济为基础，一直到改革开放后，才形成以社会主义公民为内容的社会形式，故中国马克思主义理论自成型开始，就没有真正进入物化的思考之可能。所以我们有理由判断，改革开放之后，中国才有以经济性为内容的社会形式。因此中国马克思主义在改革开放之前是以自然经济为内容的反思与批判，目的是形成完全独立于传统世界的新社会。那么，中国马克思主义不是发源于发达的资本社会，而是糅合了自然经济、计划经济、市场经济等内容而形成的。改革开放之后，中国有了市场经济、资本、货币、股市等现代化内容，才使马克思主义理论在中西对话具有了理解可能。但需要注意的是，由于社会制度的本质差异，改革开放并非走的是物化强制道路，而是发展与丰富"物"（生产物或社会财富）的过程，即市场经济的目的仅仅局限于生产物质财富，且高度服从于社会制度的规定。③物（财富）的本质把握到人的解放。改革开放后，中国的现代化历程本质上是对物（财富）加以确认，并加以市场化定义的过程，因此改革开放是通过市场经济的生成过程，确立社会财富的发展内容。中国的改革开放不是全面西化，而是通过市场经济原则进一步发育物（生产物或社会财富），同时，由于社会主义制度的制约，社会性商品生产的目的是服务人民大众。这与西方经济发展样态有本质区别。改革开放的历史任务必然形成与西方马克思主义迥异的发展模式——中国马克思主义强调的是物的生产与人的解放之间的内在关联，不断以理论的方式加以把握时代内容，为实现人的自由全面发展提供理论支撑，共同聚焦人类解放之实现可能。与之相对，西方马克思主义是在资本逻辑的框架内提出各种理论范式，虽然有人的解放之诉求，但这种诉求要么停留于弗洛伊德式的精神分析学，要么趋向一种浪漫主义式的乌托邦批判。因此，西方马克思主义理论是脱离现实社会的，故无法提出超越现实的理论路径。简言之，中西马克思主义的差别在于通过什么样形态实现人的解放之可能：中国马克思主义理论侧重于物（财富）的发展与社会主义建设的内在关联；西方马克思主义理论研究物化即固化的社会内容，无法突破资本意识形态的抽象统治。邓小平提出了社会主义道路问题，即需要解决人民日益增长的物质文化需求与社会生产力低下的矛盾，所以发展市场经济的目的是服务于提高社会生产力，归根于要发展物质财富，提高广大人民的生活水平，目的是实现人的解放。新时代社会主要矛盾的变迁，也是在这个基础上加以推进的，即如何实现人民对美好生活的向往需要市场经济，但需要社会主义制度规定下的市场经济，以防止资本关系所形成的物化内容——第二大社会形态即"物的依赖为内容的社会形态"已经表明，无论是西方国家还是中国都需要通过市场经济发展物（社会财富），然后才能提供走向第三大社会形态的物质基础。

3. 中西马克思主义理论对话的语境差异影响

形成中西方马克思主义理论的不同社会背景，决定了它们面对的需要解决的任务有本质性的差异。改革开放的制度性保障与市场性发展的矛盾互动，决定中国马克思主义理论的特殊性与艰巨性的双重内容，与西方马克思主义文化批判形成的物化保守主义迥异。①语境差异决定了中国马克思主义理论的特殊性。中国马克思主义理论发展尽管带有深刻的"舶来品"的痕迹，但独具深度的社会革命与经济建设的实践规定。首先，改革开放赋予了物（社会财富）的解放功能，而非物化功能。中国马克思主义理论是缺乏商品高度发育的社会建制，因此不可能真正站立在物化视角，而是立足于人民及其解放向度，这是与西方马克思主义出场语境的重大差异。其次，改革开放走的是劳动解放之路，而非物化之路。与资本主义物化世界完全不同，中国马克思主义理论形成是从物（财富）的理解出发，满足的是一个落后国家强大起来的物质需要，而非资本生产积累的物化塑造之需。最后，改革开放赋予物（财富）得以充分发展的社会语境，而非物化关系的确立。西方马克思主义主要集中于对资产阶级的物化结构进行抨击，但在中国由于资本的物化结构并未形成，就不会出现诸如西方社会的物化结构与理论认识之间的"二律背反"，因而能够跨越"卡夫丁峡谷"，走向未来新社会。这种本质性区分显示，中国马克思主义理论具有特殊的理论背景，主要包括两大内容：第一是语境本质，使落后国家如何不经过资本发展进入现代国家，完成现代性的转换；第二是语境内容，完成国家的"救亡图存"后建立一个社会进步与个体发展不能受制于物化钳制的社会主义制度，以及如何建设一个国富民强的中国。这两大内容直接指向了中国如何从落后国家通过物的发育，赶超西方国家，因此决定着中西马克思主义理论对话的差异，同时也规定着中国马克思主义理论的特殊性。②语境差异彰显中国马克思主义理论的践行艰巨性。一方面，中国马克思主义理论的理论成熟更为艰巨，需要面对不同时期的马克思主义中国化的实践问题。资本主义发展的目的是不断获取物化性的世界结构，将世界作为资本增殖的基本环节。与之相对，中国马克思主义理论超越了资本增值视阈内的物化内容，在以人民为中心的基础上，使人民共享社会主义财富，排斥经济物化、保护劳动者发展权益，同时持续不断地发展社会主义市场经济，解决中国发展的瓶颈问题，做大做强经济财富，彰显社会制度的优越等内容。另一方面，中国马克思主义理论的本质指向是建立共产主义、实现人的自由全面发展。中国马克思主义理论在新阶段上推进市场经济的理解，目的是通过财富发展与物的丰富，进而超越资本主义社会。中国马克思主义理论任务是为个人全面发展的新社会提供理论支撑与实践指向。总之，新中国成立后的发展进程，建构了中国对物（财富）的社会理解过程，同时高度彰显出社会解放的历史向度，这是中国马克思主义理论的重大内容。西方马克思主义是资本主义物化关系的理论学说，是对资本引发的物化及社会关系进行的外部批判，不可能提出超越资本主义的科学之路。因此，中西马克思主义理论对话存在着语境差异，必然决定了双方的理论路向与实践目的存在本质性的差异。

原载《广西社会科学》2020 年第 4 期，收入本书时有改动。

作者单位：上海财经大学浙江学院

霍布斯的"自然状态"是基于英国内战的一种思想实验假设

——与陈建洪、姚大志二位教授商榷

段忠桥

一　自然状态是以美洲的原始部落为其"历史事实基础"吗？

陈建洪在《学术月刊》2008 年第 6 期发表了一篇题为《论霍布斯的自然状态学说及其当代复活形式》的论文。该文认为霍布斯的自然状态是基于一定历史事实的问题。该观点主要文本依据是霍布斯在《利维坦》中的一段话：

> 也许会有人认为这种时代和这种战争状态从未存在过，我也相信决不会整个世界普遍出现这种状况，但有许多地方的人现在却是这样生活的。因为美洲有许多地方的野蛮民族除开小家族以外并无其他政府，而小家族中的协调则又完全取决于自然欲望，他们今天还生活在我在上面所说的那种野蛮残忍的状态中。①

陈建洪将这段话作为其文本依据有断章取义之嫌，因为这段话只是霍布斯一段完整论述（第十三章的第 12 自然段）的前一部分，其后一部分——对于理解霍布斯的原意至关重要——则被陈建洪略去了。这一部分的内容为：

---

① 〔英〕霍布斯：《利维坦》，黎思复、黎廷弼译，商务印书馆，1995，第 95 页。

不论如何，我们从原先在一个和平政府之下生活的人们往往会在一次内战中堕落到什么样的生活方式这种活生生的事实中可以看出，在没有共同权力使人畏惧的地方，会存在什么样的生活方式。① 如果以霍布斯的这段完整论述为依据，那么陈建洪的说法就是难以成立的。

首先，这段论述讲的"美洲有许多地方的野蛮民族"，并不含有他们处在人类历史发展原始阶段的意思，因而，霍布斯不可能将其作为"自然状态"，即这段论述中讲的"这种时代和这种战争状态"的历史事实基础。陈建洪的说法，即霍布斯的自然状态"确实有其历史事实基础，并以美洲的原始部落为例"，实际上讲的是，霍布斯的自然状态，是对可以"美洲的原始部落"为例的人类历史发展最初阶段的概括，这显然与霍布斯本人的论述相悖。

其次，这段论述讲的"这种时代和这种战争状态"，既体现在"美洲有许多地方的野蛮民族"还生活在野蛮残忍中，也体现在"和平政府之下生活的人们"会因一次内战而陷入野蛮残忍的生活方式中，因而，霍布斯不可能只将前者作为其历史事实基础。陈建洪的说法就更难以成立，因为如果自然状态还可以通过和平政府之下生活的人们的内战而体现出来，那说自然状态是基于美洲原始部落这样的"历史事实"，在逻辑上显然是讲不通的。

陈建洪的说法不能成立，还可以从霍布斯在《利维坦》中涉及自然状态的相关论述得到证实。仔细读一下《利维坦》我们就不难发现，霍布斯虽然多次直接谈到自然状态，但从不提及"美洲有许多地方的野蛮民族"。

二　"自然状态"是国家产生之前的原始时代吗?

在如何理解霍布斯讲的自然状态问题上，吉林大学姚大志教授提出了一种与陈建洪略有不同的看法："霍布斯把国家产生之前的原始时代称为'自然状态'，并认为 17 世纪美洲的印第安人就处于'自然状态'之中。"② 但是姚大志没对其做任何论证。

据我所知，霍布斯在其论著中从未使用过"原始时代"这一概念，因此，也不会把国家产生之前的原始时代称为"自然状态"。那姚大志讲的

① 〔英〕霍布斯:《利维坦》，黎思复、黎廷弼译，商务印书馆，1995，第 95～96 页。
② 姚大志:《当代西方政治哲学》，北京大学出版社，2011，第 15 页。

"国家产生之前的原始时代"的含义是什么？对此，他没做任何说明。我猜想，他的"国家产生之前的原始时代"这一概念可能是来自恩格斯的《家庭、私有制和国家的起源》，因为恩格斯在这本书中使用过"原始时代"概念①。如果我的猜想是对的，那姚大志的说法，即"霍布斯把国家产生之前的原始时代称为'自然状态'"，显然就是不能成立的。

姚大志讲的"17世纪美洲的印第安人"是来自哪里呢？就我看过的霍布斯的文献而言，我猜想它可能来自霍布斯的《论公民》中的两段论述。

第一段是霍布斯本人在《论公民》第一章第13节讲的：

> 显而易见，永久的战争与人类的保存或个人的保存是多么的不相容。而战争因为争斗者的平等，不可能以战胜而终结，这种战争以其自然是永久性的。因为获胜者本身如此经常地面临各种危险的威胁，以至于如果最强大的人能幸存至因年迈而死的话，那就得算是一个奇迹了。我们现今的世纪可以美洲印第安人为这方面的例子。我们还可以看到，许多如今文明繁荣的民族，过去却是人口稀少、未予开化、短命、贫穷而简陋，他们缺乏和平和社会所提供的所有那些让生活舒适和便利的东西。任何人若相信应该停留在那种一切人都被允许为所欲为的状态中，他就是自相矛盾的。②

第二段是《论公民》英文新译本"导言"的作者 R. 塔克（RichardTuck）讲的：

> 但我们在自然中可以合法去做的事情远不足以产生不可解决的冲突，或造成这样一种状态，即［用预示了《利维坦》中的那段名言的话来说］"人口稀少、未予开化、短命、贫穷而简陋，他们缺乏和平和社会所提供的所有那些让生活舒适和便利的东西。"（第1章，第13节）霍布斯给出了这种情况的一个例子，"现今世纪"的"美洲印第安人"即北美的土著居民……他在这里用这个具体的例子强调自然状态对霍布斯来说不完全是有时被人认为的思想实验——霍布斯相信，那是

---

① 《马克思恩格斯选集》第4卷，人民出版社，1995，第5、33页。
② 〔英〕霍布斯：《论公民》，应星、冯克利译，贵州人民出版社，2002，第9～10页。

一种可能的状态，尽管他并不相信历史上所有的社会都得从这种状态开始。的确，如果那种状态——如果他是那种承担不可能存在的状态，[比如像] 罗尔斯所预设的"原初状态"——那么，它就会失去作为一种构成威胁的东西的力量，而正是对这种东西的顾虑使我们去服从自己的主权者。①

可以发现，这段论述讲的"我们现今的世纪可以美洲印第安人为这方面的例子"中的"这方面"，指的是"战争因为争斗者的平等，不可能以战胜而终结"；这段论述讲的"我们现今的世纪"，指的是霍布斯生活于其中的 17 世纪的英国，说的再具体一点就是正在发生内战的 17 世纪的英国；因此，"我们现今的世纪可以美洲印第安人为这方面的例子"，指的是在当时英国内战出现的"一切人都被允许为所欲为的状态"，可以以当时美洲印第安人的生活状态为例。从这段论述我们还可以推断，霍布斯这里讲的"一切人都被允许为所欲为的状态"，也就是他后来在《利维坦》中讲的"自然状态"，由于这种状态既可出现在"现今的世纪"，即出现在 17 世纪的英国，也可出现在 17 世纪的美洲印第安人之中，因此，如果姚大志是以霍布斯的这段论述为依据，那他的看法，即"自然状态"是国家产生之前的原始时代和 17 世纪美洲的印第安人就处于"自然状态"之中，便是不能成立的。

在第二段论述中，塔克明确讲了，霍布斯给出了这种情况的一个例子，即"'现今世纪'的'美洲印第安人'，即北美的土著居民"，并认为霍布斯用这个例子强调，自然状态对他来说"不完全是有时被人认为的思想实验"，而是一种可能的状态。姚大志的看法也可能来自这段论述，由于霍布斯讲的"现今世纪"指的是 17 世纪，因此，"现今世纪"的美洲印第安人可以理解为 17 世纪的印第安人。然而，这段论述也不能作为姚大志看法的依据。这是因为，第一，塔克认为，霍布斯在《论公民》中只是用"现今世纪"的"美洲印第安人"，作为"人口稀少、未予开化、短命、贫穷而简陋，他们缺乏和平和社会所提供的所有那些让生活舒适和便利的东西"这种情况的例子。因此，从塔克的说法既推不出"自然状态"是"国家产生之前的原始时代"，也推不出 17 世纪美洲的印第安人就处于"自然状态"之中。第二，塔克认为，霍布斯用北美的土著居民这个具体的例子，是强调

---

① 〔英〕霍布斯：《论公民》，应星、冯克利译，贵州人民出版社，2002，第 260～261 页。

自然状态对他来说不完全是有时被人认为的思想实验，而是一种可能的状态，但霍布斯并不相信历史上所有的社会都得从这种状态开始。因此，从塔克的说法也既推不出"自然状态"是"国家产生之前的原始时代"，也推不出 17 世纪美洲的印第安人就处于"自然状态"之中。

姚大志的说法不能成立，也可以从霍布斯在《利维坦》中涉及自然状态的相关论述中得到证实。霍布斯在《利维坦》虽然多次谈到自然状态，但从不提及"美洲有许多地方的野蛮民族"的情况，更不用说 17 世纪美洲的印第安人的情况了。

我对陈建洪和姚大志的看法提出质疑，是因为他们的看法不仅与霍布斯本人的论述明显相悖，而且还是对他提出的"自然状态"的严重误解。前面表明，无论是陈建洪还是姚大志，他们实际上都把霍布斯讲的自然状态，看作对国家产生之前的人类原始时代的经验概括，只不过陈建洪认为"美洲有许多地方的野蛮民族"是自然状态的"历史事实基础"，姚大志认为 17 世纪的美洲的印第安人是自然状态的例证。然而，在我看来，"自然状态"只是霍布斯基于 17 世纪英国内战而做的一种思想实验假设，即让人们设想在文明社会中政府（国家）一旦解体或被推翻，人类的生活状况将会怎样。进而言之，他假设了一种不存在政府的自然状态，并通过思想实验表明，在这种状态下文明社会必然会陷入战争状态，人类的生活必然会陷入野蛮残忍的状态，因此，政府（国家）的存在是绝对必要的。这里需要指出，霍布斯写作《利维坦》一书的主要目的，是试图将英国从当时的内战危险中拯救出来。因此，他讲的处于"自然状态"的人，实际上既不是陈建洪讲的"美洲有许多地方的野蛮民族"，也不是姚大志讲的"17 世纪的美洲的印第安人"那样的尚未进入文明社会的人，而是处于文明社会中的人，特别是17 世纪正处于内战时期的英国人。霍布斯的"自然状态"是为了论证国家存在的必要性而在头脑中设计出的一种假设状态，换句话说，是其在思想实验中做出的一种假设。当然，同所有的思想实验一样，霍布斯假设的"自然状态"虽然在现实中无法得到检验，但它绝非是凭空的虚构，而是一种完全可能的事态。也正因为如此，他的"自然状态"的假设，至今仍是国内外学界研究国家权威的合法性的一个重要思想资源。

原载《世界哲学》2019 年第 5 期，由易美宇根据原文压缩。

作者单位：中国人民大学哲学院

竞争的矛盾、规律与私有制的不道德性

——青年恩格斯基于竞争视角的私有制批判理论及其评价

唐正东

 青年恩格斯在《国民经济学批判大纲》（以下简称《大纲》）中把竞争作为私有制批判的切入口，并深入竞争的矛盾、竞争的规律等理论层面，这一方面体现了他与同时期的德国左派（青年黑格尔派）哲学家相比，在批判理论的视域上深入产生个体与类的矛盾的现实社会关系即竞争关系的层面上。但另一方面，停留在竞争的理论层面上来展开私有制的批判理论，这本身也说明恩格斯此时在解读竞争的内涵时还没有突破经济学的视域，还没有深入现实社会历史的维度中。因此对恩格斯的这一段思想史的考察，就是为了清楚地辨析其批判理论的真实发生过程，从而对他与马克思一起建构的历史唯物主义理论的本质内涵有一个更为清晰的了解。

一　竞争是私有制不道德性的极点

 我们知道，对资产阶级政治经济学来说，自由竞争是一个非常重要的核心概念，正是它才促成了商品的交换价值从买卖者的主观判断向实际的生产成本的转变。青年恩格斯清楚地指出了竞争的不道德性及可恶性，而且他还把竞争的这些消极特性与私有制直接联系起来，把它们看作是私有制的直接结果。这就说明了恩格斯此时已经抓住了古典经济学家在自由竞争的解读上出现错误的最根本原因，即对作为竞争关系前提的私有制本身缺乏批判的眼光。在这一意义上，我们可以说，青年恩格斯此时已经从前提和内涵的层面建构起了对资产阶级政治经济学的批判理论。而且，即使是把他与同时期的其他左派思想家相比较，我们也可以发现，青年恩格斯此时的解读思路及思想观点都是比较深刻的。

譬如，德国青年黑格尔派思想家赫斯尽管也批判了现实生活中的小商人世界，但他的批判思路更多地停留在对个人的利己主义实践中所体现的个体与类的矛盾的关注上，而不是从唯物主义的角度对私有制本身的局限性（如呈现在私有制社会表面的竞争关系的不道德性）展开剖析和揭示。而法国的空想社会主义者勒鲁在《论平等》一书中虽然谈到了竞争关系的问题，但遗憾的是，他无法清楚地解读资本主义私有制的内在运行机理，因此只能得出并不存在真正的竞争的结论。

相比而言，布雷中不仅指出了竞争关系的危害性，而且还把导致这种有害的竞争关系的根源直指现存的私有制度，但他的问题是没能把私有制度的解读放在社会历史过程的维度中来加以推进，这导致他只能停留在不平等的交换关系的层面上来定位和批判资本主义私有制。汤姆逊在谈到一切劳动产品应该由产品的生产者所有的时候，引进了生产的线索，但是汤普逊的这种生产线索只具有功利主义的维度，而不具有社会历史过程的维度，因而它在促进汤普逊对私有制本质之解读力度上收效甚微。

而青年恩格斯此时明确地把竞争放在生产分裂的结果或表现形式的维度上来加以理解，并把这种生产分裂直接与私有制联系起来，这也让他具备了在私有制批判的方法论上向唯物史观转变的更大的可能性。在私有制批判问题上，青年恩格斯一方面已经超越了德法的空想社会主义者，具体表现为他已经专注于对现实竞争关系的解读，并把它上升到了私有制批判的层面上；另一方面，他凭借着从生产要素的对立性或矛盾性的角度所展开的对竞争关系的不道德性的分析，在解读思路上也超越了英国的空想社会主义者，虽然恩格斯此时在对竞争关系的经验性认知上的确受到了他们的影响。但是此时恩格斯所指认的私有制条件下的竞争关系，反映的是生产过程中土地、劳动、资本这三重要素之间及其自身内部的分裂。这种解读框架的搭建本身已经彰显了他在私有制批判理论上的超前性。

二　竞争的矛盾与私有制本身的矛盾是一致的

在提出了竞争的不道德性之后，青年恩格斯把阐述的重点转向了对竞争的矛盾的解读上。恩格斯把竞争的矛盾理解为个人利益与普遍利益之间的对立，而没有能从竞争与生产发展之间的矛盾的角度来解读竞争的内在矛盾。究其原因，我认为，恩格斯此时还没有把对作为生产要素之分裂和对立的竞争关系的思考，提升到工业革命与社会关系的发展史、工业与市民社会的发展史的层面来加以理解，在缺失了客观历史性解读思路的前提下，青年恩格斯在对竞争的矛盾的理解之总体思路上只能走向费尔巴哈哲学维度上的个体与类之间的矛盾。尽管他对这种矛盾的理解也可以呈现出历史性的特性，即从个体与类的矛盾向个体与类的统一的发展过程，但这只是人性的发展史，而不是现实生产过程中内在矛盾的发展过程。正因为如此，当他从个体与类的矛盾或者说个人利益与群体利益的对立的角度来审视竞争的矛盾时，他只能从个人利益的贪婪性、分散性、偶然性的角度来经验性地展开对竞争关系矛盾性的解读，而不能把个人利益放在历史性的社会关系的维度中来加以考察，并找到决定个人利益特性的现实社会关系的历史性特征。由于同样的原因，当青年恩格斯面对竞争问题时，他还不能区分重商主义条件下的竞争与工业资本主义条件下的竞争之间的不同。竞争对于他来说，目前只是一个笼统的、非历史性的经验对象。

由此，青年恩格斯此时关于竞争的矛盾的思考便只能沿着经验性的层面加以展开。于是，竞争中个人利益的贪婪性、偶然性与群体利益的一致性及与人性相符合的特征之间的矛盾便自然而然地成了他关注的焦点。个人利益既造成了人的非人性，又通过贫富悬殊的中介而导致了消费者的消费能力的不确定性，从而很容易导致生产力的过剩。正是在这一意义上，恩格斯说："竞争关系的真谛就是消费力对生产力的关系。"[1] 尽管我们指出了青年恩格斯此时对竞争关系的思考还缺乏现实历史性的维度，但应该看到，他在经验性的维度上对竞争的解读思路，已经远远超过了英国空想社会主义者的理论层面。可以说，青年恩格斯此时在解读方法论上的妙处就在于：他虽然的确受到了费尔巴哈哲学层面上的个体与类的矛盾思想的影响，但他并没有像德国哲学家赫斯那样停留在这一哲学层面上，而是把它转化成了社会经济层面上的个人利益与群体利益之间的矛盾。而正是这种转化，使青年恩格斯既摆脱了德国青年黑格尔派的唯心主义理论特征，又通过借鉴德国哲学中的现实超越性维度，初步摆脱了英国空想社会主义者在解读思路上的经验主义特性。这是青年恩格斯在私有制批判理论的建构上能取得重要成就的关键原因。

---

[1]　《马克思恩格斯全集》第 3 卷，人民出版社，2002，第 462 页。

三 竞争的规律只是一种纯自然的规律

在谈完了竞争的矛盾之后，恩格斯在《大纲》中还谈到了竞争的规律问题。不同于斯密在肯定的意义上谈论市场价格的波动规律，恩格斯此时是在否定的意义上解读竞争的规律的。而导致这种区别的原因就在于两者不同的解读思路上。

斯密是站在经验性的社会唯物主义立场上来展开其思路的，因而，他关心的是通过自由竞争这一社会化的经济过程，商品的市场价格是如何围绕价值而不断波动的。对于他来说，任何一个人都只是作为商品的买方或卖方而存在的，他们不是无意识的被动性客体，而是积极为个人利益谋划的经济主体，但社会化的经济过程像一只看不见的手那样会给其经济行为建构出相应的规律，如市场价格的波动规律等。

不过，青年恩格斯此时显然还达不到这样的解读层面。他事实上还无法理解斯密的那种经验性的社会唯物主义思路。正因为如此，青年恩格斯此时只能从个体实践的角度来理解斯密在社会唯物主义层面上所说的市场价格的波动规律。在我看来，这是他把市场价格规律理解成经济主体之间的竞争规律的真正原因。

青年恩格斯在缺失社会化经济过程的思路的前提下，仅从个体实践的角度来理解竞争的规律，导致他把这种竞争的规律仅仅理解为一种纯自然的规律，这种从自然与精神的二分法的角度来解读竞争规律的做法，显然反映了此时的恩格斯在解读思路上的确还没有进入斯密的那种经验性的社会唯物主义的层面，当然更不要说后来形成的历史唯物主义的理论层面了。虽然我们不能因为他用了"纯自然的规律"的概念就简单地指认他在谈论供求关系时脱离了社会关系的维度，但可以肯定的是，青年恩格斯此时对作为社会形式的供求关系即他所谓的竞争的理解还是很不够的。实际上，青年恩格斯要想在资本主义批判理论上走向历史唯物主义的层面，那就必须批判性地扬弃斯密等人的上述理论，而不是绕开它。而这是他在《大纲》之后的一系列文章和著作中（从《英国状况：十八世纪》开始）所完成的工作。

《大纲》时期的青年恩格斯由于还无法吃透英国古典经济学家的社会唯物主义思路，因而停留在个体实践的角度来谈论竞争规律或供求关系问题。这使他虽然谈到了商业危机的事实，但却只能用人类的不自觉状态这种理由来解释上述事实；同样，他虽然谈到了商业革命甚至社会革命的问题，但只能从经济当事人有意识地作为人这一维度来解释这种社会革命的必然性，显然，此处的论述还带有较为明显的费尔巴哈人本主义哲学的痕迹。

当然，在分析青年恩格斯此时关于竞争规律的观点时，我们也应看到，他的这条基于个体与类的矛盾的人本主义哲学思路也不是不起作用的。虽然它无法帮助青年恩格斯理解并超越斯密等人的社会唯物主义思路，但它能够帮助恩格斯超越社会唯物主义思路的前提，即私有制的天然性与合理性。青年恩格斯此时对这种理论视域的私有制前提的批判，为他下一步在推进生产力与社会关系的矛盾问题研究，尤其是在工业史与社会关系的发展之关联性的研究中，精准地找到社会关系的矛盾本质而不是停留在对社会组织的内涵的经验性描述上，是很有帮助的。因此，对于此时的恩格斯来说，关键是要从私有制批判的视角入手来把握并解读资本主义条件下社会化的经济过程中所蕴含的革命性内涵，而不是简单地走向古典经济学家的社会唯物主义思路，也不是停留在费尔巴哈的抽象人本主义哲学的层面上。

通过上述分析我们可以看出，对青年恩格斯《大纲》的解读绝不是仅仅指出他不同于资产阶级经济学家、已经对私有制持有激烈的批判立场就够了，也不是仅仅指出他已经把辩证法运用到对资产阶级政治经济学的批判以及对现实经济问题的阐述之中就可以了。我们要关注的是青年恩格斯是如何一步一步朝着历史唯物主义辩证法的方向发展的。这便给我们的学术解读提出了更高的要求，我们必须一点一点地梳理恩格斯在辩证法与唯物主义这两个维度上的思想发展过程。只有这样，我们才能真实地把握青年恩格斯的哲学发展道路。

原载《马克思主义与现实》2019 年第 5 期，由丁颖根据原文压缩。

作者单位：南京大学哲学系，南京大学马克思主义社会理论研究中心

不完全契约、效率与信任

陆晓禾

如果市场交易是最优的，为何大量交易在企业内部进行？罗纳德·H. 科斯认为，这是因为市场交易成本与企业内部交易成本不同，产权具有降低交易成本的作用。但交易成本是什么、怎么产生的、由什么来决定？奥利弗·哈特（2016 年经济学奖得主）认为，这是因为契约（合同或合约）不完全（即会发生合约中没有规定的情况），因此提高效率的关键，是把处理契约中没有详细规定情况的那部分权力即他称之为的"剩余控制权"及其决定的"剩余收入权"，都放到同一方所有者手里。本文认为，现实已经是：控制权与所有权分离了，交易要考虑的不再是单一的所有者了；在原来投入产出的企业模式中沉默的或隐性的在场者，已经通过利益相关者理论及其实践走到前台而成为显性存在了。应该看到，现代企业和产权的现实变化，已经突破了传统的控制权、产权概念，而提出了具有挑战性和重要现实意义的新课题。最近几十年经济伦理理论和实践的发展以及中国的创新实践，已经提供了对哈特因而科斯问题以及中国国企改革的值得重视的新视角。

根据哈特的研究：①把对企业资产的剩余控制权和企业的剩余收入权都放在同一方的手中，是有效率的，换句话说，之所以没有效率，是因为剩余控制权及其决定的剩余收入权不明晰；②就中国来说，哈特认为，中国国有企业中的经营者被授予很大的控制权，但不能拥有企业的收入或利润流——它们属于政府，尽管西方企业的经营者也不能拥有企业的收入或利润流，但他们通常拥有企业的股票或认股权，后者把他们的报酬与企业的长期绩效联系在一起了。

本文认为，中国国有企业经过现代企业制度改革，现在国有企业的经营者也有股票或认股权，所以哈特对中国国有企业改革的评论，应该回到对他的理论和留下问题的进一步分析研究上，而不能简单搬用。

首先，哈特的理论的实践主张是否因为所有权与经营权的分开存在效率问题从而激励机制问题，所以需要两权重新合一呢？如果是这样，那关键是，合一到谁的手里？资产所有者手里还是经营者手里？按上述他对中国国有企业改革的观点和国内经济学家的主张：私有化、非国有化和公司化，显然不是合一到国有资产所有者的代表即政府那里，而是合一到国有企业的经营者（下级政府相对中央政府来说，也是经营者）手里，也就是全部合一或者说转移到经营者手里，那么这与他的理论对于西方的主张即合一到资产所有者而非经营者手里，恰好是相反的。

其次，由于所有权与经营权分开，所有者成为投资者而非实际经营者或管理者，因此哈特的理论主张如果付诸实践，那么实际上是全部归经营者或管理者而非所有者，因而他的理论实质上代表的是管理者的利益而非资产所有者。这样一来，不仅与他的理论主张（放到同一方所有者手里）相反，而且按他的现实主张则成了新一轮的所有权与经营权合为一体了，不过这一轮是要求集中到经营者管理者的手里。但是，在现代两权分离之前，19 世纪的资产所有者不同时也是管理者（身兼所有者与经营者）吗？这样，所有权关系就再次循环，不过这次是集中到经营者手里。由此来看，他的主张不仅与现实的分离运动相反，而且要求的是剥夺国有企业的所有权，至少在中国国有企业的情况下是如此。

哈特的理论，对西方有用吗？美国管理学家彼特·德鲁克早在 20 世纪 80 年代就回答了这个问题："巨额报酬（认股权）与公司的绩效之间并无多少关联。一些公司付给高管的报酬远超过一百万美元，却办得很糟糕。有的 CEO 在将蓝领员工的工资削减 30% 的同一年里，却利用职权付给自己数百万美元的红利。"[①] 这就是管理经济的问题，即为谁管理的问题，为所有与企业生存发展相关的群体、为社会，还是为少数高管而管理？

再次，中国现在经过现代公司制度改革，国企改革抓大放小，大的所有权与经营权分开，同时实行股权制；小的 MBO（Management Buy-out），由管理者购买。2016 年"在中国正迎来改革开放第三轮国企改革浪潮之际"，

---

① 〔美〕彼得·德鲁克：《管理的前沿》，许斌译，企业管理出版社，1988，第 136~137 页。

哈特对"到底谁应该拥有控制权"这个问题，在前述三个办法之外，进而提出了"双重股权结构，即一部分股权由公司内部人掌握，另一部分在公开市场中销售"。① 笔者认为，由于股票分散持有的情况，如 A. 戈登早在70 年代对大公司的研究，"一半以上是常见的少数人控制方式，而另外百分之三十四的对象则由于股票极其分散，以至于经理人员能够为所欲为"。② 所以，哈特的这个双重股权结构对于国有企业改革（"抓大放小"后，剩下的是大型国有企业），实质上仍然是将股权、产权、资产控制权交到经理人手里。暂且不论所有权转移的伦理正当性，交到同一方手里，或者说交到管理层手里，使他们成为剩余控制权和剩余收入权者，并不能解决管理经济的问题。西方的实践结果和教训，我们应该借鉴。

最后，无论是前述哈特 2006 年所赞成的"私有化、非国有化和公司化"三种办法，还是 2016 年他新提出的"双重股权结构"方案，都存在管理经济的问题，会产生马克思所说的"社会资本为私人生产"即以权谋私的问题。不仅公众公司、国有企业或银行这样的社会资本，而且社会治理这样的公共权力也可以发生"为私人生产"的问题。因此，效率、激励机制，并不能成为国有企业改革的唯一根据。

让所有利益相关者都发声，而非仅仅归于所有者或仅仅归于经营者或管理者，基于的是所有涉及的权利和利益。用到现实的情况，就会是，例如，合同签订时，听取所有相关方声音，当然仍然会是不完全合同，而现在，按笔者上面的分析，对于不完全合同的剩余控制权和剩余收入权，就会是所有相关方了。从经济学角度看，特别是短期来看，民主的方式通常并不是很有效率的方法。但是，这并不是否定民主的和权利的方式的理由，因为效率只是处理经济问题的一个重要标准，并非唯一的标准。企业是社会组织，是在社会中进行生产的组织，所以它现在已经不可能仅仅考虑效率问题，而是需要考虑利益相关者、价值观和社会问题了。那么，是否还有其他的办法，既是利益相关者的观点又有效率呢？

美国学界曾讨论过信任问题，笔者认为可用来思考本文这里的问题。经济伦理学教授金黛如（Daryl Koehn）分析了三种信任（基于计算的、了解

---

① 《诺奖得主哈特谈中国国企改革：到底谁应拥有控制权？》，《澎湃新闻（上海）》2018 年 5 月 13 日。

② 〔美〕本·巴鲁克·塞利格曼：《美国企业史》，复旦大学资本主义国家经济研究所译，上海人民出版社，1975，第 504 页。

的和认同的），主张基于认同的信任，因为这种信任不需要合同，或者说是最完全的合同，也可以说是最有效率或最少交易成本的路径。不过，由于今天更大范围的是陌生人市场，所以现实生活中，更广泛和通行的还是基于计算或合同的信任。

这样看来，既不能无视在哈特不完全契约和剩余控制权概念之外的利益相关者理论和实践的发展现实，又不能在利益相关者之间广泛建立最有效率或最完全的合同的认同信任，那么哈特的不完全契约及其剩余控制权和收入权的方案，在微观层面就仍然会被作为简单易行和有效率的方案。更严重的还在宏观层面尤其国企改革方面，已经、正在和还将造成国有企业所有权的虚化、转移甚至消失，将国有转为地方有、企业法人有、高管有。这就是不完全契约这一看似简单的经济现象所涉及、引出和提出的严峻问题、困难和挑战。

值得注意的，也是一个看似简单的经济实践，为我们提供了一个值得研究的线索：中国的支付宝和淘宝，不仅仅用合同，还用支付中介；不是用熟人，而是用用户评价；不是仅仅依靠"霸王条款"的商家剩余控制权和收入权，而是尊重作为利益相关者之一的消费者的权益，将不完全合同发生的问题交由双方协商解决，某种程度弥补了不完全合同的剩余控制权问题。

综上，我的主张是，对不完全契约问题的多元综合配置方案，而非仅仅权力配置，甚至私有化配置。最近几十年经济伦理理论和实践的发展以及我们的创新实践，已经和正在提供对哈特因而科斯问题的某种新的可能更为合理的探索和经验，也是我们中国学者自己应该珍视和总结的。

原载《云梦学刊》2019 年第 1 期，收入本书时有改动。

作者单位：上海社会科学院经济伦理研究中心

论道德与资本的逻辑关系

王小锡

道德与资本是相辅相成的关系。资本的本性与道德力量不仅不相抵触，而且互为支撑，资本的科学运动需要道德，道德价值与资本理性目标一致，且有着不可分割的逻辑关联，道德价值和资本理性在资本运动中实现统一。因此，道德是经济活动中的重要精神资本，道德也是资本。

我在已经发表的系列著作和文章中，从不同角度阐述了道德资本的存在依据、道德作为资本的基本特点和价值增值作用、道德资本的实践与评估指标、道德资本与资本，尤其是与马克思的资本概念的区别与联系等，同时对学界同仁提出的相关质疑给予了学术回应①。现就道德与资本的逻辑关系做探讨，试图进一步说明。

一 资本的本性与道德力量互为支撑

资本的本性是为了获取更多的利润，这并非就意味着它与科学意义上的道德相悖。就资本一般意义上来说，它是指投入生产过程并能带来更多利润的物质和精神条件，是一种能使价值增值的能力。

资本的本性与道德力量不仅不相抵触，而且是互为支撑的。资本投入生产过程就是为了获取更多的利润，而要实现利润的增加，资本要紧随生产过程不断地运动，即要有生产产品过程，要有销售行为过程，要有与利益相关

---

① 参见拙作《道德资本与经济伦理》（人民出版社，2009）、《道德资本论》（译林出版社，2016）。

者的利益分配和协调过程等。然而，这些获利的必经过程顺畅与否，与讲不讲道德之关系十分密切。所以，资本需要道德，资本的运动需要道德的参与。而且，资本的力量和资本的效益往往不取决于企业产品的科技含量，而是取决于对用户的责任心渗透到经济行为及其产品中的程度，即取决于作为企业核心竞争力重要因素的产品的道德含量。①

有人认为，在物欲横流、不法商人常以非法手段获得不义巨财的社会，一切绝对、终极、超越性的东西几乎已在贪婪下化为乌有，人已沦为物的工具，此时，再鼓吹将道德变为资本与手段，只会使社会愈益沉沦于迷惘之中。这种所谓的"道德"是不法、缺德之徒恶行的"遮羞布"，是缺德行为。这正是需要我们用适应时代要求的道德去谴责、制约和引导的，也是我们提出道德资本理论的真正目的之一②。

二　道德目标与资本目的相向而行

资本的目的与资本的本性相一致，即资本投入生产过程就是为了获得更多利润和效益，这是毋庸置疑也是不须回避的。事实上，资本存在的价值就是赚钱甚至赚更多的钱，其本身没有问题。问题是资本是在什么经济制度下的资本，资本的目的是什么，资本运动中的手段又是什么等。马克思揭露的资本主义条件下的资本，其从头到脚每个毛孔都滴着血和肮脏的东西，它是不道德的代名词。社会主义条件下的资本是在公有制经济制度下坚持理性投资的资本，它可以在制度引导和约束下为正当获利而投资，为没有剥削和压迫的扩大再生产而投资。换句话说，在社会主义制度下，赚钱既是为了自身利益，也是为了社会利益，更是为了经济社会未来发展的利益。

当然，资本的本性决定了它最终要赚钱，然而，在经济社会制度尚在改革完善的过程中，在人们的思想道德觉悟还处在需要提升的过程中，换句话说，资本在运动过程中还有脱轨的危险，这就需要道德觉悟的提升和必要的道德手段的约束。这说明，资本的良性运动不仅需要道德引导，更需要道德的约束。所以理性资本与道德同在。这就是说，在社会主义条件下，不存在

---

① 〔荷〕丹东尼·安德里森，勒内·蒂森：《没有重量的财富——无形资产的评估与运行》，王成等译，江苏人民出版社，2002，第52～67页。

② 我提出并论证的道德资本及其作用的观点，参见拙作《道德资本论》（译林出版社，2016）、《道德资本与经济伦理》（人民出版社，2009）。

与道德无关的资本，也不存在与资本不融的道德。

其实，道德的目的与资本的目的是一致的，只是存在的形态和特点有区别而已。曾经有人批评我谈道德资本和道德与赚钱的逻辑关系，是亵渎了神圣的道德，并振振有词地认为，说道德也可以是资本、也可以帮助赚钱，是荒谬的理论观点①。总之，道德觉悟和道德境界与物质效益和最终要展示物质效益的精神效益是一致的，离开这一理念谈道德的神圣、道德的觉悟和境界都只能是空谈。

不要说道德应用于生活、道德应用于经济是价值理性和工具理性的统一，是客观现实，就是纯理论层面也不可能谈经济而忽视道德，谈道德而脱离经济，要是这样，那就是典型的科盲。阿马蒂亚·森指出："就经济学的本质而言，我们不难看出，经济学的伦理学根源和工程学根源都有其自身的合理成分。但是，在这里，我们想要说明的是，由'伦理相关的动机观'和'伦理相关的社会成就动机观'所提出的深层问题，应该在现代经济学中占有一席重要地位。"② 他进而强调说："经济学问题本身就可能是极为重要的伦理学问题。"③ 既然伦理学和经济学关系这么密切（客观也是如此），那么，这两种学科一定是建立在现实的道德与经济的密切关系基础上的，故在理论和现实的研究上，提出并论证道德的经济作用、道德可以帮助获得更多利润是题中应有之义。如果在经济学中只研究抽象的、虚幻的道德，那缺乏道德行动和道德评判的经济学还有说服力吗？经济学只有更多、更明确地关注影响人类行为的伦理学思考，关注道德的实际影响和作用，才能变得更有说服力④。

有人质疑说，如果道德能帮助获得更多利润，那封建道德、资本主义道德或腐朽没落道德也能帮助赚钱？这里的问题是，所有不顺应时代潮流甚或逆社会进程的道德是我们习惯理论思维中的道德吗？⑤ 不知道持这种观点的

---

① 针对一些对我的主张持批判态度的观点，我已经在《"道德资本"何以可能——对有关质疑的回应》（《哲学动态》2013 年第 3 期）、《道德资本论》（译林出版社，2016）等文章和著作中做了回应和反批判。

② 〔印度〕阿马蒂亚·森：《伦理学与经济学》，王宇、王文玉译，商务印书馆，2000，第 12 页。

③ 〔印度〕阿马蒂亚·森：《伦理学与经济学》，王宇、王文玉译，商务印书馆，2000，第 16 页。

④ 〔印度〕阿马蒂亚·森：《伦理学与经济学》，王宇、王文玉译，商务印书馆，2000，第 15 页。

⑤ 当然，严格意义上来说，"道德"是中性词，它可以是腐朽没落之道德，也可以指进步之道德，即是说，可以进行善恶评价的行为都是"道德的"行为。然而，我们的思维习惯或基本的思维定式认为，道德指的就是善德即科学的道德、进步的道德。

人谈的是何种伦理学，那种把各种本质不同的道德观念混为一谈，并且把封建道德、资本主义道德或腐朽没落道德在现时代的负面作用作为否定符合社会发展进程的道德的具体的促进经济社会发展进步的理由，是违背常识的理论纠缠。说实话，在现时代，资本的理性投资需要适应时代的道德即科学道德的支撑，更需要科学道德作为精神资本去激活和引导资本的高效运动并获取更多利润和效益。

三　道德价值与资本理性目标一致

资本的投资是自由的，然而，在哪里、向何项目投资，投资的目的是什么，实现资本目的的手段是什么等，这是投资者不得不考虑的问题，至少，赚钱是投资者的资本投向引导及基本目的。所以，资本投资是有"限制"的。

社会主义条件下多种经济成分并存，公有制是主体。这就决定了资本投资一定要符合社会主义制度理念和经济要求并不断趋于理性，这就一定内含道德的引导和协调，必要的时候需要道德来制约或纠正资本的非理性行为及其发展趋势。也就是说，资本需要道德，资本不能没有道德。道德是资本的不可或缺的精神要素，或者说道德是精神资本。资本唯有通过作为精神资本的道德的作用，才能实现资本运动的基本目的。

作为精神资本的道德，它不是为道德而道德，它其实也是为帮助获取更多利润而存在于生产过程中。而且，在生产过程中，道德本身也是直接影响产品质量及其后来销售速度和市场占有率的重要因素。所以，在经济领域，道德的价值始终体现在资本目的的实现过程中，否则，道德就没有在经济活动中存在的理由。不过，经济活动如果忽视甚至排斥道德，那经济一定是非理性经济或畸形经济。进而言之，研究经济活动的经济学，如果不研究经济活动中客观存在的道德内涵，就一定是不完善的经济学，换句话说，道德一定在经济活动中发挥着不可或缺的重要作用，经济学必须正视之。正如罗卫东所说："作为对经济现象进行研究的经济学，它的最高境界无非是在理论上再现具体。它的逻辑体系只是现实世界的运行逻辑的影像，道德内生于经济活动这种客观的事实决定了关于某种道德观或基于某种道德的行为假定内生于经济学的事实……因此说经济学把道德作为外生变量和既定前提的说法是难以成立的。"① 因此，道德价值一定体现在理性资本中，道德价值和理性资本或资本理性是一致的。说到底，道德也是资本。

结　语

所谓道德，即道得于心，道内化为自觉自由的意志。此处，人的自觉自由是关键。道德是精神属性，是心灵境界，是抽象的主观存在。它不是实体，不是具体事物，具体存在的只是道德行为。历史唯物主义视角下，道德当然体现为人的精神的立身处世之应当，是道德之本体，但道德也当然是依据应当的行动本身，是道德本真。马克思曾指出："整体，当它在头脑中作为思想整体而出现时，是思维着的头脑的产物，这个头脑用它所专有的方式掌握世界，而这种方式是不同于对于世界的艺术精神的，宗教精神的，实践精神的掌握的。"② 这说明，思想的、精神的都是对现实的思维和理解的产物，道德尤其是符合历史发展方向的道德，一定是现实社会生活或行动基础上产生的理念，同时也一定是有着应用于现实社会生活或行动的特殊功能和作用的理念，否则，空谈道德是所谓"道学家"的无聊之举。马克思的这一思想对于我们理解道德不能不联系其功能和作用，以及道德与资本的关系等有着十分重要的启迪和指导意义。

习近平总书记说："道不可坐论，德不能空谈。"③ 空谈误德，社会主义道德的目标就是要不断促进人的素质的提高、人际关系的和谐发展，进而不断促进经济社会的发展，这就是社会主义道德存在的依据和价值。

原载《道德与文明》2019 年第 3 期，收入本书时有改动。

作者单位：南京师范大学

---

① 罗卫东：《经济学归根结底是一门道德科学》，《浙江社会科学》2001 年第 5 期。
② 《马克思恩格斯选集》第 2 卷，人民出版社，2012，第 701 页。
③ 《习近平谈治国理政》第一卷，外文出版社，2014，第 173 页。

人的道德自由与劳动自由

汪　璐　刘可风

一　问题的提出

自由一直处在哲学的中心位置，占据了绝对的话语权。对自由的研究可以归结为：思想史考察，即自由的概念史；社会学分析，即自由的社会史。近代德国古典哲学主要是把自由规定为精神上的意志自由，英国古典经济学规定为物化上的经济自由。而谈到道德自由，归根结底还是关于人的自由。如果说道德自由是人的精神层面的思想自由，劳动自由则是人的实践层面的行动自由。劳动作为马克思哲学的核心旨归，是通向自由之路的必然途径。马克思以劳动阐释自由，彻底颠覆了以往西方哲学里贬低劳动的传统，旗帜鲜明地反对仅仅将劳动理解为手段。

二　对自由内涵的基本诠释

自由的含义意味着摆脱支配，免于束缚，进而实现自己选择的权利。自近代以来，行动自由和意志自由占据了主流。霍布斯是行动自由论的主要代表人物，认为人们在行动上除了主客观条件的限制，不受外界的干涉、强制或威胁等。而意志自由是在形而上学的意义上讨论的。康德是典型的意志自由论者，其道德哲学一直为自由辩护。学者们逐渐形成了对自由的两种区分：消极自由和积极自由。在康德的自由观里，消极自由是行为不受外界干扰而自主的选择，积极自由可以诉诸纯粹理性能力。而在康德的必然王国和自由王国里，人作为理性存在者，既是立法者又是服从者。在这种意义上，康德的积极自由就是自律。贡斯当对"古代人的自由"与"现代人的自由"进行了区分。"古代人的自由"以古希腊和古罗马为例，意味着政治自由，即能够广泛参与集体活动的自由，是集体性自由；"现代人的自由"则意味着在现代民族国家中公民拥有个体自由。在贡斯当看来，个人自由是真正的现代自由。伯林认为消极自由是"免于做什么的自由"，积极自由是"去做什么的自由"。伯林认为从积极自由很有可能引发专制主义的危险，因而他支持消极自由而拒斥积极自由。归根结底，自由王国的建立，需要人能够在思想精神上和实践行动上都能够摆脱束缚以达到自由。

三 精神层面：作为"人的自由"的道德自由

古希腊的"努斯"精神和"逻各斯"精神就是自由与必然关系的雏形。"努斯"精神体现了希腊人追求个体自由意识的初步觉醒，"逻各斯"精神实际上是一种理性精神，这种理性主义也渗透在道德自由中。苏格拉底认为道德自由的关键是拥有善的知识。柏拉图却认为人的道德自由就是理性的自由，在他的"理念论"中，理性是人最高的善。亚里士多德认为人的意志自由是道德行动的前提。到了中世纪，人们的道德自由是在上帝的控制下的自由。文艺复兴之后，人们要求把自由看作是最高的价值所在。近代哲学的理性主义传统强调人的主体性，笛卡尔给人们带来了道德主体性的提示。此后，康德和黑格尔的道德自由都将人的主体性一以贯之。到了现代，以萨特的存在主义为典型，直截了当地指认人就是绝对的自由。基于以上对道德自由的历史演进考证，可以把道德自由的基本内涵概括为：道德自由在严格意义上指的是道德条件下的自由，道德束缚下的自由。与道德自由相对应的概念，即道德必然。道德必然是社会中要求主体必须遵循的道德规范和道德原则，这种规范具有不可挑战性。

首先，主体要拥有道德选择的能力，就必须拥有意志自由。意志自由是从心理维度上考察人内心及精神上的自由，它是道德行为的前提。一个人只有是自主的，即自己能够统治自己，才能决定自己在善恶行为之间的选择。若人失去了意志自由，受到了来自外界的强制或操纵，在这种不自主的情况下，即使是做出了善的行为，也不属于道德自由的范围。道德自由作为人的自由，首先就是要保证意志自由的完整性。

其次，在获得了意志自由的基础上，人要有选择的余地和能力。如何提升人的选择能力，这就考虑到客观条件和主观条件。人们实现道德自由时需要具备主观能力和客观能力，主观能力主要是指个人的体力、脑力，以及由感性、理性和价值观组成的观念；客观能力主要是指拥有物质财富、社交人脉等各种资源的多少。能够进行充分自主的选择，才是道德自由的理想与本质所在。

最后，道德自由是建立在道德必然的基础上，与道德责任紧密相关。道德责任是以道德自由为前提。道德的根本宗旨是对行为的约束。人作为社会存在物，在实践活动中形成了人与人、人与自然的关系。在人与人的关系中，道德约束性与道德主体性规定着人作为道德责任的践行者和承担者。而在人与自然的关系中，只有有效地控制好道德责任中的自由与必然的张力，才能保证人们在意志自由的前提下践行道德法则，在道德规范的约束下实现人的道德自由。

四　实践层面：作为"人的自由"的劳动自由

在人类发展的历史上，劳动的含义经历了从消极到积极的变化。在宗教改革之前，劳动被理解为替人们赎罪的报应和惩罚。宗教改革之后，劳动成为积累财富的手段。在经济学的语境下，斯密将劳动和财富联系起来首创了劳动价值论，并始终站在资产阶级的立场，忽视了劳动作为"人的自由"解放意义的一面。黑格尔的劳动本质是在精神劳动的意义上来说的，没有看到人在劳动中异化的一面。马克思重新建构了"自由劳动"，认为劳动一旦进入社会历史的境遇则分化为两种意义上的劳动：一种是作为手段的谋生活动，即创造社会财富的"生产性劳动"；另一种是成为目的本身的自由自觉的活动。

首先，劳动是通向自由的途径。"劳动是整个人类生活的第一个基本条件……劳动创造了人本身。"[1] 马克思说自由的真正实现必须考虑人与自然的关系及以此为基础的社会关系。人可以根据自己的需要改造自然，可以通过劳动建构新的社会关系，通过实践劳动才能获得自由。在马克思那里，时间与人的实践活动、劳动有着紧密联系。马克思的劳动价值论是在社会历史

---

[1]　《马克思恩格斯选集》第3卷，人民出版社，2012，第988页。

性维度和经济学维度的统一，提出了劳动的二重性。在《资本论》中，马克思认为时间是资本主义生产方式得以诞生和运行的重要切入点。马克思将劳动时间分为社会必要劳动时间和剩余劳动时间。劳动者在除了社会必要劳动时间内需要为资本家创造价值之外，剩余劳动时间也被盘剥。自由时间是指劳动者可以自由支配的闲暇时间，以提供个人的自由发展。提高个人的自由时间可以促进人的自由实现，形成强大的力量乃至整个社会的整体解放。这时，劳动时间就可以和自由时间统一起来。

其次，"自由劳动"成为目的本身和人类的第一需要。通过生产力的高速发展，"劳动"在自由劳动阶段将会成为人们的内心需要，成为展现人的类本质的主要方式，而不仅仅是作为谋生的手段。马克思认为："在共产主义社会高级阶段，在迫使个人奴隶般地服从分工的情形已经消失，从而脑力劳动和体力劳动的对立也随之消失之后；在劳动已经不仅仅是谋生的手段，而且本身成了生活的第一需要之后；在随着个人的全面发展，他们的生产力也增长起来，而集体财富的一切源泉都充分涌流之后，——只有在那个时候，才能完全超出资产阶级权利的狭隘眼界，社会才能在自己的旗帜上写上：各尽所能，按需分配！"[1] 在自由劳动的时代，人们可以根据自己的喜好和需求选择适合自己的劳动方式、劳动强度、劳动状态。因此，劳动时间和自由时间可以高度重合，人们在劳动的时间里能够实现自己的目标，获得劳动幸福感。

概而言之，不论是"道德自由"还是"劳动自由"，从本质上都是关于人的自由。人类需要在两个层面进行努力：其一，在精神层面重塑道德自由，不仅可以提升个人的道德品质和道德意志，而且能够提升整个社会的道德境界；其二，在实践层面追求劳动自由，通过增加人的自由时间为人的自由全面发展提供了现实可能性，进而使人们获得劳动的幸福感。不论是道德自由还是劳动自由，在马克思那里都是现实的自由。正是对现实自由的强烈诉求，马克思提出了人类全面解放的伟大构想。

原载《财经问题研究》2019 年第 9 期，收入本书时有改动。

作者单位：中南财经政法大学哲学院

---

[1] 《马克思恩格斯选集》第 3 卷，人民出版社，2012，第 364～365 页。

涂层正义论

——关于正义真实性的行为哲学研究

陈　忠

城市社会催生了很多现象，涂层就是其中之一。涂层，是指用各种颜色与质地的涂料、装饰材料对建筑、环境进行改造与更新。涂层有其效用和价值，会遮掩问题、提升形象、满足人的某种实用和心理需要，甚至在某种程度上为人们制造了一种完善、仿真的幻象。但只用涂料无法盖起真正的建筑，涂层深处总有真容。涂层的效用与价值终归有限，往往并不长久。或早或晚，或某处或全部，涂层总有脱落的一刻。涂层落处，尽显真容——斑驳甚至丑态。

涂层已经不限于实物性的建筑与装修，而成为社会生活与社会交往中的一种常见现象。当人们以正义的名义从事非正义的行为，当实质行为与正义话语相脱节甚至相背离时，正义就成为一种涂层。以正义为涂层、正义的涂层化、涂层正义，是对正义的盗用，是一种处于被盗状态的正义。把握涂层正义的生成机理，具体厘清正义是如何在文明化进程特别在人们的社会互动中被涂层化、被盗用，对探寻克服涂层正义的可行路径，营建一种更为真实、可持续的正义社会，具有重要意义。

一　涂层正义的“道德”生成

正义已经是一种普遍性的价值共识。在当今世界，几乎不会有人或什么层面的主体会宣称，自己的思想和行为是以不正义、不良善、邪恶为原则。正义不仅是一种话语，更是一种行为。当人们对外要求正义时，标志着人的主体性的成长，特别是以自我为导向的主体性的觉醒，标志着人们已经确认了某种合理性，并开始以这种合理性作为行为与思维的底板。当人们在同自身无关的事件中维护正义时，则标示着主体间性意义上的主体性的生成，标志着人对自我主体性的升华，开始从关注自我走向关注包含自身的社会关系，标示着人们以正义为底板，合理维护社会秩序、进行社会行动。

然而，正义在成为一种一般等价物，一种普遍性的共同价值、价值货币，一种公共性、共识度高的价值标签、价值符号，一种抽象、通用的价值货币的同时，日益呈现被盗用的可能，就像货币的流行会催生假币一样。当黄金成为通行货币时，就会产生用金粉涂层的另类、涂层黄金；当正义成为通行价值时，正义会普遍地被盗用，从而产生涂层正义问题。

涂层正义在当代社会的普遍泛滥，其中一个重要原因，恰恰是人的道德化、道德素养的提升。在西美尔看来，"一个社会的组织永远不会拥有足够的法律和力量，来普遍强迫它的成员们必须采取习俗美德所希望的行为举止，它要依赖后者自愿不去利用它的法律的漏洞。……因此在有良知的人之间可以说存在着一种思想的真空，缺德的人会乘虚而入，从中渔利"。① 何况本来无德或少德之人再披上道德与正义的外衣，就使有道德感，处于道德之幕、正义之幕之中的诸众们往往无所适从、无以应对。

不过，在罗尔斯看来，面对无知之幕，人们会选择道德与正义。"无知之幕使一种对某一正义观的全体一致的选择成为可能。"② 问题在于，道德本身也会成为一种纵容丑行、恶行的道德之幕。人设（人为设置）的道德之幕，如香水一般，混合了个体与社会、自我与整体、个体性与公共性，让人们在社会接触中直接获得人造的公共性，而暂时无法获得"香水"背后的真实。在西美尔看来，"人造香水起着一种社会学的作用，因为它在嗅觉的领域里实现着一种个人的、利己主义的和社会的目的论的综合。……给个人人格增添某种完全非个人的东西"。③ 涂层正义的作用正如人造香水，它使整个社会的道德与价值格局呈现复杂性。一个社会的正常运行、社会秩序的维系，当然需要价值共识，但如果在社会互动中呈现的正义、道德都不是人们的真实意图，而只是一种涂层，那么所谓的价值共识也只能是一种虚设，所进行的社会互动必然是内在高风险、高丛林性的。

---

① 〔德〕西美尔：《社会学》，林荣远译，华夏出版社，2002，第527页。
② 〔美〕罗尔斯：《正义论》，何怀宏、何包钢、廖申白译，中国社会科学出版社，1988，第139页。
③ 〔德〕西美尔：《社会学》，林荣远译，华夏出版社，2002，第493页。

二　涂层正义的"文明"生成

涂层正义作为一种不真实而有社会后果的正义，对社会实在、文明实在的运行有着深刻的影响和危害；同时，涂层现象的生成有其深刻的社会实在论、文明论原因。反思文明史，人类社会一直同时性地具有文明性与丛林性，但在不同的时代情境下，文明性与丛林性之间的张力有差异。野蛮与文明、丛林性与文明性之间的张力及其变迁，是涂层正义生成及变迁的重要文明论原因。正义是人类不断克服野蛮性、丛林性，不断走向文明的历史产物，涂层正义与社会的丛林性相伴生。只要社会的丛林性仍然存在，而人类又向往文明，涂层正义就会存在。

文明早期，正义观念出现。此时的正义是一种秩序正义、等级正义。在这个阶段，正义的涂层性特征或者说涂层化已经开始显现。权力主体作为社会关系中的强势主体，当以正义的名义维护整体秩序时，也同时维护了自身的存在与利益，这其中存在私人性与公共性之间的特定张力。而社会关系中的弱势主体，也开始谋求发现或赋予正义以新的含义，并以正义的名义来谋求自身的主体性，这其中，存在着私人性与公共性之间的一种特定张力。当人们开始以整体性之名、正义这个绝对至上范畴实现、谋求自身利益时，就不自觉地生产了一种涂层正义。可以说，从正义范畴诞生起，就已经出现正义被涂层化的可能。只要个体性与公共性之间存在结构性冲突，只要人类社会的文明性还没能有效压制或取代丛林性，人们就会谋求以公共性之名偷渡私人性、以文明之名掩盖野蛮性，涂层正义也就必然生成。

近代商业与工业的繁荣，推进正义的内涵发生变化，开始从权力正义向权利正义转换，从等级正义、秩序正义向平等正义、效率正义转换。个体获得更大更多的自由与尊严，以人为核心、以个体为导向开始成为人们对正义的要求。这和前现代以权力与秩序为底蕴的正义观相比，当然是一个巨大的进步，但也为个体或某些群体以整体人、人类的名义追求个体及自身利益留下了可能，为正义被进行新的涂层化留下了空间。以人类为借口，以整体为涂层，掩盖自身的野蛮性，追求个体、自身的利益与效用，是正义在近代被涂层性使用、被盗用的一个重要表现。正如马克思和恩格斯揭示的，资产阶级把自身的利益上升为人类利益，但其本质是在掩盖自身的野蛮，追求自身利益的最大化。

当代社会城市化、金融化等的推进，文明发展进入新的阶段，涂层已经成为一种常用而普遍的空间生产方式。在前现代甚至现代社会，人们在空间生产中往往追求内在结构与外在功能的统一，希望生产出的空间具有耐久性，希望营建的建筑、桥梁等空间可以永久存在。但在当代，随着生活节奏的不断加快、市场化的深化，人们在营建建筑时，往往更倾向于追求相对短暂的使用期限，暂时性的赏心悦目，外在形象的美好。所以现在的人们日益喜欢使用各种涂层、涂料，营建出各种涂层化的空间。当代空间生产中的涂层化、表面美好化、深层同构，反映着当代正义的涂层化。正义的涂层化，会使良善之人变形，甚至激活良善之人的野蛮性，使良善之人变成恶人；而以正义为涂层，又是对恶人、人的野蛮性的一种压制，甚至可能使恶人良善化。可见，这种涂层的辩证两面性，为正义的真实化留下了可能。

三　涂层正义的“启蒙”生成

近代启蒙运动的个体化推进，使得涂层正义逐渐成为一种普遍现象。正如康德所说，“启蒙运动就是人类脱离自己所加之于自己的不成熟状态。不成熟状态就是不经别人的引导，就对运用自己的理智无能为力”。[①] “启蒙运动除了自由以外并不需要任何别的东西。”[②] 而人们往往把自觉、自由等同于以个体为核心的主体性。这样一种以个体为本位的主体意识，有其历史合理性、必要性。对于突破宗教权力、帝王权力、宗族权力等所谓的神圣权力，对于抵抗以神圣权力为涂层谋求个体私欲的特权阶层，对于激活社会发展动能、推动社会进步与社会发展，都具有重要作用。

但是，这样一种个体权利至上化、神圣化的主体性路向、价值确认原则，也表现出深层次问题。它等于否认了人们把握整体性、公共性、社会性的可能与能力。在个体本位、私有本位这类观念的控制下，公共性成为一种不需要进入、无法进入的荒地。这在实质上也就否认了人类在长期历史进程中围绕公共领域营建取得的制度与思想成果。社会性、公共性始终是一种必需品。当人们遭遇社会经济整体无序、社会不平等加剧等问题时，会再次希望与诉诸正义，希望更为合理的公共权力、公共领域。一方面，人们希望拥

[①] 〔德〕康德：《历史理性批判文集》，何兆武译，商务印书馆，1990，第22页。
[②] 〔德〕康德：《历史理性批判文集》，何兆武译，商务印书馆，1990，第24页。

有更多的个体性、更多的个体自由，不愿意参与整体事务；另一方面，人们又离不开社会性、基本的社会正义，并希望有人来主持、倡导社会正义。正是这种矛盾状态，为涂层正义的实施者盗用公共性、整体之名、正义范畴以谋求私欲、私利提供了可能与空间。个体神圣性、私有神圣化必然辩证地导致涂层正义的出现。

在普遍的私有、单子、个体意识左右下，涂层正义会逐渐成为一种社会普遍的策略。随着时间的推移，大家认识能力普遍提高，通过数次的吃亏、经历与操练，个人在逻辑上就会发现借用公共性、以社会正义之名是可以获得私利的，这样每个人都可能学会熟练运用涂层正义来维护私利、扩大私利，每个人都可能成为涂层正义的实施者。其结果是社会整体的虚伪化、非真实化，是社会整体性地进入新的以正义为掩饰的丛林状态。每个人都备有一件皇帝的新衣，可以随时拿出来穿上；每个人都有一个充满正气的正义面具，需要时随时可以戴上。社会就此在整体上就成为由人格、精神、价值分裂的个体组成的内在分裂性社会。这样的社会，是一个没有真正凝聚力的松散性社会，一个没有持续创造、创新能力的柔弱性社会。没有重大的外部竞争，这样的社会是有可能维持下去的。可是，这种被深度涂层的社会，必然遭遇外部竞争。面对外部竞争的加剧，这个涂层化的社会，这个以私有、个体为至上神圣观念的社会，这个以社会正义为涂层的社会，必然逐渐丧失竞争能力，沦为世界文明总格局中的边缘社会、失败社会。

四　涂层正义的"行为"生成

从秩序、等级、权力性正义到自由、平等、权利性正义，是正义变迁的基本趋势。在正义的每个阶段，都存在被涂层化的可能。涂层的生成与普遍化，有复杂的社会实在原因，从行为哲学的角度看，有一个不可忽视的问题是：人们是通过什么样的心理进路与行为机制，使自己相信自己是正义的，把自身认证、确认为一个正义的人，让自身成为一个自以为是的正义者甚至正义化身的。为了更深入地把握涂层正义，需要对涂层正义的发生进行更为具体的行为哲学反思、心理机制反省。

涂层正义是不同角色的行动者在复杂环境中共同营建而成的，是涂层实施者与被实施者共同作用的结果，两者缺一不可。对于实施者而言，其选择是理性的，用正义等公器、公共性范畴贩运私货，只要不被发现，综合成本是最低的；但只有实施者，没有被施者客观上的同意与许可，这种以公贩私的勾当也不可能成功。广大的被施者，正是涂层正义生成的丰厚土壤、纵容者。在一定意义上，甚至可以说，涂层正义的被施者自身也是一种涂层正义的实施者。被施者其实是用一种不伤害人、为别人留面子的道德感为自己解脱、涂层自己，或者用一种社会自然会实现正义的放任式的道德观念为自己解脱、涂层自己。这实质上也是一种涂层道德、涂层正义，是用一种自认为合理、无害的道德感为自己的不作为、不行动、不承担进行涂层。在这个意义上，实施者、被施者都是涂层正义的成就者。

从社会行为学的角度看，涂层活动、涂层正义是一种社会性、集体性的社会互动过程、社会行动结果。涂层正义的历史与现实存在，深层地反映了涂层正义的实施者及被施者在财富、资源、机遇、信息等方面的不均等、不平等。涂层正义的实施者往往是那些具有相当社会资源、社会权力的主体，他们在社会互动中往往拥有更多的信息、更完备的社交网络、更丰富的社会资源等，当然也往往拥有更为坚定的自我至上、个体至上的意志与信念，且拥有更多的既得利益，所以往往是社会互动中的主动方；而涂层正义的被施者，则拥有相对较少的信息、网络、财富等资源，所以往往在社会互动中处于被动的地位，是社会互动中的被动方。

不平等、不均等目前仍是社会互动中的重要常态。问题在于，这样一种不平等的社会关系、社会互动，已经在正义的旗帜下被涂层为平等的，并被凝结、体系化为一种以正义为名义设定的相对固定的程序、制度、习俗。实质上的不平等、不道德已经被形式上、表面上平等和道德的机制、体制、秩序所遮蔽、所涂层。而人们又在遵守、维护这种被道德化、涂层化的体制、机制、程序，不去谋求改善这种有问题的制度、机制、程序。这种涂层化的体制、机制、程序就成为一种很难撼动的行为环境、行为文化，从而使涂层正义的被施者、实施者都成为被深层规训的所谓道德人，无力、无意愿挑战、质疑既有体制、机制、程序的所谓的有道德感的人。正是这种深层异化的程序、规则，这种由涂层正义的实施者、被施者共同营建，甚至被神圣化的社会互动机制、社会互动文化，使涂层成为现实。

五　涂层正义的"透明"消解

历史地看，以正义为涂层毕竟是一种社会的进步，比赤裸裸的野蛮与暴力要文明许多。问题在于，涂层追求的往往是暂时、表面的美好，而不是内在坚实与外在美好的统一。涂层往往会掩盖内在的问题，给人虚幻的美好、正义。只要这个社会还有丛林性、野蛮性，只要这个社会的机制、制度还有问题，只要人们还没有克服深层的私有化、个体化倾向，只要公共领域的实现方式还不合理、不够透明，涂层就有继续存在的土壤，在特定的历史条件下，甚至有扩大化、普遍化的可能。充分认识涂层正义，以流动、公开、透明为基本原则，着力推进社会建制、发展机遇等的合理化，对于逐渐减少涂层现象，建构一个更加真实的、可持续的社会，都有基础作用。

其一，打破利益与阶层的显性与隐性固化，营建透明、可流动的差异型社会。涂层正义生成的一个重要原因，是财富、利益、机会、阶层等的显性与隐性固化。避免涂层正义走向深化、正义涂层化不断恶化的一个重要社会实在论路径，就是打破利益与阶层的固化，营建一个财富、机会等虽有差异，但差异可流动、差异透明、流动透明的社会，一个流动、差异、透明三者有机统一的社会。正义不是绝对均等，正义也不是没有差异，而是差异与流动的统一。一个可持续的正义社会、真实的正义社会，既不是一个均等化的社会，也不是一个利益与阶层固化的社会，而是一个差异可流动的社会，即财富、机会等获得方式是公开、透明的社会。营建一个透明的流动差异化社会，一个财富、阶层虽有差异，但差异透明、差异可流动的社会，对从源头上减少涂层正义的生成可能、逐步化解涂层正义问题有基础作用。

其二，提高社会权力与公共领域特别是微观领域公共权力运行方式的规范化、透明化。公共权力不透明、公共权力固化，透明度不高、流动性消失，公共权力成为少数人可能永恒占据的特权，是涂层正义、涂层政治生成的重要体制性原因。公共领域、公共权力的规范、透明，需要顶层与基层、宏观领域与微观领域同时推进。对现实而言，推进微观、基层公权的透明、规范，其意义更为重要。反思现实，不少微观领域、具体单位、基层社会单元的权力运行仍存在拟家族化、准家族化的问题。一些基层单元、基础单位往往成为某个强人的私人领地。通过人、财、物、机会等的综合、不透明运作，一些强人牢牢掌握其所在单位、单元的公共权力，把公共权力变成其私人的工具，把其所在单元变成了私人领地，把现代基础组织变成了以其为中心的带有人身依附性的准家族性的单元。打破微观领域、基层公共权力的私人化倾向、家族化倾向、人身依附倾向，对推进社会整体权力的规范化、现代化、透明化，有效克服、减少正义的涂层化问题，有基础意义。

其三，全面理解启蒙精神，减少权利黏性，推进个体权利获取方式的透明化、规范化。涂层正义生成的一个重要原因是启蒙精神的片面推进，把人理解为个体，把主体性异化地理解为个体性、个体权利的神圣、至上。这就需要复兴启蒙精神内含的公共性。在康德看来，启蒙的重要内容是人的主体性成长，但这不是个体性的极端膨胀，启蒙不等于没有社会规范，不要整体性。"自由并不是一点也不关怀公共的安宁和共同体的团结一致的。"① "程度较小的公民自由却为每个人发挥自己的才能开辟了余地。"② 也就是说，主体性包括个体性，但不等于个体性，启蒙不是人的主体性的片面个体化成长，而是人的主体性的全面成长，这种全面成长包括人对世界整体运行规律、对社会整体运行构架的更为自觉的认识，对人之公共性、社会性的自觉确认。私人领域、公共领域具有共生性，片面强调任一方都有问题。启蒙的重要意蕴是明亮、透明，推进权利、个体权利获得方式的透明化，是全面理解启蒙精神的题中应有之义。以非对立思维重构启蒙精神，是克服涂层正义的重要方法论基础。

综上，在一个仍具有丛林性的社会，美好、有价值的东西总容易被盗用。随着市场经济的深化，涂层现象将有一个扩张的阶段，但人们将发现市场性不等于丛林性，真实的才更为持久，这时，涂层现象将会呈减弱趋势。这需要时间，也必然有曲折与磨难，但时间的长久、曲折与磨难，不能成为停止追求真实正义的理由。公开、透明、流动是克服涂层政治、涂层问题的重要原则。只有不断提高社会运行的透明度、流动性，才能真正有效地减少涂层正义。

原载《探索与争鸣》2019年第2期，由张递根据原文压缩。

作者单位：上海财经大学人文学院

---

① 〔德〕康德：《历史理性批判文集》，何兆武译，商务印书馆，1990，第29页。
② 〔德〕康德：《历史理性批判文集》，何兆武译，商务印书馆，1990，第30页。

马克思的劳动正义思想及其当代启示

毛勒堂

深入发掘马克思的劳动正义思想及价值内蕴，深度阐发马克思劳动正义思想的当代意义和启示，对于我们在现代社会伸张劳动价值，彰显劳动者主体地位，促进以人民为中心的当代中国发展实践，皆具有十分重要的意义和价值。

一　马克思劳动正义思想生发的存在境遇

要深入领会马克思的劳动正义思想，首先要考察其生发和出场的时代境遇。其主要包括以下方面。

其一，资本逻辑成为存在之道。英国史学家霍布斯鲍姆在名著《资本的年代》一书中，把 1848~1875 年西方资本主义对全球的扩展、征服和霸权的历史时期称为"资本的年代"。马克思认为，现代资本社会是以人类生产力的进步、社会分工的细化、商品货币关系的不断发展为基础的，是以资本原始积累的血与火的人类辛酸史为代价的。然而，随着资本在现代社会的降临，就开启了以自身为基础和根据的时代——"资本时代"。在资本时代，资本及其逻辑成为社会的基础建制和核心标识，成为时代的总纲领和存在的总原则。在现代社会，资本逻辑取得了全面的统霸地位，本质地构成现代社会的深层逻辑和存在之道。正是基于资本逻辑在现代社会的全面霸权以及工人大众陷入悲惨处境的社会现实，马克思立足工人无产阶级的立场，对资本逻辑主导下的现代社会劳动活动、劳动关系和劳动方式进行正义性批判和追问，由此展开自己的劳动正义之思。

其二，"资本正义"话语粉饰太平。很显然，资产阶级意识形态家把资本主义生产关系看作一种永恒、自然、神圣的生产形式。而作为一个伟大的革命家和思想家，马克思凭借自己锻造的新世界观——唯物史观——走向历史深处，从生产劳动本体论层面深入揭示了社会存在的基础和历史之奥秘，批判了关于资本永恒正义的意识形态谎言。正是在批判资本永恒正义的运思中，马克思的劳动正义思想及其价值取向呈现出来。

其三，雇佣劳动成为大众命运。当资本成为现时代的轴心、资本逻辑成为现代社会的存在之道时，雇佣劳动就成为劳动大众命运般的存在方式。随着资本逻辑在现代社会的日益巩固和全面宰制，雇佣劳动便成为大众的命运，越来越多的人被抛入工人无产阶级队伍，不得不将雇佣劳动作为自己的根本存在方式，过着异化而非人的生活。正是对现代雇佣劳动制度的批判、揭示以及对生存于其中的工人阶级命运的深度关切，构成了马克思劳动正义之思生发的阶级基础。

二　马克思劳动正义思想的四重维度

马克思的劳动正义运思是在对资本主义雇佣劳动制度的非正义性批判以及对自由自觉的劳动正义建构过程中展开的。其主要围绕以下方面展开。

其一，对劳动资料初始持有的正义性检阅。在马克思看来，资本主义雇佣劳动关系的基础就在于资本家侵占了大量的生产资料，使得工人变得一无所有，从而不得不出卖自己的劳动力维生，被迫从事雇佣劳动，遭受资本家的奴役和剥夺，其中充满着奴役和非正义的属性，因此是需要废除和消灭的劳动制度。这是马克思为自己确立的思想主题和革命任务。为此，马克思通过深入的历史考察，揭示了资本主义私有制的来历，并在对资本原始积累的批判考察中揭露了资本家在初始占有生产资料过程中充满暴力和血腥的掠夺，指认资本家阶级在初始劳动资料占有上的非正义性，并在此基础上提出了消灭资产阶级所有制和"重建个人所有制"的共产主义革命目标和行动方案，表达了自己关于在未来共产主义社会中实现劳动资料公有共享的劳动正义思想。

其二，对劳资交换实质的正义性检审。马克思对劳资交换正义性的检审并不仅仅停留在流通领域和形式公平中，而是越出商品交换领域的范围，分析劳动力成为商品的历史前提，考察生产领域中的劳资关系，揭示出资本主义生产关系中劳动与资本交换之间实质上的不公平和非正义性。对于如何超越资本主义生产关系中存在的劳资不平等和非正义性质，马克思认为在根本上是要通过大力发展生产力来消灭资本主义私有制和雇佣劳动制度，从而使交换正义真正成为现实。

其三，对劳动活动情状的正义性检讨。马克思对劳动的意义和价值的认识并不停留于此，而是上升到哲学层面深刻揭示劳动对于人及其社会历史的本体论意义。马克思认为，劳动不仅创造和形塑了人，而且创造了社会历史，因而劳动是人之为人的基础存在方式，是社会历史的深刻本体。然而，在资本主义雇佣劳动关系中，劳动沦落为与人的自由自觉的生命活动相疏离和敌对的异化劳动。在如何消灭和超越雇佣劳动以实现劳动正义和劳动自由方面，马克思提出了自己的共产主义方案，认为要通过现实的革命实践活动大力发展社会生产力，扩大广泛而普遍的社会交往关系，在全社会创造出丰富的社会物质财富和充裕的自由时间，使得人们不再为谋生而奔波，劳动的自主性和自由度得到空前提升。

其四，对劳动财富分配的正义性检视。在马克思看来，在资本雇佣劳动关系中，资本占据着绝对的主导地位，实施了对劳动及其成果的全面控制和支配；因而，现代社会中以资本为原则和主导的分配方式，具有掠夺和非正义性，从而需要对之进行革命性改造。马克思认为，解决分配正义问题，除了分析财富分配领域之外，还更需深入考察生产条件的分配。马克思认为，分配正义的实现是一个历史的过程，以每个人的实际需要为基础的真正的分配正义只有在共产主义社会高级阶段才能成为现实。

三　马克思劳动正义思想的当代启示

尽管马克思的劳动正义之思生发于自由资本主义时代，但所指向的问题域——资本批判和劳动解放——依然是现时代问题的核心所在。因此，马克思的劳动正义思想对于当代社会尤其是当今中国实践无疑具有重要的思想意义和价值启示，其至少体现在以下方面。

其一，千方百计促进和保障就业，守护劳动者做人的尊严。今天，在全面建成小康社会、实现中华民族伟大复兴的当代中国的历史性实践中，马克思的劳动正义思想具有特别重要的意义。它警示我们，在就业问题上我们需要持有自觉的人性关怀，要深刻认识到就业不仅是最大的民生，也是最基本的生存命根；就业不仅是经济问题，也是社会问题、政治问题，同时还是道德问题、哲学问题；就业是劳动者生存、享受和发展的前提，是维护劳动者做人尊严的基本手段。所以，千方百计保障劳动者就业以维护劳动者做人的尊严，是马克思劳动正义思想的实践要求。

其二，切实贯彻按劳（贡献）分配原则，增强劳动者获得感。贫穷不是社会主义，贫富悬殊、两极分化也不是社会主义。鉴于此，在建设中国特色社会主义新时代的当代中国实践中，我们需要切实贯彻按劳动、按贡献分配的原则，强力改变不劳而获、劳而不获、少劳多获、多劳少获等不公正的财富分配现象，大力倡导以诚实劳动收获财富，提升国民财富中劳动收入比重，增强劳动者的获得感，从而激发劳动者的劳动积极性和创造性，并在效率和公平的辩证张力中促进劳动正义的实现、守护劳动者应有的利益。

其三，强力规约资本和权力的肆意妄为，捍卫劳动者主体地位。为此，需要科学划定资本和权力的运行边界，强力约束资本和权力的无度泛滥，坚持和发扬以人民为中心的发展思想和发展实践，在更大范围、更高层次上确立和提升劳动及其主体的地位和价值，不断促进社会和谐、人民幸福。

其四，努力改善劳动工作环境，提升劳动者幸福感。为中国人民谋幸福是中国共产党人的初心和使命，人民对美好生活的向往是中国共产党人的奋斗目标。在坚持以人民为中心的当代中国发展实践中，努力改善劳动者的劳动工作环境，激发劳动者的生产积极性和劳动创造性，从而在劳动中创造美、享受美，提升劳动者的幸福感，这是马克思劳动正义思想的价值启示和实践要求，也是中国共产党的现实任务和历史使命。

原载《江汉论坛》2018 年第 12 期，收入本书时有改动。

作者单位：上海师范大学哲学与法政学院，上海师范大学经济哲学研究中心

习近平总书记关于劳动分配正义的重要论述及其渊源研究

朱成全　李东杨

　　构建和谐社会已成为中国发展的目标和可持续发展的前提，而构建和谐社会的核心要义是公平正义。因此，分配正义作为公平正义的必然要求，成为可持续发展的前提，是经济社会发展中一个重大的理论和现实问题。而劳动分配正义作为分配正义的一部分，是关乎民生发展的一件大事，也是深化收入分配制度改革的一项重要内容，事关国家经济安全、社会稳定。十八大以来，习近平根据新时代、新形势提出一系列关于劳动分配正义的思想，旨在在共建共享中促进社会公平正义和实现劳动者的全面发展。因此，系统、全面研究习近平总书记关于劳动分配正义的重要论述对于中国未来经济和社会发展具有重要指导作用。

　　习近平总书记关于劳动分配正义的重要论述是一个具有内在逻辑关系的系统体系。其主要内容为：以增进劳动者幸福为劳动分配宗旨的人权法治劳动分配正义思想、就业劳动分配正义思想、人才激励劳动分配正义思想、全球治理劳动分配正义思想。这些思想集中体现了劳动分配正义对关注劳动者幸福、劳动权平等、劳动机会平等、劳动能力平等、全球审思视角的内在要求。习近平总书记关于劳动分配正义的重要论述源于马克思劳动分配正义思想，既是对马克思劳动分配正义思想的继承，也是对马克思劳动分配正义思想的实践性发展。

　　分配正义，是"社会或国家在分配上给每个人以其应有。它只涉及如何在人们中间分配财富、机会和资源"①。劳动正义，"是用正义的价值标准

---

　　①　段忠桥：《何为分配正义？——与姚大志教授商榷》，《哲学研究》2019 年第 7 期。

和道德规范来审视人类改造世界的实践活动——劳动——在人类生存和发展过程中的哲学思辨的结果"。① 分配正义是正义的组成部分。劳动分配正义，就是用分配正义的价值标准和道德规范来审视人类改造世界的实践活动——劳动——在人类生存和发展过程中的哲学思辨的结果。也就是社会或国家在分配劳动财富、机会和资源上"给每个人以其应有"。从目前中国发展阶段来看，劳动分配正义的外延主要涉及：关注劳动者幸福、劳动权平等、劳动机会平等、劳动能力平等、全球审思视角。习近平总书记关于劳动分配正义的重要论述的主要内容本身是一个具有内在的逻辑关联的系统体系。以增进劳动者幸福为劳动分配宗旨，从国内和国际角度实施以人民为中心的劳动分配制度和政策。从国内角度看，首先，实施以人民为中心的人权法治劳动分配制度和政策，用法治保障劳动者的劳动权平等。其次，在法治保障劳动权平等的基础上，实施以人民为中心的就业分配制度和政策，促进劳动机会平等，让劳动者更高质量、更充分就业。再次，在实现劳动者劳动机会平等的基础上，通过实施以人民为中心的人才激励劳动分配制度和政策促进劳动者能力平等。从国际角度看，实施以人民为中心的全球治理劳动分配正义制度和政策，是从全球视角对劳动分配正义进行审思，旨在解决全球发展失衡问题，维护国际劳动分配正义。第一是以积极增进劳动者幸福为劳动分配宗旨，劳动者幸福意指劳动者能够享受到应得的发展成果，它是劳动者对于发展成果的主观感觉与客观享受，幸福程度很难用指标来量化，它以劳动者的心理满意度作为衡量标准。"劳动是得到尊重的源泉、是幸福的源泉。"② 因此，尊重劳动促进劳动者的体面劳动和全面发展才能实现劳动者幸福。第二是人权法治劳动分配正义思想。法治是维护公平正义的必要手段，用法治保障人权是以人民为中心的发展要求，也是全体劳动者的共同诉求。以人民为中心的发展要求把保障人权的普遍性原则同中国实际相结合，将劳动者的发展作为发展的出发点与落脚点，用法治有效保障劳动者基本人权。习近平在2015 年新年贺词中指出："要全面推进依法治国，用法治保障人民权益、维护社会公平正义、促进国家发展。"③ 习近平在十八届四中全会审议通过的《中共中央关于全面推进依法治国若干重大问题的决定》中指出："全面推

---

① 何云峰：《劳动哲学研究》，上海教育出版社，2018，第 82 页。
② 何云峰：《关于形成全社会尊重劳动氛围的制度思考》，《社会科学》2015 年第 3 期。
③ 习近平：《2015 年新年贺词》，《人民日报》2015 年 1 月 2 日。

进依法治国，必须贯彻落实党的十八大和十八届三中全会精神……坚决维护宪法法律权威，依法维护人民权益、维护社会公平正义、维护国家安全稳定，为……中华民族伟大复兴……提供有力法治保障……依法加强和规范公共服务，完善教育、就业、收入分配、社会保障、医疗卫生、食品安全、扶贫、慈善、社会救助和妇女儿童、老年人、残疾人合法权益保护等方面的法律法规。"① 第三是就业劳动分配正义思想。劳动是参与劳动分配的前提，而劳动机会的获得是参与劳动的前提，一个有劳动能力的劳动者若是没有劳动机会就谈不上劳动更难以参与劳动分配。就业是消除贫困、参与劳动分配的关键因素，让弱势劳动群体进入劳动力市场是有效消除贫困的最佳方案。第四是人才激励劳动分配正义思想。目前，在经济新常态下，科学技术日新月异，全球化速度加快，国际竞争日益加剧。在这样的大背景下，人才作为生产力中最活跃的因素成为推动社会进步与经济增长的关键因素，在一个国家和地区发挥着越来越重要的作用，而其中人才激励问题成为重中之重。第五是全球治理劳动分配正义思想。经济全球化是一把"双刃剑"，它加快了世界经济的发展，同时，也扩大了全球范围内的贫富差距。全球治理这个概念首先在十八大报告中提出，习近平出席第七十届联合国大会时，明确提出要构建独具特色的"全球治理"理论体系。习近平明确宣示，"构建以合作共赢为核心的新型国际关系，打造人类命运共同体"。② 习近平在十九大报告中进一步强调："倡导构建人类命运共同体，促进全球治理体系变革。"③ 国际治理再分配政策调整要遵循包容增长理念，促进收入分配更加公平正义，关心不同劳动群体尤其是弱势劳动群体并加大对其帮扶力度。

习近平总书记关于劳动分配正义的重要论述源于西方劳动分配正义思想、源于中国马克思主义劳动分配正义思想，更源于马克思劳动分配正义思想，在资本主义制度的非正义性、按劳分配弊病的非正义性、按需分配的正义性思想上是对马克思劳动分配正义思想的继承。同时，以增进劳动者幸福为劳动分配宗旨，实施以人民为中心的劳动分配制度和政策，旨在促进劳动

---

① 习近平：《中共中央关于全面推进依法治国若干重大问题的决定》，《人民日报》2014 年 10 月 23 日。

② 习近平：《在纽约联合国总部出席第七十届联合国大会一般性辩论时的讲话》，《人民日报》2015 年 9 月 28 日。

③ 习近平：《决胜全面建成小康社会　夺取新时代中国特色社会主义伟大胜利——在中国共产党第十九次全国代表大会上的报告》，人民出版社，2017，第 7 页。

者的体面劳动、全面发展，让劳动者享有更多的获得感，这在某种程度上是对马克思劳动分配正义思想的实践性发展。第一，人权法治劳动分配正义思想和就业劳动分配正义思想是对马克思"资本主义制度非正义性"思想的继承和发展。人权法治劳动分配正义思想体现了劳动分配正义对劳动权平等的内在要求，就业劳动分配正义思想体现了劳动分配正义对劳动机会平等的内在要求。马克思的"资本主义制度非正义性"思想体现了劳动分配正义对劳动权平等、劳动机会平等的内在要求。第二，人才激励劳动分配正义思想是对马克思"按劳分配弊病非正义性"思想的继承和发展。人才激励劳动分配正义思想体现了劳动分配正义对劳动能力平等的内在要求。马克思的"按劳分配缺陷非正义性"思想体现了劳动分配正义对劳动能力平等的内在要求。第三，以增进劳动者幸福为劳动分配宗旨思想和全球治理劳动分配正义思想是对马克思"按需分配正义性"思想的继承和发展。以增进劳动者幸福为劳动分配宗旨思想体现了劳动分配正义对关注劳动者幸福的内在要求，全球治理劳动分配正义思想体现了劳动分配正义对全球审思视角的内在要求。马克思"按需分配正义性"思想体现了劳动分配正义对关注劳动者幸福、全球审思视角的内在要求。

原载《上海师范大学学报》（哲学社会科学版）2019 年第 2 期，发表时题目为《习近平劳动分配正义思想及其渊源研究》；该文被选入中国人民大学书报资料中心《中国特色社会主义理论》2019 年第 7 期，收入本书时有改动。

作者单位：东北财经大学马克思主义学院，东北财经大学经济学院

马克思恩格斯校正分配正义的
三条进路及其当代启示

杨　娟

　　马克思恩格斯以深邃的历史唯物主义视角、科学的社会主义理论支撑以及对现实个人的彻底解放与自由全面发展的深度关切，重新审视和批判了有史以来的分配正义思想，建立了分配正义问题研究的马克思主义范式，为解决人类一直遭遇的贫富差距难题提供了科学的原则与方法。重温经典并梳理马克思主义分配正义理论的形成发展过程及其核心要义，正是思考当代中国特色社会主义分配正义问题的起点。尽管古典政治经济学提出了现代分配正义理论的基本问题并做了基于资产阶级立场的论证，但马克思和恩格斯通过政治经济学批判，从分配正义的前提、实现的方式及其价值旨归三条进路校正了资产阶级分配正义理论，确立了马克思主义分配正义的基本逻辑。马恩的校正工作，不仅规范了研究现代分配正义问题的基础构架，而且对于当代中国坚持和发展中国特色社会主义分配正义理论具有重要的启示意义，指明了前进的方向。

　　第一，马克思和恩格斯不同于古典政治经济学学者之处在于，他们的分配正义理论不是用抽象的法权概念、道德伦理来诠释现实的市民社会，而是从历史唯物主义更为宏大的社会历史框架下辩证地看待资本主义制度下的经济事实，并以此为依据批判古典政治经济学，揭示了生产方式决定分配方式的根本原则，在历史唯物主义新世界观科学分析的基础上，从分配正义的前提方面校正了古典政治经济学学者们的谬误。马克思恩格斯通过对资产阶级古典政治经济学的批判，建立了马克思主义分配正义理论的三条根本性原则：一是分配正义是具体的和历史的，所以要放在历史唯物主义的视野下来分析和思考，既不能从它本身的概念来理解，也不能孤立地从分配关系中来理解；二是生产方式决定分配方式，社会生产方式的性质决定了生产条件自身的分配，而生产条件的分配情况最终决定了消费资料的分配形式；三是分配关系一定要适应生产力发展的规律，从分配正义的根本实现而言，考察它得以实现的物质生产条件，即社会生产力和生产关系的矛盾运动规律才是现实的。

第二，马克思和恩格斯的分配正义理论不同于其他政治哲学的立论前提在于超越了私有制和市民社会这个立脚点，立足于"人类社会"或"社会的人类"来理解人、人类社会以及与之相适应的分配正义的真正内涵，以"劳动价值论"为基础、"按劳分配"理论为核心，提出"剩余价值论"深刻批判资本主义制度对劳动者的剥夺，运用唯物辩证法对"永恒私有制"进行政治经济学批判与扬弃，从而校正了分配正义的实现方式，设想与建构了社会主义新制度的"按劳分配"与"按需分配"。在共产主义第一阶段的社会主义社会，劳动还只是一种生存手段，"生产者的权利是同他们提供的劳动成比例的；平等就在于以同一尺度——劳动——来计量"①。这表明在社会主义社会分配正义以劳动为依据，符合"按劳"这一尺度的分配就是公平的。在共产主义高级阶段，社会生产力达到高度发达水平，能够生产出品种、数量都极为丰富的产品，到那时，彻底消灭私有制后，在生产资料公有制的社会里，劳动成为生活的第一需要，社会成员将获得全面发展，不仅旧的社会分工已经消灭，而且每个社会成员的体力、智力、才能都得到充分发掘，"只有在那个时候，才能完全超出资产阶级权利的狭隘眼界，社会才能在自己的旗帜上写上：各尽所能，按需分配！"②

第三，马克思和恩格斯的分配正义理论以"现实的个人"的解放和"人的自由全面发展"为价值旨归，从人们的社会生活条件出发去研究资本主义物与物的关系背后的人与人的关系，将应然与实然、理想与现实、价值与事实辩证统一融为一体，表现出对现实社会的强烈关切和对现实的个人的深切关怀，从而校正了资产阶级分配正义的价值旨归。马克思和恩格斯的分配正义理论终极价值旨归是以人为出发点和归宿，服从、服务于人的解放与自由全面发展，通过对抽象的人本主义进行批驳，"离开黑格尔走向费尔巴

---

① 《马克思恩格斯文集》第3卷，人民出版社，2009，第435页。
② 《马克思恩格斯文集》第3卷，人民出版社，2009，第436页。

哈"并最终"走向历史（和辩证）唯物主义"①，从而科学地回答了人、人性、人的自由解放、人的发展，以及人的价值和尊严等一系列问题。马克思恩格斯的分配正义理论最高理想是共产主义，是无产阶级和全人类的解放，是消灭剥削制度和人的真正自由全面的发展，其中无疑体现着真正的人道主义原则。马克思恩格斯的分配正义理论以"现实的个人"和人类社会的历史性为透镜，折射出分配正义的三个重要原则：一是起点平等原则，以公有制的实现保障人们生产资料的初始平等；二是规则公平原则，以按劳分配保障社会主义历史阶段中消费品的分配正义；三是需要发展原则，以按需分配作为共产主义历史阶段中产品的分配原则。

马克思恩格斯在历史唯物主义的宏大视野下通过无产阶级的政治经济学批判，澄清了分配正义的历史前提，确立了生产方式决定分配方式的根本原则；划清了分配正义的历史界限，区分了资本主义与社会主义、共产主义分配正义的实现方式，明确了这一实现方式的转变乃是超越资本、超越私有制的否定之否定的辩证过程；校正了分配正义的价值旨归，始终立足于"现实的个人"的解放和自由全面发展的无产阶级鲜明立场，由此，系统地确立了马克思主义分配正义的基本逻辑。从历史性维度来说，马克思主义分配正义理论的根本原则是生产方式决定分配方式的历史唯物主义原则；从制度建设维度来说，马克思主义分配正义原则的运用是对旧制度的批判与扬弃和对新制度的建构与实践；从价值旨归维度来说，马克思主义分配正义理论的价值诉求是每一个现实个人的解放和自由全面发展。总的来看，经典马克思主义分配正义理论，以"现实的个人"的实践活动为逻辑起点，从生产方式的研究入手，在历史唯物主义视野中对分配问题进行了历史的、辩证的深刻分析和科学论述。历史唯物主义、辩证唯物主义是其哲学基础，政治经济学批判是其现实任务，科学社会主义实现人的解放和人的自由全面发展是其最高目标。

对于当代中国社会的分配正义问题，我们应当自觉地站在马克思主义分配正义的立场上，深刻反思三个方面的问题。其一，分配正义不是一种脱离现实抽象虚构的价值追求，我们应该如何在生产力与生产关系及其矛盾运动中来加以把握？其二，分配正义的实现不只是简单地通过平均分配就可以实现，在实践中我们应该如何应用历史辩证法来把握私有财产、资本、按要素

---

① 《列宁全集》第 55 卷，人民出版社，1990，第 293 页。

分配等因素，并且在辩证批判这些因素的过程中实现社会主义的分配正义理想？其三，分配正义的最终目标不是单单停留于满足形式上的公平，我们应该如何从实质上对待不断提升变化的现实个人的生存与发展的需求？从以上三个角度进行反思，深入本质地回答这些问题，开展出了中国特色社会主义分配正义理论的三条进路：一是要以历史唯物主义视野自觉把握世界历史进程，推进社会主义生产力的解放和发展；二是要以辩证唯物主义方法正确把握社会主义本质，实现共同富裕目标；三是要以马克思主义理论定力不忘初心以人民为中心，着力满足人民美好生活需求。马克思主义分配正义理论的当代导向意义正在于此。

如今，中国特色社会主义进入了新时代，这是以习近平同志为核心的党中央基于我国经济社会发展现实状况做出的重大判断。新时代呼唤新的理论创新，新时代的理论创新必将围绕人民立场和人民取向进行更有历史高度和现实温度的展开。这就决定了以习近平同志为核心的党中央，必然将马克思主义分配正义理论的传承与发展作为重大任务，以深刻推进新时代中国特色社会主义的社会革命。因此，在把握新时代新特征的基础上，习近平总书记提出了"四个全面""精准扶贫"等一系列创新思想，为丰富和完善新时代中国特色社会主义分配正义理论做出了重要的贡献，为新时代推进社会主义分配正义提供了科学的指导。

原载《石河子大学学报》（哲学社会科学版）2020 年第 2 期，收入本书时有改动。

作者单位：上海工程技术大学马克思主义学院

弘扬中华传统勤劳美德

夏明月

勤劳是华夏子孙的传统美德。中国人的劳动精神一代代传承，离不开对中国传统劳动观念的创造性转化和创新性发展。同时，劳动的范畴和内涵也随时代变迁而不断延展，树立正确的劳动价值观，弘扬劳动精神，创造美好生活是当下国人的精神追求，也是中国人建立文化自信的一个历史基点。

一 勤劳是中华民族几千年贯彻始终的道德倡导

人类劳动发展分为奴役劳动、谋生劳动、体面劳动、自由劳动四个阶段。对人类社会劳动的认知和热爱，在中国古代经典著作中多有论及。《大戴礼·武王践祚·履屦铭》中写道："慎之劳，则富。"强调的是财富和劳动的关系。自古以来，对劳动的肯定和赞美都是中国传统文化的重要内容。《尚书·周官》中写道："功崇惟志，业广惟勤。"《古今药石·续自警篇》中写道："民生在勤，勤则不匮，是勤可以免饥寒也。"意思是人们的生计在于勤劳，勤劳就不会缺乏衣服与食物，勤劳能够让人避免饥饿与寒冷。先秦儒家关注的是一种"礼制"，而不是使用价值层面的劳动致富，也不是精神价值层面的劳动快乐，是一种自然分工的"伦理化"，为中国古人构建了一种脱离田间生产的劳动价值理论。后世儒家分离了"劳"和"思"两个概念。正如孟子所言："劳心者治人，劳力者治于人。"荀子在《天论》中所说："强本而节用，则天不能贫。"表达了对勤劳耕作和勤俭节约的认同。墨家是劳动者的学派，主张"兼爱、非攻、尚贤"，它是以劳动为本位的积极性劳动伦理的范式，是劳动和知识的有机结合。《墨子·非乐上》说："民有三患：饥者不得食，寒者不得衣，劳者不得息，三者民之巨患也。"《墨子·非命下》说："必使饥者得食，寒者得衣，劳者得息。"这是中国社会福利、劳动保障思想的萌芽。墨家思想兼容并蓄，形成了中国先进文化的必要成分，是民族振兴、国家进步的精神力量。《清仁宗味余书室全集》第35卷《故一·民生在勤论》中写道："农夫不勤则无食；桑妇不勤则无衣；士大夫不勤则无以保家。"意思是农民不勤劳就没有吃的，采桑养蚕的妇女不勤劳就没有衣服穿，士大夫不勤劳就无法贡献国家。佛、道两家对于劳动和农业持消极态度，法儒两家主张繁衍人口，认为劳动力是发展生产的根本保证，孟子曾提出"民为贵，社稷次之，君为轻"的重民思想，经过长期的文化大融合，儒、释、道、墨、法等多家思想互相渗透、互相影响，"勤于劳动"被看作是"修齐治平"的根本性的道德品质，深深滋养着一代代华夏儿女的精神心田。

二 古代劳动人民的辛勤劳动创造了生活本身和精神意境

魏晋诗人陶渊明所作《归园田居·其三》中写道："种豆南山下，草盛豆苗稀。……衣沾不足惜，但使愿无违。"这首诗展现出我国古代人民早起劳作，傍晚收工，期待有好收成的场景，展现出劳动人民辛勤劳动的形象。唐代诗人李绅写道："锄禾日当午，汗滴禾下土。谁知盘中餐，粒粒皆辛苦？"《悯农》融洽地将珍惜食物与辛勤劳动结合起来，一直影响塑造着中国人的勤俭节约的美德。唐代诗人王维写道："屋上春鸠鸣，村边杏花白。持斧伐远扬，荷锄觇泉脉。……"这首《春中田园作》的前四句展现出了古代人们愉快劳动的情境和勇于探索的精神。可见，劳动不仅可以磨炼人的意志，劳动的协作性还可以培养人的互助和团结精神。自强不息是古代劳动人民战胜困难的智慧之源。古代物质资源匮乏、自然条件恶劣，勤劳的中华儿女自强不息，积极探索。到了宋明时期，科技、手工业都变得发达。宋朝时发明了天文仪等多种精密仪器，明朝时郑和七次下西洋代表了那个时代科技、造船业的世界先进水平。古代劳动人民智慧的结晶反映在各个领域：栩栩如生的兵马俑、巍峨长城、巧夺天工的都江堰、贯通南北的大运河，素纱禅衣、榫卯结构、记里鼓车，等等，无一不是凝聚劳动者勤劳智慧的伟大成果，尽责、乐业、精益求精的工匠精神使这些遗宝成为历史的烙印和华夏子孙精神的内核。

三　伟大梦想不是等来的、喊来的，
　　而是拼出来、干出来的

习近平总书记指出，幸福都是奋斗出来的，要撸起袖子加油干。随着经济发展，物质生活丰裕，一些人劳动观念出现了削弱或扭曲，比如，坐等扶贫的寄生思维、投机暴富的病态心理、好逸恶劳的"啃老"观念、享乐主义，等等。特别是一些青少年把劳动与劳累、痛苦联系起来，视之为休闲和享乐的对立面。这些社会问题，我们不容忽视，需要加强劳动教育，树立劳动最光荣、奋斗最幸福的劳动价值观。实现中华民族伟大复兴，要靠人们的辛勤劳动。一切有利于社会建设的诚实自觉的劳动，都是高尚的、光荣的。国家、社会、企业各界需要提供更有利的劳动保障，更好的劳动条件，严格执行《中华人民共和国劳动合同法》等各项法律法规，让每一个劳动者都能体面劳动，使劳动尊严得到维护、劳动价值得以实现，更好地营造平等劳动、勤奋做事、勤勉为人、勤劳致富等有正能量的社会氛围，鼓励人们不断创造出新的内生动力。只要我们守护中华劳动伦理的深厚底蕴，弘扬工匠精神和坚忍不拔、自强不息的劳动美德，一代代的劳动者就必定能创造伟大的历史，不断开创未来美好生活。

原载《光明日报》2019年6月3日，收入本书时有改动。
作者单位：上海财经大学人文学院

劳动所有权原则的实践效应

李　志

劳动价值论与劳动所有权原则之间的内在关联，使得马克思的劳动价值论批判带有明显的政治哲学意味，对于劳动价值论的经济学批判，同时也是关于劳动所有权原则的政治哲学批判。马克思对于劳动所有权的研究是从实践而非理论出发的，在所有权问题上展开的批判针对的对象是劳动所有权原则的实践效应，而非这一原则本身。

劳动所有权原则在当时的社会实践中所触发的消极效应，既包括古典政治经济学家从道德上对无产者的责难以及将雇佣劳动混同于一般劳动所带来的资本主义辩护，也包括当时欧洲工人运动受其影响而过分关注工资问题却忽视雇佣关系与剩余价值的实质。

以古典政治经济学家洛克的劳动所有权原则为根本依据的劳动价值论，一方面预设了劳动产品的无限丰富性，预设了社会资源的供给远大于需求，预设了私人占有社会资源不会从根本上改变占有的正义性，从而将"劳动者无所得"的情况排除在正常情况之外，进而顺理成章地将对贫困问题的解释由经济学领域转移到道德领域。另一方面，它也坚持劳动与劳动产品支配权之间的同一性、"劳动渗入"原则赋予了劳动所有权以不言自明的合法性，即使这种辩护并非是事实层面上的。

马克思对于从道德的角度理解和解释工人阶级的异化处境（包括贫困）的论调予以激烈的理论反击。第一，古典政治经济学在运用劳动所有权原则时，是根据一个人拥有多少资本来判定他从事了多少劳动，继而判定这个人的道德状况。这是一种典型的倒果为因的做法，由此带来的结果是，古典政治经济学似乎非常注重劳动原则，但实质上辩护的却是资本所有权的合法性。第二，古典政治经济学从个体美德的角度来理解劳动和财产的关系问题。马克思反对那种局限于抽象自我的道德自决和美德，强调个体在具体的社会关系中的自我实现。将劳动与财产划入道德领域所带来的直接结果就是：贫困这一普遍的社会问题，被贬低为个别劳动者的私人问题；导致贫困的那类复杂的社会原因被有意无意地忽视了。第三，古典政治经济学从道德的角度来理解劳动及财产权问题，还在一定程度上影响了当时的政治实践。经古典政治经济学"道德化"的劳动所有权原则，不仅不能有效地推进关于劳动与财产之间不对等问题的解决，并且，在这类道德辩护中，工人普遍地丧失对生产资料的所有权这一基本的经济事实被漠视了。资本被当作一种与以往无根本差别的财富，资本主义社会中的劳动分裂为主体化劳动（劳动）与客体化劳动（资本）的事实，未能被古典政治经济学正视。古典政治经济学对劳动所有权所做的道德辩护，远未触及资产阶级所有权的核心部分。

相对于劳动所有权原则的"道德化"论证导致的对无产者的道德责难而言，这一原则在社会实践中的内在裂变及瓦解，也间接地导致了对于资本主义的合法性辩护。古典政治经济学家将雇佣劳动混同于一般劳动，为资本主义作辩护。在资产阶级的生产关系中，劳动所有权事实上早已发生了裂变，并转化为另一种所有权形式，即资本所有权。自由劳动与货币的交换、自由劳动与劳动资料的分离，构成雇佣劳动的两大历史条件。一方面，劳动力与劳动的分离，意味着劳动在资产阶级生产方式中的分裂，劳动不再表现为一个统一物，而是分裂为劳动能力、劳动对象（原料）和劳动工具；另一方面，劳动力与劳动的分离带来了劳动力所有权与劳动所有权的分离，即劳动所有权也分裂为劳动力所有权和资本所有权。

在澄清劳动能力与生产资料的分离、劳动力所有权与资本所有权分离的前提下，有一个相关的重要话题，即如何理解和评价原始积累即资本主义前史的问题。其一，古典政治经济学关于原始积累的解释明显的有悖于历史事实，原始积累是以打破劳动所有权为前提的，资本主义的真正基础并非劳动所有权，而是劳动—所有关系的瓦解。其二，原始积累之于资本主义（至少是西欧的资本主义模式）而言是必不可少的一个环节。马克思关于原始积累之起源的分析，展示了普通劳动者在什么样的历史条件下变成雇佣劳动者或劳动力占有者；佐证了劳动力在整个资本主义生产方式中的隐蔽的重要性；同时也暴露了劳动所有权原则是如何被误用的。

劳动所有权原则在具体的政治实践中引发的效应，远不只是为资产阶级所有权作辩护，甚至可能误导工人运动和无产阶级斗争的方向。劳动所有权原则在当时的社会实践中所触发的消极效应，还包括当时欧洲工人运动受其影响而过分关注工资问题却忽视雇佣关系与剩余价值的实质。当马克思批评古典政治经济学为资本主义作辩护时，他同时也批评当时的工人运动及工人运动的领袖在阶级斗争中有时表现出的摇摆不定甚至严重的倒退。德国工人党纲领草案作为19世纪工人运动的一个缩影，深受古典政治经济学对劳动所有权原则不恰当运用的影响。这种理论上的不良影响势必导致工人运动在资本主义批判（马克思主义）与资本主义辩护（古典政治经济学）之间犹豫不决，在自身承担的革命目标与直接带来现实利益的改良措施之间犹疑徘徊。当马克思主义作为理论的武器并没有真正地掌握在无产阶级的手中时，批判的武器难以充分地转化为武器的批判，理论的力量也难以充分地变成物质的力量。马克思深刻地指出，劳动所有权原则并不足以成为批评资本主义的理论武器，劳动力所有权与资本所有权的分离与对抗才是症结所在。尽管争取更多的工资、更少的劳动时间、更多的福利也属于工人运动的合理组成部分，但是，就真正的阶级斗争是政治斗争、经济斗争应上升为政治斗争而言，围绕着工资开展的工人运动还只是低级的、有限度的阶级斗争。经济斗争并非一无是处，但如果工人运动完全陷入经济斗争，就应当引起工人政党的重视，而不是通过纲领的方式一味地纵容。德国工人运动的纲领所针对的是德国工人在当时的生产关系中所处的真实地位，关键点不是劳动而是劳动力、不是谁劳动而是谁占有生产资料，所以应当具体地探讨资本主义所有权问题。

劳动所有权原则消极的实践效应，反映了劳动所有权原则从理论走向实践、误用于资本主义的社会现实之后所触发的效应。它在资本主义的误用，实际上发挥了意识形态的功能，但这绝不意味着劳动所有权原则就是意识形态，就是一种虚伪的、应当被否定的理论原则。毋宁说，劳动所有权原则在实际运用中发挥了美化资本主义、掩盖劳动力所有权与资本所有权之根本矛盾的功能。当劳动与所有之间的现实关系重新表现出一致性时，劳动所有权原则之于社会现实将带来积极的实践效应。在今天的中国，当劳动所有再次作为一种事实出现在实践领域中时，重提劳动所有权原则就不仅是可能的，而且是必要的。这种必要性突出地体现为：社会主义之于资本主义的优越性，不仅体现为事实层面上的劳动者也是所有者，也体现为物质层面上的生活富足，还体现为劳动者"有权"要求分享社会总财富，劳动者"有权"要求社会保障自己凭借劳动所获取的各种财富。因而，社会主义社会也应理直气壮地高举保护财产权的旗帜，理应始终宣传劳动在社会主义社会中的崇高性，在这一意义上，社会主义从来不意味着剥夺个体劳动所带来的财产。保护所有权不等于保护资本所有权，不加分辨地将所有权拒斥在社会主义的制度建设之外，对社会主义劳动价值观的确立是有害的。社会主义保护劳动财产权，重点在于"劳动"而非"财产权"。社会主义的公有制不是彻底取消个人财产权，而是逐步取消劳动力所有权与资本所有权的分离，逐步实现以劳动为轴心的劳动所有权。

在当代重提劳动所有权原则，既具有重要的理论价值也具有重大的现实意义。一方面，我们是马克思的同时代人，尽管资本主义已经改头换面，但劳动所有权原则依然被用作资本所有权的"遮掩"。另一方面，我们生活在一个全然不同于马克思的时代。马克思的批判对象是劳动所有权原则在早期资本主义社会中所触发的消极效应，而我们关注的是，这一原则在社会主义的中国所带来的积极效应——从事实层面上努力实现劳动与占有、贡献与分配的一致性关系，从法权和伦理原则上保障个人对其财产的基本权利，将证明社会主义是一个比资本主义更加美好和更富有吸引力的社会制度。

原载《中国社会科学》2020 年第 3 期，收入本书时有改动。

作者单位：武汉大学哲学院

区块链技术：金融领域的变革与伦理挑战

李　伟　夏明月　华梦莲

区块链技术实质是一种去中心化的记账系统，有去中心化、透明、不可篡改、开放等特点，因为存在上述特点，区块链技术能够推动金融行业产生变革。无论从目的论还是义务论角度对区块链技术进行伦理学分析，结果都是"善"的。将区块链技术与金融相结合产生了区块链金融，区块链的技术新颖、优势众多，一方面它会带给银行、保险、投行等金融机构一些有益的变化；另一方面，区块链技术也会产生一些潜在的伦理问题。

一　区块链技术

区块链技术在金融领域的运用使得金融行业发生了翻天覆地的变化，一方面能够促进社会经济的发展，另一方面会产生一系列的伦理问题。笔者认为，想要正确理解区块链金融将带来哪些伦理问题，必须对区块链技术的原理具有一定的了解与认识，只有弄清楚区块链技术背后的本质与区块链技术的运行原理，才能深刻理解区块链金融及其产生的伦理问题。如今，绝大多数流行的记账模式都是中心化记账，中心化记账模式必须存在一个"记账中心"，意味着只有记账中心才有记账的权力。虽然这种记账模式比较方便，但是中心化记账的"唯一性"导致倘若记账中心出现问题，那么整套记账系统都会产生危机甚至崩溃。面对着这种情况，中本聪（Satoshi Nakamoto）在 2008 年发表了一篇引人注目的论文《比特币：点对点电子现金系统》（"Bitcoin：A Peer-to-Peer Electronic Cash System"），在这篇论文中，中本聪阐述了一项划时代的技术，即去中心化的记账系统——区块链。区块链是一种分布式数据库，该数据库由一串使用密码学方法产生的数据区块有序链接而成，区块中包含有一定时间内产生的无法被篡改的数据记录信息。区块链技术是密码学、数学、经济学、网络科学的集合。

二　区块链技术的价值判断及伦理学分析

从目的论的角度来看，即从功利主义原则来看，区块链技术是否是道德的呢？由于功利主义分析是结果主义分析，其对象是人，因此在用功利主义分析区块链技术时很重要的问题就是解决"最大多数人最大幸福"的计算问题。对于这个问题，笔者认为，可以从使用者的角度来计算，也就是从使用者使用区块链能带给他收益的多少来计算。就如前文所述，区块链技术由于其去中心化的特性能够带给人们极大的便利，最大的好处就是能够节约成本，无论是时间成本还是机会成本。在没有危机出现的情况下，使用区块链的收益比没有使用区块链之前的收益要高；反之，倘若出现了危机，如信息泄露、数字货币丢失等，收益会变为负。但是，从目前情况来看，区块链技术带给人们的正效用还是大于负效用的。因此，从功利主义的角度来看，区块链技术对我们是善的。

从义务论的角度来看，即从基于正义的义务角度来看，区块链技术是否是道德的呢？首先，我们必须假定使用区块链技术必定要比现有的技术更为昂贵，这就会引发分配公平与区块链技术使用机会两方面的冲突。一方面，在工业高度发达的社会中，现存的发展不公平会由于区块链技术带来更先进的科技水平而加剧；另一方面，在那些欠发达的社会中，发达国家和发展中国家出现现有的且在区块链领域不平等的现象，这就涉及与"数字鸿沟"类似的"区块链鸿沟"的问题出现。但是，事实是什么样的呢？首先，对于假定条件"使用区块链技术必定要比现有的技术更为昂贵"不一定成立，虽然"挖矿"（获取比特币）的成本很高，但这并不意味着区块链技术成本一定昂贵；其次，有数据显示，2018年全球区块链专利申请超5000件，其中中国占一半，这就意味着我国作为发展中国家，企业对于区块链技术的投资与拓展所花费的成本还是在能够接受范围之内的。除此之外，区块链技术也许会成为发展中国家超越发达国家的关键节点。

通过以上两个方面的分析，我们能够得出的结论是：区块链技术不仅拥有一定的工具价值，同时其隐藏的内在价值能够极大地提升金融领域各个方面的能力。从价值论的角度来说，其具有一定的价值，并且此价值对整个金融社会的作用非常显著。同时，从目前关于区块链的新闻和研究来看，无论是从伦理学中的功利主义还是从义务论原则来分析区块链技术，其带给我们的"善"远大于"恶"，即区块链技术具有很强的伦理意义。

三 区块链金融伦理风险考量

区块链金融也会存在一定的风险，无论是现有已经出现的，还是未来可能会发生的，主要包含以下几个方面。

第一，挖矿能源消耗不可持续。上文已经说到，区块链的算法工作机制对区块链内部的安全性是至关重要的，但是也正是由于这个工作机制，人们对区块链具有强烈的批评声，当然这些批评首先是针对比特币的，人们认为维护区块链的能源消耗是不可持续的。用 SHA – 256 算法对等待中的交易进行哈希运算和校验的过程需要消耗很多的电力。[①] 内森·施奈德认为用这么巨大的电力和能源去处理比特币而不是治疗癌症和探索宇宙，这是巨大的浪费。就拿比特币来说，电费来自两方面，其一是挖矿引起的电费，其二是冷却矿机的电费，往往第二项的电费是第一项的二分之一。随着比特币越来越少，矿机要解决的难题也越来越困难（比特币数量是固定的 2100 万个，因此随着时间的推移，数量会越来越少），那么需要的矿机也要越来越先进，消耗的电力也越来越多，能源消耗越来越大。伴随着题目越来越困难，矿机的升级也在所难免，这就造成了矿机设备的消耗量和废弃量也增长得很快（绝大多数矿机的有效期为 3 ~ 6 个月）。

第二，区块链会对就业带来冲击。区块链技术也可能产生重大的社会影响，从而引发伦理问题。显然，人工智能工作导致的大规模失业将是一个重大的社会影响，这将会带来进一步经济、社会和政治后果。如同上文所说的那样，区块链技术对于银行、小额信贷、中介、证券公司、投资银行等金融行业是一个不小的冲击。由于区块链技术极强的智能化，会使得人逐渐的偏离工作需求。区块链在金融领域的运用会导致某些工作几乎完全由计算机完

---

① 〔加〕唐塔普斯科特、〔加〕亚力克斯·塔普斯科特：《区块链革命：比特币底层技术如何改变货币、商业和世界》，凯尔、孙铭、周沁园译，中信出版社，2016，第243页。

成，以人类无法匹配的速度运算。随着金融行业越来越多的使用区块链技术，人们最终可能失去自己完成各种体力及智力任务的能力。另一个引发更深刻伦理问题的是，我们可能失去对自身和其他能力的组成部分很有价值的一些技能和能力，这些技能和能力对于我们的价值就是使我们能够成为真正的人。

第三，引起隐私暴露风险。隐私并不是指不让别人知道我们的情况，其实是指我们对自己的信息可以进行控制。但是，区块链技术虽然一定程度上能够保护个人的信息，但还是存在一定的漏洞能够使他人获取隐私信息。首先，中本聪在其论文中就已经提到区块链技术虽然能够在一定程度上保护隐私，但是在一些情况下隐私还是会被追溯。这就会产生一个问题，即外部世界收集和分析可用于追踪的个人信息的无线数据会导致个人信息无法被保护。当然，这些信息也包括金融信息。同时，隐私的泄露可能会导致一系列后果，如收到骚扰信息或垃圾文件等。虽然当前关于区块链隐私泄露的事件没有进入大众的视野，这一方面是由于区块链技术本身的复杂性，一般人很难对区块链保护的隐私进行"窃取"；另一方面是由于区块链自身技术的安全性，现阶段外部力量很难攻破区块链技术的壁垒。但是，这不能完全保证区块链以后不会发生隐私泄露的问题，随着技术的进步，我们更应该对区块链的隐私问题引起重视。

第四，逃避税收。区块链金融可能会变成以下人的避税天堂，举个例子，比特币因具有匿名性（税收部门无法追查真实信息）的特点，可以通过比特币进行金融交易避税。随着区块链技术在金融领域的逐步发展，未来的金融交易或许会在区块链上大行其道，这就会使国家征税困难。由于税收是我国实现筹集大量财政资金的一种手段，税收可以起到实行经济政策，实现调节经济环境和促进经济发展的作用；税收还能起到协调经济利益与调节分配关系的作用；在对外经济往来中，起到维护国家权益，参与国民经济的管理，监督社会经济生活等一系列作用。更重要的影响是，税收的减少不利于我国建设社会主义社会。

原载《上海立信会计金融学院学报》2019年第3期，收入本书时有改动。

作者单位：上海财经大学人文学院

从主体行动的逻辑到客观结构的逻辑

——《资本论》"商品和货币"篇的辩证法

王南湜　夏　钊

从主体行动出发去理解事物的存在和发展变化，是马克思从其青年时代直到晚年都一直持有的理论原则。但要对资本主义进行科学研究，却不能直接以主体行动作为对象，而是只能以作为主体行动之结果的客观结构为对象。这便要求有一个从主体行动的逻辑向客观结构的逻辑的过渡或转换，如此方能够合理地建构起关于资本主义的科学体系。而《资本论》"商品和货币"篇，特别是其中的"价值形式"分析，便是马克思精心构造起来的这一过渡环节或"转换枢纽"。遗憾的是，在以往人们对于《资本论》中辩证法的阐释中，往往忽视或误读了这一关键问题。

马克思哲学思想研究中长期以来存在的一个重大问题，便是人们无法将马克思早期思想中对于改变世界强调的主体行动者的立场与后期对于客观规律强调的科学观察者立场合理地关联起来，从而也就无法全面地把握马克思的总体思想。而解决这一问题的关键则在于合理地解读《资本论》"商品和货币"篇中马克思独特的辩证法思想。如果我们拨开缭绕在这一问题上的种种成见，仔细地考察马克思之所以要殚精竭虑地反复修改这一部分内容，就能够发现，表达于其中的辩证法，正是马克思精心构思来关联两者的一个"转换枢纽"或"转换器"。因此，合理地解读《资本论》"商品和货币"篇，便成了解决这一困难的关键。

"商品和货币"篇辩证法之独特地位与意义。"商品和货币"篇的辩证法所构建的关于资本主义的经济结构，实现了从主体行动的逻辑到客观结构的逻辑的转换，并由此进入科学的领域。它在整部著作中处于一种极为特殊的位置，是从对于主体行动的哲学人类学分析领域进入对于资本主义之客观结构的科学分析领域的入口，是从关于主体行动的哲学逻辑向关于客观结构的科学逻辑过渡的转换枢纽或转换器。因此，它便不可避免地在《资本论》理论体系中具有极为特殊的位置：它一头连接着哲学，一头连接着科学。因而也就把马克思早期思想中强调主体能动性的理论与后期科学著作中强调决定论的理论连接了起来。正是由于缺失了这一辩证法环节，使得古典经济学家陷入了失误之中，而后来的《资本论》解读者亦由于未能认识到这一辩证法环节的特殊重要性，陷入了对于《资本论》辩证法的误读。

马克思指出："古典政治经济学的根本缺点之一，就是它从来没有从商品的分析，特别是商品价值的分析中，发现那种正是使价值成为交换价值的价值形式。恰恰是古典政治经济学的最优秀的代表人物，像亚·斯密和李嘉图，把价值形式看成一种完全无关紧要的东西或在商品本性之外存在的东西。这不仅仅因为价值量的分析把他们的注意力完全吸引住了。还有更深刻的原因。劳动产品的价值形式是资产阶级生产方式的最抽象的，但也是最一般的形式，这就使资产阶级生产方式成为一种特殊的社会生产类型，因而同时具有历史的特征。因此，如果把资产阶级生产方式误认为是社会生产的永恒的自然形式，那就必然会忽略价值形式的特殊性，从而忽略商品形式及其进一步发展——货币形式、资本形式等等的特殊性。"① 而由于"货币是资本的最初的表现形式"，一旦在劳动二重性学说的基础上，通过价值形式的分析引导出货币形式，马克思便克服了古典政治经济学价值论之缺陷，而为建构关于资本主义运行的科学体系奠定了坚实的概念分析基础。而正是在价值形式分析所奠定的价值论和剩余价值论基础上，马克思才揭示出了利润率下降规律"这从每一方面来说都是现代政治经济学的最重要的规律，是理解最困难的关系的最本质的规律。从历史的观点来看，这是最重要的规律"②。也正是这一规律揭示出："劳动生产力的发展使利润率的下降成为一个规律，这个规律在某一点上和劳动生产力本身的发展发生最强烈的对抗，因而必须不断地通过危机来克服。"③ 而这则意味着：即便是站在李嘉图那样的资产阶级经济学家立场上看问题，"以纯粹经济学的方式，就是说，从

① 《马克思恩格斯文集》第5卷，人民出版社，2009，第98~99页脚注。
② 《马克思恩格斯全集》第46卷下，人民出版社，1980，第267页。
③ 《马克思恩格斯全集》第25卷上，人民出版社，1974，第287~288页。

资产阶级立场出发，在资本主义理解力的界限以内，从资本主义生产本身的立场出发"①，这一规律也明确地"表现出资本主义生产的限制，它的相对性，即表现出资本主义生产不是绝对的生产方式，而只是一种历史的、和物质生产条件的某个有限的发展时期相适应的生产方式"②。这便是马克思对于资本主义进行科学研究所得出的最为重要的结论。这一结论可视为对资本主义的科学批判。这一批判对资本主义的摧毁力量，比将《资本论》解读为诉诸道义的拜物教批判，力量之巨大，何止千百倍！

因此，这里还有必要对拜物教批判这一黑格尔主义—存在主义阐释方式所极端看重的问题再说上几句。从表达方式上看，"商品的拜物教性质及其秘密"一节是《资本论》全书中最容易找出与马克思早期思想相近的地方的。一些表述，如"在交换者看来，他们本身的社会运动具有物的运动形式。不是他们控制这一运动，而是他们受这一运动控制"③，简直就像是直接源自《德意志意识形态》甚至是来自《手稿》中的语言。诚然，不可否认，《资本论》是包含着道德批判的维度的，特别是在"商品的拜物教"这一部分中，马克思的确表明了对于资本主义商品生产之真实本质的揭露。但是，如果我们把这一节的内容置于"商品和货币"篇以及《资本论》整体的语境之中，就会看到，在总体上这一节仍是从不同角度对于从劳动二重性建构价值概念，特别是作为价值形式之完成形式的货币形式的合理性的说明，而不是像奈格里等人所主张的是某种道德义愤的表达。

如果人们像奈格里那样，从《资本论》及其手稿中过多地感受到了对于"在现实中对剥削的反抗"的呼吁和"对将来的展望"，那么，我们不妨重温一下马克思对此的说明："为了避免可能产生的误解，要说明一下。我决不用玫瑰色描绘资本家和地主的面貌。不过这里涉及到的人，只是经济范畴的人格化，是一定的阶级关系和利益的承担者。我的观点是：社会经济形态的发展是一种自然历史过程。不管个人在主观上怎样超脱各种关系，他在社会意义上总是这些关系的产物。同其他任何观点比起来，我的观点是更不能要个人对这些关系负责的。"④ 尽管《资本论》中也不可避免地含有诉诸道德义愤的词语，但整部著作绝非能够归结为主要是一种道德批判。因而，

---

① 《马克思恩格斯全集》第 25 卷上，人民出版社，1974，第 289 页。

② 《马克思恩格斯全集》第 25 卷上，人民出版社，1974，第 289 页。

③ 《马克思恩格斯全集》第 23 卷，人民出版社，1972，第 91 页。

④ 《马克思恩格斯全集》第 23 卷，人民出版社，1972，第 12 页。

重温马克思所反复强调的这些话，当能使人们改变源自卢卡奇、奈格里等人的基于隐含的历史目的论的浪漫主义的辩证法观念，而认真对待马克思在这里所欲指明的问题："价值量由劳动时间决定是一个隐藏在商品相对价值的表面运动后面的秘密。这个秘密的发现，消除了劳动产品的价值量纯粹是偶然决定的这种假象，但是决没有消除这种决定所采取的物的形式。"① 因此，关键问题不是从观念上揭露、批判、诅咒这种"物的形式"，而是探明其存在条件和运行规律，从而探明在何种条件下才能够超越或克服这种非人道的"物的形式"，但为此，首先须理解这种"物的形式"是如何存在的。而这，又须理解在《资本论》中，这种"经济范畴的人格化"的"物的形式"的理论表达是如何建立起来的，从而，就又须深入理解马克思"商品和货币"中"价值形式"分析的辩证法。

价值形式分析辩证法所内蕴的反向转换意涵。前面的分析指出，"商品和货币"篇的理论任务是基于"人是对象性活动"和"在一定条件下能动地表现自己"的"现实的个人"，而构造出政治经济学之价值概念。但是，这一从现实的个人这一现实的具体存在物构造出科学概念的过程，乃是一种抽象过程。马克思写道："如果把商品体的使用价值撇开，商品体就只剩下一个属性，即劳动产品这个属性……随着劳动产品的有用性质的消失，体现在劳动产品中的各种劳动的有用性质也消失了，因而这些劳动的各种具体形式也消失了。各种劳动不再有什么差别，全都化为相同的人类劳动，抽象人类劳动。"② 进而，"这些物现在只是表示，在它们的生产上耗费了人类劳动力，积累了人类劳动。这些物，作为它们共有的这个社会实体的结晶，就是价值——商品价值"③。在进行了这种抽象之后，通过价值形式分析，引导出了价值形式的最终形态即货币形式，并由此在货币与商品的支配关系的基础上，建构起了一个可深度描述资本主义经济运动的理论模型。尽管在理论上这一模型是一种具体的普遍性，但相对于它所由之抽象出来的现实社会生活即马克思所说的"实在主体"来说，仍然是抽象的。这种抽象的理论，要能够有效地运用于改变世界的实际生活，还须将之再具体化。

但这种具体化非简单地搬套便可，而是亦须进行一种转化作业。这种将

---

①　《马克思恩格斯全集》第 23 卷，人民出版社，1972，第 92 页。
②　《马克思恩格斯全集》第 23 卷，人民出版社，1972，第 50~51 页。
③　《马克思恩格斯全集》第 23 卷，人民出版社，1972，第 51 页。

现实的时空中的"实在主体"经抽象而构成超时空的关于"实在主体"的
数量化的理论模型，即诸要素之间的函数关系，从而构成的某种程度上的决
定论体系，是人类有效地改变世界对于科学所要求的，也是科学对于其对象
所要求的。如果对象还是像现实中显现的那样，作为变动不居的偶然存在，
则科学便无以处理，因而成为无用之物。科学所能对付的，只是确定性的事
物，故而科学便只能是决定论的，至少也得是概率性决定论。而只有在某种
程度上是决定论的科学，才可能对有效地改变世界起作用。但这样一来，科
学作为对于实在主体的理论模型，就与实在主体即现实社会生活成为全然不
同的东西，其基本概念无法通约，即无法基于同一理论原则在一个体系中表
达出来。若欲强行坚持一种单一的理论体系，便只能或者如卢卡奇等人那
样，将科学贬为低级的东西，或者如阿尔都塞那样，将哲学贬为意识形态。
然而，既然非决定论的行动者逻辑与决定论的科学观察者逻辑对于改变世界
都是必需的，那么，我们便必须为这两种逻辑的关联找到一个通道或"转
换枢纽"。而既然科学的理论模型的概念体系是从现实的"实在主体"抽象
而来的，那么，这一抽象方式作为中介过程，亦必然可以将抽象概念反向还
原到现实的"实在主体"中去。但由于这一反向"还原"是从精确的抽象
概念向直接的具体生活进行，因而便不可能保持概念的精确性，而只能是一
种类似于亚里士多德"实践智慧"式的构成。这种实践智慧由于穿梭于抽
象概念与现实生活之间，于是也能比拟于前述价值形式分析的理论辩证法，
可称之为实践智慧的辩证法。

　　与前述价值分析的理论辩证法之目的是从主体行动向客观结构的转换不
同，这里的辩证法恰恰相反，是从客观结构向主体行动的返还。当然，这一
返还并非直接恢复到科学抽象发生之前的原始状态中去，而是将科学理论放
置于现实的人的活动之中，一方面使科学理论通过现实存在的中介，具体化
为可实行的行动方案；另一方面则是使行动主体通过科学理论的中介，获得
一种客观性的视角。就此而言，从行动主体角度看，这便首先是恢复主体之
具体存在，即一方面恢复其能动性，另一方面是将主体放置在客观结构规定
之下，换言之，从主体在既定客观条件约束下的能动活动的视角看问题。这
与前面从主体活动转向对于限定主体活动的客观结构的描述，即将限定主体
活动的客观结构抽象出来，作为科学之对象加以描述相反，是将抽象出来的
客观结构恢复或"镶嵌"至主体活动之中，即描述这些客观结构如何限
定或规范主体活动的，或者说，主体能动的活动是如何被这些客观结构所中

介、所规范的。与《资本论》"商品和货币"篇所涉及的辩证法对比而言，这种反向转换便是看货币是如何限定或规范商品生产和交换活动的。这里的出发点是货币，正是货币引导、规范着商品生产和交换。在商品生产者个体层面上，他生产的目的是商品的实现，即换取货币和使货币增值。为此，他便需根据商品的货币价值来决定生产的品种和数量，并根据货币价值的变化而调整自己的生产和交换规模。这样一种规范或中介作用，正好与价值形式的辩证进展过程方向相反。而就《资本论》整部著作所致力描述的资本主义的总体运行规律和发展趋势而言，对于意在实现自身解放的无产阶级来说，它所揭示的利润率下降规律对于这一阶级的解放行动亦从两个方面提出了规范：一方面，这一规律揭示出资本主义生产方式的历史性，从而指明超越这一生产方式实现自身解放是可能的；另一方面，它亦揭示出现实地超越这一生产方式以实现解放的真实的条件之所在。正是这两方面对于无产阶级的解放行动从目的和条件两个方面提供了客观科学的中介或规范。

至此，我们初步阐明了《资本论》"商品和货币"篇首要的理论功能乃是起到一种从主体行动的逻辑到科学所必需的客观结构的逻辑的"转换器"作用；同时，它也内蕴一种反向的，即客观结构的逻辑到主体行动的逻辑的转换通道意涵。前者属于理论智慧的辩证法，后者则为实践智慧的辩证法。这两种逻辑虽然不能在单一理论体系中贯通起来，但能够通过这两种辩证法关联起来，并由之将马克思主义关联成为一个能够满足有效地改变世界所必需的能动论与决定论之双重逻辑的理论整体。

原载《哲学研究》2019 年第 3 期，由易美宇根据原文压缩。

作者单位：南开大学哲学院

马克思《政治经济学批判》
(第一分册)《序言》的节点意义

宫敬才

《序言》的核心话题是马克思的政治经济学研究经过及其结果。在展开话题过程中，马克思直接或间接地透露了大量信息，这些信息成为他人理解马克思原生态哲学及其历史的关键。从马克思原生态哲学理解史角度看，后继理解者（包括恩格斯）忽略了这些信息，结果是得到了与马克思原生态哲学区别很大的马克思主义哲学。对于全面准确地理解马克思原生态哲学及其历史来说，《序言》透露的信息是节点，涉及以下情况：《序言》与此前、此后以及马克思主义哲学的演化轨迹的关系，把三个方面的情况搞清楚，说明白，马克思原生态哲学就会展现在我们面前。

一　政治经济学与哲学的内生变量关系

《序言》的核心思想是向读者说明马克思一生中"黄金时代" 15 年（1843 年 10 月至 1859 年 6 月）的政治经济学研究成果。与习惯性理解不同的是，《序言》表述出来的成果不是政治经济学理论而是哲学性质的方法论历史唯物主义。马克思政治经济学与哲学的关系问题被后继者忽略。在马克思语境中，政治经济学与哲学的关系主要包括：马克思自己如何看待这一关系，《序言》表明，马克思认为二者之间是结为一体、互为支撑因而密不可分的关系；马克思政治经济学与哲学的研究关系，《序言》表明，马克思政治经济学研究过程同时是哲学研究过程；马克思政治经济学与哲学的理论关系，二者互为内生变量，二者之间是相互包含因而无法分割的关系。《序言》是例证，也是标志。马克思原生态哲学区别于哲学史上的任何一种哲学形态，表明这一点的证据是哲学与政治经济学的内在联系。所以，理解马克思原生态哲学的前提是在自觉意识层面顾涉上述情况。

二　方法论历史唯物主义与劳动历史唯物主义

客观事实要求马克思确定资产阶级经济制度的社会历史方位，并说明"经济制度""物质生活""市民社会"在社会生活中的地位、作用。这两项哲学性任务的完成决定了《序言》表述出来的历史唯物主义具有方法论性质，据此把它命名为方法论历史唯物主义。到《政治经济学批判》（第一分册）正式出版为止，马克思文献中的历史唯物主义是劳动历史唯物主义。劳动历史唯物主义这种称谓非马克思提出，但符合马克思原生态思想的实际。劳动历史唯物主义除《序言》显性表述出来的方法论历史唯物主义外，至少还包括：主体、客体及二者之间辩证关系的哲学分析框架；把主体、客体及二者之间辩证关系的哲学分析框架运用于人类社会历史所产生的劳动哲学本体论；被人们习惯地称为人学公式或人学三段论的人学历史唯物主义；以及马克思在《资本论》第一卷、《哲学的贫困》、《德意志意识形态》、《共产党宣言》、《政治经济学批判大纲》等多部著作中所提及的工艺学历史唯物主义。以上构成了马克思劳动历史唯物主义，这就是马克思原生态哲学。这种哲学客观存在于 1859 年以前的文献中，与政治经济学密不可分地交织在一起，《序言》则是以经典表述形式展示了其中一部分内容。

三　哲学思想的文献载体发生变化

《序言》对方法论历史唯物主义的经典表述是节点，马克思原生态哲学由哲学性文献载体"唱主角"而政治经济学隐而不显的时代已告结束。1859 年后，马克思写有大量政治经济学手稿，最终成果是《资本论》，此外是政治学著作如《法兰西内战》《哥达纲领批判》，最后是篇幅巨大的《人类学笔记》《历史笔记》，唯独哲学性著作没有出现。哲学性著作没有出现的事实只能说明像 1859 年以前的政治经济学一样，这里的哲学内化于政治经济学之中，文献和思想两个方面的情况皆然。马克思原生态哲学文献载体的重大变化并不表明马克思原生态哲学消失了，而是在给后人理解造成困难的同时，也给个人性理解和阐释提供了机会。

四   理解的路径依赖及其结果

《序言》对方法论历史唯物主义的论述很经典，但对于此前文献中劳动历史唯物主义的展示整体而言不全面。序言的理论逻辑空间狭小是硬性约束，马克思不可能把基于政治经济学研究得到的哲学性成果全部表达出来。如果把《序言》中表述出来的方法论历史唯物主义转换为如何理解人类社会历史的问题，基于文献回答问题，马克思未及表达的劳动历史唯物主义其他内容就能显现出来。从具体层面看，马克思未及表达但内含的是如下内容：主体、客体及二者之间的辩证关系哲学分析框架、劳动哲学本体论、工艺学历史唯物主义、人—非人—人的复归以及人的依赖时期、物质的依赖时期和自由全面发展时期这两种劳动者在人类社会历史演进过程中所处的线性状态。作为劳动历史唯物主义理论题中之义的内容被忽略，从而产生了后继理解者没有自觉意识到但影响巨大的路径依赖问题。人们理解马克思原生态哲学，径直地以《序言》显性表述的方法论历史唯物主义为范围、为标准，阅读马克思相关文献的目的并非以此为指引线索，全面准确地理解马克思文献中的劳动历史唯物主义。另一方面的原因进一步促成了这种路径依赖式理解习惯的形成。1859 年后，人们要理解马克思原生态哲学，首先想到的是《序言》，作为根据的也是《序言》。《序言》表述上的优点变成了后人理解过程中的缺点，此后的理解者除《序言》显性表述的方法论历史唯物主义外，不再思考和研究马克思文献特别是政治经济学文献中是否还存在其他历史唯物主义内容的问题。必须说明的是，劳动历史唯物主义中大部分内容的遗失更重要的原因是各不相同解读主体的路径依赖式理解。

五   两篇书评和一个哲学体系的诞生

《政治经济学批判》（第一分册）出版后，恩格斯受马克思之托接连发表两篇书评，对马克思主义哲学产生了决定性影响。在马克思主义哲学史上，恩格斯书评创造了四个第一，不管对恩格斯还是对马克思，其中关系最大的是，恩格斯是第一个从一般哲学角度看待马克思原生态哲学，特别是政治经济学中的哲学。1870 年后恩格斯的三部哲学著作《自然辩证法》《反杜林论》《路德维希·费尔巴哈和德国古典哲学的终结》提出了后来马克思主义哲学教科书中主要和基本的观点，恩格斯理解的马克思主义哲学体系已初具轮廓。恩格斯的两篇书评其中的三个观点在后来的哲学文献中一再出现并详加论证，成为马克思主义哲学教科书内容的主要组成部分。第一个观点涉及马克思与黑格尔的哲学思想关系。恩格斯认为马克思是唯一能改造黑格尔哲学以便从中剥离出合理内核的人。第二个观点涉及哲学体系性构想。恩格斯认为马克思有一个"新的科学的世界观"，今后的努力方向是发展一种比从前所有世界观都更加唯物的世界观。马克思主义哲学教科书中的这些主干性内容是恩格斯以马克思哲学之名贡献出来的，但马克思的相关思想与此有别。恩格斯哲学本体论是从物质世界出发看人，而马克思哲学本体论从人出发看物质世界。第三个观点涉及知识分类思想。恩格斯用形式逻辑和辩证法这样的知识分类思想框衡马克思文献，特别是其中的哲学，结果会与马克思原生态思想实际相冲突。恩格斯的书评路径依赖式地用一般哲学的路径理解、评价、发展马克思原生态哲学，会导致非常严重的哲学后果。

六　讨论性结论

马克思《序言》的节点意义已如上述。意义揭示过程是提出和回答问题的过程。准确全面理解马克思原生态哲学的前提是语境转换，语境转换的前提是理解方式变革，理解方式变革的前提是改变路径依赖式理解习惯。这是结论，同时也是需要继续思考和研究的问题。因为结论只具有一家之言性质。

原载《北京行政学院学报》2019 年第 11 期，收入本书时有改动。

作者单位：河北大学哲学与社会学院

马克思古典政治经济学批判的价值形式视角

卜祥记　徐文越

　　马克思对于古典政治经济学并非简单的继承，更包含着严格的批判。不过这种批判关系在传统解读路径中并未得到充分重视，更缺乏一个明晰的视角予以澄清。尽管阿尔都塞明确区分了《资本论》与古典政治经济学在对象结构上的不同，不过由于其理论自身的反黑格尔倾向而错失了价值形式视角的解读。随后兴起的"新马克思阅读"学派则实质性地揭示出价值形式理论对于批判古典政治经济学的重要意义，特别是对于价值理论的实体主义解读模式的批判，实际是将被遮蔽的马克思批判古典政治经济学的价值形式视角重新恢复出来。但在其"形式优先"的阐释路径中，却又将价值形式逐渐实体化，在提供正确启示的同时也脱离马克思理论本身。

　　提出价值形式理论是马克思独自取得的理论贡献，也正是借助这一理论视角，马克思实现了对古典政治经济学的批判，使二者的理论界限得以分明。后人总是将马克思的理论混同于古典政治经济学，甚至将马克思置于古典经济学家之列，人为降低了马克思的理论层级，原因也许恰恰是没能明了马克思的价值形式理论。在《1861—1863年经济学手稿》中，马克思第一次明确提出了价值形式理论，以此对李嘉图的价值理论进行了明确的批判。

　　1847年出版的《哲学的贫困》中，马克思将亚当·斯密和李嘉图归为"古典派"经济学家，并积极肯定了李嘉图的价值理论。他认为，相比蒲鲁东而言，"李嘉图的价值论是对现代经济生活的科学解释"，李嘉图坚持了商品的相对价值完全取决于生产商品所需要的劳动量这一原则。而"亚当·斯密有时把生产商品所必要的劳动时间当做是价值尺度，有时却又把劳动价值当做价值尺度"。李嘉图揭露了斯密的错误,并把价值取决于劳动时间作为其整个体系的基础。当然,这并非代表马克思此时完全认可李嘉图的价值理论,很大程度上,他还是以此为参照来批判蒲鲁东"构成价值"理论的荒谬。

在 1859 年出版的《政治经济学批判》第 1 分册中,马克思明确使用了"古典政治经济学"的提法,并界定了其代表人物的起始范围。在这时,马克思已较为清晰地将劳动分为抽象劳动和具体劳动:"生产交换价值的劳动是抽象一般的和相同的劳动,而生产使用价值的劳动是具体的和特殊的劳动"①,并指出抽象劳动属于社会关系,而这种关系隐藏在物的外壳之下。随后在对剩余价值理论史展开集中研究时,马克思明确认识到了其与古典政治经济学的根本差别是在价值形式上,并将价值形式看作是整个《资本论》中最难懂的部分,进一步对其内涵进行了科学阐释。

价值形式是马克思构架价值理论不可或缺的重要环节,更为重要的还在于,由此揭示了"价值"以及价值形式都不过是资本主义生产方式的特定产物。正是通过价值形式理论的发现,马克思才在经济理论内部实现了对古典政治经济学的超越,使价值理论同整个社会的关系构架紧密联系起来,在实质层面(概念层面)把握住了价值,而不再使价值的内涵混同于价值在经验层面的特殊形式,不再将价值与直接的劳动量相等同。价值形式成为马克思批判古典政治经济学的制高点。

第一,马克思看到,古典经济学家始终未能获得价值的概念或一般形式,更没能把握住价值的实质,而只是研究价值的各个特殊形式,并将其误认作就是价值。第二,没有价值概念和价值形式理论的支撑,古典经济学家就无法把握作为价值实体的抽象劳动。与价值相对应的抽象劳动并非直接从各种具体劳动中抽象出来,而是从商品的价值关系中得出的客观存在。抽象劳动也并非直接内含于单个劳动产品之中,而是整个商品世界在普遍交换中的产物。如果脱离开资本主义这种社会形式,则既不会有抽象劳动也不会有价值概念的存在。离开价值形式的视角,我们也很难理解和把握抽象劳动。第三,古典政治经济学最大的问题是不能将劳动价值理论同货币的本质真正联系起来,看不到价值形式作为中介环节的必然性。

对于古典政治经济学在价值形式理论上的缺失,马克思不无失望地说:

---

① 《马克思恩格斯全集》第 31 卷,人民出版社,1998,第 428 页。

"两千多年来人类智慧对这种形式进行探讨的努力，并未得到什么结果。"所以"古典政治经济学的根本缺点之一，就是它从来没有从商品的分析，特别是商品价值的分析中，发现那种正是使价值成为交换价值的价值形式"。至于缺失价值形式理论的原因，马克思在《资本论》中做了直接的分析。在马克思看来，大致有两点原因：一是他们的注意力完全被价值量的分析所吸引，而将价值形式只是作为无关紧要的和在商品本性之外的东西给忽略掉了；二是因为他们将资产阶级生产方式看作是永恒的自然形式，这样就看不到价值形式的特殊性，更不会将其作为资产阶级生产方式的最一般形式抽象出来。所以，斯密、李嘉图等人只想着去证明各种经济范畴如何同他的劳动价值理论不矛盾，而不会反思这种生产方式本身所包含的矛盾。总的来看，马克思对于古典政治经济学还是非常惋惜的，但对于其局限性的认识也是非常清醒的："古典政治经济学几乎接触到事物的真实状况，但是没有自觉地把它表述出来。只要古典政治经济学附着在资产阶级的皮上，它就不可能做到这一点。"①

马克思晚年在《评阿·瓦格纳的〈政治经济学教科书〉》中曾批驳了瓦格纳对自己价值理论的歪曲，并正面阐述了其经济理论的出发点。马克思斥责了那种将"价值概念"看作他的出发点的"胡说"，并否定是从"概念"中分割出使用价值和交换价值。马克思还讲道："商品的'价值'只是一切社会形式内都存在的东西的一定的历史形式"，这句话是在强调，正是特定的历史阶段的社会形式使得"劳动"作为抽象劳动的形式物化在商品中成为价值。"形式"在这里起到了对普遍存在物的一种"赋形"作用，而使其具有了特定形态。《资本论》要研究的是具体的"资本主义生产方式以及和它相适应的生产关系和交换关系"，并且是从分析资产阶级社会"经济的细胞形式"即"劳动产品的商品形式，或者商品的价值形式"② 开始的。国外的《资本论》研究非常注重从"形式"视角来切入，是有着一定依据并富有启发性的，但同时，我们也要注意到，国外这条价值形式的解读路径也存在着问题和局限，其对"价值形式"的把握与运用存在着背离唯物史观的倾向，在处理马克思与古典政治经济学的关系时也难免走入极端。

第一，从"形式"视角切入《资本论》的研究路径非常注重吸取黑格

① 《马克思恩格斯文集》第 5 卷，人民出版社，2009，第 622 页。
② 《马克思恩格斯文集》第 5 卷，人民出版社，2009，第 8 页。

尔的理论资源，试图在黑格尔的《逻辑学》与马克思的《资本论》之间寻找直接的关联，尽管这有着启发性和开创性，但在这种研究路径下，马克思之前取得的历史唯物主义成果却被轻易地抛弃掉了。第二，国外价值形式理论的研究特别强调"形式优先""逻辑优先"，这有力促进了对社会形式及其运行逻辑本身的关注和研究，但同时也威胁甚至撕裂了内容与形式、历史与逻辑相统一的原则。第三，对于价值形式的强调也使"新马克思阅读"学派在处理马克思经济理论与古典政治经济学的关系时，采取了一种激进断裂的方式，强调二者之间质的差别的同时，也将质与量的维度对立起来，并未能真正理解马克思从抽象到具体的方法。

对照马克思文本我们看到，价值形式是其整个价值理论不可或缺的中介环节，也是克服李嘉图劳动价值论缺陷的关键步骤，但通过价值形式展开对社会关系的批判，并不能离开唯物史观对整个社会形式的根本批判。通过价值形式视角考察马克思对于古典政治经济学的批判，不仅有利于我们更好地把握马克思经济学说的理论特质，也对我们构建中国特色社会主义政治经济学及其自身话语体系有着积极的启示意义。

原载《吉林大学社会科学学报》2019 年第 2 期，《中国社会科学文摘》2019 年第 7 期转载，收入本书时有改动。

作者单位：上海财经大学人文学院

《资本论》的反贫困哲学及其新时代价值

周露平

《资本论》作为反贫困哲学的辉煌巨制，需要不断被深入挖掘，这将有助于为新时代提供反贫困的思想引导与理论资源，扬弃那些反贫困的实证主义路线与伦理主义批判。

一　澄清前提：贫困问题的症结与规律

近代资本主义社会以来，贫困议题才真正得以科学澄清：贫困是现代工业生产的结果，而绝非前提。反贫困的终结议题只能回到马克思，回到《资本论》。

1. 前提失范：西方学者解读贫困问题的研究偏好与理论性质

古希腊哲学直接激活了这样的历史性命题：财富不仅与掌握财富者发生关联，同样与失去财富的贫困者有内在关系。近代以来的哲学家对贫困问题主要是从所有权批判出发，聚焦两大路径：其一，以抽象的法权关系批判社会贫困现象；其二，从自然主义视角对现代所有权的批判。

那么，近代以来的经济学家又是如何界定贫困与富裕的呢？他们主要从国家的整体性视角加以界定，他们为资本征服世界寻找理论支撑，完全忽视了无产阶级的贫困现实问题。尽管还有很多现代西方学者关注到世界贫困问题，但由于理论限制与阶级立场等原因，他们的理论研究侧重于将贫困问题作为社会的边缘现象，并未提高到资本批判的原则高度。

2. 哲学矫正：三大社会形态理论澄清了社会贫困的异质性内容

对于这种作为社会系统性病症的现代性贫困，经济学阵营出现过"人本主义"的内部反思，但并没有真正澄清社会的贫困问题。马克思对现代贫困批判是超越人本主义的道德设置的，他直接从社会形态的整体性维度澄清了现代贫困的核心本质。马克思通过对三大社会形态的批判性解读，澄清了现代社会与前资本主义社会关于导致贫困方式的本质区别，为现代贫困提供了准确定位。

3. 面向资本：唯物史观澄清了贫困问题的现代性起源

马克思的批判道路彰显为两大理论任务：一个是私有财产的本质来历，即私有财产的起源问题；另一个是私有财产的当代表现，即现代私有制的内容问题。第一个理论任务在《1844 年经济学—哲学手稿》中得以明确，私有财产起源于异化劳动即谋生劳动，是谋求生活资料的劳动，这种谋生劳动必然导致无产阶级的贫困化。马克思提出了第二个理论任务，即《资本论》及其手稿提出异化致贫的原因、规律与运行机制，成为唯物史观诠释走向《资本论》批判的核心内容。

二　划清界限：《资本论》反贫困的哲学谱系与理论实质

《资本论》提出，在现代资本运动的特殊规律下，资本与劳动的对峙必然导致贫困；要想解决贫困问题，必须超越资本。

1. 世界贫困与资本生产的"彼此建构"

《资本论》以"剩余价值"为核心，交代了无产阶级的贫困根源。这是"一体两面"的表述：一体是资本生产，两面是资本的剩余价值获取、无产阶级的强制贫困。具体而言，现代资本维持着无产阶级的相对贫困，目的是让无产阶级不断进入资本生产系统，才能源源不断地提供剩余价值，完成资本积累。

进而，《资本论》拆穿了劳资平等的"虚假镜像"，直接指明贫困问题始源于资本的剥削机制。劳动价值论与剩余价值论科学论证了贫困及伴之而来的阶级斗争，详细考察了世界贫困与资本生产、资本积累的内在关联。

2. 资本生产积累与四大贫困的"一脉相连"

《资本论》的反贫困哲学指认，资本主义现代生产积累形成了难以克服的"四大贫困问题"，而这些贫困问题必然导致资本灭亡。

第一，权力建构与工人贫困的"错位发展"。《资本论》从无产阶级与生产资料的分离出发，明确了这样的"贫困现实"——资本通过占有生产资料，进而控制工人的生活资料，是一种特殊的权力建构：一是失去生产资料的"绝对贫困"，劳动者绝对从属于资本；二是失去生活资料的"相对贫困"，这种相对贫困受资本生产调节。

第二，资本控制与生态贫困的"内在关联"。人类和地球的"全面商品化"，被资本吸附为自我增殖的内容。一方面，资本控制导致了自然的附庸性；另一方面，劳动异化（雇佣劳动）决定了自然异化。

第三，经济意识与精神贫困的"现实生成"。《资本论》重点考察了现代拜物教现象，它是现代生活世界的经济意识。这种经济意识不断生成经济合理性的内容：一方面，改造了劳动者对于自我存在的理解，主要表现为劳动者的智力与体力的分离；另一方面，生成了智力衰退的社会固化功能。

第四，资本积累与全球贫困的"互为因果"。资本生产的目的就是控制全球，维持世界贫困。因此，从传统社会向资本社会的过渡时期，现代剩余价值的增殖机制改变了传统贫困状态，造就了全球性的贫困现象。

3. 反贫困与超越资本的"息息相关"

反贫困与超越资本的"息息相关"，这是《资本论》反贫困哲学的理论实质。

首先，反贫困不能停留于资本批判的外观形式。从表象上看，很容易抓住资本批判的两大抓手：一个是工作日，另一个是机器。因此，资本是从两大内容上控制着工人贫困的：一个从时空上规定了工人的活动范围与生产内容，另一个以隐性权力控制了工人的生产强度。

其次，反贫困必须与资本生产积累密切相关。封建社会是等级贫困，现代资本主义是生产积累的贫困。《资本论》专门介绍了这种积累贫困的起源。资本通过积累形成征服世界的动力，但资本的生产过剩，直接表现为剥削劳动的生产资料的生产过剩，它源于资本随着生产力的不断发展，导致了资本有机构成的提高。

最后，超越资本才能真正完成反贫困的历史重任。由于资本的内在否定性，必然被新的社会形态所取代。这种否定性主要体现为：第一，资本积累贫困与无产阶级贫困同时发生；第二，资本积累受一般利润率下降的制约。

三 切中现实：《资本论》的反贫困哲学对于新时代反贫困的辩证论域

围绕中国反贫困的现实实践与未来愿景，可分为现实运作论与历史本质论两大维度：前者表现为对新时代中国反贫困路径的当下理解，后者则表现为中国特色社会主义的发展道路及实践愿景的定位。

1. 现实运作论：新时代的现实境遇

中国高质量的发展态势证实了，只有通过发展与优化社会主义市场经济，才能取得社会财富的极大发展。一方面，要实现市场在资源配置中起决定性作用和更好发挥政府作用的辩证统一。资本主义通过市场经济模式扩大了物质财富的生产速度，使整个地球财富绝对地增长；但同时相应扩大贫困范围的边界，使相对过剩人口严格框定在资本受益之外。

另一方面，新时代反贫困问题不能仅做"减法"，还要做"加法"。《资本论》的反贫困哲学已经明确现代贫困是结构性贫困，同时又是系统性贫困。这种贫困由于现代市场经济的发展而变得复杂多样，社会主义国家不仅要利用市场经济，更要利用国家宏观调控的加法统筹，目的是为社会的自由全面发展提供系统性、工程性、复杂性与多元性的反贫困手段。

2. 历史本质论：中国社会的发展前景

历史本质论是从历史发展向度上，科学预见中国未来要走的道路，即扬弃市场经济、超越资本，完成社会主义建设。一方面，就理论诠释而言，必须回到《资本论》，汲取丰富的反贫困思想。《资本论》提出反贫困不能限于道德批判或哲学批判的范围，应采取政治经济学批判。中国反贫困问题应该回到对经济现状的哲学反思上。

另一方面，从实践维度来说，超越资本是反贫困的根本路径。资本或现代私有财产制度是现代贫困的根源，那如何超越资本及其逻辑，直接关系中国社会的发展未来。具体而言，第一，坚持共产党领导。第二，人民必须共享发展成果，实现美好生活。第三，最为根本的归宿是扬弃市场经济、超越资本，才能真正实现反贫困的重任。未来社会的反贫困维度在于实现全社会的自由全面发展，消灭一切通过占有生产资料剥削剩余劳动，致使大部分社会成员贫困的现象。

原载《马克思主义研究》2019 年第 12 期，收入本书时有改动。

作者单位：上海交通大学马克思主义学院

"物化"问题再研究

——从《资本论》"商品"章的文本出发

周嘉昕

    "物化"是马克思主义哲学研究中的一个焦点问题。"物化"概念今天在中国学界得到进一步的关注,除了卢卡奇的影响外,还受到了日本马克思主义研究者、欧美学界价值形式分析和"新辩证法"研究的影响。"物化"与"物象化"的区分隐含了一个问题:马克思的商品形式分析与资本主义生产方式批判之间的逻辑关系。本文尝试从"物化"相关术语的辨析出发,证明马克思有意识地将"商品和货币"的讨论作为《资本论》三卷的抽象叙述起点,商品形式的分析中不仅直接包含着货币关系的展开,而且蕴含着资本主义生产社会总过程的说明;对政治经济学批判方法的理解决不能仅仅局限于"商品和货币"的环节,而必须在《资本论》的总体构架和叙述方式中去寻求。

一 "物化"相关术语的辨析

    在马克思集中讨论"物象化""物化"的文献中,我们可以发现:与"物化"讨论直接相关的,存在这样一些关键性的术语和范畴。

    "物象"或"事物"。这是"物象化"讨论中的一个核心范畴,马克思经常使用"人与人的关系表现为物与物的关系"一类的表述。在德国古典哲学的法哲学中,"物象"具体所指是财产或所有权关系中的"对物权"。那么,财产或所有权关系中的"人格"关系表现为"对物权"关系,就可以被看作对商品交换背后的财产关系的揭示和澄清。

"物"。"物"更多类似于中文语境中的"东西"这一说法，更多强调某种物自身存在的自然属性。"物化"就是：特定的社会关系不仅通过"物象"之间的关系呈现出来，而且在资本主义生产过程中，特别是在资本主义生产过程所造成的拜物教中，这一特殊的社会关系与某种自然物的属性合二为一，从而遮蔽了这种社会关系本身的存在。

"对象"。马克思在价值问题的讨论中大量使用了"对象""对象性""对象化"这些表述。在中文语境中，这些表述往往被翻译为"物"和"物化"。那么，要理解"物象化"和"物化"问题，需对"对象"范畴以及与之相关联的"商品""使用价值""交换价值""劳动"等一系列范畴进行探讨。进而有助于我们辩证揭示资本存在的历史性秘密。

"人""人格""个人"。这三个范畴是在"物化"的讨论中直接引申出来的。在中文语境中，这三个术语往往都被等量齐观地理解为"人"。但是，在"物象"的讨论中，直接涉及的就是"人格"。"人"最具代表性的就是"人的解放"的表述。"个人"这一范畴更强调关系的维度和涵义，例如"现实的个人"，蕴含的就是从物质生活的生产和再生产出发理解个人之间的社会关系的涵义。

如果说"物化"作为一个理解马克思主义哲学方法的特定问题能够成立的话，这一问题的理解离不开相关一系列术语范畴的辨析，以及从这些术语范畴之间的相互关系出发对马克思叙述方法的把握。

二　《商品》章：从《政治经济学批判》到《资本论》

回顾马克思主义形成和发展史，有关政治经济学批判方法的争论，核心的焦点文本就是作为《资本论》叙述起点的《商品》。1867 年《资本论》第一卷德文第一版出版后，《商品》章的叙述方法问题就引发了广泛的争论。虽然马克思和恩格斯在准备出版《资本论》的过程中，已经意识到这个问题，并专门撰写了题为"价值形式"的附录。但是这一部分还是引发了分歧和非议。针对这一问题马克思自己在《资本论》德文第二版跋中专门做出了回应。即便如此，围绕这一问题的争论远未平息。当然，马克思在《商品》章中对"黑格尔特有的表达方式"的"卖弄"，也构成了后世马克思主义者理解政治经济学批判，并运用《资本论》的方法批判现代资产阶级意识形态的重要工具。

学界通常将《资本论》的直接创作过程追溯到 1857 年马克思开始《政治经济学批判大纲》的写作，初步制定了"剩余价值理论"，并在写作过程中，实现了从"五篇计划"到"六册计划"的转变。与这一转变直接相关，马克思提出了"资本一般"概念范畴。

《1861—1863 年经济学手稿》的写作是作为《政治经济学批判》的第三章《资本》而开始的。但是在写作过程中，马克思做出了重大的调整，表现有三：一是马克思意识到"资本一般"的讨论不能脱离"许多资本"的竞争而抽象展开，因此逐渐放弃了"资本一般"的框架；二是与"资本一般"概念的消失相关，马克思放弃了"六册计划"，代之以新的"三卷四册"计划或"四卷计划"，著作的标题也从"政治经济学批判"调整为"资本论"；三是马克思为了搞清楚剩余价值理论的问题，专门做了一个历史的梳理，留下了后来整理出版为《剩余价值理论》的大量手稿。在马克思 1863 年至 1865 年重新整理誊写《资本论》三卷手稿的时候，已经在再生产理论和广义剩余价值理论的基础上，确立了资本主义生产方式批判的新的叙述方式。

从 1863 年开始到 1867 年《资本论》第一卷出版，马克思主要是为《资本论》第一卷的付印做准备。其中，有两个细节值得注意：其一，本来第一卷的手稿并不包括《商品和货币》这一部分，1866 年秋，马克思决定重新撰写这一部分，作为《资本论》叙述的起点；其二，在马克思决定首先出版《资本论》第一卷后，为了让这一卷的内容完整细致，他有意识地从第二卷、第三卷的手稿中择取了大量内容补充进第一卷中。这样，我们就不难理解《资本论》第一卷《商品》章的文本形态了。在 1867 年出版的德文第一版中，《商品》是第一章《商品和货币》的第一个部分。

三　作为《资本论》三卷叙述起点的《商品》

基于《商品》章的写作进程和最终的文本形态，我们推断：尽管马克思在世时并没有完成出版《资本论》第二卷和第三卷的计划，《商品》已经潜在地包含着《资本论》三卷的内容。《商品》是《资本论》三卷辩证叙述的起点。《商品》章中所讨论的"物化"问题，不仅是一个商品交换过程或者说流通过程中发生的问题，也是对资本主义生产的社会总过程的抽象叙述。《资本论》中虽然放弃了"资本一般"这一术语和提法，但却在从抽象到具体的意义上，实现了对"资本主义的生产方式"的批判，揭示了作为现实发生的抽象本质的资本。如何以历史和逻辑相统一的方式，在具体经验的层面上显现出来，《商品》章的讨论就是这一辩证叙述的起点。其中的理论硬核是体现在商品二重性中的劳动二重性理论；内容主体是价值形式分析的辩证展开；问题指向和展开则是商品拜物教性质及其秘密的阐述。其中，"物化"问题的讨论以"蒙太奇"式的话语方式引导着《资本论》的读者从抽象的理论分析走向具体的现实关照。

　　在《资本论》的《商品》部分中，无论是有关商品的两个因素，即使用价值和价值的区分，还是体现在商品中的劳动的二重性的说明，乃至价值形式的分析和商品的拜物教性质及其秘密的叙述，都比《政治经济学批判》的《商品》章要系统、丰富、准确得多。首先，《资本论》中"价值"概念要明确得多。因此在把握商品中包含的劳动的二重性这一理解政治经济学的"枢纽"基础上，对"使价值成为交换价值"的"价值形式"的分析，就成为必要的逻辑展开环节。其次，在"价值形式"部分的讨论中，马克思围绕"商品的价值对象性"分析了商品交换中所发生的，存在于同一商品身上的作为使用价值的"物"，或者说"自然形式"，与作为交换价值的"关系"或关系物，或者说"价值形式""社会形式"之间的辩证转化。最后，在《商品的拜物教性质及其秘密》这一部分中，或许是因为马克思从政治经济学批判各个手稿中抽取了不同的内容，或许是为了避免"价值形式"一节那种黑格尔式的特有表达方式的限制，采取了一种夹叙夹议的叙事方式。

四　结论

　　所谓卢卡奇提出的"物化"问题，就是面对垄断资本主义或者说组织化的资本主义的滥觞，利用韦伯的合理化分析和黑格尔主客体统一的辩证法思想，寻求新的历史主体，即具有历史意识的无产阶级的思想探索。回到马克思的《资本论》中，"物化"并非任何一个简单的概念范畴所能涵盖的问题，而是涉及资本主义生产方式的社会总过程批判的一种"方便说法"。如果存在一种"物化"批判的理论的话，那么这一理论必须结合政治经济学批判的总体叙述方式，在资本主义的生产过程、流通过程、生产的社会总过程中加以总体性的把握。以"蒙太奇"手法时时提醒着《资本论》的读者要从抽象上升到具体，在历史和逻辑的统一中，实现对资本主义社会形态经验现象的呈现方式的把握。

原载《华东师范大学学报》（哲学社会科学版）2019 年第 4 期，由吴伟根据原文压缩。

作者单位：南京大学马克思主义社会理论研究中心暨哲学系

价值形式分析与平等问题

吴　猛

　　文章对马克思在《资本论》的价值形式分析中探讨平等问题的内在理路进行了分析。学界对于马克思主义平等观有两条重要的考察路径，但无论是从价值观念或规范性原则的角度还是从现实社会机制的角度进行讨论，都会遇到理论困难。这一方面是由于这些考察脱离了马克思的政治经济学批判，另一方面是由于这些考察只从内容角度讨论马克思平等观，而忽视了马克思关于平等问题的讨论的形式维度。在马克思的价值形式分析中，与古典政治经济学的"价值"范畴内在相关的、作为形式的"平等"也即"等同性"本身的形式前提（同时也是历史性前提）得以呈现。这样，资产阶级平等就是一种包含内在矛盾且在形式分析中不断呈现其复杂性的历史性结构的"表现"，而不是具有某种固定内容的实体性对象。

　　马克思的价值形式分析的基本操作方式，是从直接的形式规定的无法成立去追问使得这种形式规定得以可能显现的形式前提。这与黑格尔辩证法的基本操作，即通过不断建构概念的定在与其单纯抽象性之间的矛盾从而瓦解旧概念的规定并产生新概念的规定，形成了鲜明的对比。在马克思的这种操作中，对于"平等"关系的分析占据了核心地位。从某种意义上说，马克思对于古典政治经济学的价值范畴的形式分析，正是借助对于"平等"和"不平等"这两种对立的形式规定的意义分析（也即对形式前提的分析）而推进的。"平等"之所以具有这种作用，正是由于在这里"平等"不是指任何意义上的"权利平等"，而是作为"形式"的"等同性"本身。

　　价值形式分析的第一步，是对古典政治经济学（主要是李嘉图学派）

的关于商品的抽象观念进行形式分析。马克思从三个方面分析古典政治经济学的"单个商品"范畴的形式规定：商品是有价值的，价值是区别于使用价值的，价值必须实现为交换价值。马克思对这三种形式规定进行的分析是：一个商品只有把另一商品作为价值与自己相等同，才能把自己当作价值来发生关系；一个商品只有将自己当作价值发生关系，才能将自己与作为使用价值的自己区分开；一个商品只有将自己的价值量表现在另一件商品上，才能获得一种与自己的单纯的价值存在不同的价值表现即交换价值。因此，"单个商品"的形式规定性得以成立的形式前提是：一个商品要将自己与另一个商品相等同。这样，新的形式规定得以建立起来，这就是"商品 A 的价值通过商品 B 表现出来"，也即第一种价值形式"x 量商品 A ＝ y 量商品B"。在这里，商品 A 和商品 B 之间建立起一种等同性关系，我们可以将之称为"平等 I"。这种平等是一种纯粹作为形式的平等，因为它固然表明商品 A 的价值可由商品 B 表达，但"商品 A 的价值"没有任何内容，因而对它的表达实际上也没有任何内容，这样，上述等式中的等号仅仅表明不同产品间的抽象的等同性关系。接下来马克思对作为形式规定的"平等 I"进行了形式分析。"商品 A 的价值通过商品 B 表现出来"意味着商品 A 通过商品 B 反映所耗费的一定量的人类劳动（按照古典政治经济学的观念）。而这意味着人类劳动在另一件商品中获得凝结形式。商品 B 的使用价值之所以能成为商品 A 的价值的表现形式，只是由于商品 A 把商品 B 的"材料"当作与对象化在自身中的劳动同样的劳动的直接体现。因而商品 B 就成了"同种人类劳动"的"在感觉上可以捉摸的对象性"。不过，这样表现出来的是"人类劳动"在"一定形式"上的耗费和对象化。因此生产商品 B 的具体劳动被当作"一般人类劳动"的直接实现形式。这样，"商品 A 的价值通过商品 B 表现出来"这一形式规定性的前提就是"商品 B 的使用价值表现商品 A 的价值"。但这样就蕴含了商品 A 与商品 B 的不平等（我们可以将这里的不平等称为"不平等 I"）：一方面，商品 A 的价值只能通过商品B 的使用价值来表现；另一方面，商品 B 的使用价值是被动地进入商品 A的价值的表现进程的。这样，"商品 B 的使用价值表现商品 A 的价值"所包含的"平等 I"就是以"不平等 I"为前提的。随后马克思对作为形式规定的"不平等 I"进行了形式分析。从"量"的方面来看：一方面，商品A 的价值量只能通过商品 B 表现出来；另一方面，商品 B 获得直接可以交换的使用价值形式，又是因为它是表现商品 A 的价值的材料。这样就陷入循环。从"质"的方面来看：如果商品 B 是被动地进入等价关系中的，那么它的"作为可以直接交换的使用价值"的规定性就好像是上衣本身的属性似的，而它之所以进入商品 A 的价值表现过程似乎也正是由于它具有这种属性。但显然，如果不建立起商品 A 与商品 B 的关系，商品 B 就不可能有这种"属性"。这样，商品 B 的使用价值对于商品 A 的价值的表现就显得颇为神秘。这样就不能停留在"不平等Ⅰ"本身的层面，而要进一步追问这种形式规定性得以成立的形式前提。只有商品 A 的价值不仅通过商品 B 的使用价值得到表现，而且可以通过除自己之外的所有商品的使用价值得到表现（我们可以将除商品 A 之外的所有商品间的平等关系称为"平等Ⅱ"），才能使得"商品 B 的使用价值表现商品 A 的价值"得以可能。这样就出现了"第二种价值形式"或"扩大的价值形式"：z 量商品 A = u 量商品 B，或 = v 量商品 C，或 = w 量商品 D，或 = x 量商品 E，或 = y 量商品 F，或 = 其他，等等。马克思强调："在第二种形式中，一个根本不同于偶然现象并且决定着这种偶然现象的背景马上就显露出来了。"① 而这就意味着"不平等Ⅰ"的形式前提是"平等Ⅱ"。随后马克思对作为形式规定的"平等Ⅱ"进行了形式分析。

在第二种价值形式中，所有可能"作为它们本身中包含的单纯表现形式"的商品体（除 A 之外的所有商品）共同确定了"同种人类劳动"。但"同种人类劳动"这一形式规定性是无法仅仅通过商品 A 与其他所有商品的关系，而不将其他所有商品彼此建立内在关系而建立起来的，因为如果那样的话，每个与商品 A 相对立的商品都充当等价物，但都只是"特殊等价物"，这意味着它们之间彼此排斥，也即无法建立真正的内在联系。不同商品只有跨越质的差别，互相可以替代，才能表现"同一统一体"即同种人类劳动。这就意味着一件商品可以"直接"与任一其他商品进行交换。由于每一种商品在自然形式上都是有差异的，因此建立上述"直接"性的前提在于：第一，找到一种商品，它的自然形式本身就成为可以直接同一切商品相交换的形式，也即作为一般等价物，从而成为其他商品的一般社会形式，并从而使其他商品的自然形式可以间接地具有"社会有效形式"；第二，其他一切商品都把这一商品看作它们自己价值的表现形式；第三，作为一般等价物的商品被排除出一般相对价值形式（否则不仅会出

---

① 《马克思恩格斯全集》第 42 卷，人民出版社，2016，第 45 页。

现形式上的同义反复，如"20 码麻布 = 20 码麻布"，而且会出现在某个特定交换过程如"20 码麻布 = 20 码麻布"中无法确定"价值量"或"一般劳动的量"的情况）。使得这一要求可能实现的形式前提，就是"第三种价值形式"或"一般价值形式"。在这里，一般等价物的等价形式似乎是从它自己的物的属性中产生的，而不反映其他商品的关系。这里就蕴含着居于一般等价物位置的商品与其他商品的不平等关系（可称为"不平等Ⅱ"）。这样，"平等Ⅱ"的形式前提就是"不平等Ⅱ"。随后马克思对作为形式规定的"不平等Ⅱ"进行了形式分析。一个商品（如商品 A）在第二种价值形式和第三种价值形式中的位置（在前者中是一般相对形式，在后者中是一般价值形式）都是可以成立的，这就意味着商品 A 的位置是可以"倒转"的，而这又意味着商品 A 可以和其他商品"互换位置"，也即自由交换。

在第三种价值形式的分析中，马克思着眼于一种特定商品讨论上述"倒转"，但如果考虑到其实所有商品都可以发生这种倒转，结果就是：每一种商品的位置都是可以"倒转"的，而这也就意味着每一个商品都是可以直接和其他商品进行等价交换的（可称为"平等Ⅲ"）。这样，"不平等Ⅱ"的形式前提就是"平等Ⅲ"。接下来马克思对作为形式规定的"平等Ⅲ"进行了形式分析。所有商品和其他商品的直接交换，意味着有一种特殊商品退出商品领域并固定下来，成为纯粹的一般等价物（否则这一特殊商品的自然形式将对其他商品间的直接交换产生干扰）。在历史中固定下来的一般等价物就是货币。平等的货币交换关系的客观性，这种客观性是关于平等的观念和现实的平等关系的基础。在对于平等的货币交换关系的形式规定性即"平等"所做的进一步的形式分析中，这一关系的形式前提将被呈现为资本对于劳动的不平等占有（可称为"不平等Ⅲ"）。通过上述分析，我们可以看到，"单个商品的价值"这一不仅标志着商品的"平等"，同时也为资本主义社会中的生产者和交换者贴上"平等"标签的政治经济学观念，实际上是指向一种复杂的资本主义平等表现机制的路标。在这里，马克思关于资产阶级平等的看法不能被简单地归于对作为意识形态观念的平等的虚假性的批判，也不能被归于对于现实的经济或社会关系的平等的虚伪性的批判。通过价值形式分析，内嵌于古典政治经济学理论的作为形式的"平等"也即"等同性"本身的形式前提（同时也是历史性前提）得以呈现。这样，资产阶级平等就是一种包含内在矛盾且在形式分析中不断呈现其复杂性的历史性结构的"表现"，而不是一种具有某种固定内容的实体性对象。对这种表现机制的呈现乃是马克思把握"现实的运动"的工作的一个重要组成部分。

原载《哲学研究》2019 年第 6 期，收入本书时有改动。
作者单位：复旦大学哲学学院暨当代国外马克思主义研究中心

论马克思的所有权理论

赵凯荣

本文从一篇关于马克思是否重视消灭私有制的文章说起，谈到了学术界关于此问题的争论，而此次争论对于所有权本身的探讨是极少的。而在2018年10月，在武汉大学召开的"资本主义危机与马克思批判理论——纪念马克思诞辰200周年暨罗莎·卢森堡对马克思主义的分析与批判理论的应用"国际研讨会上，有学者提交了一篇题为《马克思的辩证的历史的所有权概念》的文章（以下简称《所有权》），给出了完全不同的结论，认为马克思的所有权理论对私有制也是持肯定态度。《所有权》一文认为马克思根本不在乎所有权是私有制还是共同占有制（公有制），而只关心与人的本质的相关性，如果有助于人的自由意志的实现，即便是私有制，也应大力发展。《所有权》一文认为用共有或者私有来区分马克思的所有权理论是不适合的，马克思关心的是所有权的积极、肯定的方面（自由意识的同一方面），旨在消除其消极、否定的方面。《所有权》一文还认为马克思的所有权理论是从自由意志出发的，但这个自由意志不是由单方面的意志决定的，而是由互相承认的共同意志决定的。《所有权》一文认为主客体同一与主客体对立的具体内容和相互关系构成了马克思的所有权理论，从而认为马克思的所有权理论是辩证的和历史的。总之，《所有权》一文坚持要消灭私有制，要保证马克思所有权的积极、肯定的本质。而本文则旨在说明马克思的所有权理论的真正本质。

对马克思来说，所有权的运动是一个自然历史过程。首先，劳动不是所有权的基础，不能用劳动的起源来阐释马克思的所有权理论。马克思的所有权不能依从洛克的思路，从其自身，即从其自然法方面去理解，说劳动是所有权的基础，只对自给自足的小农经济才有效。这种有效性的前提是，劳动条件归劳动者所有，因此，劳动者可以根据自己的劳动不折不扣占有自己的全部劳动成果。但在马克思看来，几乎所有的资产阶级经济学家都用它来证明资产阶级的所有权关系。马克思明确指出，正是在资本主义条件下，一方面，劳动条件与劳动者相分离；另一方面，劳动者根本不可能根据劳动来占有自己的劳动产品，实现自己的所有权，也即在资本主义，劳动并不是所有权的基础。但资本主义的交换原则却是建立在劳动价值论上的，由此，这里存在一个巨大的矛盾。马克思认为资产阶级经济学家也注意到了这一巨大的矛盾，使这一问题成了资产阶级经济学的基本问题。几乎所有的资产阶级经济学家都试图证明，其一，所有的劳动都是生产劳动；其二，没有什么不是生产劳动，就连消费也是生产劳动，甚至"无所事事"也是生产劳动。不过，在马克思看来，这个矛盾是资本主义自身根本无法解决的，因此解决这一矛盾成了共产主义第一阶段所有权的历史使命。马克思把所有权视为无产阶级运动的基本问题，一个重要的原因就是，所有权问题的本质是人与人的现实关系。因此，马克思的所有权理论所要实现的是人与人的真正的人的关系。对马克思来说，资本主义流动的现代性的一个最重要的成果就是实现了政治解放，它把人与人的关系从政治等级关系中解放了出来，把它归于货币所有权，归于普遍公平的劳动所有权，实现了马克思所说的迄今为止最公平的社会。用马克思的话说就是，一切以经济为转移，而不以政治权利为转移。但是人与人的关系仍然以劳动为中介，人仍然只有作为劳动人才有地位和尊严，重要的是这种平等在马克思看来仍然是不平等的。

其次，意志不是所有权的基础，不能用意志来阐释马克思的所有权理论。用意志解释马克思的所有权理论，实际上是黑格尔法哲学的方法。在黑格尔那里，个人的自由意志既是个人的，也是普遍的，是普遍的个人意志，或个人意志的普遍性。因此说"这是我的"时，已经不再有个别意志的意义，而是有普遍的法的意义。从这个意义说，所有权和法具有普遍意志的特点。这不仅和个人意志不同，甚至也与共同意志不同。个人意志是单个人的意志，个人意志无论如何任性、有个性，都与所有权无关。正如马克思所言，当一个个体意志对某物有意志时，往往意味着这个物已经不再是个人意志了。对黑格尔而言，共同意志是双方的共同意志，它是契约的基础，其缺点是偶然、随机、不稳定、易变。相比之下，黑格尔往往是在普遍意志上谈论法，认为普遍意志就是国家、伦理。然而对马克思而言，普遍意志尽管具有国家的形式，仍然不是真正的普遍意志，而是占统治地位的阶级的意志，从而也不能把它作为合法性的基础。对马克思来说，法和所有权从来都是不以人的意志为转移的。

最后，不能戴有色眼镜来分析所有权理论。马克思认为我们绝不能用玫瑰色来描述类似消灭私有制这样的问题，消灭私有制是私有制的自我运动的结果，根本不需要共产党人主张。其中最为重要的是动产对不动产的消灭，这是人类历史上迄今为止最为重大的历史事件，它标志着流动的现代性对固化的现代性的否定，也是私有制有史以来遭受的最大打击。马克思明确指出，它把"有主的"财产第一次变成了"无主的"金钱。不过，动产对不动产的消灭本质上并没有消灭私有制，而是实现了私有制的普遍化，第一次使每一个人都成了私有者，或潜在的私有者。每一个人通过自己的钱包可以普遍地主张自己的所有权，所以马克思才再三强调资本主义是迄今为止最公平的社会。对马克思来说，资本主义的问题在于，它的原则是劳动所有权的，但是资本主义并没有真正完成劳动所有权；资本主义一方面没有实现普遍的劳动所有权，另一方面反而使少数的非生产劳动者获得了天文数字般的私有财产。因此，共产主义第一阶段的很长一段时间里的任务不是消灭这种所有权，而是要首先解决资本主义在自身内部无法解决的这个巨大的矛盾，并力保这种劳动所有权的普遍化和公平。马克思认为：其一，任何人的所有权都必须要经过劳动才能直接获得的，不劳动者没有所有权；其二，任何人都要经过劳动价值论核算，这样就很难有亿万富翁，在相同劳动时间下产生巨额贫富差别的资本主义的特有现象将终结；其三，任何人的所有权都是直接所有权，劳动者的所得无须经过任何中介而直接进入劳动者的钱包。在这里，劳动仍然是最主要的，是凌驾于个人之上的力量，只要这种力量还存在，私有制也就必然会存在下去。在很长一段时间内，劳动所有权和货币所有权都会存在，共产主义第一阶段的使命只是确保它在劳动价值论基础上的普遍和公正。不过，就算是完成了劳动所有权，所有权的历史使命仍未终结，因为劳动所有权仍然是一种平等的非平等权利，于是，伴随资本、技术和流动现代性对人本质的奴役、统治和僭越而来的反抗，劳动所有权的历史使命也将终结。取代劳动所有权的所有权，主要的任务是把人的真正人的需要解放出来，用需要的所有权取代劳动所有权。而不是要实现所有权的劳动与占有的主客体的辩证同一，也不是要实现所有权在历史发展中的劳动与占有的主客体的对立同一。全部问题的关键是最终用需要所有权取代劳动所有权，如马克思所言，这是劳动所有权一直没有解决也不可能解决的。只有这时，劳动才不再作为谋生手段，不再作为统治人的本质和人与人交往关系的力量，而成为人自身的真正人的本质力量。

总之，对以下三种主流观点的批判分析有三点。其一，用马克思本人的话语论述了马克思所有权理论的本质不只是消灭私有财产，而是同以往一切所有权的传统观念"彻底决裂"，也即，必须把私有制的消灭理解为财产自我运动的客观逻辑。消灭私有制的运动在共产党人提出前早就存在了，其中，动产对不动产的消灭具有彻底革命的标志性性质，构成现代性最为本质的东西，所以马克思才认为消灭私有制恰恰是资本主义现代性的绝对要求。其二，把马克思的所有权理论本质归结为旨在重新实现劳动与劳动所有权的辩证的和历史的对立同一，本质上是把洛克的自然法的所有权理论加在马克思头上。对此，马克思有明确说明，一方面，类似所有权和法的问题绝不能从自身、从自然法去说明；另一方面，尽管劳动所有权开创了人类历史上最为公平、最为平等的社会，但劳动所有权仍然会使人与人的关系囿于劳动能力上，从而本质上仍然是不公平、不平等的，最终必将被扬弃。其三，至于有人认为，马克思所有权理论的本质是人的自由意志的实现，本质上完全是黑格尔的法哲学的翻版，对此马克思本人明确表明，类似所有权和法的问题绝不能从一般人类的意志和精神去说明，本质上，以往一切所有权和法都是占统治地位的阶级的阶级意志，而马克思所有权理论的本质旨在彻底改变这一切。

原载《新时代马克思主义论丛》2019 年第 1 期，收入本书时有改动。

作者单位：武汉大学哲学学院

《资本论》中的生命政治

王庆丰

马克思在《资本论》第四章"货币转化为资本"部分的结尾表达了一个生命政治的后果：资本家昂首前行，工人尾随于后。一个笑容满面，雄心勃勃；一个战战兢兢，畏缩不前。从这一生命政治的结果去追溯《资本论》与生命政治的内在关联，我们会发现：这种规训是通过惩戒肉体和调节生命两种方式实现的，从而造成了对现代社会中雇佣工人这一生命基质的剥夺。生命政治与劳动力概念密不可分。在生命政治的意义上，资本对劳动力的支配权一方面表现为资本家通过纪律对工人的规训和管控；另一方面表现为资本把劳动力本身由"活劳动"变为"死劳动"。生命政治的两种权力技术在《资本论》中获得了完全的意义。正是在这个意义上，《资本论》揭示出现代社会的生命政治。

"生命政治"（biopolitics）一词发端于福柯对"生命权力"（bio-power）的研究，意味着掌控生命的权力。在资本主义现代性语境中，生命的统治以资本权力对劳动力（实指生命）的支配与规训而展开。在这个意义上，马克思的资本批判实际上指向的是资本对劳动力的支配、规训和惩罚，内在地蕴含着福柯所指认的新的权力治理技术即生命政治的批判。资本主义社会的生命政治不再像前资本主义社会那样是对自然生命赤裸裸的控制和奴役，而是以资本为中介来实现对雇佣工人的规训和惩罚，这是一种政治治理方式的巨大转变。现代社会生命政治发生的现实场域主要是企业工厂体系，而它的理论场域则主要体现在马克思的巨著《资本论》中。

一　货币转化为资本的生命政治后果

马克思在《资本论》第四章"货币转化为资本"部分的结尾处写道："一离开这个简单流通领域或商品交换领域……就会看到，我们的剧中人的面貌已经起了某些变化。原来的货币占有者作为资本家，昂首前行；劳动力占有者作为他的工人，尾随于后。一个笑容满面，雄心勃勃；一个战战兢兢，畏缩不前，像在市场上出卖了自己的皮一样，只有一个前途——让人家来鞣。"① 在流通领域，货币占有者与劳动力占有者是平等的市场经济交换主体。一旦进入生产领域，"原来的货币占有者"成了资本家，而"原来的劳动力占有者"则成了"资本家的"工人。这里所描绘的两种"新面貌"正是资本主义社会中资本家与工人之间关系的真实写照。资本家通过资本所具有的购买力、支配力和规训力形成一整套完善的支配和控制工人的微观权力体系。这正是生命政治在现代资本主义社会中的集中展现。从这个意义上讲，这种面貌的变化正是一种生命面貌的变化，一种生命政治的后果。因此，《资本论》中不仅包含着商品拜物教批判和剩余价值批判，它还隐含着第三种批判——生命政治批判。

从生命政治的视角来看，资本是对劳动力本身的支配权，在现实社会中具体展现为资本家对工人的支配权。为了最大限度地获取剩余价值，资本家完全不顾工人的死活。工人的活体（livingbody）是劳动力的基质，突破"纯粹身体的极限"直接表现为工人寿命的缩短（如未老先衰、过劳死亡），表现为对劳动力生命基质（工人活体）的剥夺。诚然，工人阶级的反抗运动取得了重大成就。然而，这并不意味着资本家对工人的支配和规训、对工人生命基质的剥夺减轻了。时至今日，资本家对工人的规训并没有得到缓解，反而愈演愈烈。资本对工人人身支配权的形成显示出现代社会的生命政治，资本不仅以购买力呈现为一种经济权力，更重要的是以支配力成为实质性的政治权力，这种支配力（政治权力）奠基于资本的购买力（经济权力）。《资本论》所揭示的生命政治产生了两大后果：一是资本家对工人（自然生命）的规训，二是资本对工人（自由本性）的规训。资本的支配力使"有意识的活劳动"转变成"有意识的机件"（死劳动），生命存在样态

① 《马克思恩格斯文集》第5卷，人民出版社，2009，第205页。

的这种转变在现代社会中不仅体现为对自然生命的支配和奴役，而且更广泛和更普遍地体现为对生命发展的规训和压制。

二 《资本论》中的双重规训

在福柯看来，在生命政治的形成过程中产生了两种新的权力技术，分别是"惩戒肉体"的技术和"调节生命"的技术。"惩戒肉体"的技术是一种直接作用在人的肉体之上的微观权力，它通过纪律等手段直接控制人的肉体的行为方式。其终极目的是"驯顺性"，通过驾驭、使用、改造和改善肉体，达到驯顺肉体的目的。资本所具有的对劳动的支配力、对工人的支配力，事实上首先只能通过一套"惩戒肉体"的技术发挥出来。这种支配力绝非一种生杀予夺的传统权力，当资本家购买到劳动力这一商品时，他拥有的只是对劳动能力和劳动行为的支配力。这就意味着，要想实现更大限度的资本增殖，资本家就只能在工作时间和工作领域内采取措施，这些措施就是所谓的"纪律"。资本家制定工作纪律，监督工人劳动，制定生产时间表，提升工人的生产技能。相对于传统社会"生杀予夺"的强暴力，现代社会"惩戒肉体"的纪律只是一种弱暴力或软暴力。在这一过程中，资本家绝非想要征服工人，他的目的始终是实现资本的增殖。

"调节生命"的技术构成了生命政治语境下不同于"惩戒肉体"的另外一种新的生命权力技术。"惩戒肉体"针对的是肉体的人，"调节生命"针对的则是活着的人，二者运行在不同的层面之上。"调节生命"权力技术的运行在表面上显得极具合理性，它不再谋求控制人，而是谋求保障人的整体安全。"惩戒肉体"的技术将人作为"肉体"来规训，而"调节生命"的技术则将人作为抽象的人口来对待。马克思把工人阶级分为"现役军"和"后备军"，产业后备军就是过剩人口的相对量。工人人口本身在生产出资本积累的同时，也生产出使他们自身成为相对过剩人口的手段。马克思将之称为资本主义生产方式所特有的人口规律。资本积累的力量越大，资本增长的规模和能力就越大，从而无产阶级的绝对数量和他们的劳动生产力就越大，产业后备军也就越大。一旦就业工人反对过度劳动，不听从资本摆布，他们就立即会被产业后备军所取代。过剩人口看似游离在资本的控制之外，而实际上它随时可能被吸收，并且它成了规训现役劳动军最为有效的潜在手段。无论是现役劳动军，还是产业后备军，都从属于资本，在两者的动态平衡中，维护着资本主义社会的总体平衡和安全。

三　"劳动力"概念与生命政治

无论是在"惩戒肉体"的意义上资本家通过纪律对工人的规训，还是在"调节生命"的意义上资本家通过产业后备军对工人的胁迫，两者都表明：在资本主义社会条件下，生命政治和劳动力成为商品密切相关。现代社会生命政治的实质就是把具有潜能和创造性的"活劳动"（自由劳动）规训为丧失生命潜能和活力的"死劳动"（机械劳动）。资本规训力对活劳动的宰治远远超出生产领域的工人界限，延伸到社会的全部领域，尤其是体现创造性和潜能的智识领域。智力及其相应的技术成果成为资本主义统治的工具，而体力及其相应的劳动成果成为资本主义监督、剥削的对象。在与"死劳动"相对立的意义上，马克思揭示了"活劳动"的表现形态，即有自由意志的、自为的、自愿的、无限定的自由劳动。在资本主义条件下，人的"活劳动"被规训为"死劳动"。这种死劳动不仅仅表现为机器体系支配下的单一化的、机械的死劳动，而且呈现为资本主义体系下的同一化劳动，即对劳动价值的评判标准趋同——以量化的客观化的指标衡量一切。所带来的直接后果是，以定量化的思维框定了人们的发展前景，在量化思维的框架内，个性、能动性、创造性已成为不可能。

从生命本身来看，资本主义社会对人的生命的规训是分成两个层次展开的。资本主义社会生命政治的独特性本质就在于：生命政治不仅以生物性的生命（种生命）为对象，而且也以生活性的生命（类生命）为对象，从而实现了对人的更全面也更隐蔽的控制。前资本主义社会君主的生杀大权和资本主义社会的"惩戒肉体"，指向的都是人的肉体性生命，而资本主义社会独有的"调节生命"的权力技术指向的则是人的生活性生命。在《资本论》中，"调节生命"不仅仅是保持"产业后备军"和"现役劳动军"之间的动态平衡，更重要的是把工人的生命降低和维持在其生物性生命的水平上，工人很难发展自己的类生命。现代社会生命政治的"惩戒肉体"与"调节生命"的权力技术，不仅是对人的种生命的规训，更是对人的类生命的宰治，两者在马克思的《资本论》中获得了完全的意义。正是在这个意义上，马克思的《资本论》揭示出现代社会的生命政治。

原载《哲学研究》2018 年第 8 期，收入本书时有改动。

作者单位：吉林大学哲学基础理论研究中心

论社会革命的整体性

——纪念《〈政治经济学批判〉序言》发表 160 周年

庄友刚

关于社会革命和社会变革发展的认识，学界尚存在着某种程度的遮蔽和误解，没有能够完整准确地把握社会革命的整体性，从而对于社会革命和社会发展的理解产生了误区。一个典型的表现是不能完整、深刻理解文化革命的地位和意义，这在一定程度上影响了当代马克思主义文化领导权的建构。社会变革和发展是一个整体的历史进程。在经济的和政治的变革之后，文化和生活方式的变革成为必然要求。

一　社会革命的整体性

人类社会是一个由多种要素构成的系统整体，马克思用"有机体"概念来表述和强调社会的整体性。强调社会是一个有机整体，在内涵上内在地包含着三个方面的基本内容：其一，社会是一个多要素构成的系统而非单一要素构成的"结晶体"；其二，这些构成要素是相互影响、相互作用的，而不能看作是相互孤立的；其三，社会系统不是固定不变的，而是能够变化并且经常处于变化过程中的，在这一变化过程中，每种构成要素都会起到相应的作用，并且都会产生相应的变化，表现着社会整体的变化状况。当然，强调社会是由多种要素构成的有机整体，并不意味着这些要素在社会结构和社会发展中的地位和功能都是无差别的、完全一致的。

正是由于社会是一个由多要素构成的有机整体，在谈到社会革命的时候，就不是单指社会生活的某个方面或某个部分的变革发展，不是某一个或几个社会构成要素的变革，而需要从总体上来理解社会革命的进程，它是全部社会构成要素的革新，是全部社会生活内容的更新和转换。社会革命不仅仅包括政治的变革、经济的变革，还包括文化观念和生活方式的变革。

需要注意的是，尽管社会革命的变革要求涵盖了社会生活的全部，但是构成社会生活的不同要素变革的要求和特点是各不相同的，具有不同步性。不能简单地从同步性或同时性的意义上来理解社会革命的整体性。社会意识的变更与物质生活的变革之间存在着重大差异，这种差异性主要在三个方面表现出来：第一，变革的不同要求和性质；第二，变革的不同进程；第三，变革的不同特点。与政治革命、经济革命的显性对抗相比，观念的变革进程更带有隐性的特征，难以用自然科学的精确性来指明。

二 文化革命的意义和地位

深入把握了社会革命的整体性，文化革命的意义和地位也就凸显了出来。从社会革命的总体历史进程来看，社会革命必然包含着文化革命的内容和要求。社会革命不仅包括政治革命和经济革命，还包括文化革命。思想观念和生活方式的根本性变革没有完成，最多只能说是社会革命的部分完成，还不是社会革命的最终成功。在这一点上，人们或多或少还存在一些误区，经常停留在政治革命和经济革命的意义上来理解和使用社会革命的概念。这样的理解实质上存在着一种遮蔽，没有完整把握社会革命的内涵和要求，忽视了文化革命在社会革命中的意义和地位。

文化革命在内容上根本指称的是生活观念和生活方式的根本变革。最早明确提出文化革命概念的是列宁。他明确提出，政治革命和经济革命是文化革命的先导，政治革命和经济革命之后还有文化革命。只有文化革命完成了，社会主义革命才最终完成，这样的国家才真正是完全社会主义的国家。在《新民主主义论》中，毛泽东也表达了类似的观念，强调中国共产党"不但为中国的政治革命和经济革命而奋斗，而且为中国的文化革命而奋斗"[1]，突出了社会革命的整体性要求。

可以看出，根据社会革命的整体性，在社会政治革命和经济改造即经济革命完成之后，还要有文化生活的根本革新，即与新的政治、经济制度或者

---

① 《毛泽东选集》第2卷，人民出版社，1991，第663页。

说生产方式相适应的新的生活观念和生活方式。任何一种新的社会形态，在政治变革和经济变革完成之后必然进行文化的变革；任何一个阶级，在获得经济的和政治的统治权力之后，必然追求文化的统治权力。文化统治地位的确立，是一个社会统治地位最终确立的基本标志。在这样的意义上，文化革命是社会革命整体进程不可或缺的构成部分，文化革命的成功是社会革命的最终完成。这也正是文化革命的历史地位所在。

文化统治地位的确立并不仅仅是指在政治上确认某种文化的领导地位或主导权力，更重要的是成为社会生活的实际指导思想，表现为社会生活中人们的生活观念和生活方式，体现在人们的思维方式和生活行动中。政治上确认了新型文化的主导地位还不等于是文化革命的完成。政治上确认新文化的领导地位也是为了引领、推动新型生活方式的构建。

关于文化革命尚存在一些误解和误区。首先，忽视了社会革命的整体性。政治革命和经济革命的完成被看作社会革命的结束。其次，误读了文化革命的内涵和重心。破旧是为了立新，确立新的生活观念和生活方式是文化革命的主要的、根本的目标。只强调破旧而忽视立新，是对文化革命要求的重大误读。再次，与此相联系，忽视了文化革命的特点，以政治革命的方式来看待、理解文化革命。因为存在认识的误区，不能真正理解文化革命的地位和意义。这样一来，对文化革命的当代意义和价值也就无法给予深入的把握和阐释。

三　文化革命的当代使命和要求

按照马克思主义社会革命观，没有文化生活方式的根本变革，社会革命的整体历史进程就没有最终完成。对于中国特色社会主义建设而言，在实现经济发展、政治进步的同时，还必须加强文化建设，实现文化生活方式的根本变革，从而最终完成社会主义性质的社会革命。中国特色社会主义建设仍然面临着最终完成文化革命的任务。

文化革命的过程，既是破旧的过程，同时也是立新的过程。其重心在于新的生活观念和生活方式的确立。首先，需要纠正对文化革命理解的偏差。不能认为破除了旧的生活观念和生活方式，新的生活观念和生活方式也就自然而然地建立起来了。新文化的建构是一个能动的过程。其次，需要正确、合理地理解新生活的"新"。不能把不同于既有生活观念和生活方式的那些生活观念和生活方式都指认为"新"的，"新"必须符合历史进步性的原则。对于中国特色社会主义建设而言，新的生活观念和生活方式还必须符合、反映社会主义的发展要求。不能认为破除了旧文化秩序和文化观念之后所出现的文化秩序和文化观念就一定是符合我们要求和需要的。

既然文化的变革重点在于确立新的生活观念和生活方式，对于当前的中国特色社会主义建构而言，首先需要确立社会主义价值观念和生活方式的领导地位。但必须注意，社会主义文化领导权不能仅仅在政治、法律的层面上去理解，更指实际社会生活中社会主义文化的主体地位。决不能认为马克思主义的指导地位确立了，马克思主义在社会生活中的统治地位就根深蒂固了。确立社会主义文化的领导地位在根本上是要确立其在整个社会生活中的主体地位。

确立社会主义价值观念和生活方式的领导地位，首先和主要的是确立马克思主义的文化领导权。在当前，就中国特色社会主义的建设而言，确立马克思主义的文化领导权，一个重要的工作和路径是建构中国话语的马克思主义，亦即马克思主义的中国形态。在中国特色社会主义建设实践中，只有结合了中国实践发展的、体现了时代创新要求的马克思主义理论话语才能更好地说服群众，掌握群众。就此而言，中国话语马克思主义的建构是最终完成文化革命的一个根本要求。

原载《学术研究》2019 年第 8 期，原题为论社会革命的总体性——纪念《〈政治经济学批判〉序言》发表160周年，收入本书时有改动。

作者单位：苏州大学哲学系

伯克特对马克思政治经济学批判中劳动范畴生态学意蕴的辩护

彭学农

生态学界对作为历史唯物主义具体化的政治经济学批判中的劳动范畴具有生态学意识的问题，基本上持否定态度。伯克特对此进行了系统的回应。

一 "劳动是财富生产的必要条件" 没有贬低自然

相当多的生态学家不认为马克思在其系统的历史观中包括了完整的生态学，他们抓住的一个把柄是这样一句话："劳动作为使用价值的创造者，作为有用劳动，是不以一切社会形式为转移的人类生存条件，是人和自然之间的物质变换即人类生活得以实现的永恒的自然必然性。"① 在他们看来，这句话过分突出了劳动作为使用价值即财富的创造者的地位，过分突出了劳动在人类生活实现过程中的必要性，从而低估了自然本身的使用价值意义。比如，卡宾特认为："马克思认定，当自然的用处通过劳动的转形性力量实现出来之后，自然才具有使用价值。"② 伯克特认为，批评家们忽略了马克思的劳动首先是人和自然之间的过程这一特点，而这反映的正是历史唯物主义的劳动范畴对于理解人类历史的基础性意义，或者说反映的是人化自然概念在理解人类历史中的基础性意义。因此，"生态学批评家们经常忽略马克思

---

① 《马克思恩格斯全集》第 23 卷，人民出版社，1972，第 56 页。
② Carpenter，"Rethinking Scarcity: Marxism and Ecology Reconciled"，*Democracy & Nature*，Vol. 3，No. 3 (1997): pp. 137，148.

关于劳动和财富生产的人类—自然概念的五个相互联系的特征"。① 第一，劳动能力本身就是一种自然物，虽然是一个有意识的自然物。因此，劳动是人自身作为一种自然力与自然物质相对立，是在对自身生活有用的形式上对自然物质的占有。第二，紧接第一点，自然生产的被原初占有的使用价值，马克思把它当作人类劳动的一个内在组成部分。第三，与上一点相关，马克思的劳动概念和生产概念具有非同一性。第四，与非同一性相连，马克思用劳动资料概念囊括了劳动过程必需的所有条件。第五，马克思绝对没有因为坚持劳动作为使用价值生产的条件而排除了把现有的未占有的自然的使用价值当作财富的组成部分。因此，自然界的有用性是历史地呈现的，人们不能因为一定历史阶段的自然界的非有用性而贬低其意义，作为具有历史责任感的人类，应该时刻对自然保持敬畏之心。

二　人类生产劳动过程的社会性没有贬低自然

生态学家对劳动范畴的另一个指责，是人类的生产劳动过程越来越独立于自然过程，越来越具有社会性。生态学家为此惶恐不安。② 马克思在1846年给安年科夫的信中指出："后来的每一代人都得到前一代人已经取得的生产力并当作原料来为自己新的生产服务，由于这一简单的事实，就形成人们的历史中的联系，就形成人类的历史，这个历史随着人们的生产力以及人们的社会关系的越益发展而越益成为人类的历史。"③ 在这段话中，引起生态学家高度警觉的是其中的人类历史越来越脱离自然的限制而成为具有社会性的人类历史的说法，而这句话的完整语境则被搁置一旁。伯克特认为，生态学家的恐慌心理在于其不能理解马克思的方法，因为马克思一贯是从物质内容和社会形式相互建构的角度研究人类的生产劳动的历史的。就上述生态学者提出的例证来说，马克思给安年科夫的信，虽然强调了个人之间的社会关系的复杂性和独立性，但马克思同时也重申了这些社会关系的基础仍然是物质关系。从资本主义把人与自然对立起来这点来说，虽然马克思由此对资本

① Paul Burkett, *Marx and Nature: a Red and Green Perspective*, Basingstoke: Macmillan Press, 1999, p. 26.
② Paul Burkett, *Marx and Nature: a Red and Green Perspective*, Basingstoke: Macmillan Press, 1999, p. 30.
③ 《马克思恩格斯选集》第4卷，人民出版社，1995，第532页。

主义推动的生产力的巨大发展给予了高度评价，但同时要注意的是马克思在此不是在赞赏资本主义对自然的支配，而是在赞赏资本主义为人的发展提供了更广阔的空间。因此，问题不在于马克思指出了人类生产劳动的社会形式越来越与原初的自然界区分开来，而在于，人们如何从社会的发展了的人类生产劳动的角度看待自然条件和自然限度。

三　劳动生产率、剩余劳动和劳动三分法的自然基础

伯克特进一步指出，虽然马克思强调了人类生产劳动与自然条件的分化的趋势，但马克思对造成人类历史越来越具有独立性的劳动的自然基础问题并没有掉以轻心。自始至终，马克思都高度重视超历史的和在资本主义条件下的劳动生产率的自然基础问题。马克思对人类生产劳动相对于自然条件的独立性的关注，主要是从以劳动生产率为基础的剩余劳动的角度展开的。马克思认为自然是文明之初劳动生产率的决定性基础，也是文明的更高时期的决定性基础。而无论财富采取哪种社会形式，马克思都从不轻视它们的自然基质，事实上，马克思对资本主义造成人与自然之间物质变换断裂的判断和对共产主义需要合理的物质变换的预见，完全是把生产劳动及其成果的社会形式与自然基础合为一体来考虑的。

上述分析说明，人类在不断创造财富、不断提高劳动生产率、不断生产巨大的剩余价值时，仍然要受自然基础的制约，而且这种制约作用从来没有发生根本性变化。左翼生态学家本顿虽然不否认马克思对劳动过程的自然基础的重视，但他认为，马克思的劳动过程分析低估了人类生产对不可替代的自然条件的依赖性。本顿的分析集中在劳动过程作为人类生存的一种超历史的条件这一表述上。本顿认为，《资本论》的劳动要素三分法以及由这三个要素构成的劳动过程，低估了非可操控性条件的重要性，夸大了劳动的人类意向性。伯克特的回应是，这一批判建立在对马克思的劳动范畴的"部分的去物质化基础上"[1]，本顿以为马克思的劳动过程概念会同化自然界的不可操控的性质，不过是对马克思劳动范畴的僵化理解的结果。

---

① 　Paul Burkett, *Marx and Nature*: *A Red and Green Perspective*, Basingstoke: Macmillan Press, 1999, p. 39.

四　生态调节劳动范畴不能取代劳动范畴的地位

本顿特别强调，马克思的劳动范畴没有充分地包容生态调节的进程。本顿特别指出："生态调节过程明显的特点是劳动活动的空间的和时间的分布，在很高的程度上是由劳动过程的背景性条件构成的，是由有机的发展过程的节奏规定的。"① 伯克特反问道，如果马克思的劳动过程分析不充分地包含了生态调节，为什么马克思能够用生态调节实践，如农业、养殖业等来当作人类劳动的例子？"这个表面上的难题的部分答案是，马克思运用范畴的差别性来把生态调节过程与其它生产形式区别开来。"② 伯克特强调，"本顿的'生态调节'的批评预设马克思把生产过程与劳动过程等同起来"③，实际上马克思的劳动过程概念考虑到了劳动过程作为涉及使用价值的生产的人的行动与作为影响到人与自然的物质变换的必要条件之间的区别，因此，必须把握劳动范畴的不同语境。在《资本论》第一卷中，马克思并没有设定劳动与生产的区别，这时的劳动范畴把生产归结为劳动。但在第一卷第七章之后，马克思开始在具体的资本主义生产的分析背景中谈论生态调节过程，这就提出了区分劳动和生产的理论需求。因此，生态调节不能成为对马克思超历史的人类劳动的具体化进行批判和重建的基础。但是，在具体的历史的考察中，生态调节劳动又绝对不可忽略。《资本论》第二卷开始正式处理资本主义的生态调节劳动所涉及的劳动时间和生产时间之间的历史的具体的区别和联系，事实上，生态调节的资本循环的独特条件是第二卷的中心论题。《资本论》第三卷进一步分析了激烈的价格变动。马克思在这一背景下分析了竞争性的资本积累和理性的可持续的农业实践活动之间的矛盾，还扩展了资本主义城乡分离的分析，强调了多样性的自然条件在影响不同形式的生态调节劳动和相应的地租中的作用。

总之，马克思的劳动范畴不仅没有忽略自然条件，而且还从生产时间与

---

① Paul Burkett, *Marx and Nature: A Red and Green Perspective*, Basingstoke: Macmillan Press, 1999, p. 41.

② Paul Burkett, *Marx and Nature: A Red and Green Perspective*, Basingstoke: Macmillan Press, 1999, p. 42.

③ Paul Burkett, *Marx and Nature: A Red and Green Perspective*, Basingstoke: Macmillan Press, 1999, p. 43.

劳动时间相区别的角度把生态调节劳动融为一体，从而辩证地表现了政治经济学批判与生态学的内在关系。

原载《学术交流》2019 年第 6 期，收入本书时有改动。

作者单位：上海大学社会科学学部

马克思劳动价值论的生存解读及其当代价值

王清涛

一 劳动的生存论解读

劳动突破了自然必然性，人通过劳动否定了给定世界。劳动的产品必须让渡给他人，这样的劳动才获得价值形式。劳动的结果如果为自己所有，为自己所用，这样的劳动甚至不是本义上的劳动，这只是服从于劳动者自身或亲子关系的需要而展开的活动，与动物的捕食活动没有根本的区别，因而不属于本义上的劳动。在这样的劳动中，被占有的物质材料直接成为生产者身体的一部分，即马克思所讲的人的"无机的身体"。自然之所以成为人"无机的身体"，是因为人与自然相统一，然而在资本主义生产条件下，劳动产品从劳动者那里被剥夺了，成为劳动者的外在物，商品、资本，甚至整个自然不是与人相统一，恰恰相反，它们成为劳动者的反对力量，与劳动者相异化，不是劳动者的"无机的身体"，反而成了劳动者的异己力量，"异化劳动，由于（1）使自然界同人相异化"①，劳动产品与劳动者之间的天然关系被切断了，于是，包含着人本质力量物化形式的劳动产品获得了价值形式。

劳动是对给定存在的否定，劳动不但否定给定的自然存在，而且否定人的（或智人的）天性本身，即否定人的（或智人的）"自然位置"，"劳动是一种自我否定的行为，是一种自我创造的行为：劳动实现和表现自由，实现面对一般给定物，即其所是的给定物时的独立；劳动创造和表现劳动者的

---

① 《马克思恩格斯选集》第 1 卷，人民出版社，2012，第 56 页。

人性。在劳动中和通过劳动，人作为动物否定自己，正如在斗争中和通过斗争，人作为动物否定自己"①。劳动的这种否定性必然创造出自然界中本来所没有的东西，劳动从本质上来讲是一种创造。劳动是对给定存在的否定，在这种辩证的否定中，历史、自由统一在一起，人的存在成为一种社会历史性存在。

二　价值的生存论解读

马克思恢复了劳动的历史性，劳动价值论也在人的生存论分析中真正得以确立。价值量基于劳动量和劳动时间，而劳动量从根本上来讲也是劳动时间。用一般劳动时间来测度价值量的大小，是对人的终极关怀。所谓劳动时间，无非是人生命的片段，是人生命的组成部分，因而，价值量从表面来看，是由生产商品的社会必要劳动时间所决定的，但从更本质上来讲，价值是人的生命的量化。

正是在将价值与劳动时间相联系的前提下，马克思实现了价值的人学转换，同时，将价值量规定为人的生命的部分是对价值量的最高褒奖。于是，价值量不再是一个纯粹的经济学概念，不是纯粹的数字，而是变成了一个凝结着人的生命在其中的哲学问题，价值量事实上变成了包含人的生命及其社会关系于其中的人学范畴。

劳动价值论并不旨在弥补诸神退场留下的空缺，其意在资本主义批判，但事实上，当上帝赋予人生意义阙如之境，劳动价值论无疑给出了人生价值测度的新的范式，即从以往对人生价值的抽象肯定转变为以创造性的劳动及其结果来衡量生命价值的确定性，这本身就是其唯物史观使然。应该说，以往建立在"上帝"基础之上的或建立在人之外的某一绝对基础之上的人的价值是一种抽象的价值，从根本上来讲是从属于唯心主义的，如果说有唯物主义的成分，也难免落入以形而上学为基础的知性逻辑价值判断的圈套，马克思在拒斥形而上学的前提下，其对价值的理解当然要实现唯物主义转向，即要以人本质力量现实的对象化物来测度，于是，在人的价值考虑中，马克思实现了由抽象的预设到现实的物的考察的哥白尼式的革命。另外，马克思将生命价值放置在社会历史领域来考察，使马克思的社会历史理论充满了正

---

① 〔法〕亚历山大·科耶夫：《黑格尔导读》，姜志辉译，译林出版社，2005，第595页。

能量。人类社会的历史进步是靠人的生产性活动来推动的，社会物质财富的积累从根本上来说是人类的劳动积累，无疑，人在实现自身价值的同时，也对社会物质生产、对社会历史进步起推动作用。

三　劳动创造价值的根源及劳动价值的历史

马克思以客观的现实的物的尺度，确立了对人类历史的现实的衡量标准，这一客观的物，即人的劳动的创造物——商品，以人的劳动的物化形式来考察人类历史，测度人的价值，将人的价值评价也由主观指标转换为一个客观的指标。在《资本论》中我们可以清楚地发现唯物史观被贯彻到底，同时，这种对劳动创造价值的态度也是唯物史观的重要原则，是对唯物史观的发展。

劳动价值论的唯物主义转向有着深刻的方法论意义：其一，马克思研究人类社会历史的一个现实指向就是社会进步，而社会进步的根本基础就是人类对社会的改造、贡献，只有通过人类劳动，通过人类劳动成果的历史积累，社会才能实现进步，因而，把对人的价值考察锁定在人的劳动产品上，从根本上来讲是以人类社会历史进步考虑的。其二，马克思强调商品的价值，而一般劳动产品——劳动者用于个人消费的劳动产品不具有价值，"过去每个农民家庭都有这些东西的原料，它把这些东西纺织出来供自己消费"，而这部分劳动产品不用价值来衡量，只有完成了交换的劳动产品其价值才能实现，生产者用于自己消费或者不用来交换的劳动产品不具有价值。因为马克思认为资本主义社会是完全的市场经济社会，商品运动是推动资本主义社会运动的根本动力，因而，马克思在考察商品运动及其实现中来确定商品的价值，是从现代社会正常运动、社会再生产不断实现这一视角对人类劳动创造价值进行考察，这一视角，确定了马克思劳动价值论的历史进步主题。私人劳动的实现植根于完全商品经济的一个根本要求就是社会再生产的不断实现。

四　劳动价值论生存解读的当代价值

马克思劳动价值论是对劳动的高度褒扬，是对人的终极关怀，对于当代中国社会尊重人，尊重劳动，重视创造对社会发展的贡献来讲都是具有根本性意义的，马克思的这一态度为当代中国特色社会主义市场经济分配原则提供了终极根据。

其一，劳动价值论是马克思资本主义批判的基础，但劳动价值本身没有错，价值因其人的生命属性而应当是最崇高、最值得讴歌、最值得肯定的对象。改革开放以来，中国特色社会主义建设事业取得了举世瞩目的伟大成就，正是因为我们努力创造一切可能的条件，充分调动人民群众的生产积极性，为社会创造了更多、更丰富的产品，逐渐满足了人民的物质文化需要，不断化解人的需要与社会生产之间的矛盾。人的生命潜能在物化过程中存在多个维度，如生产性维度和破坏性维度等，在确立了劳动价值与人的生命本质之间的内在关联——劳动价值论是生命潜能的生产性维度之后，在社会管理中我们就应当尽一切力量调动人民生命潜能的生产性力量，以为社会贡献价值为荣，在全社会树立终生为社会创造劳动价值才是生命潜能的真正实现的时代理念。

其二，价值是生命的物化形式，因而我们要尊重劳动价值，要激发社会，尤其是教育青年人尊重任何形式的劳动价值，包括有形的物质性财富和无形的精神性财富如知识产权等。尊重劳动价值就是尊重人，尊重生命，只有全社会都养成这一观念，才能真正落实创新、协调、绿色、开放、共享的发展理念，从而为实现"两个一百年"奋斗目标和中华民族伟大复兴的历史使命贡献力量。

其三，劳动价值论是中国特色社会主义政治经济学的理论基石。中国特色社会主义政治经济学是当前理论研究的焦点，劳动价值论是政治经济学的出发点，对劳动价值论的深层次解读是构建中国特色社会主义政治经济学的理论前提。

原载《东岳论丛》2019年第6期，收入本书时有改动。

作者单位：山西师范大学马克思主义学院

马克思现代性批判的三个基本维度

——以《1844 年经济学—哲学手稿》为中心的考察

汪信砚　　刘建江

在《1844 年经济学—哲学手稿》中，马克思从哲学、经济学和政治学三个基本维度展开了对现代性的批判。通过对黑格尔哲学的批判，马克思以现实的主体批判了黑格尔所谓的绝对的主体、以对象性的活动批判了黑格尔所谓的"纯粹的活动"、以感性的现实的异化批判了黑格尔所谓的抽象的哲学思维的异化，展开了对作为现代性基本原则的主体性的批判，彰显了现代性批判的哲学之维。通过对异化劳动和私有财产的批判，马克思揭示了异化劳动和私有财产的内在关联，揭露了统治现代世界的抽象主体——资本，披露了支撑现代世界运行的资本逻辑的实质在于抽象劳动对人的统治，展开了对统治现代世界的资本原则的批判，彰显了现代性批判的经济学之维。通过对粗陋的共产主义和政治的共产主义的批判，马克思阐述了真正的共产主义的本质内涵，提出了人的解放的政治任务，展开了对现代资本主义私有制的批判，彰显了现代性批判的政治学之维。

从哲学之维来看，政治国家与现代国家的主要区别在于：在政治国家中，国家就是一切，一切都只服务于政治国家的共同利益；在现代国家中，个人就是一切，一切对个人来说都"只是达到他私人目的的手段"。而这种区别所体现的正是前现代与现代的基本原则的差异，这种区别所蕴含的现代性问题正是社会共同体与个人主体之间的对立和冲突。黑格尔作为"第一位意识到现代性问题的哲学家"，也是使现代性问题"升格为哲学问题的第一人"。他认为，在市民社会中，每个人都以他个人的私人利益为目的，其他人不过是特定个人达到目的的手段。除个人主体间私人利益的对立和冲突外，黑格尔还指出，市民社会中的对立和冲突还包括私人利益与特殊公共事务以及这两者与"国家的最高观点和制度"的对立和冲突。黑格尔预设了一种"伦理总体性"，并主张用一种理性的一体化力量来管控和整合个人主体，在既充分保障个人主体独立自主的同时又整合个人主体间利益的对立和冲突，避免其中一部分主体对另一部分主体的强制和压迫。马克思对作为理性形而上学之集大成的黑格尔哲学的批判，正是对现代社会的哲学基础的批判，也是对现代性的哲学批判。马克思的批判主要体现在三个方面。第一，以现实的主体批判绝对的主体。马克思指出，真正的主体不是抽象的、纯粹活动的绝对主体，而是现实的、从事对象性活动的现实主体——人。人的这种主体性不仅体现为人的现实的对象性本质力量的主体性，更体现为人的能动的感性对象性活动的主体性。第二，以对象性的活动批判"纯粹的活动"。通过对黑格尔"抽象的精神的劳动"的纯粹虚妄性本质的揭示，马克思区分了劳动的对象化和劳动的异化：劳动的对象化是劳动的现实化，是人的本质力量的感性确证；劳动的异化是劳动的非现实化，是人的本质的异化。对象化的劳动（对象性的活动）是"人在外化范围之内的或者作为外化的人的自为的生成"，确证了现实的主体——人的感性实在性，克服了绝对主体从自身的"纯粹活动"中创造对象的虚妄性。第三，以感性的现实的异化批判抽象的哲学思维的异化。马克思指出，对象化不等于异化，对象化意味着人的本质力量的外化，意味着人的本质力量的感性确证；而异化意味着作为主体的人沦为被奴役的对象，意味着人的本质的自我丧失。马克思从扬弃异化的角度对共产主义的阐释，在一定程度上受到了黑格尔的异化概念的影响。通过对黑格尔异化概念的批判和吸收，马克思一方面洞察到异化带给现代人的消极影响，另一方面又察觉到异化所蕴含的积极的力量。

从经济之维来看，马克思首先批判了古典政治经济学家，他指出，国民经济学家眼中的劳动只是以谋生活动的形式出现的，毋宁说是一种异化劳动，是资本统治下的对真正劳动的否定，它只是为"私有财产提供了一切"。同时，他还批判了黑格尔，在马克思看来，囿于现代国民经济学家的立场和理性形而上学的束缚，黑格尔所谓的劳动只是一种抽象的精神劳动，他所谓的异化不过是自我意识主体自我完善过程中的一个环节。基于此，马克思阐明了异化劳动的实质和私有财产的本质，揭示了现代世界运行的基本机制，主要体现在以下两个方面：第一，通过对异化劳动和私有财产的批判分析，马克思披露了统治现代世界的抽象主体——资本。在以资本为抽象主体的现代世界，资本成为衡量一切事物的标杆，人和其他事物都成为资本增值自身的工具，人自身的一切感性光环都被资本所笼罩，人自身确证其本质力量的一切感性活动都被资本所遮蔽，人自身发展的一切丰富性和全面性都被资本所抹杀。在以资本为主导的现代社会，物与物的关系、人与物的关系以及人与人的关系都被颠倒了，它们之间关系的达成都需要借助资本的中介力量。需要特别指出的是，作为统治现代世界的抽象主体，资本并不是人类历史上的永恒存在物，而是"属于一定历史社会形态的生产关系"①，它终将随着物质生产力的发展而被人类社会所扬弃。第二，通过对异化劳动和私有财产的批判分析，马克思披露了支撑现代世界运行的资本逻辑的实质在于抽象劳动对人的统治。在马克思看来，黑格尔以异化概念为核心的劳动理论正是对支撑着现代世界运行的资本逻辑的哲学诠释。以资本为原则的现代社会的运行机制就是资本这个抽象主体所进行的自我增值的抽象劳动，而作为劳动人格化身的工人和作为资本人格化身的资本家无不服务于这种抽象劳动。在现代资本主义私有制下，人的具体劳动从属于资本的这种抽象劳动，使得人的具体劳动逐渐沦为被资本所操纵并服务于资本的异化劳动。这就是现代人异化生存状况的根源。现代人要从异化的生存境遇中获得解放，就需要摆脱资本这种抽象劳动的宰制。

从政治之维来看，马克思通过对私有财产的本质的探讨，揭示了私有财产和共产主义的深层关系，展开了对粗陋的共产主义和政治的共产主义的批判，将现代性批判的触角伸向政治领域，找到了使现代人从异化的生存状况中获得解放的现实道路。通过对黑格尔解决现代性问题的方案的批判，马克思阐释了真正的共产主义的本质内涵。他认为粗陋的共产主义者虽然看到了资本主义社会物质财富的巨大统治力，也主张消灭私有财产，但是他们用以消灭私有财产的手段是普遍的私有财产，即主张把私有财产普遍化、平均化。政治的共产主义虽然看到了私有财产的本质，也"已经认识到自己是人向自身的还原或复归，是人的自我异化的扬弃"，但它只是理解了私有财产的一重本质，即消极的本质，而没有理解私有财产的另一重本质，即积极的本质。通过对粗陋的共产主义和政治的共产主义的批判，马克思阐述了真正的共产主义的本质内涵。真正的共产主义是对私有财产即人的自我异化的积极的扬弃，是人对其异化出去的"人的本质的真正占有"，是人的本质的

---

① 《马克思恩格斯全集》第46卷，人民出版社，2003，第922页。

自我完善，是人向自身（即"合乎人性的人"）的自我复归。作为对资本主义私人所有制的扬弃，真正的共产主义这种个人所有制既保留了个人性的东西，同时又增加了社会性的东西。

综上，在《手稿》中，马克思通过对黑格尔哲学、异化劳动和私有财产以及粗陋的共产主义和政治的共产主义的批判，将现代性批判的触角深入哲学、经济学和政治学领域，展开了对现代性的哲学批判、经济学批判和政治学批判。通过对作为现代性的基本原则的主体性的批判，以及对资本原则统治下的现代人异化生存状况的揭示，马克思披露了统治现代世界的神秘抽象主体——资本，揭示了现代世界运行的基本机制，发现了资本主义私有制的症结，找到了解决现代性问题以及拯救现代人异化生存状况的良方——真正的共产主义。马克思对现代性批判的这三个基本维度是相互关联、内在贯通的，构成了马克思现代性批判的总体图式，体现了马克思现代性批判的独特范式。

原载《学术研究》2019 年第 1 期，收入本书时有改动。

作者单位：武汉大学哲学学院

现代性的极限化演进及其拯救

夏 莹

一 何为现代性？

现代性，作为一个学术术语，其运用之广泛与对其界定之混乱成正比。何为现代性的本质性规定？现代性所彰显的首先是一种观念的断裂，它所指向的是对传统社会观念的拒斥和对新时代的欢呼。黑格尔对传统与现代的断裂有着深刻的体验。哈贝马斯则通过区分德语中的两类历史概念来强化这一断裂：即在德语中，"与时间点堆积的编年史般的历史叙事（德语的另一个词 Historie）不同"，"'Geschichte'（历史）这个新造词则适应了有关历史事件不断加速发展的新经验"[1]，"时代在推陈出新的每一个当下环节上都不断重新开始。由此可见，把'当代'从'现代'中独立出来，也属于一种现代的历史意识：在现代，现在（Gegenwart）作为时代史享有崇高的地位"[2]。

形成这种不断需要更新与断代的历史观是与主体性哲学的强化有着密不可分的关联的。从笛卡尔以"我思"为根基的形而上学，直至黑格尔完善为成熟的自我意识，现代性的哲学根基在于人试图完全依赖自身的理解结构来解释一切的一种理论尝试。黑格尔在对基督教的分析中发现了上帝之死的秘密，却在自身的理论体系中用绝对精神成就了一种类神学的至善秩序，让与传统断裂的现代性原则再一次上升为普遍性的原则。

---

[1] 〔德〕哈贝马斯：《现代性的哲学话语》，曹卫东译，译林出版社，2004，第 7 页。
[2] 〔德〕哈贝马斯：《现代性的哲学话语》，曹卫东译，译林出版社，2004，第 7~8 页。

黑格尔的这种理论倒退，在对现代性的研究视域中应得到同情的理解。他深刻地体会到个体与社会之间的矛盾，以及主体性的恶性膨胀所带来的社会恐怖，因此在对启蒙以及法国大革命的批判性反思中，黑格尔试图在主体之外重塑被现代性所摧毁的至善原则。黑格尔实际上触及了现代性的另一个重要本质：被称为启蒙的思想运动的想象性建构。

在此，现代性包含两条路径：①现代性作为真实的历史事实，成为现代与古典时期的年代断裂；②现代性是启蒙理性所构筑的一种思想幻象。

如果混淆地界定或使用这两类现代性，其结果要么是一种理论的倒退，如黑格尔所构筑的类神学体系；要么则是仅仅将指认或呈现流变本身作为批判的最终结果。例如鲍曼将现代性的任务视为是"建立秩序"，却又指出"秩序和混乱是现代之孪生儿"①，鲍曼的"流动现代性"（Liquid Modernity）包含内在矛盾的无休止的变动，这种现代性除了琢磨不定，逃避、毫无希望的追求，失去了任何可能给出的肯定性规定。② 哈贝马斯在梳理黑格尔的一般现代意识后，最终不过是将波德莱尔引入现代性话语中，借助其对现代艺术的批评来表达现代作为永恒的暂时现象的基本规定③。而马歇尔·伯曼则将《共产党宣言》中的那句"一切等级的和固定的东西都烟消云散了，一切神圣的东西都被亵渎了"④ 阐发为现代性的独特意象，将流变本身视为现代性不变的属性。

一旦现代性自身变成一种流变，那么它将成为无法被捕捉和表达的，从而走向理论的虚空状态。从这一意义上，后现代性，作为与"现代性"相对的观念，用"post-"前缀所表达的逻辑断裂，正是现代性原则的直接显现。

二 为什么现代性是不可超越性？

如果说现代性是一种本质上的断裂，那么走向虚无就是它极端化发展的宿命。现代性缘起于对历史事实的断裂性描述，一度成为诸如霍克海默、阿多诺、本雅明等社会批判理论家的思想拱顶石，而今再度成为一种描述性概

---

① 〔英〕齐格蒙特·鲍曼：《现代性与矛盾性》，邵迎生译，商务印书馆，2013，第7页。
② 参见〔英〕齐格蒙特·鲍曼《流动的现代性》，欧阳景根译，上海三联书店，2002，第189页。
③ 参见〔德〕哈贝马斯《现代性的哲学话语》，曹卫东译，译林出版社，2004，第11页。
④ 《马克思恩格斯文集》第2卷，人民出版社，2009，第34~35页。

念，用以描述被资本和技术共谋所裹挟的加速主义的发展态势。在后一态势中，诸如鲍德里亚、维希留、奥热（Marc Auge）和吉尔·利波维茨等人扬弃了后现代性，构造了一个以"hyper -"为前缀的现代性理论，中国学界将其称为超级现代性。① 但他们对于现代性的"批判"只是将鲍曼所主张的"秩序与混乱"的共生状态打破，转而凸显混乱对秩序的压倒性意义，即秩序的重构是为了再度破坏。现代性自身的进步强制正是在这一破坏性中获得不竭的发展动力。当超级现代性将目前的发展态势视为现代性固有逻辑的极限化表达，那么它就只是一种驻足于事后性的批判，对于可能的拯救方案缺乏明确的理论指向。如果现代性成为兼具自我毁灭与自我创造的理论永动机，那么对它的批判将是不可能的。

现代性缘何成为自我演进的永动机？现代性肇始于启蒙对理性的推崇，而其演进却伴随着启蒙理性的不断片面化过程。康德用"要有勇气运用你自己的理智"② 在启蒙与理性之间建立了内在关联性，但在霍克海默与阿多诺的"启蒙辩证法"中，启蒙所彰显的理性却被窄化为一种工具理性。对于霍克海默与阿多诺来说，启蒙及其内涵的理性主义原则将启蒙带向了自身的反面，这一论证不仅在对于培根所开启的知识与权力相统一的命题当中体现出来，它还直接表现为技术对于流行文化的操控，以及在二战期间反犹主义所带来的文明向野蛮的全面回归。这种批判以作为缘起的启蒙为出发点，不仅仅将启蒙窄化为工具理性，同时，现代性也被窄化为一种进步强制，在可计算的工具理性的操控之下以毫无节制地向前发展作为唯一的目标，现代性彻底蜕变为一架被加速主义所统治的永动机。

三　划界与越界：拯救现代性的可能性途径

如果说拯救现代性的方式只能诉诸现代性自身的内在原则，那么自我反思则成为拯救现代性的一种可能性途径。

福柯在对启蒙的再度考察当中，阐释其有关现代性的反思和批判。与对现代性的表层化描述不同，福柯清楚地意识到现代性根本上是一种介入性的审视态度。持有这一态度的人，例如他所钟爱的波德莱尔，一方面发现现代

---

① 参见胡大平《超级现代性理论蠡测》，《世界哲学》2017 年第 6 期。
② 〔德〕康德：《历史理性批判文集》，何兆武译，商务印书馆，1990，第 22 页。

性的转瞬即逝，无休无止；另一方面则要求"把现在（présent）想象成与其自身不同的东西，但不是摧毁现在，而是通过把握现在自身的状态，来改变现在"①。

在此，福柯为现代性的研究注入了一种实践指向，其理论的内在逻辑包含对转瞬即逝的"现在"的反叛。在现代性的批判性介入在现代性的自我运动之中时，福柯将这种"批判"之实践向度概括为"界限态度"（une attitude limite）②。

首先，界限态度所彰显的不是一种非此即彼的选择，而是"界限"本身。其次，福柯的界限态度具有一种动态的属性。与康德让人"认识到什么界限使知识不得不宣布放弃越出"③的静态界限不同，福柯认为关键的问题其实是"把以必然性界限形式展开的批判，转化为某种可能性逾越形式出现的实践批判"④。

那么，逾越界限究竟该如何展开？福柯给出的方案是具体的。"批判不再是以寻求具有普遍价值的形式结构为目的的时间展开，而是深入某些事件的历史考察"⑤，这种被福柯称为系谱学方法的核心在于"不再根据我们所是的形式推演出我们所不可能做、不可能知的东西，而是将从我们成为我们所是的那种偶然性中，分离出某种可能性来。在这种可能性下，我们得以不再依我们所是、所为或所思去是、去行、去思"⑥。在此批判有了切实的指向，即历史中的诸多事件。现代性在某种意义上也是历史演进中的一个事件。

我们或可将对现代性的批判方式分为两类：①描述性的现代性批判，批判的姿态背后隐含着实质上的顺从。②福柯开启了另一类现代性批判的路径，即"从我们成为我们所是的那种偶然性中，分离出某种可能性来"⑦。我将这种现代性批判视为一种溯源式的前提性批判。任何作为事件的现实（如现代性）都不仅仅是已经呈现出的样子，并似乎成为不可克服的，而是在对其前提性的考察中发现事件的暂时性，以及其生成与发展的基本条件，

---

①　Foucault, *Qu'est-ce que les lumières?* Paris：Gallimard, 2001, p. 75.

②　Foucault, *Qu'est-ce que les lumières?* Paris：Gallimard, 2001, p. 80.

③　Foucault, *Qu'est-ce que les lumières?* Paris：Gallimard, 2001, p. 80.

④　Foucault, *Qu'est-ce que les lumières?* Paris：Gallimard, 2001, p. 80.

⑤　Foucault, *Qu'est-ce que les lumières?* Paris：Gallimard, 2001, p. 80.

⑥　Foucault, *Qu'est-ce que les lumières?* Paris：Gallimard, 2001, p. 81.

⑦　Foucault, *Qu'est-ce que les lumières?* Paris：Gallimard, 2001, p. 81.

如果我们发现前提条件的偶然性，现代性也就失去了其不可克服的必然性。

按照后一类面对现代性的批判方法，被窄化为工具理性的启蒙就成为当代被加速主义控制的现代性原则的前提条件。虽然如今这一现代性原则成为一种蔓延到生活的方方面面的强制性的逻辑，但却不过是启蒙在其发展历程中片面化的演进路径之一。因此拯救现代性，在我看来，还需从恢复启蒙的丰富性内涵入手。

如何真正恢复启蒙的丰富性？在我看来，回到康德对启蒙的讨论似乎是一个更为恰当的方式。康德的启蒙鼓舞人们勇敢运用"理智"，在其《答复这个问题："什么是启蒙运动"?》一文中区分了理性的公开运用与私下运用，其所彰显出的是康德对于成熟理性之标志的根本规定：理性的成熟并不在于弘扬理性，而在于限制理性。这种界限意识丰富了启蒙理性的内涵。拯救现代性之根本方式在于恢复理性自我划界的能力。

被窄化为工具理性的现代性逻辑在当代社会中转变为以追求剩余价值为己任的资本逻辑，后者正以蔓延之势主导着社会生活。依赖利益驱动的资本逻辑在两个方面发挥着效用：①它以更高、更快的方式推动有利于利润增值的科学技术的加速发展，不惜带来技术的恶性膨胀和人工智能的无节制发展；②资本对于那些不利于利润增值的技术、规范与策略给予断然的"限制"，只是这种限制并非源于我们在此所试图弘扬的现代性的自觉，相反它所限制的正是那些可能突破工具理性的恶性膨胀，有利于人类打碎资本逻辑的可能性条件。因此当我们以"应然"的姿态来谈论一种为自身设定界限的现代性发展逻辑的时候，如何真正能够实现一种合理的限定，本身却要诉诸对现实资本逻辑演变的密切关注。概言之，如果说，现代性并非是一个完成的状态，当其懂得如何为自己设定界限的时候，它将进入真正的成熟期，那么成熟的现代性真正现实的落脚点将是对资本逻辑的警惕与限制。

原载《社会科学战线》2019 年第 3 期，收入本书时有改动。

作者单位：清华大学人文学院

超级现代性状况及其体验

胡大平

在《共产党宣言》中，马克思如是说，"一切等级的和固定的东西都烟消云散了，一切神圣的东西都被亵渎了"①。这迫使我们去问：在一切固定的东西都烟消云散之后，剩下什么？这个问题把我们引向马克思评论的另一个判断："一切神圣的东西都被亵渎了。"越来越快的"亵渎"——意义消解——过程，同时是驱逐"人"的过程，其结果不仅贬低"人"，而且直接贬低物。因此，当一切神圣的东西都被亵渎之际，双重意义上的淫秽也便成了世界的特征。一方面，世界成为现代男男女女消费并因之被贬为排泄物，而作为消费者的人则转化成垃圾场化的世界之自我运行的能源和原料；另一方面，虽然崇高仍然是我们行动的表面理由或借口，但实际却是相反的逻辑，因此，社会运行潜规则化，犬儒主义成为时代的社会性格和意识形态母体。鲍德里亚将前一个方面，齐泽克将后一个方面，都称为"淫秽"。借助这两种"淫秽"之义，当淫秽成为现代性的核心特征并构成我们体验的中心时，我们便处在超级现代性状态。

齐泽克为现实之淫秽性提供一种解读，一种意识形态批判视角的解读，这种视角仍然是从主体出发的，它阐明了主体行动与认识之间的脱节。与其不同的是，鲍德里亚试图从客体角度来澄清当下的问题，在他看来，物不再与意义相关。换句话说，物不再受制于意义而表现为自我的疯狂，即不受人的内在目标控制。在他看来，商品生产原则不只是渗透而且支配了全部社会

① 《马克思恩格斯选集》第 1 卷，人民出版社，2012，第 403 页。

生活领域。这正是我们面临的基本环境。

正是在被金钱固定了边界的社会里，生产能力的不断提高，使物无限繁衍；文创能力的不断提高，使得时尚梦幻般闪耀；信息制造能力的不断提高，使得话语满天飞舞，与之相对，人则变得眩晕、麻木和失去辨别力。"淫"本就是"过度、过分、使人迷惑"的意思，而"秽"者则表意"杂乱、肮脏、丑恶"。"淫秽"这种不规范的汉语用法表明了现代性这个曾经神圣的文明目标，作为一种形式被其召唤的内容亵渎了。淫秽不是神圣世界瓦解的残骸，而是现代性演进至超级状态之本质。

现代性的超级化说明了其自身永远不可能完成，而只是通过不断极化的方式翻陈出新。这是因为，现代性本身包含内在对抗的结构，在无法直接兑现其承诺或者说不能向所有人兑现其承诺的情况下，它只能通过使好者更好的方式来维持自身的合法性或者意识形态吸引力，这注定了现代性永远是一个"未完成的计划"（哈贝马斯语）。

"未完成的计划"正是其自身不能伦理化使然，因为现代性描绘的人的脸谱，乃是现代性本身为平衡自身极化或者麻痹那种极化带来的刺痛感的手段。这一点在技术、经济、政治、文化各个领域都可以清晰地观察到。

现在，我们来谈论政治，通过政治维度来确认现代性之当代超级状态的性质。在现代社会结构中，严格意义上的政治之位置历来是含糊不清的。一方面，如传统社会，它不高不低，由作为基础的生产力所支撑，又以作为意识形态的文化来保障，但它似乎又脱离这两者而成为少数人的职业；另一方面，那种贯穿于生产力（如技术、劳动力等）、生产组织模式（如市场、现代企业制度等）、社会组织模式（如邻里、城市等）直至生活方式等人类社会生活全部环节之中的人类选择事实，恰恰又是现代性之无比真实的政治。在今天，这两种含义的政治之间的界限不是更清晰而是更含糊了。这一点乃是现代性迈向其超级状态的一个虽然微不足道然而却显著的外在征兆。当吉登斯等人强调生活政治替代了解放政治的时候，实际上就指认了超级现代性政治的来临，虽然他仍然基于传统的以时间为中轴的历史叙事，将这一状态称为晚期现代性。

政治透明，本来是现代性的期待，不过，当一切真的都透明的时候，我们却看到了它的淫秽。这是一种异常，鲍德里亚将之称为"超政治"。我们并不简单地认同鲍德里亚关于"超政治"的论述，但确实认为其揭示了当代政治的一个重要维度：在过度传播的自媒体时代，政治本身荧屏化了，在这一趋势中，政治之淫秽的本质不再掩饰自身，赤裸裸地呈现在我们的面前。这不是说现代民主政治的表演性发展到屏幕形象的竞争。政治永远改不了其利益斗争的本性，从报纸到高音喇叭到荧屏再到多媒体，改变的只是政治表象方式。但在今天，政治似乎突然袭击了其表象方式，不再将其视为实现自身的手段，而将其变成了政治本身，并因此使政治本身的淫秽性和娱乐性不加掩饰地暴露在我们面前。鲍德里亚的"超政治"概念实际蕴含着其对今天社会结构及其意义生产模式的看法。在他看来，随着价值生产的规律发展，人类进入了仿真模式，即受代码支配的阶段，在这个阶段中，现实、历史和目的这些意义的载体都变成拟像，意义本身也就一江春水向东流了。因此，"今天，不再有超验，有的只是交流运行的发展的固有表面，可操控的平滑表面"。这个表面乃是事物的"过度再现"。因为我们无法真正地想象它们，所以，"所有这一切只是淫荡，因为媒体制作的图像可以被看见，但并不是真正地被观看，而只是对轮廓产生的幻觉，被吸引——就像性吸引窥淫癖一样：从远处。既不是观众，也不是演员——我们成为毫无幻觉的窥淫癖者"①。他用"超政治"来描述这一语境下的政治时，便是要指认"无结果的精神错乱"以及与之相伴的"无结果的事件"异常生长。在某种意义上，正如卡洪所言，"现代性论争关注的核心点是对于现在的各种相反的趋势所作的批判性分析和对于将来的预言，而不是为了自己的利益关注过去；过去之接受审查是为了寻求现在的各个组成部分的根源。"今天，现代性已经走到了这一步，即解除了我们对于自身合理性及其异常的历史审查，把我们投入异常景观的审美关注之中，并通过这种关注获得对伤害的想象性补偿。特朗普的政治娱乐，这是文明发展到超级现代性状态的征兆。这种状态确正如鲍德里亚所描绘的那样，"我们身处一个裂变的世界，就像漂流的浮冰和水平的移动一样。间歇性崩塌——那是地震（也是心理的影响）在潜伏中等待我们。最坚硬的连接物的开裂，它们在虚空之上的紧绷和收缩之物不断颤动。大地的根基不复存在，只剩下破碎的表皮；我们现在知道，不会再有任何深度，一切都处于溶解状态"②。

原载《江海学刊》2019年第4期，由罗振根据原文压缩。

作者单位：南京大学马克思主义学院

---

① 〔法〕让·波德里亚：《致命的策略》，刘翔等译，南京大学出版社，2014，第88页。
② 〔法〕让·波德里亚：《致命的策略》，刘翔等译，南京大学出版社，2014，第22～23页。

城市际性与都市一体化

邹诗鹏

"城市际性"概念主要是分析中国都市一体化及都市圈背景下的城市间关系。晚近以来，中国都市间形成了各种各样的城际交通，都市之间的联系日益密切且普遍化，同城化现象日渐明显。各个都市进入新一轮的扩张，都市一体化进程加剧，郊区城市化、城市际空间、都市空间的飞速发展形成了值得分析的城市际及城市际性。不同国家或地区的都市一体化现象产生不同的城市际及城市际性，但中国独特的都市一体化实践，不仅要求城市际性形成典型的中国表达，而且要求通过"城市际性"这一概念的提出，对中国的都市一体化实践进行描述与分析。

一 城市际性的都市一体化背景

一定区域内都市化及都市圈的形成，以及城市之间交往与生活的方便快捷，是城市际及其城市际性形成的前提。城市际性指向于随着时空压缩而形成的新的都市互动过程中城市间的关联样态及其结构。传统的都市之间的关联样式主要是自然形成的。而城市际性，则是指随着都市一体化区域及时空压缩而出现的不同城市生活的事实性的同城化现象。西方发达的都市化程度，因区划及不同城市生活的便捷程度，城市之间难以产生建基于城市边缘地带的重构性的城市际性，也不必以城市际性来描述。城市际性问题，在很大程度上同都市一体化态势中都市的发展及其不均衡程度有关。城市际空间，是两座或更多都市的集聚、复合与重建。都市一体化与都市群，正是在城市际空间的生产过程中形成的。城市际空间的都市化程度，在很大程度上决定着都市一体化的程度。城市际空间是一个全新的空间生产区域，它使得城市间的空间距离趋近化，甚至于同城化，城市之间的空白地带几近消失，连成一片，并反过来向都市空间延伸，重构都市空间形态。城镇化或城镇群承担着都市化本身的城市空间的溢出或转移，且附属于都市化。城镇之间会形成城镇际性。但若是基于都市群，并指向于新的、更大规模的都市化，便有可能进入城市际空间。城市际空间显然要超过城镇际空间。这不仅意味着两座都市边缘扩展效应的叠加与重组，而且因为可以理解的城市竞争性，叠加与重组的持续增势，以及由此形成的空间拓展及传播效应。

都市本身的实体化及其开放要求，必须进行新的城市规划，使城市际性得到确证。城市际性不是已有都市性的扩张或转移至郊野。城市际性，就地理空间而言，主要是指一定区域内多个都市的都市性的交汇与重构，是两座或多座都市在其边缘空间的有机汇合与集聚，特别是都市一体化及都市圈背景下两座及多座都市间已具有事实性的同城化样态下的交互性、连接及融合发展的需要。都市的不同发展状况决定着城市际性的不同样态，都市之间具有一定程度的对称性及互补性，从总体上有益于城市际性的建构。城市际性意味着一种新型的城市社会关系，特别显示出不同都市的联动效应，也是已有都市社会关系的拓展与重建。城市际性规定了都市际空间生产的样态，在承接都市剩余的过程中，使流动性与地方性得以交汇，并完成城乡关系的重构。城市际性包含一定的乡村或城镇因素，但即使其乡村或城镇化，也应从属于都市一体化格局。

城市际性的凸显，在关联都市一体化背景时，还直接关联全球性及世界市场的大背景。城市际性带有鲜明的全球化内涵与要求，在经济及产业形式、市场形态、文化多样性方面具有显著的全球性特征。已有的都市核心区域的支配性力量多是国家，并且城市的自治功能多属于国家。而核心区之外的区域，往往是外部力量介入的方便区域，即特定的城市区划之间。在全球化背景下，城市际性巩固和拓展民族国家间的关系，并因其自身的自治传统而在沟通民族国家与外部世界之间担当重要角色。城市际性也在重构国家与国家之间的关系，那么城市际性以及都市与国家、世界的关系，需要进行新的理解与建构。但是，城市际的全球化或国际化特征毕竟从属于主权国家，并且其本身就是国家综合国力的表现，标示着一个国家融入经济全球化以及世界市场的程度。城市际性，也是在既有国家地理空间内最大限度地吸纳人口、激活经济动能的方式，即若干都市群支撑着国家的经济与社会发展。

二　城市际空间的发展

城市际空间的生产及新的都市化，是一定区域内都市一体化发展的必然结果。都市圈的基本发展趋势，就是都市改变其核心区的发展模式，兼向边缘特别是向城市际空间拓展。然而，一旦形成城市际空间，其发展态势将不弱于各大都市的都市空间。新的交通格局、人口分布，都市资本的溢出及转移，都市发展的叠加效应以及都市病，实际上会加速城市际空间的都市化进程。在既有城市区划及规划前提下，都市圈中城市际空间本身就是新的都市发展核心区。现代城市发展包括两个方面：一是城市核心区的不断集聚及优势巩固，二是城市向周边特别是向临近都市的扩张。当都市圈的形成有可能影响原有城市核心区的辐射效应时，都市自身会主动地向另一个都市临近的区域扩展，并使城市际间相邻的区域连成一片。多中心会在一定程度上削弱原有核心区的都市化程度。在一种竞争性的发展模式中，一个都市通常只是在方便实现资本转移的意义上拓展与相邻城市的关系，并且资本转移多集中于产业转移以及资本的空间转移。那么，一座城市在接受来自发展程度更高的城市的资本转移时，会更加积极主动地向下一座邻近城市的接壤地带拓展。这不仅带动城市自身的空间转移，而且还会得到既有城市区划的支持。

城市际的发展也带来城市本身的再发展与平衡发展。城市际性也意味着城市的扩展以及城市空间的新调整。历史上许多城市的兴衰，就是因为随着城市际性及新的城市际空间的形成，原有城市的核心区域甚至于整个城市空间发生变化。区域城市一体化及城市际性的凸显，导致都市圈各城市空间的巨大调整与变化。各城市普遍的城区扩展及扩容，迅速填充了先前尚属边缘地带的城市际空间。城市际性空间会呈现快速的或代偿性的发展。

立足于都市一体化及都市圈战略关注城市际性，不只对应于国家发展战略，而且有一定的国际意义。正是因为承载并拓展了国际性，并深度嵌入全球化，都市本身承载了国际化功能，并深度嵌入世界市场。对于发展中国家而言，其通过都市化及国际化嵌入全球市场，这是发展中国家实现发展的基本方略。推进都市发展战略与扩大国内市场具有同等重要的意义，二者相互支撑。按照某种一般的并且是归属于不同区划的博弈论逻辑，各个城市围绕城市际性区域推进的产业会表现出某种竞争性，例如，各城市围绕长三角一体化而展开的经济交往，尤其是对外贸易及形成的经济优势，将在总体上大大超过各城市简单的数量叠加。由此可见，有序竞争实际上会盘活所在区域的经济动能。

三 城市际性与都市发展反思

城市规划者尤其是城市领导者应当对城市际性保持足够的敏感与实践上的自觉。城市际性要求破除传统城市发展的环形思维，需要一种全局性的和社会性的空间思维。现代都市发展必须避免这种"有城无市"且本身就局限于都市发展的城市发展模式。虽然城市交通设计常常属于专业领域的事务，但城市际性体现了城市与城市之间的相互依赖性。城市的各个方面，都应减少城市间的人为隔离。城市际性实际上向传统的都市化提出了挑战。都市一体化的建设应超越既有的城市区划，并得到各都市的大力支持，通过新的城市区划，释放城市际性应有的都市化效应。都市一体化本身要求破除都市的实体化，在形成城市际空间的开放过程中，促成相应的城市规划的新调整。如果具有时空压缩的地缘地理条件，面对城市际性问题的凸显，行政区划及经济政策的调整也变得紧迫起来。因此，强调都市的市场性质，也要承认都市发展的计划性。城市际性的空间生产也应有计划性和规范性。

在多大意义上说城市际性是都市性的题中应有之义？都市性意味着聚焦性与中心性现象，城市际性意味着疏离与分散，表现为都市性的溢出。边缘是城市际性的表现形式，但城市际性同时也意味着边缘地再中心化。城市际性不仅在都市的边缘处建构都市性，而且通过与都市的疏离与分散也有可能巩固和重建都市性。都市的主要功能是消费，生产与消费的关系构成城市际性的某种关联，甚至构成中国城市际空间生产的某种特色。城市的消费性与城镇（或乡村）的生产性不能绝对化。

城市际性意味着都市性的转移，其与乡村化甚至与城镇化是有一定区别的。城市际性的空间生产，显然意在强调，在可能的城镇化建设中不能过于地方化，而是尽可能实现都市间的融合。就城市际性的都市重建功能而言，在空间类型上应区别于作为城市边缘的乡村与城镇化。就都市自身而言，城市际性具有去中心的特点，就都市间空间关系而言，其又具有都市性特色。但乡村或城镇则是巩固中心的，具有远离都市的特征。因此，如果纳入城市际性，那么都市中的城镇化或乡村建设，一定不同于一般城市或地区的城镇化或乡村建设，而必须要求考虑其都市化的背景。都市中的乡村建设应当有理由纳入都市化空间。就乡村振兴计划而言，一方面，乡村振兴计划宜服从于都市化；另一方面，都市化、都市一体化及都市圈本身是有边界的。因此不能随意设定城市际性并使其泛化为城市性、整个国土的都市化和都市圈化。

城市际性之所以为城市际性，其背景是都市圈的形成，又基于都市圈与非都市圈的关联模式的背景。民族国家的经济与社会空间可以区分为生产与消费两大空间。农业与工业属于生产空间，而城市与都市属于消费空间。但是，一旦消费过度挤压生产，便会造成消费异化，即生产对城市空间的制约。马克思将农村与城市的分化看成有史以来最大的一次分工，提示生产与消费的区分对于整个人类生产的意义，而这一区分既是对城市性的规定，也揭示着城市际性的边界。支配着城市性与城市际性的条件，依然是农业、工业等生产空间，这是对于城市作为消费空间的制约。因此，城市际性的概念不能泛用和滥用。

原载《探索与争鸣》2019 年第 8 期，由吴伟根据原文压缩。

作者单位：复旦大学哲学学院

马克思的城市思想及其当代意义

——兼论当代马克思主义城市观的建构

庄友刚

马克思的城市思想是马克思主义哲学理论的重要组成部分。但是在马克思那里并没有建构起一个以城市为主题线索的显性理论体系，导致在很长的历史时期内马克思的城市思想并没有在马克思主义哲学研究中得到足够充分的重视和阐发。这就需要，一方面把马克思的城市思想给予系统化的阐释，完整呈现马克思城市思想的整体理论逻辑；另一方面，以马克思主义的城市理论检视当代城市发展实践，阐明存在的矛盾和问题，矫正发展中的偏差，指明发展趋势，建构当代的马克思主义城市观。

一 马克思城市思想在马克思哲学中的地位

首先，马克思的城市思想构成了马克思哲学的重要内容，是马克思历史唯物主义理论的有机构成部分。在阐释社会结构和社会发展的时候，城市是马克思透视历史的一个基本视角。对马克思而言，把城市作为透视历史的重要视角有其逻辑根源。在描述社会发展进程、阐明生产方式矛盾运动的时候，城市是一个重要的表现方式和话语对象。对资本主义生产方式的批判，一个重要方面是对资本主义条件下城市问题的批判。城市是资本主义生产方式最具显示度的领域，城市问题自然成为资本批判中的一个基本指向。

其次，尽管马克思留下了大量的关于城市的理论论述，但是在马克思那里并没有形成一个系统的以城市为主题的理论体系。在马克思所处的时代，以机器大工业发展为基础的大规模的城市化进程尚处于起步阶段。尽管马克思不自觉地关注到城市现象并在实际上形成了丰富的城市思想，但并没有形成以城市为主题把这些思想系统化的理论自觉。与此相应，历史唯物主义理论的建构更侧重历史维度，空间维度的阐释只是隐性的逻辑。需要强调的是，尽管马克思并没有建构出系统的城市理论体系而只是留下了丰富的关于城市的思想论述，但是这些思想之间并不是孤立的、无序的，而是服从于其内在的理论逻辑。

最后，马克思的城市思想是当代马克思哲学研究的重要生长点。马克思哲学的发展既是一个客观的历史进程，又是一个理论逻辑自身演进的过程。一方面理论随实践发展而发展，随着重大社会实践的变革和历史场景的转换，马克思哲学必然不断创新、丰富着自身的内容；另一方面理论的相对独立性也造成了马克思哲学理论自身演进的独特逻辑，遵循着自身特有的理论发展路径。

二　马克思城市思想的整体逻辑

马克思阐释社会发展的基本理论进路是，在宏观阐明社会发展的基本规律与历史趋势的基础上把目光聚焦于现代资本主义社会，探究超越现代资本主义社会实现人的自由全面发展的历史路径。马克思关于城市的探讨也是如此。

首先，从人的历史发展来理解和审视城市构成了马克思城市思想的基本历史视野。城市的形成和发展是人的历史发展状况的表征和体现。城市不是从来就有的，而是人类社会发展到一定历史阶段的产物，是社会物质生产方式发展到一定阶段的结果。在马克思那里，物质生产方式构成了人类生活的现实基础。对于城市，既要从社会生产方面来把握，也要从社会关系方面去理解。人的发展的终极价值指向是自由而全面的发展，只有在共同体中，个人才能获得全面发展其才能的手段，而"消灭城乡之间的对立，是共同体的首要条件之一"①。

其次，分工是把握城市历史本质的根本切入点，分工的发展状况决定着城市的发展状况，城市是分工的表征。城市是分工发展的产物，随着社会分工的形成和发展，才产生了城乡分离和对立。分工的不同发展阶段造就了城

---

① 《马克思恩格斯选集》第 1 卷，人民出版社，1995，第 104 ~ 105 页。

市发展的不同状况。要实现人的自由全面发展，就必须消灭分工。而消灭了分工，也就消灭了城乡之间的对立。

再次，城市发展的历史功能具有二重的性质，需要从人的历史发展的整体视野中给予辩证地审理。既然城乡的分化与对立是社会分工发展的产物，分工发展状况决定着城市的发展状况，那么，马克思关于分工的辩证审视同样也适用于对城市发展的历史性审理。

最后，对现代资本主义条件下城市发展状况的历史性审理。现代资本主义条件下的城市状况是分工和生产方式的一系列发展和变革的产物。现代资本主义条件下，城市发展被进一步强化，由此开启了现代社会的城市化发展进程。现代资本主义条件下，随着城市发展被进一步强化，城乡之间的对立也发展到了极致。

三　马克思城市思想的当代意义

首先，坚持和发展马克思主义哲学的当代需要要求我们必须重视马克思城市思想的研究。坚持和发展马克思主义哲学首先要求能够全面、准确、完整地理解和把握马克思主义哲学。马克思的城市思想研究是当代马克思主义哲学研究的重要生长点，是在当代丰富和发展马克思主义哲学不可或缺的内容和路径，是马克思主义哲学在当代创新发展的重要论域。

其次，马克思城市思想为构建系统的城市哲学理论提供了思想资源和方法论基础。当代城市发展实践以及城市化进程既对当代城市哲学建构提出了需要，同时也为这种当代建构提供了现实基础。

再次，强调重视马克思的城市思想也与马克思主义哲学在当代面临的挑战密切相关。当代理论界尤其是西方城市理论观念对马克思主义哲学提出了诸多挑战，构建系统的马克思主义城市哲学成为当代马克思主义哲学发展的急迫任务。

最后，马克思的城市思想为深入审视当代城市化实践提供了重要的启示与借鉴。

四　马克思主义城市观的当代建构

首先，结合当代城市化发展实践，挖掘、完善马克思的城市思想，系统呈现马克思的城市理论。马克思有着丰富的关于城市的理论阐述，建构当代马克思主义城市观首先需要完整呈现马克思城市思想的内在逻辑。尽管马克思的城市思想有其内在的理论逻辑，但毕竟没有呈现为系统的显性理论，这一内在逻辑不可避免地存在着一些逻辑环节的缺失，需要按照既有理论思路把这些缺失环节补充起来。实践是理论建构的基础，在把马克思的城市思想系统化的时候还必须关照到当代城市发展实践状况。

其次，建构当代马克思主义城市观的现实目标指向，就是以马克思主义价值观为指导，审视当代城市发展中存在的问题，矫正实践中的失误与偏差。时代现实的挑战要求建立马克思主义城市观。理论认识的误区带来的实践问题也需要马克思主义城市观的反思。

再次，建构当代马克思主义城市观在深层理路上指向对资本关系的历史性批判。对资本主义条件下城市发展状况的审理构成了马克思城市思想中的内容。沿着这样的理论思路，结合当代城市发展状况，深化对当代资本关系的批判，构成了当代马克思主义城市观的深层理论指向。

最后，马克思主义城市观的终极价值指向是消灭分工，消灭城乡对立，实现人的自由而全面的发展。要注意的问题是：第一，最终要消灭城乡之间的对立但并不等于说当代已经具备了这样的历史条件，在当代还不能把消灭城乡对立作为社会发展的直接目标。第二，尽管当代尚不具备消灭城乡对立的物质基础，但是社会发展又为这样的物质基础的最终确立创造并积累着条件。当代城市发展需要以最终消灭城乡对立为价值旨归，并以此为导向展开相应的实践行动。第三，在城市生活成为社会生活的主导形式的历史前提下，城市革命可能成为实现人自由全面发展的社会革命的历史切入点。

原载《东岳论丛》2019 年第 4 期，收入本书时有改动。

作者单位：苏州大学哲学系

空间修复与城市病：
当代马克思主义的视野

车玉玲

按照人本主义城市学家的观点，"城市病"是现代性问题的外化体现。不过，20世纪的西方马克思主义学者列斐伏尔、大卫·哈维、卡斯特、索贾等思想家却从"资本主义自身的空间修复"这一视角分析了"城市病"产生的现实根源，指出城市化是当代全球化的实质，在当代城市社会已经取代了以往工业社会的决定地位，城市空间是当代资本主义自我修复的主要途径。这一理论也是在现代性的视域下展开的，不过更具有批判性与针对性，并且延续了马克思主义政治经济学批判的方法，开辟了社会批判理论的新视角，直接指向资本主义制度本身。在当代西方马克思主义学者看来，城市病的根源在于资本化空间对于日常生活空间的侵占，因此，围绕着城市空间的控制权而展开的抗争将成为未来革命的焦点，即"城市权利"。然而，无论城市病还是空间修复本身所蕴含的内在矛盾都注定了，掠夺性的空间实践将引起城市的反叛与异化。如果说城市病了，必须反思使其致病的文明病根，我们认为，到一定程度之时，以新的文明理念为指导构建的城市将替代今天的城市样态。从根本上看，对城市病的批判应该是对于现代性文明形态及其未来可能新文明形态的反思。

自20世纪中期以来，城市问题开始成为思想家关注热点之一，这和城镇化的急速发展及其"城市病"的集中爆发直接相关。1952年，伦敦"光雾霾"污染作为一个标志性的事件，更引起了人们的恐慌与对于城市病的关注。按照人本主义城市学家的观点，"城市病"是现代性问题的外化体现，这当然无可争议。不过，20世纪的西方马克思主义学者列斐伏尔、大卫·哈维、卡斯特、索贾等思想家却从"资本主义的空间修复"与"空间生产"这一视角分析了"城市病"产生的根源。实际上，这一理论依旧延续了马克思主义的政治经济学批判的方法，并开辟了社会批判理论的新视角。我们认为，当代马克思主义者对于城市病之根源的探讨，与以芒福德为代表的人本主义城市学家的视域并不违背，他们也是在现代性的视域下展开，不过更具有批判性与针对性，并使人们对于未来城市的预测与建构更具有了现实性与可能。

一　城市空间：当代资本主义自我修复的主要途径

当代马克思主义者的城市理论研究是从政治经济学的角度展开的，更具体地说，他们从当代资本主义发展的进程来考察城市问题，其核心思想是当代大城市是资本主义发展与自我修复的空间。借助于此，资本主义缓解了自身的尖锐矛盾，"如果没有内在于地理扩展、空间重组和不平衡地理发展的多种可能性，资本主义很早以前就不能发挥其政治经济系统的功能了"①。对此，大卫·哈维在其最近的研究中，使用"空间修复"（thespatialfix）来进一步阐释全球化的过程，并指出空间修复是晚期资本主义克服自身危机，实现平稳繁荣的根本途径。哈维首先在词义上解释了"空间修复"的含义，他使用的是"fix"具有隐喻性质的引申含义，不仅仅是指"使事物恢复正常运作"，也暗指这种修复、解决的方法是短暂的、问题还会卷土重来，就如同瘾君子吸毒一般。他说："我使用'空间修复'的说法主要用的是最后一个意思，我用它来描述资本主义要用地理扩张和地理重构来解决内部危机趋势的贪婪动力。我故意让它平行于'技术修复'的说法。资本主义，我们可以说，沉迷于地理扩张，如同它沉迷于技术变革和通过经济增长实现无穷扩张。全球化就是资本主义为了可能到来的危机，一直以来没完没了地寻求空间修复的当代版本。"② 空间修复并不能从根本上解决问题，但却是缓解资本主义危机的有效方式，它是推进全球化进程的内在动力。那么，空间修复是如何实现的呢？正是在这一意义上，当代马克思主义转向了对于城市

---

① 〔美〕大卫·哈维：《希望的空间》，胡大军译，南京大学出版社，2006，第23页。
② 〔美〕大卫·哈维：《全球化与"空间修复"》，原文发表于《地理》（geographische）杂志2001年第2期。

问题的研究，在他们那里具有一个共识，即"城市"是空间生产与空间修复的主要场所。

二 城市病：空间修复的必然结果

资本与晚期资本主义借助于"空间修复"获得了新的力量并有效地缓解了危机，然而另一结果则是城市问题的集中出现与爆发。"城市病"是与现代性相伴随出现的，从18世纪英国工业文明后期开始的城市病至今已经200多年，现代人对此毫不陌生。从其表征上看，一方面表现为由于人与自然之间的严重失衡所带来的环境问题，即对于水、空气、土壤等人类生存必需条件的破坏与污染；另一方面表现为由于人口激增而出现的交通拥堵、城市犯罪、城市贫富差距、就业医疗、高房价等社会问题。再者，城市病也体现为城市中的"个人"心理方面的精神疾病等。以往的思想家通常把城市病归结于工业化与技术原则在城市生活中的贯穿，这当然是一个主要要素。然而，不仅如此，自1970年之后，国外马克思主义学者提出的"空间修复"却更能深刻地揭示出全球城市病集中爆发的现实根源，并指出"城市化"是当代全球化的实质，城市社会已经取代了以往工业社会的决定地位，城市病对于现代人的存在方式、生活方式乃至于人类文明未来的走向都具有举足轻重的作用，任由城市病发展将可能为我们赖以生存的星球带来灾难。

三 空间修复的内在矛盾

自从人们认识到"城市病"以来，对于城市的治理就从未中断过。不过，这并没有阻止城市病在当代发展中国家的集中爆发，其根源在于空间修复中内涵的资本逻辑以其无坚不摧的力量在全球的蔓延。然而，这一过程并不是没有止境的，空间修复在展开的过程中，已经暴露了其内在的矛盾与局限，并在大都市中展现出来。"除了军事上的弱点之外，增长这一事实本身也使得大都市在经济上变得虚弱；在长远的将来总会有那么一天，它将无法再侵略或将它不断增大的开支转嫁到别处。"① 导致现代文明衰落的并不只有外在的力量，更主要是蕴含于其中的自反性，这种内在的矛盾在空间修复

① 〔美〕刘易斯·芒福德：《城市文化》，宋俊岭等译，中国建筑工业出版社，2009，第319页。

中更尖锐地爆发出来，哈维将此称为城市的"叛逆"，这种叛逆在城市化的过程中不断地呈现出来。

四　新文明的可能与人本主义的城市观

面对当代大都市的种种病症，时至今日，各个阶层的人们甚至于利益集团本身都感觉到切肤之痛：无处可躲的雾霾、不可避免的食品安全、人人面对的拥堵及其千篇一律的城市的样子都提醒人们，那个改变的时刻应该到来了。思想家的伟大在于他们早已经预示到了这一天的到来，因此早在一个世纪之前他们已经告知了我们可能的道路及如何选择。"人本主义的城市观""田园城市""游戏城市""希望的空间"等，思想家以各种不同的语言表达了对于未来城市的构想，其共同之处在于未来的城市应该是"以人为本"的有机综合体，任何"局限于一个领域的变革，都只会破坏全面"。弗洛姆在《健全社会》的结尾时强调的这一警示性结论，入木三分地指出了时代之弊。列斐伏尔在谈到他的理论目的时提出，我们的政治任务就是构思和重建一种完全不同的城市，它不会重蹈全球化、城市化资本横行所造成的可怕困境。他的这一观点代表了绝大多数城市学家的愿望，也是当代人的愿望。

原载《中国社会科学文摘》2018 年第 2 期，收入本书时有改动。

作者单位：苏州大学政治与公共管理学院

数字时代下的社会存在本体论

蓝 江

随着数字化技术的继续推进，在我们享受日常生活便利的同时，也不得不面对一种新型资本的崛起，即数字资本，而数字资本的根源在于数字变得具有权力，资本掌控了这种新权力，即数字权力。

一 数字权力的崛起

当今时代存在着一种无形的力量，能够对我们的消费行为做出十分精准的判断，并将这种判断变成实际的购买行为，从而达到让网络商家、厂商与消费者共赢的局面。因此，我们需要摒弃传统的孤立个体的研究范式，即将个体的消费行为视为一种偶然性的消费活动，并认为这种消费活动是由一个理性个体的模型来主导的。与之相反，个体的消费行为从来不是个体性的，在表面的偶然性和零散性背后，实际上存在着一种隐性的社会支配框架，促动着每一个参与消费活动的个体的行为。

法国社会学家鲍德里亚的确看到了位于每一个消费主体背后的看不见的因素的支配，在他那里，消费社会成为被掌控的个体消费的社会。不过，鲍德里亚消费社会理论的缺陷也由此暴露出来。他首先将这种被控制的消费视为外在于个体的消费行为的存在，并虚构出一种绝对凌驾在每一个个体之上的"价值体系"。然而，在进入数字时代之后，问题变得越来越昭然若揭。也就是说，在背后支配着我们在市场上的行为的因素，其实并不是什么玄妙的"价值体系"，而是一种数据结构。今天的物体系也不再是鲍德里亚的功能性或符号性的关联，而是在我们留下的网络行为痕迹中的数据关联。这种关联更像是法国社会学家布鲁诺·拉图尔谈到的行动者网络理论，每一个行动者，无论这种行动者是具体的人，还是物，在其行为构成中，成为一种巨大的行动者网络。将拉图尔的理论移植到今天的留有数据痕迹的网络中来，可以得出这样一些结论。

（1）今天所有参与互联网和数字空间的行动者构成了一个巨大的行动者网络，这个网络是一种行动数据形成的相对性的关联结果。

（2）这个行动者网络所具有的一种特殊权力的体现并不在于强制性的规训，相反，每一个行动者生产自己的行为的同时，也受到了其他行动者建立起来的关联的制约。也就是说，一旦关联在网络空间中被建构起来，便会成为约束和影响我们行为选择的力量，即数字权力。

（3）这种数字的行动者网络是一种海量级别的宏大网络，这种网络对于我们具有支配性的作用，而且我们的网络主体也实际上会成为这种宏大网络的产品。于是，在数字权力空间中，出现了一个特殊的概念：数字产消者。

无论如何，我们今天正在目睹一种新型权力——数字权力——的诞生。这种权力是我们每一个人的产品，但它又反过来吞噬着每一个生产着它的数字产消者。一张庞大的数字网络的链条将我们每一个人以及对应的物都关联起来，对数字权力的进一步考察，需要我们走出微观领域，从更宏观的角度来审视数字权力的作用。

二 数字资本的产生

由我们网络行为的痕迹形成的庞大的数据网络，其功能不仅仅是在我们购买时给我们发一个相关联的推送那么简单，我们需要在更广阔的历史视野中来审视数字权力的崛起。

在马克思的时代，甚至在20世纪最初20年里，世界上最强大的资本集团都是产业集团。18～19世纪以降，政治权力不再是封建贵族的特权，新兴的产业资本家已经步入政治发展的决策层，并拥有了经济权力和政治权力。到了20世纪五六十年代，金融资本开始接纳了原来产业资本的权力，从而成为最重要的权力。半个世纪之后，随着2008年金融危机的爆发，一些金融集团开始萎缩，甚至破产。世界经济中最具有影响力的名字中已经出现了很多既非产业集团亦非金融集团的名字，如微软的比尔·盖茨。一群从事数字技术和互联网的资本家，正在取代传统产业资本家和金融资本家的地位，他们正在打造一个属于数字时代的帝国。但是，问题在于，今天微软等公司的地位上升，是否意味着发生了与之前金融资本和产业资本的权力关系一样的翻转过程？如果答案是肯定的，那么他们又是如何来实现这个翻转的呢？

数字资本实际上就是由所有在互联网中的参与者的行为的痕迹数据组成的行动者网络，但是这种网络一经形成，就仿佛具有了一种独立于各个行动者之上的权力，这种权力的厉害之处不仅仅在于引导消费者的消费行为，而且可以直接作用于产业资本和金融资本，也就是说，大数据网络一旦转型为可以被占有和使用的权力，它就成为一种新的数字资本，这种数字资本正是今天资本主义的最新形态。实际上，我们看到的今天在世界市场上呼风唤雨的数字技术和互联网公司所占据的就是这种新型的数字资本，而数字资本的力量正在于对数字权力的占有与使用。被数字公司垄断的数字权力，实际上已经凌驾在所有的产业资本和金融资本之上，因为后者不过是这个数字技术和互联网公司地盘上的租赁户而已。在此，我们看到了资本主义历史上的第二次翻转：数字资本的权力直接翻转了产业资本和金融资本的力量，成为具有最闪亮光环的权力。

三　数字时代的社会存在本体论

在这里，我们可以得出一个具体结论：数字资本主义的核心是数字资本，而数字资本魔法的奥妙并不神秘，就在于私有化的数字技术和互联网公司占有了庞大的大数据体系的一部分，让这个大数据体系成为这些公司牟取巨额利润的利器。借助他们占据的这些数据，数字技术和互联网公司可以引导产业部门的生产，也可以引导金融资金的流向，他们的锋芒所指之处，就能化腐朽为神奇。相反，如果拒绝大数据网络，也意味着被新的时代所抛弃，而不愿意加入大数据网络之中，让这些互联网公司公开收取巨额租金的企业都面临着风雨飘摇的风险。

今天数字技术和互联网公司实际上做的就是将这些大数据及其形成的数据网络宣布归他们所有，并任由他们借此牟利。那么所有在数据网络中生存和行动的个体，都不得不面对他们创造出来的"协同共享"的世界被特定的集团所垄断的风险，由于这种垄断，我们分享出来的信息都成了他们偷窥的对象，并借此贯穿着我们的数字生存方式。那么，真正的问题不在于数字技术及其互联网络具有一种原罪，即大数据的本质并不是建立韩炳哲所谓的"数字全景监狱"，而是这种本应该用来创造更多丰富生活可能性的网络被占据了。他们开发的平台和软件虽然是不可或缺的，但是，真正让他们谋取巨额利润的却不是用户支付给他们的软件费用或 App 的会员租金，而是那个由诸多用户协同共享构成的巨大网络。

如果我们将数字时代的大数据网络不是看成一种纯粹的数字算法的客观性系统，而是看成带有行为者和参与者痕迹的社会存在的关系网络，就会得出与纯粹被数字技术和互联网公司占据的全景监狱式的数据网络不同的结论。在广泛使用智能手机和数字终端的时代里，我们每一个人都参与其中，通过自己的数字行为实践创造出数字性的社会生存方式，按照卢卡奇的理解，这种将所有用户链接在一起的数字化实践，在形成巨大的网络的同时，也生产着主体的行为与意识。在这个意义上，只有更广泛、更公开的协同共享，才能打破由大数据公司来垄断数据网络的既定事实，将这种数据网络还给真正参与到数字化实践中的互联的个体。参与数字空间的个体以零星的方式是无法对抗大数据公司的数字资本和数字权力的，因为一旦以个体的身份参与到互联网络中，他们就是福柯笔下的全景监狱中的单身牢房中的囚徒，他们甚至无法看到那个正在凝视着他们的权力中枢。一旦我们沿着卢卡奇的足迹，将数字时代的行动和参与看成一种社会存在的实践，也就意味着我们将自己塑造为一个链接起来的行为者网络，这就是卢卡奇意义上的"日益广大的活动领域"，这个领域本身就属于所有的行动者，也只有通过链接起来的网络，才能摆脱我们充当数字全景监狱中的小白鼠的命运。

原载《人民论坛·学术前沿》2019 年第 14 期，由邓安琪根据原文压缩。

作者单位：南京大学哲学系

历史唯物主义的空间概念与资本拓扑学

王林平　高云涌

在将历史唯物主义的空间概念与马克思的社会有机体方法结合起来去考察社会结构问题时，我们发现"拓扑"概念与马克思在《资本论》及其手稿中对于空间概念的一种特殊用法——指称的是人与人的社会关系场域（可称为"关系空间"）——之间存在着一种很密切的逻辑关联。其一，拓扑学只关心对象的位置关系而不考虑其数量性质——这与"人与人的关系具体体现为社会关系场域的某种位置关系"相契合；其二，拓扑学的中心任务是研究拓扑性质中的不变性和连续性——这与"社会关系秩序是社会进程中的一致性、连续性和确定性"相契合。我们进而想到可否尝试运用拓扑概念来剖析马克思政治经济学批判的存在论前提，由此提出了"资本拓扑学"这样一个概念，试图循此路径深入挖掘、梳理《资本论》中隐含的关系空间思想，将资本理解为一个由诸种形态的社会利益关系要素构成的有机体系，去考察资本有机体运动的拓扑性质——一致性、连续性和确定性，以及这些拓扑性质终将丧失的必然性。

资本拓扑学这一初步理论构想，从整体上看是一种试图运用"拓扑"概念来考察资本有机体运动规律的研究路向，主要研究资本有机体中诸种社会关系发展的拓扑性质及其必然丧失的问题。由于现代社会资本关系具有独立性和个性，因此可以将资本也抽象为一种社会有机体。资本拓扑学就是研究资本有机体的全局联系的情况，将资本关系空间理解为拓扑空间，将其中的各种社会关系及其化身之间的关系表示成抽象的位置关系，从而探讨资本有机体中诸种社会关系的内禀特质即拓扑性质。如果一种社会关系的性质经历一次拓扑变换后维持不变，该性质就可称为社会关系的拓扑性质。资本有机体中的商品、货币、资本等社会关系，从资本拓扑学的角度来看，它们分别是"等价"的，它们的内禀特性即拓扑性质没有任何区别——它们所表征的"人与自然的关系"和"人与人的关系"这两种"关系的关系"没有变化。兼具革命家和理论家双重身份的马克思，在《资本论》中正是从实践所表征的"人与人的关系"和"人与自然的关系"这两种关系之间的关系出发，才"准确地把各种秩序的序列、把这些发展阶段所表现出来的联贯性研究清楚"，从而"阐明了支配着一定社会机体的产生、生存、发展和死亡以及为另一更高的机体所代替的特殊规律"。正是这些"联贯性"即一致性、连续性和确定性等内秉特性构成了资本有机体中的诸种社会关系要素的拓扑性质。

参照马克思的社会有机体理论来看，资本有机体也并不是独立社会实体的集合，而是一个"关系场"、一个全域相关关系要素生成的引发新过程的社会关系运动过程，其中每一关系要素的性质是由它同其他社会关系要素的关系所决定的。在此基础上，资本拓扑学进一步提出：从质的规定性上看，资本有机体的基本运动方式是基本社会关系的"同胚变换"或"拓扑变换"。同胚变换，意味着一种社会关系 A 与另一种社会关系 B 之间的对应关系（可称为"连续映射"）。这种对应关系有两种形式。其一是"一一对应"：A 中的关系要素对应于 B 中的关系要素，反之亦然；其二是"连续对应"：A 中两个关系要素对应于 B 中两个同样性质的关系要素，反之亦然。正是这样两种形式的对应关系的连续性或不变性决定了资本有机体的运动过程是一系列的"拓扑变换"过程，也使得资本有机体的社会关系矛盾运动的拓扑性质在资本有机体的闭合性、基本社会关系要素的等价性和资本有机体运动的连续性等方面具体体现出来。

资本有机体的闭合性是指有机体内部各个社会关系要素之间相互联系、相互制约和相互作用，构成一个连续的关系运动闭合回路即独立的拓扑空间。这种闭合性是资本主义私有制和雇佣劳动制度的强制性要求，正是它从根本上保证了资本主义社会关系秩序的稳定性和均衡性。有机体内基本社会关系要素的等价性是在有机体的闭合性前提下各要素关系的对应性：人与自然的关系表现为自然是作为自然资源和自然条件而存在于有机体中的实物形态的利益关系，人与人的关系表现为生产关系是作为所有制形式、产品分配形式以及人与人的支配与被支配关系而存在于有机体中的有着不同化身的利益关系。资本有机体的闭合性和基本社会关系要素的等价性决定了资本有机体运动的连续性。这种连续性表现为价值形成过程和价值增殖过程是作为劳动时间的客体化或对象化过程而在有机体中体现出的社会关系矛盾运动的一致性和确定性，正是它最终决定了资本主义社会关系秩序的稳定性。这些拓扑性质使得资本有机体的整体关系结构表现为相对完整独立的拓扑空间结构。

资本有机体的拓扑性质意味着资本主义社会关系秩序的必然性。由于马克思的政治经济学批判在揭示已有秩序必然性的基础上最终指向的是"证明这种秩序不可避免地要过渡到另一种秩序的必然性"，因此资本拓扑学的理论探究也自然具有不可或缺的批判维度，指向支配着资本有机体的生存、发展和死亡以及为社会主义社会有机体和共产主义社会有机体所代替的必然性。资本有机体其实只是资本主义社会有机体的一种理想模型。在资本拓扑学的理论视域中，资本有机体运动的一致性、连续性和确定性这些拓扑性质的保持意味着资本主义社会关系秩序的稳定性和均衡性，而这些拓扑性质的丧失则意味着原有社会关系秩序的瓦解和新的社会关系秩序的创生。换句话说，只要资本有机体的拓扑空间结构保持基本稳定，就意味着资本主义社会关系秩序的合理性与现实性，而一旦资本有机体的拓扑空间结构由于某种原因被打破、其空间的闭合性和连续性丧失，则标志着资本主义社会关系秩序的瓦解。但是，拓扑空间结构的破坏只是一个结果，其根本动因则在于有机体内部基本社会关系要素的关系所蕴含的内部矛盾的激化，即"人与自然的关系"和"人与人的关系"的破裂。这种破裂可能源自原有人与自然关系秩序的根本性改变，也可能源自人与人的关系秩序的根本性改变。但是不管哪一种根本改变，最终造成的都是这两种关系在有机体运动中拓扑变换的对应性的中断即连续映射的中断。

从实质上看，资本有机体的拓扑空间结构被破坏，是有机体内部"人与自然的关系"和"人与人的关系"作为"两极相联"的矛盾关系最终激化的产物。从形式上看，有机体的拓扑空间结构被破坏主要有两种方式：其一是"空间撕裂"，其二是"空间黏合"。"空间撕裂"是资本有机体整体拓扑空间结构被打破的一种方式，意味着在有机体的拓扑变换总体进程中，最基本的"人与自然的关系"A与"人与人的关系"B的原本对应关系发生了根本性断裂，关系A与关系B之间的统一性被破坏，从而导致了有机体的闭合性被打破和有机体内部全部社会关系要素空间位置关系连续映射的中断，最终被新的社会有机体所取代。因此，"空间撕裂"实际上意味着某种社会革命的发生。"空间黏合"是资本有机体局部拓扑空间结构被打破的一种方式，意味着在有机体的拓扑变换总体进程中，某一种社会关系 A 与另一种社会关系 B 之间的原本对应关系发生了"重合"，关系 A 与关系 B 之间（除去数量变化外）不再有质的区别，从而导致两者空间位置关系连续映射的消解。这种情况在原本的"一一对应"和"连续对应"中均可能出现。生息资本（金融资本）的出现就是一个典型的"空间黏合"的例子。在资本拓扑学看来，生息资本与金融资本一样都意味着资本空间中连续性的中断——意味着根本社会关系秩序的"黏合"，局部空间拓扑结构被打破，将进一步引起经济秩序重组。

原载《哈尔滨工业大学学报》（社会科学版）2019 年第 5 期，收入本书时有改动。

作者单位：哈尔滨工程大学马克思主义学院

新中国70年经济学理论创新及其世界意义

逄锦聚

新中国成立70年，我国经济建设、改革、发展取得了举世瞩目的成就。在实践探索基础上，马克思主义政治经济学基本原理与中国实际相结合，取得了一系列重大创新成果，创立了中国特色社会主义政治经济学。这些创新成果不仅有力地指导中国社会主义建设事业从胜利走向新的胜利，而且为世界的发展贡献了中国力量和中国智慧。

一 新中国70年的重大经济理论创新

新中国70年经济理论创新取得的成果极其丰富，可以概括为10个主要方面：①丰富发展了马克思主义社会主义的学说，创新形成了中国特色社会主义经济理论；②丰富发展了马克思主义关于社会主义发展阶段的学说，创新形成了中国特色社会主义初级阶段的理论；③丰富发展了马克思主义生产力和生产关系、经济基础和上层建筑的相互关系的学说，创新形成了中国社会主义社会基本矛盾、主要矛盾的理论；④丰富发展了马克思主义关于社会主义基本经济制度理论，创新形成了中国特色社会主义基本经济制度理论；⑤丰富发展了马克思主义关于社会主义分配制度的理论，创新形成了中国特色社会主义分配制度理论；⑥丰富发展了马克思主义关于商品生产、商品交换的学说，创新形成了社会主义市场经济理论；⑦丰富发展了马克思主义关于社会主义是不断发展的社会的学说，创新形成了中国特色社会主义改革理论；⑧丰富发展了马克思主义关于社会再生产的学说，创新形成了中国特色社会主义宏观经济运行和宏观调控理论；⑨丰富发展了马克思主义关于发展的学说，创新形成了中国特色社会主义经济发展理论；⑩丰富发展了马克思主义世界经济学说，创新形成了中国特色社会主义开放理论和经济全球化理论。

二　新中国经济理论创新的最新成果

在长期探索发展的基础上，以党的十八大为标志，中国特色社会主义进入新时代，形成了习近平新时代中国特色社会主义思想，其中经济思想是重要组成部分。习近平新时代中国特色社会主义经济思想是中国经济建设改革发展经验的凝结，是时代发展的结晶，是理论创新的最新成果，是马克思主义中国化的最新成果，是中国特色社会主义政治经济学、21 世纪马克思主义政治经济的最新成果。

习近平新时代中国特色社会主义经济思想是以中国特色社会主义为方向、以中国共产党的领导为根本组织保证、以满足人民不断增长的对美好生活需要为目的、以新发展理念为核心、以改革开放为动力，集揭示经济发展规律、社会发展规律和人与自然关系为一体的理论体系，内涵极其丰富，包括：坚持和发展中国特色社会主义的基本方向；坚持党对经济工作集中统一领导；坚持以人民为中心；坚持以新发展理念引领发展建设现代化经济体系；坚持全面深化改革；坚持人与自然和谐共生；坚持对外开放基本国策，推动经济全球化深入发展，构建人类命运共同体；坚持辩证唯物主义和历史唯物主义科学的方法论。

新时代中国特色社会主义政治经济学的构建是新中国成立以来对政治经济学探索的继续。改革开放新时期，我们把马克思主义政治经济学基本原理同现代化建设和改革开放新的实践结合起来，不断丰富和发展马克思主义政治经济学，形成了中国特色社会主义政治经济学的许多重要理论成果，例如关于社会主义本质的理论，关于社会主义初级阶段基本经济制度的理论，关于树立和落实创新、协调、绿色、开放、共享的发展理念的理论，关于发展社会主义市场经济、使市场在资源配置中起决定性作用和更好发挥政府作用的理论，关于我国经济发展进入新常态的理论，关于推动新型工业化、信息化、城镇化、农业现代化相互协调的理论，关于用好国际国内两个市场、两种资源的理论，关于促进社会公平正义、逐步实现全体人民共同富裕的理论等。这些理论成果，是适应当代中国国情和时代特点的中国特色社会主义政治经济学的重要理论，不仅有力指导了我国经济发展实践，而且开拓了马克思主义政治经济学新境界。

三　新中国理论创新的基本经验

新中国 70 年经济理论创新和经济学建设积累了宝贵的经验，这些经验是我们的宝贵财富。

（一）坚持马克思主义基本原理与中国实际相结合

这是在中国长期的革命改革建设实践中积累的具有根本方法论意义的重要经验，也是在 70 年理论创新中积累的重要经验。科学的经济理论归根结底来源于对实践经验的总结，同时也离不开对前人科学成果的继承，而这两者，都离不开科学方法论的指导。马克思主义提供了辩证唯物主义和历史唯物主义科学方法论，这是经济理论创新发展为什么必须坚持以马克思主义为指导思想的基本原因所在。

之所以要坚持以马克思主义为指导，是因为马克思主义在揭示资本主义经济制度特有规律的同时，还揭示了人类社会发展和社会化大生产的一般规律，并且对未来社会进行了科学的预测，这些都为经济理论创新提供了指南。中国的实践证明，马克思主义是科学的理论、人民的理论、实践的理论、不断发展的开放的理论。坚持马克思主义不仅要坚持马克思主义基本原理，更重要的是要将马克思主义基本原理与中国的实际相结合，与时代的发展相结合。新中国成立以来，根据发展的社会主义建设的实践，我国坚持了马克思主义与中国实际相结合、与时代特点相结合，丰富了在新民主主义革命时期就形成的毛泽东思想。在 1978 年开始的改革开放进程中，我国坚持马克思主义基本原理与中国实际相结合，发展了毛泽东思想，形成了邓小平理论、"三个代表"重要思想和科学发展观。党的十八大以来，我国坚持马克思主义基本原理与中国实际相结合，开辟了中国特色社会主义新时代，创立了习近平新时代中国特色社会主义思想，并在这一思想指导下，在实践与理论的结合上实现了更大的历史性创新。

（二）　坚持实践第一，在不断实践探索中实现理论创新

新中国 70 年，我们坚持实践第一，根据时代变化和实践发展，不断总结经验，实现理论创新和实践创新的良性互动，在这种互动中创造并不断发展社会主义经济理论，再以创新的理论指导实践。

新中国 70 年，我国经济社会实践发展经历了改革开放前后两个时期，并以党的十八大的召开为标志，中国特色社会主义进入新时代。与经济社会发展的阶段性和连续性相适应，我国的经济理论创新也经历了实践—理论—再实践—再理论的不断发展过程。

（三）　坚持党的领导，依靠人民，尊重知识，实现理论创新

实践是人民群众的实践，人民群众是社会历史的主体，是历史的创造者，是推动社会变革的决定力量。新中国 70 年的全部历史都是中国人民实践探索的历史，没有人民的伟大实践就没有新中国的成就，也就没有中国特色社会主义经济理论的创新和发展。

在人民群众中有一个特殊的群体是知识分子，他们是人民的一部分，但与直接从事经济社会实践活动的人民群众社会分工又不同，他们从事理论研究、学术探索和人才培养，以自己的知识和智慧把人民群众的直接实践经验上升为理论，服务于繁荣学术和经济社会的发展。新中国 70 年成就的取得，知识分子功不可没，没有知识分子的艰辛劳动，中国今天的成就特别是经济理论的发展创新是不可能的。理论探索的历程证明了这一点。

（四）　在开放发展中学习借鉴人类文明成果，实现理论创新

社会主义经济理论是开放的体系。在坚持马克思主义指导、从中国实际出发的同时，还须充分吸收人类文明的一切成果。人类文明成果是人类长期实践经验的总结，吸收借鉴这些有益的成果，从中汲取营养，对我国经济理论的创新和中国特色社会主义经济学的建设和发展大有助益。新中国 70 年特别是改革开放以来，我们有分析地学习借鉴别国实践经验和经济学成果，实践证明，这些做法是必要的、有益的。当然，在学习过程中我们也有教训、付过学费。

改革开放开始之前，主要是学习苏联的理论和经验。学习的过程有我国自己的创新，例如过渡时期及其总路线的制定、生产资料社会主义改造、

十大经济关系的处理等，但在当时特殊的背景下也存在照抄照搬的问题，最典型的是计划经济理论和计划经济体制的形成在很大程度上是学习苏联的产物。

1978 年改革开放开始后，在最初的一段时间内，我国理论界曾经大量地介绍学习东欧一些经济学家的改革理论，比较流行的如锡克的理论、兰格的理论、布鲁斯的理论、科尔奈的理论等，但苏联解体、东欧剧变后，苏东改革理论失去吸引力，而西方经济理论则大肆进入，对中国经济学建设产生了比较大的影响。其后果有正面的，也有负面的。正面的主要是学习借鉴了发达国家的市场经济理论，为我所用；负面的主要是出现了某种程度的盲目崇拜、照搬西方经济理论的倾向。

在这两个阶段对别国理论和经验的学习都是有经验和教训可以总结的。最突出的是，在学习借鉴别国理论和经验时，一定要从本国实际出发，要有分析地借鉴，绝不可盲目照搬。在这方面教训是深刻的。照搬苏联的理论，搞了计划经济体制，结果严重束缚了社会主义优越性的发挥；盲目照搬西方理论显然路子也走不通，2008 年爆发的美国次贷危机和由此引发的世界金融危机又一次证明所谓的西方现代经济学的主流理论即使在西方也是不灵的，在中国就更难行得通。经验和教训都说明，搞现代化建设不学习借鉴别国经验和理论不行，但学习借鉴别国理论只能从我国实际出发而绝不可照抄照搬。

四　新中国 70 年理论创新的世界贡献

任何科学的理论都是实践和时代的产物，而一旦科学思想形成又将成为指导实践、引领时代前进的旗帜。在中国特殊国情基础上形成的经济理论首先具有特殊性，但在这些特殊性中也包含着从本质上揭示的人类经济发展的一般规律。

首先，新中国的经济理论创新揭示了什么是社会主义和如何建设社会主义，为世界社会主义的发展提振了信心，提供了中国智慧和理论。

新中国 70 年是社会主义实践和理论探索的 70 年。这 70 年世界社会主义有过高潮，也遇到过挫折。在 20 世纪 80 年代后期世界社会主义处于低潮时，中国开始了史无前例的改革开放，中国特色社会主义以其蓬勃朝气和活力屹立在世界东方。中国特色社会主义的实践和理论向全世界昭示，社会主义依然是人类美好的社会制度，具有巨大的活力、潜力和广阔的发展前景。在中国特色社会主义发展基础上创新形成的关于社会主义本质是解放生产力，发展生产力，消灭剥削，消除两极分化，实现共同富裕的理论；中国共产党领导是社会主义最本质的特征的理论；社会主义以经济建设为中心的理论；社会主义初级阶段的理论；社会主义初级阶段基本经济制度的理论、分配制度的理论；社会主义市场经济理论；社会主义改革开放发展理论；社会主义宏观调控理论；等等。这些理论不仅揭示了中国特色社会主义的特殊规律，对中国特色社会主义事业发展具有指导意义，而且包含着社会主义发展的一般规律，对世界社会主义的发展也具有重要指导意义，是世界社会主义的宝贵财富。

其次，新中国的经济理论创新"拓展了发展中国家走向现代化的途径，给世界上那些既希望加快发展又希望保持自身独立性的国家和民族提供了全新选择"①。

中国是世界上最大的发展中国家，在短短 70 年的时间内，从一个落后的半殖民地半封建国家迅速成长为世界第二大经济体，人均国民收入达到近 1 万美元，解决了 13 亿多人口的吃饭问题。指导这样实践的理论是从本国实际出发借鉴学习他国经验坚定走自己发展道路的理论，是科学发展并坚持创新、协调、绿色、开放、共享发展理念的理论，是顺应世界潮流不断改革开放的理论，是工业化、信息化、农业现代化与城镇化协调发展的理论。这些理论不仅适合中国的发展，也揭示了发展中国家从后发到发达的一般道路。

再次，新中国的经济理论创新揭示了 21 世纪世界经济发展的方向，为解决人类共同面临的问题、实现世界各国的互利共赢发展贡献了中国智慧和中国方案。

新中国 70 年，是世界经历大发展大变革的 70 年。特别是人类社会进入 21 世纪第二个十年，无论是中国还是世界，经济社会发展都发生着深刻而复杂的变化，面临重大的时代课题，迫切需要给予战略性、前瞻性回答。就中国而言，最关键的是把握历史发展的新方位，在已经取得成就的基础上，攻坚克难，坚持和发展中国特色社会主义，决胜全面建成小康社会，夺取新

---

① 习近平：《决胜全面建成小康社会　夺取新时代中国特色社会主义伟大胜利——在中国共产党第十九次全国代表大会上的报告》，人民出版社，2017，第 10 页。

时代中国特色社会主义伟大胜利，实现中华民族伟大复兴。就世界而言，最迫切的是，把握大发展大变革大调整的大势，推动经济全球化朝着更加开放、包容、普惠、平衡、共赢的方向发展，推动人类命运共同体建设，共同创造人类的美好未来。中国的经济理论创新特别是习近平新时代中国特色社会主义经济思想，产生于中国特色社会主义新时代，适应世界多极化、经济全球化、文化多样化、社会信息化深入发展、科技进步日新月异的世界发展潮流，揭示了经济全球化条件下人类经济社会发展的新趋势和发展规律呈现的新特点、新形式，回应了国际社会对加强全球治理能力、早日走出困境的殷切期盼，坚定了各国对全球化前景的信心，提出了要坚定不移推进经济全球化、引导好经济全球化走向，打造富有活力的增长模式、开放共赢的合作模式、公正合理的治理模式、平衡普惠的发展模式，牢固树立人类命运共同体意识，共同担当，同舟共济，共促全球发展，为促进世界经济的发展和引领世界前进贡献智慧和方略。

最后，在实践基础上产生的习近平新时代中国特色社会主义经济思想和在这一思想指导下构建的中国特色社会主义政治经济学，为全人类经济学建设贡献了中国版本。习近平新时代中国特色社会主义经济思想是对中国传统优秀经济思想的传承和弘扬，是对马克思主义政治经济学的继承和最新发展，是中国特色社会主义政治经济学、21世纪马克思主义政治经济学的最新成果。

马克思主义政治经济学是开放的发展的科学。从马克思政治经济学的创立开始，经历了列宁主义、毛泽东思想的发展，形成了中国特色社会主义理论体系的经济思想。政治经济学本质上是一门历史的科学，站在时代和实践发展的前沿，聆听时代的声音，回应时代和实践发展的要求，是政治经济学的历史使命。习近平新时代中国特色社会主义经济思想，回应时代的关切，实现了马克思主义政治经济学的新飞跃，成为21世纪马克思主义政治经济学的最新发展，使马克思主义政治经济学进一步焕发出蓬勃的生机和真理的光芒。

原载《社会科学文摘》2019年第9期，摘自《当代世界与社会主义》2019年第4期，收入本书时有改动。

作者单位：南开大学政治经济学研究中心，中国特色社会主义经济建设协同创新中心

以唯物史观引领"三大体系"建设

吴晓明

今天我们主要讨论的是中国特色哲学社会科学学术体系，关于这个主题，我谈一些自己的体会。

第一，构建中国特色哲学社会科学学术体系是一项时代的任务。我是研究哲学的，黑格尔将哲学理解为"把握在思想中的时代"，马克思说，真正的哲学是"时代精神的精华"。我们提出构建中国特色哲学社会科学，现在又提出"三大体系"的建设任务，这并不是仅仅在书斋里构想出来的东西，它首先与我们这个时代有关。我们正在进入一个非常重要的时代转折点，因此提到了新的历史方位，提到了百年未有之大变局。"百年未有之大变局"的含义非常深刻，如果我们向前追溯的话，大概是从 1919 年前后，也就是从第一次世界大战结束和十月革命这样一个时代，直至今天来考察、来测度的巨大变局。我们构建中国特色哲学社会科学，包括"三大体系"，实际上是面临一个重大的时代任务，这个任务是对应于时代的转折被提出来的。这个时代的转折究竟应该怎样来理解？我们这一代人都了解 20 世纪的最后十多年，那时世界社会主义经历了前所未有的挫折，在这个挫折之后，我们看到了福山的著作《历史的终结与最后的人》。这部著作代表了当时一般的意识形态以及知识界的主要氛围，即认为马克思最终被送进了坟墓，《共产党宣言》的结论最终破产了。但是，过了 30 年，我们今天可以对这样一个状况和转折做出历史性的判断了，这个判断我们在党的十九大报告中可以明确看到：中国特色社会主义进入了新时代，这是一个新的历史方位或时代坐标。首先，它意味着中华民族迎来了从站起来、富起来到强起来的伟大飞跃，开辟出中华民族复兴的伟大前景——这是一个关于中华民族的叙事。其次，这个新的时代坐标还意味着中国共产党人在 21 世纪高举中国特色社会主义的伟大旗帜，为科学社会主义注入了强大的生机和活力——这是一个关于世界社会主义的叙事。不仅如此，这个时代坐标还有第三个方面，它意味着中国特色社会主义各方面的发展成就，为解决人类问题贡献了中国智慧和中国方案——这是一个关于世界历史的叙事。新的历史方位构成新的时代坐标，依循这样的坐标，我们才能对时代提出的任务有深入的把握。

所以，我认为，我们实际上处在这样一个非常重要的转折的时代，我们的历史性实践正由此展现出它多重的意义。思想理论的需要，一般说来在某种程度上总是存在着，但只有在时代转折的重要关头，才会产生出无比深广而迫切的思想理论需求。"这是一个需要理论而且一定能够产生理论的时代，这是一个需要思想而且一定能够产生思想的时代。"① 构建中国特色哲学社会科学，包括它的学科体系、学术体系、话语体系，这并不是我们在书斋里写作或者开个会随便提出来的，这是一个重大的时代的任务，是由于时代的重大转折，把构建中国特色哲学社会科学这样一个任务托付给我们的哲学社会科学界，托付给我们的学者。没有中国的历史性实践的深入展开，并进入一个转折点，就不会出现这样的时代任务。

第二，中国特色哲学社会科学的建构，如果说它是对应于时代的伟大转折的话，那么在学术上，它也要经历一个转折。对于这个转折，我的基本看法是，它将从长期以来的"学徒状态"当中摆脱出来，并开始获得它的"自我主张"。中国自近代以来，由于现代性在特定阶段上的绝对权力，开始进入现代化的进程当中，在现代化的进程中，我们的学术也从总体上进入对于外部学术的学徒状态之中。这个学徒状态是非常必要的，它开展了大规模的对外学习，在对外学习的过程中，我们的收获是非常巨大的，对此无论怎样评价都不为过。但是从另一个角度来看，任何一种学术的真正成熟，总意味着它要在特定的阶段摆脱学徒状态而开始获得自我主张。我们的哲学社会科学要达到真正的成熟，也须经历这样一个决定性的转折，这是哲学社会科学发展的一般规律。比如西方的近代哲学，就曾长期处于理性神学的学徒状态当中，直到笛卡尔以"我思"重新为哲学奠基，它才开始获得自我主

---

① 习近平：《在哲学社会科学工作座谈会上的讲话（2016 年 5 月 17 日）》，人民出版社，2016，第 8 页。

张。同样，历史科学长期以来是处在自然科学的学徒状态，按照科林伍德的说法，只是到 19 世纪后期，由于对历史理性的批判性澄清，历史科学才开始获得它的自我主张，才开始形成"自律的学术"。所以我认为，伴随着中国的历史性实践的展开和时代的转折，我们的哲学社会科学也将经历一个转折，这个转折就是从长期以来对于外部学术的学徒状态中摆脱出来，开始获得它的自我主张——这是构建"中国特色哲学社会科学"的题中应有之意，因为如果不这样的话，就根本谈不上中国哲学社会科学的中国特色、中国风格和中国气派。对外学习始终是非常必要的，但只有在获得自我主张这样一个根本点上，中国特色哲学社会科学才可能真正成立，才可能被积极地建构。

这意味着文化结合的锻炼，意味着文化上容受性和自主性的统一，这种情形实际上我们在历史上到处可以看到。黑格尔在《历史哲学》中讲，古希腊人既有自己的传统，同时又面临着当时强势的和占优势的东方文化，正是经历了文化结合的艰苦锻炼，希腊人才获得了应有的活力，并且开创出他们胜利和繁荣的时代。关于这一点，尼采讲得更加清楚，他说：有一段时间，希腊人似乎要被外来的东方文化压垮了，当时的希腊宗教几乎就是各种东方宗教的一场混战，有巴比伦的、埃及的、吕底亚的、闪族的，可能还有印度的。但是，希腊人牢记了德尔菲神庙那句格言："认识你自己"，所以，他们的文化终于没有成为机械性的文化或装饰性的文化。他们弄清楚自己真实的需要，整理好那堆外来的杂物，而没有长久地做东方的追随者。这一点非常重要，我们需要经历学徒状态，但是，一种学术成熟的一个决定性的转折点，就是摆脱它的学徒状态并且开始获得它的自我主张。同样的例证我们也可以从中国化的佛教中找到。

第三，唯物史观为什么对于构建中国特色哲学社会科学，特别是它的学术体系具有重要的意义和引领的作用？这是因为，长期以来的学徒状态在思维方式上会导致一种特点，这个特点在哲学上叫"外在反思"。外在反思就是：作为一种忽此忽彼的推理能力，它从不深入事物的实体性内容之中；但它知道一般原则，然后就把一般原则抽象地运用到——或先验地强加到——任何内容之上。外在反思从哲学上讲有点复杂，但实际上很简单，也就是我们一般所说的教条主义。教条主义就是不去研究特定社会的实体性内容，而只是把抽象原则强加到任何内容之上。中国革命时期，有一部分马克思主义者就是教条主义者，他们把马克思主义原理和俄国革命的经验变成抽象原则，把"中心城市武装起义"作为教条先验地强加给中国革命，结果是一连串悲惨的和灾难性的失败。只有当中国共产党人意识到中国革命的道路不是"中心城市武装起义"而是"农村包围城市"时，马克思主义的原理才被中国化了，也就是说，才摆脱了学徒状态，开始有了自我主张。长期的学徒状态会带来一个后果，就是思维方式上的外在反思。教条主义的马克思主义的缺陷是我们很熟悉的，但今天中国的学术界比当时的情形又如何呢？外部反思依然盛行，甚至可以说有过之而无不及，只不过那个时候的教条来自苏联，而今天的大多数教条来自西方。我们的学术就这样停留在"书中得来"和"纸上推演"，总之是与中国社会的实体性内容没有关系。

唯物史观的最重要的一个方面就是要求学术摆脱外在反思，从而使得学术能够深入社会生活的实体性内容之中。所以，唯物史观能成为学术建构的最基本的立足点，或者用张江教授的话来说叫阐释原则。马克思的理论包含学术性很强的一个方面，并且这个方面是本质重要的。马克思不仅参加革命的实践，而且经常"退回书房"，对于他的整个思想体系来说，科学的维度、学术研究的维度是绝对不可或缺的。恩格斯说，晚年马克思为了使地租理论深化，不仅研究了美国和俄国的土地制度史，而且研究了原始社会，甚至还研究了土壤学和农艺学。列宁讲得更清楚，他说如果我们不去研究黑格尔的《逻辑学》，就没有办法真正理解马克思的《资本论》。所以，马克思主义有一个具有本质性的学术的方面，这个学术的方面需要特别来加以强调。另一方面，需要同样强调的是：唯物史观在学术上的基础定向、它的根本任务就在于把握时代、切中现实，我们现在有些做马克思主义研究的人恐怕在很大程度上忘了这个根本之点。唯物史观对于构建中国特色哲学社会科学来说至关重要的意义就在于：在强调学术的同时，要求学术能够把握时代和切中现实，这理应成为我们进行学术体系建设的基本出发点。

构建中国特色哲学社会科学学术体系，唯物史观要作为一个出发点、作为一个启示性的原则来起作用，这就意味着在此基础上要有众多的、不同的学科和研究方式能够产生并生动活泼地表现出来，而其中作为出发点和启示性的原则无非是切中现实这一根本要求。有些人觉得关注现实的人没有理论水平，或者不需要理论和学术，这是一个极大的误解。所谓"现实"，和我们一般讲的"事实"是完全不同的东西，当今的哲学社会科学过多信赖所谓事实，即单纯实存的东西，但这还远不是现实。"现实"不是我们睁开眼睛能够看到的东西，不是通过知觉能够直接给予我们的东西。按照黑格尔的定义，现实是实存和本质的统一，是展开过程中的必然性。"现实"不仅是实存，而且是本质，而"事实"只是单纯的实存。按我的基本看法，直到黑格尔、马克思才真正提出了把握现实的要求，以往的哲学恐怕还完全没有达到这个要求。本质的东西、必然性的东西，或者实存中的本质、展开过程中的必然性，不是通过知觉能够给予我们的，它需要深入的理论才能通达，才能被把握住。海德格尔在两次世界大战结束以后评论当时的历史理论时说，马克思在体会到异化的时候，是深入历史的本质性维度中去了，所以马克思的历史理论比其他的历史学更加优越；看来胡塞尔的现象学、萨特的存在主义也没有达到那种维度，只有达到了那种维度，才可能有资格与马克思主义对话。在1969年的晚期讨论班中，海德格尔又讲，"现今的哲学"只知道跟在知性科学后面亦步亦趋，而完全不理解我们这个时代的两重独特的现实，即经济发展以及这种发展所需要的架构，而马克思主义懂得这双重的现实。现在我们一讲到现实，就好像是睁开眼就能看到的东西，其实要能够通达和把握现实，必须诉诸很高的理论要求。要想能够把握社会生活的实体性内容，就要深入现实当中，这对于哲学社会科学来说是一个关乎根本的方面。

法国社会学家雷蒙·阿隆曾批评当时最著名的两位法国马克思主义者：萨特和阿尔都塞。他说，萨特和阿尔都塞并不对历史实在感兴趣，而是对哲学的先天条件感兴趣，他们还只是提出了康德式的问题，即马克思主义是如何可能的，恩格斯会把这种问题称为小资产阶级的问题；他们从来没有用《资本论》的方法真正去研究现实的社会，比如当时的欧洲社会或法国社会。我认为，可以从多方面来讨论这个问题，但就这一点来说，雷蒙·阿隆的批评是完全正确的。当今中国的哲学社会科学，如果要摆脱它长期以来的学徒状态，并开始获得它的自我主张，最重要的一条就是：从外在反思的思维方式中摆脱出来，从"书中得来""纸上推演"的形式主义、主观主义的学术中摆脱出来，从而真正深入特定社会，尤其是中国社会的实体性内容中。在这个意义上，唯物史观不仅提出了最基本的学术原则，而且提出了最基本的学术任务。正因为如此，唯物史观才能够从根本上积极地引领中国特色哲学社会科学学术体系的建设。

原载《中国社会科学评价》2019年第4期，收入本书时有改动。

作者单位：复旦大学哲学学院

舒尔茨与马克思历史唯物主义的来源

张一兵

近两年，在对马克思的文本研读过程中，我和我的研究团队将注意力集中在了 19 世纪的德国思想家弗里德里希·威廉·舒尔茨和他的代表作《生产运动》之上。事实上对舒尔茨的研究并非一个耸人听闻的"全新发现"，这个名字其实早就进入了苏联学界和我们中国学界的视野中，但因为种种原因，过去我们并没有对他给予应有的重视。站在新的时代和新的思想史地平之上，我们为何要研究舒尔茨，他在理论上的独特魅力在哪里，他究竟能为我们理解马克思主义发展史提供什么样的思想资源呢？

首先，对舒尔茨的关注，一个重要目的就是填补思想史上的一个缺环，即在研究马克思从人本主义的异化史观转向了历史唯物主义哲学世界观中仍需追问的问题——历史唯物主义本身的来源到底是什么？我们认为，舒尔茨的《生产运动》正是关键。

舒尔茨是青年马克思从传统哲学体系过渡到以生产话语为基础的历史唯物主义哲学世界观的必经阶段。马克思 1844 年第一次看到舒尔茨的《生产运动》的时候，关注的还是如货币交换手段这些古典经济学问题，此时的马克思看到《生产运动》根本就没有感觉。然而后来当马克思哲学基本理念即实践的观点形成之后，他不得不回到历史过程当中去，这个时候舒尔茨所有的东西就开始发酵，包括古典经济学里面已经涉及的物质生产和经济关系所有的内容，促成了马克思思想的质变以及话语的根本变化，所以舒尔茨是非常重要的。对舒尔茨的研究不仅仅在于回击西方马克思主义学者认为马克思"剽窃"舒尔茨的观点，更为重要的是要廓清马克思历史唯物主义哲学世界观形成的历史语境。

其次，如何判断舒尔茨的政治立场和他的哲学世界观？舒尔茨是坚定的资产阶级左派，作为一名资产阶级政治改良主义者，他极为深刻地看到资本主义经济政治制度的深刻矛盾和危机，舒尔茨希望当时的资产阶级主流和共产主义者、社会主义者一同看到资本主义的弊病，并希望国家作为一个可调节的主体来阻止矛盾的激化，改变经济关系和政治制度，维系资本主义市民社会的发展。他从来没有打算彻底否定资本主义，这和马克思主义根本立场从一开始就完全不一样。

与这种政治立场相关，舒尔茨的社会唯物主义的根基是精神生产。舒尔茨认为物质生产的每个细节里面用的都是精神动力、精神生产。他从早期的物质定在，到工场手工业，再到大机器生产，这非常类似黑格尔精神现象学的结构，前面类似于黑格尔的对象沉沦于物，慢慢走向工具，工具提升精神的部分，从物里面提升为一种劳作效能（Gewerbfleiß），而后生产力本身表现为技术和机器的发明，最后机器发明的顶端回到科学知识。

最后，舒尔茨给予马克思以灵感的地方到底是什么呢？舒尔茨《生产运动》中核心的部分就是他对社会历史的三个时期以及工具和技术发展的四阶段的划分。他不是立足于主体向度之上，不是在抽象地讨论人的主体存在、人的解放问题，而是讨论客观的生产的技术如何一步一步往后发展。这个客体向度具体来说就是生产力、劳动技术关系问题，它是真正的人和自然的关系，它探讨的就是人通过什么样的方式改变外部世界。劳动是给予外部的物质的一种塑形，主体给它特定的一个存在方式，我曾使用"构序"这个概念。工业生产，就是主体给予物质一种存在的形式。

舒尔茨《生产运动》的另一个重要意义就在这里。他帮助我们推进历史唯物主义研究到一个全新的维度，这个维度不是关注主体，而是关注人的存在方式中最基础的物质生产、工艺学的过程，这一过程决定了生活当中我们对待外部世界的方式。这是以往的历史唯物主义研究中缺失的部分。

那么，舒尔茨《生产运动》中有哪些值得注意的要点呢？我们将注意力主要放在与历史唯物主义关系十分密切的"物质生产"这一部分，提炼出如下几个要点。

第一，舒尔茨提供了一条立足于现实物质生产的客体性向度。它提供的这些异质于传统哲学体系的概念和话语体系，对于马克思和恩格斯来说，可能恰恰构成了一个重要的异轨性入口。在《生产运动》序言中，舒尔茨树立了三个主要批判对象：资产阶级古典经济学、赫斯的行动哲学、德法的社会主义和共产主义思想。

舒尔茨认为古典经济学存在明显的片面性，导致古典经济学无论如何都只是关注物的实际和产品的堆砌。舒尔茨对赫斯的批判也非常清楚。他批判赫斯的行动哲学停留在抽象的概念争论中，从而无法找到从虚无缥缈的普遍性领域进入生活的道路。

第二，舒尔茨是从社会组织和生产规律入手来对生产进行考察的。舒尔茨这里讲的劳动生产率是单位时间，它和生产力的概念是不一样的，讲的是单位时间里生产的能力；消费率是在交换过程中产品卖出来的单位时间。舒尔茨非常具体地进入这样一个细节当中，在这个基础上，考察每种特定的生产方式。但是舒尔茨关注的是非常具象的、狭义的生产，是生产、流通总过程里面的具体的生产，和马克思讲的物质生产不是一个概念。所以他虽然提出了生产方式这个重要的概念，但是是在微观层面上的，而马克思是将其抽象到更高的历史层面上。

所以，我们可以说，一方面舒尔茨已经使用了精准的生产方式概念，这是了不起的，一定要肯定。但是我们发现舒尔茨这里的特殊的生产方式是由消费方式决定的，狭义的资本主义商品经济的生产方式。另一方面，舒尔茨混同了作为社会基础的物质生产与具体生产过程当中的生产消费环节，这和马克思后来在历史唯物主义一直到《资本论》及手稿里面所有的讨论完全不一致。马克思的理论是非常完整的一套逻辑下来的，他前期的广义历史唯物主义和狭义的进入非常具体，每一部分可以对应非常具体的一般生产、劳动。舒尔茨则因为逻辑切入点的不同，相关的论述就会愈发混乱，这是他的另一重缺陷。

第三，舒尔茨尝试对人类社会历史进行了分期。舒尔茨从物质生产的组织的历史发展，把社会历史分为三个重要阶段：第一个阶段是畜牧业和狩猎业时期，这是一个没有断代的、很抽象的一个时期；第二个时期是农业和工场手工业时期；第三个时期就是工业时期。这三个大的时期也同时是一个从手工劳作于物质到机器化大生产的历史变迁过程，舒尔茨这个思路非常清晰。但是舒尔茨的问题在于并没有展开讨论第三个时期，而是在第二个时期结束以后直接就进入四个阶段的描述，而第四个阶段就是工业时期。事实上舒尔茨的这一次尝试是存在严重问题的。他没有能力把社会交换纳入商品的资本主义经济的历史性之中。同时舒尔茨从工艺学的角度来探讨和划分了生产的四个阶段，第一个阶段是手手相交的手的劳动（Handarbeit），第二个阶段是工具生产（Handwerk），第三个阶段是工场手工业（Manufactur），第四个阶段是机器（Maschinenwesen）。

第四，舒尔茨提供了一个"物质生产力"概念的雏形。它包含两个层面。第一个层面是在国势学意义上使用的概念，是量的总体程度，更值得注意的是第二个层面。舒尔茨进一步说明了生产力概念的功能结构及历史建构过程。他通过对欧洲文化、物质文化的历史和数据考察来说明劳动组织，认为对生产力的分析不是量的总和，而是一个非常复杂也非常不同的、立足于历史之上的功能性的分析。马克思从《1857—1858 年经济学手稿》到《资本论》中才开始这样分析生产力，这一部分比《德意志意识形态》丰厚、饱满得多。原来传统教科书里面生产力是劳动对象、劳动者、劳动力，三个要素就是生产力。在舒尔茨这里，生产力概念原初的起源讲的就是功能性、关系性，而并非三种要素简单的相加。

以上列出的要点，并非《生产运动》中的全部精彩的地方。在后续的研究中，我们还会进一步拓展和深化。对舒尔茨的研究，是我们马克思主义哲学思想史探索的另一个新的案例。我们相信，通过这样的艰辛探索，我们对于马克思的思想，也会有更加本真性的理解和体会。

原载《广西大学学报》（哲学社会科学版）2019 年第 2 期，由王子璇根据原文压缩。

作者单位：南京大学马克思主义社会理论研究中心

论唯物史观的中国逻辑及其世界意义

任　平

　　站在新时代历史方位上，以唯物史观回顾伟大的五四运动百年史、新中国建立 70 年历史、改革开放和中国特色社会主义道路 40 年历史，我们将发现贯穿其中的一条主线即是对新现代性的中国道路的探索。新现代性的中国道路包括革命道路和发展道路。对新现代性的中国发展道路的实践探索，成为新中国 70 年历史聚焦的主题。作为新现代性的中国道路的哲学表达，唯物史观的中国逻辑深刻地解答了"马克思之问"和"列宁之问"，指引着新现代性的中国道路，既超越了西方资本经典现代性道路，也超越了苏联社会主义的经典现代性道路，以中国方案开辟了人类新文明路向。

一　新现代性历史开篇的思想前提：从进化论到唯物史观

　　2019 年是伟大的五四运动爆发 100 周年，中华人民共和国成立 70 周年，改革开放和开辟中国特色社会主义道路跨越 40 年。这三大事件成为贯穿中华民族伟大复兴百年史的三大里程碑。今天，站在中国特色社会主义进入新时代这一历史方位上，回望五四运动以来的百年史，我们发现：其中贯穿着一条主线，就是以马克思主义中国化为主导走出了一条新现代性的中国道路，包括革命道路和发展道路。沿着这一道路，中国人民从站起来、富起来到强起来，实现着中华民族的伟大复兴目标。

　　开辟新现代性的中国道路是五四运动以来马克思主义中国化理论科学解答"中国现代性道路之问"的最重要的成果。五四时期新文化运动所呈现的循序递进的两大事件及其相互关系一直令人深思。其一，在面临"三千年未有之大变局"与民族危亡之际，五四运动将对"中国现代性道路之问"提升到文化觉醒和思想启蒙高度，成为现代性思想自觉的伟大里程碑。自鸦片战争以来近180年的历史，就是传统中国迅速衰亡、现代中国重新崛起的过程。其二，在倡导思想自觉、致力于改造中国的新文化运动中，占主导地位的现代性思想，发生了从进化论到唯物史观的重大转变，标志着马克思主义中国化从此成为中国现代性道路探索的思想主导。

西方经典现代性哲学本质上就是私利至上、生存竞争、弱肉强食的"社会达尔文主义"，就是资本逻辑的思想再现。而这一进化论的意识形态之所以最终在五四运动中被抛弃而为唯物史观所必然取代，原因是多方面的。首先，西方资本现代性道路通过进化论所表达的"社会达尔文主义"在历史实践中必然导致重大分裂和崩溃，尤其在第一次世界大战中充分暴露，因而教育和警醒了国人。其次，以资本主义现代性为目标的进化论在指导中华民族走向复兴之路上屡遭失败，实践证明此路不通，警醒国人必须改旗易帜。最后，在进化论价值观破产崩溃、国人再一次陷入精神彷徨之际，十月革命一声炮响，给中国人民送来了马克思列宁主义，也送来了走另一条不同于西方现代性道路的现代性社会主义道路的希望。因此，从进化论转向唯物史观，是中国现代性道路客观逻辑演进的必然表现，是中华民族用鲜血和生命为代价探索救国救民真理的必然结果。它标志着中国现代性道路选择的重大转轨，从以往亦步亦趋的西方现代性道路转向以马克思主义中国化为指导的中国新现代性道路。

二　唯物史观的中国逻辑："马克思之问"的中国解答

中国新现代性道路之"新"还在于科学解答"马克思之问"，超越西欧资本现代性逻辑的历史单线论，从而创制了中国特色的现代性道路。历史表明：唯有唯物史观才能成为新现代性的中国道路的思想引领。但是，历史同样表明：唯物史观唯有中国化，从中国实际出发形成唯物史观的中国逻辑，而不是将马克思"仅限于西欧的结论"或曰唯物史观的西欧逻辑简单地照搬于中国、教条主义地跨界平移，才能开辟新现代性的中国道路。

照搬照抄唯物史观西欧逻辑的教条主义，具有三个鲜明特征。第一，抽象的统治。将"仅限于西欧的结论"当作"超历史的一般历史哲学"，无条

件地将唯物史观的西欧逻辑之局部当作黑格尔所说的"抽象的法"、具有
"放之四海而皆准"的"普世价值"的世界历史逻辑。第二，康德式的外部
反思性。不从中国的实际出发，而将西欧社会演化分期逻辑当作先验的必然
形式生搬硬套地用来剪裁中国社会现实，否定旧中国社会是一个独特的半封
建、半殖民地社会，否定中国民主革命的特殊性。第三，单线论历史观。将
资本现代性的西欧逻辑呈现的"历史必然性"作为唯一道路和唯一摹本，
现代化等于西方化，因而将中国道路错误地纳入西方道路的轨道，据此幻想
用所谓"包治百病"的西方药方治中国社会之病。而唯物史观的中国逻辑
在中国大地的出场，必须在上述三点上针锋相对地提出自己的主张。

　　第一，反对脱离本国实际的抽象的普遍性，反对对中国社会分析作康德
式的外部反思，必须从中国的实际出发，将唯物史观的西欧逻辑转化为中国
逻辑。第二，批判教条主义对中国社会性质、阶级关系和革命方略作康德式
的外部反思，唯物史观的中国逻辑必须从中国实际出发，科学判定中国社会
性质，进而揭示中国革命道路、革命逻辑这一最大的"中国实际"。第三，
唯物史观的中国逻辑要揭示中国革命的逻辑。第四，唯物史观的中国逻辑必
须揭示新现代性的中国道路的完整进程。新中国的建立标志着新现代性的中
国革命道路的初步完成和中国发展道路的初步开启，这是一个伟大的历史
转折。

三　新现代性的发展道路与唯物史观的发展逻辑

　　贯穿新中国 70 年的一个伟大主题，就是在走完新现代性的革命道路之
后，探索和创制新现代性的发展道路。这一发展道路探索之所以必要，首先
是因为新现代性的历史使命所规定的。推翻三座大山的新民主主义革命摧毁
了一个旧中国，但是不能用同样的革命手段造就一个富强民主文明和谐美丽
的新中国。其次，是因为新现代性的发展道路与革命道路是性质上既相衔接
又根本不同的两个阶段。这一不同，是因为两个阶段的主要矛盾不同，因而
解决矛盾的方式、实践主题和探索的道路也根本不同。

　　与此相应，作为新现代性的中国道路的哲学表达，唯物史观的中国逻辑
所聚焦的对象、主要使命从探索中国革命的道路让位于对如何"富起来"
和"强起来"的发展道路探索，唯物史观的中国逻辑重心相应地就从聚焦
革命逻辑转向建构发展逻辑。新现代性的中国发展逻辑必然呈现新现代性的

中国方案。中国必须在世界历史的多元复杂现代性的场域中选择自己的新现代性发展道路，既不能重蹈西方经典现代性道路的覆辙，也不能走所谓片面的后现代之路，更不能跟着西方曾经发生的前现代、启蒙现代、经典现代、后现代和新现代线性历史亦步亦趋，而是根据中国实际需要，将历史没有完成的经典现代性、后现代和新现代任务综合起来，构成一个中国新现代性发展纲领和较为完备的发展体系。它深刻地反映着中国人民和中华民族所选择的发展道路的内在样态，展现了中国新现代性发展道路中的生产、经济、空间、政治、文化和环境等领域总体变革过程，构成一个十分系统地解答世界现代性发展难题的中国方案，是新现代性中国发展道路的完备纲领，更是唯物史观的中国逻辑的具体展现。

在新全球化时代，中华民族前所未有地靠近世界舞台中央，中国的世界角色正在转变，从韬光养晦转变为积极参与全球治理、影响全球进程的世界级负责任的大国。因此，新现代性的中国发展逻辑，不仅具有中国特色和中国价值，更具有世界维度和世界意义。与资本逻辑规制下经典现代性道路造就的全球分裂、对抗和"修昔底德陷阱"不同，中国倡导的新现代性的全球治理方案是建立在世界普遍交往和"人类命运共同体"基础上的和平、发展、合作、共赢的道路。这一道路是前无古人的，因而在创制着人类新文明的样式。

原载《哲学研究》2019 年第 8 期，由邹丽琼根据原文压缩。

作者单位：苏州大学政治与公共管理学院

政治经济学批判的唯物史观基础

唐正东

政治经济学批判几乎是与政治经济学本身同步出现的。对资本主义政治经济过程之本质的不同理解，解读这种政治经济过程的方法论的不同，都会产生不同的政治经济学批判理论。马克思的政治经济学批判只是其中之一，其特点是以唯物史观为方法论基础来展开对资产阶级政治经济学及资本主义政治经济过程的批判性解读。准确地把握这一理论的特点，不仅可以让我们深入地解读马克思资本批判理论的深层内涵，从而使我们找准在当代语境中发展马克思主义资本批判理论的学理路径，而且也能让我们明白在当代西方左派学术语境中流行的一些对马克思政治经济学批判理论的解读，未必真的是马克思理论的本质内容。搞清楚这一点，对于我们建构自己的马克思主义哲学阐释体系是很有必要的。

一

资本逻辑的最大问题是人与人的关系表现为物与物的关系，劳动者的劳动过程表现为资本的价值增殖过程。不同的学者对此处的"表现为"这三个字提出了不同的解释，并由此而建构出了不同的资本批判理论或者说政治经济学批判理论。国外学界有些学者把"表现为"解释为"不是"，即强调人与人之间的关系不是物与物之间的关系，并由此强调马克思政治经济学批判理论的核心是物化批判。从解读方法论的角度来看，它只是站到了简单交换关系的层面上，而没有站到科学的政治经济学批判理论所必需的资本的生产与再生产的理论层面上。这导致它只强调了人与人的关系不是物与物的关系，而没有回答为什么前者虽然不是后者、但在现实经济过程中却必然表现为后者。由此而可能带来的理论局限是：这种解读虽然致力于把主体的维度带入社会历史过程的分析之中，却没有避免只是把主观的维度带了进去。

也有些学者把"表现为"解读为"是"，即强调人与人的关系在资本主义条件下已经"是"物与物的关系了，劳动者的劳动过程在资本主义条件下已经"是"客体性的资本增殖过程了。

真正对这一问题提出原创性解读的是马克思。马克思没有在简单的形式层面上纠结于"是"还是"不是"，而是去深入地思考为什么在资本主义条件下人与人的关系会表现为物与物的关系，以及为什么劳动者的劳动过程会表现为资本本身的增殖过程。

对马克思来说，社会生活中没有孤立的事实，只有处于社会实践过程中的事实。而社会实践过程的本质内涵是生产力、生产关系的矛盾运动。也就是说，在马克思看来，人类社会的历史过程必须从生产力、生产关系矛盾运动的角度来加以正确的解读。由此出发，呈现的正是马克思在《〈政治经济学批判〉导言》中所说的从抽象上升到具体的科学方法论。作为"抽象"的劳动一般即劳动者的劳动过程，是整个私有制社会形态中都具有的。当它从这一层面上升到资本主义雇佣劳动这一"具体"层面时，所凸显出来的正是资本主义雇佣劳动这一本质上的资本增殖过程所蕴含的资本主义生产关系的独特的历史性特征。在这一意义上，马克思在分析"具体"时采用从"抽象"处绕一下的办法，并非只是为了凸显各社会形态中相同的东西，而且在于凸显"具体"的历史性差异的特征。当这些经济学家只是关注数量层面的交换关系时，他们势必不可能探究隐藏在数量关系背后的那种历史性的社会矛盾关系。由此，当我们说马克思是从资本主义生产关系内在矛盾的角度来解读人与人的关系表现为物与物的关系这种现象时，我们是想凸显马克思的如下思路：是资本主义生产关系，才使得人与人的关系表现为物与物的关系。

二

要准确地把握住马克思政治经济学批判的这种唯物史观基础不是件容易的事情。国外左派学界的不少马克思思想阐释者就做不到这一点。意大利的奈格里已经从资本的客体逻辑与阶级的主体逻辑之间的辩证关系的角度来展开论述，但遗憾的是他也没能跃升到生产关系之内在矛盾运动的层面来解读资本与阶级主体之间的相互关系。大多数从政治的视角切入对马克思政治经济学批判理论之研究的学者，都会采用与此相类似的解读思路，因为政治的解读视角比较偏重于工人主体对资本压榨或剥削的反抗，所以，这些学者一定会强调资本的客体逻辑不可能完全消解工人的斗争意识，而只有把客体性的资本增殖过程与主体性的工人斗争运动结合起来，才可能真正理解资本主义进程的总体性。

马克思的政治经济学批判理论研究的恰恰是工人运动的历史观基础，即资本主义经济过程的内在矛盾运动是如何为工人运动提供科学的理论支撑的。因此，我们在这一限定的研究视域中就应该着力去深化对资本的客体逻辑的研究，并把这项研究从经济学的层面上升到社会历史观的层面，从内在矛盾运动的视角去解读资本增殖过程所蕴含的资本关系之自我扬弃的历史必然性。这就是为什么马克思在《资本论》及其手稿中专注于政治经济学批判而较少谈到工人政治斗争的原因。

法国的雅克·比岱对马克思政治经济学批判理论的解读在此也值得一提。他不像奈格里那样把工人主体的阶级斗争的线索直接纳入对马克思政治经济学批判理论的解读，而是专注于对客体性的资本逻辑线索之复杂性的剖析。这使他在对资本关系的结构性特征的解读上明显比奈格里要全面一些。

马克思则是在资本主义生产关系的内在矛盾性这个维度上来把握生产关系概念的内涵的。对这种基于所有制关系的生产关系来说，组织权力的维度是内化在生产关系之具体的、历史性特征之中的。在马克思看来，从历史性生产关系的角度来解读的资本逻辑，其实就是包含着经济与政治的双重维度的。只不过马克思所讲的这种双重维度，是具体的、历史的经济及政治的维度，而不是在笼统的、一般的理论层面上来讲的。或者说，马克思透过具有内在矛盾的生产关系的解读视角所凸显的，是对资本主义生产过程的经济维度与政治维度的关注，而不是对一般意义上的这两重维度的重视。由此，我们可以看出，政治经济学批判的唯物史观基础的确使马克思具备了一般人所没有的理论深度。

三

政治经济学批判的唯物史观基础建立在对资本主义经济过程之特性的准

确把握上。如果不能搞清楚所要把握的对象之本质，那就别谈建构起对它的正确的批判理论了。譬如，当自由竞争的商业社会兴起的时候，当时的理论界对商业在广泛意义上（即经济发展与社会道德进步的综合评价意义上）的得失曾展开过激烈的争论。争论双方的关键在于能否看出新出现的资本主义商业社会与传统的重商主义社会的区别。看到这种区别的人（如亚当·斯密）就会承认商业社会在推动自由交换及新社会秩序建构上的进步作用；看不到这种区别的人往往会从重商主义者尔虞我诈的角度来建构起对资本主义商业过程之假象与谎言性的批判。当德国青年黑格尔派的赫斯在《论货币的本质》中说"在实践的意义上，小商人的世界是假象和谎言的世界"（赫斯，第159页）时，他所针对的其实只是德国式的资本主义商业社会，即资本主义商品关系还只是局限在较小范围内的那种商业社会，而不是商品关系已经普及化的英国式的资本主义商业社会。

赫斯从小就跟着他的父亲经商，但又痛恨经商。在搞清楚真正意义上的资本主义商品关系之社会历史本质之前，他就在空想社会主义思想的影响下展开了对商业社会的批判，其结果便是基于抽象人本主义的政治经济学批判理论。从政治经济学理论的维度来看，这种解读的关键在于没能认清劳动价值论的理论意义。

法国小资产阶级经济学家蒲鲁东明确地指出，资本主义剥削的根源在于资本家用欺骗的手段独占了劳动产品的所有权。蒲鲁东对这一问题开出的药方是劳动者除了工资之外还必须与雇主分享劳动产品。仔细分析便会发现，作为蒲鲁东解读对象的其实只是手工业资本主义，或者说还只是马克思所说的劳动对资本的形式上的从属，而不是劳动对资本的实际上的从属。把手工业资本主义当作资本主义经济过程的本质内涵，决定了蒲鲁东的政治经济学批判理论的方法论基础必然是形而上学的。

英国的李嘉图派社会主义者（如威廉·汤普逊、约翰·布雷等）从李嘉图的劳动价值论出发，他们的批判对象已经不局限于法权意义上的资本主义所有权，而是提升到了资本主义交换关系的层面。但是，他们毕竟还没有真正把握住资本主义经济过程的本质内容。导致这种状况的根本原因在于：这些思想家只是看到了劳资之间的交换与劳动价值论之间的矛盾性，但并不能理解这些矛盾。他们看不到这些矛盾其实道出了资本主义生产过程的本质矛盾，而不只是由于外在因素的干预而出现的偶然性的矛盾。从根本上说，他们在理论前提上与李嘉图等资产阶级古典经济学家一样，把社会劳动在资本主义阶段所表现出的历史的、特殊的形式当作了一般的、永恒的形式，从而只是致力于解构资本而不是消灭资本主义生产关系。

由此，我们应该清楚地看到，马克思唯物史观视域下的政治经济学批判，是一种社会历史过程的批判，而不是简单的物的批判或笼统的社会关系的批判。它所揭示的"批判"本身，是一种源于内在矛盾运动的历史过程本身的自我扬弃，而不是一种外在的、抽象的否定。对马克思来说，这是一种重要的方法论创新。在他眼里，资本绝非只是经济学上的物，而是包含着物、社会关系、基于内在矛盾的运动过程这三个层面之内涵的客观对象；资本运动所具有的意义也绝不只是经济学上的自我增殖，而是它所推动的社会内在矛盾的运动与发展，并由此而带来的社会历史观层面的自我扬弃。这是马克思从哲学的高度所指认的资本的真正本质，也是他超越资产阶级经济学家以及空想社会主义者的地方。更进一步，我们还应看到，这种解读视域中的政治经济学批判理论的核心在于探索批判对象即资本在现实社会历史过程中的内在矛盾运动规律，对资本的超越与扬弃都是建立在自觉地掌握与运用这种内在矛盾运动规律之基础上的。在我看来，这代表了马克思的政治经济学批判理论在解读视域、解读内容、解读之意义等方面对他同时代的政治经济学批判理论的真正超越。对这一点的强调，也是我们今天来研究政治经济学批判之唯物史观基础的学术意义之所在。

原载《哲学研究》2019年第7期，由丁颖根据原文压缩。

作者单位：南京大学哲学系

马克思政治经济学的哲学性质问题论纲

宫敬才

马克思政治经济学是博大精深的理论体系，自产生至今始终受到一些资产阶级学者的攻击和批判，却也让一代又一代有良知的学者心向往之。马克思政治经济学具有如此顽强、旺盛的生命力和学术魅力的原因有很多，其中有一个原因既重要又往往被忽略，这就是它的哲学性质。哲学性质所指称的内容是时代精神的精华，时代不变，它就会顽强地存在，发挥不可替代的理论功能。马克思政治经济学的哲学性质是一个提法，确立这一提法的前提是研究和回答如下问题：第一，政治经济学中必然包括哲学性内容吗？第二，马克思政治经济学中存在哲学性内容吗？第三，马克思政治经济学中的哲学性内容是什么？第四，马克思政治经济学与其中的哲学性内容是什么关系？

政治经济学作为一个学科而存在起始于亚当·斯密。在亚当·斯密古典政治经济学理论体系中，哲学与政治经济学密不可分地交织在一起，如下三类情况可资证明。一是直接的哲学性命题。如"奢侈都是公众的敌人，节俭都是社会的恩人"[①] 这一命题的伦理哲学性质，其中的教化倾向适应了当时英国工业革命刚起步急需资本积累的客观情势。二是哲学隐喻。亚当·斯密"看不见的手"揭示了市场经济运行的内在机制形象。三是用日常生活语言提出和论证政治经济学的人学前提。上述三类情况表明，哲学性内容客观存在于亚当·斯密的古典政治经济学中，发挥着内生变量的作用。

只要对马克思政治经济学文献有所顾涉就可发现，其中哲学与政治经济

---

① 〔英〕亚当·斯密：《国民财富的性质和原因的研究》（上卷），商务印书馆，1972，第314页。

学的联系太密切了。为了证明这一点，跟随马克思政治经济学的研究历程，我们举三个例证：例证一，马克思自1843年10月开始研究政治经济学。在《1844年经济学—哲学手稿》与《〈詹姆斯·穆勒政治经济学原理〉一书摘要》中，马克思揭示了劳动的异化性质，以人学观点为核心，揭露和批判了资产阶级经济学与资本主义经济制度弊端，符合劳动者的切身利益。例证二，1857年至1858年，马克思撰写了《政治经济学批判大纲》，准确地阐明了资本的概念。例证三，马克思在《资本论》第三卷分析了人类自由与自然必然性二者之间的辩证关系。上述三个例证出自马克思一生政治经济学研究的三个关键期，其中共性的东西是哲学与政治经济学的紧密交织。这充分证明：马克思政治经济学中客观地存在哲学性内容且是内生变量。

马克思政治经济学中存在哲学性内容的结论为我们确立了进一步研究的理论前提。现在需要研究和回答的问题是：这一哲学性内容的具体性指称对象是什么？由于马克思政治经济学中的哲学性内容极其丰富，从不同角度出发把握这一内容的指称对象就会有不同的结果，因此其哲学性内容具有多种存在形式。第一，随机角度。从这一角度出发理解问题就会发现，马克思政治经济学文献中存在大量与政治经济学紧密交织而又哲学意味十足的观点，例如劳动异化论、人学三段论、资本矛盾论。第二，自成体系角度。马克思政治经济学中的哲学性内容存在于政治经济学文献中，即便是存在于哲学文献如《德意志意识形态》中，也与政治经济学研究及其成果密不可分。也就是说，在标志马克思主义哲学形成的著作中，客观地存在政治经济学"基因"。第三，微观角度。从微观角度看待马克思政治经济学中的哲学性内容，其理论轮廓清晰可辨：对资产阶级经济学哲学基础的批判、政治经济学范畴中的哲学、政治经济命题中的哲学和政治经济学理论中的哲学。第四，元经济哲学角度。从这种角度看待马克思政治经济学中的元经济哲学内容，结果就会出现在我们面前：政治经济学逻辑前提论、经济哲学本体论、经济哲学方法论、经济哲学价值论和经济哲学历史观。

上文提及，哲学性逻辑前提是学科得以确立和存在的必要条件，没有逻辑前提的经济学并不存在。马克思政治经济学的逻辑前提是"完整的人"理论、劳动者创造世界论和劳动与所有权同一论。"完整的人"理论和劳动者创造世界论是马克思主义哲学中的常识，但劳动与所有权同一论往往被研究者所忽略。马克思把"劳动与所有权的同一"作为政治经济学的逻辑前提之一。相比于资产阶级经济学的逻辑前提之一即"私有财产神圣不可侵犯论"，劳动与所有权同一论更符合社会历史实际，为剩余价值理论的提出和确立提供了法哲学意义的逻辑前提。

马克思政治经济学的第二个元经济哲学就是经济哲学本体论，而政治经济学就是研究经济事实的学问。经济事实便是任何政治经济学要回答的首要问题。如果说资产阶级经济学的哲学本体是资本，那么，马克思政治经济学的哲学本体是劳动。马克思与资产阶级经济学的做法正相反对，要给劳动提供一切。由此说，劳动是马克思政治经济学的哲学本体。马克思对劳动的本体意义、社会历史地位和逻辑基础地位做了详尽的说明。首先，劳动的本体意义。劳动首先是人和自然之间的过程，是人以自身的活动来中介、调整和控制人和自然之间的物质变换的过程。其次是劳动在社会及其历史中的基础地位。最后是劳动的逻辑基础地位。上述三个方面的事实所确立起来的观点明证可鉴，马克思政治经济学的哲学本体非劳动莫属。由这样的观点继续延伸可知，马克思的哲学理论和社会历史理论，其哲学本体也为劳动。

马克思政治经济学的第三个元经济哲学就是经济哲学价值论。经济哲学价值论中的"价值"取哲学而非政治经济学意义，具体而言是价值立场意义的价值。马克思政治经济学中的价值立场在三个层面表现出来：首先是人类意义的价值立场。其次是劳动者的价值立场。最后是产业无产阶级的价值立场。马克思政治经济学中的价值立场是客观存在的事实，而且马克思的理论实践告诉我们价值立场是不会冲击政治经济学的科学性质的。在 19 世纪早期和中期，以无产阶级为代表的劳动者处于苦难深重的境地。后人用专有名词表征这种状况，即"曼彻斯特资本主义"。把他们苦难深重的事搞清楚和说明白，既是科学又是对道义责任的担当。马克思政治经济学做到了科学性与价值立场的完美统一。

通过马克思对方法论历史唯物主义的经典表述，可以得出方法论历史唯物主义理论是马克思政治经济学的有机组成部分。方法论历史唯物主义理论的另一种称谓是社会历史观，在与资产阶级政治经济学的比较中，可以发现马克思政治经济学的哲学性质在社会历史观问题中得到了明显表现。马克思所谈论的人不是空洞抽象的人，而是社会历史的人，是以劳动为本质的人，真正的指称对象是作为主体的劳动者。从这一角度看问题，马克思提出和谈论的是主题历史观，其针对的目标是资本主义条件下的劳动异化。主体历史观使马克思政治经济学具有人及其历史维度，概括地说，马克思政治经济学是人学经济学。

　　马克思对政治经济学方法问题的探讨和论述是一笔宝贵的精神财富，然而如此丰富的内容向后继研究者提出了挑战，即这些内容如何命名？例证表明，在马克思政治经济学方法的命名及其具体内容的认定上，观点较为分散，难以形成大家基本认可的一致意见。基于马克思政治经济学文献，我们在上述诸多提法后再添一种新提法：解剖典型。在马克思政治经济学语境中，解剖典型既是研究方法，又是叙述方法。

　　如上所述已证明了一个客观存在的事实：马克思政治经济学具有独树一帜的哲学性质。需要指出的是，马克思政治经济学中元经济哲学五个方面内容的际遇各不相同。尤应指出的是，解剖典型是否为马克思政治经济学方法、其指称内容是什么以及它在马克思政治经济学方法论体系中占有什么地位和发挥什么作用等问题，鲜有人提及和研究。

原载《河北学刊》2019 年第 3 期，收入本书时有改动。

作者单位：河北大学政法学院哲学系

丈量经济发展的思想尺度

——改革开放 40 年经济哲学演化图示

王　程

一　改革开放牵引经济哲学元问题的出场

改革开放以后，个人经济生活在市场化改革下开始萌动，一个个鲜活的经济生活体验与伟大的历史实践推动着中国现代性意识的自我觉醒，经济哲学在中国拥有了存在的现实依据与学术背景。

其一，思想解放与社会主义市场经济探索为经济哲学的启蒙打开了精神与物质的双重空间。其二，经济的繁荣与"学科的贫困"形成鲜明的反差，促使学科交叉融合，为经济哲学的诞生提供了学术褓褓。基于上述两大背景，中国的经济哲学研究在改革开放初期应运而生并显现出自身的特征，这些特征明显地体现在对"何为经济哲学"这个元问题的解答路径中，它主要关涉三个层面：首先，是对经济哲学本体层面的探究；其次，是围绕着经济哲学的本体论争论，经济哲学的方法论在当时也颇受人们关注；最后，涉及元问题的第三个层次是关于经济哲学的价值层面的研究。其实，经济哲学元问题争论的背后，反映的是改革开放初期人们在当时社会经济活动中的思想状态。首先，经济活动的不断丰富使人们萌发了对社会经济本质的探索兴趣，但是，在历史转折时期人们对于经济社会的认知态度却无法步调一致；其次，实践的发展推动学科板块的地震，作为在中国新兴的学科，经济哲学无论在经验质料还是学科支援方面获得的支持都尚未成熟，作为经济哲学元问题争论的背后，折射出诸多学科需要重新调整外延与内涵的迫切需求；最后，争论唤醒了经济学与哲学的联姻，争论本身所体现的正是改革伊始两大学科缺乏理解与互动的尴尬境遇，因此，争论将两个学科理论研究的"危机"展现在人们面前，通过争论，两大学科开始直接对话，携手寻求解决实际问题的"大智慧"，成为深度影响当代中国学术走向的历史事件。

二　社会主义市场经济体制的确立推动经济哲学打开范畴追问

首先是对货币范畴的深度反思。改革开放以来市场经济的发育，使中国社会必须直面货币这个问题，货币范畴本身包含了诸多需要中国理论界化解的难题，比如，社会主义与雇佣劳动的关系、社会主义市场经济条件下生产—交换—分配—消费的关系、社会主义制度下道德与利益的张力问题等，都需要对货币范畴加以反思才能获得进一步的理解。

从货币范畴向资本范畴的转换，是改革开放以来经济哲学研究视野的一次重要演进。其一，21世纪资本形态有了新的变化，金融资本的高度发达，使资本分割剩余价值的手段更为便捷与隐蔽，但是，资本追问剩余的秉性没有变，资本的内在否定性没有变、资本主体间性的相互竞争与对立没有变，《资本论》的逻辑预设与批判框架在当代仍有重要的指导意义。其二，社会主义与资本主义同属于人类社会第二形态，在社会主义市场经济体制下，需要资本在阳光下最优化运行，资本的发展是国家发展战略的重要助推器，以各类资本为纽带建立起的社会主义市场经济体系，是保障和发展社会主义制度的物质基础。其三，社会主义制度下对于资本的价值判断与资本主义制度相区别。资本主义制度以资本为主体，其手段与目的都是追求资本增殖的最大化，而社会主义制度的目的是追求人的发展的最大化，资本是这个目的的手段。其四，资本的二重性导致资本逻辑的负面效应在所难免，社会主义制度需要运用制度优势导控、规则资本的负面影响，不断强化资本的经济助推作用，弱化资本对人民利益和生态环境的侵犯。

由资本范畴转向财富范畴的研究，表明经济哲学的视野从"物"的文本逻辑向"人"的文本逻辑转变，对财富范畴的研讨表明经济哲学率先引出了人民财富论的观念，即社会主义财富观要和创造财富的主体——人民群众相挂钩，哲学的预见功能深刻启示了未来中国发展观念中的人民共享财富观。

但是，由于财富启动了私向化的概念，其生成与"剩余"和"占有"

密切相关，因而，经济正义成为当代经济哲学关注的重要范畴。经济正义的诉求恰恰反映了中国市场经济的发达，因为诉求本身显示出一种试图矫正市场经济消极后果的努力。尤其在市场起决定作用条件下，如何运用社会主义制度优势规制两极分化趋势的发展，实现社会主义制度追求平等的价值取向，需要经济哲学的智慧加以解答。

三　新时代的到来与经济哲学话语体系的创新

其一，在坚持马克思唯物史观方法论的指导下，吸纳中国传统哲学文化元素与西方最先进的学术成果，将当代中国叙事从"照着说"转变为"接着说"和"重新说"。首先，唯物史观作为科学的世界观和方法论，在新时代的经济哲学话语体系创新中必须起指导作用。唯物史观是彻底的唯物主义和彻底的辩证法。就唯物史观对经济哲学的指导意义而言，它体现为一种政治经济学批判精神，这种精神能够根据时代的变迁对问题意识、历史意识进行时空检验，从而引领经济哲学的前提、方法不断去伪存真，通过反思达到真理域。其次，新时代经济哲学的话语体系创新，必须注入民族精神。不可否认的是，长期以来，经济哲学的研究方法虽然有所创新，但是还没有完全摆脱西方传统形而上学的范式，所谓本体论、认识论、存在论、价值论等诸多视角，仍然是西方哲学所架构的话语体系，经济哲学话语体系的创新脱离了中华民族传统文化精髓，只会成为没有灵魂的空中楼阁，尤其在现代性二律背反凸显的社会，中国传统哲学是拯救"无可救药"的西方二元对立式思维的良方。中国经济哲学作为民族自省的一种方式，必须代表一个民族对自身的理解程度，因此，如何在唯物史观的指导下将中国古代哲学的精华融入经济哲学话语体系，是新时代经济哲学研究新的理论突破点。最后，正确对待西方最先进的理论成果。坚持唯物指导，弘扬中华传统文化精神，并不等于完全拒斥西方。21 世纪以来，以拉康、齐泽克为代表的后现代现象学、把"非理性"作为新论域的主流经济学都成为代表学术界最前沿的理论成果，值得经济哲学高度关注，正如马克思当年撰写《资本论》所运用的是 19 世纪最先进的哲学与经济学原理一样，新时代经济哲学话语体系的创新也必须整合运用当代最先进的智力资源，避免沉醉于幽静孤闭的自我直观中。

其二，根据时代的发展，对原有的范畴的外延与内涵加以拓展和深化并增加新的范畴研究。当社会历史条件发生转变时，对范畴的理解应跟随历史的变迁与时俱进地加以推进。一直以来，经济哲学研究以货币—资本—财富—经济正义为核心范畴，以社会主义市场经济为研究的实践场域，取得一系列丰富的成果。但如上文所述，新时代的物质生产方式与交往关系已经发生了改变，这些范畴本身所具有的外延与内涵已经发生了变化，与这些范畴相勾连的存在环境也在日新月异的变革中，因此，必须在原有范畴的研究中，融入新的范畴体系。笔者提出，在话语体系创新的过程中，应重点考察金融化、数字化、共享化这三个范畴的意义。首先，资本金融化虽然在20世纪初就已经开始，但是它在数字化的背景下又有了新的脱域形式，在这一背景下，资本—金融—数字化已经成为新的范畴链，需要新的话语体系加以解答；其次，由此带来的"金融内化""数字内化"，导致人类生命存在形式发生转变，资本主体的定位已处在异质多元化的维度，作为"单体"的个人，通过符号化的操作，可以使自己的生命在各种不确定性维度中找到获利的空间，人类如何在金融化、数字化的世界追求自由的定在，这是一个达致人类心智进化的精神现象学问题；最后，金融化、数字化所带来的财富范畴效应呈现出"共享化"特征，一方面，资本在追求剩余的过程中，通过共享的方式不断接力洗盘，创造新的寄生空间；另一方面，广大用户通过共享，感受到了财富效应的满足，那么，如何从制度安排上规制共享经济的负面效应，体现新时代以人民为主体的价值判断，激发人民在共享中的创造力，从经济理性上升到政治理性之后，再升华为人的自由理性，需要经济哲学进一步加以研究。

其三，经济哲学话语体系的创新，需要以鲜明的问题意识为导向。问题导向既是马克思主义的鲜明特征，又是哲学社会科学保持强大生命活力的根本途径，经济哲学话语体系的创新，本身就是为了回应时代问题而存在的，只有在解决时代重大问题中，才能达到对固有的理论范式和经济范畴摧陷廓清、全面升华的效果。在新时代条件下，资本与劳动的关系、公平与效率的关系、社会化与私向化的关系、市场经济与法的关系、中国发展与人类命运共同体的关系等一系列问题已呈现出新的变化。如何回应这些时代赋予理论工作的历史任务，要求我们把握时代脉搏、顺应时代要求、回应时代呼唤，使经济哲学的研究话语始终处于历史进步的前沿阵地中。

原载《天津大学学报》（社会科学版）2019年第3期，收入本书时有改动。

作者单位：安徽财经大学马克思主义学院

马克思的社会共同体思想
与唯物史观的内在统一性

吕世荣　张　晗

学术界对马克思的社会共同体思想做了很多探索，取得了众多成果，但也存在一些问题，如从思想史角度对马克思的社会共同体思想所实现的超越性变革研究不多，关于马克思的社会共同体思想与唯物史观的关系问题仍存在争议，等等。有学者提出，马克思的社会共同体思想仅仅是马克思创立唯物史观的"副产品"①；有学者认为，唯物史观服务于社会共同体思想，而不是社会共同体思想服务于唯物史观②。事实上，对这些问题的进一步探讨不仅是一个思想史问题，还是一个重要的理论课题。鉴于此，本文拟通过对马克思社会共同体思想的形成和历史演进过程的考察，分析马克思的社会共同体思想与西方传统哲学的社会共同体思想的区别，以论证马克思的社会共同体思想与唯物史观的内在统一性。

一　西方传统哲学的社会共同体思想及其局限

任何一种理论都非凭空创造的，都是在已有思想基础上产生的。马克思的社会共同体思想的形成与发展同样吸收和借鉴了先前人类思想的有益成果。因此，对西方思想史上先后出现的极具代表性的社会共同体思想进行系

---

① 秦龙：《马克思对"共同体"的探索》，《社会主义研究》2006 年第 3 期。
② 邵发军：《马克思的"共同体思想"与唯物史观的关系探讨——兼与〈马克思对"共同体"的探索〉一文商榷》，《社会主义研究》2009 年第 3 期。

统梳理，是揭示马克思社会共同体思想独特性的重要前提和基础。

历史上最早对社会共同体思想进行系统阐述的是柏拉图学派，他们从理性主义出发探讨社会共同体，认为社会共同体是依靠理性建构而成，以城邦为其主要表现形式。到了中世纪，用神或上帝的意志来解释社会共同体的神学观开始占据支配地位，人与神的关系代替人与人的关系，成为这一时期社会共同体思想的核心问题，宗教信仰代替善德成为共同体成员的联结纽带。人类社会发展到近代，在文艺复兴和宗教改革的影响下，人们逐步摆脱了上帝和宗教神学的精神束缚，个体主体性得到彰显。与此相关，社会共同体思想也将关注的焦点从上帝转移到人。以康德和黑格尔为代表的德国古典哲学家将对社会共同体问题的探讨由政治领域转向精神领域，他们用抽象的"人"代替现实的人，认为只要借助先验理性和绝对理念的运动就能实现理想共同体的建构。费尔巴哈力图恢复社会共同体思想的唯物主义权威，批判了神学共同体和先验理性共同体的抽象性与思辨性，主张构建一个"爱的共同体"。尽管费尔巴哈试图在人的问题上恢复唯物主义权威，也力图从现实中存在的人出发来实现它，但他仅仅诉诸感性直观，把人当作一种感性存在、一种类存在物，这仍然是一种抽象的自然人，因而就看不到人的感性活动对人的现实存在的决定作用。

尽管西方传统哲学对社会共同体的形成、存在做了许多有益探索，形成了古希腊追求善的城邦共同体思想、中世纪维护神学信仰的社会共同体思想以及近代以来以契约、理性和爱为联结纽带的社会共同体思想，但从总体上看，他们对人、社会共同体、人和社会共同体的关系等的理解并未摆脱唯心史观的束缚。这些思想家或者是从抽象的德性、信仰、理性和绝对精神出发，将人看作抽象的存在物；或者试图在人的问题上恢复唯物主义权威，但只是从纯客体的角度去理解人，把人看作当下既定的存在物，同样也否定了人的社会性和历史性。对人的抽象认识必将造成对社会共同体的抽象理解，马克思之前的思想家都没有找到社会共同体存在的根基，要么抹杀了社会共同体的客观实在性，要么回避了社会共同体变化和发展的可能性。这既为马克思的社会共同体思想的形成提供了思想资源，也对马克思创立科学的社会共同体思想提出了问题和挑战。

二 马克思社会共同体思想的形成过程及其与唯物史观的内在统一性

马克思的社会共同体思想与西方传统哲学的社会共同体思想之间的差

异，首先体现在其形成过程中。对这一过程进行考察，同样也是对马克思的社会共同体思想与唯物史观的内在统一性的揭示。据此我们将看到，无论是把马克思的社会共同体思想看作唯物史观形成的"副产品"，还是将唯物史观看作为社会共同体服务的思想，都是对二者关系的片面理解，没能真正领会马克思社会共同体思想的哲学本质。

1. 马克思世界观的转变为其社会共同体思想提供了思想基础

从《博士论文》到《德法年鉴》时期，马克思已经看透了旧哲学的困境，并对之进行了清算，实现了自身世界观的转变，从根基处消解了西方传统哲学的抽象性，将对人和社会共同体的认识奠定在现实的物质实践活动基础上。

2. 马克思历史观的演进是其社会共同体思想形成的内在根据

世界观的变革会进一步引发历史观的变革。马克思立足于现实个人的物质生产实践活动，逐步破解了"历史之谜"，创立了唯物史观，并在此基础上揭示出社会共同体的历史发展规律，从根本上实现了对西方传统哲学社会共同体思想的超越。

3. 唯物史观的完善与马克思的社会共同体思想的丰富

唯物史观创立后，马克思继续展开对资本主义"虚幻的共同体"和"抽象的共同体"的批判。这一过程既丰富了马克思的社会共同体思想，又进一步完善与发展了唯物史观。

历史地考察马克思社会共同体思想的形成过程不难发现，它与唯物史观的创立和发展过程内在统一。现实的个人不仅是马克思社会共同体思想超越西方社会共同体思想形成的基础，同样是马克思唯物史观确立的基础。马克思以现实的个人及其实践活动为历史的起点和动力，将人的本质规定为一切社会关系的总和，从社会性和历史性两个维度来定义人的本质，最终实现了人的本质观的革命。与此相适应，马克思将社会共同体看作人在特定阶段的存在方式，认为其必将伴随着社会物质生产关系的发展而呈现出历史性的特征。马克思从物质生产实践出发，探讨了人类社会共同体的发展规律，力求实现人的自由全面发展和自由人联合体，进一步揭示了社会共同体的发展方向。

三　马克思对社会共同体历史演进过程的揭示及其与唯物史观的内在统一性

在马克思看来，社会共同体作为特定阶段人类生存和发展的基本方式，会随着人类实践活动的展开而历史地生成。无论社会共同体在特定的历史阶段以哪一种形式存在，都是人类生存和发展的社会形态。唯物史观从生产力与生产关系、经济基础与上层建筑的矛盾运动角度研究人类社会历史的发展规律。生产力是指人类在特定阶段影响和改造自然以获取自己所需生活资料的能力。生产关系是人类在生产力发展特定阶段形成的财产占有和分配关系，具体表现为特定阶段上人们结成的物质利益关系。这种物质利益关系是马克思考察不同时代共同体的基础和根据，也是其考察人与人之间关系的基础。随着生产力的发展，人们的劳动方式发生变化，与此相适应，人们的利益实现方式也发生变化，社会共同体的发展因此就呈现出四个不同阶段：以必要劳动为基础、以血缘关系为纽带的原始自然共同体——以自然形式的剩余劳动为基础、以人身依附关系为纽带的社会共同体——以价值形式的剩余劳动为基础、以人对物的依附关系为纽带的社会共同体——以个人自由活动为主体、以自由时间进行劳动的"自由人联合体"。

可以说，在马克思那里，并不存在抽象的、一般的社会共同体。社会共同体的存在形式由人们实际所处的生产力发展阶段和分工发展水平所决定，并有特定的生产关系，即不同的财产占有和分配方式与之相适应。共同体伴随着物质生产活动的发展而不断发展，并在这种发展中以不同的形式塑造着共同体成员之间的关系。通过对不同共同体形式下个体与共同体的关系的考察，马克思揭示出社会共同体的历史演进规律，进一步论证了资本主义共同体必将被"自由人联合体"超越的历史命运，而这正是唯物史观的逻辑旨归。

四　马克思社会共同体思想的变革意蕴及其与唯物史观的内在统一性

马克思的社会共同体思想立足于唯物史观的高度，实现了对西方传统社会共同体思想的超越。这种超越性主要体现在以下几个方面。

首先，在社会共同体的产生前提和存在基础上，马克思从现实的个人出发，用现实的物质生产实践取代了西方传统哲学社会共同体思想的德性、信仰、先验理性等抽象物，消解了旧哲学把人虚无化的逻辑陷阱。

其次，在社会共同体的发展方向上，西方传统哲学以一种静态的方式对社会共同体进行考察，并为自身所在的社会共同体寻找合理依据，它既看不到人的本质会随着生产力的发展而发展，也看不到社会共同体会随着劳动方式的转变呈现出不同的发展状态。在马克思那里，社会共同体不是一种实体存在，而是基于实践基础上的社会关系的集合体，即在生产力基础上结成的人与自然的关系和人与人的关系，随着人类实践活动的展开历史地生成。

最后，在社会共同体与个人的关系上，西方传统哲学的社会共同体思想局限于形而上学思维方式，先验地割裂了二者的联系，看不到个人与共同体的相互规定和相互生成，他们要么从整体主义出发，以共同体的整体价值取消个体价值，要么从抽象的个人出发，将共同体看作保护个人权利、实现个人目的的工具。这样既看不到个人不能脱离共同体而存在，社会性是人的根本属性，也看不到共同体是由个人构成的，脱离现实的个人的共同体就成了无根之物。而在马克思那里，社会共同体既不是由抽象的个人组成的，也不是脱离个人的抽象存在，它是特定阶段人类生存和发展的基本方式，个体在社会共同体中获得自身发展的条件，这些条件又促进人类以共同体的形式不断向前发展，物质利益关系代替了西方传统哲学的至善、宗教、契约等，成为共同体成员之间的联结纽带。

综上，在马克思之前，西方思想家考察社会共同体是从抽象的人性论出发，局限于唯心史观和形而上学思维方式，脱离人的物质生产实践和社会关系，形成的各种共同体思想，割裂了个体与共同体之间的联系。马克思则是从现实的个人出发，以生产力发展水平为根据，以利益关系的存在状态为基础，从历史生成的视野来探求人类社会共同体的存在和发展。马克思的社会共同体思想既实现了对西方传统哲学的社会共同体思想的超越，又实现了与唯物史观的内在统一性。这种统一性，既体现在马克思社会共同体思想的形成过程中和他关于社会共同体演进过程的思想观点上，也体现在马克思的社会共同体思想超越西方传统社会共同体思想的理论基础上。如果把二者割裂开来，既不能科学地理解马克思的社会共同体思想，也不能完整地理解唯物史观的科学性。

原载《郑州轻工业学院学报》（社会科学版）2019 年第 4 期，收入本书时有改动。

作者单位：河南大学哲学与公共管理学院

《德意志意识形态》与马克思哲学中生产逻辑的确立

仰海峰

通向《德意志意识形态》的思想之途

如果以《关于费尔巴哈的提纲》和《德意志意识形态》为界，1845 年前青年马克思思想发展过程大致可以划分为两个重要的阶段：一是《博士论文》和《莱茵报》时期，受鲍威尔自我意识思想的影响，从理性的自我意识出发面对理论与现实问题。二是从 1843 年夏到 1845 年或 1846 年时期，这也是马克思哲学思想发生急剧变革的时期。在这个阶段，马克思和黑格尔、费尔巴哈及青年黑格尔派人员的关系较为复杂。

在《黑格尔法哲学批判》以及随后的《论犹太人问题》《黑格尔法哲学批判导言》中，马克思以费尔巴哈的"类本质"思想为基础，以人的解放为理论指向，对市民社会中人的异化状态展开批判。《黑格尔法哲学批判》强调，是市民社会决定国家，而不是后者决定前者。政治国家是从家庭与市民社会中产生出来的，需要以费尔巴哈的方式重新颠倒过来。马克思认为，市民社会是一个利己主义的战场，从费尔巴哈的人本学出发，市民社会是人的类本质发生异化的场所。将人从这种异化状态中解放出来，成为马克思此时的理论指向。

《1844 年经济学—哲学手稿》是马克思第一次将哲学、政治经济学批判与各种共产主义思潮批判融为一体的理论尝试。虽然从哲学基础来说，马克思强调费尔巴哈的奠基性作用，但马克思从来没有成为费尔巴哈主义者。在

第一章中，虽然马克思以费尔巴哈的类本质作为自己论述的价值指向，但马克思以异化劳动理论作为逻辑的构架，从而将费尔巴哈式的人本学批判引向了市民社会的异化劳动批判，这是哲学与经济学的重要结合点，也是论述人的解放的新的内涵。不过，这一逻辑建立在人本学的"应该"基础上，并没有超越康德意义上的伦理学的设定。

在《神圣家族》中，马克思恩格斯对鲍威尔的哲学批判则体现出他们历史理解的重要进展。在这个批判中，他们一方面揭示思辨哲学的逻辑结构，另一方面则试图揭示思辨哲学的社会基础。

在《评弗雷德里希·李斯特的著作〈政治经济学的国民体系〉》中，虽然马克思在思想总体逻辑上还处于人本学的影响下，但他从工业实践与人的解放视角出发，提出了要消灭劳动的主张，《1844年经济学—哲学手稿》中的异化劳动理论被消灭劳动的理论所取代，工业的历史意义开始得到现实的审视。

可见，马克思、恩格斯在不断批判费尔巴哈、鲍威尔，并力图在理论前提上与他们区别开来。马克思、恩格斯写作《德意志意识形态》，一方面批判地考察了德国的思想界，另一方面也转变了自己的哲学基础。在这部著作中，马克思打破了从思想观念出发的思辨哲学的思考方式，形成了从生产逻辑出发的理论逻辑。

一　《德意志意识形态》与生产逻辑的理论构架

《德意志意识形态》的内容，从总体上可以划分为两个层面：一是对社会现实的哲学分析，这是马克思跳出近代以来理性中心论之后加以讨论的问题；二是在社会历史现实的基础上去理解理性的内容及其逻辑。马克思在强调理性具有相对自律性的同时，更强调揭示理性与社会历史的内在关系，特别是两者之间的内在同构关系。

在《德意志意识形态》中，马克思生产逻辑的理论构架主要体现在以下方面。

第一，确立了物质生产在历史唯物主义中的基础性地位。物质生活资料的生产与再生产是人类社会存在的永恒前提，生产逻辑构成了历史唯物主义的理论起点，只有在生产逻辑的基础上，我们才能真正理解社会存在的形成与发展过程，理解市民社会、国家及意识形态问题。马克思将物质生产确立为社会历史的基础，从而打破了过去哲学从理性出发、将社会历史看作理性注脚的观念，实现了历史观的变革。

第二，社会存在决定社会意识。《德意志意识形态》打破了传统哲学理性自律的神话，将意识、思想奠定于以物质生产为基础的社会存在上。这也意味着，哲学批判不仅要实现一种逻辑批判，而且要将这种逻辑意义上的理性批判变成来自社会历史生活的批判，这正是马克思、恩格斯超越青年黑格尔派及费尔巴哈的地方。

第三，意识形态的颠倒性源自社会生活本身的颠倒性。如果人们的意识与现实的关系是颠倒的，那么这种颠倒性的根源来自社会生活本身的颠倒和错位。只有存在社会生活本身的颠倒性，才会产生青年黑格尔派关于人的"异化"与人的"类"本质的设定。因此，人的"异化"就不能通过在思想中消除"异化"观念来消除。

第四，一切历史冲突都源于生产力与交往关系之间的矛盾。马克思、恩格斯结合所有制发展的形式、现代世界的形成等分析来揭示这一矛盾的具体形态。现代生产力的发展，在催生出市民社会的同时，也带来了传统家庭和共同体的解体，而现代社会的交往形式与生产力发展之间的矛盾，只有在未来的共同体中才能得到解决。马克思、恩格斯也正是在这个意义上认为，资本主义虽然带来了罪恶的后果，但从促进生产力发展的角度来说，它仍然具有社会历史的合理性。

第五，生产力的高度发展是未来共产主义社会的物质基础。马克思、恩格斯认为，共产主义只有在世界范围内同时发生行动，才是可能的，生产力的普遍发展是共产主义的前提条件。马克思、恩格斯的这些论述，揭示了历史唯物主义的基本理念与科学社会主义之间的内在关系，展现出与当时德国流行的"真正的社会主义"的重要理论分歧。

第六，分工与社会批判理论的新探索。一方面，马克思、恩格斯以分工与生产力的发展为基础来解释社会历史结构的内在关系和社会历史发展的进程。在此基础上，马克思结合分工的发展过程，进一步讨论了城市的形成、行会的产生、资本在城市中的自然形成、商业的发展、工场手工业的产生，以及工场手工业如何催生出现代资本主义社会，形成了阶级对立。另一方面，马克思、恩格斯把分工看作私有制的另一种形式，并以分工为基础展开对所处社会的批判。首先，分工带来社会不平等。其次，分工使劳动成为一种分离的形式。最后，当社会结构及人的整体性与分工相对立时，分工形成的社会力量就会成为外在于个人的异己力量，人的活动变成了异己的、强制性的活动。正是出于对这种异化的痛恨，马克思提出要消灭劳动，并以未来共同体中人的自主活动来代替当前社会中的异化劳动。与分工相对立的是"自主活动"，这是《德意志意识形态》中一个重要的概念。这种"自主活动"也是以生产力的发展为基础的。相比人本学的异化批判理论，科学的社会批判理论建立在新的理论基础上。

第七，共产主义是改变现实的革命运动。马克思指出，费尔巴哈把共产主义变成人的谓词，从而将共产主义变为一个空洞的范畴。生产力高度发展是共产主义的物质前提，也是实现自主活动的现实前提。只有占有发展了的生产力的总和，人们才可能实现真正的自主活动。但是，这种占有只有通过无产阶级的联合才能实现；在私有制占主导地位的历史情境中，这种占有只有通过革命才能实现。由此可看出马克思所说的共产主义与当时德国流行的"真正的社会主义"的根本区别。

二　《德意志意识形态》与马克思哲学的再定位

对于《德意志意识形态》在马克思、恩格斯思想发展过程中的地位，国内外学术界有一些基本的共识，即大多强调马克思、恩格斯在这本著作中实现了哲学变革，即将哲学从理性思辨中解放出来，创立了成熟的历史唯物主义理论，为共产主义提供了科学的哲学基础。再将历史唯物主义运用于经济分析上，《资本论》则是重要的理论成果。从最近的研究来看，将《资本论》看作《德意志意识形态》中历史唯物主义原理推广应用的结果这一论断得到重新审视，这也意味着，《德意志意识形态》的地位也需要再思考。

在《德意志意识形态》中，马克思确立了以物质生产为基础的历史唯物主义基本原则，对社会历史发展过程进行了科学的论述。与过去哲学将社会历史看作理性的外在化不同，马克思在思想史上第一次从物质生产出发来解释社会历史的存在与发展过程。马克思的这些解释带有一般人类学的意义，即强调对人类历史的一般解释维度。但这并不意味着，这样的解释可以直接运用于资本主义社会。实际上，仅从物质生产出发是无法解释资本主义社会的经济过程的。这样的物质生产概念在李嘉图派社会主义者那里已经存在。这意味着，从一般的物质生产出发，并不能实现对资本逻辑的批判分析。

　　继《德意志意识形态》描述了一般物质生产理论之后，在《致安年科夫的信》和《哲学的贫困》中，马克思批判蒲鲁东最大的错误就是将现存的社会看作永恒的、超历史的社会。对于马克思来说，需要讨论的不是一般意义上的物质生产，而是资本主义社会的物质生产，即一种历史性的物质生产。在这种物质生产中，支配性的不是一般的物质生产要素或生产主体，而是资本；不是从一般物质生产逻辑出发来说明资本的本性，而是要从资本逻辑出发来说明资本主义的物质生产。这是一种重要的逻辑转换，即从生产逻辑向资本逻辑的转换。在这个转换中，马克思扬弃了蕴含于生产逻辑中的劳动本体论，走向了资本逻辑结构化理论，这是《资本论》哲学的核心理念。

　　原载《江苏社会科学》2019年第3期，收入本书时有改动。

作者单位：北京大学哲学系

《克罗茨纳赫笔记》的历史学研究
及其思想史意义

邓安琪　卜祥记

完成于 1843 年 7 ~ 8 月的《克罗茨纳赫笔记》（以下简称《笔记》），是马克思早期思想发展过程中一个重要的历史学文本。这一以法国大革命为中心的历史学研究具有其必然的思想导因。

一　历史学研究中的哲学政治学话语

《笔记》这一历史学研究文本共确定为 5 册，内容非常丰富。在时间序列方面，它跨越了从公元前 6 世纪到 19 世纪 30 年代近 2500 年的长度；在地理空间方面，它辐射了对包括法国、英国、德国、瑞典、波兰等欧洲主要国家封建社会历史的考察；在文本直接显现的研究形式上，《笔记》则主要是关于这些历史学研究的文本摘录和少量的评述，马克思本人直接的观点和见解则相对较少。然而，笔记自身内容的庞杂性和主观表达的隐匿性并不是说马克思此时的研究是混乱无序的，相反，通过摘录的内容以及添加的"主题索引"和小标题可以知道，马克思对笔记做了专门的思考和整理。从《笔记》全貌来看，其考察的历史序列是较为明晰的。《笔记》中的历史研究已表露出马克思思想中关于历史谱系和分阶的总体架构。更为重要的是，在笔记整理的逐步深入中，马克思的这一架构和意识依循的是他不断发现的如下核心观念：财产所有制或私有财产状况的变化是包括政治活动、国家形式等社会历史结构发生变动的基础。

《笔记》中的第 4 册是整个文本中最值得关注的一部分，因为在这里，马克思几乎直白地道出了之后其思想发展中历史研究的基本原则。更重要的是，这一原则蕴含了马克思哲学基本立场的转变。实际上，马克思此时正发生着对黑格尔思辨理性哲学的深刻质疑。这代表马克思确认了历史沿革和社会形态转变的最基本原则，即物质利益形式决定了国家和法的形式，社会现实状况决定了观念的状况。这已不仅仅是单纯的历史叙事，它深刻地蕴含着马克思对新的哲学基本立场的确认。在马克思看来，黑格尔的问题在于倒置了国家观念和国家存在的关系，革命过程的不断变化决定了宪法这一国家观念的代表发生变化，历史现实否定了黑格尔的国家认识，表现出与之截然相反的历史特点。这一结论促使马克思在思想深层发生方向性的变化。也就是说，马克思在这里通过对社会物质现实原则的把握，相对鲜明地跳出了黑格尔式思辨理性的唯心主义原则。当然，马克思这一哲学立场的转变携带着费尔巴哈哲学的因子，特别是受到费尔巴哈式的主谓颠倒方法的影响，这种转变的理论效应则在《黑格尔法哲学批判》中不断显露出来。

《笔记》第1册，马克思摘录了格·亨利希的《法国历史》一书，主要关注了法国封建统治下议会的形成和发展，同时对司法制度、贵族制度、战争变动和国家机构等问题进行了研读。需要提及的是，马克思在这里察觉到了军事制度与财产制度之间的关系问题，并发现了市民阶层的兴起与不断扩大的工业和贸易在封建制度的衰落和近代资产阶级形成的过程中起到的作用。可以说，马克思在这里已逐渐认识到市民社会与政治国家之间的关系问题，但尚未有深入思考。在《笔记》的第2册，马克思已明显察觉到私有财产问题的顽固性，并就私有财产与政治制度的联系进行了评注。首先，马克思发现了"第三等级"这一现代社会形成和发展的主力军。同时，马克思察觉到如此历史实情：第三等级在打碎了教会的财产后却丝毫不动摇其个体的私有财产。第三等级本身要打破封建政权的压制，其中的主要力量——新兴资产阶级用"自由、平等、博爱"打开了发展资本主义经济的空间。然而，资产阶级在实现了政权的变革之后，却表现出维护其自身利益的狭隘性，广大人民的利益被忽视，新的剥削代替了旧的剥削。对第三等级的这一认识自然会影响马克思先前在政治立场上确立的民主主义思想，因为在他原来的政治理想视域中，民主主义革命的目的并不是重新确立私有制。这一认识在《笔记》的其他地方进一步得到了确认。马克思发现：资产阶级议会仅仅是其本阶级利益的代表而并不顾及广大人民的利益，马克思看到了资产阶级的阶级目的及其统治形式的欺骗性。

可以看出，当马克思因眼前的社会现实状况感到困惑不解，从而从理性国家观中"抽象个人"的自由理性的目标转向对"现实个人"的直接物质利益关注的时候，他已经逐步认识到，黑格尔所理解的理性国家中的"个人"，不管是国王、资产者还是公民，都是以特殊利益为目标的抽象个人，即都是"私人"，只不过他们都穿上了现实普遍性的外衣。也正是此时，马克思原来那种革命民主主义政治立场出现了裂缝。在《笔记》的第 5 册，马克思考察了默瑟尔《爱国主义的幻想》中由于所有制不同而产生的关于自由的不同规定，并直接表达了如此观念：自由是一个相对的概念。这表明马克思此时已经把自由放在历史中来看待，自由的内在规定性伴随着不同社会制度的历史沿革而发生变化。正是在这里，我们再一次发现，马克思原先追求的民主主义的自由政治立场实际上发生了动摇。因为马克思在真实的历史情境中不断发现，资产阶级实际诉求的政治局面不是如他宣扬的那样。这一政治立场的内在转变构成了马克思思考人类社会未来理想制度的理论起点，并进而为其社会批判和共产主义理论奠定了最初的理论空间。

二　马克思第一次思想转变的关键文本

马克思并非天生的历史唯物主义者，同一切人类思想史上的理论学说一样，其思想的成熟过程同样与他经历的社会现实条件及其进入前人思想的广度和深度相伴随。学界通常认为，马克思在自身哲学思想发展的历程中有两次重大的转变，其中第一次转变就是从黑格尔思辨理性的唯心主义转向一般唯物主义、从革命民主主义转向共产主义。我们认为，正是在马克思的第一次思想转变进程中，《笔记》的历史学研究成为一个关键的逻辑环节。

《笔记》在丰富的史料基础上进行各国历史的比较，进而在历史比较中找到历史进程的一般趋势或规律。马克思正是在得到关于历史规律的认识这一基础上，才得以实现向唯物主义哲学立场的转变。当马克思遭遇到真切的社会"物质利益"问题时，理性主义的哲学原则便开始受到质疑。当马克思在克罗茨纳赫进行丰富庞大的历史学研究时，实际上他是在完成一种哲学唯物主义的推动。正是由于在《笔记》中对欧洲国家的"政治—历史"进行了研究，马克思才能够在《黑格尔法哲学批判》中表现出与黑格尔相异的哲学立场，表达出与青年黑格尔派不同的政治话语。

哲学立场转变的一个重要结果就是政治立场的转变。同样是在《克罗茨纳赫笔记》的历史学研究中，马克思更为明显地发觉资产阶级利益的狭隘性和欺骗性。在对历史更迭规律的不断探索中，马克思开始认识到资产阶级的统治形式并不是完美的政治形式，资产阶级的民主主义革命理想并不是完美的社会理想，因为它与以往的统治形式一样都是跟着特定的阶级利益在跑，并不能解决最广大人民的生活状况。在真切的历史发展研究中产生的这一对资产阶级真实面相的认识，进一步推动了马克思当时接触到的共产主义思想的发展。

同时，《笔记》也表明，马克思这一哲学思想的转变并非简单的是受费尔巴哈哲学影响的结果。马克思只有通过自己的研究以及对现实政治斗争的反思，自主地实现对黑格尔哲学的质疑，费尔巴哈才以同样对黑格尔思辨哲学批判的形象真正进入马克思的理论视野。一方面，马克思从费尔巴哈的主谓颠倒方法出发进行《笔记》的历史研究，这一方法促使马克思回归到历史研究中来确证自己的思想成果；另一方面，马克思在写作《笔记》的过程中发现了所有制与国家和法的真实关系，从而将费尔巴哈主谓颠倒方法引入社会历史领域，把费尔巴哈的实体性"物"解释为私有制，即一种社会经济关系，逐渐接近了历史唯物主义。这意味着，在某些局部环节上，马克思也已经初步意识到他与费尔巴哈的理论界限。

原载《武汉大学学报》（哲学社会科学版）2019 年第 6 期，收入本书时有改动。

作者单位：上海财经大学人文学院

政治经济学批判视域中的"恩格斯问题"

孙乐强

随着 MEGA 第二部分即《资本论》及其手稿部分的公开出版，马克思恩格斯关系问题也获得了新的发展。如果说以前的研究在某种程度上主要局限于哲学领域，那么，到了当代西方学者这里，这种关系则被延伸到《资本论》和政治经济学批判领域。在他们看来，马克思恩格斯不仅在哲学原则上是对立的，在整个政治经济学批判方法和《资本论》问题上也是对立的。这些研究打着"价值中立"的旗号，以文献考证方法为支撑，力图再现马克思恩格斯之间的思想差异，表面上看似客观，实际上却带有明显的解构主义倾向，是一种脱离思想史研究的文献拜物教。我们必须从马克思主义发展史和工人运动实践的高度，实事求是地看待恩格斯的编辑工作，那种戴着"有色眼镜"或原罪推定的心态，故意制造马克思恩格斯对立论的做法，在理论上不仅是错误的，在政治上也是完全反动的。

一 《资本论》的文献学研究："恩格斯问题"的新进展新形态

西方学者将马克思与恩格斯在哲学领域中的对立进一步拓展到政治经济学领域，重新制造出马克思恩格斯对立论或差异论的新形态，主要表现在三个方面。首先是在《资本论》问题上的彻底对立。海因里希认为我们今天看到的《资本论》三卷书中没有一卷是以马克思本人提供的方式出现的，都是由恩格斯定型的。三卷本的《资本论》定稿是以不同时期的不同文本为基础编辑而成的，恩格斯在编辑时忽视了马克思对一些问题的认识的变化。这些编辑已经改变了马克思思想的原意，使《资本论》成为经恩格斯中介过的"马克思思想"。其次是在政治经济学批判起点和方法论上的对立。主要表现在关于《资本论》开端的不同理解、《资本论》第一卷与恩格斯编辑的第三卷之间的矛盾、关于价值和价值规律理解上的对立、政治经济学批判方法上的对立这几个方面。最后是马克思恩格斯差异论的新形态。在关于必然王国和自由王国的理解上，当代西方学者认为恩格斯是根据规律的作用方式来划分必然王国和自由王国的，马克思则是根据劳动的作用方式来划分的。在关于危机、信用和一般利润率下降规律的理解上，一些学者认为恩格斯在编辑这部分内容时改变了马克思的原意。面对这些观点，如何基于中国立场系统回应当代西方学者制造的新对立论就显得尤为重要。

二 如何正确看待学园版 MEGA 及其编辑原则

当代西方学者在《资本论》第二、三卷问题上所制造出来的对立论，都是以学园版 MEGA 为文献依据的，因此要真正回应当代西方学者对恩格斯的指责首先要批判性地反思学园版 MEGA 及其编辑原则。学园版 MEGA 对《资本论》第二、三卷的还原就是以去意识形态化、去政治化为指导思想的，主张以价值中立的方式来重新编辑历史考证版全集，但我们绝不能以此为由，将这种编辑原则当成我国马克思主义研究的方法论原则。首先，学园版 MEGA 带有鲜明的解构主义倾向，在某种程度上会消解马克思主义的合法性。马克思主义不仅是一种科学，而且也包含了非常明确的政治导向和实践旨趣，决不能将马克思主义文献还原为一种单纯的知识体系。因此在编辑马克思主义文献时，必须正确处理好学术性与意识形态、理论与实践之间的辩证关系。其次，学园版 MEGA 的"一视同仁"原则，过分夸大了非定稿文本的历史价值，容易导致"马克思反对马克思"或"恩格斯反对马克思"的神话。最后，学园版 MEGA 在逻辑上是一种典型的"客观马克思"崇拜。学园版 MEGA 主张去除意识形态的影响，以价值中立为指导思想，力图原生态地再现马克思恩格斯的笔记、手稿和定稿过程。但这一思路实际上隐含着一个重要的逻辑前提，即过去呈现出来的马克思形象完全是意识形态建构的结果，并不是马克思原生态的客观形象。但是问题在于经过他们编辑后的原始手稿就真的是原始状态吗？在笔者看来，这本身就是一种脱离思想史的"原罪"推定。因此可以得出结论：不能因为强调哲学的政治导向和党性原则，就对原始文本作随意的调整、修改和删减；同样，也决不能因为强调文本的原始状态和"本真性"，就有意无意地消解马克思主义的基本立场、观点和方法，更不能依据学园版 MEGA 的编辑原则，来彻底否定《德意志意识形态》和《资本论》的合法性，由此制造马克思恩格斯在整个《资本论》问题上的彻底对立。

三 如何看待恩格斯的编辑和修改

关于《资本论》第二卷和第三卷的编辑原则及过程，恩格斯在每卷的序言中都做了详细的说明，我们应当以何种态度看待这些编辑或修改过程呢？首先，必须从马克思主义的政治高度来看待恩格斯的编辑工作。作为"工人阶级的圣经"，《资本论》一开始就不是一部纯学术著作，它包含着鲜明的政治导向和实践旨趣。恩格斯完成了马克思生前所没有完成的《资本论》第二、三卷的撰写出版工作，为工人阶级斗争提供了最为直接的理论依据。因此绝不能抛开国际工人运动实践、马克思主义传播发展史以及马克思恩格斯的政治旨趣，单纯从纯文本或文献考证的角度来看待恩格斯的编辑工作。那种力图通过马克思原稿与恩格斯编辑稿的对比分析来解构《资本论》的做法，本身就抹杀了这种编辑背后的政治导向，将其还原为一种单纯的文字工作，这本身就是一种历史虚无主义和政治解构主义，必须坚决抵制。其次，必须具体地、历史地看待恩格斯的编辑工作。恩格斯将手稿整理成内在连贯的、尽可能完整的著作，本身是符合马克思的遗愿的。作为其遗愿的执行人，恩格斯的主要任务是把马克思在当时情况下所形成的历史的、具体的思想完整地、真实地再现出来，而不是把那些马克思想写却没有完成的思想"撰写"出来。恩格斯不可能像 MEGA 那样原封不动地把马克思的原始手稿再现出来，这既不符合马克思的本意，也不符合马克思主义和工人运动的实践需要，而是尽可能在尊重马克思原意的前提下，对原始手稿进行适当的编辑和整理，使之成为内在一贯的完整著作，这种编辑和修订不论在当时还是现在看来都是必要的、必需的。最后，必须科学地、准确地看待马克思恩格斯之间的思想差异。作为两个不同主体，马克思恩格斯的思想不可能完全一致，更不可能完全一样。因此在编辑《资本论》的过程中，恩格斯对相关问题的理解略不同于马克思也纯属正常，关键是我们如何看待这些差异。我们必须区分以下几种情况。①客观存在的思想差异。如关于《资本论》第一卷"商品"章的理解、关于自由王国和必然王国的划分标准存在差异。②为了完善马克思的理论、恩格斯所做的一些必要性修改，最为典型的就是危机、金融资本、信用和利润率部分。据恩格斯的论述可知，马克思原稿本身就比较混乱，这种修改是出于对文本的完善，编辑后的定稿也只是一种修改方案，若以此为由来制造马克思恩格斯之间的新对立就有点言过其实了。③当代西方学者故意制造或夸大出来的差异或对立，如"价值"问题上的对立、《资本论》第一卷与恩格斯编辑的第三卷之间的对立、政治经济学批判方法上的对立等。这些对立或差异实际上都是当代西方学者在曲解恩格斯本意的基础上制造出来的，包含着明显的理论错误或潜在的政治图谋，对于这类对立我们必须给予彻底批判。

总之，我们既要反对那种打着学术研究或文献考证的旗号，故意制造马克思恩格斯对立论的错误倾向，也要反对那种否认他们之间存在任何差异的"同一人格论"。我们必须坚持实事求是的原则，客观公正地看待马克思恩格斯之间的思想差异。但必须看到，这种差异只是一种局部或具体观点的差异，而不是整个政治经济学批判原则的对立，决不能因为存在具体差异就否认他们在《资本论》问题上的内在一致性，更不能将这种差异夸大为批判原则和根本方法上的对立，否则就完全本末倒置了。

原载《当代中国马克思主义哲学研究》2017 年第 00 期，由李娜根据原文压缩。

作者单位：南京大学哲学系

中国经济哲学的问题与前景

——一种方法论反思

何　萍　薛冬梅

政治经济学的研究方法是当代马克思主义政治经济学研究的首要问题，也是 21 世纪马克思主义哲学创新的突破口。国外马克思主义学者在 2007～2008 年爆发的全球金融危机中觅得复兴马克思主义哲学的生机，即人们从这场灾难性的危机中发现了《资本论》的当代有效性。于是，立足于当代全球金融危机的视角重读《资本论》就成为 21 世纪国外马克思主义哲学研究的新起点，为此需要新的理论框架和研究方法，于是政治经济学的研究方法就成为 21 世纪国外马克思主义哲学研究的热点。就国内马克思主义哲学而言，中国的经济哲学兴起于 20 世纪 90 年代，对中国马克思主义哲学发展做出了很大的贡献，却始终没有找到自己的理论定位。这种状况不仅影响了中国经济哲学自身的发展，也影响了中国马克思主义哲学的整体发展。这就使中国经济哲学的理论定位和方法论的反思成为中国马克思主义哲学发展的一个重大的理论课题。基于国内外马克思主义哲学的这一发展现状，我们不能不重点思考政治经济学的研究方法问题。

在马克思那里，政治经济学的研究虽然在时间上晚于法哲学和唯物史观的研究，但在逻辑上却先于法哲学和唯物史观。一方面，从历史的角度看，马克思创立实践唯物主义哲学，经历了一个从研究法哲学到思考唯物史观问题，再到政治经济学批判的过程。在这个过程中，政治经济学与马克思的唯物史观交叉发展、相互推进。另一方面，马克思政治经济学的创立又使唯物史观获得了坚实的基础，从而建构了融资本主义理论与唯物史观图式于一体的实践哲学理论，使他的哲学与传统哲学断裂开来。马克思的政治经济学研究方法就是马克思的辩证法。正是这个辩证法使马克思破解了令资产阶级政治经济学家迷惑不解的种种难题，创立了批判的政治经济学，也使对马克思辩证法的研究成为每一时期马克思主义政治经济学研究的突破口。

中国经济哲学这个概念的内涵以及它与政治经济学这个概念的关系看似具有一定的模糊性，但其实不然。政治经济学在马克思那里，指的是批判的政治经济学，就是通过对资本主义经济规律的研究来说明人的自由、解放的学说。人的自由、解放是一个哲学问题，马克思把这个哲学问题融入对资本主义经济规律的研究之中，通过对资本主义经济规律的揭示来解决哲学的问题。我国的经济哲学重在强调马克思政治经济学的哲学意义，要求从哲学的角度研究马克思的政治经济学，发掘其中的唯物史观思想。从这个意义上说，这一概念是很清晰的，它的模糊性就在于采用了经济哲学这个概念。

而中国的马克思主义哲学家采用经济哲学这个概念，是基于两个方面的思考：第一个方面是基于对中国市场经济建设问题的思考，第二个方面是基于对中国马克思主义哲学研究方式的思考。这两个方面分别彰显了马克思主义哲学的实践品格和批判品格。第一个方面彰显了马克思主义哲学的实践品格。马克思主义哲学不同于其他哲学的一个根本特点，就是强调哲学要面对现实，要思考和解答一定时代、一定民族面临的重大现实问题。中国20世纪80年代开放市场经济建设，既是中国社会发展的大问题，也是中国的马克思主义者必须面对和解决的大问题。中国经济哲学的提出就是为了对这一时代问题做出科学的解答，为中国社会的发展提供可靠的理论依据和新的发展观念。经济哲学这个概念的提出，表明了中国马克思主义哲学面向实践、勇于探索的精神。第二个方面彰显了马克思主义哲学的批判品格。对于"改变世界"的哲学来说，重要的不是构造观念体系，而是冲破旧有的观念禁锢，不断地走向现实，走向开放。这就是彻底的辩证法精神，也是哲学的批判精神。这样一种哲学精神不仅要求哲学向现实开放，而且要求哲学向其他学科开放。就马克思主义哲学来说，就是要破除马克思主义哲学原理教科书式的研究方式，即撇开具体的社会形态，撇开具体的问题，单单叙述哲学的一般原理的研究方式，建立问题式的研究方式，即联系具体的社会形态、具体的问题来阐发马克思主义哲学的基本理论的研究方式。中国的马克思主义哲学家采用经济哲学这个概念，就是强调马克思主义哲学的具体性，以此将自己的研究方式与马克思主义哲学原理教科书式的研究方式区分开来。当然，中国的马克思主义哲学家采用经济哲学这个概念，还与中国马克思主义学科分类有关。综上，经济哲学这一概念的内涵其实是很明确的，它特指马克思政治经济学中的哲学思想。

中国经济哲学要开展方法论研究有三个需要注重的问题。中国经济哲学要注重方法论研究的第一个问题，即经济哲学的理论定位问题。它是马克思主义哲学的基础学科，而不是部门哲学，要打破学科分类的界限，建立马克思主义哲学研究的新观念。要给经济哲学一个准确的理论定位，必须做好两方面的工作。第一，要考察经济哲学研究的实际内容和发展方向，这应该是我们给经济哲学进行理论定位的根据。历史地考察第一方面的工作，可以看到，经济哲学自兴起以来，始终坚持马克思主义哲学的基本理论研究。中国的经济哲学并不以研究具体的经济政策和策略为目的，而是以发展中国的马克思主义哲学为己任。它的研究视野早已超出了狭隘的经济学研究，有着宏大的哲学研究视野，而它的研究方式也打破了以往从概念到概念的原理式的研究方式，而转向了结合具体的社会形态，结合马克思的资本主义批判理论来研究马克思主义哲学。第二，要打破学科分类的界限，建立马克思主义哲学研究的新观念。我们给经济哲学进行理论定位，不应该受科学分类的束缚，而应该从它实际的学术研究方向和所取得的成就上进行理论定位。这才是科学的、有利于经济哲学乃至整个马克思主义哲学发展的学术定位方法。

中国经济哲学需要开展方法论研究的第二个问题，即方法论的建构问题，要重视马克思的经验原型的分析方法和资本危机的思维方法。所谓经验原型的分析方法，就是把一定社会、一定民族作为范例，对它的经济、政治和文化作整体的考据分析，说明它的存在方式，揭示其发展的内在规律。对于中国市场经济的认识，仅仅运用逻辑思维方法是不行的，必须运用经验原型的方法对中国市场经济作透彻的分析，才能揭示它的内在规律及其未来前景。当然，在运用这一方法时，我们首先要对中国市场经济的典型性进行提炼，确定研究的主题和研究的原则，这样的研究才可能是有效的。提炼中国市场经济的典型性应该围绕中国道路这个主题展开，这是由中国市场经济的性质决定的。中国市场经济具有两个典型性：一个是作为20世纪70年代以来社会主义改革成功的典范，另一个是作为后发现代化国家在经济上迅速崛起的典范。除此之外，我们还需要引入当代马克思主义政治经济学研究的新方法——资本危机的思维方法。这种思维方式，概括起来，就是从资本市场的否定性视角思考金融风险，建构一种能够预警危机的控制性思维方式。

中国经济哲学需要开展方法论研究的第三个问题，即经济哲学与文化哲学、生态哲学、政治哲学等其他哲学之间的关系问题。经济哲学要成为马克思主义哲学的基础学科，不仅要对马克思主义哲学的基本原理和理论框架的更新起积极的作用，而且还需要打通与其他哲学之间的关系。经济哲学若能打通与这些哲学的关系，为这些哲学提供理论的和方法论的指导，那么，经济哲学就能够在理论上成为整个马克思主义哲学的基础，而在实践上走进当今中国社会，引领中国马克思主义哲学理论的发展。

　　如果经济哲学能够通过方法论反思，建构新的研究方法，对马克思主义哲学的基本理论问题和中国市场经济的实践问题做出科学的说明，那么，经济哲学就确立了它在马克思主义哲学发展中的基础性地位，也因此获得了更加广阔的发展空间。

　　原载《马克思主义与现实》2019 年第 2 期，收入本书时有改动。

作者单位：武汉大学哲学学院

恩格斯与马克思经济哲学体系

宫敬才

马克思经济哲学体系是客观存在的事实，以四种形式表示存在：对资产阶级经济学哲学基础的批判、政治经济学范畴中的哲学、政治经济学命题中的哲学和政治经济学理论中的哲学。从形成史角度看，青年恩格斯是马克思经济哲学思想的启蒙者和领路人。1859 年为马克思《政治经济学批判》（第一分册）写书评是起点，往后的思想进程情势大变，恩格斯的主观愿望是在捍卫、阐释和宣传马克思经济哲学思想过程中发展出自己的哲学体系，即后人命名的辩证唯物主义。

在恩格斯逝世后的历史发展过程中，辩证唯物主义成为马克思主义哲学的正统，进而演化为辩证唯物主义和历史唯物主义教科书，而马克思政治经济学中的经济哲学体系则被忽略，消失于正统马克思主义哲学的视野黑洞之中，原因是没有表示存在的理论逻辑空间。我们的教科书名之曰《马克思主义哲学原理》，读者会因书名而形成印象，此为以马克思哲学思想为主的哲学。检视文献后情势大变，名称与指称对象错位，它以恩格斯哲学思想为主，辅以列宁哲学思想。青年恩格斯是马克思经济哲学思想的启蒙者和领路人，中年之后则是忽略者。在我国，"马克思主义经济哲学"和"马克思经济哲学"的提法出现于 20 世纪 80 年代和 90 年代，此后以马克思经济哲学为研究对象的成果大量涌现。这种研究开阔了人们的哲学视野，推动了马克思主义哲学研究事业的创新，新研究领域被开拓出来。

马克思经济哲学是存在于马克思政治经济学中且是内生变量的哲学。从外延层面看，马克思经济哲学以四种形式表示存在：对资产阶级经济学哲学基础的批判、政治经济学范畴中的哲学、政治经济学命题中的哲学和政治经济学理论中的哲学。四种存在形式有机统一，使马克思经济哲学秉有体系性质。马克思从不讳言政治经济学理论中包括哲学性内容。这些内容是内生变量，无视这些内容的政治经济学理论就会发生蜕变，由马克思原生态的政治经济学理论蜕变为他人以为的马克思政治经济学理论。马克思政治经济学理论中的哲学性内容由五部分组成：人学理论、经济哲学本体论、经济哲学认识论、经济哲学方法论和经济哲学历史论。

马克思于 1843 年 10 月开始研究政治经济学，研究的直接目的是真正解决任《莱茵报》主编时遇到的难题：工作职责需要对物质利益问题发表看法，由于缺乏政治经济学知识而无法做到。恰好在这时恩格斯《国民经济学批判大纲》一文出现在马克思面前。马克思是《国民经济学批判大纲》除作者外的第一个读者。《国民经济学批判大纲》对马克思经济哲学思想的形成产生了决定性影响，青年恩格斯是马克思经济哲学的启蒙者和领路人。

为了实证性地确立已经做出的结论，我们必须解决两个问题。其一，恩格斯在该文中提出了哪些经济哲学观点？这些观点进入马克思随后写作的文献如《1844 年经济学—哲学手稿》了吗？其二，马克思自己如何看待这篇文献？文献梳理的事实表明青年恩格斯的上述论点直接出现于稍后由马克思写作的《1844 年经济学—哲学手稿》中。对比恩格斯论点来观照《1844 年经济学—哲学手稿》的核心思想，我们就会切实地感悟到马克思直接且是根本性地受到了《国民经济学批判大纲》的影响。虽然《1844 年经济学—哲学手稿》是马克思在政治经济学领域中的初试身手之作，但其中的经济哲学思想对后续的政治经济学文献如《政治经济学批判大纲》《资本论》等具有根本性影响，后者是前者的继续、深化和系统化，当是不争的事实。我们还应注意到，青年恩格斯的论点虽然没有直接出现于《1844 年经济学—哲学手稿》中，但它们出现于马克思后续的政治经济学文献中且是占主导地位的经济哲学思想，其在马克思经济哲学体系中的重要地位毋庸置疑，但最先提出且进行力所能及的论证者是青年恩格斯。

综合上述两种情况，青年恩格斯提出的经济哲学论点是 14 个。从马克思经济哲学史角度看，14 个经济哲学论点出现在前，马克思受其影响并把它们深化、系统化最终体系化是在后。从更直接的角度看，同样能证明青年恩格斯对马克思经济哲学思想的形成产生了决定性影响，这就是马克思自己的态度。马克思从《国民经济学批判大纲》刚发表一直到晚年，态度始终如一，高度赞扬这篇文献，在《资本论》中不断地引用它借以论证自己的学术观点。称赞的事实是有力证据，马克思经济哲学思想确实受到了青年恩格斯经济哲学思想的决定性影响。1859 年 6 月，马克思《政治经济学批判》（第 1 分册）正式出版。同年 7 月 19 日，马克思致信恩格斯，请他写书评，要点是方法问题和内容上的新东西。到 8 月初，恩格斯一口气写了三篇文章，谈论方法和哲学问题的前两篇发表出来了。在理解和评估恩格斯两篇文章内容时，我们应切记这是为马克思《政治经济学批判》（第 1 分册）写书评，谈论的对象是马克思政治经济学文献中的哲学性内容。

用马克思政治经济学中成体系的哲学性内容作为标准衡量，其中的问题就会显现出来，恩格斯对哲学即唯物主义世界观的理解与马克思政治经济学中真实存在的哲学性内容之间是错位关系。恩格斯 1859 年写书评时提出的"发展一种比从前所有世界观都更加唯物的世界观"的主张，现在变成了被他人命名为辩证唯物主义的哲学体系。这个哲学体系没有马克思经济哲学体系出场和表示存在的理论逻辑空间，后者被忽略了。

恩格斯如何看待自己提出的哲学体系与马克思的关系？马克思逝世后，恩格斯多次从不同角度回答这一问题，综合起来情况如下：自己的观点与马克思的"意见完全一致"；在与马克思一道创立共产主义世界观的过程中，"绝大部分基本指导思想（特别是在经济和历史领域内），尤其是对这些指导思想的最后的明确的表述，都是属于马克思的"[1]；共产主义世界观中的唯物史观是"历史过程中的决定性因素归根到底是现实生活的生产和再生产。无论马克思或我从来没有肯定过比这更多的东西"[2]；自己在《反杜林论》《路德维希·费尔巴哈和德国古典哲学的终结》"两部书里对历史唯物主义作了就我所知是目前最为详尽的阐述"[3]。

事实明证可鉴，马克思政治经济学中客观地存在经济哲学且成体系。看不到这一点，不承认这一点，就无法做到准确全面地理解马克思思想。与此相伴随，无视马克思经济哲学体系，要想理解其政治经济学，结果不会是马克思原生态的政治经济，而是他人以为的马克思政治经济学。在马克思经济哲学体系形成过程中，青年恩格斯经济哲学思想的影响具有决定性。在马克

---

[1]　《马克思恩格斯全集》第 21 卷，人民出版社，1965，第 336 页。
[2]　《马克思恩格斯选集》第 4 卷，人民出版社，2012，第 604 页。
[3]　《马克思恩格斯选集》第 4 卷，人民出版社，2012，第 606 页。

思经济哲学领域，研究者没有意识到这一事实的重要意义且给予相应评价，这种偏颇应该予以纠正。让人难以理解但确为客观事实的是，中年以后的恩格斯主观愿望是捍卫、阐释和宣传马克思经济哲学，实际结果是逐步发展出自己的哲学体系，且实事求是的态度才是关键。

恩格斯持续一生关注自然科学研究进展，首先是研究自然科学知识，从中提炼哲学思想；其次是知识分类思想；再次是刚性的哲学观；最后是哲学分析框架。我们如何研究和对待马克思主义哲学史？从以恩格斯和列宁哲学思想为主的马克思主义哲学原理出发，线性地寻章摘句论证这一原理以便使其历史化，还是从历史性存在的文献中梳理、抽象和概括出真正意义的马克思主义哲学史？现行马克思主义哲学史是马克思主义哲学原理的历史化，因而不是真正意义的马克思主义哲学史，马克思经济哲学体系无法表示存在就是证据。回归包括政治经济学文献在内的马克思文献，用回到原生态方法检视以马克思文献为主的文献，恢复马克思经济哲学体系表示存在的天然权利，才会有名实相符因而名正言顺的马克思主义哲学史。

原载《北京师范大学学报》（社会科学版）2019 年第 3 期，收入本书时有改动。

作者单位：河北大学政法学院哲学系

从政治经济学批判哲学方法到
当代空间化社会批判哲学

——以列斐伏尔、阿尔都塞、哈维与吉登斯为主线

刘怀玉　张一方

历史唯物主义走向当代在很大程度上取决于它如何可能从"抽象的"本质科学上升为"具体的"现实社会科学。面对日益空间化的社会现实，历史唯物主义如何生成自己的社会空间哲学理论至关重要。资本主义的危机理论在传统马克思主义的语境中被表述为资本主义发展本身所蕴涵的危机，这样的危机必然导向无产阶级革命，进而终将导致自身体系的崩塌。但是随着现代性全球化生活方式的推进，资本主义似乎在一次次的危机中"幸存"下来，又一次次呈现出新的发展态势甚至活力。资本主义世界的现当代发展表现为一种剧烈的空间生产转型，并在此基础上呈现出全球化扩张的趋势，在全球领域的空间互动和结构重组中使危机得以转换。这个过程直接导致两个现实结果：一是当今的不平衡世界体系样貌或中心与边缘对峙格局的形成，二是当今人与自然关系视域中全球性生态危机的产生。显然，新的资本主义危机在今天走向了一种空间化，即走向了以城市化与全球化为实在地理景观的空间发展危机。故西方马克思主义所面临的问题是资本主义危机依然存在和危机转换的当代社会空间化表现，及由此发展出的形态各异的社会空间哲学理论。

一　马克思社会有机体理论与再生产理论的
社会空间哲学方法

从马克思的政治经济学批判哲学方法到当代空间化社会批判哲学如何可

能？马克思的社会有机体理论与再生产理论中蕴涵着社会空间哲学的方法，这是历史唯物主义和政治经济学批判理论所固有的因而是内生的理论资源。在历史唯物主义视野中，马克思的社会有机体理论展现为一种社会内部既相互制约又相互联系的实践交往关系。

马克思对资本主义社会结构的揭露批判所蕴涵的空间化社会理论，本质上也是资本主义社会危机理论。因为在历史唯物主义视域中，资本主义社会是本质上不断产生危机的社会。西方马克思主义的众多社会哲学家在面对以空间为主题的当代资本主义社会新难题时，要么尝试挖掘、建构（列斐伏尔、哈维）马克思思想的社会空间化方法以识破资本主义的空间发展和危机转移的事实；要么试图重释或重构（阿尔都塞、吉登斯）马克思对资本主义社会的政治经济学批判理论以理解现代性的空间化表征。具体而言，主要经过了这些探讨：列斐伏尔的空间生产理论与都市社会空间哲学问题域的开辟、阿尔都塞的多元决定论与社会结构问题域的开辟、哈维的三元空间辩证法与生产四环节理论的建构、吉登斯的结构化理论与时—空理论、现代性全球化分析。他们从各自的理论背景或学科传统寻找各自的道路。

二 列斐伏尔、阿尔都塞、哈维与吉登斯的空间化 社会批判哲学建构

西方马克思主义何以面对资本主义社会的当代空间化转型？深受马克思思想影响的四位思想家——列斐伏尔、阿尔都塞、哈维和吉登斯同为社会空间批判哲学家，但却有着不同的学科背景和差异的理论关注，他们直接或间接地建构了各自的空间化社会批判哲学，给出了自己的答案。列斐伏尔第一个在真正严格的意义上界定了"空间生产"的研究视角。在马克思思想的影响下，列斐伏尔的空间化社会批判哲学大致可以凝练为两个核心：一是在资本主义"幸存"的当代现实中开创空间生产理论；二是基于马克思辩证法精神提出"三元空间辩证法"，开辟了都市社会空间哲学问题域。

阿尔都塞试图以结构主义的方式来矫正历史决定论，但又矫枉过正。他认为以历史主义的视角（卢卡奇、葛兰西）来阐释马克思哲学，导致历史本身成了实现人的唯一发展目的，历史主义本身成了人本主义的现代意识形态无意识中发生作用的表象体系表达。"结果是，历史被引入到人的本质之中，使人成为当代历史效果的主体，而生产关系、政治和意识形态的社会关

系，都被简化为历史化的'社会关系'。"① 由此，在阿尔都塞看来，马克思所谈的社会历史是从非历史主体维度，摒弃了人本主义问题式而展开讨论的历史，这种认识又与马克思早期思想"断裂"后渗透在其政治经济学批判理论中。故他对社会历史的阐释是非历史主义的多元性结构。

受到卢森堡、曼德尔、罗斯多尔斯基以及阿尔都塞等人的成果与思想的影响，当代《资本论》最好的解释者大卫·哈维从多元空间角度分析和阐释现代社会的空间结构，并直接从马克思关于资本主义社会发展的价值论中引申出空间的三元结构性分析。哈维更为直接地把马克思政治经济学批判的社会哲学方法作为社会地理学的方法论，在地理学的社会景观空间学说和马克思主义社会价值论的交互处找到了突破。他将《资本论》第一卷第一章中马克思所提出的三种价值理论解读为三元空间辩证法的雏形，把马克思的"三重价值"概念阐释为"三重空间"内的概念，在现代资本主义工业发展的背景下，以三元空间辩证法来对资本主义的生产环节进行具体的分析和解剖，形成了自己的空间化社会批判理论。

如果说哈维深刻地阐释了现代资本主义社会生产价值论的空间化发展和发展的地理不平衡性，那么安东尼·吉登斯作为当代著名的社会学家，则从现代性的范式来讨论资本主义社会的发展全球化空间特质。吉登斯综合了马克思、韦伯和涂尔干的相关社会理论，在社会结构与社会行动之间建构了二者交互的社会结构化理论。在他所开创的这一理论方法下，具体讨论了现代性资本主义社会、时间与空间以及现代性全球化之间的关系，特别以时—空的脱离、虚空的现代性视角研究现代社会空间化。吉登斯在极广泛的意义上使用现代性这个概念，主要是对现代社会行为制度与模式进行理论的探讨，包括对现代社会的政治经济制度以及与此相适应的思想观念等进行探讨。

三　马克思主义空间化社会批判哲学建构的当代理解

我们能从西方马克思主义的社会空间化批判转型中得到什么启示呢？这是在分别讨论了列斐伏尔、阿尔都塞、哈维和吉登斯的空间化社会理论及其空间化批判哲学建构之后，必须要直面的问题。首先，他们的建构过程存在着两个显著的共性。一是上述西方马克思主义的左派社会哲学理论家都在以

---

① Lefebvre Henri, *The production of space*, Blackwell, 1991: 33, p. 140.

不同的视角或方法来透析西方资本主义世界的空间化危机转移。二是他们共同开辟了一条从抽象到具体的社会空间批判理论之路，本质上乃是对马克思政治经济学批判方法论的借鉴或扩展。列斐伏尔开辟了都市总问题式，把空间的辩证法运用于现代社会以剖析城市社会的空间问题，并最终在空间化的生产关系中指向对都市社会人们日常生活微观领域的关切，把都市生活看作人们日常生活的现代性表征，以此从抽象空间哲学方法论走向具体现代都市社会。

我们应该思考的最后两个问题是：马克思政治经济学批判哲学方法如何转变为当代空间化社会批判哲学？马克思空间化社会批判哲学的当代建构如何能为我国百年的道路探索提供一个新的当代视角？西方马克思主义的社会哲学理论家对空间化社会批判哲学的阐释及建构已然表明：当代社会的空间化特质已经凸显，空间化成为一种现实；资本主义的危机转移到了以空间为核心的主要阵地。这决定了历史唯物主义的社会批判哲学理论脱离空间化就不能走向当代成为现实科学。

所以历史唯物主义的当代化解释必须从重构马克思生产概念的空间性内涵、社会关系概念的空间根基以及历史概念的空间现象开始。在与当代西方哲学、心理学、语言学、社会学、经济学、政治学、地理学等相关理论的交流交锋中把握当代社会现实的现象与本质；抓住当代资本主义社会空间化的根本性特征，把握当代资本主义的城市化、全球化和国家再区域化发展、城市和资本主义经济体系的空间关联、全球生态空间等重要问题，这是建构马克思主义的当代空间化社会批判哲学的两个基本任务。

原载《学术交流》2019年第3期，由罗振根据原文压缩。

作者单位：南京大学哲学系

改革开放实践与马克思主义
哲学研究的范式转换

郗　戈

2018 年是马克思 200 周年诞辰，也是改革开放 40 周年。习近平总书记《在纪念马克思诞辰 200 周年大会上的讲话》指出，马克思主义的命运早已同中国的命运紧紧连在一起，正是马克思主义不断指引着改革开放的伟大实践。40 年来，改革开放伟大实践与马克思主义哲学学科持续互动、共同发展。改革开放的不断深化，构成了马克思主义哲学学科创新发展的源泉和动力。而马克思主义哲学研究始终与改革开放伟大实践同行，不断回应改革开放各阶段的现实问题。因而，研究当代中国马克思主义哲学学科的范式转换与发展趋势，对于科学理解改革开放的理论基础具有重要的实践价值和理论意义。

改革开放 40 年来马克思主义哲学研究的发展呈现出显著的阶段性特征，并孕育着一场"学科范式转换"。依据研究主题以及研究方式，新时期马克思主义哲学研究发展大致可分为以下三个阶段：第一阶段是 20 世纪 70 年代末至 80 年代，发端于关于真理标准问题的讨论和关于人道主义与异化问题的讨论，主要成果体现在主体性研究、认识论研究、价值论研究、马克思主义哲学史学科建设和哲学教科书体系改革等方面；第二阶段是 20 世纪 90 年代，"问题意识"充分凸显，主要成果体现为领域哲学、部门哲学研究迅速崛起，同时在哲学基础理论研究方面进一步向哲学观层次跃升；第三阶段是 20 世纪末至 21 世纪以来，形成了文本研究、原理研究、哲学史研究、现实问题研究等多个日益分化的研究路径，孕育着新的范式转换的前景。值得注意的是，随着《资本论》哲学思想研究日益勃兴，马克思主义哲学研究发生了从青年马克思著作研究向成熟马克思著作研究的"重心转移"现象。这种重心转向具有"研究范式转换"的重大意义即从青年马克思的"实践主体性"问题域向成熟马克思的"资本逻辑与人的发展"问题域的转换。

一　马克思主义哲学研究的"传统范式"

20 世纪 70 年代末至 20 世纪 90 年代末，马克思主义哲学研究的传统范式主要是基于青年马克思的"实践一般"范畴而形成的"实践主体性"范式。改革开放以来的马克思主义哲学研究，大部分都是围绕着青年马克思的总问题、基本对象和文本资源来展开的。研究者大多从"主体性一般""实践一般""生产一般"的普遍原理视角出发理解和建构马克思主义哲学，将之理解为"人道主义""实践主体性哲学""实践唯物主义"等理论形态，并进而探讨人与社会发展的一般性主题。相应地，其核心文本依据正是青年马克思的《1844 年经济学—哲学手稿》《关于费尔巴哈的提纲》《德意志意识形态》等著述。

从逻辑与历史相统一的视角看，马克思主义哲学研究的实践主体性范式，是对改革开放初期发展实践的阶段特性的理论再现。特定学科概念是对特定社会关系性质的概念抽象和具体再现。实践主体性范式的理论逻辑绝不是纯然"自律的"，而是深刻地受制于改革开放初期的现实境遇与发展愿景。改革开放初期的社会发展还是相对"外在于"全球化的发展，对全球资本主义体系的理解相对"抽象化"和"简单化"，仍然停留在与世界现代化主流"接轨"的渴望与想象上，拘泥于一般性的"发展"、"进步"与"主体性"的外在诉求。因而实践主体性范式经常表现为一种单纯的"启蒙"和"人本"取向，采取"否定性自由"的姿态，努力摆脱传统束缚，奔向现代文明。

二　马克思主义哲学研究的"新范式"

自 20 世纪末以来，马克思主义哲学研究开始发生范式转换：借助成熟马克思的"资本逻辑与人的发展"的问题域，走出"实践主体性"的传统范式，逐步形成"资本逻辑批判"的新范式。20 世纪末、21 世纪初以来，《资本论》哲学思想研究的勃兴，并非是研究热点的偶然变化与快速更迭，而是意味着马克思主义哲学学科研究范式的根本转换。从学科发展史来看，时代问题变迁与理论逻辑进展都使得马克思主义哲学研究必须实现范式与问题域的转换——超越20世纪八九十年代以马克思早期文本为核心资源的"实践唯物主义"或"一般形态的历史唯物主义"范式，而走向以马克思中期文本即《资本论》及手稿为核心资源的"资本逻辑批判"或"特殊形态的历史唯物主义"范式。相应地，在问题域上也从以"实践一般"、"主体性一般"和"发展一般"等范畴为中心，转向以"特定实践形式"、"特定主体性形式"和"特定发展形式"为中心。这些特定范畴之所以具有特定性，正是因为它们是在特定时空境遇中以资本中介的实践形式、主体性形式与发展形式。

从实践主体性向资本逻辑批判的范式转换根源于20世纪90年代以来改革开放实践的不断深化发展，并积极回应了时代问题变迁与社会发展深化的现实要求，体现出马克思主义哲学学科的"与时俱进"。20世纪90年代以来，改革开放逐步推进，发展实践深化为对特定发展形式的内在推进，中国社会发展与全球资本主义体系发生深刻联系，社会主义国家也引入和运用资本来获得高速发展。由此，资本逻辑问题更为具体地凸显出来，成为社会发展的内在问题。由此，中国发展问题也不再是一般的、外在的发展诉求、发展愿景，而是"利用资本本身来消灭资本"的特殊发展现实、特殊发展方式、特殊发展道路的问题。因而，正是以全球化与中国道路的实践问题为导向，才能够有效激活马克思成熟时期的著作。马克思主义哲学研究才能真正历史化与当代化，与时俱进地聚焦于资本主义全球化时代中的社会主义发展道路问题。

三　马克思主义哲学研究"范式转换"的现实意义

马克思主义哲学研究的范式转换，既是改革开放伟大实践的理论再现，又为全面深化改革提供了科学的理论支撑。当代马克思主义哲学研究从实践主体性范式向资本逻辑批判范式的转换，具有重要的理论和现实意义。从理论维度与现实维度来看，新范式都比传统范式更具有生命力，更能切合21世纪的时代问题。

新范式的现实生命力在于，比传统范式更为契合马克思主义哲学的实践精神，不是外在地套用到"现实一般"范畴上，而是内在地切中改革开放

40 年来的特定社会现实与特殊发展逻辑。马克思主义哲学研究从抽象的"实践一般"范式上升为具体的"特定实践总体"范式，更为切合时代的根本问题即在资本主义主导的全球化时代如何发展社会主义的问题。相比改革开放初期，21 世纪以来的中国特色社会主义的发展，与资本主导的全球化发生了更为深刻、内在的联系，因而提出了更为具体、更为复杂的发展问题。今天，构建中国特色马克思主义哲学，应当紧扣当今时代的根本性问题即资本主义主导的全球化境遇中如何发展社会主义的问题。深刻理解这一总问题，必须把握住"资本主义"和"社会主义"的历史辩证法。在马克思主义的"大尺度"历史视野中，资本主义在现实性上具有"普遍性"（例如资本主义世界体系的现实存在），而在历史可能性和发展趋势上却是自我限制、过渡性的存在。与此相反，社会主义在现实性上局限于"特殊性"，但在历史可能性和发展趋势上却是普遍性的世界历史性存在。可见，新范式比传统范式能够更深刻地把握 21 世纪人类文明进步的逻辑。我们要全面把握资本主义与社会主义长期共存、相互影响的矛盾关系，以及资本主义现存的文明普遍性与社会主义潜在的文明普遍性这二者间的辩证张力，并选择合理的社会主义发展道路，不断实现社会主义对资本主义的超越，构建人类文明新形态。

从理论和现实的双重逻辑来看，范式转换都会激发马克思主义哲学的学科生命力与创新潜能。发展 21 世纪中国的马克思主义，就要充分汲取马克思主义发展史的经验教训，立足于改革开放中的实践创新和理论创新，推进马克思主义哲学的范式转换与创新发展。

原载《哲学动态》2018 年第 6 期，原题为《马克思主义哲学研究的范式转换——基于〈资本论〉研究引发的新范式》。

作者单位：中国人民大学马克思主义学院

"对话"范式与当代中国马克思主义哲学创新

王海锋

新中国成立 70 年来，中国马克思主义哲学创新之一在于，摆脱苏联哲学原理教科书的束缚，走出自我的理论独尊和思想封闭，积极展开与各种学术思想的"对话"，形成了"对话"的研究范式，并在这一范式的引导下日益走近世界学术舞台中央，为中华民族的伟大复兴和人类的发展贡献了思想智慧。

一 中国马克思主义哲学与西方哲学的"对话"

从马克思主义哲学传入中国的视角来看，马克思主义哲学本就是诞生于西方的学术，但在与中国具体实际的结合中，在变革中国的同时实现了理论的发展，并跃升为中国道路探索的重要思想智慧。改革开放以来，在当代中国马克思主义哲学界出现了如下的情景，"以亚（里士多德）解马""以康（德）解马""以黑（格尔）解马""以海（德格尔）解马"等研究方式纷纷涌现，尤其是在世纪之交的"中国学术向何处去"的追问中，这种与西方哲学对话、进而在马克思主义哲学"学理化"的进程中实现其理论的创新成为一股热潮，从而开辟了一条中国马克思主义哲学与西方哲学"对话"创新的逻辑理路。

学术界在马克思主义哲学的研究中引入西方哲学思想资源，并积极展开对话，主要基于如下的考量。

一是满足马克思主义哲学研究学理化的要求。客观地讲，改革开放以来，马克思主义哲学之所以能够取得如此巨大的成就，关键因素之一就在于，学术界摆脱苏联传统原理教科书的束缚，在"学术理论"的层面对马克思主义哲学展开学理化探讨。学者们认为，现有的研究不能局限于对马克思思想的研究，而是要将马克思与亚里士多德、费尔巴哈、黑格尔、海德格尔、哈贝马斯等西方思想家进行比较研究，以便凸显马克思哲学思想的时代价值。更为关键的是，在文本解读基础上学界从物质本体论转向实践本体论、从实践本体论转向生存本体论，也就是对马克思主义世界观、认识论、辩证法和历史观进行了拓展性研究。

二是满足中国道路探索的实践要求。改革开放以后，伴随着社会主义市场经济的展开，我们在现实的层面遭遇到一系列问题，政治体制改革的问题、经济改革的问题、文化体制创新的问题、精神文明建设的问题、消费主义兴起的问题、公平正义的问题、价值观变革的问题等，这些都需要从理论上做出回答。一方面，我们理所当然地要依靠马克思主义哲学理论；但另一方面，我们则需要引介西方的学术理论资源，进而为破解中国问题提供思想指南。

三是满足中国学界与西方学界进行学术交流，推进中国学术走出去，增强中国学术影响力和话语权的要求。较之于改革开放前的冷战思维主导下的"敌对"格局中的"二元对立"，改革开放后相对"超意识形态"层面的"对话"，使得中国学术在与西方学术展开同台竞争中，逐步走向世界，大大增强了中国的学术影响力和话语权。在上述意义上，当代中国马克思主义哲学界展开的与西方哲学的对话具有重要的价值。例如，使马克思主义哲学研究摆脱简单依赖以哲学原理教科书为阐释框架的研究范式，形成了以马克思主义哲学为指导的部门哲学或应用哲学的学术图谱，深化了马克思主义哲学的学理性，使之能够自信地与当代西方学术对话。因而，我们主张，这种"对话"应该是摆脱"学徒"心态，以"问题"为中心的，以"现实问题"为切入点的，以推动学术理论繁荣和现实变革为目的的。

二 中国马克思主义哲学与儒学的"对话"

马克思主义哲学之所以能在中国扎根、开花、结果，在现实层面，得益于马克思主义哲学与中国具体问题的结合；在理论层面，一个重要的因素就是得益于其与中国优秀传统文化（尤其是儒学）"对话"（会通融合）。

改革开放以来，在思想解放和现实变革的双重背景下，当代中国马克思主义哲学与儒学的关系则呈现出更为复杂的局面。一方面，当代中国马克思主义哲学逐步摆脱苏联哲学原理教科书的羁绊，不再拘泥于自我的文本解读，而是逐步转向理论的"对话"，这就包括了与儒学的"对话"。由此，马克思主义哲学延续其积极向儒学借鉴理论资源的传统，希冀在"对话"中继续发展马克思主义哲学，成为学界的共识。另一方面，面对社会主义市场经济的崛起和社会的巨大变革，儒学研究者意识到，现实根基已经发生了翻天覆地的变化。因而，儒学向作为当代中国哲学的马克思主义哲学靠拢就成为当务之急。实现马克思主义哲学的中国化和儒学的现代化，关键的节点就在于，在会通与融合中破解中国现代化问题乃至人类性的现实问题。

具体来讲，在理论层面，马克思主义哲学与儒学的会通融合，关键在于破解如下的问题。一是对马克思主义哲学和儒学各自思想性质、特征的基本定位和判断。客观地讲，经典马克思主义哲学和儒学是代表两种不同文明类型的理论话语体系，其所关心的问题有着不同的侧重点。二是基于上述判断基础上的二者会通的"结合点"的选择。例如，儒学关心伦理层面的人的成人、成圣问题；马克思主义哲学则关心现实世界的变革和人的解放问题。二者似乎都把"人的自由与全面发展"放在理论的中心。因此需要指出的是，马克思主义哲学与儒学的会通，不是能不能会通的问题，而是如何会通的问题。儒学对马克思主义可补充和纠正之处至少有两点：一是"要重视传统"；二是在马克思恩格斯的著作中具体讨论人的道德修养问题不多，但在儒学中这方面的论述特别丰富，也许马克思主义可以从中吸取某些有益的理念。这些都表明，超越"应该"层面的探讨，并找到切实的"结合点"才是会通融合的关键。

三 中国马克思主义哲学与国外马克思主义哲学的"对话"

毫无疑问，中国马克思主义哲学界与国外马克思主义的"对话"自马克思主义传入中国就已经开始，且取得了一些有代表性的成就。从学术的层面看，真正的"大规模的、系统性的"理论对话则是改革开放以来的事情。回顾 1978 年以来中国的国外马克思主义研究的历程，我们可以清晰地看到，国外马克思主义已经成为整个当代中国马克思主义哲学研究谱系中不可或缺的组成部分。它不仅拓展了当代中国马克思主义哲学研究的视野和深度，深化了问题意识，而且将这一研究引入新的阶段。宏观地看，这些价值体现在，一是在思想史的维度中深化了我们对马克思主义哲学理论的理解，丰富了其思想的内涵。二是在与现实问题的互动中，拓展研究的视野，尤其是对国外马克思主义哲学所关注的问题作了独到的阐释，有效地拓展了马克思主义的问题域。例如，对城市问题和空间问题的讨论、对金融资本的关注，等等。三是问题导向的确立。我们能清楚地看到，当代国外马克思主义对马克思主义基本理论的反思、对当代资本主义的新思考，以及对社会主义的新探索有着独到的理解。当然，这并不意味着国外马克思主义代表了马克思主义哲学正统，我们研究的路子就应该严格按照他们所指出的路来走，相反，对其要保持清醒的认识和理论自觉。我们甚至可以做出这样的断言，真正对当代中国马克思主义构成冲击和挑战，并不是西方某个新自由主义的理论流派，更不是保守主义性质的儒家学说，而是部分"披着马克思主义外衣"，即以新自由主义为底色的所谓的"国外马克思主义思潮"。

新中国成立70年来，中国的马克思主义哲学并没有局限于自我的理论反思，而是在与各种思想资源的"对话"中实现了理论的创新与发展，由此在理论自觉与主体自觉中形成了"对话"的研究范式。尽管可能存在着这样或那样的问题，如"对话"不充分、对话"主题"不集中、"对话"论域不对焦等，但不能否认的是，在"对话"范式主导下的中国马克思主义哲学极大地彰显了马克思主义哲学经典原理的基本价值，开拓了研究的问题域和理论论域，贴近了现实的巨变和流变，使得当代中国马克思主义哲学成为中国建设和改革的有力理论武器。在我们看来，"对话"范式中的当代中国马克思主义哲学，就是通过"对话"，从掌握原理回到学术研究，从学习知识走向思想创造，从"照着讲"走向"接着讲"，将中国的马克思主义哲学研究从一种地域性知识的生产推向一种"世界性知识"的生产，真正使得马克思主义哲学成为具有"世界历史意义"的"世界的文学"以及助力构建人类命运共同体的思想智慧。

原载《教学与研究》2019年第10期，原题为《"对话"范式与中国马克思主义哲学创新——基于新中国70年学术研究现状的反思》，收入本书时有改动。

作者单位：中央民族大学哲学与宗教学学院

现实抽象与唯物辩证法

——重思《资本论》写作过程中的辩证叙述方式

周嘉昕

本文讨论的主题是《资本论》中的辩证法。近年，西方学界有关《资本论》方法的讨论是关注价值形式。有关价值形式与辩证法的考察，在文本上可以得到马克思《资本论》第二版跋和恩格斯 1891 年致康拉德·施密特书信的直接支持。这一讨论的兴起主要集中在 20 世纪 70 年代以降英美"新辩证法"和德国"新马克思阅读"的讨论之中。基于《资本论》及其手稿的文本线索，我们尝试论证：虽然马克思在"关于价值理论的一章"中，"卖弄起黑格尔特有的表达方式"，但是他对思辨辩证法的批判性改造，贯穿于其"政治经济学批判"始终；在唯物史观和剩余价值理论基础上，对资本主义生产方式的批判性叙述，构成了辩证法的合理形态；在《资本论》的写作中，为批判"资本"这一现实存在的抽象，即"现实抽象"，马克思对正确的辩证叙述方式的探索也经历了一个不断调整的过程。

一 现实抽象、商品形式与价值形式

回顾索恩－雷特尔的理论探索及其接受过程，我们可以概略建构起一条从卢卡奇物化批判，到阿多诺否定的辩证法，再到齐泽克意识形态批判的思想史路径。其中，马克思的商品拜物教批判扮演着重要的角色。与这一思路不同，意大利激进理论家保罗·维尔诺则从脑力劳动和体力劳动的分工出发，在生命政治语境中提供了另一种有关"现实抽象"的阐释。"现实抽象"以及与之相应的商品形式或价值形式分析，成为当前西方学界热议的话题。与之相关，马克思价值理论、劳动价值论、政治经济学批判中的哲学方法论问题，也成为学术讨论的焦点。围绕价值形式辩证法的讨论出现了这样一些分歧和争议：其一是商品形式分析和剩余价值理论之间的关系问题。其二是价值形式辩证法与历史唯物主义之间的关系问题。其三是价值形式辩证法讨论的文本依据问题。

2012 年，MEGA2 第二部分全部卷次出版完成，《1861—1863 年经济学手稿》《1864—1865 年经济学手稿》等大量《资本论》的准备性材料得以以更为切近马克思写作过程的方式呈现在研究者面前。利用既有的中文文献和英文文献，综合 MEGA2 文献中提供的马克思《资本论》写作过程中的时间节点信息，我们可以尝试回到政治经济学批判的微观探索历程中去，进一步探索马克思研究现实材料、锤炼理论方法的具体过程，回应价值形式辩证法讨论提出的问题。我们的切入点是：从"现实抽象"的批判性叙述出发，结合马克思著作结构计划的调整和理论观点的嬗变，尝试提供一种有关《资本论》辩证法的阐释。

二　"资本一般"与黑格尔的重新发现

马克思思想研究中一个共通的观点是：资本的存在是一种"现实抽象"。在商品形式的意识形态批判或价值形式的辩证法研究中，更为关注或强调价值形式、商品形式、货币形式的原因和旨趣。但回到马克思的探索历程中去，自《德意志意识形态》，甚至是《1844 年经济学—哲学手稿》开始，马克思已经意识到现实中存在的抽象力量对人和社会的奴役与统治。如何破解这一现实中客观存在的抽象力量，是一个长期困扰马克思的难题。这就是政治经济学批判或《资本论》要解决的根本问题。

马克思期待通过物质生产方式的分析，揭示现代资产阶级社会内在的阶级对抗，寻求超越资本这一作为现实存在的抽象力量的特殊社会生产关系的途径。然而，在经历了 1848 年革命之后"资产阶级社会"的历史和理论转型，进一步从事政治经济学研究后，马克思在为社会主义动提供科学理论指导的意义上开始集中探讨对"现实抽象"的批判问题。

在《政治经济学批判大纲》《导言》中，马克思提出了"五篇计划"。在《政治经济学批判大纲》"资本章"的写作过程中，提到了新的"六册计划"，其中，值得注意的是"资本一般"范畴的提出。从 1857 年底到 1858

年初，也就是"资本章"的写作中，马克思逐渐形成了政治经济学批判的"六册计划"。"六册计划"可以被视为马克思超越李嘉图政治经济学体系的尝试。此外，还可以发现：正是在"六册计划"的拟定过程中，特别是"资本一般"概念的提出中，马克思开始重新发现黑格尔辩证法的合理因素。黑格尔发现但神秘化了的方法中的合理东西，不外乎是从抽象上升到具体的叙述方式。这里作为叙述起点的抽象，就是"资本一般"这样一种"现实抽象"。虽然这与马克思对黑格尔辩证法的重新发现相关，但并不意味着马克思完全接受了黑格尔的方法。

三 物化批判与"辩证法的合理形态"

马克思对黑格尔辩证法的挪用，集中在从商品和货币向资本发展的环节，特别是在价值形式和商品拜物教部分。其中最具代表性的，就是前文提到的价值形式辩证法的探讨。马克思在《资本论》三卷总体内容已经基本完成，并准备出版第一册的情况下，重新撰写了自己著作的开头部分。这一部分在《资本论》其后版本的修订中，又经过了重大调整。其中，最为显著的变化就是将"价值形式"的附录纳入正文。据此，正是在对资本主义生产过程的剖析中，马克思对"资本"或者说"剩余价值"这一"现实抽象"有了更为深入的理解，进而在政治经济学批判的叙述形式调整中，运用并改造了黑格尔的辩证法。因而，对于马克思政治经济学批判的叙述形式来说，一个重要的问题就是现实抽象与经济范畴之间的关系，特别是从剩余价值到利润、利息和地租的转型问题。

这样，我们就不难理解"资本一般"术语的消失和政治经济学批判"六册计划"向"三卷四册计划"的转变了。在广义剩余价值和再生产理论的基础上，"资本一般"这样一个标志"每一种资本作为资本所共有的规定"的"现实抽象"消融于马克思对资本主义生产方式的本质及其实现方式的辩证叙述。从既作为资本的前提又作为资本的结果的商品出发，经过货币转化为资本，进一步经由资本的生产过程、流通过程和资本主义生产的总过程，实现了从抽象到具体的辩证转化，以及从现象到本质的科学揭示。

因此，《资本论》第一卷中有关"商品"和"货币"的讨论，不仅仅是第一卷辩证叙述的起点，而且是整个三卷辩证叙述的起点。在《资本论》第三卷的最后，有关"各种收入及其源泉"的分析，在把握了资本主义生产方式总体过程的基础上，辩证而历史地揭示了商品形式这一"现实抽象"的秘密。马克思在论述资本主义生产方式甚至商品生产的最简单的范畴时，指出了一种神秘性质，它把社会关系变成物本身的属性（商品），并且把生产关系本身变成物（货币）。

四　政治经济学批判与唯物主义辩证法

在《资本论》的写作过程中，马克思是在政治经济学批判加工整理材料的意义上重新发现了黑格尔辩证法的合理因素。从《资本论》及其手稿写作的微观历程，结合政治经济学批判著作计划的调整以及对"现实抽象"的资本概念的理解深化，马克思从最初对政治经济学方法的批判性说明中概括出来的抽象规定，如"生产一般""劳动一般"，到提出"资本一般"概念超越古典政治经济学理论体系，并将黑格尔《逻辑学》中"一般、特殊、个别"的分析框架运用于资产阶级生产方式的叙述，再到制定广义剩余价值理论和资本再生产理论，揭示资本主义生产方式本质和现象的辩证统一、作为资本前提和资本结果的两种商品概念的辩证统一，马克思对现实中发生的客观抽象及其作用形式有了不断深化的理解。而这种科学的辩证叙述方式，本身就是政治经济学批判的叙述方式，也就是从商品和货币，到资本的生产过程、流通过程，再到资本主义生产的总过程的辩证展开。

马克思虽然强调自己是黑格尔的学生，但是一来他指出自己的方法与黑格尔的不同，是一种唯物主义的辩证法，二来他强调必须从思辨辩证法的神秘外壳中发现其中的合理内核。围绕马克思《资本论》中的辩证法理解，我们尝试做以下补充说明。第一，价值形式与生产方式的关系问题。借助于价值形式强调资本主义生产方式批判的方法论意义，不仅可以得到《资本论》及其手稿的文本支持，而且可以为更为系统理解全球资本主义的发展，以及当代西方社会的结构转型提供一个更为全面的方法论框架。第二，劳动价值论与剩余价值理论的关系问题。准确理解马克思的劳动价值论就必须在剩余价值理论的意义上进行。第三，唯物史观与政治经济学批判的关系问题。政治经济学批判的方法论前提是唯物史观或历史唯物主义，即从现实的物质生产过程出发理解特定经济范畴和哲学范畴的含义与指向。科学揭示资本主义内在的对抗性矛盾，说明资本主义生产方式的历史边界以及资产阶级意识形态的虚假本质。第四，马克思对黑格尔辩证法批判性改造的历史回溯。马克思与黑格尔的思想关联，并不仅仅是狭义的方法论探索，而就是对现代市民社会或资本主义生产方式进行研究、批判的理论总结。

原载《哲学研究》2019 年第 2 期，原题为《现实抽象与唯物辩证法——重思〈资本论〉写作过程中的辩证叙述方式》，由吴伟根据原文压缩。

作者单位：南京大学马克思主义社会理论研究中心暨哲学系

王亚南与新中国《资本论》方法研究的开启

周　可

　　新中国成立为《资本论》在中国的出版、传播和研究提供了便利条件，开启了《资本论》在中国的新篇章。新中国成立初期，我国学界对于《资本论》研究的首要工作是推动《资本论》的传播与普及，这一时期，中国学者不仅翻译出版了苏联和日本学者讲解《资本论》的篇章结构和主要观点的著作，还编写了许多介绍、解说《资本论》的入门读物，这些工作适应了广大党员群众学习、掌握马克思列宁主义经典著作的热切需求。随着《资本论》传播与普及工作的深入，国内学者逐渐转向对《资本论》方法研究。20世纪五六十年代，经过修改后的《矛盾论》公开发表，毛泽东指出中国共产党人必须学会关于事物矛盾运动的一般辩证法，以正确分析中国革命的历史和现状，推断革命的将来。这一思想影响王亚南等学者更多地学习《资本论》的方法论，体会、掌握其中最基本的原则及其运用。1956年三大改造完成之后，如何在生产力较为落后的社会主义国家开展经济建设，成为摆在中国共产党人面前的理论难题和实践挑战。正是由于国家经济建设的需要，学界开始研究社会主义的经济建设理论，并且尝试着运用和发展《资本论》的方法、范畴来构造社会主义经济学理论体系。随着经济学领域研究的不断深入，理论其自身的发展迫切要求要从哲学层面去考察《资本论》方法的理论性质与具体运用，这就推动了国内《资本论》方法研究的哲学转向并引起一场热烈的讨论。本次讨论中，吴传启认为《资本论》从商品开始分析资本主义经济，遵循从抽象上升到具体的方法以及逻辑与历史相一致的方法。胡钧撰则认为吴传启误解了马克思的抽象与具体概念。随后，王亚南等学者也纷纷参与讨论，正是在这场讨论中，王亚南较为系统地论述了他对《资本论》方法的独到理解。

新中国成立以后是王亚南《资本论》方法研究的起点，随即他在《中国经济问题》中发表一系列文章系统性地阐发了他对《资本论》方法的理解。第一，《资本论》的基本方法是唯物主义的辩证方法。王亚南从革命意义出发揭示了《资本论》在方法上的重大变革。他认为马克思在其思想的形成和发展过程中，逐步建立了唯物史观并将其运用于政治经济学研究中，从根本上改变了政治经济学的内容和性质，揭露了资本主义必然灭亡的历史规律。同时，《资本论》代表无产阶级的基本利益，为实现无产阶级的自我解放乃至人类解放的历史任务奠定了理论基石。王亚南也从《资本论》的研究对象出发探讨了与之相对应的研究方法。他认为《资本论》的研究对象是资本主义社会这一特定社会阶段的生产关系。要把握这一特殊社会现象的本质和矛盾进而揭示出资本主义生产方式的剥削本质和资本主义经济的运行法则，就应该采取与研究对象相符合的科学方法，即唯物主义辩证法。由此，王亚南就从理论地位和研究对象两个方面得出了唯物主义辩证法是《资本论》基本方法的结论。第二，《资本论》中的其他方法从属于唯物辩证法，它们一起构成了马克思主义政治经济学的辩证方法论体系。针对国内学者对《资本论》中基本逻辑方法和各种研究方法之间的关系问题，王亚南引证马克思恩格斯的论述，从多个角度进行考察，认为不论是抽象分析法还是由抽象上升到具体的方法，或是其他方法，都不是《资本论》的基本方法，而是从属于《资本论》的辩证方法。实际上，马克思构建了一种以唯物主义辩证法的方法论原则和基本精神为指导的，综合其他各种方法的"马克思主义经济学的辩证方法论体系"。第三，对《资本论》方法的研究应区分认识论与方法论的视角。王亚南认为，在理解列宁论述的有关唯物主义的逻辑、辩证法和认识论是统一的论断时，应该从认识论方面和方法论方面分别考察认识论与方法论的统一。从认识论方面来看，承认事物自身的矛盾运动过程，就已经是在运用辩证方法；而从方法论方面来看，不仅要按照认识论所肯定的那样，把对象看作是辩证发展着的，还要按照对象的辩证特性来认识并研究它。通过这一区分，王亚南阐发了他对方法研究的独到见解。对《资本论》方法的研究不能局限于认识论的视域，不能满足于用《资本论》中实际运用的方法来解释认识论所揭示的一般辩证规律，而应该具体考察马克思在《资本论》中根据研究对象和实际问题的差异对不同方法的综合运用，进而挖掘出《资本论》方法的理论意义。在这场讨论中，王亚南较为明确地阐发了自己的观点，厘清了《资本论》的基本方法，揭示了《资本论》方法体系的基本特征，区分了《资本论》方法研究的不同视角。他的观点集中体现了这一时期国内《资本论》哲学研究的理论水平。

王亚南等学者在新中国成立初期大力传播《资本论》，积极开展《资本论》方法的学术研究，将国内《资本论》研究从经济学层面推进到哲学层面，真正开启了国内《资本论》的哲学研究。在这场学术讨论中，王亚南展现出了他颇具特点的学术观点和致思路径。第一，王亚南对《资本论》方法的哲学基础的深刻阐发，重视经济学与哲学的交融互动。他向来重视哲学与经济学之间的互动，重视考察哲学与经济学的关系。此外，他还专门研究了经济学方法论的若干基本范畴，不仅阐述了它们在经济思想史上经历的演变，而且揭示了其现实根基和理论实质。同样，在解说《资本论》、探讨《资本论》方法时，王亚南也十分重视《资本论》方法的哲学基础。一方面，他从马克思哲学革命出发阐发了《资本论》方法的哲学基础。他认为马克思的哲学包括唯物论、辩证法和唯物史观三个部分，是科学的世界观、历史观和方法原理，因而能够为《资本论》的研究对象和研究方法奠定坚实的哲学基础。另一方面，他揭示了唯物辩证法在《资本论》方法体系中的核心地位。只有在唯物辩证法的指导下，分析的方法、综合的方法、历史的方法和逻辑的方法等在马克思主义哲学出现以前就被运用的方法，才能成为《资本论》方法体系的有机组成部分。这些都表明，王亚南的研究既深化了对马克思经济学理论和方法的认识，又彰显了马克思辩证法思想的方法论意义。第二，王亚南从经典论述出发阐释《资本论》方法，重视文本解读与理论创新的密切结合。王亚南对《资本论》方法的研究不是照搬哲学原理教科书的框架，而是建立在解读马克思恩格斯相关文本的基础上。他通过解读《资本论》各卷次、章节的内容和逻辑，具体考察了唯物辩证法指导下的各种不同方法的综合运用，而不是套用历史唯物主义的结论和唯物辩证法的规律。依照此方法得出的结论，在现代社会仍具有学术价值。

如果说，20世纪五六十年代国内的《资本论》方法研究在时间上开启了中国学者对《资本论》哲学思想的研究，那么王亚南的《资本论》方法研究所运用的致思路径则在理论范式上开启了中国学者的《资本论》哲学思想研究。它表明中国学者对《资本论》方法的理解摆脱了苏联哲学教科书体系的影响，具有鲜明的个性特征和创新价值。王亚南这种重视经济学与哲学的互动、重视文本解读与理论创新的结合的研究方法，从根本上说是为了回答在新中国成立初期如何学习和运用毛泽东哲学思想、如何构建政治经济学社会主义部分的理论体系的问题，因而是马克思主义哲学与中国具体实际相结合的中国化范式在《资本论》哲学研究中的体现。这也有利驳斥了以往人们所认为的改革开放以前的国内《资本论》方法研究同样深受哲学原理教科书范式影响的结论。因此，王亚南的《资本论》方法研究可以说是突破哲学原理教科书范式的例证，继承和发展王亚南所代表的中国《资本论》研究传统，对于推进马克思主义哲学中国化大有裨益。

原载《马克思主义与现实》2019 年第 6 期，收入本书时有改动。

作者单位：武汉大学哲学学院

论马克思对斯密价值理论的批判与超越

康　翟

以往对于马克思劳动价值论的研究，往往过多强调了其是对李嘉图意义上的劳动价值论的继承和发展。至于马克思与斯密在价值理论上的批判与继承关系，则在很大程度上遭到了研究者的忽视。借助于马克思剩余价值学说史的批判视角，我们能够澄清这一关系。马克思对斯密价值理论的超越之处主要在于，他不仅首次认识到了价值形式的重要性，而且以一种历史与逻辑相统一的方式展现出了价值形式本身的辩证法。

在古典政治经济学的劳动价值论确立及发展的过程中，始终伴随着来自内部和外部的反对声音。晚近以来，熊彼特、布劳格等经济思想史家对斯密劳动价值论形象的解构，为我们重新反思斯密价值理论的真实形象打开了空间。本文将首先借助于经济思想史的视阈，力图还原斯密价值理论的真实形象。其次，将借助于马克思《剩余价值学说史》的批判视角，一方面澄清斯密为何会在价值理论上陷入重重矛盾之中，另一方面揭示马克思的价值理论对斯密价值理论的决定性超越之处，并对这种超越的意义做出评价。

一　斯密价值理论的真实形象

价值理论所要解决的核心问题是把握价值的内在决定因素，从而为确立合适的商品交换比例奠定基础。在此意义上，劳动价值论意味着下述命题：商品的交换比例取决于各自所包含的劳动数量的比例。事实上，古典政治经济学的价值理论主要就是围绕价值如何被决定的问题展开的。如果我们承认价值理论关乎的是价值决定而非价值尺度的问题，那么，依照布劳格的上述观点，斯密的价值理论就并非出现在《国富论》第一篇的第 5 章，而只可能出现在第 6 章和第 7 章。但问题在于，在《国富论》的第 6 章和第 7 章中，斯密主要建立的是收入价值论，而我们所能找到的支撑劳动价值论的相关论述基本上都是出现在第 5 章。因此，仔细考察起来，布劳格的观点实际上否定了斯密的价值理论是劳动价值论。

以上的分析使我们对斯密劳动价值论的传统形象产生怀疑，但是，这是否意味着斯密的论述中没有包含劳动价值论的纬度？事实上，尽管布劳格和熊彼特都否认可以用劳动价值论概括斯密的价值理论，但他们也都承认斯密的某些论述暗示出了劳动价值论。准确地说，他们认为斯密的价值理论存在着自相矛盾和模糊不清之处。在斯密看来，商品经济发展的不同阶段同时也意味着价值决定方式的变革。在简单交换的条件下，交换价值的决定因素可以被归结为劳动。但是，这一结论一旦遭遇土地私有和资本积累的资本主义状况，就立即不再适用了。于是，斯密不得不抛弃劳动价值论，转而去构建适应新的条件的价值理论——收入价值论。于是，他就得出结论，价值不再决定于劳动而是决定于收入。总之，以上的分析表明，斯密的价值理论内部存在着双重矛盾：首先是劳动价值论内部由可支配劳动和所耗费劳动带来的矛盾，其次是劳动价值论与收入价值论的矛盾。关于这双重矛盾的根源，我们可以借助马克思的批判视角予以澄清。

二　斯密价值理论双重矛盾的根源

斯密价值理论的第一重矛盾在于，同时将可支配劳动与所耗费劳动作为决定商品价值的因素。为何会出现此种矛盾？借助马克思在剩余价值学说史中的分析，可以发现，这背后的深刻基础在于，斯密混淆了价值和交换价值。斯密在《国富论》中讨论价值问题时，主要是从使用价值和交换价值两个层面展开的。他写道："应当注意，价值一词有二个不同的意义。它有时表示特定物品的效用，有时又表示由于占有某物而取得的对他种货物的购买力。前者可叫做使用价值，后者可叫做交换价值。"① 这表明，斯密要么

_____

① 〔英〕亚当·斯密：《国民财富的性质和原因的研究》（上卷），郭大力、王亚南译，商务印书馆，1983，第 25 页。

是从使用价值的意义上理解价值，要么是从交换价值的意义上理解价值。由于斯密的分析重心在于确立商品交换的比例，所以对于交换价值的探讨自然而然占据了斯密分析的重心。

斯密价值理论的第二重矛盾根源在于未能区分劳动价值与劳动力价值。由于这种混淆，斯密不得不放弃在讨论商品真实价格与名义价格时若隐若现的劳动价值论，转而接受收入价值论。对此，马克思评论道："斯密的巨大功绩在于：他正是在第一篇的几章（第六、七、八章）中……总之，转到剩余价值的起源问题的那几章中，就已经感觉到出现了缺口；他感觉到，——不管他所不理解的中介环节是怎样的，——从结果看，规律实际上是失效了：较大量的劳动同较小量的劳动相交换（从工人方面说），较小量的劳动同较大量的劳动相交换（从资本家方面说）。"① 这里，马克思所说的斯密不理解的中介环节实际上就是指对于劳动价值和劳动力价值的混淆。具体而言，对劳动价值与劳动力价值的混淆将会带来如下几重后果。①如果坚持劳动价值论，那么，商品的价值应该等同于劳动本身的价值，由于斯密将工资（劳动力价值）等同于劳动价值，因此必然陷入商品价值大于劳动价值的困境中。②如果坚持劳动价值论，那么，等价交换就意味着等量劳动的交换，但是在土地私有和资本积累的情况下，资本家与劳动者的交换就会体现为不等量劳动的交换。③上述所谓不等量劳动交换也透露出耗费劳动与换得或购得劳动的不一致性，这样一来斯密关于劳动价值论的两种说法的矛盾也就暴露出来了。以上三重后果共同构成了斯密放弃劳动价值论转而拥抱收入价值论的理由。

三 马克思对斯密价值理论的超越

无疑，斯密的价值理论确立了抽象劳动的原则，但在马克思看来，这仅仅只是把握到了价值规定的内容。在《商品的拜物教性质及其秘密》一节中，马克思区分了价值规定的形式和价值规定的内容。他写道："可见，商品的神秘性质不是来源于商品的使用价值。这种神秘性质也不是来源于价值规定的内容。因为，第一，不管有用劳动或生产劳动怎样不同，它们都是人体的机能，而每一种这样的机能不管内容和形式如何，实质上都是人的脑、

---

① 马克思：《剩余价值理论》第一册，人民出版社，1975，第66~67页。

神经、肌肉、感官等等的耗费……"① 这里，表现为"人的脑、神经、肌肉感官等等的耗费"的劳动恰恰是指抽象劳动。换言之，价值规定的内容是抽象劳动。但是，如果商品的神秘性质不是来自价值规定的内容，那么，它来自什么呢？马克思紧接着给出了答案："可是，劳动产品一旦采取商品形式就具有的谜一般的性质究竟是从哪里来的呢？显然是从这种形式本身来的。"② 这里，商品形式与价值形式是同义词，都是指与使用对象性相区分的价值对象性。

在马克思看来，古典政治经济学之所以始终停留在对价值内容的分析上，而无法达到对价值形式的分析，关键原因在于，古典政治经济学试图为资本主义制度的永恒性、自然性做辩护："劳动产品的价值形式是资产阶级生产方式的最抽象的、也是最一般的形式，这就使资产阶级生产方式成为一种特殊的社会生产类型，因而同时具有历史的特征。"③ 换言之，劳动产品的价值形式作为一种普遍的、抽象的形式，恰恰凸显出资产阶级生产方式的历史性。既然古典政治经济学已经将这种生产方式视作自然的、永恒的，那么，它自然是要回避对价值形式的分析的。事实上，价值形式本身的存在以商品经济为其基础。这意味着，价值形式本身是历史性的，在商品经济之前的自然经济中不存在价值，同样，在商品经济被共产主义所取代之后的社会里，价值形式也是不存在的。在马克思看来，资本主义生产方式意味着商品生产达到了普遍性，从而也就为科学的解剖价值、交换价值等范畴提供了可能性。不过，虽然价值范畴本身是历史性的，但它对于受商品生产关系束缚的人们来说却具有某种自然形式的固定性，换言之，"对于这个历史上一定的社会生产方式即商品生产的生产关系来说，这些范畴是有社会效力的、因而是客观的思维形式"。④

原载《马克思主义哲学研究》2019 年第 2 期，收入本书时有改动。

作者单位：上海财经大学人文学院

---

① 马克思：《资本论》第 1 卷，人民出版社，2004，第 88 页。
② 马克思：《资本论》第 1 卷，人民出版社，2004，第 89 页。
③ 马克思：《资本论》第 1 卷，人民出版社，2004，第 98～99 页。
④ 马克思：《资本论》第 1 卷，人民出版社，2004，第 93 页。

经济分析的方法困境与应对思路

李秀辉

近期经济理论分析与现实不符的问题再次引发关注，罗默直指问题在于对问题本身的忽视。"问题并不是宏观经济学所说的与事实不符。真正的问题是其他经济学家并不在意宏观经济学家不关心事实本身。"① 其实，不只是宏观经济学存在这样的困境，经济分析传统从李嘉图那里就开始了忽视事实的逻辑化之路，其背后的根本原因在于分析方法的竞争和选择，准确地说是逻辑方法与历史方法的取舍造成了当前经济学的困境。

一　经济分析史中逻辑与历史方法的分离与融合

亚当·斯密开启的经济学研究历程，一直有逻辑方法和历史方法的应用和互动潜藏其中，逻辑方法强调演绎推理，历史方法则强调归纳分析。斯密的这两种方法分别被马尔萨斯和李嘉图继承，前者强调归纳分析，后者则推动了逻辑演绎在经济学领域的发展壮大。李嘉图的论证以逻辑严密而著称，"用严格的逻辑把经济整体简化为几个变量，并在不言自明的假设上用逻辑的方法推理而得出一般性的结论，从而论述了总的规律。由于麦克库洛赫、詹姆斯·穆勒等重要人物对李嘉图的追随和极力宣传，导致其学说和研究方法在当时影响甚大，甚至形成了一个影响深远的李嘉图学派"。② 受李嘉图

---

①　〔美〕保罗·罗默：《宏观经济学的困境》，秦蒙译，齐昊校，《政治经济学报》2017 年第 1 期。
②　朱富强：《历史归纳还是抽象演绎？——经济学中两大分析逻辑的历史演化与现实反思》，《改革与战略》2009 年第 9 期。

的影响，越来越多的经济学家偏好逻辑演绎，基于不证自明的公理推导出整个经济学理论体系，这一方面增加了经济理论的系统化和说服力，另一方面也丧失了与现实和哲学的联系，而成为一种数学形式的自闭体系，故而有学者将其称为"李嘉图恶习"。

斯密试图协调逻辑与历史方法，从李嘉图到约翰·穆勒的古典经济学家强调逻辑方法的主导地位并引发了方法论之争，其后，马歇尔试图重新融合两种分析方法。"马歇尔经济学的最大优点在于，它介于理论与现实之间，它既不像博弈论视角那样抽象，以致完全不能区分现实细节——缺乏常识感，也不像管理学案例分析的视角那样具体，以致缺乏整体感——支离破碎。芝加哥学派长期以来坚守马歇尔的经济学传统，有充足理由。"① "在马歇尔之后，萨缪尔森（Paul A. Samuelson）的'基础'更像是一种使历史叙事完全服从于数学表达的努力。"② 马歇尔在此重要的节点发挥了承上启下的作用，就像斯密的历史地位一样，但在他之后，两种分析方法不可避免地再次分裂，主流经济学则在逻辑演绎的形式主义道路上越走越远。

二　逻辑方法在经济分析中胜出的原因

马歇尔之后的主流经济学在分析范式上模型化和数理化越来越严重，希克斯将凯恩斯的革命式宏观经济理论抽象为 IS－LM 模型，以萨缪尔森为代表的新古典综合派由此将研究对象和前提假设不同的宏观经济学与微观经济学结合在一起形成一般性综合理论。有代表性的转折点包括罗宾斯在《论经济科学的性质和意义》中基于演绎主义的分析思路将经济学的主要原理置于几个自明性的假设之上，"经济学应是一般性的'选择科学'，不用去研究个人偏好和目的的心理缘由和制度塑造过程。经济学不再需要制度性或历史特定性的分析"。③ 弗里德曼则提出了 20 世纪对经济学方法论影响最大的实用主义主张，认为前提假设是不重要的，预测准确才是第一位的。"作

---

① 汪丁丁：《经济学思想史进阶讲义：逻辑与历史的冲突和统一》，上海人民出版社，2015，第 432 页。

② 汪丁丁：《经济学思想史进阶讲义：逻辑与历史的冲突和统一》，上海人民出版社，2015，第 1 页。

③ 〔英〕霍奇逊：《经济学是如何忘记历史的：社会科学中的历史特性问题》，高伟等译，中国人民大学出版社，2007，第 236 页。

为一门实证科学，经济学是一种被尝试接受的、关于经济现象的概括体系，用以对条件变化的结果做出推测……经济学只能依据未经控制的实验，而无法依据受控实验，因此不能为尝试性假说的合理论证提供足够清楚有力的证据。"[1] 弗里德曼的逻辑实证主义宣言开启了现代主流经济学运用各种理论假说建立貌似科学的理论模型的潮流，之后的计量经济学家则专注于建立模型以检验和预测经济发展状况。经济学不再关注具体的现实和历史，而是通过逻辑抽象和数理模型建构能够适用于一切时代的研究方法，形成解释各种经济形态的一般性理论，成为能够解释和预测经济发展的科学。正是在抽象演绎法和一般化理论目标的推动下，经济学从研究如何使国家变得富有的学问转变为资源如何有效配置的学科，在形式上则越来越倾向于数量统计和模型化处理。

三　逻辑方法的局限与经济分析的困境

对主流经济学逻辑演绎和形式主义的反思和批评一直存在，既有主流经济学内部的声音，也有其外部甚至来自非经济学领域的审思。例如作为经济学帝国主义的代表人物贝克尔就曾经表示："我会毫不犹豫地放弃新古典经济学的任何假设，只要能更好地解释真实世界。"[2] 同时，索洛也曾非常遗憾地认为"'经济理论没有从经济历史中学到什么东西，并且经济历史受到经济理论滋养的同时，也受到经济理论同等程度的腐化。'然而，经济学将自己确定为普遍的社会物理学的目标，诱使经济学陷入了形式主义的泥沼之中"。[3] 索洛认识到了经济理论和经济史之间的纠缠关系难以解决，而且目前主流的解决方法出现了严重的问题。经济学方法论专家布劳格则认为始于边际革命以后的逻辑演绎和均衡分析等形式主义方法使得经济学误入歧途，"这些观点充斥在 19 世纪 70 年代的经济学研究之中，并且开始为经济学提供一个制度化的、形式主义的引擎，从而在二战后加速并最终促成了整个经

---

① 〔美〕弗里德曼：《实证经济学方法论》，《经济学的哲学》，丁建峰译，上海人民出版社，2007，第 174 页。
② 汪丁丁：《经济学思想史进阶讲义：逻辑与历史的冲突和统一》，上海人民出版社，2015，第 355 页。
③ 〔英〕霍奇逊：《经济学是如何忘记历史的：社会科学中的历史特性问题》，高伟等译，中国人民大学出版社，2007，第 305 页。

济学的转变。历史主义在这场转变中也没能幸免。这种形式主义的革命最终‘将经济学转变为应用数学的一个分支’。"① 这样的主流经济学也被讥讽为"坐在轮椅上的经济学"或者"黑板上的经济学"。基于这种极端化发展，主流经济学内部也出现了再次强调制度和历史的作用，要求融合历史方法和逻辑方法的声音。"如果没有制度，经济人就存在于一个没有历史或未来的真空之中。因而，奈特看到了新古典经济学和制度经济学之间的'互补性'关系。正如奈特自己所说的：'演绎理论和'制度'经济学'是相互关联的。"②

四　马克思逻辑与历史相统一的方法指引

马克思敏锐地察觉到了政治经济学领域对于逻辑方法和抽象一般的推崇，即所谓的第一种方法，并对其进行了明确的批判。"第一条道路是经济学在它产生时期在历史上走过的道路。例如，十七世纪的经济学家总是从生动的整体，从人口、民族、国家、若干国家等等开始；但是他们最后总是从分析中找出一些有决定意义的抽象的一般的关系，如分工、货币、价值等等。"③ 离开具体看一般是政治经济学方法的特点，看似为理论建构建立严密逻辑框架，实则脱离具体的现实情境。之所以从抽象出发，马克思认为，是因为资本主义生产关系在经济学家看来是非历史的、永恒的经济规律。马克思的政治经济学批判与古典经济学、新古典经济学、奥地利学派甚至历史学派等之间存在显著的不同。"古典经济学家和其他经济学家考虑问题的起点是普遍性的假设，比如非历史的、抽象的个人。"④ 马克思的方法运用了与他们不同的方法，因为普遍性的非历史范畴难以描述特定社会的实质。"后一种方法显然是科学上正确的方法。具体之所以具体，因为它是许多规定的综合，因而是多样性的统一。因此它在思维中表现为综合的过程，表现为结果，而不是表现为起点，虽然它是实际的起点，因而也是直观和表象的

---

①　〔英〕霍奇逊：《经济学是如何忘记历史的：社会科学中的历史特性问题》，高伟等译，中国人民大学出版社，2007，第265页。

②　〔英〕霍奇逊：《经济学是如何忘记历史的：社会科学中的历史特性问题》，高伟等译，中国人民大学出版社，2007，第183～184页。

③　《马克思恩格斯全集》第46卷上册，人民出版社，1979，第38页。

④　〔英〕霍奇逊：《经济学是如何忘记历史的：社会科学中的历史特性问题》，高伟等译，中国人民大学出版社，2007，第54页。

起点。在第一条道路上，完整的表象蒸发为抽象的规定；在第二条道路上，抽象的规定在思维行程中导致具体的再现。"① 这种抽象上升到具体的方法，经历了一个否定之否定的过程，抽象不能停留在逻辑的一般层面，而是要通过综合回到多样性统一的具体。具体而言，"如果我从人口着手，那么，这就是一个浑沌的关于整体的表象，经过更切近的规定之后，我就会在分析中达到越来越简单的概念；从表象中的具体达到越来越稀薄的抽象，直到我达到一些最简单的规定。于是行程又得从那里回过头来，直到我最后又回到人口，但是这回人口已不是一个浑沌的关于整体的表象，而是一个具有许多规定和关系的丰富的总体了"。②

原载《青海社会科学》2020 年第 2 期，收入本书时有改动。

作者单位：浙江海洋大学经济与管理学院

---

①　《马克思恩格斯全集》第 46 卷上册，人民出版社，1979，第 38 页。

②　《马克思恩格斯全集》第 46 卷上册，人民出版社，1979，第 37～38 页。

四　学术会议与学术动态

2019：中国制度·中国精神·市场经济

——党的十九届四中全会精神体会

王　程

习近平总书记在党的十九届四中全会上指出："新中国 70 年的历史成就充分证明，中国特色社会主义制度是当代中国进步发展的根本保证。"① 这里蕴含着一个重大的理论启示：社会制度作为人类文明的总成果，凝聚着一个国家和一个民族在实现自身本质属性时所创造的物质基础、制度文化和精神力量。尤其是改革开放 40 年来，在中国特色社会主义制度的引领下，社会主义市场经济以其特有的运动逻辑彰显出巨大的历史变革力量。经过40 余年的发展，基于经济实践而生成的社会主义市场精神已经成为一个全新的范畴，我们必须把她锚定在中国特色社会主义制度中之中加以反思。2019 年 11 月 16 日，由全国经济哲学研究会和安徽财经大学共同主办的"中国制度·中国精神·市场经济——党的十九届四中全会精神体会"理论研讨会暨全国经济哲学研究会 2019 年年会在安徽省蚌埠市召开，来自中国社会科学院、中国人民大学、复旦大学、南京大学、武汉大学、上海财经大学、上海社会科学院、中南财经政法大学、西南大学、中国浦东干部学院、中央民族大学、北京交通大学、华东理工大学、浙江师范大学等数十所国内著名高校和科研机构以及《世界哲学》《文汇报》《教学与研究》《江海学刊》《天津社会科学》《当代经济研究》等学术期刊、新闻媒体的 100 余位专家学者参加了此次会议。

---

① 《习近平谈治国理政》第三卷，外文出版社，2020，第 109 页。

一　中国制度与社会主义精神的出场

马克思在《1857—1858 经济学手稿》中通过分析简单范畴和具体范畴的关系，阐明了"从抽象上升到具体"的政治经济学批判方法。如果把中国特色社会主义制度视为一个简单范畴，无疑，它所凝聚的是政治文明和经济实践之间的整体性互动范式，因而，必须通过解剖这个简单范畴内部各个具体范畴的逻辑关联达到对历史过程的清晰认知，从而深刻地理解中国制度的先进性和优越性。在这个过程中，社会主义市场精神恰恰是不可欠缺的一个重要环节。中国马克思主义哲学史学会会长、中国人民大学校长助理郝立新教授认为，在新时代的语境下，应当确立与中国特色社会主义进入新时代相适应的，能够引领或指导中国未来社会进步、实践发展和精神前行的，具有中国风格和中国气派的马克思主义哲学的研究范式、话语体系、知识体系、理论形态。这不仅是一项宏伟的理论工程，而且要通过具体的范畴表达出来，分析和提炼出社会主义市场经济精神的内涵与特质恰恰是做好这个工作的最为具体的一个环节。

作为人类经济实践活动的自省方式，经济哲学既具备形而上的思辨优势，更有着迈向实践深处、市场深处和改革的深水区的精神自觉。全国经济哲学研究会会长、上海财经大学资深教授张雄运用经济哲学话语，对社会主义市场精神出场的历史必然性提出了三点理由：其一，改革开放以来，社会主义市场经济作为中国特色社会主义制度中的一个重要组成部分，用自己的叙事和运动规律展现出强大的历史推动力；其二，未来的市场竞争伴随着数字化、智能化和虚拟化的深度推进，精神对物质的反作用史无前例，因此，配置市场的精神资源显得尤为紧迫和必要；其三，任何一项伟大的事业背后，必须有一种无形的精神力量加以支撑，而社会主义市场精神恰恰是中国精神的具体表达。可见，中国已经从一般市场精神的培育走向社会主义市场精神的自觉探索和践行。

那么，社会主义市场精神何以可能？张雄教授认为，在中国特色社会主义进入新时代之后，讨论社会主义市场精神恰逢其时，因为，当一种社会实践已经步入一种较为成熟的历史阶段之后，这段实践过程必定会以精神反思的形式出现在意识形态领域，因此，社会主义市场精神出场的可能性有三点：其一，社会主义市场经济实践在人类历史上第一次取得巨大的成果，这是一种区别西方模式的市场经济运行方式，必然有一种全新的市场精神与之相呼应，这种市场精神既凝聚着社会主义的制度优势，又体现出中华优秀传统文化的精髓；其二，中国特色社会主义政治经济学的建构，并不是一种空洞的理论表达，它需要具体的范畴体系作为支撑；其三，毋庸置疑，我们还面临现代化进程中的诸多矛盾，尤其在面对一些错误思潮和焦躁的社会情绪时，社会主义市场精神作为一种正能量的激励，能够在市场经济实践主体中产生共鸣。

总之，在这样一个"百年未有之大变局"的历史时刻提出社会主义市场精神，既是中国自身历史发展的必然要求，也是中国经济哲学贴近中国叙事的逻辑深入，更是学术界自觉把握世界历史进程，追求逻辑与历史相一致思维品格的具体呈现。

二　从市场精神迈向社会主义市场精神

市场精神是指市场主体实践活动遵循并固守的价值观的总抽象，受市场价值规律的制约，更由生产力发展水平、文化特质、民族信仰及社会政治法律制度决定。[①] 作为一种普遍的范畴，市场精神有其固有的形态特征，而社会主义市场精神则是这个普遍范畴的特殊形态，她与资本主义市场精神有着本质的区别。在这个问题上，与会学者主要围绕三个方面展开了研讨。

第一，追问作为一般意义的市场精神内涵。一般而言，市场精神具备知识形态、感觉形态和无价值取向形态三种表达方式。复旦大学余源培教授认为，从市场精神的当代性和共有特征来说，它的质的规定性体现为竞争意识、法治意识、道义力量等三个维度，然而，资本主义国家秉持的是利益至上的原则，因此，这三个维度又具有"双重底色"的标准。上海财经大学徐大建教授进一步指出，实际上，市场精神和市场伦理密切相关，它主要涉及对公平和效率的认知问题，尤其在人类第二大社会形态之下，以物的交换为基础，人获得了充分的独立，市场经济作为一种普遍的资源配置方式，不同的阶层对于公平与效率问题的态度也不尽相同，这恰恰是社会主义和资本主义市场经济所面临的共性问题，而市场精神从其实质上说就是这二者的矛盾在精神反思中的具体呈现，从这个意义上看，市场精神又是经济伦理学的

核心问题。在此基础上，张雄教授对市场精神的普遍内涵做了五重归纳：一是崇尚市场自由精神；二是追求市场平等精神；三是守护市场契约精神；四是遵循经济理性精神；五是倡导企业家的"创造性破坏"精神。复旦大学马涛教授从经济思想史的角度分析了人类社会市场精神生成的逻辑理路。研究表明，市场精神并非仅仅是西方现代性的发育结果，中国在先秦时代就萌发了市场自由意识，而西方现代性发育以来所形成的经济自由主义思潮，在很多方面借鉴了中国古代优秀的经济思想。可见，作为一般意义而言的市场精神是一个具有普遍性意义的范畴，是全人类共同创造的智慧结晶。

第二，澄明社会主义市场精神与资本主义市场精神的本质区别。两种社会制度虽然都运用市场配置资源，但因出发点不同，理论归宿和价值取向也存在着天壤之别。南京大学唐正东教授认为，在分析社会主义市场精神的特质时，千万不能忘记政治制度对于市场精神的规制作用，从政治经济学批判角度分析，马克思所揭示的是一种社会历史过程的批判，其核心在于探索批判对象即资本在现实社会历史过程中的内在矛盾运动规律，对资本的超越与扬弃都是建立在自觉地掌握与运用这种内在矛盾运动规律基础上的，这样看来，社会制度对于资本的利用与制约就显得尤为必要，而社会主义市场精神恰恰是在中国特色社会主义制度的规制之下产生的能够反应社会主义本质属性的精神资源。

正如《党的十九届四中全会公报》中所言："公有制为主体，多种所有制经济共同发展，按劳分配为主体、多种分配制度方式并存，社会主义市场经济体制等社会主义基本经济制度，既体现了社会主义制度优越性，又同我国社会主义初级阶段社会生产力发展水平相适应，是党和人民的伟大创造。"河北大学宫敬才教授进一步指出，资本主义市场以"经济个人主义"为理论基点，即马克思在《巴黎手稿》中所批判的"人作为单纯的劳动人的抽象存在"①。它追求的是个人利益的最大化，奉行的是弱肉强食的"丛林法则"，依靠富人的施舍达到市场公平的均衡，因此，这种利己主义的市场精神注定走向自我封闭的理论困境。而社会主义市场精神以构筑"人民财富论"为科学基础，以实现全体劳动者的根本利益为价值旨归，通过追求全球经济正义的宏大气魄来实现人的全面自由发展，彰显出经济发展与社会发展、人的全面发展相平衡的崇高追求。

---

① 《马克思恩格斯文集》第 1 卷，人民出版社，2009，第 172 页。

其三，社会主义市场精神是中国精神的重要组成部分。中国精神是中华民族在长期的社会历史实践中生成的具有显著民族特征的意识形态。社会主义市场精神作为当代中国经济实践活动的精神写照，深刻反映了改革开放以来中国人特有的经济实践方式和制度文明特点。中国社会科学院魏小萍研究员通过分析西方学者关于社会主义市场经济体制的研究趋势指出，西方学者生活于资本主义世界的市场体制之中，对于资本主义市场精神的本质有着深切的体验，他们对待市场体制的态度大多数是从事实上加以接受、道德上加以批判。因此，对于社会主义与市场体制的结合，他们的研究还只是局限在理论探讨和推测的范围。而我国的学者由于受到中化优秀传统文化的滋养、社会主义制度的教育，在研究过程中更为注重提炼经济活动背后所显现的中国精神，社会主义市场精神就是中国精神具体化的一个组成部分。华侨大学刘荣军教授认为，中国精神既包含着中化优秀传统文化中的历史基因，更体现社会主义精神文明建设追求"有理想、有道德、有文化、有纪律"的育人要求，在具体的社会主义建设实践中，弘扬社会主义市场精神能够做到二者的双重实现。

总而言之，当中国制度成为党和人民在经历了波澜壮阔的历史实践后总结和提炼出的整体性范畴时，中国精神无疑成为支撑这个制度的主体意识形态，社会主义市场精神作为中国精神内涵中最为鲜活的一个部分，既是当下历史活动的精神结果，又为创造新的历史条件提供可靠的精神明证。

三　社会主义市场精神呼唤优秀的企业家精神

毫无疑问，任何一种市场经济运行模式都离不开企业家的创新与创造。社会主义市场经济经历了40余年的实践与摸索，诞生了一大批敢为人先、勇于创造的企业家，他们的创业历程和成功叙事的背后凝结着属于中国企业家的特殊精神动能。湖南师范大学唐凯麟教授指出：一方面，社会主义市场精神内生着社会主义企业家精神，市场精神决定着企业家精神的质性，构成了它的政治定位、思维品格和利益偏好；另一方面，社会主义市场经济有序健康的发展，也有赖于中国现代企业家的进一步觉醒，因此，需要把中国文化传统、社会主义价值观念与现代市场经济法则互补整合形成一种具有中国特色的现代商人或企业家精神。

其一，社会主义企业家精神是社会主义劳动者精神的组成部分。社会主义企业家和资本主义企业家的本质区别在于，社会主义制度要求市场经济体制下的企业家为广大人民创造财富，在这个过程中可以达到自身先富的客观状态，然后带动全体人民共富。因而，从本质上说，社会主义企业家精神是社会主义劳动者精神的一个突出代表。上海财经大学资深教授鲁品越指出：两类劳动者中的优秀劳动者，是直接从事社会财富生产活动的"工匠"和从事组织、经营和管理劳动的"企业家"。这两种优秀的劳动者具有的劳动精神，分别是"工匠精神"与"企业家精神"，二者既相通，又有区别。企业家是从事管理性劳动的"工匠"，因此是企业家精神是工匠精神的特殊表现。在我国经济步入高质量发展时期，特别需要这两种精神。厦门路达集团副总经理孙洪钧博士认为，社会主义企业家精神的成长经历包括三个阶段：第一个阶段表现为敢为天下先；第二个阶段体现为从"第一批人"过渡为社会主义企业家；第三个阶段是新一代的中国企业家。从精神层面看，社会主义企业家有三个特征：与时间赛跑、站着睡觉、在悬崖边起舞。上海今韦信息科技有限公司董事长徐德忠博士认为，社会主义企业家和普通劳动者一样，在社会主义制度的指引下，通过党制定的科学政策为社会创造财富，企业家应当注重踏实肯干、诚实守信、注重质量、劳资平等、奉献社会等精神素养的培育，千万不能忘记党和人民给予的历史使命，堕入资本主义企业家一味剥削劳动者剩余价值的"恶的无限"中。上海财经大学范宝舟教授指出，从社会制度角度分析，社会主义企业家也是劳动人民的组成部分，属于人民的范畴之内。在社会发展过程中，企业家也具有了多重身份，因此，不能用一种简单的概念定义当下的企业家身份和企业家精神。可以肯定的是，社会主义企业家应当追求劳动平等而不是资本平等，因此，劳动者平等观念理应成为社会主义企业家精神的根本维度。在这个基础上再进行企业家精神的提炼和建构，就可以走出西方经济学家设定的企业家精神的束缚，真正展现社会主义市场精神的本质属性。

其二，社会主义企业家精神受传统儒商精神的滋养。张雄教授指出，与西方经济学不同，儒家经济伦理思想体现了一种新型的经济正义和公正原则，体现了儒学所特有的人性哲学的关怀和高度。在儒商精神的感召下，竞争既需要"零和"更需要"和合"。这弥补了西方经济学"理性人假设"中所缺失的人文精神，将"诚信的经营"与"有德性的做人"融合在一起，提倡共商共赢共享的文明交往。中南财经政法大学龚天平教授认为，经济伦理的实现必须有经济制度的支持，儒商精神生成于特定的封建生产关系和政治制度之下，要使之成为现代儒商精神必须经历现代性转化，一是把儒商精神制度化，彰显经济伦理原则、稳定经济伦理规范、强化经济伦理行动、增进经济伦理秩序；二是提供完善的法律制度、社会经济政治制度、现代企业制度、契约信用制度等制度环境，使儒商精神找到固定的物质承载力量。徐大建教授进一步指出，重构儒商精神来作为社会主义企业家精神的重要组成部分，这首先在于它能较好地适应中国市场经济主体——商人或企业家的行为习惯和精神心态，因而能更有效地发挥其引导激励作用。作为市场主体的企业家行为一方面受着客观的市场法则制约，另一方面又受着自身内在的精神观念、行为习惯的影响和引导。中国企业家一直受到中国文化传统的熏陶，传统文化实际上已积淀为他们观念和行为结构中不可分离的成分。因此，重构根植于中国文化传统中的儒商精神无疑更能与他们的精神心态和行为习惯相契合，从而更有效地对其发挥其导向、激励和规范作用。

其三，社会主义企业家须塑形创新创造精神和工匠精神的互动模式。广东东软学院蔡博文教授认为，企业家需要在创新和工匠精神之间找到一个稳定的平衡点，创新是一种面朝未来的积极态度，而工匠精神既是继承历史灵性的一个重要中介，又是企业家社会责任的具体体现，社会主义制度作为一种先进的制度文明，所塑造的企业家必须在这二者的张力中找到耦合的切入点。安徽财经大学张斌教授认为，工匠精神本身就蕴含了中华优秀传统文化的基因，而创新精神是现代性发育中的积极性质，这二者如果能被社会主义企业家同时吸纳和融合，就会创造出一种具有强烈的当代性的社会主义企业家精神，既具有特殊性、民族性和文化性，又具备普遍性、规范性和整体性，这是当下企业家精神具有生命力的关键之所在。河南大学吕世荣教授指出，实际上，社会主义企业家所肩负的责任不再是谋求个人利益的问题。无论是追求创新创造还是守住工匠品格，其精神旨归应当放在人类社会这个宏大的历史视野中加以判定，即从企业家的创造实践中发现人类命运共同体的现实基础。

2019：马克思主义哲学与中国特色社会主义政治经济学研讨会暨第三届全国经济哲学青年论坛综述

舒文豪

70 年风雨兼程，中国特色社会主义发展步入历史新时期，在中国特色社会主义市场经济范畴下，无论是中国道路所取得的成功实践，还是全面深化改革带来的诸多矛盾与问题，抑或是基于全球视角对经济社会发展的追问与反思，都急需构建中国特色社会主义政治经济学。中国特色社会主义政治经济学的构建，对内，有利于解决中国经济发展所面临的时代迫切问题；对外，有利于系统阐明中国特色社会主义经济思想，为世界经济发展贡献中国智慧。

基于此，在新中国 70 华诞之际，由浙江师范大学马克思主义学院、《毛泽东邓小平理论研究》编辑部以及全国经济哲学青年论坛共同主办的"马克思主义哲学与中国特色社会主义政治经济学研讨会暨第三届全国经济哲学青年论坛"于 2019 年 10 月 18～20 日在浙江师范大学成功举办。来自复旦大学、西北工业大学、上海社科院、北京社科院、华东理工大学、上海财经大学、西南大学、广西大学、福建师范大学、扬州大学近 40 家高校及科研院所的近百名专家及青年学者围绕中国特色社会主义政治经济学的哲学基础及方法论、新中国 70 年马克思主义理论与中国特色社会主义实践研究及相关议题展开了热烈的哲学思辨。《毛泽东邓小平理论研究》常务副主编曹泳鑫研究员强调，本次大会以青年学者为主，青年是新时代的伴随者、见证者、成就者，希望广大青年学者基于马克思主义视角，运用马克思主义方法论去探讨、研究，开拓中国新时代改革、社会主义现代化建设、世界社会主义进程等原发性、创新性的理论成果。

第一，与会学者对如何构建新时代政治经济学议题上展开热烈的讨论。

其一，建构新时代的政治经济学的现实意蕴。全国经济哲学研究会副会长、上海财经大学卜祥记教授对论坛主题进行解读，认为在当今中国的时代问题面前，马克思主义哲学与中国特色社会主义政治经济学属于同一门学科，经济哲学交叉学科的建立正印证了这一点。马克思的哲学研究是落脚于其所处的时代经济社会发展，而中国特色社会主义的发展实践也需要进一步的经济哲学反思。在此基础上卜祥记教授进一步指出新时代如何进行经济哲学思辨，构建中国特色社会主义政治经济学，其着力点应回归政治经济学批判。全国经济哲学青年论坛主席、浙江师范大学申唯正博士指出，深入研究中国特色社会主义政治经济学，必须澄清其四个前提的独特性，划清其三个界限。回溯其历史生成的三大阶段：萌芽和探索阶段、产生和发展阶段、生成和逐步完善阶段，由此得以辨明各个历史阶段的主要特征，为世界经济发展、为世界社会主义发展明示中国特色社会主义政治经济学的三重新境界。①中国实践新境界：从逻辑新起点的"初级阶段"到合目的性的"美好生活"；②科学研究范式的新境界："天择"与"人择"的辩证统一；③"中国市场精神"新境界：涌现出中西方优秀文化基因融合的新秩序。中国特色社会主义历程中凝结的中国特色社会主义政治经济学将为世界社会主义发展乃至于人类社会发展贡献智慧。中共浙江省委党校杨俊博士指出，当代中国特色社会主义政治经济学更致力于研究物与物背后人与人的关系——经济权力，而在当代中国马克思主义经济学研究中必须应对"四大经济权力问题"。一是缺位还是越位？在经济体制上，构建政府建构、市场决定与社会协同的互补性结构。二是国进还是民进？在基本经济制度上，坚持公有制为主体、多种所有制共同发展，构建公有制为主体的资本网络型结构。三是先富还是共富？在分配制度上，坚持以按劳分配为主体，多种分配方式并存，构建资本所有者与劳动者的利益共同体。四是自主还是开放？在国际关系上，坚持自力更生主导型的对外开放原则，构建公平公正的国际经济新秩序，实现人类命运共同体。杨俊认为只有协调好这"四大经济权力问题"才能在满足人民对物质文化需求的基础上进而满足对民主、法治、公平、正义、安全、环境等方面的要求。

其二，学术研究的最终指向："人是目的"。全国经济哲学研究会常务理事、上海财经大学张彦教授指出，发展是全人类共同的主题，从实践和理论维度都表明发展具有条件性，而"顶层设计"是发展进入"深水区"的科学方法。其具有"预则立"的意蕴，并且用高精尖的人智设计，统一世界观与方法论，用活演绎法，把握客观规律的特质，最终迈向一种好的、有效的制度。上海财经大学张东辉教授从财富与幸福的关系问题、公民状态下财产权问题以及商业精神与人的关系三方面阐述康德的经济哲学思想，并指出康德的经济哲学是我们重新理解其自由思想的一个新的例证，因为自由绝不只是道德个体的自我实现，还是一种从自然状态走向公民状态，从农业社会走向商业社会，在商业文明中逐渐完善和丰富个性的历史过程，与此同时也指出经济哲学是对经济现象和经济规律的理性追问，是经济学的必然归宿。安徽财经学院讲师、上海财经大学付冬梅博士生提出，唯物史观贯穿于马克思政治经济学思想发展的全过程，是马克思政治经济学体系的哲学根基。"现实的人"和"物质生产实践"是唯物史观的两个支点，两者的相互作用、相互统一是人类历史辩证法发展的动力之源，也是唯物史观批判精神与革命精神的源泉。在此基础上，唯物史观视域下马克思政治经济学的精神要旨主要体现在三个方面：①以现实的生产关系来定义"个人"，追求人的本质的复归；②重视物质生产实践的基础性地位；③强调批判与自我批判的精神。这既是唯物史观原则在经济思想领域的体现，也是构建新时代政治经济学需要坚守的精神阵地。

其三，《资本论》依然昭示着时代的逻辑。新时代探索中国特色社会主义政治经济学，应致力于《资本论》文本的研究路径，原因在于《资本论》揭开了以资本为主导的现代社会发展之谜，有着唯物史观具有切中社会现实的独有魅力。西南大学薛俊强教授指出，《资本论》提供了宏大的历史视域以及以资本与劳动关系为基础的研究框架，目前学界亟须推进《资本论》的时代化、中国化和现实化，彰显《资本论》应有的当代价值，探索建构以《资本论》学术话语为思想引领的当代中国人文社会科学学术话语体系，书写一部批判当代资本主义的中国版本的《资本论》。广西大学元晋秋助理教授指出，资本积累不足而贫困积累有余是中国化马克思主义政治经济学的理论起点，对资本的利用、驾驭和导控是中国特色社会主义政治经济学的逻辑主线。《资本论》本质上是关于社会主义条件性的问题，由此，对资本运行规律的科学揭示成为《资本论》对中国特色社会主义政治经济学最重要的理论价值，也是两者之间所具有的内在思想关联。西北工业大学宁殿霞副教授指出，《资本论》是西方通过对政治经济学的反思和社会存在论的追问

以追求经济的"政治与哲学的实现"的巅峰之作，然而，《资本论》在中国
传播的时候整体性遭遇"三分"，由此其中最具革命的政治经济学批判被抽
离。当前，对中国特色社会主义取得的成就以及面临的实际问题，乃至于对
全球范围内经济社会发展与变革带来唯物史观等诸多范畴历史转向存在论的
本体论追问都需要进一步的政治经济学批判。而中国特色社会主义政治经济
学的构建过程就是社会主义生产关系背后经济规律的揭示过程，应借助政治
经济学批判这一反思与追问的工具，更多从《资本论》获取启示，以此回
应并解释重大经济现实问题，进而构建中国特色社会主义政治经济学。扬州
大学副教授周露平指出，中国特色社会主义政治经济学出场不仅是《资本
论》经济学理论的具体展示，更是《资本论》哲学思想的具体运用，彰显
出《资本论》的哲学逻辑对中国特色社会主义政治经济学出场的重大意义。
具体而言，《资本论》从哲学路向规定了中国特色社会主义政治经济学出场
的若干内容，如历史特殊性与普遍性的辩证结合、哲学批判与经济学批判的
完整统一、文本批判与现实批判的有机融合等，从哲学高度上提出了中国特
色社会主义政治经济学的出场方法、方式及其意义等。

第二，参会学者着力关注人工智能、中国道路、政治经济学在中国发展
的新方位等视角探讨时代热点问题。

其一，关于人工智能问题。上海第二工业大学王永章教授指出，新一代
人工智能科技革命正深入地影响和改变着社会生产力，改变着社会的产业结
构、组织形态和生活方式，为解决我国新时代社会主要矛盾提供了千载难逢
的历史机遇。人工智能为经济赋能，为生活添彩，因此应充分利用人工智能
对经济、政治、文化、社会、生态等方面的强大渗透力和"头雁"驱动作
用，助推科技革命和产业转型，推动经济社会高质量发展，以此克服发展不
平衡不充分的难题，展现对美好生活的追求。浙江师范大学黄家裕教授对人
工智能进行三方面的界定：第一，人工智能是意识的产物，其必然被物质所
决定；第二，人工智能是社会经济发展到一定阶段的产物，其必然被经济结
构所决定；第三，机器智能根源于人的智能，人可把机器的智能转换为自己
的智能，二者是不对等的关系。

其二，关于政治经济学在中国发展新境界的问题。湖北工业大学副教授
冯旺舟指出，中国特色社会主义超越了资本主义的发展道路和模式，彰显了
科学社会主义和马克思主义的当代价值。中国特色社会主义超越了资本主义
的"历史终结论"，超越了资本主义的"公平正义"，超越了资本主义的自由

民主神话。新中国成立 70 年以来，中国特色社会主义实现了真正的公平正义，实现了彻底的自由民主，为实现共同富裕和中华民族的伟大复兴的中国梦提供了重要的保障。青岛行政学院副教授刘晋祎指出，新中国成立 70 年来，经济发展与民生保障的关系演变大致经历了前后贯通的三个阶段，即新中国成立初期，全面变革生产关系，重工业发展与基本民生保障并驾齐驱，呈现出"经济与民生平行"的外在表现形式；改革开放以来，大力提高生产力，先行发展经济，为民生水平提高奠定坚实物质基础，呈现出"经济先行，民生为标"的外在表现形式；新时代，坚持共建共享，在发展中保障和改善民生，呈现出"经济发展与民生保障良性循环"的外在表现形式。扬州大学平成涛讲师指出，通过变革哲学基底和重构方法论原则，马克思深入资本主义现实经济生活，完成了市民社会的解剖学，进而诊断出资产阶级政治经济学的内在病理：以抽象的原子式个人作为研究的出发点；方法论上的非历史主义；错认"物质"本身与其"社会形式"从而把特定社会历史的规定性赋予事物本身的自然属性；否定剥削与对抗而把资本主义生产关系永恒化。对这一诊断的理析，可以更为清晰地把握马克思政治经济学批判理论的科学性和革命性，从而为构建当代中国特色社会主义政治经济学带来理论启示。

其三，关于中国道路问题。西南大学田杰研究生指出，坚持并走好中国道路，首要的是要从多个维度把握好中国道路。从历史维度看，中国道路是对华夏五千多年历史文明的深厚传承和对近代以来一百七十多年实践历程的深刻总结，具有历史"厚度"；从理论维度看，中国道路始终坚持理论上的高度科学性和自觉性，具有理论"高度"；从实践维度看，中国道路既致力于打造"幸福小家"，又不忘构建"天下一家"，具有实践"温度"；从主体维度上看，中国道路不惧思想迷雾，积极掌握话语主动权，具有主体"尺度"。成都理工大学王国斌研究生指出，新时代下我国的社会主义道路建设需要不断地进行自我变革与发展，在我国迈入新时代这一历史方位上，实现中国百年强国梦，就必须坚定不移地走适合中国发展的中国道路，对 70 年来的中国道路发展的经验进行总结吸收，以寻求新时代中国特色社会主义道路建设的新发展、新突破。华东政法大学杨嵘均教授认为，厘清中国特色社会主义理论的开放性、条件性和时代性品质，在新时代具有特别的重要性和迫切性。

关于中美贸易摩擦问题。北京社科院研究员、清华大学博士后单许昌认为，在资本主义社会，经济权力本质是资本权力。在此基础之上阐述了资本权力与经济霸权的关系，并以此分析美国经济霸权的本质和基本特征。最后，他阐述了美国经济霸权衰落的因素和机制。2008 年金融危机爆发后，为了阻止霸权内部负反馈机制的进程，奥巴马政府就开始对经济进行改革，启动再造美国经济霸权历程。特朗普上台之后，奉行"让美国再次伟大"和"美国优先"的原则，对制造业、知识产权、世界贸易、国际金融等关键领域进行改革，抢占世界核心资源，系统化地再造美国经济霸权。武汉理工大学雷孝清指出，中美外交是我国对外工作中需要处理的最重要的双边关系之一，在中国外交战略布局中占有独特的位置。现如今随着中美两国之间的交往不断加深，中美两国之间的贸易摩擦也不断增多，对此中国要在保持自身战略定力、一心一意谋发展的前提下，努力破解中美双方的贸易摩擦困境，坚持走相互尊重、合作共赢为基础的和平发展道路，在双方努力中不断推动两国构建"中美新型大国关系"。

　　本次会议既面向未来，又落脚现实，取得了丰硕的成果，具体展现在以下三方面。①本次大会厘清了新时代中国特色社会主义政治学的范畴，以马克思主义哲学与中国特色社会主义政治经济学为主题彰显了本次大会将二者结合，即从经济哲学的高度探究问题。具体而言，就是运用哲学方法论解决现时代我们社会所面临的重大经济问题，这是新时代中国特色社会主义政治经济学的历史使命与崇高旨趣。②大会突出了中国特色社会主义政治经济学的重大现实导向与时代价值。马克思提出的资本主义主要矛盾依然是当代的主要问题，追溯中国特色社会主义政治经济学的哲学基础，着力构建新时代的中国特色政治经济学，最终须落脚于新时代中国特色社会主义的发展实践，需要经历中国特色社会主义市场实践之后的经济哲学在场性。③经济哲学青年论坛为广大青年学者提供了优质平台，新时代、新思维、新起点，马克思主义理论研究契合国家战略的同时，青年学者将扛起经济哲学的大旗，在中国特色社会主义道路上一直走下去。

2019："未来全球化发展趋势的哲学思考"国际研讨会

10 月 12 日至 13 日，以"未来全球化发展趋势的哲学思考"为主题的第五届全球化研究论坛在中国人民大学召开。全球化研究论坛是每两年举办一次的国际性研讨会，前几届会议分别在欧洲、澳洲和拉丁美洲举行。本次研讨会由中国人民大学哲学院主办，中国社会科学院哲学所、捷克科学院全球化研究中心协办。来自美国、俄罗斯、加拿大、英国、捷克、挪威和奥地利等多国的专家和学者们，以全球化的中国道路、全球化视野下的地方性问题、全球化的发展趋势等问题为主题，展开热烈的交流讨论。

12 日上午举行的大会开幕式由中国人民大学哲学院副院长王宇洁教授主持。中国人民大学党委副书记郑水泉，北美全球研究协会书记杰拉尔德·哈瑞斯（Gerald Harris）教授，中国社会科学院哲学所研究院、中国马哲史学会副会长魏小萍教授，捷克科学院哲学系全球化研究中心主任马雷克·赫鲁贝克（Marek Hrubec）教授，中国人民大学哲学院院长、中国马哲史学会会长郝立新教授分别致辞并向与会各方代表表示热烈欢迎。

在大会开幕式之后，会议进入了的第一场专题讨论，魏小萍主持了本次讨论，讨论主题为"全球化的中国道路"。首先，中国人民大学国际关系学院金灿荣教授做了题为《如何理解百年未有之大变》的演讲。他对习近平总书记提出的"百年未有之大变局"的判断进行了解读与探究，并且根据这一论断提出了他对全球化未来道路的理解。金灿荣表示，当前世界遇到的最大问题是全球治理赤字问题，即治理需求的上升与治理能力的不足所造成的不平衡。习近平总书记提出了"百年未有之大变局"这一判断，其中的

"变局"主要体现在产生了"新的国际格局""新的现代化模式""新的工业化进程"以及"新的治理问题"等四个方面。

Gerald Harris 分别从纵向的历史视角和横向的全球化视角阐述了中美两国关系的深层含义。法国洛林大学的彼得森·纳吉福（Peterson Nnajiofor）教授通过对比西方国家和中国在非洲的投资和援助模式，阐述了中国在推动全球化走向新阶段的重要作用。Marek Hrubec 阐述了多中心的现代化发展趋势，他认为中华文明的复兴是中国特色社会主义全球化道路的重要文化资源。

会议的第二场和第三场专题讨论都以"全球化视野下的地方性问题"为主题，Marek Hrubec 和中国人民大学哲学院的罗骞教授分别主持了这两场讨论。第二场专题讨论中，四川大学的詹姆斯·迈克道格尔（James Mc Dougall）通过对晚清时期的以小说为代表的文学作品的分析，展示了清末华人在海外的生活境遇，以及在全球化的过程中，美国的本土主义的主要表现和问题。北得克萨斯大学的约翰·威廉姆斯（John Williams）博士通过梳理英国脱欧的起源和现状，指出了在全球化过程中需要关注反恐、民粹主义、资本和市场等问题。来自约克大学格伦登学院的萨布恩·德拉赫（Sabine Dreher）以土耳其为案例，阐释了新自由主义的宗教起源，并且深入地分析了宗教、资本和地缘政治是如何在全球化的背景下相互互动的。中国人民大学的臧峰宇教授以《人类命运共同体思想的时代内涵》为题，通过对马克思的人的共同体思想的阐述并结合对中国传统文化的解读，分析人类命运共同体的时代内涵以及全球化的中国道路。

在第三场专题讨论中，郝立新发表了题目为《全球化及其挑战：中国发展道路的选择》的演讲，郝立新从马克思主义的理论出发，分析了经济全球化存在的两个层面的内在矛盾，并在此基础之上阐述了在全球化的挑战中中国的立场和选择。郝立新认为，在马克思主义的视域下来看，全球化是资本主义扩张的过程，因此经济全球化存在两个层面的深层矛盾，即资本主义本身的矛盾及由此延伸出的新的矛盾，如集中经济与独立经济之间的矛盾、西方发达国家与发展中国家之间的矛盾等。他表示，经济全球化是一把双刃剑并深刻地影响了世界，各国在价值观选择上的矛盾即是这一影响的直接体现。在全球化进程中，各国在经济价值、文化价值上面临着各种选择。中国选择的发展道路既不复制其他国家经验，也不推行文化霸权主义，而是有选择地引入他国先进经验，并结合本国国情坚持独立自主，因此，中国发展道路是在探索中不断发展的。

随后，来自澳大利亚格里菲斯大学的约翰·博斯科·思根达库里奥（John Bosco Ngendakurio）博士以肯尼亚为个案研究，展示了全球化对东非的发展带来的影响，他指出，经济全球化过程中，西方的投资模式尽管为当地带来了收益但也让当地人成为经济的局外人。因此，他呼吁非洲的发展应该更多地借鉴中国模式。奥地利约翰内斯·开普勒大学的卡琳·费舍尔（Karin Fischer）教授以巴西、阿根廷和玻利维亚国家的土地解放运动为案例，分析了拉丁美洲国家在社会运动和改革中的不同道路和选择。捷克科学院的米兰·克鲁吉格（Milan Kreuzzieger）教授分别从全球视角的欧亚历史、现代性问题以及未来发展道路几个方面，探索了欧亚大陆的融合以及地缘政治的在全球化中的发展趋势。

13 日，围绕"全球化的发展趋势"这一主题，举行了第四场和第五场专题讨论。中国社会科学院哲学所、哲学动态编审强乃社研究员主持了第四场讨论。来自加拿大约克大学格伦登学院的尼古拉·肖特（Nicola Short）教授从历史视角分析了新自由主义的发展阶段与资本主义危机的关系。随后，俄罗斯圣彼得堡州立大学的亚历山大·库捷尼科夫（Alexander Kuteynikov）教授发表了题为《在多极的国际秩序中的未来国际体制》的演讲，他在演讲中提到国际社会的结构在全球化的过程中不断发展，然而国际机构的体制和运行逻辑的改革却没有跟上时代变革的步伐，新的全球治理需要建立跨民族跨国家的国际机构新机制。魏小萍从跨国资本带来的贫富分化、国际贸易争端等问题出发，以马克思主义哲学为根基，对未来全球发展的前景进行了深刻的哲学反思。

中国社会科学院哲学所的贺翠香副研究员主持了大会的第五场专题讨论。来自美国北伊利诺伊大学的阿布巴卡尔巴（Abu Bakarr Bah）教授分析了民粹主义产生的历史根源和美国当前的一系列危机，他主张全球化的发展道路应该关注社会公正、环境问题和人的发展。来自英国罗汉普顿大学的达伦·乔·伯恩（Darren J. O'Byrne）教授展示了资本主义自产生以来所呈现的不同存在形式。他指出，因技术的个人化而形成的新的个人化的新文化反映了当前资本主义的一系列矛盾。随后，中国人民大学的姚新中教授从伦理学的角度分析了全球化的本质和历史形态，他强调全球化并不仅仅是经济的全球化，我们应该更加关注于审视文化价值的全球化问题。中国人民大学的谢富胜教授从马克思主义政治经济学的理论出发，阐述了当代帝国主义的本质和五个基本特征。

13 日下午，中国人民大学的滕菲博士主持了题为"全球化发展路径的哲学思考"的第六场专题讨论。来自英国里士满美国国际大学的拉法尔·索伯斯基（Rafal Soborski）教授的演讲主题是《全球化和未来的意识形态》，他认为应对当前的世界新趋势和新问题，我们需要从语言学的角度重新审视意识形态的哲学概念。中国人民大学的张霄教授对构建人类命运共同体的设想进行了深刻的哲学阐述，并在讨论环节强调了为实现文化的相互融合，就应该将抽象的价值观念和我们的具体文化载体相结合。来自北京外国语大学的大卫·巴托施（David Bartosch）教授在他的演讲中回顾了从丝绸之路以来中国文化对世界的影响和贡献，他主张人类世界未来的发展过程必须要根植于道德的基础。最后，中国社会科学院哲学所的毕芙蓉研究员在主题发言中阐述了她对全球化发展的几点思考，其中包括全球化带来的机遇和挑战、全球化发展的哲学基础以及全球化发展的未来道路。

最后，郝立新主持了本次大会的闭幕式，杰拉尔德·哈里斯（Gerald Harris）、魏小萍、马雷克·赫鲁贝克（Marek Hrubec）分别对与会学者的真知灼见和主办方筹备组织工作表达了感谢。在大会的总结讨论中，与会嘉宾们围绕如何深入和推进全球化的跨学科研究、当前正在发生的几个热点问题进行了精彩的总结发言，会议圆满落下帷幕。

武汉大学：《资本论》与中国马克思主义哲学创新

——"《资本论》与中国"学术研讨会综述

陈　静

2019年6月14日至16日，由武汉大学哲学学院、武汉大学马克思主义哲学研究所、《武汉大学学报》（哲学社会科学版）编辑部、武汉大学马克思主义资本批判理论研究团队和武汉大学当代中国马克思主义实践哲学研究团队共同主办的"《资本论》与中国"学术研讨会在武汉大学哲学学院召开。来自中国社科院、中央编译局、北京大学、中国人民大学、首都师范大学、中央民族大学、复旦大学、南京大学、上海财经大学、华东师范大学、厦门大学、重庆大学、西南大学、深圳大学、扬州大学、安徽财经大学、华中师范大学、中南财经政法大学、湖北工业大学和武汉大学等高校院所的四十多位学者出席了此次会议。现将会议的主要观点综述如下。

一　《资本论》哲学研究的新方法和新视角

与会学者围绕《资本论》这一经典著作，针对传统的研究方法进行反思，深刻把握时代的脉搏，提出了一些新的研究视角、路径与方法。

南京大学哲学系孙乐强副教授认为，《马克思恩格斯全集》历史考证版（MEGA2）第二部分"《资本论》及其手稿卷"的出齐为国内外学者全面深化对《资本论》的形成史研究提供了坚实的文献支撑。不过，编辑原则不是研究原则，文献研究不能代替思想研究，MEGA2的解构主义倾向以及由此引发的马克思《资本论》手稿与恩格斯定稿之间的对立值得我们警惕。

西方文献学的研究范式只是马克思主义理论研究的一项基础工作，它虽能为思想史研究提供有力支撑，但它本身并不能代替思想史研究。因此，在推进文献学研究的过程中，我们必须坚持马克思主义基础原则，既要反对传统的解读模式，也要反对西方"马克思学"和MEGA2的解构主义倾向，从中国立场出发，建构一套具有中国特色的《资本论》文献学研究体系。全面梳理《资本论》的形成史，系统揭示《资本论》各个版本之间、刊行本与手稿之间、各个手稿之间的差别和联系，可以为新时期的《资本论》研究提供坚实的文献支撑和方法论依据。

武汉大学哲学学院、湖北大学哲学院萧诗美教授则从新颖的研究视角出发来重新看待《资本论》。他指出，历来《资本论》都被看作政治经济学著作，并不具备法哲学的维度，但实际上，《资本论》具有政治经济学和法哲学的双重视域。马克思的思想发展经历了一个从法哲学批判到政治经济学批判的转向，但是这一转向并不意味着马克思放弃或离开了法哲学的问题域。马克思从法哲学转向政治经济学，只不过是用政治经济学这种经验实证科学的方法来证伪资本主义制度的合法性、合理性、正义性，而合理性、合法性和正义性等问题就是典型的法哲学问题。在《资本论》及其手稿中，政治经济学的范式和法哲学的范式存在着一一对应关系。比如，劳动价值论对应于劳动所有权，劳动价值论是经济学的议题，劳动所有权是法哲学的议题。采用法哲学和政治经济学的双重视野，就可以把马克思主义的批判性、规范性、革命性和建设性辩证地统一起来。这一点对于坚持中国特色社会主义道路尤其重要。

对于《资本论》中的辩证法问题，不同的学者也提出了不同的研究路径。武汉大学哲学学院刘建卓博士认为，若想把握《资本论》辩证法的真实意义，首要的问题就是澄清作为《资本论》辩证法理论渊源的黑格尔辩证法的真实意义。黑格尔对形式逻辑进行了批评和改造，提供了具体的而不是抽象的历史原则。马克思在《资本论》中吸收了此原则，通过经济范畴的辩证运动揭示了"现实的人及其历史发展"，以"现实的人及其历史发展"为根基和内容，实现了《资本论》的历史的内涵逻辑的辩证法。因此，只有对《资本论》辩证法的真实意义即作为历史的内涵逻辑的辩证法达到自觉的认识，《资本论》辩证法的当代合理性才能够获得真实的彰显。北京大学哲学系张梧博士则认为，以往人们总是透过黑格尔辩证法的理论棱镜来解读《资本论》辩证法，由此论证《资本论》辩证法对黑格尔辩证法的继承与批判的关系，以至于《资本论》总是笼罩在黑格尔辩证法的理论阴影之下。一旦人们以《资本论》为理论棱镜反观黑格尔辩证法，便会发现，马克思通过"抽象成为现实"的现代机制，揭示了黑格尔"思想的真正客观性"得以可能的现实前提，进而立足于资本运动本身，发现了资本运动与绝对精神的结构相似性，因此，黑格尔的"辩证法的一般运动形式"得以成为叙述资本运动的恰当理论形式。

二 《资本论》的政治哲学意蕴

《资本论》与政治哲学的关系问题是研究马克思主义政治哲学难以回避的问题。近年来，通过政治经济学批判构建马克思主义政治哲学，并在此基础上回应来自西方政治哲学特别是自由主义思潮的挑战已经成为国内马克思主义哲学研究的一条基本路向。围绕《资本论》的政治哲学问题，与会学者们展开了热烈讨论。

武汉大学哲学学院李佃来教授认为，从洛克到罗尔斯的西方政治哲学中重要的问题之一就是正义的问题，正义的根基问题是所有权的合法性问题，而所有权的合法性的基础在于市民社会。因此，政治经济学在一定程度上是哲学家们研究政治哲学、法哲学问题的前提和框架，也可以说政治经济学与近代以来的政治哲学和法哲学是同一个问题。马克思认为传统的西方政治哲学虽然以一套纯粹规范性理论为前提，为一种公正合理的制度的构建提供价值标准，但是他认为这是一种均质性、单向性的理论路径，无法对所有权的合法性问题做出真正合理的解释。因而，从历史的维度去探讨从所有权到资本的动态发展过程就成为马克思的理论任务，而我们研究马克思的政治哲学，就应该从《资本论》的文本出发、从马克思的历史唯物主义和政治经济学批判出发去解读。

中央民族大学哲学与宗教学学院刘梅博士认为，要理解《资本论》在何种意义上构成了马克思的政治哲学，其核心要旨就是以资本的概念为中介对接马克思的《资本论》与西方政治经济学传统。在马克思那里，资本是在两个意义上被使用的，既是经济学概念又是政治学概念，既是实体概念又是关系概念。在政治经济学批判与近代政治哲学的相互阐释中重新理解马克思政治哲学的理论内涵，必须完成三个方面的转变。第一，话语体系的转换。资本构成了现代政治的根本规定，在这个意义上，当代政治哲学研究就不能不加批判地承认西方政治哲学有关自由、平等、正义、法权等政治哲学原则。第二，问题域的拓展。通过揭示资本主义生产方式本身的非正义性，并在此基础上寻求超越的现实路径是马克思政治哲学的根本指向。第三，理论层次的跃迁。马克思唯物史观的根本目的在于超越近代政治哲学和政治经济学对人的抽象设定，恢复人的全面性。研究马克思的政治哲学必须看到马克思是站在人类的层次上，从人性的层面思考人类文明形态的变革问题。

复旦大学马克思主义学院林青副教授认为，《资本论》的话题是政治经济学的分析与批判，揭示的是社会行为被一些抽象的形式与力量所控制，而要实现人的自由而全面的发展和解放的现实性，就必须立足于对这些"抽象形式"与"规定性"的批判。将《资本论》的形式分析与马克思的解放政治学关联起来，旨在表明要讨论马克思的解放政治或者政治哲学，都应该不能忽视《资本论》的形式分析，从而去揭示现代资本主义社会得以理解的可能前提。

华中农业大学马克思主义学院王晶博士认为，《资本论》中蕴含了三个相互勾连着的政治哲学问题，即正义问题、所有权问题和剥削问题。一旦我们从政治哲学的角度探究《资本论》中的所有权问题和剥削问题，就能够明辨马克思对正义问题的真实态度，也能洞悉马克思政治哲学的独特形式。也就是说，《资本论》中的"正义悖论"是马克思主义政治哲学的理论生发点；通过阐释马克思的所有权理论和剥削理论而破解这一"正义悖论"，是对《资本论》进行政治哲学解读的必然举措；厘清《资本论》中三个政治哲学问题之间的关系，是我们摆脱自由主义政治哲学的研究范式并建构马克思主义政治哲学的有效路径。

三　《资本论》与社会批判理论

《资本论》中涉及了大量与社会批判相关的主题，本次会议上围绕这些主题展开的讨论也颇为丰富。

南京大学马克思主义学院李乾坤博士指出，社会劳动是马克思主义政治哲学体系中的一个重要概念。在《资本论》及其手稿中社会劳动凸显为两方面内涵：作为社会结构的社会劳动和作为社会的总生产力的社会劳动。前者是以交换价值构成了物的依赖性体系即社会劳动实则是生产剩余价值这一质性的维度来探讨；后者是以社会劳动是私人劳动的有机总体这一量的维度进行探究。"社会劳动"不只是马克思政治经济学中的重要概念，它也成了霍克海默、阿多诺、哈贝马斯等西方批判理论家以及哈特、奈格里等激进理论家借以建构自己思想的重要理论力量。回到马克思的原始语境可以让我们勾勒出社会劳动概念的理论轮廓，走向西方批判理论家和激进理论家可以让我们把握社会劳动概念的动态发展，以向前和向后两个向度看待社会劳动概念，有助于我们更为完整地把握马克思政治经济学批判的理论意义和思想史意义。

上海财经大学人文学院哲学系康翟博士认为，马克思被认为在批判斯密和李嘉图的基础上构建起了科学的劳动价值论，因而斯密是理解马克思的政治经济学劳动价值论的关键一环，然而斯密的价值理论立场实际上是很模糊的。一方面，斯密时而将他的价值的本质理解为耗费的劳动，时而将其理解为所能支配的劳动；另一方面，斯密未能区分劳动价值与劳动力价值这两个概念。实际上，斯密的价值理论的最根本的弊端在于他的价值理论虽然涉及了劳动这一因素，但其本质不是劳动价值论而是收入价值论。马克思的政治经济学虽然建立在古典经济学的基础上，但马克思却确立了价值本身作为政治经济学的分析对象，将分析的进程从交换价值转向价值本身，他将古典政治经济学的那种自然的、永恒的价值转换成辩证的、历史性的概念，从而为科学地解剖价值、交换价值等范畴提供了可能性。

深圳大学马克思主义学院张守奎副教授认为，以资本逻辑批判深化与推进历史唯物主义研究不仅深化了对马克思主义哲学当代性的理解，而且深化了对历史唯物主义生成逻辑和马克思主义整体性的理解，更是推动了马克思主义哲学研究范式的更新。但是，就当代中国而言，资本逻辑批判自身的限度和边界也十分明显，主要体现在：过分强化资本逻辑批判与马克思对资本历史作用的辩证理解不一致；过分强化资本逻辑批判与当前我国建设中国特色社会主义市场经济要充分利用资本力量的事实抵牾；过分强化资本逻辑批判与马克思历史唯物主义的根本旨趣不符。当前学界以资本逻辑批判深化理解历史唯物主义的研究范式，亟待推进和提升到思想的原则高度，即人类解放的革命逻辑高度。唯有把资本逻辑批判推进到人类解放的革命逻辑的原则高度，才能真正领悟和把握马克思历史唯物主义的根本意蕴。

四　《资本论》哲学思想的当代应用及创新阐释

《资本论》是前人为我们留下来的宝贵精神财富，这种精神财富不光能够带给我们后人以思想的启迪，还能带给我们以指导当代生活和创新理论成果的意义。在本次会议上，诸位学者从应用与创新的层面，探讨了他们对《资本论》思想的见解和运用。

首都师范大学马克思主义理论研究所黄志军副教授讨论了银行与人的存在方式。他认为，在政治经济学批判的视域中，银行或银行业不仅是一个经济学范畴，同时也是一个哲学批判的范畴。在早期的经济学研究中，马克思是在交往异化逻辑中展开对银行的批判性理解的，而在《1857～1858年经济学手稿》和《资本论》第3卷中，他是站在生产关系的高度，通过生息资本和虚拟资本等关键概念，揭露了现代银行的真实本质及其与人的存在方式的关系，即生产关系的最高颠覆。希法亭基于银行资本和产业资本的现代关系而构建的金融资本概念，进一步揭示了银行的现代本质及其对人的存在的抽象统治。基于政治经济学批判史的分析，货币、信用与银行的辩证关系，可以被视为理解现代人的存在方式即现代社会存在方式的自我否定和变革的思想线索。

重庆大学马克思主义学院陈飞副教授认为，在《资本论》及手稿中，马克思对机器和机器的资本主义使用进行了系统解读。马克思把机器的本质和人的存在内在地联系起来：一方面，在机器大工业中，机器取代了工人的技艺和力量占据主体地位，工人的活劳动仅仅作为机器体系的一个附件，由机器的运转来决定和调节，相比工场手工业时期，人的存在方式进一步异化；另一方面，机器作为资本的高级形态又具有重要的文明作用，它创造了丰富的物质财富，增加了社会的自由时间，加强了人们之间的社会结合和社会交往。由于资本的本性，机器的资本主义使用不可能最终解决人的自由个性实现的问题，只有在机器的共产主义使用中才能从根本上消除机器对人的奴役和支配。马克思对机器的辩证分析对当代中国具有重要启示。机器作为资本或者说机器的资本使用是发展市场经济的必要前提，但我们同时也应清醒地看到资本的历史限度，应该在充分利用资本的同时限制资本，保持一个必要的张力，既要利用各种资本发展市场经济，又要限制资本，保持市场经济健康与稳定。

西南大学马克思主义学院薛俊强教授提出，目前学界关于《资本论》的研究取得不少成果，但作为整体的《资本论》被解读为片段化的实证经济科学或抽象的哲学思辨话语，遮蔽了《资本论》应有的现实解释力及其蕴含的深刻理论意蕴。从理论和实践层面来看，当代中国马克思主义理论研究对中国问题的现实解释力仍显滞后，其理论创新的原生动力仍显不足。面对新时代中国社会问题的特殊性和新特点，当代中国社会呈现的问题比《资本论》所处时代面对的问题更加复杂。因而，当代中国马克思主义理论创新需秉持《资本论》的精神旨趣、问题意识及其跨学科特质，坚守其以劳动为中心的价值立场，深化对当代中国社会结构的学理研究，洞察当代中国社会主要矛盾的深层社会机理，阐释其结构性原因及其破解之道，致力于经济、政治和社会的全方位改革创新，破解资本、劳动与国家发展的时代难题，深入推进社会公平正义，从而真正书写出一部反映新时代中国发展变化和解答时代之问的当代中国马克思主义政治经济学批判。

除上文谈及的专家学者以外，参会的其他专家和学者也从不同的角度自觉在当代中国语境中展开了对《资本论》的解读。通过此次研讨会，各位参会的专家学者充分地交流了《资本论》哲学研究的前沿问题，拓展了当代中国《资本论》哲学研究的理论视野，启迪了《资本论》哲学研究的新思路。

原载《马克思主义哲学研究》2019年第2期，收入本书时有改动。

作者单位：武汉大学哲学学院

复旦大学：第14届全国"国外马克思主义论坛"在沪召开

　　2019年11月16～17日，由全国当代国外马克思主义研究会主办，复旦大学当代国外马克思主义研究中心、复旦大学哲学学院和复旦大学马克思主义学院共同承办的第十四届全国"国外马克思主义论坛"在沪举行。大会主题为"21世纪世界马克思主义与当代中国马克思主义"。来自全国各地的高等院校、科研机构、学术杂志、出版社等单位的代表，近240人出席会议。

　　在开幕式上，有三位领导致辞。复旦大学副校长陈志敏教授代表复旦大学向大会表示祝贺，热烈欢迎各位与会代表，并预祝大会圆满成功；中国马克思主义哲学史学会会长、中国人民大学郝立新教授代表中国马克思主义哲学史学会向大会表示祝贺；全国当代国外马克思主义研究会会长、复旦大学陈学明教授致辞。此外，中国马克思主义哲学史学会副会长、复旦大学当代国外马克思主义研究中心主任吴晓明教授、复旦大学哲学学院党委书记袁新教授、复旦大学马克思主义学院院长和马克思主义研究院院长李冉教授出席开幕式。开幕式由全国当代国外马克思主义研究会副会长兼秘书长、复旦大学王凤才教授主持。陈志敏教授指出，早在20世纪80年代初，复旦大学就开始了国外马克思主义的研究工作，形成了一定的规模、产生了一定的影响。复旦大学当代国外马克思主义研究中心在2000年入选教育部人文社科重点研究基地后，有力地促进了复旦大学的马克思主义跨学科研究。最近几年来，复旦大学又探索出了一条由基地、哲学学院和马克思主义学院三家单位共建国外马克思主义研究学科的新道路。他表示，此次盛会的主题与时机都非常好，时值全国深入学习四中全会精神以及其决定，认为要以完善中国特色社会主义制度为导向推进国外马克思主义研究，以中国经验推动世界马克思主义的发展。郝立新教授指出，国外马克思主义研究在全国当代国外马克思主义研究会的带领、组织下，形成了我国一道非常亮丽的"学术风景"和"学术见证"，学会凝聚力强，学术水平高，研究视野广。他认为，较以往研究相比，本次年会研究论文主体性研究加强、批判性思考进一步凸显和研究视野领域持续扩大。最后，他希望国外马克思主义研究与中国化马克思主义研究能够相互共振，相互促进，并期待着盛会能够圆满成功，换届选举顺利。在回顾西方马克思主义在中国传播与发展的基础上，陈学明教授指出，在改革开放的全过程，以及一系列的理论创新都是与西方马克思主义的影响有关，例如以人为本、社会主义市场经济、消除生态危机、为实现美好生活而奋斗。最后，他强调，国外马克思主义这一学科的生命力关键在于，是否能切实有效利用国外马克思主义的思想资源推进马克思主义中国化。对此，他建议：对当代中国马克思主义与当代国外马克思主义展开比较分析；以当代国外马克思主义思潮特别是其合理因素来审视和评价马克思主义中国化；从当代国外马克思主义思潮中获取实现马克思主义中国化的理论资源；让马克思主义中国化的理论成果走出"国门"与国外马克思主义相呼应；以更加积极的态度看待当代国外马克思主义在马克思主义发展史中的地位。

论坛分为三场主题发言，十个分论坛。有100多位国内知名学者、中青年学术骨干，以及青年才俊发言，并进行了热烈的讨论。大会换届选举由陈学明教授主持，顺利完成选举。闭幕式由新当选的副会长兼秘书长、复旦大学张双利教授主持，新当选的会长吴晓明教授致闭幕词，下届承办方代表、新当选的副会长、东北师范大学韩秋红教授发言，新当选的副会长王凤才教授作为论坛筹备组总负责人之一致答谢辞。论坛取得了非常好的效果，进一步扩大了全国"国外马克思主义论坛"的影响力。

武汉大学："重读《资本论》"学术工作坊在我院举行

　　2019 年 11 月 30 日，由武汉大学马克思主义资本批判理论团队承办的"重读《资本论》"学术工作坊在武汉大学振华楼哲学学院 B515 会议室举行。武汉大学、中南财经政法大学、华中农业大学、武汉音乐学院、武汉工程大学、武汉科技大学、河南大学、广西大学、西北工业大学、《学术论坛》杂志社等单位的 20 多位学者参与了本次活动。作为哲学学院研究生学术活动月的活动之一，本次学术工作坊也吸引了不少研究生到场旁听。

　　本次学术工作坊共有八场报告。

　　第一场报告由武汉大学哲学学院、湖北大学哲学院萧诗美教授从《资本论》的法哲学角度阐述了劳动所有权和资本所有权的辩证历史运动过程。他指出，从劳动所有权到劳动所有权的异化，再到劳动所有权的扬弃，不仅是一个逻辑过程，而且是一个历史过程，这三个环节的辩证结构和历史转换是马克思将辩证唯物主义和历史唯物主义应用于所有权概念的结果。

　　第二场报告由中南财经政法大学马克思主义学院刘明诗教授带来，他从政治经济学批判视域出发，挖掘出马克思的人学思想，阐述了政治经济学视域下人的权力论、人的自由论、人的解放论，剖析了资本主义背景下人的现实处境，揭示了马克思关于人的发展的学说的科学路径。

　　第三场报告是广西大学马克思主义学院元晋秋博士从时代精神来解读资本哲学。他指出，"资本哲学"即《资本论》哲学的原生态，其所彰显的时代精神类似于"更高、更快、更强"的奥林匹克精神，并阐明了资本哲学同辩证唯物主义和历史唯物主义的关系，主张回到当代中国，探究在利用、驾驭和导控资本的改革开放实践进程所塑造出的时代精神。

第四场报告武汉大学马克思主义学院李侦博士从商品生产所有权转变为资本主义占有说起，探索了资本主义占有规律的秘密及其开解。揭示了商品所有权的迷人特性，论述了商品生产所有权向资本主义占有的转化过程，认为只有对资本主义占有规律的本质把握才能揭开其神秘面纱，从而实现科学的、彻底的、完全的批判。

第五场报告西北工业大学马克思主义学院宁殿霞副教授从方法论批判视域出发考察"利润率下降规律之谜"。宁殿霞认为，马克思明确指出他的研究方法是"辩证方法"，但时至今日，人们对这种方法的理解仍是不尽如人意；构成这一迷局的根本原因主要是忽略了资本有机构成和资本积累、资本有机构成变动和生产力提高、资本有机构成和资本内在否定性之间的统一。我们必须从根本上破除这种误读，才能更好地把握《资本论》的内容。

第六场报告武汉大学哲学学院刘建卓博士以《资本论》为例，揭示了辩证法与历史唯物主义的内在统一。她认为，马克思把辩证法改造为关于"现实的人及其历史"的辩证法，它是与历史唯物主义相同的。二者的统一表现为两个方面：其一，辩证法以"现实的人及其历史"为真实的内容；其二，辩证法对资本主义的现实的历史的存在论的批判，同时是对资本主义意识形态的批判。

第七场报告由华中农业大学马克思主义学院王晶博士带来，他探讨了《资本论》中正义思想的结构逻辑。他认为，可以根据马克思的"从抽象上升到具体"的方法和"从后思索"的方法来理解马克思关于正义原则的两次辩证否定的逻辑，由此建构马克思的集科学事实和人文关怀为一体的正义观。

第八场报告武汉大学哲学学院周可副教授考察了新共和主义的视角下对《资本论》中的自由观的解读。他认为，学术界近年来对《资本论》自由观的新共和主义解读，在 19 世纪社会主义思想史的背景下重点考察《资本论》第 1 卷中的政治理论，力图揭示其中暗含的免于支配的自由观。尽管这一路径在具体论证上存在若干瑕疵，但是为重新理解马克思的政治理论提供了新颖的视角。

武汉大学哲学学院赵凯荣教授、经济与管理学学院王今朝教授、武汉音乐学院马克思主义学院胡艺华教授和学术论坛杂志社伍丹编辑等对八位报告人的报告内容进行了精彩点评，并围绕报告展开了深入讨论。

南京大学：2019年江苏省研究生哲学学术创新论坛会议综述

　　为更好地服务我省哲学专业研究生培养工作，深入推动研究生学术交流，由江苏省哲法史学类研究生教育指导委员会主办，南京大学哲学系、南京大学马克思主义社会理论研究中心承办的2019年江苏省研究生哲学学术创新论坛于2019年11月28日在南京大学仙林校区成功举办。本次论坛的主题是"世界马克思主义思潮与当代中国马克思主义哲学研究"。自2019年9月组建论坛筹备委员会以来，论坛共收到来自清华大学、南开大学、吉林大学、南京大学等国内28所高校、党校（其中江苏省内11所、江苏省外17所）的116位研究生的积极投稿。经过论文评选委员会的严格筛选，最终78位优秀研究生作为省内外代表受邀参会。

　　上午八点三十分，论坛开幕式隆重举行。开幕式由教育部长江学者特聘教授、南京大学哲学系唐正东教授主持，江苏省哲法史学类研究生教育指导委员会秘书长、南京师范大学刘俊教授、南京大学哲学系主任王恒教授分别致辞，向与会研究生简要地介绍了举办本次论坛的目的和意义，并就学术创新的内涵与重要性向同学们进行了清晰的讲解与阐释。

　　在大会主题报告阶段，南京大学文科资深教授、马克思主义社会理论研究中心主任张异宾教授做了题为《国外马克思主义前沿问题研究》的学术报告。首先，张教授通过梳理西方马克思主义的发展过程，提出了从上世纪70年代开始西方马克思主义在理论逻辑和实践上都走向终结的观点。其次，主要介绍了70年代之后国外马克思主义的三种思潮：后马克思思潮、晚期马克思主义和后现代马克思主义。再次，重点解读了马克思"机器论片段"

等相关文本的内涵、非物质劳动的实质等理论问题，并介绍了国外马克思主义研究的三个最新方向：法兰克福学派著作的重新译介、法国激进理论研究和意大利批判理论研究。在最后的互动环节中，张教授耐心细致地解答了同学们提出的研究方法的自觉、数字劳动等问题，并鼓励同学们深刻把握国外马克思主义研究的最新发展动态。

研究生代表主题报告部分，来自南京大学、清华大学、苏州大学、南京师范大学、河海大学和华东师范大学的 6 位博士研究生，围绕马克思的资本概念、正义思想、实践观，中国马克思主义哲学研究的范式创新、中国特色社会主义政治经济学方法论，马克思与齐泽克的政治主体等问题向大会做报告；来自南京大学、扬州大学、中国矿业大学、江苏师范大学、中共江苏省委党校和江苏大学的 6 位硕士研究生，围绕马克思的商品观、休闲异化思想和机器思想、"伍德命题"、数字异化理论等问题向大会做报告，引起了与会研究生的共鸣与思考。

下午一点三十分，论坛分四组进行分会场发言：一是马克思主义经典著作和基本问题研究，二是马克思主义中国化的历史与逻辑研究，三是经典西方马克思主义基本问题研究，四是当代国外马克思主义哲学重大理论和现实问题研究。每场分论坛都分为发言和讨论两个阶段，发言人从不同的专业和角度对分议题提出了各自的理解，各组代表积极地提问并参与讨论，现场气氛热烈。之后，大会还安排了各小组的讨论情况交流。

论坛的最后环节中，唐正东教授等专家给获得本次论坛优秀论文奖的研究生进行了颁奖。经过评选委员会专家的认真审议及评选，本次论坛共评选出优秀论文特等奖 5 名、一等奖 10 名、二等奖 15 名。

本次研究生哲学学术创新论坛立足江苏，面向全国，旨在通过搭建全省研究生学术交流平台，来培养研究生的学术创新精神，提高研究生的学术创新能力，展示研究生的学术研究风采，进而通过加深省内外高校研究生之间的学术交流，加强省内哲学类研究生培养单位的联动与共建，为我省的研究生教育和培养工作注入新的活力。

"首届马克思哲学青年学术论坛"会议综述

  改革开放40多年来，中国的马克思主义哲学研究者聚焦重大基础理论和重大现实问题，以理论的方式实质性参与了中国的现代化进程。面向21世纪的马克思主义哲学创新，需要青年一代哲学研究者不断探索时代发展提出的新课题、回应人类社会面临的新挑战，在马克思主义哲学学术性与思想性的统一中确立研究方向和研究进路，推动富有思想灵性的马克思主义哲学出场，为构建具有自身特质的学科体系、学术体系、话语体系而努力。

  2019年4月21日，中国社会科学杂志社主办，南京大学哲学系、南京大学马克思主义社会理论研究中心承办，主题为"21世纪马克思主义哲学的研究进路"的"首届马克思哲学青年学术论坛"在南京大学召开。来自中国社会科学院、北京大学、清华大学、中国人民大学、复旦大学、吉林大学、南开大学、武汉大学、浙江大学、华东师范大学、首都师范大学、东南大学、三亚学院等高校和科研机构的近30名青年学者与会。

  开幕式上，南京大学马克思主义社会理论研究中心主任、南京大学哲学系张异宾教授，中国社会科学杂志社孙麾编审分别致辞，开幕式由南京大学哲学系主任唐正东教授主持。

  张异宾指出，21世纪马克思主义哲学的理论创新，必然依赖于年轻一代学人基于学术问题和现实问题的努力探索。目前来看，有两个方面需要着力：一是基于对改革开放以来中国认识论研究既有成果的梳理和反思，对认识论问题做出新的理解和阐释，这乃是因为认识论是所有方法论最前沿的问题；二是要基于现有包括马克思主义经典著作、国外马克思主义经典文献等在内的数据库建设，细化研究这些经典文献所包含的问题，提出新的学术新发现。

孙麾认为，21世纪马克思主义哲学的发展，应该在尊重学术的前提下，展开批判性的对话和思想交锋。目前来看，我们的研究依旧存在一些值得注意的研究方式，一是重组文本的解读方式，二是追随西马的应和方式。对于前者，要防止将文本解读变为文本拆解，尤其是按照作者的主观意图和叙述方式，脱离文本的原初语境、问题意识和整体建构进行研究；对于后者则是要防止将"批判的批判"变为"辩护"，即只是简单地停留于表面的对国外马克思主义思想的研究，而未能深入其问题本身做出探索。在这个意义上，我们应该倡导一种一直被提倡但未被完全贯彻的原则——"切中现实"的研究方式。客观来讲，"走近马克思"相对容易，因为我们可以通过文本的阅读和思想的阐释不断"走近马克思"，但是要"走出马克思"并关注中国现实却是很困难的。这就需要我们在现实问题的关注中对当代中国马克思主义哲学的发展做出原创性贡献。

会议期间，与会学者围绕"马克思哲学基础理论研究""马克思哲学品格的当代意义""马克思主义哲学的理论原创性与方法创新""中国理论的建构与马克思主义哲学的使命""马克思哲学研究的世界眼光"等议题展开了热烈讨论。

学术活动

本栏目主要反映了近年来各兄弟院校围绕"经济哲学"举办的各种形式的学术活动。随着国内经济哲学研究的不断推进，各兄弟院校采取学术讲座、学术工作坊、较大规模的学术研讨会以及邀请外籍专家举办系列讲座等一系列形式，交流经济哲学研究的理论成果，扩大经济哲学研究在国内外的学术影响力，拓展经济哲学研究的问题域，提炼出众多理论热点，不断推进经济哲学学术共同体的建设。由于时间仓促，目前本栏目统计出的只是部分兄弟院校的部分学术活动。

1. 复旦大学学术活动

（1）2019 年 1 月 3 日，中国社会科学院哲学研究所研究员、《世界哲学》常务副主编鉴传今在复旦大学哲学学院做了题为《四十年中国改革开放的结构与逻辑》的学术报告。

（2）2019 年 5 月 21 日，复旦大学哲学学院教授吴晓明在 2019 年复旦大学校庆报告会马哲专场做了题为《马克思辩证法的"实在主体"》的学术报告。

（3）2019 年 5 月 21 日，复旦大学哲学学院副教授吴猛在 2019 年复旦大学校庆报告会马哲专场做了题为《马克思的"抽象劳动"概念》的学术报告。

（4）2019 年 10 月 22 日，北京大学哲学系教授仰海峰在复旦大学哲学学院做了题为《〈资本论〉与现代性问题》的学术报告。

（5）2019 年 11 月 18 日，中山大学哲学系教授马天俊在复旦大学哲学学院做了题为《〈资本论〉的劳动学说与形而上学问题》的学术报告。

（6）2019 年 11 月 25 日，南京大学哲学系教授唐正东在复旦大学哲学学院做了题为《政治经济学批判对象的演变与唯物史观的形成》的学术报告。

2. 南京大学学术活动

（1）学术讲座

a. "上帝之城——Documedia 本体论的历史和现状"讲座

主讲人：莫西里奥·费拉里斯（意大利都灵大学文学与哲学系教授）

时间：2019 年 10 月 10 日

b.“深入理解马克思主义理论的整体性”讲座

主讲人：刘林元（南京大学哲学系教授）

时间：2019 年 11 月 13 日

c.“从‘体系方法’的（不）可能性重新审视马克思的资本主义再生产思想”讲座

主讲人：白承旭（韩国中央大学社会学院教授）

时间：2019 年 12 月 22 日

（2）学术交流

a. 2019 年 10 月 11 日，意大利都灵大学（University of Turin）副校长莫西里奥·费拉里斯教授（Maurizio Ferraris）、Tiziana Andina 教授、Erica Onnis 教授一行来访南京大学马克思主义社会理论研究中心。

b. 2019 年 12 月 23 日，韩国中央大学白承旭教授访问南京大学马克思主义社会理论研究中心。

c. 2019 年 4 月 21 日，中国社会科学杂志社主办，南京大学哲学系、南京大学马克思主义社会理论研究中心承办，主题为“21 世纪马克思主义哲学的研究进路”的“首届马克思哲学青年学术论坛”在南京大学召开。

d. 2019 年 11 月 28 日，江苏省哲法史学类研究生教育指导委员会主办，南京大学哲学系、南京大学马克思主义社会理论研究中心承办，主题为“世界马克思主义思潮与当代中国马克思主义哲学研究”的 2019 年江苏省研究生哲学学术创新论坛于在南京大学仙林校区成功举办。

3. 武汉大学学术活动

（1）《资本论》前沿问题探析

主讲人：白刚（吉林大学哲学社会学院教授）

时间：2019 年 4 月 13 日

（2）《1844 年经济学—哲学手稿》：马克思思想的诞生地和秘密

主讲人：白刚（吉林大学哲学社会学院教授）

时间：2019 年 4 月 13 日

4. 上海师范大学学术活动

讲座题目：当前我国马克思主义哲学研究现状及未来趋势

主讲人：全国经济哲学学会会长张雄教授

时间：2019 年 11 月 22 日上午 9：00～11：30

讲座地点：上海师范大学文科实验楼

5. 上海财经大学学术活动

（1）与时代同频共振——从理论评论报道感知"思想的中国"

主讲人：杨逸淇

时间：2019 年 1 月 11 日

（2）礼法与古今之间——论荀韩

主讲人：王正

时间：2019 年 4 月 19 日

（3）规范必然性

主讲人：刘松青

时间：2019 年 6 月 11 日

（4）作为认知规范性的表现规范性

主讲人：方红庆

时间：2019 年 10 月 13 日

（5）经济人类学视角下的刚需观念与住房消费

主讲人：王梦琪

时间：2019 年 10 月 18 日

（6）马克思与德国古典哲学：从"相互承认"到"社会交往"

主讲人：张东辉

时间：2019 年 11 月 1 日

（7）全球城市：议题与挑战

主讲人：François Gipouloux

时间：2019 年 11 月 5 日

（8）一体论与周期论：早期中国的循环思维

主讲人：李巍

时间：2019 年 11 月 11 日

（9）道德动机的来源

主讲人：杨松

时间：2019 年 11 月 22 日

（10）外部风险与大国战略：打造工业互联网与智能制造的竞争优势

主讲人：高柏

时间：2019 年 12 月 11 日

6. 上海财经大学浙江学院学术活动

（1）"匡时讲堂"系列讲座

第十讲："一路一带"与人类命运共同体的建构

主讲人：刘晓音（上海财经大学马克思主义学院院长助理，硕士生导师）

时间：2019 年 3 月 22 日

第十二讲：上财精神和文化自信

主讲人：李笑野（上海财经大学人文学院教授，博士生导师）

时间：2019 年 3 月 27 日

第十八讲：习近平新时代金融思想和金融供给侧的内涵

主讲人：申唯正（经济哲学博士，上海第二场文化传播有限公司董事长）

时间：2019 年 5 月 8 日

第十九讲：学习马克思主义到底有什么用

主讲人：鲁品越（全国经济哲学研究会副会长，上海财经大学首批资深教授，国家文科二级教授）

时间：2019 年 5 月 16 日

（2）上海财经大学匡时日暨新时代思想政治理论课建设研讨会

第二十一讲：什么是公平正义？

主讲人：徐大建（上海财经大学马克思主义理论研究中心主任）

时间：2019 年 10 月 18 日

第二十二讲：谈谈"发展"的哲学内涵和科学内涵

主讲人：张彦（上海财经大学人文学院博士生导师）

时间：2019 年 10 月 18 日

第二十三讲：新一代人工智能与五位一体建设

主讲人：王永章（上海第二工业大学马克思主义学院副院长）

时间：2019 年 10 月 18 日

第二十四讲：共产主义的哲学内涵及其现实性

主讲人：卜祥记（哲学博士，经济学博士后，教授，博士生导师）

时间：2019 年 10 月 18 日

第二十五讲：亚当·斯密的财富与德性思想

主讲人：张东辉（上海财经大学哲学系教授，博士生导师）

时间：2019 年 10 月 18 日

第二十六讲：财富与德性

主讲人：康翟（上海财经大学人文学院讲师，复旦大学哲学博士）

时间：2019 年 10 月 18 日

第二十七讲：全球化时代的人类命运共同体：内在限度与中国方案

主讲人：邱卫东（华东理工大学马克思主义学院副院长）

时间：2019 年 10 月 18 日

五　人才培养

表 1　九所大学经济哲学相关专业博士生毕业情况

单位	序号	姓名	专业	导师	博士论文题目	答辩年份
上海财经大学		白红丽	当代马克思主义经济理论	程恩富	我国民营企业员工分享制度研究	2019
		欧阳兆莹	马克思主义基本原理	张桂芳	当代中国经济空间问题研究	2019
		刘康	马克思主义中国化研究	马拥军	马克思主义在中国的传播生态问题研究	2019
		李伟博	中国近现代史基本问题研究	徐国利	清末至 20 世纪 20 年代教育与国民性改造思想研究	2019
		俞使超	当代马克思主义经济理论	程恩富	当代垄断资本主义经济金融化研究——确立脱虚向实的金融实化论	2019
		马可	马克思主义中国化研究	马拥军	马克思主义理论教育的分众进路研究	2019
		吴波	马克思主义中国化研究	郝云	绿色发展背景下的环境正义研究	2019
南京大学		代建鹏	马克思主义哲学	张异宾	青年马克思哲学原著解读模式探讨——一项比较性研究	2019
		张早林	马克思主义发展史	唐正东	生命政治视野下劳动主体、社会矛盾及解放路径的转型——哈特和奈格里的激进政治哲学研究	2019
		王一成	马克思主义哲学	唐正东	"元结构"视域中的现代性及其超越——雅克·比岱的哲学思想研究	2019
		刘林娟	马克思主义哲学	唐正东	大卫·哈维的资本批判理论研究	2019
		季勇	马克思主义哲学	刘怀玉	福柯的谱系学与资本主义权力批判——以《规训与惩罚》为中心	2019
武汉大学		薛冬梅	马克思主义哲学	何萍	霍克海默的文化批判理论	2019
		林浩超	马克思主义哲学	何萍	马克思宗教批判理论及其当代价值	2019
		欧阳琼	马克思主义哲学	汪信砚	论列宁的国家理论	2019
		刘建江	马克思主义哲学	汪信砚	论马克思的感性概念	2019
		李燕	马克思主义哲学	汪信砚	网络时代马克思主义媒介话语构建研究	2019
		汪光晔	马克思主义哲学	赵凯荣	马克思的现代性思想研究	2019
		王晶	马克思主义哲学	李佃来	《资本论》中的正义思想研究	2019
		范敏	马克思主义哲学	何萍	马克思主义的生态哲学思想研究	2019
		周毅	马克思主义哲学	萧诗美	毛泽东统一战线思想研究	2019
		田伟宏	马克思主义哲学	萧诗美	权力反腐论	2019

续表

单位	序号	姓名	专业	导师	博士论文题目	答辩年份
上海师范大学		李建蕊	马克思主义哲学	毛勒堂	马克思劳动批判理论研究	2019
		韩涛	马克思主义哲学	毛勒堂	走向现实生活深处——马克思生活哲学研究	2019
中国社会科学院大学		李光玉	马克思主义哲学	魏小萍	马克思剩余价值理论研究——基于历史与现实的双重语境	2019
辽宁大学		李馨宇	马克思主义哲学	郭忠义	回归马克思意识形态理论的实践基础	2012
		王鹏	马克思主义哲学	郭忠义	论"中国奇迹"背后的辩证精神	2012
		贾玥	马克思主义哲学	郭忠义	中国奇迹的理性沉思	2014
		贺长余	马克思主义哲学	郭忠义	从革命到发展——现实性原则基础上马克思主义哲学的视域转换	2013
		张凯	马克思主义哲学	郭忠义	马克思主义国家观与中国当代经济增长	2015
		李明	马克思主义哲学	郭忠义	中国改革实践的理性逻辑研究	2016
		侯亚楠	马克思主义哲学	郭忠义	唯物史观视域中的"中国道路"研究	2017
		付文佳	马克思主义哲学	郭忠义	马克思主义群众史观及其经济体制基础研究	2018
		李帅	马克思主义哲学	郭忠义	社会主义市场经济的价值基础研究	2019
中南财经政法大学		周丹	经济伦理学	龚天平	经济发展新常态下中国道德经济发展研究	2019
		陈永典	经济伦理学	刘可风	土家族传统经济伦理研究	2019
东北财经大学		李东杨	经济哲学	朱成全	习近平分配正义观研究	2019
		徐雅	经济哲学	朱成全	马克思国际贸易思想研究	2019
复旦大学		刘际东	马克思主义哲学	冯平	青年卢卡奇伦理思想研究	2019
		喻麓丹	马克思主义哲学	冯平	阿伦特现代性批判理论研究——基于马克思现代性批判思想的分析	2019
		石正瑀	马克思主义哲学	吴晓明	马克思早期异化批判思想研究——以对异化之来历的揭示为线索	2019
		訾阳	马克思主义哲学	吴晓明	马克思政治经济学批判视域中的商品价值理论研究	2019

单位	序号	姓名	专业	导师	博士论文题目	答辩年份
复旦大学		梁冰洋	马克思主义哲学	邹诗鹏	政治国家何以从属于人类社会——从黑格尔国家观批判到对施蒂纳无政府主义的批判	2019
		谢家新	马克思主义哲学	冯平	马克思价值形式理论研究	2019
		张炯	马克思主义哲学	邹诗鹏	革命政治的再探索——马克思《路易·波拿巴的雾月十八日》研究	2019
		祝薪闲	马克思主义哲学	吴晓明	马克思"人类学笔记"与"历史学笔记"中的辩证具体化路径及其意义	2019
		张九红	经济哲学	孙承叔	西方福利经济理论的哲学研究	2019

图书在版编目（CIP）数据

中国经济哲学年鉴. 2020 / 张雄主编. -- 北京：
社会科学文献出版社，2021. 11
ISBN 978 - 7 - 5201 - 8835 - 7

Ⅰ.①中… Ⅱ.①张… Ⅲ.①经济哲学 - 中国 -
2020 - 年鉴 Ⅳ.①F0

中国版本图书馆 CIP 数据核字（2021）第 162993 号

中国经济哲学年鉴（2020）

主　编／张　雄
执行主编／卜祥记

出 版 人／王利民
责任编辑／周雪林
责任印制／王京美

出　　版／社会科学文献出版社
　　　　　　地址：北京市北三环中路甲 29 号院华龙大厦　邮编：100029
　　　　　　网址：www. ssap. com. cn
发　　行／市场营销中心（010）59367081　59367083
印　　装／三河市东方印刷有限公司

规　　格／开　本：787mm × 1092mm　1/16
　　　　　　印　张：39. 25　字　数：674 千字
版　　次／2021 年 11 月第 1 版　2021 年 11 月第 1 次印刷
书　　号／ISBN 978 - 7 - 5201 - 8835 - 7
定　　价／159. 00 元